U0629753

老北京实用指南

〔上　册〕

徐珂◎编纂

孙健◎校订

根据中华民国十二年（1923年）增订三版
《增订实用北京指南》整理

SSAP 社会科学文献出版社
SOCIAL SCIENCES ACADEMIC PRESS (CHINA)

出版说明

一、本书以民国十二年（1923 年）商务印书馆出版的《增订实用北京指南》为底本。该版本经过数次修订，内容较他本更为准确翔实，故采为底本。

二、本书以下列本子作为主要参校本：

徐珂：《实用北京指南》，上海：商务印书馆，1920。

徐珂：《增订实用北京指南》，上海：商务印书馆，1923。

三、此外参校的还有：

徐珂：《清稗类钞》，北京：中华书局，1984。

马芷庠著，张恨水审定《老北京旅行指南》，长春：吉林出版集团有限责任公司，2008。

另外，文中提到的古迹名胜、名人事迹等，尽可能找到原始史料校订，不一一罗列。

四、本书校勘，以对校为主，择善而从，遇有明显错误者以及异体字、缺字等，直接在原文改定增补，不再另出校记；遇中国古代年号、皇帝，在其后标出公元纪年、在位时间；遇有重要人物、名词，以及文中无法解决的问题等，出注加以简要说明。

五、原书附录的二十四帧北京风景画以及《北京内外城简明地图》一幅，由于原图模糊不清，暂不附载。

六、此外，为保持原书风貌，此次出版未做其他内容上的删节。

目 录

·上册·

·下册·

第一编　地理

建置之沿革

北京，唐虞之幽州也，夏曰冀，殷仍曰幽州，周封尧后及召公于此，则曰蓟、曰燕，秦曰上谷，汉曰广阳，魏晋及唐皆曰蓟州，而晋唐又或称范阳、称幽州。至五代石晋，遂为辽有。辽太宗会同元年（938），升幽州为南京，又曰燕京。圣宗开泰元年（1012），改为析津府，置宛平、析津二县治。宋宣和五年（1123），金人来归燕京六州，遂改称燕山府。金贞元四年（1156），金主亮幸燕，因定京邑，以为中都，府曰大兴，改析津县为大兴县。元初亦称大兴，世祖至元九年（1272），改为大都。明洪武（1368～1398）初，改北平。永乐（1403～1424）中，定都北京，营建宫殿，改顺天府，北京之名始著，大兴、宛平二县，一仍辽金之旧。清因明制，无所更易。民国成立，以统制之便，仍建首都于此，亦如其旧。

城池之沿革

京城为唐藩镇故城，辽金元明迭次改筑而成者也，藩镇故城不可考，考自辽始。辽圣宗开泰元年（1012），改幽都府为析津府，方三十六里，门八：东曰安东、迎春，南曰开阳、丹凤，西曰显西、清音，北曰通天、拱辰，其城址在今城西偏。按正阳门外琉璃厂，即古之海王村，李内贞墓志称其地为燕京东门外，则辽城之位置可知矣。金太祖天会（1123～1135）初，宗望取燕山府，因辽宫阙筑四城，城各三里，前后各一门。及海陵立，复增广燕城，周二十七里，门十三①：施仁、宣曜、阳春，东三门也；景风、丰宜、端礼，南三门也；丽泽、灏华、彰仪，西三门也；会城、通元、崇智、光泰，北四门也。元至元四年（1267），乃于中都北建今城，而迁都城，方六十里，为门十一：南之中为丽正，左为文明，右为顺承；东之中为崇仁，左为光熙，右为齐化；西之中为和义，左为平则，右为肃清；北门二，东曰安贞，西曰健德。明洪武元年（1368），命徐达经理元都，缩其城之北五里，废光熙、肃清二门，改崇仁曰东直，和义曰西直，安贞曰安定，健德曰德胜，余仍其旧。永乐十五年（1417），营建北京宫殿，复拓其城之南，周四十里，又改丽正曰正阳，文明曰崇文，顺承曰宣武，齐化曰朝阳，平则曰阜成，是即今城之内城也。嘉靖三十二年（1553），复于内城南建外城，长二十八里，为门七：南曰永定，左曰左安，右曰右安，东曰广渠，西曰广安，东隅之北向者曰东便，西隅之北向者曰西便，是即今城之外城也。清室建都，悉因明旧，无所损益。民国以来，谋交通之便利，敷设环城铁路，起自西直门车站，与京绥路衔接，经德胜门、安

① 有关金中都城门数，有十二门、十三门两种说法。金初《金图经》载，“都城之门十二”。金末成书的《大金国志》载，“城门十二，每一面分三门，其正门两旁又设两门”。马芷庠的《老北京旅行指南》禀持此说，言金海陵王增广燕城，为门十二，东南西北各三（马芷庠著，张恨水审定：《老北京旅行指南》，吉林出版集团有限责任公司，2008年，第4页）。持十二门之说的各书中，无“光泰”一门。而另据《金史·地理上·中都路》记载，金海陵王天德三年（1151），命官增广燕城，“城门十三”，东、西、南各三，北城垣有四，分别为会城、通玄、崇智、光泰。又据诸书，“通元”应为“通玄”之误。

定门、东直门、朝阳门至东便门角楼，穴城垣以径接京奉铁轨，直达前门车站。所过各门，均拆废瓮城而改筑敌楼，正阳门左右，则各辟二门，分途出入，车马往来，无复从前之拥挤矣。

疆　界

北京之疆界，不以城垣为限，所谓京师者，实合内外城二十警区，暨步军统领所辖二十营汛而言。准是而定，北京之疆界，实东至通县，南至东安、固安，西至良乡，北至昌平也。

形　胜

秦汉以来，幽燕早成巨镇，光武资之而中兴，慕容窃据以称雄。自是而降，后魏周隋唐宋，或建州郡，或置府镇，均视为要区，而辽金元以及明清，相继建都于此，中原受其控驭，垂千余年。盖其地势，左环沧海，右拥太行，北枕居庸，而又有山海、紫荆、倒马、喜峰、古北、独石之要隘，南襟河洛，而又有天津之门户，其形胜实甲于通国也。况自轮轨盛兴，交通益便，形势之险要，亦因之而增进。就北京论之，京汉、京奉、京绥三大干路，可以通行全国，而东由海道，直达南方，信能坐镇而统摄之也。

地　势

北京位于直隶省之正中，东南平原，西北高山，故其地势西北高而东南下。兹将其界内之山脉、河流、池沼、沟渠略述之。

（甲）山脉　京城西北诸山，皆太行山脉自西迤逦而来，盘踞于京城之西北，俗所谓西山者是也。西山之外，如玉泉、万寿、画眉、普陀、荷叶、卢师、石景、翠微、军都、翠屏、丫髻、牛郎、西湖、百望、小五台、汤山、燕山、香山等，皆其支脉，而随处为名。

（乙）河流　环京城之水，东有白河，源出密云，南流至通县。城南有芦沟河，出大同桑干，入宛平界。西有玉河，出京西玉泉山，东流至高梁桥，北折而沿城东流，至德胜门迤西入城，东南流为积水潭，为什刹海。从什刹海分二支：一东流，至地安门迤东，贯皇城而注于崇文门西护城河；一南流，由地安门迤西，入皇城，复分二支，一南流为太液池，一东南流为禁城城池，两水会于长安桥，东流至皇城东南隅，与北来之水（即注崇文门西护城河之水）汇入通惠河，与白河合。北有湿余、高梁、黄花镇川榆河、孙河、清河诸水，俱绕京城之北。

（丙）池沼　京城内外之池沼，其名不一，曰湖、曰池、曰海、曰潭、曰河，面积皆不甚广，而皆为潴水之地则一也。城外之大者，曰昆明湖，在西直门外海淀北七里；次曰玉渊潭，在顺天府西十里；再次曰十里河，在永安门外。城内之大者，为太液池，又曰三海，在皇城内西偏总统府，即中、南两海也。次曰什刹海，分前、后两海，前海在地安门外迤西，后海在德胜门内迤东，两海相通之处，有石桥，曰银锭桥，地势最高，可望京西各山。再次曰积水潭，亦称净业湖，在德胜门内迤西，面积亚于什刹海，为玉河入城蓄聚之处，城中各河皆导源于此。他如宣武门内之太平湖、崇文门内之泡子河、正阳门外南小市之鱼藻池、先农坛北之莲花池、西之黑龙潭、苇池等，大率仅当什刹海之半而已。

（丁）沟渠　京城沟渠，凡通衢大路，莫不有之，然必盖以石，覆以土，皆不显露，兹所述者皆明沟也。最长者二。一在内城，北起西直门内横桥，南行，经阜成门内马市桥，至北闸口，曲折而东南至宣武门内迤西象房桥，穿城而入护城河。今自南而北，改建双筒荷叶沟，上筑马路。一在外城，西起先农坛西北隅，沿墙东行，经天桥，复沿天坛北垣，直东至天坛之东北隅，转南，穴城垣而出，入于护城河。其起自西长安街中间马路南，经小土地庙前，南行过板桥，直南至化石桥，穿城而出，入护城河。至民国七年，已改建双筒暗沟，而上筑马路矣。

气　候

北京地在东经一度十八分，北纬三十九度五十五分，适当温带之中，土坚厚，地爽垲，其气候为大陆性质，故夏有酷暑，冬有严寒，暑时虽单衣而犹热，寒时虽重裘而不温，惟春秋和煦宜人。每年约于阴历九月降霜，十月末河冻，十一月初雨雪，二月初河冰尽融，三、四月多东南风、少雨，五、六、七月多雨，七、八月多西北风而渐寒。四季气候以华氏寒暖计计之，夏高至九十余度，冬最低时不及二十度，春秋雨季则在六十度左右。近以京汉、津浦两大路交通之故，气候较前稍异，而尤以春时为最。

内城之概略

内城位于外城之北，形为正方，面积约一百一十二方里，设门九：南为正阳（俗称前门），南之东为崇文（俗称海岱门），南之西为宣武（俗称顺治门），东之南为朝阳（俗称齐化门），东之北为东直，西之南为阜成（俗称平则门），西之北为西直，北之东为安定，北之西为德胜。而东西距略长，西北隅稍内缩。皇城在中而微南，钟鼓二楼在北，与地安门相对。街衢之最长大者，南北为自宣武门及自崇文门直北至城根，而安定门大街、王府井大街、德胜门大街次之，地安门大街又次之。东西以东直门大街及东西长安街为最长，而西直门大街、阜成门大街、朝阳门大街次之。内城警察分十区，中二，左右各四。行政公署多在南半城，如财政部、交通部、司法部、高等审检两厅、地方审检两厅、警察厅、监务署、高等文官惩戒委员会、司法惩戒委员会、市政公所等是也。海军部、陆军部、外交部、内务部均在东城，教育部、农商部均在西城，步军统领、京兆尹、大兴县、宛平县均在北城，其他衙署局所，则散布于所属之左近。外国使署及其商业，多在东交民巷及崇文门内一带，楼阁雄壮，街衢整洁。内城繁盛之区，以东四牌楼、西单牌楼、地安门大街为最，商店林立，百货云集，往来游人，盘旋如蚁，故都中有“东四、西单、后门（即地安门）一半边（买卖游人常在大街东半）”之谚。他如西直门内之新街口、东直门内之北新桥、东安门外之王府井大街，亦为商肆集聚之地，惟较东四、西单等处为逊耳。平日游览之所，则有东安、西安各市场，而东安尤盛；茶楼、酒馆、饭店、戏园、电影、球房以及各种技场、商店，无不具备，比年蒸蒸日上，几为全城之精华所萃矣。至若护国寺、隆福寺、白塔寺等处，每届庙期，游人麇集，亦几如市场也。夏日消暑，则有什刹海、积水潭，堤柳塘莲，风景清绝，古诗所谓“清风明月无人管，并作南来一味凉”[①] 者是也。

外城之概略

外城包内城之南，形如巨锁，面积约八十二方里，设门七：南曰永安、曰左安（俗称将才门）、曰右安（俗称南西

① ［宋］黄庭坚《鄂州南楼书事》：“四顾山光接水光，凭栏十里芰荷香。清风明月无人管，并作南来一味凉。”

门），东曰广渠（俗称沙锅门）、曰东便，西曰广安（俗称彰仪门）、曰西便。南北干路，以自正阳门至永定门者为最长，而崇文、宣武两门外大街次之。东西干路，以自广安门经菜市口、珠市口、瓷器口至朱家营者为最长，盖几与外城东西相埒矣。警察分十区，左右各五。城之南半，大半为荒野，而天坛、先农坛、龙爪槐、陶然亭、黑龙潭等胜迹在焉，春秋佳日，游人纷集。城之北半，民居商店，至为繁密；而正阳门大街及左右之大栅栏、观音寺、廊房头条、二条、煤市街、鲜鱼口及附近各巷，尤为繁盛。其间商店，类多盛饰门闾，高悬电灯。每日薄暮，游人益多，车马塞途，窘于徒步。花市大街、骡马市大街、东西珠市口、打磨厂、西河沿，亦皆商肆林立，至于戏园、妓院以及食宿游览各处，无不完备。今言其概，则逆旅多在西河沿、打磨厂、粮食店、骡马市；酒馆饭馆，多在香厂、观音寺、煤市街、粮食店、肉市、打磨厂；戏园则泰半在大栅栏，而散布于西珠市口、打磨厂、鲜鱼口、肉市、门框胡同、东茶食胡同，又有天桥迤南之戏棚；妓院则丛集于石头胡同、王广福斜街、陕西巷、韩家潭、百顺胡同、柏兴胡同、朱茅胡同、朱家胡同、燕家胡同、青风巷、留守卫、小李纱帽胡同、王皮胡同、蔡家胡同；而普通娱乐之所，则为新世界、城南游艺园、第一楼、劝业场、青云阁、集云楼、宾宴楼、天桥等处；球房、浴所则在大栅栏、观音寺附近一带，盖以京奉、京汉两车站分设于正阳门左右，中外人士之旅京者，率聚于此耳。

内外城新辟街道

民国纪元，讲求市政，皇城既增便门，又于内外城开辟新街。其在内城者曰府右街，北起西安门内大街，沿国务院总统府西墙，贯皇城而南，至西长安街，马路宽坦，车马便捷。在外城者曰新华街，北起琉璃厂厂甸，南至虎坊桥，道路宽广，商廛对列。即香厂一带之旷地，近已辟为街衢，楼屋四起，马路纵横，而新世界商场尤为杰出。计其街道，南北干路为万明路，东西干路为香厂路，两路相交，形如十字。其他支路，属于万明路者，则有保吉路、华严路、仁民路；属于香厂路者，则有仁寿路、香仁路、华仁路、大川路，纵横四达，略如津沪。又内城南起化石桥，北经板桥西北向，抵长安街，与府右街相对，掩盖沟渠，修筑马路，曰北新华街。并拟穴城垣为门，与南新华街衔接，将来内外城之交通，自更便利矣。至中华门前旧设之石栏，栏间东西交民巷相对处，有木栅门各三，早已拆毁铺垫马路，由中华门前东西相通。其东西长安门，亦可东西往来，门外南面皇墙，改为花墙，并将旧式之方门，改建新式坊门矣。

皇城之概略

皇城位于内城之中，形正方，缺西南隅，城周十八里三分里之一，高一丈八尺，为门一十有五：南出而近正阳门者，曰中华门，即旧大清门也；在中华门北而东向者，曰长安左门（俗称东长安门）；西向者曰长安右门（俗称西长安门）；在长安右门外之东向、西向者，曰东三座门，曰西三座门；南向而近长安左门、长安右门者，曰东方门、本文门；巍然于西三座门迤西者，曰新华门（内为总统府）；在中华门之北者，曰天安门；在天安门之北者，曰端门；端门之北，东西向者有二门，东曰阙左，西曰阙右，自是稍北，即为紫禁城（详见清宫）；在城之正东者曰东安门（俗称外东华）；正西者曰西安门（俗称外西华）；正北者曰地安门（俗称后门）。街衢之宽长者，为南北池子及南北长街。警察分二区，以其位于内城之中，故曰中一、中二。全城面积，清宫及景山、西苑约占其半，清宫居中而偏东，景山在清宫之北，西苑直亘南北而偏西，其余各地，则为民居、商店及行政公署，如国务院、参谋本部、航空署，均在西安门内，清室之各司库及护军管理处等，均在南北长街及南北池子，北京大学则在景山东。城内不甚繁盛，商店货品，仅供居民日用而已，惟社稷坛改为中央公园，游人麇集，则为皇城之第一繁盛处所也。

皇城新辟之缺口

皇城向惟东安、西安、地安三门可以出入，民国纪元，以谋交通便利之故，特于皇城开辟便门数处。其在城之南者，天安门之左曰南池子，天安门之右曰南长街，凡由地安门至正阳门，或由正阳门至地安门，可循景山东西街及南北池子、南北长街以往来。又南池口之东，辟一便门，可通崇文门西之水门。总统府西枣林地方辟一便门，可由西安门内大街直通西长安街。其在城之东者，东安门之北曰花园口，外对翠花胡同，并通东四牌楼。又花园口之北，辟一便门，曰北箭亭口，斜对小苏州胡同，可通宽街。东安之南辟一便门，外对大甜水井。其在城之北者，地安门之西曰教场口，北通南药王庙，可达什刹海。再西曰北栅栏，外对厂桥，北通德胜门，西通西四牌楼大街。此外，如中华门内之千步廊，亦于民国二年（1913）将廊拆废，东西各辟一门，东通财政部，西通四眼井，行人往来，颇称便利。近有拆去东安、西安两门以南皇墙之议，而西安门以南之皇墙，已着手拆卸矣。

清　宫

清宫，即紫禁城，明永乐中建。按明成祖初封于燕，其邸乃元代隆福、兴圣诸宫遗址，在太液池西，元之旧内，在太液池东，及成祖改建都城，遂悉入西苑，而别营宫城于其东，即今清宫也。位于皇城之中，而微偏东南，南北各二百三十六丈二尺，东西各三百二十丈九尺五寸，周一千七十八丈三尺，崇三丈五尺。凡四门：南曰午门，北曰神武，东曰东华，西曰西华。四隅皆有角楼。

午门为紫禁城正门，三阙，上覆重楼九间，门前左设嘉量[①]，右设日圭。左右各一阙，西向曰左掖，东向曰右掖，上覆钟鼓明廊，翼以两观，杰阁四耸，与中相辅，俗称五凤楼。昔者清帝之视朝也，楼上鸣钟鼓，皇帝驾出入午门则鸣钟，祭享太庙则鸣鼓，凯旋献俘，则御午门楼，行受俘礼。每岁十月朔，颁时宪书，亦于午门外。

午门内东西两庑，各二十间，在东庑中者曰协和门，在西庑中者曰熙和门。

太和门，在午门北。南向九间，三门，前后陛各三出，左右陛各一出，门前列二铜狮。金水河环之，跨石梁五，即内金水桥也。门之左右向南而门者各一，东曰昭德，西曰贞度。门之内，东西庑各三十二间，东庑为体仁阁，西庑为引义阁，内务府之银、皮、缎、衣、瓷、茶六库在焉。

太和殿，在太和门北。殿高十一丈，横十有一间，纵五间，上为重檐，脊四垂，有御题额曰“建极绥猷”。殿前丹陛，环以石栏，陛五出，各三成，列鼎十八，铜龟、铜鹤各一。丹墀内为文武百官礼位，范铜[②]为山形，镌“正从一品至九品”字样，东西各二行，行十有八，列御道旁。每岁元旦、冬至、万寿三大节，及国家有大庆典，清帝则御殿受贺。朝会燕飨，命将出师，临轩策士及臣工除授谢恩，亦皆御之。

殿之左右，南向门二，左曰中左，右曰中右，广皆三间。

① 古代标准量具。

② 范铜，即铸铜。

殿后东西庑各三十间。

中和殿，在太和殿北。纵广三间，方檐圆顶，御题额曰“允执厥中”。南北陛三出，东西陛一出。西庑第二连房为铜器库，凡祭祀视祝版[①]、耕籍视五谷农器，皆于此。玉牒[②]告成，亦于此恭进。

保和殿，在中和殿后。殿九间，重檐垂脊，御题额曰“皇建有极”。前陛三出，与太和殿丹陛相属，后陛三成三出。每岁除夕筵宴外藩，及每科朝考新进士，皆御之。列祖宝训、实录告成，纂修官亦于是恭进。殿之左右各一门，左曰后左，右曰后右，皆三间南向，前后出陛。殿之后东西向门二，东曰景运，西曰隆宗。而崇基列陛，巍然于殿之北者，乾清门也。自是而外，以至午门，凡殿三，门十余重，是为外朝。

乾清门五楹，中三门，前陛三出，各九级，陛前列金狮二，清帝尝御门听政于此。左旁为内左门，右旁为内右门。两门之内，东西周庐各十二楹，东为文武大臣奏事待漏[③]之所，西为侍卫房及内务府军机处直舍。其北向而与周庐相对者，则为宗室王公待漏之所。是门以内即宫禁矣。

乾清宫，在乾清门内。南向，广九楹，深五楹，清世祖御书额曰“正大光明”。召对臣工及引见庶僚皆御之，每岁元旦宴诸王亦于此。

宫之左为昭仁殿，贮宋金元明旧版书籍四百部，名天禄琳琅。殿后楹为五经萃室，藏岳珂所刊五经。宫之右为弘德殿，东庑为御茶房内直庐。稍南为端凝殿，殿南为旧设自鸣钟处。与端凝殿相对者为懋勤殿，图史翰墨之具皆贮此。殿南为批本处。自昭仁殿而南，东出者为日精门，门之南为御药房，再南

---

① 祝版，亦作“祝板”，书写祝文的木版、纸版等，祭祀时所用。

② 玉牒，中国历代皇族族谱称为玉牒。

③ 百官清晨入朝，等待朝拜天子，谓之“待漏”。漏，古代计时器。

一室为奉至圣先师[①]及先贤先儒神位处。又南转而北向者，为上书房，皇子肄业于是焉。自弘德殿而南，西出者为月华门，门之南为奏事房。南转而北向者为南书房，乃内廷词臣直庐。东为宫监办事处，有清圣神御书“敬事房”三字。又自昭仁殿之左东出者，为龙光门，弘德殿之右西出者为凤彩门。

交泰殿，在乾清宫后。制如中和殿，御用宝玺藏于此，凡二十有五。两庑左出者为景和门，右出者为隆福门。

坤宁宫，在交泰殿后。广九楹，左为东暖殿，右为西暖殿。东暖殿之东为永祥门，稍北基化门，俱东出。西暖殿之西为增福门，稍北为端则门，俱西出。宫之后则为坤宁门。

御花园，在坤宁门外。南向之门三：正中为天一门，前列金麟二，左曰琼苑东门，右曰琼苑西门。在天一门北南向者，为钦安殿，内奉玄武神。殿东稍北，叠石为崇山，中有石洞，御书“云根”二字。山上有亭曰御景亭，亭东为摛藻堂，藏《四库全书荟要》，堂东为凝香亭。堂前有池，池上为浮碧亭，南为万春亭，再南而西向者为绛雪轩，轩前多海棠。由是再南即琼苑东门矣。钦安殿之西，稍北为延晖阁，额曰“凝清室”。与阁相对者为四神祠，阁西为位育斋，斋西为毓翠亭。斋前有池，池上为澄瑞亭，南为千秋亭，又南为养性斋，东向者七楹，南北向相接者各三楹，皆有楼。由是再南即琼苑西门矣。钦安殿之后北向者为承光门，前列金象二。门之左右东西向者，左曰延和门，右曰集福门，而位于正中者为顺贞门。再北则为神武门，乃紫禁城之北门也。

文华殿，在协和门东。南向，崇阶九级。前有门三间，后为主敬殿。每岁二月，清帝辄御经筵[②]于此。

传心殿，在文华殿东。前为景行门，祀皇师、帝师、王

---

① 至圣先师，指孔子。

② 经筵：汉唐以来，帝王为讲论经史而特设的御前讲席，宋代始称经筵。清制，经筵讲官为大臣兼衔，于仲秋仲春之日进讲。

师、先圣、先师于此。院东有大庖，井上覆以亭。

文渊阁，在文华殿后。凡三重，上下各六楹，层阶两折，上覆青绿瓦。前甃方池，跨石梁一，引玉河水注之，中贮《四库全书》，有御制碑记。清乾隆辛丑（1781）以后，御经筵毕，赐讲官茶于此。在文华殿南者为内阁，乃大学士直庐。在文华殿后西向者为上驷院，院之北南向者为箭亭，有御书太宗谕旨卧碑并跋。箭亭之东为御茶膳房。由文华殿东北，度石桥为三座门，其东为鹰狗房，西属之文渊阁。

撷芳殿，在三座门内。南向，殿宇三所。稍西夹道为茶膳房库宇，东南一带为花马厩及药房等处，后改建三所，为皇子所居。御药库、国史馆皆在东华门内迤北，銮驾内库、户部内库皆在东华门内迤南。

武英殿，在熙和门西。南向，崇阶九级，环绕御河，跨石桥，前门三间，内殿二重，为藏贮书版之所。殿北为浴德堂，即修书处，再后稍西为井亭。殿西为尚衣监，殿宇二重，今作清字经馆。自是又西，为器皿库。

咸安宫，在器皿库西，为教习八旗大臣子弟处。其北有河流，自西北而东南，为内金水桥之经流，俗名“筒子河”。河东为三通馆，再东为方略馆。方略馆之东，位于右翼门外，南北与之相对者，为缅子馆、回子馆。在缅子馆北者，为造办处。在造办处前者，为白虎殿后房。三通馆之西，东向者为内务府署，凡三院七司，掌内府财用出入及祭祀、燕飨、膳馐、衣服、赐予、刑罚、工作、教习诸事，清世祖御书堂额，曰“职司综理”，并有严禁中官铁牌。其在方略馆北者为冰窖，属内务府。此皆筒子河以东之宫殿处所也。其在筒子河西者，则有车库、广储司、御书处、酒醋房等。车库在筒子河西连房。广储司在西华门内迤北，为内府库藏总汇之所。御书处亦在西华门内迤北，专司恭刻御制诗文法帖之属。酒醋房则又在广储司之北焉。此筒子河以西之各处所也。而武英殿之南，与之隔河相望者，则为南熏殿、磁器库。南熏殿藏历代帝后图像，有御制纪及诗，勒于卧碣。

东一长街，在日精门外之北。有三宫：前曰景仁，中曰承乾，后曰钟粹，俱南向。

东二长街，在钟粹宫东。有三宫：前曰延禧，后曰永和，其一则在二宫之东，曰景阳，御题额曰“学诗堂”，藏宋高宗（1127~1162）、孝宗（1162~1189）御书《诗经》真迹及马和之[1]所绘《毛诗图》十二卷，并有御制记及诗。

小长街，在景阳宫东。街西向东直出者为苍震门，街东为内库房。街北向西者为钦昊门，内为天穹宝殿，祀昊天上帝。

千婴门，在东二长街北。中有殿宇五所，即乾东五所也。

仁祥门，在日精门东。内为斋宫，凡大祀辄致斋于此，有东西暖阁、后殿及东西室。再东为阳曜门。斋宫之东为毓庆宫，南为敦本殿，诸皇子所居也。

西一长街，在月华门之西。有三宫：前曰永寿，中曰翊坤，后曰储秀，俱南向。

西二长街，在储秀宫西。有三宫：前曰启祥，中曰长春，后曰咸福，俱南向。街之北为百子门，门内有殿宇五所，即乾西五所也。自是稍东为重华宫，前为崇敬殿，有御书“乐善堂”额，东西暖阁俱供佛像。东庑为葆中殿，额曰“古香斋”；西庑为浴德殿，额曰“抑斋”。后为翠云馆。浴德殿之东西皆有室，东曰养云，西曰长春书屋。重华宫之东为漱芳斋，东次室曰静憩轩，后为金昭玉粹，东室曰随安室。启祥宫之西南向者为延庆殿，殿后为抚辰殿，为建福宫，后为惠风亭。又北为静怡轩，轩后为慧曜楼，楼西为吉云楼，又西为敬胜斋。斋垣西为碧琳馆，馆南为妙莲华室，南为凝晖堂，又南

---

① 马和之，南宋画家，生卒年不详，活跃于宋高宗（1127~1162）时期，居御前画院十人之首，擅画佛像、界画、山水，尤擅人物。其绘画风格与唐代吴道子相仿，有“小吴生”之称。

为三友轩。凝晖堂前为延春阁，其右室有楼，前叠石为山，山上有积翠亭及奇石二，西曰“飞来”，东曰“玉玲珑”。穿石洞而南，有静室，曰“玉壶冰”，洞口题曰“鹫峰”。

养心殿，在月华门之西，遵义门之中南向。为清帝宵旰寝兴之所，召对引见，视乾清宫。殿之东暖阁内有随安室，西室为三希堂。西暖阁后有轩三楹，东为无倦斋，西为长春书屋。在殿之后为穿堂，为二层殿。二层殿之东室，额曰“攸芋斋”，在养心殿南者，御膳房也。

奉先殿，在景运门之东，肃诚门之中，南向。前后殿各七楹，中奉列圣神龛，凡大典礼及乘舆出入则有告，岁时节序朔望则有荐。忌辰之祭，日三献，如事生礼。其礼仪供献，内务府掌之。

宁寿宫，在奉先殿北，苍震门东。宫垣南北一百二十七丈有奇，东西三十六丈有奇，门六：正中曰皇极，东出曰钦禧，西出曰锡庆，又西向者曰履顺门、蹈和门，东向者曰保泰门。皇极门之内曰宁寿门，内为皇极殿。殿后为宁寿宫，宫之后有门，曰“养心”，内为养性殿。西宇额曰“香雪堂”，两庑嵌“敬胜斋”石刻。殿后为乐善堂，西为三友轩。堂后为颐和轩，两庑亦嵌“敬胜斋”石刻。东暖阁曰随安堂，西暖阁之外曰如亭，后厦曰导和养素轩，后为景祺阁。阁东厅宇三楹，阶前湖石，刊“文峰”二字，洞口刊“云窦”二字，山亭曰翠鬟。保泰门之北，崇楼三重，上额曰“畅音阁”，中额曰“导和怡泰”，下额曰“壶天宣豫”。其北与畅音阁相对者，为阅是楼，前后殿宇凡四。前殿额曰“寻源书屋”，后殿之东曰景福宫，宫后为梵华楼，稍西为佛日楼。蹈和门之内曰衍祺门，门内东宇曰抑斋，东南隅曰撷芳亭，北曰矩亭。抑斋后曰古华轩，轩西禊赏亭，刊御临董其昌兰亭记，北为旭晖庭。轩后为遂初堂，堂后叠石屏，其西为延趣楼，东向。楼外为耸秀亭，亭北为萃赏楼，西为云光楼，楼中额曰“养和精舍”。萃赏楼之后有圆亭，曰碧螺，其北为符望阁，阁后为倦勤斋。斋之西廊外为竹香馆门，曰映寒碧。符望阁之西门外为玉粹轩，东向，其南曰得闲室，北为净尘心室。景福宫之后为兆祥所，皇子居之。

慈宁宫，在隆宗门西。东为永康左门，西为永康右门，中南向者为慈宁门，前列金狮二，内为正殿，御书额曰“宝箓骈禧”。殿前东庑曰徽音左门，西庑曰徽音右门，后殿供佛像。殿后东庑为佛室，清圣祖御题额曰“四星容华”。宫左殿宇二层，东为慈祥门，与启祥门相对。慈宁门之东为长信门。慈宁宫花园前宇，为咸若馆，馆之左为宝相楼，右为吉云楼。自宝相楼而南为含清斋，自吉云楼而南为延寿堂。池上为临溪亭、咸若馆，后为慈荫楼。

宫之东北，为启祥门夹道，其北南向者为凝华门，内为雨华阁，俱供佛，西为梵宗楼。

寿康宫，在慈宁宫西，前为寿康门，宫额曰“慈寿凝禧”，东暖阁、后殿、西室，皆有御书额。

寿安宫，在寿康宫后。前为寿安门，门内为春禧殿，殿后始为寿安宫正殿，额曰“长乐春晖”。东西暖阁皆有御书匾联。殿前延楼，左右相属，中为崇台三层。演戏殿后，中庭叠石为山，东曰福宜斋，西曰萱寿堂，额皆御书。

宝华殿，在雨华阁北昭福门内。殿后为香云亭，再北为中正殿，内监、喇嘛居之。

英华殿，在寿安宫北英华门内。殿前菩提树一，曰毕钵罗，并有御制诗。树为明神宗（1573~1620）母，世称“九莲菩萨”李太后所植。殿西北有城隍庙，雍正四年（1726）敕建。庙东为祀马神之所，其西连房为酒醋局，由是沿城垣而东，则为神武门。神武门外为北上门，稍北，即景山矣。

京师各公署地址

（依公署之性质分之，各附属机关均附各该主管机关之后）

一　议院及其附属机关

参议院议场　象坊桥　电话西九六九

众议院议场　同上　西一六三九

众议院警卫处　同上　西一八

众议院公报处　同上　西一四一八

众议院印刷处　同上　西一四一九

二　总统府及其附属机关

总统府军乐处　西苑门外　电话南一五九四

总统府消防队　北海　东二八五〇

总统府北海管理处　北海　南二二七二

总统府司御处　西长安街　西一二三五

总统府电灯厂　府右街　西一二三八

总统府警察处　西三座门外财神庙　南一二〇九

总统府毅军营卫队　养蜂夹道　西一八二二

公府值卫粮饷局军米场　嘎嘎胡同　西一七八九

公府卫队第三路营务处兼带步兵十五营　西安门内轮子胡同　南五四三

三　国务院及其附属机关

国务院　南海　电话南三五四一　东三三〇一　西二五〇一

法制局　集灵囿　西八八五

铨叙局　同上　西八八四

统计局　同上　西八八一

印铸局　东长安街　王府井大街　东一七二五　东九五七　东一〇〇三

印铸局勋章制造所　王府井大街　东二七八七

政府公报发行所　王府井大街　东二〇一

经济调查局　西长安街　南一七〇二　南一三九〇

侨务局　后王公厂　西五〇一　西五〇二　西二六四一

管理特种财产事务局　西单堂子胡同　西一八四二　西一八四三

国史编纂处　老爷庙胡同　南二二七三

四　全国水利局

全国水利局　达智营　西一〇七三

五　京畿卫戍总司令部及其附属机关

京畿卫戍总司令部卫队混成团步兵三营　养蜂夹道　电话西二五八一

京畿卫戍总司令部卫队混成团团部　西四牌楼丁字卫　西一二八九

京畿卫戍总司令部卫队混成团步兵四营　旃坛寺　西一七二

六　将军府及其附属机关

将军府　安定门内大街迤南大佛寺后　电话东二二六〇　东一七五〇

将军府参议处　安定门内大街迤南大佛寺　东二〇二〇

将军府军医处　安定门内大街迤南大佛寺　东一四一七

七　平政院

平政院　西城丰盛胡同　电话西一二二八

八　审计院

审计院　西城伞子胡同　电话西一九四〇

九　外交部及其附属机关

外交部　东单牌楼北外交部街　电话东七一五　东九一五　东九二九

外交部图书处　外交部内

外交部新公所号房　外交部街　东二九六

外交部颐和园公所　宫门南　西二分局二

一〇　内务部及其附属机关

内务部　东四牌楼南内务部街　电话东二一八二

卫生陈列所　中央公园　南一五〇六

自治模范讲习所　交道口东街　东三一五八

河道管理处　内务部街　东二一三一

河道管理处派出所　东河沿鸭子嘴　南三〇八七

京都市政公所　西长安街　南一六一〇

京都市政公所材料厂　端门　南一九一八

京都市政公所工程队　宗人府夹道　东二一二六

京都市营造局　天安门　南三一七九

京都市营造局　正阳门外香厂　南一九九一

工巡捐局　南新华街　南三三三　南三〇〇二

京都市工巡捐局乐户收捐处　正阳门外南新华街　南三一六五

传染病医院　东四牌楼北十条　东一八一〇

督办赈务处　内务部街　东二一七八　东二八九五

京畿粥厂筹办处　北池子草垛胡同　东二七〇〇

京畿粥厂筹办处存储所　化石桥　西一八二四

京师军警督察处　给孤寺　南三〇九八

京师军警督察处西分局　报子胡同隆长寺　西九八〇

京师军警督察处东分局　报房胡同　东七五五

京师军警督察处北分局　金丝套胡同　西一五一八

筹办八旗生计处　东城王府大街

督办京东河道事宜处　嘎嘎胡同　东六一九

筹备国会事务局　天安门　南三六三〇

京师警察厅　户部街　东二一六三

中一区警察署　地安门内银闸　东三五二　东二一三三

中二区警察署　地安门内养蜂夹道　西一〇〇六　西二一四一

内左一区警察署　王府井大街　东五　东二一三四

内左二区警察署　东城兵马司西口外　东七二五　东二一三五

内左三区警察署　鼓楼东宝钞胡同　东八〇七　东二一三六

内左四区警察署　东直门内大街　东三五九　东二一三七

内右一区警察署　西单牌楼绒线胡同　西一二〇九　西二一四二

内右二区警察署　西单牌楼报子街　西一四〇二　西二一四三

内右三区警察署　德胜门内大街刘海胡同　西一一七五　西二一六八

内右四区警察署　报子胡同　西一〇〇七　西二一四四

外左一区警察署　东珠市口　南四二四　南三〇五六

外左二区警察署　崇文门外手帕胡同　东七二六　东二一三九

外左三区警察署　北河槽　东五六三　东二一四〇

外左四区警察署　玉清观　南四五四　南三〇五七

外左五区警察署　清化寺街　南二三六　南三一一八

外右一区警察署　西珠市口　南一四〇　南三〇五九

外右二区警察署　外梁家园　南二四〇　南三一二〇

外右三区警察署　宣武门外菜市口　南五五三　南三〇六一

外右四区警察署　南横街　南四五二　南三〇二二

外右五区警察署　灵佑宫　南七五　南三一二三

中一区第一分驻所　东安门内北池子

中一区第二分驻所　东安门内北河沿

中一区第三分驻所　地安门内内宫监

中一区第四分驻所　南长街土地庙胡同

中二区第一分驻所　养蜂夹道

中二区第二分驻所　西安门内惜薪司

内左一区第一分驻所　中华门前

内左一区第二分驻所　金鱼胡同

内左一区第三分驻所　羊肉胡同　东二一九四

内左一区第四分驻所　总布胡同　东二一九五

内左二区第一分驻所　礼士胡同

内左二区第二分驻所　马市大街黄土坑

内左三区第一分驻所　后鼓楼院

内左三区第二分驻所　方家胡同

内左四区第一分驻所　旧太仓

内左四区第一分驻所　东四牌楼

内右一区第一分驻所　前红井

内右一区第二分驻所　化石桥

内右一区第三分驻所　灰厂

内右一区第四分驻所　西安门外大街

内右二区第一分驻所　浸水河　西二一四九

内右二区第二分驻所　都城隍庙街　西二一五二

内右二区第三分驻所　屯绢胡同　西二一四七
内右二区第四分驻所　巡捕厅胡同　西二一六六
内右二区第五分驻所　二龙坑　西二一七四
内右二区第六分驻所　象坊桥　西二一七七
内右二区第七分驻所　宣武门内
内右三区第一分驻所　皇城根
内右三区第二分驻所　西压桥迤东　西二一六九
内右三区第三分驻所　大石桥胡同
内右三区第四分驻所　什刹后海北河沿
内右四区第一分驻所　报子胡同
内右四区第二分驻所　茶叶胡同
内右四区第三分驻所　广平库
内右四区第四分驻所　横桥
外左一区第一分驻所　北孝顺胡同
外左一区第二分驻所　北芦草园
外左一区第三分驻所　打磨厂
外左二区第一分驻所　薛家湾路北
外左二区第二分驻所　花市
外左三区第一分驻所　铁辘轳把
外左三区第二分驻所　东河槽
外左三区第三分驻所　广渠门内
外左四区第一分驻所　标杆胡同
外左四区第二分驻所　蓝旗营房
外左四区第三分驻所　南缺口
外左四区第四分驻所　左安门
外左四区第五分驻所　夕照寺
外左五区第一分驻所　马蜂嘴
外左五区第二分驻所　同上
外左五区第三分驻所　小市天庆寺

外右一区第一分驻所　云居寺胡同
外右一区第二分驻所　排子胡同
外右一区第三分驻所　西河沿
外右一区第四分驻所　香炉营头条
外右二区第一分驻所　西柳树井
外右二区第二分驻所　石头胡同　南三〇四一
外右二区第三分驻所　后孙公园
外右二区第四分驻所　椿树下三条
外右三区第一分驻所　火道口
外右三区第二分驻所　菜市口
外右三区第三分驻所　同上
外右三区第四分驻所　广安门
外右四区第一分驻所　纱络胡同
外右四区第二分驻所　枣林街西口　南三〇八四
外右四区第三分驻所　右安门
外右五区第一分驻所　灵佑宫　南三〇九一
外右五区第二分驻所　永定门　南三〇九一
外右五区第三分驻所　阡儿胡同　南三〇九三
外右五区第四分驻所　城隍庙　南三〇五二
大通闸派出所　东便门外　东二一七五
永定闸派出所　永定门外　南三〇八三
北河道派出所　北海状元府　东二一八七
松林闸派出所　德胜门外　西二一五四
阜成闸派出所　阜成门外　西二一六五
高亮桥派出所　西直门外　西二一五三
御河桥派出所　御河桥　南二一八〇
广源闸派出所　西直门外　西二一六四
青龙桥派出所　京西青龙桥　西二分局六
外右三区清道队　下斜街　南二五七九

京师警察厅检察处　户部街　东二一八四

京师警察厅督察处　户部街　东二四九

京师警察厅巡警教练所　先农坛　南三〇七三

募警讲习所　旧鼓楼大街北头小石桥　东二一五四

京师警察厅警察传习所　北新桥方家胡同　东三〇五四　东三〇五九

京师警察厅树艺教养所　先农坛　南二五六四

京师警察厅树艺教养公所　贡院　东二一六二

京师警察厅外城军装库　西珠市口　南三〇四〇

京师警察厅医药室　正阳门内户部街　东二一〇五

京师警察厅工程队　户部街北头　东一二一〇

京师警察厅清道存储所　东城干面胡同　东一四四二

东安市场警察办公处　东安市场　东四二二

左一区警署巡警看守所　东单牌楼菜市　东一三三三

外左一区东交通队　正阳门东　南三〇九六

外左一区西交通队　正阳门西　南三一八二

内右一区西交通队　天安门内　南三〇九九

路政巡察队办事处　海甸黄庄厅　西二分局四三

保安警察第一队　府右街　东二一六二

保安警察第二队　鹞儿胡同　南三〇六八

保安警察第三队　警察厅后街　东二一四六

保安警察第四队　金鱼胡同内校尉营　东二一四七

保安警察第一分队　西安门内养蜂夹道

京师保安警察武英殿驻守队　武英殿　南三〇四三

京师保安警察马队　宝泉局　东二一五〇

消防处　报子街　西七五〇　西二一九九

消防第一分队　大内内阁　东一〇九　东二一四一

消防第二分队　西安门内清凉庵　西一七〇三　西二一四八

消防第三分队　甘井胡同　南三六八　南三〇六四

消防第四分队　梁家园　南一三〇八　南三〇六六

消防第五分队　西四牌楼西广济寺　西一四六九　西二一四六

消防第六分队　帅府园　东三〇八　东二一四三

消防第二分队分遣队　东高房胡同　东九二三　东二一四二

消防第三分队分遣队　东柳树井　南九四七　南三〇六五

消防第四分队分遣队　天桥　南二三九〇

消防第五分队分遣队　西城新街口　西三一七　西二一四七

消防第六分队分遣队　宝泉局　东一〇九〇　东二一四四

京师警察厅消防汽车队　户部街北头　东二一九七

京师警察厅军乐队　养蜂夹道　西六三〇　西二一八六

京师警察厅侦缉总队　鹞儿胡同　南二七三〇　南三〇六九

京师警察厅侦缉第一队　鹞儿胡同　南二七七　南三〇七〇

京师警察厅侦缉第二队　崇文门外栏杆市　东三七四　东二一五一

京师警察厅侦缉第三队　南横街　南二七五　南三〇七一

京师警察厅侦缉第四队　无量大人胡同　东八〇一　东二一五二

京师警察厅侦缉第五队　西安门内惜薪司　西一七七四　西二一五〇

护军营管理处　大内传心殿　东二一七一

护军管理处司法科　北长街　南一七九九

护军管理处总务科　东安门内　东一四七八

护军警察队总队官处　大内内阁　东一九三四

护军警察第一队　神武门　南一二一二

护军警察第二队　武英殿磁器库　南一二一三

一一　步军统领及其附属机关

步军统领　地安门外帽儿胡同　电话东九二　东二〇二三

东一四二〇　东三一九一

步军统领营翼总稽查处　阜成门外驴市口　西一四三一

步军统领衙门四郊车捐总局　帽儿胡同　东四四五

步军统领将校研究所　西安门外　西一二八九

提督公所　西直门外骞桥　西一二三〇　宫门斜对过　西二分局一六

五营公所　南湾子缎库　旧刑部街

正堂箭手公所　东四七条　东二二四

提署总军械库　东华门南湾子　东七七八

京师四郊游缉队武库　广安门外天宁寺　南三四〇四

左右翼税务监督署　东城本司胡同　东二二一三

左右翼牲税征收局　西四牌楼马市　西一〇二六　东四牌楼马市　东八九九

步军统领衙门清理京城官产处　汪芝麻胡同　东七一七

总镇驻扎署　抽分厂　南五一六

中营副将　三角地　西二分局六九

中营参将　海甸路工局　西二分局七九

北营参将　德胜门外大关　西七〇二

南营参将　正阳门外西门洞　南五〇一

左翼参将　朝阳门外芳草地　东七〇三

右翼参将　阜成门外下关　西一二八六

中营游缉署　冰窖　西二分局二八

北营游缉署　安定门外　东二二三七

南营游缉署　菜市口　南二七二

左营游缉署　朝阳门外芳草地　东一五四七

右营游缉署　广安门外　南二五九九

中营圆明园汛都司　西直门外圆明园界

北营德胜汛都司　德胜门外

左营左安汛都司　左安门外

南营西珠市汛都司　棉花上头条　南五〇二

右营永定汛都司　永定门外　南五〇四

中营静宜园汛守备　京西静宜园界

中营畅春园汛守备　京西畅春园界

中营树村汛守备　京西树村

中营乐善园汛守备　京西乐善园界

南营东珠市口汛守备　正阳门外东珠市口　南五五一

南营东河沿汛守备　东河沿　南五一一

南营西河沿汛守备　正阳门外后铁厂　南五〇六

南营花市汛守备　崇文门外上三条

南营菜市口汛守备　牛街　南五一四

北营安定汛守备　安定门外

北营东直汛守备　东直门外　东二〇〇六

北营朝阳汛守备　朝阳门　东一二〇一

左营河阳汛守备　朝阳门外

左营东便漏守备　东便门外　东三一五九

左营广渠汛守备　广渠门外

右营阜成汛守备　阜成门外

右营西便汛守备　西便门外　南一四〇一

右营彰仪汛守备　广安门外　南五一〇

南营侦缉分所　天桥　南五一五

西直门官厅　西直门外　西八三二　西二六四二

左安门官厅　左安门　南三二八

南营东珠汛左哨厅　正阳门外东珠市口　南一三九

南营西河汛左哨厅　正阳门外大街　南八一九

步军统领左翼正白满固山厅　东四牌楼北　东二二一

步军统领衙门左翼镶白满三甲官厅　东四七条　东一三二三

步军统领左翼镶白蒙固山厅　金鱼胡同　东一〇一

步军统领左翼镶白汉固山厅　煤渣胡同　东一二八六
步军统领左翼正蓝满固山厅　东单牌楼北　东七七四
步军统领左翼正蓝蒙固山厅　崇文门内　东一一四一
步军统领左翼正蓝汉固山厅　东长安门外　东一〇〇五
步军统领右翼正黄满固山厅　西城新街口　西一三〇四
步军统领右翼正红满固山厅　西四牌楼　西一一六四
步军统领右翼正红蒙固山厅　西城宫门口　西一一六五
步军统领右翼镶红满固山厅　西单牌楼南　西一二六六
步军统领右翼镶红蒙固山厅　西城头发胡同　西一　六
步军统领右翼镶蓝汉固山厅　西长安街　南一二〇二
步军统领右翼镶蓝满固山厅　甘石桥　西一六二二
步军统领左翼协尉官厅　沙滩　东一一三七
步军统领右翼宣武门官厅　宣武门　西一二〇三
步军统领右翼正阳门官厅　正阳门西　南一九八七
步军统领左翼朝阳门官厅　朝阳门内　东一四〇一
步军统领左翼正阳门官厅　棋盘街　东一一四二
步军统领左翼安定门官厅　安定门　东九八
步军统领左翼永定门官厅　永定门　南一二八
步军统领左安门　左安门　南二八九八
步军统领右安门　右安门　南三二五九
步军统领广渠门　广渠门内　东二三三三
步军统领广安门　南一六二四
步军统领东便门　东便门内　东二六四一
步军统领西便门　西便门　南一四二二
步军统领阜成门　阜成门　西二〇〇七
步军统领德胜门　德胜门内　西二〇一六
步军统领东直门　东直门　东二八八九
步军统领东郊分局　朝阳门外东岳庙　东二四五六
步军统领南郊分局　阜成门外　西一五五八

步军统领北郊分局　德胜门外　西二〇〇四

步军统领游缉队驻扎所　大红门南顶娘娘庙　南九四六

步军统领东便门豁口游缉队驻守所　东便门东　三〇六七

步军统领左安门豁口游缉队驻守所　左安门　南一七五二

步军统领西便门豁口游缉队驻守所　西便门　南一〇二四

步军统领东便门环城豁口游缉队驻守所　东便门　东三〇四六

京师四郊游缉队司令部　崇文门外总镇署　东二四三三

步军统领左翼游缉司务所　东四牌楼五条胡同　东四七五

步军统领左翼游缉司务所　东四牌楼六条胡同　东六二〇

步军统领右翼游缉司务所　西城公用库　西一一七

步军统领右翼副翼公所　背阴胡同　西一三一四

步军统领右翼正黄五甲官厅　鼓楼西　东一一六二

步军统领右翼正黄四甲官厅　定府大街

步军统领左翼预防第一队　东裱背胡同　东九九一

步军统领右翼预防第二队　三不老胡同　西一三一〇

提署南营预防第三队　西珠市口西湖营　南二〇五〇

步军统领左翼游缉北巡队　安定门内交道口　东九七

步军统领左翼副翼小队　东四牌楼七条胡同

步军统领军乐队　东四牌楼六条胡同　东七三八

步军统领左翼游缉陈一中队　安定门内方家胡同　东一〇三四

步军统领左翼游缉陈二中队　西三座门　西七七八

步军统领左翼游缉陈四中队　灯草胡同　东六四八

步军统领左翼游缉陈七中队　东直门内大街　东七九七

步军统领左翼游缉新四中队　北新桥细管胡同

步军统领左翼游缉新八中队　北新桥石雀胡同　东一二七八

步军统领左翼游缉侦缉队　东四牌楼六条兵厂　东四〇

步军统领左翼游缉马队　三不老胡同　西八二

步军统领右翼预防二队　三不老胡同　西一三一〇

步军统领在右翼游缉第一中队　三不老胡同

步军统领右翼游缉第二中队　广宁伯街　西一三一五

步军统领右翼游缉第三中队　西长安牌楼　西一〇二一

步军统领右翼游缉第四中队　三不老胡同

步军统领右翼游缉第五中队　高碑胡同　南二八七五

步军统领右翼游缉第六中队　新街口　西一二二

步军统领右翼游缉第七中队　太安侯胡同　西一四〇八

步军统领右翼游缉第七中队分驻所　化石桥　南一二八五

步军统领右翼游缉第八中队　西直门门厅　西一九五六

步军统领左翼驻所醇王府马步队　什刹海　东一二六五

步军统领游缉队第四队　东四牌楼东三官庙　东二七八〇

步军统领四郊游缉队步一营　阜成门外月坛　西一六九三

步军统领四郊游缉队第一大队炮兵第一连　左安门内万柳堂　东三七九

京师四郊游缉队第一大队步兵第三营　西安门内大街

京师四郊游缉队第二大队统部　西直门外万寿寺　西二五四一

京师四郊游缉队第二大队步兵二营　西直门外万寿寺　西二五四二

右翼游缉第四队　朝阳门大街

步军统领四郊游缉队第一大队机关枪第一连　西安门内光明殿　西一一四〇

步军统领四郊游缉队司令部机关枪第二连　崇文门外五虎庙　东三〇七〇

步军统领马卫队　北新桥小三条　东三一六九

京师四郊警卫营统领部　北苑分局一一一

步军统领右翼皇城内固山厅　东三座门　东一三一五

一二　财政部及其附属机关

财政部　西长安街　电话西九三一　西九三二　西九三三　西九三四

财政部编纂处　同前

财政部所得税筹备处　西长安街　西二六〇五

财政金融讨论会　西长安街　西二八一六

财政部印花税处　西长安街　西五二二

财政部印刷局　劝业场　南三三九八

财政部化验所　西长安街　西九四〇

崇文门税局　崇文门外大街　东五七九　东五八〇　东五〇五

左安门税局　左安门　南三五九〇

右安门税局　右安门　南二〇九〇

东直门税局　东直门　东二二二二

西直门税局　西直门外　南一〇五三

安定门税局　安定门　南二二二一

德胜门税局　德胜门　西一一二五

广安门税局　广安门　南二〇四四

朝阳门税局　朝阳门　东二二二三

东便门税局　东便门　东二二二四

西便门税局　西便门外　南二七六八

正阳门税局　东车站　南五五〇　南三三一〇

正阳门征收西局　西车站　南一六一五

永定门税务分局　永定门外　南二九四〇

一三　盐务署及其附属机关

盐务署　西长安街财政部　电话西九三七　西一七二一

盐务署稽核总所　西长安街　西九三五

盐务署场产处　财政部　财政部分机一五

盐务署修志处　户部街　东六五三

京师引盐场　永定门外车站旁　南八九三

一四　币制局

币制局　西四羊肉胡同　电话西二六〇六　西二六〇七　西二六〇八　西二六〇九

一五　全国烟酒事务署

全国烟酒事务署　正阳门内户部街　电话东二〇三〇

一六　税务处及其附属机关

监督京师税务公署　霞公府节孝祠　电话东二九九九

监督京师税务处　西堂子胡同　东一二四一　东三四六

总税务司公署　东交民巷台基厂　东二四八八　东三〇六六

一七　陆军部及其他陆军机关

陆军部　东城铁狮子胡同　电话东三　东二二一四

陆海军会计审查处　东城铁狮子胡同

陆军卫生材料本厂　东四牌楼北七条胡同东口外　东一一五五

陆军呢革厂　清河　西二分局八

陆军被服厂　朝阳门内禄米仓　东五〇六　东一一二六　东九三八

陆军部第二被服厂　东门仓　东二七一四　东二七三〇

陆军部军实库　北新仓　东一〇一六

陆军部工程处　府学胡同　东四七八

陆军被服仓库　海运仓　东七五四

陆军部印刷局 府学胡同 东一一五六

陆军部测量局 祖家街纱络胡同 西一四三七

陆军部军学编辑局 东四十二条老君堂 东三〇五一 东三〇五二

陆军部军米局 西直门 西一三三二

陆军部监所 雍和宫柏林寺 东一一八〇

陆军部军法裁判处 西四牌楼羊肉胡同 西一二七七

陆军部军械库 东门仓 东三一六五

陆军部驻京军械分局 东门仓 东一三四一

陆军部硝磺库 西什库后 西二四七 后毛家湾 西二五六〇

陆军部武技教练所 西四受壁胡同 西五七一

陆军部军马调教所 安定门外校场 东三三四

陆军部兽医学校病马厂 富新仓 东二九五六

巩县兵工厂筹备处 二龙坑 西九五〇

关岳合祀筹备处 德胜门内

京师宪兵司令部 王府井大街帅府园

京师宪兵司令部教练处 王府井大街帅府园

京师宪兵第一营本部 京畿道 西一七八四

京师宪兵第一营第三连连部 京畿道 西一七八四

京师宪兵第一营第四连 霞公府口袋胡同 东二七二九

京师宪兵第二营 琉璃厂东南园 南一〇八七

京师宪兵第四营 香山静宜园 西苑分局一四

京师宪兵司令部宪兵四营 畅春园 西苑分局七八

京师宪兵营一连连部 帽儿胡同 东一四九六

京师宪兵营二连连部 麻状元胡同 西一四九〇

京师宪兵营二连分驻所 西直门大街 西一二八七

京师宪兵营三连连部 英子胡同 南五九五

京师宪兵第一营三连分驻所 无量大人胡同 东一一〇〇

京师宪兵营四连连部　给孤寺　南一五四八
京师宪兵营第五连　北苑　北苑分局三五
京师宪兵营第五连分驻所　京西　西二分局一一
京师宪兵营第六连　南苑　南苑分局六
京师宪兵司令部宪兵缉探队　南河沿太平巷　东三二〇九
京师宪兵司令部教练处　石虎胡同　西八五二　西五四七
京师宪兵司令部警务课　京畿道　西八五一
陆军部驻署京师宪兵排　铁狮子胡同　东六一六
京师宪兵分遣所　东车站　南七四五　西车站　南七四八
陆军部军乐连　铁狮胡同陆军部内　东二八〇六
陆军部卫队　团河　南苑分局二
陆军部卫队营本部　府学胡同文庙　东二七六三
陆军部卫队营第一连　棉花胡同　东一九七七
陆军部卫队第二连　黄寺大楼　东二九七七
陆军暂编第一师第二路总指挥司令部　陕西巷　南一一九
陆军第七师骑兵二营　给孤寺　南一二〇六
陆军第九师司令部　北苑　北苑分局一八
陆军第九师骑兵九团　北苑　北苑分局一五
陆军第九师步兵三十四团　北苑　北苑分局一七
陆军第九师步兵三十四团一营　北苑　北苑分局二一
陆军第九师步兵三十四团三营　北苑　北苑分局一六
陆军第九师步兵第三十五团　北苑　北苑分局一三
陆军第九师炮兵第二营　北苑　北苑分局三六
陆军第九师炮兵第九团　北苑　北苑分局一二
陆军第九师工兵第九营　北苑　北苑分局二三
陆军十三师总司令部　西苑　第二分局一
陆军十三师参谋处　宫门外　西苑分局七四
陆军十三师执法处　宫门　西苑分局九六
陆军第十三师师部军需处　清河镇北　西苑分局二一

陆军十三师二十五旅　西苑　第二分局七七

陆军十三师骑兵十三团　西苑　第二分局四四

陆军第十三师骑兵第十三团第三营　青龙桥　西苑分局五八

陆军十三师炮兵十三团　西苑　第二分局五〇

陆军十三师二十五旅四十九团　西苑　第二分局四九

陆军十三师二十六旅　西苑　第二分局三九

陆军十三师二十六旅五十二团　西苑　第二分局五四

陆军十三师机关枪营　西苑　西苑分局四〇

陆军十三师辎重兵十三营　西苑　第二分局五六

陆军十三师骑兵十三团二营　西苑　第二分局一〇

陆军十三师工程营　西苑　第二分局三八

陆军十五师步兵二十九旅五十七团第一营二连　贾家胡同放生园　南二一三八

陆军十六师三十二旅　西苑　西苑分局二七

陆军十六师步兵第六十二团团部　神武门外北上门　东四〇一

陆军十六师第六十二团一营　东华门外筒子　东一六五六

陆军十六师第六十三团团部　海甸北北神庙　西苑分局六三

陆军十六师炮兵第十六团部　狮子窝馒头村　西苑分局六一

第一营第二连　新街口南大街

陆军十六师司令部　嘎嘎胡同　西一六三〇

直鲁豫巡阅使宪兵司令部稽查分所　长巷四条　南三六五三

直鲁豫巡阅使办公处　南长街北河沿　南二六七二　南三五六八

直鲁豫巡阅使办公处密探处　南长街北河沿　南三九三

直鲁豫巡阅使署军需驻京办公处　十间房　南三六五三

北洋陆军学工厂办公处　长巷下头条丰城馆　南二〇七〇

毅军军需报销局　延寿寺街三眼井　南一八九三

毅军驻京办公处　翠花胡同　东二八八六

毅军第四路第二十一营驻京办公处　大佛寺将军府　东三一九

毅军全军后路营务处办公处　西大街

两广巡阅使驻京办公处　马大人胡同　东五五一　东安门外南皇城根菜厂胡同　东一八二

安武军驻京后路局　东拴马椿　南二一二二

河南督军驻京办公处　崇文门外上头条　东二四〇〇

陕西督军驻京办公处　石碑胡同　南一五二九

湖北督军驻京办公处　正阳门外琉璃厂　南三四八四

湖北督军驻京办公处　王佐胡同　东一二〇二

江苏督军驻京办公处　马尾巴斜街　东三二四六

江西督军驻京办公处　万源夹道　南三五八八

福建督军驻京办公处　慧照寺　东三〇一二

南阳镇守使驻京办公处　沙滩关帝庙　东二九一四

库乌科唐镇抚使驻京办公处　二龙坑西巷　西二五五五

奉天葫芦岛商埠督办驻京办公处　石驸马大街　西二三六四

陆军第三师办公处　椿树上三条　南一一〇六

陆军第七师骑兵第七团第二营驻京办公处　虎坊胡同　南三四一四

陆军第七师军需驻京办公处　施家胡同　南二〇〇五

陆军第八师驻京办公处　后门外黑芝麻胡同　东三〇七二

陆军第九师办公处　帅府胡同　西二五四六

陆军第十一师办公处　西河沿大宏庙李宅　南三三〇七

陆军第二十师驻京办公处　大木仓　西二六三八

陆军第一混成旅驻京办公处　西城半壁街　西一五九五

陆军第十三混成旅驻京办公处　大兴县巴儿胡同　东三〇四四

陆军第十七混成旅驻京办公处　大兴县胡同　东三一二三

陆军第十八混成旅驻京办公处　东四九条　东三六八

陆军第二十混成旅驻京办公处　东四八条东口外　东一六五三

陆军第二十五混成旅驻京办公处　北新桥香饵胡同　东六三〇

镶黄旗满洲都统　东城交道口　东二一一

镶黄旗蒙古都统　东直门草厂

镶黄旗汉军都统　东城宽街　东二七四

正黄旗满洲都统　德胜门大街　西一五九

正黄旗蒙古都统　德胜门大街　西一五九

正黄旗汉军都统　西直门内新街口　西一八五

正白旗满洲都统　东城南小街老君堂　东二五五

正白旗蒙古都统　报房胡同

正白旗汉军都统　报房胡同

正红旗满洲都统　西城锦什坊街

正红旗蒙古都统　西城小车胡同

正红旗汉军都统　西城卧佛寺街　西五五九

镶白旗满洲都统　大鹁鸽市　东二一二

镶白旗蒙古都统　甘雨胡同

镶白旗汉军都统　灯草胡同

镶红旗满洲都统　石驸马大街

镶红旗蒙古都统　南闹市口　西一三四二

镶红旗汉军都统　浸水河

正蓝旗满洲都统　东城本司胡同　东九三三

正蓝旗蒙古都统　东城本司胡同

正蓝旗汉军都统　东城本司胡同
镶蓝旗满洲都统　化嘉寺街
镶蓝旗蒙古都统　太仆寺待　西九一五
镶蓝旗汉军都统　东城本司胡同
左翼前锋统领　东城本司胡同
右翼前锋统领　巡捕厅胡同

一八　海军部及其附属机关

海军部　东城铁狮子胡同　电话东五一
海军部印刷所　铁狮子胡同　东一七四二
海军部午炮推测所　铁狮子胡同　东八二九
海军部陆战队　东直门内旧太仓　东一六一一

一九　参谋部及其附属机关

参谋本部　西安门内大街　电话西一二八八
参谋部制图局　西安门内刘兰塑　西一三九九

二〇　司法部及其他司法机关

司法部　正阳门内司法部街　电话南一三八五
修订法律馆　绒线胡同　南一八九四
大理院　正阳门内司法部街　南一三八八
总检察厅　司法部街大理院　南一一七二
京师高等审判厅　正阳门内绒线胡同东头　南一〇八三
京师高等检察厅　正阳门内绒线胡同东头　南一〇九五
京师地方审判厅　正阳门内大四眼井　南一一四九
京师地方审判厅民事执行处　大四眼井　南五三二
京师地方审判厅第一分庭　清化寺街　西七五一
京师地方审判厅第二分庭　铁门中间　南八五三
京师地方检察厅　正阳门内司法部街　南一二四七

京师第一监狱　广安门外　南一〇三四
京师第二监狱　德胜门外　西二五二八
京师第三监狱　德胜门外
京师第一监狱第一科　姚家井　南九
京师第一监狱第三科　姚家井　南九五七
京师第二监狱第二科　德胜门外　西一二六八
京师第二监狱收发处　德胜门外北关　西四〇二
京师第一监狱外役处　西交民巷　南一七〇六
京师地方厅看守所　大四眼井　南一七二六

二一　教育部及其附属机关

教育部　西单牌楼教育部街　电话西八〇
教育部编审处　教育部内　西一二三三
教育部通俗教育研究会　西单牌楼教育部街　西一九六〇
中央观象台　崇文门内泡子河　东一七五一
教育部国语统一筹备会　教育部街　西六八五
京师学务局　东铁匠胡同　西一二五三
京师劝学办公处　东铁匠胡同　西一三一
东郊劝学员事务所　朝阳门外关厢　东二四三
西郊劝学员事务所　海甸北火神庙　西苑分局六二
南郊劝学员事务所　彰仪门外财神馆　南二一三〇
北郊劝学员事务所　德胜门外关厢　西三四六

二二　清史馆

清史馆　东华门内　电话东一六〇九

二三　农商部及其附属机关

农商部　西四牌楼粉子胡同　电话西一八三四
农商部林务研究所　西四牌楼南粉子胡同　西九五六

农商部编辑处　西四牌楼南粉子胡同　西一五四〇
地质调查所　粉子胡同　西八五七
农商部观测所　西直门外三贝子花园　西一二五九
权度制造所　西四牌楼北祖家街　西一〇八九
工业试验所　广安门内　南二七八六
农林传习所　西直门外　西一二二一
中央农事试验场　西直门外　西一二二一
第一林业试验场　天坛　南八二〇
第二林业试验场　西山遗光寺　西二分局七〇
第一棉业试验场　德胜门外
第二棉业试验场　德胜门外
第三棉业试验场　德胜门外
特派劝办实业专使总公所　石驸马大街
有奖实业债券局　西四牌楼南丰盛胡同
农商公报编辑处　西四牌楼南粉子胡同　西一五四〇

二四　交通部及其附属机关

交通部　西长安街　电话西一四四九　西五一〇
交通部铁路技术委员会　西长安街　西七一二
交通部航律委员会　西长安街　西三七六
交通部岩灾委员会　西长安街　西七一一
交通部编译处　西长安街　西一一七二
交通月刊编辑处　西长安街　西一三二〇
京汉铁路局　东长安街　东八五八
京汉铁路管理局车务处　东长安街　东三一九八
京汉铁路警察处　东长安街　东二八九二
京汉铁路警务局　西车站　南一四六五
京汉铁路管理局西车站问事处　前门西　南九五
东车站检察室　前门东　南三一〇一

京奉铁路局　正阳门东　南七四七

京奉车站稽查分所　前门外　南五〇七

京奉铁路局巡警总局　东车站　南四二二

京绥铁路局　西城羊肉胡同　西一二一六

京绥铁路局西直门车站巡警局　西直门外　西一九三八

京绥铁路局西直门车站工程处　西南门外　西一九三九

株钦铁路局　西城头发胡同　西九四一

株萍铁路局　西单头条　西一七二四

陇海铁路公所　东安门外　东一三三五

陇海路总工程司驻京办公处　兵部洼中街　南一七二五

北京电报总局　东长安街　东八〇

北京电报南分局　虎坊桥　南一三〇

北京电报西分局　西长安街　西一四二〇

北京电报北分局　交道口香饵胡同　东三六三

北京电报西南分局　贾家胡同　八六三

无线电报局　东便门外　东一四八五

北京电话总局　琉璃厂甸　南一

北京电话东分局　灯市口　东七

北京电话西分局　西单牌楼北甘石桥　西四九

北京电话第二发局　海甸

北京电话南苑分局　南苑

交通部邮政总局　西长安街　西一三七〇　西九一〇　西一〇

交通部邮政总局邮票处　白纸坊　南二一六

交通部铁路联运事务处　西长安街　西一二六九

交通部汉粤川铁路办事处　西长安街　西一九八八

内河船栈监督北京办公处　翠花胡同内太平胡同　东七五八

二五　航空事务处及其附属机关

航空事务处　旃坛寺　电话西一六一
航空教练所　南苑　南苑分局一
航空事务处清河飞行厂　清河镇　西苑分局一二

二六　蒙藏院及其附属机关

蒙藏院　东皇城根八棵槐　电话东一五一一
蒙藏院招待所　东城礼士胡同　东一九四四
蒙藏院修订则例处　北皇城根　东二五一九
筹备各盟旗安辑事宜处　北长街福佑寺

二七　文官高等惩戒委员会

文官高等惩戒委员会　天安门内　电话东二八九八

二八　司法官惩戒委员会

司法官惩戒委员会　天安门内　电话南二八九九

二九　京兆各机关

京兆尹公署　安定门内交道口西　电话东九
京兆财政厅　安定门内交道口西　东一六七五
京兆尹警备队总司令处　安定门内交道口西　东一四〇五
太兴保安队　交通口南大兴县署内　东二六三六
京兆印花税分局　交道口京兆尹署　东五〇二
京兆大宛稽征牙税局　崇文门外上头条　东一七四四
京兆烟酒公卖总局　东茶食胡同　东二二六五
京兆清查地亩局　交道口京兆尹署　东一九六五
京兆国道养路分局办公处　东四八条　东一九四五
京兆农林总局　安定门外地坛　东一九〇三

京兆宛平矿业因利分局　西直门外南城根　西一八四四
京兆自治筹办所　安定门内交道口西　东一九〇三
京兆赈务处　钱粮胡同　东二一七六
大兴县署　安定门内交道口南大兴县　东五三六
大兴县劝学所　大兴县署内　东九六〇
宛平县署　地安门外迤西皇城根　西一三一七
宛平县劝学所　地安门外西皇城根贤良祠

三〇　清室及其附属机关

清室　紫禁城
宗人府　东华门外宗人府胡同　电话东一五六七
内务府堂公所　神武门内　东一四五六
内务府筹备处　景山西门路北　东六八〇
御前大臣办事处　景山西门　东一五〇九
侍从卫侍武官处公所　武功卫　西一五七二
銮舆卫　金鱼胡同　东一一五二
值年旗　雨儿胡同　东五三九
内火器营衙门　东四牌楼西　东一二六一
镶黄旗护军统领　东直门大街
正黄旗护军统领　西城双栅栏
正白旗护军统领　十条胡同
正红旗护军统领　西城受璧胡同
正蓝旗护军统领　干面胡同
镶白旗护军统领　礼士胡同
镶红旗护军统领　报子街
镶蓝旗护军统领　屯聚胡同
内务府护军警察队　神武门内西河沿　南一二九五
内务府护军警察办事处　神武门　东八三七
实录馆　头发胡同　西一二〇八

府第

那亲王府　安定门内宝钞胡同　电话东一一四

喀喇沁王府　地安门内太平街　东一二七　东一二一四

庆王府　定府大街　西一三八四

卓亲王府　什锦花园　东一三二八

阿亲王府　炒豆胡同　东一〇七四

那郡王府　东四牌楼马市　东一三一一

克王府　石驸马桥东　西六二六

他王府　安定门头条胡同　东九六二

怡王府　东单牌楼　东九〇五

怡王府　朝阳门内康熙桥北头

庄王府　太平仓　西一〇四一

庄王府　西四牌楼北太平仓

根王府　蒋养房　西一〇一

醇王府　什刹海　东一二六七　东一〇三六

宾图王府　交道口二条胡同　东一八一六

豫王府　铁狮子胡同　东二二二六　东单牌楼三条

汉王府　汪家胡同　东一四四三

齐王府　蒋养房棍王府　西六五九

郑亲王府　二龙坑　西一一六三

礼王府　西安门南皇城根　西一八三

顺王府　锦什坊街

恭王府　什刹海

孚王府　朝阳门内大街路北

睿王府　东单牌楼北石大人胡同　东一七〇

塔王府　什刹海　西一〇八

蒙古王府　地安门外板厂胡同

奈曼亲王府　西四牌楼太安侯胡同　一五七四
札萨克图王府　南锣鼓巷井儿胡同　东三〇三
鄂王府　灯市口　东九八五
温都立亲王府　安定门内成贤街　东一九八七
庆王府花园　德胜门内羊肉胡同　西一九一三
桂公府　方家园　东三六八
海公府　宝钞胡同　东一九五四
拉公府　北锣鼓巷　东二二〇八
佶公府　东四牌楼九条　东五一八
志公府　南兵马司　东二三六
堃公府　王大人胡同　东二三三
植公府　大佛寺北　东一六〇五
溥公府　东四牌楼六条　东一〇三七
泽公府　地安门外　东四六一
鄂公府　炒豆胡同　东一一六八
松公府　地安门内板桥南
奎公府　西单牌楼太仆寺街
成公府　绒线胡同
裕公府　绒线胡同
宁公府　缸瓦市路东
阊公府　阜成门内孟端胡同
衍圣公府　西单牌楼太仆寺街
凯公府　阜成门内王府仓
荣公府　阜成门内大街路北
赵公府　地安门内后鼓楼院
赵公府　东直门内北小街
海公府　东四牌楼二条胡同
宝公府　地安门外宽街
多公府　大佛寺取灯胡同

佟公府　灯市口路北
崔公府　马市大街迤北
札公府　地安门油漆作　东二八八一
阿贝子府　东四牌楼七条　东二三五
析贝子府　北小街　东一六五八
海贝子府　北池子　东八七七
阳贝子府　成贤街　东一九八七
达贝子府　铁狮子胡同　东一一八
德贝子府　新街北路东
伦贝子府　东安门外大甜水井
包贝子府　东四马市　东一三一一
洵贝勒府　伞子胡同　西一〇四八
朗贝勒府　缸瓦市　西一〇一四
唐贝勒府　东四七条　东一三六二
润贝勒府　乃兹府　东五二三
涛贝勒府　龙头井　西一〇一六
瀛贝勒府　烧酒胡同　东七四三
那贝勒府　地安门外东皇城根
将军府　大佛寺　东六七三
老公主府　宽街南　东二〇〇
公主府　阜成门内喜鹊胡同
四爷府　安定门内俄国教堂
五爷府　朝阳门内大街迤北
符二爷府　南锣鼓巷圆广寺
蒙古府　安定门内花园
琦侯府　东四牌楼西弓弦胡同

各国使馆及兵营

英使馆　东交民巷　电话东六五四　东八三五　东一一五一

法使馆　东交民巷　东七六〇

德使馆　东交民巷　东九二二

美使馆　东交民巷　东九一九　东八九一七

俄使馆　东交民巷　东一四八七　东七五八

和兰使馆　东郊民巷　东二二五七

比使馆　东交民巷　东一四五二　东二三〇四

丹使馆　史家胡同　东九五

葡萄牙使馆　霞公府

奥使馆　东长安街

西班牙使馆　东交民巷

墨西哥使馆　新鲜胡同　东一一六五

义大利使馆　东交民巷　东二九四九

挪威使馆　史家胡同　东九五

日本使馆　东交民巷　东一二　东八〇〇

古巴使馆　东总布胡同　东三七

巴西使馆　东单牌楼新开路

美军营卫队办事处　东交民巷　东一八三五

美军营粮台　东交民巷　东一八三〇

义使馆卫队　东交民巷　东八五七

俄兵营提督处　东交民巷俄使馆　东二三九八

德兵营　东交民巷　东九一八

日本兵营　中御河桥　东一〇三三

日本兵营将校宿舍　中御河桥　东三〇〇

日本使馆警察署　东交民巷　东二八

日本使馆海军武官署　丁香胡同　东二五〇
美国使馆陆军参赞处　御河桥　东二四二
义国使馆参赞公事房　东交民巷　东二九三九
管理使馆界事务公所　台基厂增茂洋行内　东七七
东交民巷巡捕所　东交民巷　东八〇五

户口及职业

家曰户，人曰口，所以计名数之多寡也。清制，腹民计以丁口，边民计以户，见清会典。乾隆朝，京师户籍人口仅十七万数千。光绪末，英国在京传教师某曾调查之，谓京师人口约五十万。民国七年（1918）旧历戊午春所查，则内外城男女总数为八十万一千一百三十五人，以视清末，多三十万有奇。兹据最近调查，内外城男女总数为八十一万一千五百五十七人，盖民国成立，自外入京之人，实繁有徒。内外城之男女，汉、满、蒙、回、藏皆有之，汉最多，藏最少。而满、蒙两族之在清时，率居内城，至民国，则汉族之入居内城者不少。又警区曾调查大小客寓，孑身旅居者几十万，可谓多矣。外国人总数为一千五百二十四人。兹将内外城人口及外国人人口，并职业状况，列表如次。

内外城人口表

区域	户数	男	女	共数
中一	六、七九六	一七、九八六	一四、一二六	三二、一一二
中二	二、二五五	六、一五九	四、五六五	一〇、七二四
内左一	九、九八六	三七、〇八七	一八、七〇九	五五、七九六
内左二	一三、三九七	四三、八七八	二三、八八四	六七、七六二

续表

区域	户数	男	女	共数
内左三	一一、四一九	三二、九二四	二一、七九八	五四、七二二
内左四	一三、七五七	三八、二一七	二七、三四六	六五、五六三
内右一	八、七三八	二七、九七一	一五、八四三	四三、八一四
内右二	一一、八六二	二二、三七三	二三、〇七五	四五、四四八
内右三	九、〇八九	二五、六四六	一五、九八一	四一、六二七
内右四	一三、五九五	三九、二六一	二六、〇三二	六五、二九三
外左一	六、八一六	二七、二九八	七、九七六	三五、二七四
外左二	六、一六〇	二六、五五六	八、一二三	三四、六七九
外左三	六、四六〇	二〇、〇五七	一一、七七五	三一、八三二
外左四	二、五八九	七、四〇四	四、七九六	一二、二〇〇
外左五	九、三六六	三〇、一八七	一一、五一七	四一、七〇四
外右一	六、七七〇	二六、三五六	八、六一〇	三四、九六六
外右二	七、三九二	二九、四六二	一五、三六六	四四、八二八
内右三	六、二七八	一八、七四八	九、九七九	二八、七二七
外右四	七、五四六	二〇、七四八	一五、三三五	三六、〇八三
外右五	六、二五一	一七、二一八	一一、一八五	二八、四〇三
总计	一六六、五二二	五一五、五三六	二九六、〇二一	八一一、五五七

外国人人口表

国别	户数	男	女	共数
美	一一四	一七三	一〇八	二八一
法	八四	九九	三二	一三一
德	六五	一〇二	五〇	一五二
英	一六三	一四二	八八	二三〇
俄	九	九	六	一五
瑞典	二	八	六	一四
哪喊	三	二	三	五
丹麦	九	一一	一三	二四
荷兰	三	三	三	六
西班牙	一	二	一	三
比	二一	三〇	八	三八
义	七	六	二	八
奥	四	六	一	七
日本	二六二	四二八	一六七	五九五
葡	二	三	一	四
墨	二	三	二	五
瑞士	一	一	一	二
无籍	三	三	一	四
合计	七五五	一、〇三一	四九三	一、五二四

内外城人口职业表

职业别 区别	议员	官吏	公吏	教员	生徒	僧侣教徒	律师	新闻及杂志记者	医生	稳婆	农业	矿业	商业	工业	渔业	以上列举外之职业	无职业	合计
中一		七一八		一一九	四五二	一五五	四		三三	七	三二〇		三、二二一	六二三			二六、四六〇	三二、一一二
中二		五一〇		二八	二一九	三四	二	二	七	二	六四		一、四五七	五九五		一、二五七	六、五六七	一〇、七二四
内左一	四	九五六	三九七	二三三	二、五二二	二四	八	三三	五九	八	九九	五五	六、二三五	二、八四九	一〇三	八、〇三八	三四、一七三	五五、七九六
内左二		一、〇五四	二八〇	一一九	一、五一四	四〇	一一	七	六三		四四	一一	五、五三八	一、九七八		二三、五一三	三三、五九〇	六七、七六二
内左三		八五九	二一五	六一	三、一五六	七五〇	六	三	三九	一六			五、八九一	三、四三七		一七、五〇九	二二、七八〇	五四、七二二
内左四	二	五、八三二	三八四	八八	一、四三七	五三五	二	二二	三九	一一			一三、八二九	三、八七一		六、九一三	三二、五九八	六五、五六三

续表

职业别 / 区别	议员	官吏	公吏	教员	生徒	僧侣教徒	律师	新闻及杂志记者	医生	稳婆	农业	矿业	商业	工业	渔业	以上列举外之职业	无职业	合计
内右一		八九五	一二四	九八	一、六二五	四九	一三	三七	三四	九			六、五三二	六三七		五、九六五	二七、七九八	四三、八一四
内右二	一六	二、一五一	三一四	二五一	六二三	一〇三	一五	四	三七	九			一五、六二六	四、九七九		一四、三六八	六、九五二	四五、四四八
内右三	三	八〇二	一三五	七〇	二、二六三	二一九	二	三	二三	九	七五	一六	五、八四二	七九四		一〇、七四五	二〇、六二六	四一、六二七
内右四	八	三、四七一	二三〇	一六三	三、〇五五	四四一	八	三一	四二	一六	三九六	一〇	七四九四	一、八二二	六六	九、九三三	三八、一一七	六五、二九三
外左一		二三四	一八七	三一	六七四	二三	一九	九	二二	六	三	三	八九五三	二、二二三	一二	一二、一六四	一〇、七一一	三五、二七四

续表

职业别 / 区别	议员	官吏	公吏	教员	生徒	僧侣教徒	律师	新闻及杂志记者	医生	稳婆	农业	矿业	商业	工业	渔业	以上列举外之职业	无职业	合计
外左二		三六五	七〇	六六	一、六二一	一二	六	七	二一	五	一〇	六	一二、一五〇	五、一一〇	一一	一、九二六	一三、二九三	三四、六七九
外左三	一	四五四	三	二九	一、二五五	四四	一	三	二〇	五	二、一九九		六、九三六	二、三九八	二	七、六四九	一〇、八五三	三一、八三二
外左四		六		二三	五二九	四二			三		八五八		五八四	四九三		八九七一	六九一	一二、二〇〇
外左五	一	九	五	二五	一、五七六	二七	二	一	一二		三二	五	一三、七五一	四、八二三	九六	五、七一八	一五、六二一	四一、七〇四
外右一	三	二三九	八〇	一三九	一八二七	三六	二七	二九	六八	九	一五	七	八、二六一	三、六二五	八	三、五二四	一七、〇六九	五四、九六六

续表

职业别 区别	议员	官吏	公吏	教员	生徒	僧侣教徒	律师	新闻及杂志记者	医生	稳婆	农业	矿业	商业	工业	渔业	以上列举外之职业	无职业	合计
外右二	二四	二八二	二七	四四	一、三六八	七三	一五	六八	三五	九		二	一二、一二九	五五一		一九、六五七	一〇、五四四	四四、八二八
外右三		二九三	四一一	五九	二、八五五	五二	六	三四	一六	六	二八五	七	三、四四四	二、九七一	五八	七、六五八	一〇、五六二	二八、七二七
外右四	二七	三二五	二三六	一〇五	二〇〇六	九、一三一	一七	七三	二三	七	一、〇七〇	八	二、六七一	一、七一四	三	二、七八五	一五、八八二	三六、〇八三
外右五	五	二一八	二七	一五	三三二	六八	七	六	一三	六	七四	一	一、四五一	四三三		六、〇二〇	一九、七二六	二八、四〇二
总计	九四	一九、六七三	三、一二五	一、七六六	三〇、八八七	一一、八五八	一七一	三七二	六〇九	一四〇	五、五四四	一三一	一四一、九九五	四五、九二六	三五九	一七四、二九三	三七四、六一三	八一一、五五七

外国人职业表

区别	性别	农林畜牧	渔业	矿业	工业	商业	交通业	教士	律师	医士	公务	教员	学生生徒	娼妓	以上列记外之职业	无职业	合计
中一	男				一	三	一					二					七
	女																
中二	男							二一				二					二一
	女									七							七
内左一	男			九	七一	二三一	四一	七	二	二四	五六	二七	二九		八九	一二〇	六九六
	女			三	八	一四		一二		一二	一〇	一七		三七	六七	一二八	三〇八
内左二	男			四	一	一八		八		四	一五	六	二		二〇	一九	一〇六
	女							一二							三	六六	八一
内左三	男					四		一一			六	五	二〇				四六
	女					四		一五			一	二					二二
内左四	男							一							五	二	八
	女							一									一
内右一	男	一			五	二				四	五				一六	二九	六二
	女					一						三			一		五

续表

区别	性别 \ 职业别	农林畜牧	渔业	矿业	工业	商业	交通业	教士	律师	医士	公务	教员	学生生徒	娼妓	以上列记外之职业	无职业	合计
内右二	男				二	九		二		三		一			九	九	三五
	女														三	一八	二一
内右三	男							二									二
	女							二									二
内右四	男	一						一			一	四	一				八
	女	一						五				一	三		五		一五
外左一	男					八											八
	女					四										二	六
外左二	男																
	女																
外左三	男																
	女																
外左四	男																
	女																

续表

区别	性别	农林畜牧	渔业	矿业	工业	商业	交通业	教士	律师	医士	公务	教员	学生生徒	娼妓	以上列记外之职业	无职业	合计
外左五	男				一												一
	女																
外右一	男				一	三				一				二	一	三	一一
	女					一				二				二		七	一二
外右二	男					六				二		二			二		一二
	女					四				一					一	一	七
外右三	男							一					一				二
	女															一	一
外右四	男				二			一		二	一						六
	女														一	四	五
外右五	男																
	女																
总计	男	二		一三	八四	二七四	四二	五五	二	四〇	八四	四七	六二	二	一四二	一八二	一、〇三一
	女	一		三	八	二八		四七		二二	一一	二三	三	三九	八一	二二七	四九三

水平石标

各国通都大邑，均有水平之测量，以为建筑工程之基础。民国纪元，京都市政公所，始将全城水平测定，并于各处建立石标，镌刻各该处水平之法尺、中尺数目，以为改良建筑之用。兹将测定之全城水平石标列表如下。

石标号数	装置地点	法尺水平数	中尺水平数
起点	正阳门洞将军石上	43m、714	壹叁陆尺陆零陆
1	正阳门外箭楼门东墙根前	43m、219	壹叁伍尺零伍玖
2	崇文门内门东城根前	44m、341	壹叁捌尺伍陆陆

京都市政公所已经规定市内道路之等级幅员标准

旅京人士，多有在北京购置房屋者，但以不知市政公所所定房基线与道路宽窄尺数，往往购定之后，一经修路，辄须折让，既感不便，又受损失。兹特将市政公所已经规定市内道路等级及幅员标准，录之于下，以便旅京人士，购置房屋，有所取择。

一等路

甲类

东华门大街　自东华门至东安门　三十公尺

东安门大街　自东安门至王府井大街　三十公尺

西安门大街　自西安门至西四南大街　三十公尺

朝阳门大街　自朝阳门至猪市大街　三十公尺

安定门大街　自安定门至交道口　三十公尺

崇文门外大街　自崇文门至南口　三十公尺

瓜市大街　自东茶食胡同至蒜市口　三十公尺

崇文门内大街　自崇文门至东单牌楼　二十八公尺

东单牌楼大街　自东单牌楼至总布胡同　二十八公尺

米市大街　自东四南大街至东单牌楼　二十八公尺

东四牌楼大街　自米市大街至东四牌楼　二十八公尺

马市大街　自王府井大街至大佛寺　二十八公尺

王府井大街　自马市大街至灯市口　二十八公尺

八面槽大街　自大阮府胡同至灯市口　二十五公尺

交道口东大街　自东四北大街至安定门大街　二十五公尺

宣武门内大街　自宣武门至西单牌楼　二十八公尺

西单牌楼北大街　自缸瓦市至西单牌楼　二十八公尺

缸瓦市大街　自西单北大街至西四南大街　二十八公尺

西四牌楼南大街　自西四牌楼至缸瓦市　二十八公尺

西四牌楼北大街　自新街口南大街至西四牌楼　二十八公尺

新街口西大街　自新街口至横桥　二十八公尺

猪市大街　自东四牌楼至马市大街　东部　二十六公尺　中部　二十八公尺　西部　三十公尺

交道口南大街　自交道口至西大街　南部　二十八公尺　北部　二十公尺

灯市口大街　自东四南大街至王府大街　西部　二十八公尺　东部　二十六公尺

东直门大街　自东直门至交道口　东部　三十公尺　西部　二十六公尺

地安门大街自地安门至鼓楼　南部　三十一公尺　北部　二十五公尺

阜成门大街　自羊市大街至阜成门　东部　二十五公尺

中部　二十八公尺　西部　二十五公尺

西直门大街　自西直门至新街口西街　东部　二十六公尺　西部　三十公尺

新街口南大街　自新街口至西四北大街　南部　二十八公尺　北部　二十六公尺

东长安街　自东单南大街至御河桥　三十四公尺

西苑门大街　自西苑门至西华门　东部　四十公尺　西部　三十公尺

景山后大街　自西板桥大街至景山东街　五十二公尺

汉花园　自御河至操场大院　二十八公尺

一等路

乙类

正阳门大街　自天桥至前门　二十四公尺

司法部街　自西交民巷至红墙牌楼　二十二公尺

果子市大街　自甘水桥至西绦胡同　二十二公尺

西珠市口大街　自煤市街口至正阳门大街　二十二公尺

西柳树井大街　自给孤寺至石头胡同　二十二公尺

虎坊桥大街　自石头胡同至虎坊桥　二十二公尺

西皮市　自司法部街至西交民巷　二十一公尺

西长安街　自北新华街至西单牌楼　二十公尺

西四牌楼马市　自西四大街至皇城根　十八公尺

东珠市口大街　自前门大街至北桥湾　十六公尺

平乐园大街　自东八角胡同至平乐园　十六公尺

东柳树井大街　自平乐园至蒜市口　十六公尺

三里河大街　自北桥湾至东八角胡同　十六公尺

骡马市大街　自虎坊桥至菜市口　十七公尺

北新华街南段　自绒线胡同至化石桥　南部　三十二公尺　北部　五十九公尺

北新华街北段　自绒线胡同至西长安街　十八公尺

王府井大街　自东长安街至八面槽　南部　二十二公尺五　中部　二十四公尺五　北部　二十五公尺五

西大街　自交道口至马市大街　南部　二十二公尺　中部　三十公尺　北部　二十八公尺

鼓楼东大街　自鼓楼东至交道口　鼓楼东十六公尺　东部　三十四公尺　西部三十四公尺

鼓楼西大街　自鼓楼至甘水桥　东部　二十二公尺　西部　二十四公尺

羊市大街　自西四牌楼至羊市大街　东部　二十二公尺　西部　二十五公尺

花市大街　自崇文门大街至小市口　东部　二十公尺　中部　二十二公尺　西部　二十公尺

德胜门丁字街　自德胜门至果子市大街　东部　二十二公尺　北部　二十六公尺

甘水桥　自鼓楼大街至醇王府　南部　十六公尺　北部　二十二公尺

府前街　自司法部街至石碑胡同北口　东部　二十公尺　西部　十六公尺

南新华街北段　自吉祥二条至化石桥　南部　十六公尺　中部　二十公尺　北部　四十公尺

南新华街南段　自虎坊桥至吉祥头条　南部　十七公尺七六　中部　三十公尺七六　北部　十六公尺七六

宣武门外大街　自宣武门至菜市口　南部　二十四公尺　北部　二十八公尺

铁辘轳把街　自花市大街至虎背口　南北部　十五公尺　中部　十七至十九公尺

北长街　自西华门大街至三座门大街　二十公尺

北池子大街　自东华门大街至东三座门　二十公尺

广安门大街　自广安门至宣武门大街　东部　二十公尺

中部　二十四公尺　西部　十八公尺

大明濠北段　自西直门大街横桥至阜成门大街马市桥　二十公尺

大明濠南段　自马市桥至北闹市口　二十公尺

大明濠南段　自沟头至象坊桥　南部　二十四公尺　中部　十八公尺　北部　十六公尺

新街口北大街　自新街口至城根　南部　二十二公尺　北部　十六公尺

灰厂迤西皇城根　自灵境至府右街　十八公尺

地安门东城根　自地安门大街至宽街　东部　十六公尺　西部　十九公尺

地安门西城根　自地安门大街至仓夹道　十九公尺

沙滩　自北池子至汉花园　南部　一三公尺　中部　一六公尺　东部　一三公尺

二等路

司法部后身　自西交民巷至皇城根　十五公尺

旗守卫　自南口至北口　十五公尺

大四眼井　自司法部街至皇城墙　十五公尺

霞公府　自王府井大街至皇城墙　十四公尺

护国寺街　自德胜门大街至新街口南大街　十四公尺

北小街　自朝阳门大街至东直门大街　十二公尺

双栅栏　自西长安街至北新华街　十公尺五

南小街　自总布胡同至朝阳门大街　十公尺

隆福寺街　自东四北大街至马市大街　十公尺

闹市口至沟沿头　自东裱褙胡同至毛家湾　九公尺

兵部洼　自顺城街至绒线胡同　十公尺

石碑胡同　自西长安街至绒线胡同　十公尺

六部口经翠花街至未央胡同　十公尺

打磨厂　自正阳门大街至崇文门大街　十公尺

大栅栏　自正阳门大街至观音寺西口　十公尺

观音寺　自西口至东口　十公尺

廊房头条　自东口至西口　十公尺

李铁拐斜街　自五道庙至观音寺　十公尺

琉璃厂街　自东口至西口　十公尺

煤市街　自南口至北口　十公尺

煤市桥　自观音寺至廊房头条　十公尺

一尺大街　自杨梅竹斜街至琉璃厂　十公尺

纸巷子　自廊房头条至煤市街　十公尺

雍和宫大街　自五道营至北新桥　南部　二十二公尺　北部　十五至二十一公尺

西交民巷　自兵部洼至棋盘街　东部　二十公尺　中部　十八公尺　西部　十五公尺

绒线胡同东段　自司法后身至宗学胡同　东部　十公尺五　西部　十公尺五

绒线胡同西段　自宗学胡同至西口　东部　十公尺五　西部　十公尺五

石驸马大街　自宣武门大街至鲍家街　东部　十二公尺　西部　十六公尺

东晓市　自红桥至后池西街　东部　十六公尺　中部　十八公尺　西部　十四公尺

晓市大街　自精忠庙街至东晓市　东部　十二公尺　西部　十六公尺

厂桥　自皇城根至德胜门大街　十三公尺

德胜门大街　自厂桥至丁字街　南部　十三公尺　北部　十五公尺

北岔　自马市大街至南兵马司　南部　十四公尺　南部　十五公尺

瓷器口大街　自东柳树至红桥　南部　十四公尺　北部

十二公尺

红桥　自唐洗泊街东口至龙须沟　南部　十四公尺　北部十二公尺

旧鼓楼大街　自鼓楼西大街至大石桥　十公尺

龙头井　自三座桥至定府大街　十公尺

府右街南段　自北新华街至皇城根　十五公尺二五

宽街　自大佛寺西大街至皇城根　十二公尺

铁狮子胡同　自东四大街至交道口　十公尺

五道营　自安定门大街至雍和宫大街　东部　六公尺　西部　十公尺

景山东街　自景山东大街至松公府夹道　十公尺

牛街　自广安门大街至南横街　十二公尺

府右街北段　自西安门大街至枣林豁子　十五公尺二五

东铁匠胡同　附教育部街　自宣武门大街至沟沿　东部十四公尺　西部　六公尺

东城根　自丁香胡同至税务学校　十四公尺

沟沿头　自闹市口至城根　南部　十公尺　北部　七公尺

东安门北夹道　自东安门至宽街　十三公尺

崇兴寺　自粉房琉璃街至虎坊路　十五公尺

操场大院　自沙滩至景山东大街　十一公尺

后局大院　自织染局至北河沿　十公尺

贡院西夹道　自东总布胡同至永磨胡同　十公尺

三等路

上斜街　自三庙至宣武门大街　九公尺

下斜街　自上斜街西口至广安门大街　九公尺

石大人胡同　自南小街至米市大街　八公尺

苏州胡同　自崇文门大街至南闹市口　八公尺

西总布胡同　自崇文门大街至南小街　八公尺

东总布胡同　自南小街至大牌坊胡同　八公尺

东堂子胡同　自南小街至米市大街　八公尺

内务部街　自东四大街至南小街　八公尺

锦什坊街　自阜成门至东养马营　八公尺

东茶食胡同　自瓜市大街至薛家湾　八公尺

粮食店　自南口至北口　八公尺

珠宝市　自南口至北口　八公尺

西河沿后河沿　自赶驴市至西河沿　八公尺

香炉营头条　自赶驴市至西河沿　八公尺

赶驴市　自宣武门大街至西河沿后河沿　八公尺

杨梅竹斜街　自煤市桥至一尺大街　八公尺

樱桃斜街及五道庙自北口至南口　八公尺

粉房琉璃街　自南横街至骡马市大街　八公尺

丰盛胡同　自缸瓦市至沟沿　东部　十公尺　西部　八公尺

南横街　自城隍庙街至盆儿胡同　九公尺

东安门北河沿　自望恩桥北墙至北河沿　八公尺

乃兹府街　自灯市口西至皇城北夹道　八公尺

弓弦胡同　自马市大街至皇城北夹道　八公尺

织女桥东河沿　自织女桥至中央公园西门　八公尺

西单牌楼堂子胡同　自西单北大街至李阁老胡同　八公尺

东安门南河沿　自望恩桥南墙至南河沿新门　南部　十公尺　北部　九公尺

旧刑部街　自西单北大街至北闹市口　东部　八公尺　西部　九公尺

辟才胡同　自西单北大街至鸭子庙　东部　八公尺　西部　九公尺

果子市　自瓜子店至东珠市口大街　南部　九公尺　中部　十二公尺　北部　六公尺

陕西巷　自李铁拐斜街至虎坊桥大街　九公尺

南锣鼓巷　自鼓楼东大街至皇城根　八公尺

禄米胡同　自小牌坊胡同至南小街　八公尺

半截碑　自邱祖胡同至西铁匠胡同　　八公尺

南闹市口　自鲍家街至回回营　八公尺

南桥湾　自晓市大街至东珠市口　八公尺

东西半壁街　自翠花街至兵部洼　八公尺

留学路　自柳树井至香厂路　八公尺

草市　自东珠市口至天桥　南部　九公尺

丁香胡同　自城根至东总布胡同　八公尺

棉花胡同　自交道口南大街至南锣鼓巷　八公尺

沟沿至鸭子庙　自东养马营至闹市口　北部　八公尺　南部　二十公尺

北闹市口　自邱祖胡同至沟头　南部　八公尺　北部　十三公尺

西河沿　自正阳门大街至赶驴市　东部　十公尺　西部　八公尺

灵清宫　自西单北大街至皇城根　八公尺

太仆寺街　自西牛角胡同至府右街　八公尺

宝禅寺街　自新街口南街至大明濠　八公尺

大角胡同　自南草厂至大明濠　八公尺

报子街　自宣武门内大街至北闹市口　九公尺

北锣鼓巷　自北城根至鼓楼东大街　八公尺

宝钞胡同　自鼓楼东大街至东绦儿胡同　八公尺

武王侯胡同　自新街口南大街至大明濠　九公尺

旧帘子胡同　自油房胡同至兵部洼　东部　八公尺　西部　九公尺

西直门南小街　自西直门大街至太平街　八公尺

学院胡同　自南顺城街至太平桥　八公尺

梁家园　自北口至骡马市大街附麻线胡同至西夹道　八公尺

帽儿胡同　自南锣鼓巷至地安门大街　八公尺

贡院东墙　自东总布胡同至东裱褙胡同　八公尺

四等路

史家胡同　自南小街至米市大街　七公尺

闹市口　自苏州胡同至方巾巷　七公尺

方巾巷　自闹市口至东总布胡同　七公尺

鲜鱼口　自正阳门大街至孝顺胡同　七公尺

小桥　自鲜鱼口至梯子胡同　七公尺

梯子胡同　自小桥至上巷三条　七公尺

者柏胡同　自上巷三条至四条　七公尺

崇真观　自上巷四条至兴隆街　七公尺

兴隆街　自崇真观至木厂胡同　七公尺

木厂胡同　自兴隆街至崇文门大街　七公尺

施家胡同　自东口正阳门大街至西口煤市街　七公尺

魏染胡同　自南柳巷至骡马市大街　六公尺

麻线胡同　自崇文门大街至土地庙下坡　六公尺

遂安伯胡同　自南小街至西石槽　六公尺

大后仓胡同　自大明濠至南草厂　六公尺

东四四条　自东四北大街至北小街　七公尺

东四八条　自东四北大街至北小街　七公尺

小牌坊胡同　自大雅宝胡同至鼓手胡同　南部　八公尺　北部　六公尺

船板胡同　自东四北大街至新太仓　七公尺

柳巷胡同　自大明濠至南草厂　六公尺

皈子庙　自南口至杨梅竹斜街　六公尺五

朱茅胡同　自观音寺至燕家胡同　六公尺

西草厂胡同　自宣武门大街至南柳巷　西部　六公尺　东部　七公尺

十间房　自南柳巷至前孙公园　六公尺

前孙公园　自十间房至南新华街　六公尺

大沟沿　自香炉营头条至香炉营五条　六公尺

北柳巷　自琉璃厂西门至香炉营五条　六公尺

南柳巷　自十间房至琉璃厂西门　六公尺

汪家胡同　自东四北大街至慧照寺胡同　七公尺

兴隆街及大栅栏　自西长安街至兴隆大院　南部　七公尺　北部　六公尺

白庙横胡同　自手帕胡同至达子营　六公尺

顶银胡同　自方巾巷至贡院西墙　六公尺

演乐胡同　自东西南大街至南小街　六公尺

东帅府胡同　自崇文门内大街至校尉营　六公尺

二圣庙　自税务学校至南水关　六公尺

衣袍胡同　自小牌坊胡同至东城根　六公尺

南水关　自二圣庙至鼓手胡同　六公尺

鼓手胡同　自南水关至小牌坊胡同　六公尺

福建司营　自东观音寺至顶银胡同　六公尺

东四牌楼头条胡同　自东四北大街至康熙桥　七公尺

延寿寺街　自琉璃厂东口至五斗斋　七公尺

米市胡同　自菜市口东口至南横街　七公尺

丞相胡同　自菜市口大街至南横街　七公尺

西茶食胡同　自海北寺街至顺治门大街　七公尺

海北寺街西段　自后青厂口至西茶食胡同　七公尺

北极庵　自后青厂至前青厂口　七公尺

鹿犄角胡同　自琉璃西口至北极庵前青厂间　七公尺

果子巷　自骡马市大街至贾家胡同驴驹胡同　七公尺

西裱褙胡同　自崇文门大街东裱褙胡同　七公尺

东四牌楼二条胡同　自东四北大街至头条三条横胡同　六公尺五

翠花胡同　自王府大街至皇城北夹道　六公尺

东裱褙胡同　自闹市口至东城根　六公尺

东城隍庙街　自东总布胡同至神路街　六公尺

神路街　自城隍庙街至大雅宝胡同　六公尺

卧佛寺街　自北闹市口至顺城街　六公尺

织女桥北河沿　自织女桥至西苑门夹道　六公尺

瓜子店　自大蒋家胡同至果子市　六公尺

北河漕　自大石桥大街至南羊市口　六公尺

鹞儿胡同　自留学路至正阳门大街　六公尺

贾家胡同　自果子巷南口至南横街　六公尺

后青厂　自海北寺街中间至北极庵　七公尺，但北部八公尺至十公尺

李阁老胡同　自堂子胡同至府右街　六公尺，但西部十公尺

罗圈胡同　自西铁匠胡同至鲍家家街　七公尺

西观音寺　自崇文门大街至闹市口　七公尺

礼士胡同　自南小街至东四南大街　七公尺

干面胡同　自南小街至米市大街　七公尺

大方家胡同　自南小街至小牌坊胡同　七公尺

八大人胡同　自林驸马胡同至南小街　六公尺

南剪子巷　自什锦花园至铁子胡同　六公尺

菖蒲河　自南池子至南河沿　西部　六公尺　东部　五公尺

什方院　自南小街至北总布胡同　六公尺

钓饵胡同　自镇江胡同至沟沿头　六公尺

布巷子　自肉市至东珠市口　六公尺

慈慧殿　自地安门大街至帘子库　东部　六公尺　西部七公尺

大小羊宜宾胡同　自南小街至北总布胡同　六公尺

肉市　自正阳门大街至鲜鱼口　南部　六公尺　北部　八公尺

照阴阳胡同　自大保吉巷至华严路　七公尺五

大保吉巷　自万明路至板章路　七公尺五

板章胡同　自留学路至板章路　七公尺五

按院胡同　自南顺城街至大明壕　东部　八公尺　西部　七公尺

禁卫街　自新街口南大街至罗儿胡同　七公尺

公用库　自新街口南大街至大明壕　七公尺

薛家湾　自东茶食胡同至北芦草园　七公尺

北桥湾　自北芦草园至东珠市口　七公尺

马大人胡同　自东四北大街至北岔　七公尺

东四十二条　自东四北大街至横街　七公尺

东单二条　自东单大街至王府井大街　六公尺

北剪子巷　自府学胡同至大兴县胡同　六公尺

中剪子巷　自铁狮子胡同至府学胡同　　六公尺

前赵家楼　自宝珠子胡同至北总布胡同　六公尺

宝珠子胡同　自东总布胡同至赵堂子胡同　六公尺

明因寺街　自清化寺街至西口　六公尺

清化寺街　自明因寺街至清化寺东口　六公尺

大帽胡同　自新街口南街至中帽胡同　六公尺

百顺胡同　自陕西巷至小百顺胡同　七公尺

大李纱帽胡同　自煤市街至留守卫　七公尺

达智桥　自宣武门大街至教场五条　七公尺

韩家潭　自五道庙至陕西巷　七公尺

石头胡同　自西柳树井至李铁拐斜街　七公尺

王广福斜街　自大李纱帽胡同至石头胡同　七公尺

臧家桥　自南新华街至樱桃斜街　七公尺

烂熳胡同　自骡马市大街至南横街　七公尺

头发胡同　自宣武门内大街至大明濠　六公尺

崇外西月墙　自崇文门至西头　南部　五公尺　西部　六公尺

大蒋家胡同　自前门大街至东珠市口　六公尺

大纱帽胡同　自小甜水井至王府井大街　六公尺

嘎嘎胡同　自南剪子巷至东四北大街　六公尺

韶九胡同　自八面槽大街至皇城根　六公尺

东观音寺　自西观音寺至贡院西墙　六公尺

后赵家楼　自赵堂子胡同至北总布胡同　六公尺

博兴胡同　自王广福斜街至煤市街　六公尺

小百顺胡同　自百顺胡同至韩家潭　六公尺

大雅宝胡同　自北总布胡同至城根　东部　十六公尺　西部　六公尺

钱粮胡同　自北岔至东四北大街　七公尺

北芦草园　自薛家湾至庆云巷　七公尺

教场五条　自达智桥至教场口　七公尺

潘家河沿　自南横街至北堂子胡同　七公尺

铁门　自西草厂至骡马市大街　七公尺

教场口　自宣武门外大街至教场五条　东部　六公尺　中部　七公尺　西部　六公尺

大牌坊胡同　自大雅宝胡同至东总布胡同　六公尺

镇江胡同　自船板胡同至钓饵胡同　六公尺

弘通观　自东总布胡同至大牌坊胡同　六公尺

中铁匠胡同　自沟沿至西铁匠胡同　六公尺

西铁匠胡同　附宗帽四条　自中铁匠胡同至太平湖　六公尺

中毛家湾　自皇城根至西四北大街　六公尺

抄手胡同　自顺城街至头发胡同　南部　五公尺　北部　七公尺

贤孝牌　自大雅宝胡同至大牌坊胡同　东部　五公尺　西部　六公尺

广宁伯街　自鸭子庙至真武庙　东部　十一公尺　西部

七公尺

翠花横街　自祖家街至大茶叶胡同　七公尺

赵锥子胡同　自留学路至铺陈市　东部　八公尺　西部六公尺

大甜水井　自梯子胡同至皇墙　六公尺

煤渣胡同　自米市大街至校尉营　六公尺

喜鹊胡同　自闹市口至土地庙下坡　六公尺

西堂子胡同　自八面槽至米市大街　六公尺

锡拉胡同　自八面槽至皇城根　六公尺

大小羊毛胡同　自东裱褙胡同至城根　六公尺

大牌坊胡同南段　自东总布胡同至笔管胡同　六公尺

西拴马桩　自南顺城街至旧帘子胡同　北部　五公尺　南部　六公尺

五等路

南羊市口　自花市大街至北河漕　五公尺

北羊市口　自南羊市口至河沿　五公尺

长巷上下二条　自高庙胡同至打磨厂　五公尺

东单羊肉胡同　自崇文门内大街至闹市口　五公尺

官帽胡同　自北银碗胡同至闹市口　五公尺

鞭子巷头条　自南桥湾至东口　五公尺

梯子胡同　自王府井大街至沟沿　东部　六公尺　西部五公尺

校尉营　附天汇夹道　自留学路至铺陈市　五公尺

金家大院　自大帽胡同至金丝沟　五公尺

巾帽胡同　自崇文门大街至翟家口　五公尺

胭脂胡同　自百顺胡同至虎坊桥　五公尺

南小市　附元宝市　自广渠大街至辘轳把　五公尺

北小市　自花市大街至中头条　五公尺

小蒋家胡同　自大蒋家胡同至吊打胡同　五公尺

棋盘街二道街　自顺城街至西交民巷　五公尺

牛角湾　自大雅宝胡同至贤孝牌　五公尺

莲花河　自储子营至赵锥子胡同　五公尺

储子营　自铺陈市至莲花河　五公尺

留守卫　自王广福斜街至朱家胡同　五公尺

铺陈市　自西珠市口大街至天桥　五公尺

笔管胡同　自东城根至贡院东墙　五公尺

鲤鱼胡同　自贡院东墙至巷内　四公尺

西河沿后河沿　自宣武门至正阳门　东部　三公尺　西部五公尺

模范市区之概略

京都市政公所，就城东贡院旧址，建设模范市区一处，壮京师之观瞻，以居中外人士。全区布置，中央设一大厅，为公共游息娱乐之所，饮食馆、俱乐部、藏书楼、球场、花圃皆备，四隅为住宅，分大、中、小三等，一律南向，楼房二层，门前均铺马路，宅旁各有花圃，地下并设备自来水管、沟渠、厕所等，此其外部之大略也。至内部之设备，大厅中间为会场，容二千五百人左右，南为饮食馆，北为俱乐部，会场之外并备衣帽室、厕所、休息室、扶梯室、太平门、太平梯。饮食馆左右附设大小别室、花厅、衣帽室、厕所，俱乐部内设大小不等之会谈室、藏书室、餐室、招待室及衣帽室、厕所等。住宅共八十一所，大住宅二十七，中住宅十五，小住宅三十九。大住宅之设备，下层有过门厅、衣帽室、厕所、扶梯、大厅、会客室、寓室、餐室、走廊，上层有寓室、卧房、阳台、厕所、浴室，平房分仆役室、厨房、备饭室、汽车室各等处。中小住宅之设备，视大住宅略简，而大致则不甚相差也。

第二编　礼俗

谒见礼节及规则（八年四月二十四日公布）

一、凡特简荐任文职初次晋见大总统，均用谒见礼。

二、谒见员入延见室，向大总统行一鞠躬礼，大总统延坐。询答毕，谒见员兴辞，行一鞠躬礼，以次退出。

三、谒见员应着燕尾服，曾得勋章者，并须佩带勋章。

四、特任各员之谒见，得随时备具礼柬，自行诣府请谒。

五、简任职之谒见，系京署各长官，由铨叙局局长偕同入谒，系京署各属官，由各该长官暨铨叙局局长偕同入谒，外省各简任官，由各主管或直辖官署长官暨铨叙局局长偕同入谒。

荐任各员之谒见，由各该长官暨铨叙局局长偕同入谒。

六、谒见每月分三期，一日、十一日、二十一日，如遇星期或假期，递推一日。

七、谒见员应于定期前三日将礼柬送铨叙局，由局汇齐开单，函送公府，承宣司转呈大总统，批定接见时刻，由局通知各谒见员，届时诣府祇候。

八、凡由大总统传见，或因事晋见，及非初次晋见者，均不在此限。

总理接见礼（五年八月九日公布）

简任职以下各职，奉任命后，由铨叙局行取各该员简明履历，汇陈总理，请期接见。届期各具名柬，由铨叙局局长引入接见室，启总理出见。进见员各向总理行一鞠躬礼，总理延坐。询答毕，各员兴辞肃立，以次退出。进见各员，均用常礼服。

相见礼（四年七月十三日公布）

凡官民见副总统，初见，递礼柬（礼柬形式规定列后），副总统出见，免冠，再鞠躬，副总统答礼。及退，一鞠躬，副总统答礼，送于门内。凡常见，通名帖（名帖形式规定列后），免冠，一鞠躬，副总统答礼亦如之。（右官民见副总统礼）

凡文武官敌体相见，初见，通名刺，宾入，主人迎于门。若在室内，各免冠一鞠躬，及退，主人送于门外。若在室外，文武官应视相见之地，或免冠一鞠躬，或行军礼举手，依时依地定之。凡常见，亦免冠一鞠躬。

凡文官敌体相见，如前仪。凡常见，各免冠一鞠躬。

凡武官敌体相见，各从其海陆军礼。（右文武官敌体相见礼）

凡僚属见长官，初见，递礼柬，长官出见，免冠，再鞠躬，长官答礼。及退，一鞠躬，长官答礼，送于门内。凡常见，通名帖，免冠，一鞠躬，长官答礼亦如之。（凡长官依现时服务职务定之）

凡武职属官见长官，如前仪。若在室外，或有特别事宜（若大阅及出师之类），见长官时，各从其海陆军礼。

凡文职属官见武职长官为所统辖者（如将军兼巡按使之

类），各如见长官礼；如不为统辖者，文职属官仍守僚属礼，武职长官则从敌体相见礼。

凡武职属官见文职长官为所统辖者（如巡按使兼将军之类），各如见长官礼；如不为统辖者，武职属官仍守僚属礼，文职长官则从敌体相见礼。（右文武僚属见长官礼）

凡人民见官长，初见，递名帖，官长出见，免冠，再鞠躬，官长答礼。及退，一鞠躬，官长答礼，送于门内。凡常见，一鞠躬，官长答礼亦如之。（右人民见官长礼）

凡人民敌体相见，初见，通名刺，宾入，主人迎于门，各免冠，一鞠躬（按京俗旧为请安或一揖，今仍多有）及退，主人送于门外。凡常见，亦免冠，一鞠躬（按旧俗亦多请安或一揖）。（右人民敌体相见礼）

凡卑幼见尊长，初见，通名帖，尊长出见，免冠，再鞠躬（按京俗旧请安，今仍多沿用），尊长答礼。及退，一鞠躬（按旧俗亦请安），尊长答礼，送于门内。若尊长来见，卑幼迎送于门外，如前仪。凡常见，免冠，一鞠躬（按旧俗请安），尊长答礼亦如之（按旧俗尊长答以揖）。如尊长系亲属者，不致送。（右卑幼见尊长礼）

凡弟子见师长，初见，通名帖，师长出见，免冠，再鞠躬，师长答礼。及退，一鞠躬，师长答礼，送于门内。若师长来见，弟子迎送于门外，如前仪。凡常见，免冠，一鞠躬，师长答礼亦如之（按京俗弟子初见师长用跪拜礼，常见以揖，今初见用跪拜礼者，间或行于家塾，而常见仍多以揖）。（右弟子见师长礼）

凡女子相见，及男子女子相见，均各以其等差，适用以上各礼，惟女子均不免冠（按京俗凡女子相见，及男子女子相见，卑幼请安，尊长答礼，平行者俱各请安，今仍多沿用）。（右女子相见及男子女子相见礼）

礼柬式

英尺三寸一分半

英尺二寸五分半

籍贯		英尺五寸一分
年龄		
出身		
曾任职务		

纸用本色。长短尺寸。均标用。

英尺二寸二分

中书官职（或称谓）姓名

名帖纸　英尺三寸五分

纸用本色，长短尺寸均标明，背面书“某字、某籍、某住址”。凡名刺仅书姓名，不书官职称谓。

访　客

访客如无要事，投刺即可。欲晤者宜于午后访之，谈时勿过久，谈毕即辞。晨及食时（早餐午前八九点钟，午餐午后一点钟，晚餐午后七八点钟）勿访客。对于西人尤须留意。

访客时，以名刺交其应门之人，得请乃入。如系西装，宜将帽与外套、手杖、手套留置客室之外，否则，入内时以左手持之。

入客室，宜立俟主人，俟其出而让坐。客室之物，除报纸外，非经主人允许，勿轻动，对于西人，尤须注意。主人迓客，或迎于室外，或迎于门内，惟在室内迎客之时，必宜前进数步，表示敬意。此时如有先来之客，则主要代告其姓名，互相介绍，然后请客入座。客室如有男女客，宜先介绍女客。

宴　会

凡宴客，必于三日前备帖（谚云“三日为请，二日为叫，当日为招”）送往，书明“某日某时在某处候教”或“候叙”字样。

华式宴会

宴请贵客、生客或多数之客，必于饭庄或大饭馆，以整席之肴馔饷之，否则可于小馆便餐。是日，主人必先时而至，以便迓客。客至，奉茶让坐。客齐，主人即按专客、陪客次序，一一送酒，声请入席。席次，以向外方位之左为首座，右为次座，首座之左为三座，次座之右为四座，依次递推，以最末之内向者为主位。让坐毕，即举杯请客饮，客起立，举杯致谢。再就坐，乃食盘中之冷荤、热荤诸品，继之以全席最贵重之肴，如燕窝或鱼翅是也。次则小炒点心，而盘中之果，亦于此劈之以进。最末上鱼盘、鸭池及下饭之酱菜，即终席矣。惟每进一肴时，主人必举杯劝饮，举箸劝食。食时可随量饮酒，宾主猜拳。至上鱼盘、鸭池时，则进饭粥。饭粥毕即离席，略用茶，客即向主人致谢而去。

燕客之次日，贵客、生客，主人必往访之，熟客可免。旬日以内，与宴之客如访主人，或遇主人于他所，必向主人揖谢，曰某日盛扰。

西式宴会

西宴位次，男主、女主分坐长方席之两端，客坐两旁，男女交互而坐，女专客坐男主右，男专客坐女主左，稍次之女宾坐男主左，稍次之男宾坐女主右。饮汤时，左手按盆，右手取匙，如执笔法饮之。饮毕，匙仰向于皿之右。食面包时，以刀括梅医或牛油涂于上。食鱼肉，右手切以刀，左手以叉叉而食之，刀勿入口。一品食毕，刀在右向内，叉在左俯向皿右，酒茶自左侧送入。饮食毕，可食水果咖啡，以手巾拭指，后及唇面。拭毕，折叠之，置原处。谈话演说，须在停食之时，食时最注重者如下：

口中勿有声，进肴时勿食果，勿直立无定，勿并坐横肱。勿吸烟，有女宾在席，尤不可吸烟，须在食毕之后。勿先主人离席，行时须佩主人所赠之鲜花而去。

新式婚礼

新式婚礼，较旧为简。结婚之前，男女交换戒指，即为订婚证物（亦有于结婚日交换者）。娶时多在公园、会馆、饭庄等处，门首悬旗结彩，富者更有花坊，庭设礼案，新郎、新妇与主婚、证婚介绍各人，及音乐部来宾，均有一定席次。迎娶不用喜轿仪仗，而改以花车（马车结彩），间有辅以军乐者。其仪式则有读颂词证婚，用印，夫妇交拜，致谢主婚、证婚、介绍人、来宾，及谒见亲族。所行之礼，惟于尊长叩首或三鞠躬，余均一鞠躬，间亦有用拜跪礼者。更有以旧式改良者，乃将旧礼之过繁及无甚关系者悉删之，如迎娶仅用喜轿一乘，鼓手若干名，不用一切仪仗是也。

旧式婚礼

男女成年（二十岁左右），由戚友出而执柯，俗曰“说媒”，亦曰“保亲”。别有所谓媒婆者，大率为老妪，专任事前之撮合耳。两家既允，即以帖互送，曰“过帖”。先过门户帖，两家各书姓名、籍贯、三代名号、官职而交换之。询访属实，再过八字帖，上书男女两造生年月、日、时辰，皆请星命家推勘，如无碍，事乃定，是谓“合婚”。合婚得吉，先放小定，次放大定，其礼物为首饰、如意等，女家以靴帽文具为答。迎娶前二月，须行通信礼，男家书娶期于龙凤帖送女家，并佐以鹅酒衣衾各物，汉俗复备龙凤饼、茶叶、果品者，女家则以靴帽文具及糕饼答之。娶前一日，女家请男宾四人、六人或八人送妆，男家亦请人迎妆。妆物以抬数计，中等之家，大半为二十四抬、三十二抬、四十八抬，富者则数十抬至百余抬，贫者则十六抬或十二抬，再次则仅备女子常用之物若干，不遣人送。抬数多者，或且导以鼓乐。然近图简便，多有于娶日过妆者。

婚嫁之日，男家请女宾一人、男宾二人、四人或八人至女家迎亲，女家亦请女宾一人、男宾二人、四人或八人至男家送亲。喜轿往还，辅以喜乐仪仗。新郎往拜女之父母，曰“谢亲”，谢毕即归。新妇下轿，即由两家迎亲送亲之女宾导之，与新郎拜天地，行合卺礼，庭中奏乐。礼毕，新郎退，新妇坐于新房，曰“坐帐”。汉俗且撒果于帐中，曰“撒帐”。次晨为“双朝”，新妇盛妆出拜祖先及翁姑，阖家均按长幼拜见，然后拜亲友，惟必夫妇同拜，谓之“双礼”。是日，男家备帖请女家会亲，互相拜见，张筵不食，新郎则跪拜敬酒，迎送亦如之。自过妆、迎娶以至会亲，共须三日，搭棚结彩，置酒设馔，以待戚友之庆贺，近亦有于一日行之者。

新妇三日，行庙见礼（亦有于回门或住对月后行之者），无家庙者，则拜墓。四日或六日后，女家接妇归宁，壻亦随往，曰“回门”，然必即日而返。此后，凡九日、十二日、十八日，女家必馈食物于女，曰作“单九”、“双九”、“十二天”。娶后一月，妇归母家，一月始返，曰“住对月”。此后每届年节，女归宁。

新式丧礼

新式丧礼虽未制定，兹就通行者言之。含殓殡葬，与昔无异，惟不延僧道唪经，不焚化刍灵车马楼库等物。亲友吊唁，多赠花冠（俗称花圈）、挽联，送祭轴者亦有之。丧家撒孝，不用孝带，改以白纸花头，形为菊，男丧缀于胸左旁，女丧缀于胸右旁。出殡日，仅设鼓乐，不用仪仗，即将挽联、花冠令人举行于柩前。葬后一切祭祀礼节，亦与旧同，但不焚伞及船轿。其能注重公共卫生者，则数日即葬，另择日于饭庄或会馆受唁。是日，门外设鼓乐，庭设绣花宝盖，灵位前扎素彩如龛，吊者多三鞠躬，富者更于门外扎素花牌楼。丧家素服，大都沿用旧制，间有不着缟素而臂缀青纱者。

旧式丧礼

人死，更衣（小衣之外，男棉袍补褂，女蟒袍霞帔、围玉冠凤，近有男着长袍马褂、女着袄裙者。汉俗最重衾物，少则三铺三盖，多至九铺九盖，数各用奇，而贴身一层必铺黄盖白，取铺金盖银之意），停尸于床，阖家举哀。焚纸锞，曰“领魂纸”。床前燃灯，曰“引魂灯”。富者延僧诵经，谓之“倒头咒”。焚纸糊车马，谓之“倒头车”。请阴阳生开殃书，以定入殓、出殃、发引、破土、下葬之日时，及一切忌犯。然后讣告戚友，亲近者奔往探丧，哭于尸侧。既殓成服，各如其制。死三日为“接三”，门外设鼓乐，立旛或铭旌，随满汉而异，戚友悉赴奠。夜延僧唪经，送纸糊车马、杠箱于相近之旷地而焚之，曰“送三”。送时，孝子及晚辈自灵前号啕痛哭，沿街呼叫，戚友则举香提灯，分列随行。及返，孝子复哭于灵前，阖家亦号泣。至夜，僧入棚，放焰口，孝子按时跪灵举哀。自此以后，则唪经三日，一棚或三棚、五棚，亦有按七日唪经者。僧道番尼无定，有同时并举者，曰“对台经”。普通皆用僧，以价廉耳。每棚经毕，必送圣一次。届时，纷击法器，间以音乐，鼓手则为前驱，汉俗则佐以丧鼓，亲友即随孝子送焚楼库、纸锞、衣服、器用、花盆、纸桌等类。至中下之家，大半唪经三日或一日，亦必送圣，焚化楼库、纸锞各项。出殡前一日为“伴宿”，又曰“坐夜”。是日，戚友赴奠，唪一日经者，多于此日行之。贫者多不唪经，甚且无伴宿者。既接三，即于五日或七日，出殡矣。

出殡日期无定，通常于死后七日、九日、十一日、十三日行之。富者则停柩三七或至五七。出殡时刻，率于清晨。先时，孝子以新箕帚扫棺上浮土，倾于睡席下，谓之“扫材”，又垫一钱于棺木一角，曰“掀官”，乃行辞灵礼。柩出堂，孝子手执纸幡导于前，诸晚辈随之，均齐声号哭。及门外上小杠，至大街上大杠。上大杠时，孝子跪掷丧盆（形如缶，底有孔，置砖上，砖糊以纸，作书套形，掷时必一次即碎）。即起杠，复号哭如前。戚友之送殡者，男步行在孝子之前，女乘车，在柩后。所用仪仗，满汉不同，汉俗用丧鼓、锣鼓、什幡或幡伞，满俗用两门纛①、八曲律②、影伞、小轿。富家及贵人，则加用全分执事③及车轿亭马，更以松狮、松亭、松鹤、

① 纛（dào），古时军队或仪仗队的大旗。

② 曲律，满语译音，即竖条小旗。

③ 执事，仪仗。

松鹿、童男、童女、花盆、纸桌，对对排列，衔接而行，其有僧道喇嘛奏乐送殡，及于执事前走幡或铭旌者，则益侈矣。柩至坟地，下窆奠祭，孝子则叩谢送殡戚友，戚友随即脱孝而归。惟无论丧眷、戚友，均磨刀于门外之水盆中始入，汉俗更焚草于门前，人给冰糖一块而含之，跨草而入，意避外鬼也。

葬三日，祭墓，曰“暖墓”，俗谓之“圆坟”。三七日、五七日、七七日、六十日及满月日，均往祭，亦有在烧纸于家者。而五七日必烧伞，六十日必烧船轿，富者且唪经，贫者亦大率放焰口。若释缟素之服，汉俗六十日，满俗百日，亦必祭墓，或在家焚化纸锞。其谒谢戚友，汉俗在暖墓日后，满俗须于释缟素之服后，始举行之。

岁时俗尚

阴历正月初一日，居民有于五更即起而祀神者，焚香放鞭爆，供面角（即水点心，京曰扁食，亦曰饺子，一曰煮饽饽）。事毕，阖家食团圆饭，饮椒柏酒（饭即面角，并备干鲜果品肴馔以佐酒，而“杂拌”一项尤不可少，盖杂合各干果及糖蜜食品盛于一盘，年终，干果店即售之）。元旦日之晨，食黍糕，曰“年年糕”，佛前亦供之。佞佛者至东岳庙拈香，归而祀祖，供品用面角。祀毕，焚纸锞，阖家互拜新年，乃出而贺人。见则一揖，亦有屈一膝为礼者，更以“新禧新禧”、“多多发财”、“顺顺当当”、“一顺百顺”、“吉祥如意”等吉语相祝。于至戚至友，则登堂叩头，主人饷以“百事大吉盒”，中置柿饼、荔枝、桂圆、核桃、枣、栗等品，每布以（食物赠之，京谚曰“布”）一品，必佐以吉语，柿饼曰“事事如意”，核桃曰“和和气气”，更合枣、栗、花生、桂圆，而曰“早生贵子”。卑幼拜尊长，则与之钱，曰“压岁钱”。是日，禁刀剪及裁割、扫除、倾水等事，肴馔大率为素。初二日之晨，居民商店均祀财神，焚香放爆，以羊、鸡、鱼供之，曰“三牲”。又燃火于酒杯中，以供神。燃尽，奉财神马（以纸绘神像曰“神马”）出庭，置松柏枝于芝麻秸之上，加黄钱①、阡张②、元宝而焚之。亦有诣财神庙焚香借元宝者，谓借之则财旺，次年加倍还之。初五日谓之“破五”，妇女自元旦至是日不出门，初六日始贺戚友，五日内最忌损坏物件及煎烤食物。初八日为顺星日，薄暮祭星神，供元宵（即汤圆，亦有兼供面角者），又以绵纸拈成花形，拌以油，曰“灯花”。祭时，散置庭户而燃之，光花四散，满地皆星，谓之“散星”。乃奉星神马出庭，置松柏枝于芝麻秸之上，加黄钱、阡张、元宝而焚之。是月如遇立春，多食春饼（备酱熏及炉烧盐腌各肉，并各色炒菜，如菠菜、韭菜、黄芽菜、干粉、鸡蛋等，而以面粉烙薄饼，卷而食之，故又名薄饼），妇女多食萝葡，曰“咬春”，谓可却春困也。十三日至十七日为灯节，商店庙宇，咸悬画灯，上绘全部小说及神怪等事，其工至精细。或以冰冻成之山石、人物、楼阁、瓜果，燃灯于中空处，曰冰灯。又有以麦苗和棉絮扎成人物、鱼、龙，上置灯烛者，曰麦灯。清光绪庚子（1900）以前，官署亦悬灯五日，以户部、兵部、工部之彩灯为最。此五日中，每薄暮，游人杂沓，谓之逛灯。而十五日为元宵，薄暮，居民供元宵于佛前，阖家食之，并燃放烟火以庆佳节。其在有清，是夕童子多擂太平鼓。鼓乃一大铁圈，上蒙以皮，柄有环十余。擂时，摇其柄，则环与鼓皆响，其声冬冬隆隆，今则无之。十九日为燕九节，人家食品或面角，或春饼。西便门外白云观，走马博塞，游事最盛。富家士女多有留宿观中者，曰“会神仙”，盖以是夕有神仙下降，度化凡人，所幻之状，男女贵贱均有之，迷信者冀得

---

① 黄钱，旧时用黄表纸折成，焚化给鬼神的纸钱。

② 阡张，即阡纸，旧俗，初一祀神及先祖，剪纸不断，至丈余，供于祖前，谓之“阡张”。

一遇也。二十五日粮商祭仓神，居民亦均治饮食，谓之“大填仓”，盖以别于二十三日之“小填仓”也。是月也，富贵妇女以掷骰拈牌及食瓜子糖品为乐，而风筝、口琴、琉璃、喇叭，更为应时之玩物。风筝之大者，上傅弓弦锣鼓，风激之则音响齐发，真疑为天上之奏乐也。商店于元旦闭户，初六始开，间有迟至元宵者。此半月以内，非贺年游玩，即于肆中敲锣击鼓以为乐。填仓以后，居民辄以佛前供品相馈送，其品或蜜供（以糖及麦粉作小麻花，炸以油，浸蜜中取出，叠成方圆各式，大者高数尺，小者数寸）或月饼，谓之“送供尖”。

二月初一日，市人以米粉团之成小饼，上贯寸余小鸡，曰“太阳糕”，居民以为祭日之供品。初二日，俗呼“龙抬头”，人家各治饮食：食面角，曰“吃龙耳”；食春饼，曰“吃龙麟”；食面条，曰“吃龙须”。是日，闺人禁治针黹，谓恐伤龙目也，伤之则瞽。

三月初三日为“上巳”，居民多食豌豆黄，好游者则出城踏青。清明前后，上冢者多，车马往来，不绝于道，辄插柳车棚以归，小儿则以柳枝编帽圈戴之，谣曰“清明不戴柳，死后变黄狗”。十八日，戏园皆辍业，优伶祭精忠庙，休息游乐，曰“戏子会”。

四月初八日，各寺浴佛，曰“浴佛会”，佞佛者多于是日济贫放生。是日及十八日，有于街头舍豆子者，曰“舍绿豆”。先是，拈豆念佛，每拈一豆，宣佛号一声。至期，即将熟豆，逢人舍之，受者亦每食一豆一念佛，谓可结人世缘，他生不为人所弃也。是月也，榆荚生，居民多取以和糖面蒸食之，曰“榆钱糕”。又以玫瑰藤萝等花和糖为馅，蒸饼食之，曰“玫瑰饼”、“藤萝饼”。

五月初一日至初五日为“端阳节”，又称“端午”。家家于门前插蒲艾，贴五雷天师符，供角黍（即粽子）、樱桃、桑椹等于佛前，亦以之相馈赠。闺人皆以绫罗巧制小虎、桑椹、葫芦之类，以彩线串之，悬于钗头，或击之儿背，谓可避鬼，且不病瘟，曰“长命缕”，一曰“续命缕”。又以雄黄酒书“王”字于小儿之额，或且涂其七孔及墙壁，谓可避毒虫。又有于是日午时，以朱墨画锺馗像，俗称“朱砂判”者，悬屋中，谓能驱鬼避邪。亦有纳古墨于蟆腹，向日晒之，云其墨可疗疾，故都中有“癞蛤蟆脱不过五月单五”之语，单五者，端午之讹音也。此五日中，居民商店皆盛治酒食，曰过端阳节。夏至日，人家多食面条，且制糖蒜，以是时蒜适成熟也。又谚称是月为“恶五月”，禁造作等事。

六月初六日，妇女多沐发，谓可不腻不垢，士大夫则晒书籍，谓可不生蠹。二十三日，祭马王火神，焚香礼拜，以鸡、羊、面桃为祭品。二十四日，祭关公，祀品亦如之。居民之抖晒衣服者，亦率于是日。入伏亦有饮食期，初伏面角，二伏面条，至三伏则为饼，而佐以鸡蛋，谓之“贴伏膘”，故京谚云“头伏饽饽（煮饽饽之简称也）二伏面，三伏烙饼摊鸡蛋”。乡村农民，则初伏种萝葡，二伏种菜，三伏种荞麦。

七月初七日，俗称牛郎会织女，闺人盛陈瓜果、酒饵、肴馔，邀请女眷作巧节，曰“女儿节”。是夕，小女子以碗水曝月下，各投小针，浮之水面，徐视水底月影，则散如花，动如云，细如线，粗如椎，因以卜女工之巧拙焉。十三日至十五日为中元节，俗称鬼节，上冢者多，一如清明。僧寺设盂兰会，拯救孤魂，糊纸为舟，长数丈或丈余，以鬼王、鬼判、鬼官、鬼兵、鬼役乘之，寺僧相对讽经，至夜焚之，谓之“烧法船”。小儿则于是夕各执长柄荷叶及纸制莲花，燃烛其上，亦有密缚香火于蒿棵之上而举之者，绕街而走，群歌曰：“莲花灯，莲花灯，今日点了明日扔”，盖留之恐不祥也。东便门外二闸亦于中元设盂兰会，扮演秧歌、狮子诸杂技。入暮，沿河燃灯，谓之“放河灯”。至三十日或二十九日，相传为“地藏王”诞辰，插香于地而燃之，并有放花灯于河心，任其浮游者。是月也，蟋蟀鸣，人多养而斗之，曰“斗蛐蛐”，或以之博钱。遇立秋日，有“贴秋膘”之俗，盖例于是日食肉或面角也。

八月十三日至十五日为中秋节，街市繁盛，果摊、泥兔（俗呼兔儿爷，范泥为之，人身兔首，其衣冠施彩色，或坐或立，或担或杵，惟皆贯角于头顶，小儿买之以为玩物）摊，所在皆有，妇女多出游。十五日至月圆时，设月光马（上绘太阴星君如菩萨像，下绘月宫及执杵作人立形之捣药玉兔，大者三四尺，小者尺余，工致者金碧缤纷），俟月出，供以瓜果、月饼、毛豆枝、鸡冠花、萝卜、藕、西瓜，妇女向之盈盈下拜，曰“拜月”，男则否，故京谚云“男不拜月，女不祭灶”。拜毕，焚纸马，撤供品，设果酒肴馔于庭，家人团坐，饮酒赏月，谓之“团圆节”。又将祀月之月饼，按人数切块分食，谓之“团圆饼”，亦有留至除夕而食者。商家亦于是夜设宴，并招邻店之人，延之同饮。

九月初九日为重阳节，居人率多提壶携榼，出郭登高，如钓鱼台（俗呼望河楼）、陶然亭、龙爪槐、天宁寺、蓟门烟树、清净化城[①]以及西山八大刹等处，皆游观之所也。居民多食羊肉火锅，又食花糕，盖以麦粉为糕，置枣、栗、糖果于上者也。父母必迎其出嫁之女同食之，故亦曰“女儿节”。是月也，菊花盛开，巨室每陈花作山形，或缀成吉祥字，招邀戚友，把酒赏菊，贫家则栽花于盆，阶下案头，以时观赏，意谓必如是而始不负此佳节也。

十月初一日为孟冬，朔日上冢，且送“寒衣”。寒衣者，以五色纸剪之为衣袴，长不满尺，外有纸袱盛之，上书祖先爵秩、名号及年、月、日，下注“后裔某某谨奉”。入夜，呼而焚之，亦有焚之于冢上者，此所以有“十月一，送寒衣”之

① 清净化城塔，是六世班禅大师的衣冠塔，位于北京西黄寺。

谚也。

十一月，通称冬月。遇冬至日，食馄饨（扁食之类，和汤食之），犹夏至之必食面也，故京谚云“冬至馄饨夏至面”。士大夫又率于是日作“消寒图”，图以一纸绘九格，格绘九圈，凡八十一圈，自冬至日起，日涂一圈。其法，上阴下晴，左风右雨，雪在中。圈涂尽，则九九毕。又有绘素梅一枝，为瓣八十有一，日染一瓣，亦分别阴晴风雪者，则较前法为雅矣。

十二月，通称腊月。初八日啜粥，曰“腊八粥”，盖杂各色米豆及菱角、芡实、枣、栗、莲子诸物，熟煮之以为糜，外以染有红色之桃仁、杏仁、花生、瓜子、葡萄干、青红丝、黑白糖点缀之者也。五更即煮之，先祀祖、供佛，后馈戚友，送粥时必以腌菜、菘菜为副。家畜之猫、犬、鸡雏，亦皆饲以粥。墙壁树木，则以粥抹之。富家煮粥，可供旬月之用，其縻费可知。又有于是日以蒜浸醋，封而藏之，至次年新正启食者，曰“腊八蒜”。既过腊八，择吉日行大扫除，谓之“扫房”。其平日之不轻扫除者，恐不祥也。二十三日祭灶，供以糖饼、粮瓜、黍糕、胡桃等品，又备草料凉水，谓用以秣灶君之马。祭时，必使炉火炽盛，以糖饼置炉口，亦有缘而涂之者。相传灶君朝天，白人家善恶于玉帝，以行赏罚，置糖炉口，则口黏，不复能语，故焚神纸时，必祝曰“好话多说，不好话少说”。祭毕，以糖果与家人食之。自是以后，即预备过年矣。卖年画者、卖花者、卖门神挂钱者、卖松柏枝芝麻秸者、卖陶瓷器者，叫呼络绎不绝于门。街市则春联摊、年棚、黍糕、馒首、鸡、鸭、鱼肉、花木果品，一切年货，无不具备。商家民居，各于门前纷贴挂钱（次年正月十五日或二月初二日，以竹竿挑去，谓之“打挂钱”）、对联，凡几案铜锡各器，皆拂拭一新，而沽酒市肉，以治制肴馔，更有日不暇给之势。先除夕一日，则曰“小除夕”，家置酒宴，往来招邀，曰“别岁”，又曰“辞岁”，亦有于除夕始行辞岁之礼者。除夕夜多不寝，曰“守岁”。以芝麻秸散置中庭，往来践踏之，谓之“踏岁”。妇女多戴红石榴花，上缀小金元宝，则取吉祥发财之意也。市中更有贫儿，手持财神纸马分送商店民居，而呼曰送财神爷来者，皆以钱与之，取吉利也。

以上所述，悉为阴旧历俗，而阴历新年及国庆节、纪念日，亦别有点缀。商家皆高悬国旗，新华门、中华门、天安门、正阳门、东西四牌楼、东西单牌楼，及各大街及交叉路口，均扎花坊或松坊，上置电灯，马路两旁，则植高约五尺余之短竿，系以小红灯，官署亦均于门前悬旗结彩，安扎花坊，车站、大商店，更有以五色电灯密排于楼房之上，作种种花纹或吉语者。入夜灯明，齐放异彩，举目环顾，处处星光，诚别具一种气象。游览之地，如先农坛、中央公园、农事试验场、劝工陈列所、三殿古物陈列所等处，均一律开放（或免费，或收半价），任人游览，而新世界、戏园、饭店、娼楼、妓馆、电影、球房、市场及各娱乐场，亦皆有人满之患也。

庙 会

北方岁时，悉有庙会，京师尤多，其日期皆阴历也。正月初一日东便门外三忠祠，东直门外铁塔寺，东四牌楼三官庙，北新桥精忠庙，均开庙一日，香火极盛。德胜门外大钟寺（即觉生寺），开庙十五日。寺有悬大钟之高楼，即华严钟也。钟纽下有眼，悬小锣，以钱投之，中者声铿然，曰“打金钱眼”。游人争登楼，掷钱击之。寺外多驰车赛马之少年。西便门外白云观，开庙十九日，至第十八日，往游之人尤盛，谓之“会神仙”，亦曰“燕九会”。（以上均详见“古迹名胜”）西直门内曹老公观，亦开庙十五日，昔甚繁盛，儿童玩物、各种杂技，皆集于此，内城居民率以此为娱乐之所。今即其址建陆军大学，庙会已无。初二日、十六日，彰仪门外财神庙开庙，都人率往求财，盛于他月，初二日尚有所谓“借元宝”（详见“岁时俗尚”）者。初一日至十七日，琉璃厂厂甸（今为海王村公园）盛列儿童玩物，而琉璃喇叭、沙雁为尤伙，近并设临时茶肆，妓女亦有至者。初六日，火神庙（琉璃厂东门）开庙，所售字画、书帖、古玩、玉器多至不可胜数。初八日，弘仁寺喇嘛跳舞布札，俗名“打鬼”。掌教喇嘛披黄锦衣，乘车持钵，从者持仪仗法器拥护之，又以小僧衣彩，戴黑白头盔（俗名“鬼脸”），执鞭棒舞蹈，绕寺而走，盖取迎祥驱祟之意也。此外则安定门北西黄寺，自十三日至十五日打鬼，德胜门外黑寺，自二十三日至二十五日打鬼，届期商贾纷集，士女杂沓，亦有走马驰车以行乐者。他如安定门内雍和宫，地安门内嵩祝寺，亦均定期打鬼，往观者惟附近居民而已。

二月初一日，崇文门外太阳宫开庙。初五日、十五日，居人多往涿县碧霞元君庙进香。

三月初一日，东便门蟠桃宫开庙，初三日，游客至盛，近改五日，并筑赛马场。马鞍山潭柘寺，则开庙半月。朝阳门外东岳庙，则十五日至三十日开庙，中以二十五日“放生会”、二十八日“掸尘会”之香火为尤盛。十八日，京西天台山开庙一日，进香者至多。清明节，南下洼城隍庙开庙三日，进香者以八埠妓女为尤多，且有在庙左右，向空膜拜，焚纸锞而号泣者。若以尊长或己身之病愈还愿，衣赭衣、悬锁链沿途跪拜，名曰“拜香”者，今罕见矣。

四月初一日，戒坛寺开庙，居民多往游者。京西万寿寺、西顶、碧云寺、妙峰山均开庙半月，中以妙峰山娘娘庙之游人为最盛，且有至自天津、保定者，而都城之茶会及秧歌、狮子、开路五虎棍、少陵棍、双石杠子等会，结队前往者亦不可胜数。山腰一带，有供客饮憩之茶棚。游人之归也，率购挑棍、麦草帽、花篮，悬于车棚。而痴男女之一步一拜直至山巅，亦曰“拜香”者，近亦罕矣。永定门外马钩桥南顶，则自初一日至十八日开庙，幡乐之盛，一如岳庙，盖碧霞元君诞辰也，俗传是日神仙下降，故士女往而祈灵祈子者甚多。十三日，都人多游药王庙，兼赏花。十八日，为北顶、东顶开庙之期，售农器者咸集庙外。二十二日，地安门外迤西城隍行宫有庙会，香火不绝。清光绪庚子（1900）前，有城隍出巡之举，观者如堵。至五月初一日，则舁至西城都城隍庙，翌晨始返，较南下洼之城隍庙为尤盛。二十八日，彰仪门外造甲庙、南西门外看丹庙，亦均有庙会。

五月初一日，西城都城隍庙、永定门外南顶，均开庙十日。南顶较盛，士女云集，且以比年赛马，皆在太沙子口，游人故多聚于此。卧佛寺城隍行宫、德胜门外北顶，均开庙五日。永定门外关帝庙则自十一日始开庙五日，跑马赛车，演剧之事，岁以为常。十三日，安定门内雍和宫以烧猪祀神，有番僧诵经，士女多往观。

六月初一日，中顶有庙会，售花木者甚伙。初五日、初六日，善果寺、戒台寺晒经。二十三日、二十四日，西便门外白云观祭火神及马王、关帝，开庙二日，进香者甚多。

七月十五日，为江南城隍庙庙会之期，居民多于此赛神。妙峰山亦于是月开山半月，进香者甚多。

八月初一日，崇文门外灶君庙开庙三日。

九月初一至初九日，西便门外白云观有九皇会，设坛诵经。十五日，彰仪门外五显财神庙开庙三日，祈祷者相属于道，而伶妓为尤多。

十月初一日，南下洼城隍庙开庙一日，游人云集。二十五日，阜成门内白塔寺延番僧绕塔诵经。

十一月十二月，无庙会可纪。

每月之按单双日或朔望日开庙列市者颇多，兹分述之。七八日护国寺（俗呼西庙），九十日隆福寺（俗呼东庙），每届期，车马盈门，百货咸备，而医卜星相、歌唱、耍舞之杂技，亦皆有之。五六日白塔寺，较东西庙稍逊，然游者亦不少。四日有花市，在崇文门外稍南，陈列货品，以妇女所戴纸花为多。三日彰仪门内土地庙之花市、鸽市最盛。他如崇文门外南药王庙、德胜门内北药王庙、东直门内小药王庙、朝阳门外东岳庙，均朔望开庙二日。彰仪门外财神庙，则初二十六二日，求财者纷集。至城内外之吕祖祠、吕祖阁、吕公堂、关帝庙、娘娘庙，随在皆有，每逢朔望，亦多往焚香礼拜者，惟仅限于一隅耳。

附　妈妈论

凡迷信之谈，为老妪所传说者，都人士谓之曰“妈妈论”。流传既久，遂成习惯，今志之，以觇京师之俗尚焉。夜小便或泼水，必先咳嗽，恐污及过路之神也。

洗濯之秽水，夜不置于庭，恐夜游神之马饮之也，饮之则置水者有罪。

初闻雷则抖衣袴，云蚤虱不生。

见虹，不得以手指之，谓指之即生疮。

正月不洗足，谓洗之则死舅舅。

禁啮指，禁托腮，恐生灾也。掌心痒，夜梦火，均谓之主发财。

梦孝服者吉，梦红色者凶。鹊鸣吉，乌鸣凶。

以猫犬赠人，受者必以茶叶数包报之，恐啮断交谊也。

见桃木、见官印、见历书，皆可辟邪，故恒以桃木置门后。遇祟中邪，则以官印悬堂中，或以历书击之。

左目跳，谓主发财；右目跳，谓有灾。

商店中人晨起开门时，必于柜台摇算盘，谓之“打煞气”，行人遇之则急避，意谓当之则不祥。

食物时不照镜，恐得噎嗝也。

男女结婚，经媒妁介绍，两家以男女庚贴（八字帖）交换，在未交星命家推勘时，必先置灶神炉下三日，以觇吉凶，三日内若无器物损坏，则事可成，否则凶。求女为妇者，忌其生肖为羊、虎，谓为妨夫，故凡属羊、虎之女子，恒不以真实年齿龄告人。

女之鬓间有疮痕者，曰“鬓疤”，男子恒不敢娶，谓不利于夫，故有“不妨两，便妨三”之谚。

娶妇日，喜轿将行时，必令童子于新房击锣三声，谓之“响房”，于是音乐接奏，轿即启行。新妇上轿，腰间必有钱，曰“压腰钱”，谓腰不空，可永有钱也。胸必悬镜，谓可心明眼亮也。轿行途中，遇井庙，必掩以红毡，谓可避煞。轿至女家，必闭门，令作乐，故意迟延，谓可减新郎之暴性，过门后不至虐待其妇。女家启门时，娶亲男子（娶亲老爷）出怀中铜钱向门掷之，曰“满天星”。轿置于庭，年长者以镜照轿，曰“照妖”，谓恐有妖邪在其中也。轿至男家，入门时必跨炭火盆而过，否则谓恐有妖邪，新郎且以桃木弓、柳木箭向轿门虚射，谓可免煞。新妇下轿时，必手抱宝瓶，或左手金、右手银，以示其非空手来也。又必口噙苹果，身跨马鞍而过，谓可平安也。

新郎、新妇拜堂，必衣棉，谓福寿可绵长也。

新郎、新妇入房，即食面角，曰“子孙饽饽”，取生子之兆也。是夜食面，曰“长寿面”，祝其寿长也。新妇既入房，必燃一灯，次日始息，曰“长命灯”。灯必以蜜调油，曰“蜜里调油”，谓夫妇可亲密也。新房不悬人物鸟兽，及凡有目物之图画，恐为死目所视也。新郎、新妇之衾枕，必置枣、栗、花生、桂圆等物于中，谓可早生贵子也。

新妇之尚未回门也，不食米饭，谓恐犯口舌；不饮茶，恐谈话时有旁人之言夹入也；不得掸扫，恐索家也。新妇回门，女家必于黎明迓之，不使见母家屋瓦，谓恐妨母家也。

嫁女之衣衾等物，必请年老有夫、儿孙众多之妇（称为“全扣人”）为之剪裁缝纫，寡妇不得与。他如娶亲、送亲，及招待新妇上轿、下轿等事，亦如之。

孕妇不得隔门授受器物，女红所用纸样，不得过宿，皆恐难产也。妇女倾秽水，不得留余，恐产时不利也。不可坐坛，恐所生之儿无后阴也。

产前一月，母家以小儿衣袴鞋袜、黑糖、小米、鸡蛋等物馈之，又有内盛饼肉之升一具，曰“催生”。

儿生三日，产婆以槐条艾枝水洗之，曰“洗三”（即汤饼会）。无子之妇人，可倾其水，倾时必内向，谓后即有子也。产婆以秤钟轻按儿身，谓之“压千斤”，欲其长大能负重任也。又以葱茎轻击儿身，谓可聪明也。以锁锁儿口及手足，谓可谨言慎行也。洗毕，置花于筛，置儿其上，筛之，以筛有孔，谓出痘时可稀疏也。产后十二日，母家必送肉面以作面角，使食之，谓之“捏骨缝”。产后一月为满月，戚友妇女多往贺之，辈行之较长者，则必合持二馒首，令产妇啮之，曰“满口”，免口空也。是日，戚友来贺，馈以衣帽、铃铛、寿星及馒首等物，亦有与钱者，封以红纸，上书“代铃”或“长命百岁”字样。乃设筵或演剧，或他种玩艺以娱之，谓之“办满月”。所生若为女，一月中，不得就桌食饭，谓恐多生女也。儿生一岁，陈笔墨、算盘、银钱、食品及零物于其前，令抓取之，视所取何物，以卜其将来之贵贱贫富、智愚巧拙，曰“抓周”。

遇妇人难产时，则开门，凡柜橱之有门有屉者，悉启之。若仍无效，则劈锅圈，或呼其夫之乳名。

妇人无子者，率至娘娘庙，以带缚泥孩，谓之“拴娃娃”，云可生子也。

家有襁褓小儿，辄于炕沿下或桌下，供“白马先锋”之神像，谓可免惊。儿跌于地，或遇犬斗，则以手拊其顶，并促其溲，谓可不惊。儿惊而失魂，母则以饭勺叩门楣，呼其名而唤之，曰“家来，家来”，有人应于内曰“家来矣，家来矣”，自大门至内室，每门皆然，谓之“收魂”。亦有以衣或带自其受惊处而呼之者，曰“随妈家来”。家有小儿，月落不糊窗，谓儿魂恐留户外也。

正月，儿忌剃头，谚有之曰“正月不剃头，剃头死舅舅”。帽不重戴，亦恐舅死也。

儿衣不置星月之下，谚有之曰“女怕花星照，男怕贼星照”。

儿不得戏火，恐溺床也。

儿勿用腿，恐有灾也。

儿初出行之经过桥庙也，必撒钱，曰“买路钱”，谓虽有鬼，得钱不为祟也。初至戚友家，戚友家恒以白棉线系荷包或铜钱悬于其项，曰“挂线”，欲其长寿也。

邻有丧，必系红布于儿背，谓可避殃，遇瘟疫亦然，谓可免病避邪，然平日亦有系之者。

儿出痘之称曰“天花”也，京师与各地同，京师又谓之“当差事”。父母必彻夜守视，更以香菜浸之水，恐萎也。是时家人口戒不吉之语，谓恐得罪痘神。儿出痘，必燃红纸于四处照之，谓不如是，痘即内陷。痘出十二日，祀痘神，戚友馈以鼓盖（形如烧饼而中空），欲痘之发生也。

人之初死也，必焚纸糊车马，曰“倒头车”，小康之家即然。尸停于床，以面团球置于秫秸之杆上以烤之，俟干，插于米饭碗中，置死者头前，曰“打狗棒”。并置面饼于其袖，曰“打狗饼”，谓其魂须经恶狗村，备以此御狗也。棺入门时，置铜钱煤炭于中，谓自此即无若是之叹惜事也。殓时，孝子以水洗死者目，曰“开光”，惧其来生或瞽也。殓衣不用缎，以“缎”与“断”同音，恐绝后也。既殓，置灯于棺前，曰“引魂灯”，谓死者行路可不黑暗也。

死后三十五日，曰“五期”，必由孝女自焚纸糊之彩伞，盖俗传五殿阎君爱女，由女焚之，可为死者减罪也。

死后六十日，焚船桥，悉以纸糊之，大者丈余，小者数尺，谓死者之魂须过混河，备此，则能渡矣。

出殡前一日，有伴宿之事。是夕，戚友各以箸纳灵前之菜罐中，封以红布。至出殡日，媳以手持罐，翁死以左手，姑死以右手，不得更易。葬时，埋罐于棺前，谓死者来生不乏食也。出殡日，必将死者平日所用枕中之谷壳，倾于门外，恐其魂留枕中也。孝子执书有死者名号及生死年月日时之纸幡，书此者必沙门，曰“引魂幡”，盖引死者之魂而行也。父死持以左手，母死持以右手，一路不得易手。起杠时，孝子必将丧盆掷破之，谓为死者饮秽水之用，盆有孔，即饮即漏，不使多饮也。

凡送殡之家属戚友，于返时，皆于门外所置之小盆中，磨刀数次始入，意恐有鬼随之以进也。

世界各国国庆纪念日（按日期先后排列）

脑威　初立国政　五月十六日

日斯巴尼亚　国庆　五月十七日

古巴　民主纪元　五月十九日

阿根廷　共和独立纪念　五月二十五日

美　共和纪元　七月四日

法　共和纪元　七月十四日

比　独立纪念　七月二十日

瑞士　联邦政府创立纪念　八月一日

墨　共和纪元　九月十六日

智利　共和独立纪念　九月十八日

中华　国庆　十月十日

葡　共和纪元　十月十五日

捷克　共和纪元　十月二十八日

世界休战纪念　十一月十一日

巴西　初行民政纪元　十一月十五日

第三编　宗教

孔　教

孔教会　西城太仆寺街

孔庙办公处　国子监　电话东六三一

释　教

北京念佛会　东城晾果厂大佛寺

佛教总会　宣武门内西城根

乐乐省心社　西城华嘉寺

附　修正北京念佛会简章

第一条　本会以同修净业、往生安养为宗旨，以念佛为主行，以讲经、礼忏、布教及一切善举为助行。

第二条　本会定名为“北京念佛会”。

第三条　本会常课，照本会课本行之，其有特别功课，临时定之。

第四条　本会以每星期日为共同念佛之期，其时间按冬夏之宜，随时酌定。

第五条　本会经费，由董事量力担任，及由诸仁者发心捐助，分月捐、特捐两种，月捐应于每月夏正十五日前交纳。

第六条　本会收入由会计员，支出由庶务员，临时或月终公表之。

第七条　凡信崇佛教，以念佛为行持，赞成本会宗旨，请求入会者，皆得为本会会员。

第八条　凡会员于行持外，皆有维持会务、共图发展之责。

第九条　凡诸善信来会随喜者，本会均谒诚招待。

第十条　本会处理会务，设董事、干事二部担任之。

甲　董事部　董事无定额，由会员公推之，负筹划进行捐助经费之完全责任。凡重要事务，由董事会议决行之。

乙　干事部　干事设下列各员，办理本会事务，由董事中公推之。

一、主任一人；

二、会计一人；

三、庶务一人；

四、文牍一人；

五、招待二人。

第十一条　本会有应行因革及应行举办各事宜，由会员提请公众议决之。

附　乐乐省心社简章

第一条　本社由乐乐坛同人发起，定名“乐乐省心社”。

第二条　本社以实行诵经念佛、研究佛学为宗旨。

第三条　本社设社长一人，副社长一人，名誉社长若干人。

第四条　本社设书记二人，会计一人，庶务一人，皆义务职。

第五条　本社社员无定额，凡乐乐坛同人，皆为社员。如坛外有发心至诚，经本社社员二人之介绍，亦得为本社社员。

第六条　本社定于每星期日二钟至五钟为常会。

第六条　常会时功课，另订之。

第七条　本社开办费，由社员量力捐助。经常费，每员每月交现洋半元，但赋闲及经济不甚充裕者，得免交全数或半数。

第九条　来社随喜者，如愿随同修持，得于课前向本社声明。

第十条　本社规则另订之。

附　乐乐省心社规则

第一条　本社社员，均有遵守本规则之义务。

第二条　常会时，各社员应于法定钟点以前到会。

第三条　设立签到簿一本，依次签名，设立考勤簿一本，记录社员勤惰。

第四条　社员遇常会时，不得无故不到，如有特别事故，须以书面声明理由，随时请假，以便分别登簿。

第五条　常会期，社员于会毕以前，应一律茹素。

第六条　社员应遵守课程，于修持时应一律虔诚整肃，不得凌乱。

第七条　有来社随喜者，社员应尽招待之责。

第八条　社员于佛学范围内，如有疑难，得于休息时间讨论之。

第九条　本社开办费，于入社时交纳，经常费于每月第一会期交纳。

第十条　本社款项出纳，由会计员每月月终清结报告一次，如有余款，由社员公决处理之。

第十一条　本规则如有未尽事宜，得随时修订之。

道　教

北京同善总社　东帅府胡同　电话西二五二四

北京升平道社　礼路胡同　西二五二四

正气社　广宁伯街西半截胡同　西二一〇六

京兆同善社　西直门内沟沿大觉胡同

悟善社（今改名救世新教）　宣武门内松树胡同　南二三三〇

福建驻京恒善总社　太仆寺街牛角胡同　西二〇九五

天主教

天主堂　西安门内西什库　电话西二六六　宣武门内东城根　东华门外　西直门内大街　阜成门外　台基厂　东三一三八〇八面槽

耶稣教

中华基督教会　崇文门外东柳树井　电话东一六五一　东城米市大街　东三〇六三　东直门外

公理会　灯市口路北　东四牌楼五条胡同　宽街　朝阳门外

北京基督教青年会　东城米市大街　东二二〇二　东九四五　东三六四

北京基督教妇女青年会　东城甘雨胡同　东一八二九

北京基督教学校事业联合会　安定门大街

安立甘会（中华圣公会）　宣武门内象坊桥北　宣武门内石驸马大街东口外　绒线胡同

东正教会（奉耶稣）东直门内

长老会　安定门内二条胡同　安定门内交道口　地安门外桥北路西　鼓楼西大街路南　西直门内新街口

信教自由会　宣武门内西城根

美以美会　崇文门内孝顺胡同路东　崇文门外花市路北　正阳门外珠市口路西　宣武门外大街路西　广安门内靴子胡同外　左安门外　永定门外守备署后　白纸坊枣林街　崇文门内大街　崇内方巾巷　崇外河泊厂

美国圣经会　东城煤渣胡同　东三五六

伦敦会　西四牌楼南缸瓦市　礼路胡同　西五七五

救世军

中央堂　王府大街

南堂　正阳门外兴隆街

西堂　端王府夹道

北堂　安定门内北新桥

基督复临安息圣会　齐内大方家胡同　东二八四一　鼓楼东大街　护国寺西口外　西珠市口第一舞台对过

圣书会　缸瓦市

回　教

中国回教俱进会本部　西单牌楼北大街

清真寺　广安门内牛街　宣武门外教子胡同　正阳门外笤帚胡同　崇文门外花市大街　崇文门外唐刀胡同　崇文门外堂子胡同　崇文门外苏州胡同　朝阳门内禄米仓　朝阳门内豆芽菜胡同　朝阳门外南中街　朝阳门外下坡　东直门外二里庄　宣武门内手帕胡同　宣武门内粉子胡同　宣武门内绒线胡同　阜城门内锦什坊街　西直门内沟沿　西直门外南关　阜成门外关厢　阜成门外三里河　东安门外丁字街南路西　东四牌楼南

剪子巷　东直门内南小街　安定门内二条胡同　安定门外　地安门外什刹海南岸　德胜门外大街　德胜门外马店　西单牌楼北鱼市

清真学社　西单牌楼北大街

理　门

在理教为白莲教之支流，起于清初。其教祖曰杨莱如，山东即墨人，明万历进士，明亡，从劳山程杨旺学道，后传道燕齐间，遂立在理教。在理者，言在儒释道三教之理中，奉佛教之法，修道教之行，习儒教之理也。不设像，不焚香，戒烟酒，不禁茹荤，多用咒歌偈语，北人颇信奉之，俗呼曰“理门”。

一正公所　安定门内东城根

中一堂　果子巷

中义堂　安定门内水獭胡同

巨善堂　帅府园马家庙

正善堂　烂缦胡同

同一公所　京西蓝靛厂

守一堂　朝阳门外南营房喇嘛寺

守中堂　地安门外马尾巴斜街

守元堂　安定门外关厢

成善堂　挂甲屯

志善堂　骡马市大街洪洞馆

扶善同修　西单牌楼西都土地庙

明道堂　东直门外南小街

首乐堂　天桥西储库营

悟善堂　东四牌楼西孙家坑

悟真堂　永定门外二郎庙

修玄别境　西单牌楼西卧佛寺街

修悟堂　小井马官营

纯一堂　朝阳门外关厢

清静山房　正阳门外三里河北桥湾

云灵山房　大有庄

遇善堂　棉花九条

荣善堂　德胜门外小市

广善同修　石头胡同万佛寺湾

乐善同心　朝阳门外九天宫

乐善公所　东珠市口迤南小市

乐善同修　阜城门外北营房

乐善堂　朝阳门外北营房

学善堂　外九道湾

凝性堂　西四牌楼大拐棒胡同

静修堂　宫门口西弓匠营

静善堂　南横街晋太高庙

静善公所　地安门外方砖厂

济善同修　辟才胡同

灵善堂　新街口正觉寺

第四编　法规

违警罚法

第一章　总纲

第一条　本法于违警在本法施行后者适用之。

第二条　本法及其他法律教令或法令所认许之警察章程无正条者，不论何种行为，不得处罚。

第三条　未满十二岁人违警者，不处罚，但须告知其父兄或抚养人，责令自行管束。

前项之违警者，若无从查悉其父兄或抚养人时，得依其年龄，施以感化教育，或送交收养儿童处所教养之。

第四条　精神病人违警者，不处罚，但精神病间断时间之行为，不在此限。精神病人违警，不问其处罚与否，应告知其父兄或监护人，责令自行管束。

前项之违警者，若无从查悉其父兄或监护人时，得酌量情形，送入精神病院或精神病人之监置所。

第五条　因救护自己或他人紧急危难，出于不得已之行为致违警者，不处罚，但其行为过当时，得减一等或二等处罚。

第六条　凡为人力或天然力所迫，无力抗拒致违警者，不处罚。

第七条　违警未遂者不处罚。

第八条　因违警处罚后六个月以内，在同一管辖地方再犯者，加一等处罚，三犯以上者，加二等处罚。第三条第一项及第四条第二项之违警者，于告知其父兄、抚养人或监护人后，六个月以内，在同一管辖地方再犯者，处其父兄、抚养人或监护人以应得之罚。依前项规定处罚者，以罚金为限。

第九条　违警行为同时涉及本法所列二款以上者，分别处罚。

第十条　二人以上共同实施违警行为者，皆为正犯，各科其罚。前项之行为实施前或实施中帮助正犯者，为从犯，得减一等处罚。

第十一条　唆使他人实施违警行为者，为造意犯，准正犯论。唆使造意犯者，准造意犯论。

第十二条　唆使或帮助从犯者，准从犯论。

第十三条　违警之罚则，为主罚及从罚。主罚之种类如下。

一、拘留。十五日以下，一日以上。

二、罚金。十五元以下，一角以上。

三、训诫。

从罚之种类如下：

一、没收；

二、停止营业；

三、勒令歇业。

第十四条　拘留于巡警官署拘置之。

第十五条　罚金于判定后五日以内完纳，若逾期不肯完纳，或无力完纳者，每一元易拘留一日，其不满一元者，亦以一元计算。依前项之规定，易处拘留后，如欲完纳罚金时，得将已拘留之日数扣除计算之。

第十六条　没收之物如下。

一、供违警所用之物。

二、因违警所得之物。

没收之物以违警者以外无有权利者为限。

第十七条　停止营业，其期间为十日以下。

第十八条　勒令歇业，于累犯同一违警行为者适用之。

第十九条　因违警行为致损坏或灭失物品者，除依法处罚外，并得酌令赔偿。

第二十条　违警者于未发觉以前，向警察官署自首者，得减一等或二等处罚，或以训诫行之。但本法别有规定者，不在此限。向被害人自首，经警察官署审讯者，亦同。

第二十一条　审查违警者之素行、心术及其他情节，得酌量加重，或减轻一等或二等处罚。

第二十二条　依第九条之规定处罚者，拘留不得逾三十日，罚金不得逾三十元。

第二十三条　本法所称一等，指定本条所定拘留期间罚金数目四分之一而言。

因罚之加减，致拘留不满一日，罚金不满一角者，得免除之。主罚免除者，不免除没收。

第二十四条　本法所称“以下”、“以上”者，俱连本数计算。

第二十五条　受拘留之处罚，于拘留期间过半后，确有悔悟实据者，得释放之。

第二十六条　违警之现行犯，巡警人员得不持传票，径行传案。但违警者实有重要事务在身，确知其姓名住址，又无逃亡之虞者，不在此限。

第二十七条　因违警之嫌疑，经官署传讯者，自传票到达之日起，须于三日以内到案，若逾期不到，得径行判定，依法处罚。

第二十八条　违警之起诉、告诉、告发期间，自违警行为完毕之日起，以六个月为限。

依本法处罚者，自判定之日起，满六个月后，尚未执行时免除之。

第二十九条　时期以二十四小时为一日，以三十日为一月。

第三十条　时期之初日，不计时刻，以一日论。最终之日，阅全一日。

第三十一条　拘留者之释放，于期满之当日午后行之。

第二章　妨害安宁之违警罚

第三十二条　有下列各款行为之一者，处十五日以下之拘留，或十五元以下之罚金。

一、未经官署准许制造或贩卖烟火者。

二、于人烟稠密之处，燃放烟火及一切火器者。

三、发现火药及一切能炸裂之物，不告知警察官署者。

四、未经官署准许携带凶器者。

五、散布谣言者。

六、于人家近旁或山林田野滥行焚火者。

七、当水火及一切灾变之际，经官署令其防护救助，抗不遵行者。

八、疏纵疯人、狂犬或一切危险之兽类，奔突道路，或入人第宅及其他建筑物者。

第三章　妨害秩序之违警罚

第三十三条　有下列各款行为之一者，处十五日以下之拘留，或十五元以下之罚金。

一、违背法令章程，营工商之业者。

二、违背法令章程，开设戏园及各种游览处所者。

三、旅店确知投宿人有刑法上重大犯罪行为，或将有刑法上重大犯罪行为之举动，不秘密报告警察官署者。

第三十四条　有下列各款行为之一者，处十日以下之拘留，或十元以下之罚金。

一、婚姻、出生、死亡及迁移，不依法令章程报告警察官署者。

二、建筑物之建筑修缮，不依法令章程，禀经警察官署准许，擅兴土木或违背官署所定图样者。

三、旅店、会馆及其他供人住宿之处所，不将投宿人姓名、年龄、籍贯、住址、职业及来往地方登记者。

四、群众会合，警察官署有所询问，不据实陈述，或令其解散不解散者。

五、死出非命，或发现来历不明之尸体，未经报告官署勘验，私行殓葬，或移置他处者。

旅店及其他供人寄宿之处所，六个月以内，在同一管辖地方违背前项第三款至三次以上者，得勒令歇业。

第三十五条　有下列各款行为之一者，处五日以下之拘留，或五元以下之罚金。

一、于私有地界外建设房屋、墙壁、轩楹等类者。

二、房屋及一切建筑物势将倾圮，由官署督促修理或拆毁，而延宕不遵行者。

三、毁损路旁之植木、路灯或公置物品者。

四、于学校博物馆、图书馆及一切展览会场，或其他供人居住之处所，聚众喧哗，不听禁止者。

五、于道路或公共处所擅吹警笛者。

六、于道路或公共处所高声放歌，不听禁止者。

七、于道路或公共处所酗酒、喧嚷或醉卧者。

八、于道路或公共处所口角纷争，不听禁止者。

九、于禁止出入处所擅行出入者。

十、潜伏于无人居住之房屋者。

十一、深夜无故喧嚷者。

十二、借端滋扰铺户及其他营业处所者。

十三、经官署定价之物，加价贩卖者。

十四、凡夫役、佣工、车马等预定佣值赁价，事后强索加给，或虽未预定，事后讹索或中道刁难者。

违犯前项第十三款、第十四款者，其加价所得之金钱没收之。六个月以内在同一管辖地方，违犯第一项第十三款、第十四款至二次以上者，得令其停业，三次以上者，得酌量情形，勒令歇业。

第三十六条　茶馆、酒肆及其他游览处所之主人或经理人，于警察官署所定时限外，听客逗留者，处十元以下之罚金。六个月以内，在同一管辖地方，违犯前项至二次以上者，得令其停业，三次以上者，得酌量情形，勒令歇业。

第三十七条　于警察官署所定时限外，逗留茶馆、酒肆，或其他游览处所，经警察官吏、馆肆等主人或经理人，劝令退去不听者，处五元以下之罚金。

第四章　妨害公务之违警罚

第三十八条　有下列各款行为之一者，处五日以下之拘留，或五元以下之罚金。

一、于官署及其他办公处所喧哗，不听禁止者。

二、除去或毁损官发告示者。

第五章　诬告伪证及湮没证据之违警罚

第三十九条　有下列各款行为之一者，处十日以下之拘留，或十元以下之罚金。

一、诬告他人违警或伪为见证者。

二、因曲庇违警之人，故意湮没其证据，或捏造伪证者。

三、藏匿违警之人，或使之逃脱者。

前项第一款、第二款之违犯，于该案未判定以前自首者，免除其罚，第二款、第三款之违犯者，若系犯人亲属，亦同。

第六章　妨害交通之违警罚

第四十条　有下列各款行为之一者，处十五日以下之拘留，或十五元以下之罚金。

一、妨害邮件或电报之递送，情节轻微者。

二、损坏邮务专用物件，情节轻微者。

三、妨碍电报、电话之交通，情节轻微者。

第四十一条　有下列各款行为之一者，处五日以下之拘留，或五元以下之罚金。

一、于私有地界内当通行之处，有沟井及坎穴等，不设覆盖及防围者。

二、于公众聚集之处，及湾曲小巷，驰骤车马，或争道竞行，不听阻止者。

三、各种车辆不遵章设置铃号，或违章设置者。

四、未经官署准许，于路旁河岸等处开设店棚者。

五、毁损道路桥梁之题志，及一切禁止通行或指引道路之标识等类者。

六、渡船、桥梁等曾经官署定有一定通行费额，于定数以上，私行浮收或故阻通行者。

前项第六款浮收之金钱，没收之。

第四十二条　有下列各款行为之一者，处五元以下之罚金。

一、于渡船、桥梁等应给通行费之处，不给定价，强自通行者。

二、于路旁罗列商品玩具及食物等类，不听禁止者。

三、滥系车筏，致损坏桥梁堤防者。

四、于道路横列车马，或堆积木石薪炭及其他物品，妨碍行人者。

五、于路上溜饮车马，或疏于牵系，妨碍行人者。

六、并行车马，妨碍行人者。

七、并航水路，妨碍通船者。

八、将冰雪、尘芥、瓦砾、秽物等类投弃道路者。

九、于道路游戏，不听禁止者。

十、受官署之督促，不洒扫道路者。

十一、车马夜行不燃灯火者。

十二、消灭路灯者。

十三、于谕示禁止通行之处，擅自通行者。

第七章　妨害风俗之违警罚

第四十三条　有下列各款行为之一者，处十五日以下之拘留，或十五元以下之罚金。

一、游荡无赖、行为不检者。

二、僧道恶化及江湖流丐强索钱物者。

三、暗娼卖奸，或代为媒合，及容留止宿者。

四、唱演淫词淫戏者。

第四十四条　有下列各款行为之一者，处十日以下之拘留，或十元以下之罚金。

一、污损祠宇及一切公众营造物，情节尚轻者。

二、污损他人之墓碑者。

三、当众骂詈、嘲弄人者。

四、使用人对于佣主及佣主之宾客，有狂暴之言论或动作者。

五、于道路叫骂，不听禁止者。

前项第三款、第四款之违犯，经被害者告诉，乃论。

第四十五条　有下列各款行为之一者，处五日以下之拘留，或五元以下之罚金。

一、于道路或公共处所，为类似赌博之行为者。

二、于道路或公共处所，赤身露体，及为放荡之行为者。

三、于道路或公共处所，为狎亵之言语举动者。

四、奇装异服、有碍风化者。

第八章 妨害卫生之违警罚

第四十六条 有下列各款行为之一者，处十五日以下之拘留，或十五元以下之罚金。

一、未经官署准许，售卖含有毒质之药剂者。

二、于人烟稠密之处，开设粪厂者。

三、于人烟稠密之处，晒晒或煎熬一切发生秽气之物品，不听禁止者。

四、售卖春药、堕胎药及张贴此等告白者。六个月以内，于同一管辖地方，违犯前项第一款至二次以上者，应令停业，三次以上者，得勒令歇业。违犯第一项第二款者，勒令歇业。

第四十七条 有下列各款行为之一者，处十日以下之拘留，或十元以下之罚金。

一、应加覆盖之饮食物，不加覆盖，陈列售卖者。

二、搀杂有害卫生之物质于饮食物而售卖，借牟不正之利益者。

三、售卖非真正之药品，或深夜逢人危急，拒绝买药者。

第四十八条 业经准许悬牌行术之医生或产婆，无故不应招请者，处十元以下之罚金，其应人招请无故迟延者，亦同。

第四十九条 有下列各款行为之一者，处五元以下之罚金。

一、毁损明暗沟渠，或受官署督促不行浚治者。

二、装置粪土、秽物，经遇街道，不加覆盖，或任意停留者。

三、于商埠繁盛地点，任意停泊粪船者。

四、以秽物或禽兽骸骨投入人家者。

五、于道路或公共处所便溺者。

第九章　妨害他人身体财产之违警罚

第五十条　有下列各款行为之一者，处十五日以下之拘留，或十五元以下之罚金。

一、加暴行于人，未至伤害者。

二、以不正之目的施催眠术者。

第五十一条　有下列各款行为之一者，处十日以下之拘留，或十元以下之罚金。

一、解放他人所有牛马及一切动物，未至走失者。

二、解放他人所系舟筏，未至漂失者。

三、强买强卖物品书类，迹近要挟者。

第五十二条　有下列各款行为之一者，处五日以下之拘留，或五元以下之罚金。

一、无故强人面会或追随他人之身旁，经阻止不听者。

二、无故毁损邸宅题志、店铺招牌及一切合理告白者。

三、任意于人家墙壁或建筑物张贴纸类或涂抹画刻者。

四、在官地或他人私有地内私掘土块石块，情节轻微者。

五、采折他人之树木、花卉或果菜者。

六、践踏他人田园，或牵入牛马者。

附则

第五十三条　本法自公布日施行。

警察厅户口调查规则（摘录）

第一条　本规则于京师及各省会、商埠设有警察厅地方，调查户口时适用之，但以警察机关组织完备及户口繁盛，经内务部认定者为限，其他仍准照县治户口编查规则，施行牌甲制。

第八条 调查事项如下。

一、姓名。

二、男女之别及已未嫁娶、有无子女。

三、年龄及出生年月日。

四、籍贯。

五、住居处所及其年限。

六、职业。

七、宗教。

八、教育程度。

九、盲哑疯癫及其他废疾。

十、户内人口，对于户主之称谓关系。

十一、其他事项。

第九条 清查时，由调查员按户立号，编钉门牌，发给调查票，令户主按照前条所列事项，依式填注。至覆查日，由调查员亲赴各户收取，按照所填各款核对，遇有舛错，即行更正。若户主不能填注，或无人代书者，由调查员询明填注。

第十条 调查时遇有下列事项，应另行记明于调查票。

一、户内有曾受徒刑以上之刑事处分者。

二、户内有素行不正或形迹可疑者。

三、一户内有多数非家属人杂居者。

第十一条 下列各款事项，应一律调查，但须另行编号。

一、船户户口。

二、寺庙僧道。

三、公署、监狱、学校、工厂，及其他公共处所。

第十四条 自调查完竣之日起，嗣后遇有迁徙及生死、婚嫁、承继、往来等事，限五日以内，责令户主向该管警区署长陈报，由警区署长按月报告，调查监督。但户主逾限不报者，即由警察署长查报。

第二十条　凡有不受调查或有心诳报者，处一元以上、五元以下之罚金。

若有妨害调查之举动者，处五日以上、一月以下之拘役，或五元以上、三十元以下之罚金。

第一项及第二项之违背规则者，不论个人、团体或有特别身份者，一律办理。

第二十一条　调查事务员如有不法情事，经告发属实者，按照刑律处断。

呈报营业规则

第一条　凡开始营业者，均应按照本规则，到厅（警察厅）呈报。

第二条　呈报时，应声明下列各款。

一、铺东之姓名住址。如系合伙，应注明其余姓名住址。

二、营业之种类。如系数种营业，应分别呈报。

三、店铺之坐落处所。

四、资本金。如系合伙，应注明各股东认款数目。

五、开市之日期。

第三条　凡呈报者，应按照前条所列各款，具呈报书，并取资本相当之铺保水印，于星期一日到厅呈递。但特别营业，不在此限。

第四条　呈报后，由厅饬区查验，于下星期一日发批给照。

第五条　照费以资本金为准，每百元收费三角，其余以此类推。

第六条　资本金在十万元以上者，所收照费，仍以三百元为限。

第七条　店铺迁移时，应按照开市呈报，若无更换铺东、增加资本等事，按照原报资本，收照费三分之一。

第八条　营业转租转倒，除由新旧铺东会同呈报外，其新铺东应按本规则所定，另行呈报。

第九条　呈报营业后，即应前赴捐局报捐，于来厅请领执照时，呈验捐局定捐执据。

第十条　凡停止营业或歇业者，应将执照缴销，并取保呈厅备案。至另开新业时，须先由铺呈报下匾，俟核准后，再由新铺东按本规则所定，另行呈报。

第十一条　凡未经呈报营业，或呈报未经领照私行开市，或呈报资本不实，及违背本规则其他各条者，按照违警律第二十三条处罚。但特别营业，另定有罚则者，不在此限。

商铺应守简章

第一条　调查之期，以每十日一次。倘于调查之期，如有厅区各员赴该商铺调查者，该商铺不得阻挠。

第二条　调查员如有详询，一切必须尽情以告。

第三条　各商铺掌伙暨所雇人等，均须将姓名、籍贯、年岁及现住何处详载簿籍，以备厅区不时调查。

第四条　无论亲友，如在该商铺借宿或暂时寄居者，当立刻报知该管区域，倘涉形迹可疑之人，仍一概不准容留。

第五条　容留亲友，无论久暂，如隐匿不报者，查出，即行拟罚。

第六条　各商铺所有人等，如有增减移动以及死亡外出，须将该人姓名、籍贯、年岁、住址，随时呈报该管区署。

第七条　呈报书遵照本厅颁发之式书写，盖用各该商铺图章，以资凭信。

第八条　如有不服调查以及违背以上各条者，由厅区查出，酌量拟罚。

修正工巡捐局铺捐章程

第一条　凡在京都市各种营业铺户，除特许暂行免捐外，均应纳缴铺捐。

第二条　应纳铺捐之户，分为月捐、季捐二种，月捐每月缴纳一次，季捐每季缴纳一次。等级捐率，分别如下。

特等月捐，银元二十元以上。

一等月捐，银元十四元。

二等月捐，银元十元。

三等月捐，银元六元。

四等月捐，银元五元。

五等月捐，银元四元。

六等月捐，银元三元。

七等月捐，银元二元。

八等月捐，银元一元。

九等月捐，银元半元。

元①等季捐，银元一元。

亨等季捐，银元八角。

利等季捐，银元六角。

贞等季捐，银元四角。

第三条　此项铺捐，概收京都市通用银元，不及一元者，每角折收铜元十枚。

---

① 元亨利贞：《周易》乾卦之四德。《易·乾》："《乾》：元亨利贞。"孔颖达疏："元亨利贞者，是《乾》之四德也。《子夏传》云：'元，始也；亨，通也；利，和也；贞，正也。'"宋程颐《程氏易传》卷一："元亨利贞，谓之四德。元者，万物之始；亨者，万物之长；利者，万物之遂；贞者，万物之成。"此处用于指季捐的四个等级。

第四条　各等铺户，由本局按等每户发给铺捐执照一张，按照缴捐期限，持赴各该管区署收捐处交纳，随发收据一纸，该铺自贴门首，以便稽查。

第五条　各等月捐，应于各本月内纳缴，各等季捐，应在每季三个月内纳缴。逾期不缴者，除追缴本月、本季铺捐外，并罚捐数一倍。

第六条　新开、复开以及迁移各铺，经警区勘准后，由本局派员调查营业情形，核定捐等，发给定捐凭单一纸，由该铺持赴警厅领换营业执照，方准开市。

第七条　新开、复开、迁移各铺，均由开市之月起捐，由局发给捐照。但月捐铺户在每月二十日以后开市者，应由次月起捐，季捐铺户在每季末月开市者，应由次季起捐。

第八条　凡新开、复开、迁移各铺，自开市之日起至满六个月，由本局派员覆查流水一次，并考察营业状现，分别提减捐等。

第九条　各等铺户如有应行提减捐等者，应依照绅董公议所定之营业月入流水数目，从宽分别办理，其标准核定如下。

四千元以上为特等；

二千八百元以上为一等；

二千元以上为二等；

一千二百元以上为三等；

一千元以上为四等；

八百元以上为五等；

六百元以上为六等；

四百元以上为七等；

二百元以上为八等；

一百元以上为九等；

一百元以下为元等；

七十元以下为亨等；

五十元以下为利等；

四十元以下为贞等。

上列数目，系按银元，如有银钱，应照市价折算。

第十条　调查旧铺流水，应按全年营业收入之数，分为十二个月平均计算，新开者以半年平均计算。

第十一条　各等铺户呈报歇业，经本局派员覆查属实，如营业不及半月或半季，而尚未缴月捐、季捐者，应准从宽免缴。

第十二条　凡已经缴销捐照各铺，一月以内不即歇业，而又私行贸易者，经本局查出，除追缴应纳铺捐外，并罚捐数一倍。

第十三条　各等铺户纳捐执照，如有遗失，准其呈请补发，月捐者须缴照费十五枚，季捐者须缴照费十枚。

第十四条　各等铺户所领纳捐执照，每年更换一次，概不收费。

第十五条　营业人力车厂，并不停放外车，亦不修造者，免纳铺捐。

罚办欠捐章程（摘录）

——原定章程第七条，载本局收捐以二十天为限期，按照原定各分厅缴捐日期分别计算，各铺户须于限内来局呈缴，若过限不到者，除应缴本月捐款外，再罚捐数一倍，今仍照办。应罚捐款数目情由，条示本局及该铺门首，宣示众知。

——欠捐之铺户，除本月捐款照缴外，前欠捐款若仅欠一个月，照原章加罚捐数一倍，若积欠两三个月，应即罚捐数两倍，若积欠四个月以上，加罚捐数三倍，现在格外从宽，限本月以内，将正捐及前欠捐款，按月如数补交，暂行免罚，过期照章罚办。

——应罚之铺户，由本局交区，取具保结，限五日照缴捐款罚款，逾限，由区解厅追缴。

——应罚之铺户，解厅后，取具保结，限三日照缴捐款罚款，逾期传厅拘留追缴，由厅酌核办理。

各铺求减铺捐简明章程（摘录）

——欲请复查减等之户，自觅同行或邻铺，公同具保，多或五家，少或三家，各盖水印并列。

——结均须不欠之铺，方能列保，以杜彼此串朦之弊。此项结式，赴局领用，不取分文。

——欲请减等之铺，须将前欠捐款，先行交清，注明结内，以杜借端延宕情弊。

——俟觅有水印保结之后，将该铺捐等如何不称缘由，具禀呈局，听候批示。其应查者，即予派员调查，当减则减。倘所禀不实，定即按照示内所定罚章办理，不能曲贷。

——本局每逢三、八，为收禀及挂批日期，逢三收禀，逢八挂批；逢八收禀，逢三挂批。各铺户如有赴局递禀者，届期来局看批可也。挂批既有定期，各铺商确有遵循，可不致多劳往返矣。

京师铺底转移税章程

第一条　本章程对于京师城厢内外，凡有铺底商号，于铺底转移时适用之。

第二条　凡商号铺底转移时，新业主于契约成立后，即须会同房东呈报京师警察厅行查，俟厅批准后，再持铺底字据先赴本行会加盖证明戳记，并取具总商会公函，于一个月内，仍行会同房东赴左右翼税务公署内铺底转移税处呈验字据，遵章报税。如不在本行会及商会注册之商号，准许会同房东直接前来报税。

前项新铺户如因房东无故延迟，不与会同前来报税，因而逾规定一个月期限者，其所应得之处分，当由房东负担。

第三条　铺底转移税税率，现定为值百税二。

第四条　新转移铺底之商号于警察厅批准后，不依所规定一个月之期限内报税者，除应纳定率之税额外，得加课十分之一至十分之三之罚金，若逾半年以上者，得照应纳税额二倍至三倍处罚。

但实因特别障碍，不能于一月限内缴纳，曾经事前声明理由，呈由公署批准宽限者，不在此例。

第五条　缴纳铺底税款时，如查有匿报倒底原价者，除另换税纸、改正执照、补缴短纳税额外，并处以下列之罚金。

匿报原价十分之一以上至十分之三者，处罚应纳税额之二倍。

匿报原价十分之三以上至十分之四者，处罚应纳税额之三倍。

匿报原价十分之四以上至十分之五者，处罚应纳税额之四倍。

匿报原价十分之五以上者，处罚应纳税额之五倍，或由铺底转移税处依照所报价目收买，另行拍卖之。

第六条　凡新转移铺底之商号，至左右翼税务公署所设之铺底转移税处报税后，由本处发给执照一纸，呈由财政部加盖部印，以资证明。

第七条　新铺户报转移税时，必须呈报公署铺底转移税处，呈请注册，注册费得分等差缴纳。

铺底倒价在二百元以下者，缴纳注册费国币二角。

五百元以下者，缴纳注册费国币四角。

一千元以下者，缴纳注册费国币六角。

由一千元起，铺底倒价每增一千元，即增纳注册费国币二角。

第八条　铺底税执照应用三联单式，一联本处存根，一联执照交付纳税人收执，一联汇呈财政部存查。

第九条　凡有违犯本章程第四条、第五条者，经本公署铺底转移税处按照所犯款目，算定罚款数目，得发罚款通告书，通知被罚人。

被罚人接到罚款通告书后，仍不依所定期限缴纳罚款者，得由公署执行延纳处分，实行财产之扣押。

第十条　收税官署应将所收铺底税注册费暨罚金各款，按月解缴财政部，并应将所收上列各款暨存根，照据各数目分别填具清册，呈报财政部备查。

第十一条　凡有违犯本章程第四条、第五条所规定各项者，如有人举发，经本公署查实后，得于所收罚款内提成奖励之。但所提成数，不得过十分之三。

第十二条　本章程施行后，所有京师城厢内外商号新转移之铺底，并未遵章纳税，经本公署给予执照者，于诉讼时失其凭证之效力。

第十三条　凡商号，无论新旧，倒价铺底，其中如有建筑费在内，应即另行提出，照章报纳契税，不得笼统归入铺底报税，希图避重就轻。

第十四条　关于铺底转移课税事项，本章程规定如有不完备者，得随时增订，呈请财政部修正之。

第十五条　本章程经财政部核准后，自公署公布之日施行。

铺底验照章程

第一条　凡本章程施行前，京师城厢内外旧有铺底之商号，均须各持本铺铺底连套字据。先交本行会呈验，加盖证明戳记，并取具总商会公函，再行会同房东，亲赴左右翼税务公署内铺底转移税处，遵章验领铺底执照，以定权利。如不在本行会及商会注册之商号，准许会同房东直接前来验照。

前项验照期限，自民国十年九月一日起，至十一月三十日止，以三个月为限。凡铺户如因房东无故延迟，不与会同前来呈验报税，因而逾验照期限者，其所应得之处分，当由房东负担。

第二条　查验旧有铺底，得分等差，缴纳执照费。

铺底倒价在千元以下者，纳税一元；

二千元以下者，纳税二元；

三千元以下者，纳税三元；

四千元以下者，纳税四元；

五千元以下者，纳税五元；

六千元以下者，纳税六元；

七千元以下者，纳税七元；

八千元以下者，纳税八元；

九千元以下者，纳税九元；

一万元以下者，纳税十元；

万元以上之铺底，缴纳执照费，均以十元为度，不得增加。

第三条　呈验铺底转移字据后，由本公署铺底转移税处发给执照一纸，以资证明。

第四条　验照各商铺铺底倒价在一千元以下者，应缴纳注册费国币四角；由一千零一元起，每增一千元，应增纳注册费国币二角。

第五条　旧有铺底之商号逾限并未呈验者，一经查出，除令照缴验照费外，仍应照新税率值百抽二补税。

第六条　向无铺底之商号，须于民国十年十一月前具呈声明，俟经公署查验相符后，得批准免除纳税。房东亦须于十一月前具呈声明有无铺底，以资印证。如过期房东无有声明，本公署专凭商号单呈核办。

第七条　凡未经呈验之铺底字据，遇有诉讼事件始行发觉时，应俟判决确定后，即行呈验。其呈验时如已逾验照期限，除缴纳验照费外，仍应照新税率值百抽二补税。其未满一年者，准照前项章程第四条规定处罚；其已满一年者，得由公署加重处罚，或没收其铺底权利，另行拍卖之。

前项漏税应得之处分，应归原有铺底之商号负其责任。

第八条　凡抵押借款之旧铺底白字据，应由债权人代办呈验，其验照费、注册费应归债务人负担。遇有前项漏税时，其应得罚金处分，应由债权人、债务人各负其半。

第九条　本章程施行后，仍在验照期间，即十一月前，如遇有商号倒底，其旧铺底白字未经呈验者，新业主除照章缴纳新税外，并须补缴旧字据验照费、注册费。

第十条　收税官署应将所收验照费、注册费款，按月解缴财政部，并填具清册，呈送备核。俟验照结算后，所有办事出力人员，得择优呈请财政部核奖，以示鼓励。

第十一条　本章程如有未尽事宜，得随时增订，呈请财政部修正之。

第十二条　本章程经财政部核准后，自公署公布之日施行。

特许广告规则

第一条　本厅因便商起见，除官设广告木牌外，特许设立特别广告牌，设立此项广告牌之商人，须遵照本规则办理。

第二条　设立特别广告牌商人，须先期绘具图式，注明尺寸、设立地址，呈报本厅查验，合宜批准后，纳捐领照，方可设立。

第三条　特别广告分下之三种。

甲　道旁广告；

乙　墙壁广告；

丙　屋顶广告（指非本商铺之广告而言）。

道旁广告，高宽以八尺为限；墙壁广告、屋顶广告，高宽以一丈为限。其形式不预定，以精致雅观为合格。

第四条　特许广告，应纳捐款规定如下。

道旁广告，每月每方尺，纳捐洋银八分。

墙壁广告，每月每方尺，纳捐洋银四分。

屋顶广告，木架嵌设电光者，每月每方尺，纳捐洋银一角。

其仅设木架者，每月每方尺，纳捐洋银四分。无论何种广告，设立三个月以上者，得按原捐总额，核减十分之二。设立六个月以上者，得按原捐总额，核减十分之四。前项纳捐洋银，均按照银元计算。

第五条　设立特别广告商人，于领照时须预纳捐款三个月，其设立不足三个月者，准其声明预定期限，但须先将捐款交清。

第六条　设立特别广告商人，于预定期限内，因事欲停止者，所纳捐款不得向本厅索还。

第七条　特别广告设立三个月后，或预定期限限满时，仍欲接续设立者，该商人得先期呈报，照章纳捐换照。

第八条　设立特别广告之地或墙屋，如系私人所有者，该商人须自行与地主或房主商定，得其承诺，双方来厅呈报。

第九条　设立特别广告之地或墙屋，如官厅须用时，得随时知照该商，另指相当地址，令其迁移，其捐款连前接算。如该商不愿迁移时，应即撤去，不得借故推延，其捐款截日算还。

第十条　未经呈报领照，私自设立特别广告牌，由该管区警察随时禁阻，其有不服禁阻，该管区警察得代为撤去，并照律处罚。

重订管理戏园规则

第一条　凡系中华国民，欲为戏园营业者，均按照本规则办理。

第二条　开设戏园营业者，须将股东及经理人姓名、籍贯、住址、股份多寡、伙计人数、戏园地址、建筑方法，取具三家妥实铺保，呈递本厅。俟批准发给执照，方准营业。其原有之戏园，已在本厅呈报有案者，不在此限。

第三条　戏园之建造，必先呈报本厅，查系建筑合法，方准给照修盖。其赁原有房屋改修者，亦须呈报本厅，派员勘定。

第四条　戏园内，除由该管区拨派巡警分班弹压外，该园应暂设军警、官长临时弹压座若干，以资镇慑。

第五条　戏园内安设客座，中间须留纵横两路，宽以二尺为度，两廊亦须宽留便道，以便往来行走。

第六条　戏园内视地方之宽窄，定座位之多寡，即预备客票若干，客票上须注明价目若干，茶资若干，不得于定价外任意加价。除设定座位，按座卖票外，亦不得随意加票、加凳，招揽客位。客位亦不得强令加票、加座，以免拥挤而乱秩序。

第七条　看座人对待客位，须言语和平，并不得于一定之戏价茶资外，需索分文。其有愿用净面巾、愿取戏单者，此项小费，各不过铜元一枚。

第八条　戏园如有添演坤角，其后台必须另备一室，以便装束。配戏时，限定坤角与坤角配出，不得男女合配。俟此戏毕，坤角应即出园，不准逗留，以免混杂。

第九条　凡经禁止淫邪各戏，不得演唱。即准演各戏内，亦不得演出种种猥亵形状。

第十条　凡新编之戏，须先开具词曲情状，报告警厅，得许可后方准开演。第一次已报过者，可不必重报，以免烦琐。

第十一条　各园每日所演之戏目，须于开演前开报警厅，其报厅之戏目与广告牌报条上，务须一律，以备稽查。

第十二条　各园既经贴出报条，列入戏单之戏，临时不得换人换戏。倘因特别事故，不照单演唱，须于本日上午十一钟前，预为告白，免生事端。如不事先声明，临场更换，前后台一律罚办。如听戏者有意聚众滋闹，或抛掷碗盏，致出危险者，即由弹压巡警带区惩办。

第十三条　台上演戏时，除文武场外，其他人等，不得站立台上观望。

第十四条　凡戏园，均准于楼上售卖女座，其座位必须与男座分隔，不准搀越女座。内看座及伺候茶水人等，须均用女仆。即男女出入，亦须分路，另门行走，如不能分路另门行走之园，不准卖售女座。

第十五条　凡售卖女座之园，其池子内及正面楼下座位，均须一律改良，仿照大舞台办法，安设座椅，正面摆设，不准直列，令人横坐。其改良之先，暂不准售卖女座。

第十六条　戏园内向有高声叫好，最为陋习，嗣后正在演唱时，禁止叫好，以免碍人观听。

第十七条　詈骂本为律所严禁，如演戏人在台上骂人者，应照律惩办。

第十八条　各戏园唱戏时刻，春冬十二钟开演，五钟散戏；夏季十二钟开演，六钟散戏；夜戏不得过十二钟，以示限制。

第十九条　凡有在各该园借地开演各种杂剧，须由承办人及各园主先期呈报警厅，批准后方准开演。

第二十条 凡欲开设女戏园，专演女戏者，除第八条外，均适用本规则所规定。

第二十一条 从前外城各戏园开演夜戏时，各该园于所得戏资内，提出五成，捐助贫民工厂经费，兹为体恤商艰起见，嗣后一律准演夜戏，但演戏一夜，该园应认捐贫民工厂经费银元十元，每日送缴该管区，汇送警厅核收。其白昼按月常捐，仍照常送赴捐局呈缴。

第二十二条 违背本规则者，均照违警律分别处罚。其六个月以内，违犯在三次以上者，按律停其营业，或勒令歇业。

第二十三条 本规则如有应行改订之处，随时传知。

附 捐章三则

一、茶园月捐洋六十元，津贴加岗洋三十元，以每月初一日缴捐领照。

二、电影戏园月捐洋六十元，津贴加岗洋三十元，以每月初一日缴捐领照。

三、戏棚月捐洋三十元，以每月初一日缴捐领照。

重订管理乐户规则

第一条 乐户营业计分四等。

一等清吟小班（以七十八家为定限）；

二等茶室（以一百家为定限）；

三等下处（以一百七十二家为定限）；

四等小下处（以二十三家为定限）。

第二条 乐户营业者，以警厅圈出之地或并已经警厅允许开设者为限，不准添开。

第三条 乐户如欲迁移或改换班名，当先具同业三家担保，具呈警厅，将原领执照缴销，另给许可营业执照，方准开设。

第四条　如欲改造房屋，须遵下列各项，将屋宇形式绘图，呈警厅核准，给予建筑准据。落成后，由警厅派员查验，与绘图形式相符，方准开设。

一、不准于道侧设玻璃窗槅；

二、不准于临街为惹人观玩之建告或装饰；

三、如建设楼房，不得于临街一面作廊。

第五条　乐户营业者，须将掌班妓女、雇人姓名，一一开列清册呈报，以后无论更换与增减何项人等，皆须立刻报于巡警区所。

第六条　乐户营业者于呈请时，经警厅调查，其人曾犯徒刑以上或破产之宣告，不准营业。

第七条　乐户营业后，如有故意容留匪人、知情不发之实据，及不遵警厅临时特别之命令，并不受警厅随时之检查，吊销其营业执照。

第八条　乐户收受娼妓，必须来历清楚，经本厅给予准据者。

第九条　开设乐户人，如查有贩卖人口、诱拐妇女或和诱同逃，以及威逼为娼之实据者，停止其营业，不准再开。其他搭班人等，犯以上各节，乐户不知情者，不在此限。

第十条　乐户营业者应遵下列各项。

一、不准虐待娼妓。

二、不得强迫妓女留客住宿。

三、搭班娼妓之迁移或停业，应听本人自便，不准强留迫阻。

四、娼妓所有之衣饰物件，乐户不得逼索占取，游客赠与娼妓之银钱，乐户不准巧设名目，硬借硬派。

五、娼妓有欲从良或愿入济良所者，其亲属与乐户，均不得妨害其身体自由。

六、娼妓有传染病及花柳病者，远送医院诊治，仍报明于该管区所。

七、每晚十二钟以后，一律掩门止唱。

八、于开门时间内，有欲面会游客者，不得托故阻止藏匿。

九、雇人、伙计人等，须有妥实铺保。

十、乐户门旁，当挂钉直牌，夜间，门首当悬挂玻璃灯，均写明班名及其等别，如清吟小班则书“某某清吟小班”，茶室则书“某某茶室”，下处则书“某某下处”，小下处则书“某某小下处”。

十一、厕所宜分别男女，随时打扫洁净。

第十一条　乐户遇有下列各事，须立刻报明于巡警厅区。

一、游客暴病死亡者。

二、乐户内无论何人之死亡者。

三、娼妓之违背管理娼妓规则第五条内禁止之各事，不服劝阻者。

四、游客之行为举动形迹可疑者。

五、审知游客为罪犯之在逃者。

六、游客饮酒过醉妨害公安者。

七、游客亏欠游资，持物品以抵偿，或欲抵偿客人之物品者。

八、土棍无赖横行骚扰讹诈者。

九、娼妓移住别家乐户，或欲回籍及他方者。

十、游客携带军械或凶器者。

十一、游客互相争殴者。

第十二条　乐户营业，当悬示“管理娼妓规则”及“乐户规则”于各娼妓房内易见之处，凡在营业期内，须保存之。

第十三条　乐户人等不得设局诳骗、讹诈客人，出不当之花费。

第十四条　凡乐户内不得寄宿娼妓、雇人以外之妇女，并不得寄宿游娼。

第十五条　乐户闭歇，须先将其日期报于所辖之巡警区所。

第十六条　罚则。

一、犯本则第二条者，照违警律处罚，仍令歇业。

二、犯本则第九条者，照刑律移送罚办。

三、犯本则第十条第一款者，按其情节轻重，照违警或刑律分别罚办。

四、犯本则第十条第五款者，照刑律移送罚办。

五、犯本则第十条第七款者，照违警律处罚。

六、犯本则第十条第二款、第三款、第四款及第十四条者，处十日以下之拘留，或十元以下之罚金。

七、犯本则第三条、第五条、第十条第九款、第十款、第十一条各款及第十三条、第十四条者，处以五日以下之拘留，或五元以下之罚金。

乐户捐章（摘录）

——头等乐户，每户每月捐洋二十四元；头等妓女，每名每月捐洋四元；头等幼妓，每名每月捐洋二元。

——二等乐户，每户每月捐洋十四元；二等妓女，每名每月捐洋三元；二等幼妓，每名每月捐洋一元半。

——三等乐户，每户每月捐洋六元；三等妓女，每名每月捐洋一元。

——四等乐户，每户每月捐洋三元；四等妓女，每名每月捐洋五角。

——各户认捐，务将掌班名姓、年籍、住址、现在何处、开设何等名目、妓女几人、各妓姓名年籍、某妓住某户、共有房若干间、房租每月若干、房东姓名，均要详细开报，以便发给执照。如有续开者，随时续报，匿名者究查。

——乐户捐认定后，照章完纳，给发执照。

——妓捐认定后，照章完纳，给发执照。

——各等妓女，如有在此家移入彼家者，应照现在之家等次，重新完纳，不得以在彼家所捐作抵，以清界限。

——各妓女完捐后，须各照像片一张，开明姓名、年籍存查，头二等像片六寸，三、四等像片四寸。

——各妓女如有赎身从良，或住别处等情节，须报明注册，从良者像片发还。

——收捐期限，每月以初六日起，至初十日止。各乐户掌班及各妓，务将本身应交捐款，按照认定等次，在限内一律完纳。过限不交，及交不足者，照匿报论罚。

管理旅店规则

第一章　通则

第一条　旅店营业分三种。

甲旅馆、客栈、货栈之有住客者；

乙客店、骡马店之有住客者、花客店；

丙小店、火房之类。

第二条　旅店营业者，须遵用营业请愿书，呈报警察厅，给予营业执照，方准开设。

第三条　旅店营业者，于呈请时，经警厅调查，其人有不正当行为，及无确实保证人者，不得为旅店营业。

第四条　得执照后，无故一个月内不开市者，执照注销。

第五条　给营业执照时，调查员须注意下之各项，列于调查笺。

一、供营业之房屋，有无倾圮危险之虞。

二、烟突等处有无易于着火之虞。

三、为预防灾变等事，有无旁门可通出入。

第六条　凡旅店呈报开市，必须取具三家联环铺保，于营业呈报单内加盖水印。

第七条　警厅给据时，发调查旅店各册，须于开市前三日，将各册逐项填写，送于该管巡警区署。

第八条　如有迁移或扩充或改字号，仍照第二条、第六条办理。

第九条　旅店如有故意容留匪人与紊乱风俗行为之实据，及不遵警厅临时特别之命令者，将执照注销。

第十条　如系特别建筑或改造，须将屋宇形式绘图，并照下之各项，详细开列，或遵警厅之指示，给予建筑准据，方准兴筑。

一、全店地宽广若干丈尺。（用营造尺）

二、全店共有临街门口若干。

三、全店共造房若干。

四、每房编列号数，每号房屋之宽广、门口窗户若干并其大小尺寸，一一载明。

五、构造落成，当由警厅检查，与所呈图式符合，方准呈报开市。

第十一条　旅店应为之责任。

一、旅店所雇人等，须有妥实保人。

二、门首当悬挂字号招牌，夜间则以灯代之。如旅馆，则书“某某旅馆”；客栈，则书“某某客栈”；客店、小店，则书“某某客店”、“某某小店”。

三、房间门首，须编定号数，及能容人若干之数，所住之客不得过于其所能容客人之数。

四、房屋务须随时打扫洁净。

五、旅客外出时，由店内代锁室门，不得他人擅入，其锁须各异其钥匙。

六、旅店营业，当揭示管理规则于易见之处。

第十二条　旅店对于旅客应禁止之各事。

一、暂居游娼，若招引客人及留客住宿者。

二、旅客招致娼优到店住宿及饮酒弹唱者。

三、旅客在店聚赌者。

四、旅客于夜间高声歌唱、无故喧哗，有扰他客安眠者。

第十三条　旅店遇有以下各事，须立刻报于该管巡警区署。

一、增减更换伙计之事。

二、不服十二条应止之各事。

三、带有军械及违禁物者。

四、携带妇人或幼童，形近拐诱者。

五、语言举动形迹可疑者。

六、遇有旅客入店时，行李无多，随后渐见加增及任意挥霍者（如店主素识其人之根柢，无他可疑情形，则不必呈报，店主应任其责）。

七、孤身女客之疑为逃亡者。

八、外国人到店住宿者。

九、旅客患有重病或传染病者。

十、旅客之死亡者，非经厅区查验其衣箱物件等，不得移其位置，并私自翻动偷窃。

十一、旅客不携带行李货物，无故出店，五日内不知去向者。

十二、旅客去，有遗亡物件者。

十三、旅客亏欠房饭各款，持物品以抵偿，或欲抵偿客人之物品者。

十四、客人未曾携带行李货物出店，去后遣人来领取者（如店主素识其人，或有确实凭据者，则不必呈报，店主应任其责）。

十五、旅店登记簿如有遗失者。

十六、审知系未发觉之匪人或罪犯之在逃者。

第十四条　旅店如因第十三条各项之呈报而查获匪人者，当由警厅酌量其事之大小，分别给赏。

第十五条　旅客货物行李及珍重紧要物件，寄交柜上者，应给以收藏证据，其损失毁坏等事，于店内担其责。取物时，须将给据收回。倘旅客遗失证据，须令其补写领据。

第十六条　旅店闭歇，须先将其事故及日期报于该管巡警区署。

第十七条　旅店之掌柜及伙计人等，不得诱旅客嫖赌。

第十八条　为保全治安起见，巡警厅可随时稽查以上各事。

第二章　旅馆客栈专则

第十九条　凡伙计在外招待客商，衣上须标明店号并其姓名（或号数亦可），晚间又须持本号灯笼，其所持招牌纸，加盖图记。收到旅客行李货物时，即注明旅客姓名及件数，将纸交于本客。入店后，旅客行李货物，逐一照数点交。

第二十条　每日每房每人之房资、饭资计若干，仆人、小孩计若干，或按日，或几日一付，揭示于帐台之前及各客室内。

第二十一条　帐台前须悬挂一牌，书明第几号，现住某客并几人。

第二十二条　厕所宜别男女，并随时打扫洁净。

第二十三条　凡往来各客，须照本厅所制之旅客登记簿，按日登记于簿中，由该管区署收取查验使用法，详旅客登记簿。

第二十四条　除来客眷属人等，男女不得同住一室。

第二十五条　非同伴之客，欲请其同居一室，必须得两客彼此之应允。

第二十六条　晚间掩门之时刻，不得过一点钟。

第三章　客店专则

第二十七条　客店营业者，不得于荒僻之地开设。

第二十八条　客店营业，须照本厅所制旅客登记簿，按日记载，如有不能照办之原因，得呈明于该管巡警区署，暂行免用。

第二十九条　晚间掩门之时刻，不得过十一点钟。

第四章　小店专则

第三十条　小店营业，不得设于荒僻之处。

第三十一条　小店营业，现时不能填写旅客登记簿，暂行免用。

第三十二条　晚间闭门之时刻，以九点钟为限。

第五章　罚则

第三十三条　犯本则第二条、第八条，依营业执照缴费新章处罚。

第三十四条　犯本则十三条内第二项、第十项、第十三项，第十七条，第二十四条，拘留三日以上、十日以下，或科罚一元以上、二元以下。再犯者，禁其营业。

第三十五条　犯本则第十一条者，拘留二日以上、五日以下，或科罚五百钱以上、一元五百钱以下。

第三十六条　犯本则第十二条，第十三条内第一项、第九项、第十一项、第十二项、第十四项，第十九条至二十三条，第二十五条，第二十九条，第三十二条者，处拘留一日，或科罚百钱以上、一元以下。

管理会馆规则

第一条　凡在京城建有馆舍，用各省及郡县名义，为旅京同乡集合居住之所，均为会馆。

第二条　各会馆应由旅京同乡人员，就在京同乡中有正当职业而乡望素孚者，公举掌馆董事一人、副董事一人管理之。

第三条　会馆董事公举之法，或用投票，或用公推，可依各该馆之习惯办法办理，或由同乡公议定之。

第四条　被举为董事者，应报明警察厅备案，对于该馆一切事务，担负完全责任，并有执行保管稽察之权。

第五条　各会馆如无确定之董事负完全责任者，经警察厅查明时，径行管理，或暂予封锁，俟举定董事后，再行发还。

第六条　凡公共建筑馆舍，仅为各地方旅京同乡集议或商工团体会议之用者，应举有正常职业之管理人员，报明警察厅备案，其责任与第五条同。

第七条　各会馆本籍之旅京同乡，欲在会馆居住时，须先报告董事，得其许可，方准迁入。

第八条　住馆人员之迁移、异动、死亡等事，应由董事责成馆役（即长班），按照调查户口章程随时报告该管警察署。

第九条　会馆董事审知或经人报告住馆人员有妨碍同寓安宁之举动，及其他过当之行为者，应劝止或禁止之。

第十条　会馆董事对于住馆人员，有下列各事之一者，应责成馆役，报告该管警察署。

一、不服第九条之劝止或禁止者。

二、携带违禁物品及枪枝子弹者。

三、语言、动作、形作可疑者。

四、违犯烟赌等项禁令者。

五、招致娼妓到馆住宿或侑酒弹唱者。

六、患传染病者。

七、审知为未发觉之匪人或犯罪之在逃者。

第十一条　会馆馆役，遇有第八条、十条之情事，迟延不向董事声明，报告警察署，由董事送由警察署按照第十二条、第十三条处罚，或驱逐更换之。

第十二条　违背本规则第七条者，应由董事报告该管警察署，勒令迁移，照违令罚第二条、罚则令第一条第四项处罚。

第十三条　违背本规则第八条者，照违警律第二十四条处罚。

第十四条　违背本规则第十条者，照违令罚第二条、罚则令第一条第四项处罚。

第十五条　各会馆管理规约，并关于公产公物之保存方法及执事人数名称，由董事邀集同乡人员公议定之，其原有馆章与本规则不相抵触者，俱适用之。

京都市工巡捐局车捐章程

第一条　凡在京都市，及由京营界外进城行动各项车辆，除定有专条特许及应行暂行免捐者外，均应纳缴捐款。

第二条　应行征捐车辆，分自用、营业两项，及车类捐率，分别列表于下。

捐率 车类	自用					营业	
	月捐	季捐	一次交半年捐	一次交全年捐	年捐	日捐	月捐
汽车	银元四元	银元十二元	银元二十二元	银元四十四元			银元四元
马车	银元二元	银元六元	银元十一元	银元二十二元			银元二元

续表

捐率 车类	自用					营业	
	月捐	季捐	一次交半年捐	一次交全年捐	年捐	日捐	月捐
轿车	铜元六十枚	铜元一百八十枚	铜元三百三十枚	铜元六百六十枚			铜元六十枚
人力车	铜元四十枚	铜元一百二十枚	铜元二百二十枚	铜元四百四十枚			铜元四十枚
货车							铜元一百枚
手车					银元一元		铜元六十枚
敞棚车					银元二元		铜元四十枚
京营界外入城车辆						铜元四枚	
备考	自用车辆，除敞棚车外，一次交半年捐者，减收半月捐款一次。交全年捐者，减收一月捐款，以示优异。营业车辆不得援例。 每加一套，递加铜元一百枚。 营业手车，每加一人一驴一马者，各加铜元六十枚。自用营业敞棚车及自用手车，均不准加套。 每加一套，递加铜元四枚。						

第三条　新报捐各项车辆，无论自用、营业，均须先赴本管警察区署，报明辆数。营业者并须加具铺保，领取凭单，持赴收捐处，按照上列数目，纳缴捐款，换领执照。

第四条　凡个人以车辆营业者，应附入车厂或取具殷实铺保，方准营业。

第五条　官商包月期内，暂归自用车辆办理。

第六条　各项车辆应缴纳月捐者于每月，应缴纳季捐与年捐者于每季、每半年或每周年之首月，按照下列规定日期，分别赴区纳捐。人力、手车，每月一日至八日；轿车、敞棚车，每月九日至十四日；马车、汽车、货车，每月十五日至二十日。

第七条 各项车辆纳捐后所领之执照，自用者应交车夫携带，营业者应将所领执照之正张，黏贴指定之处，铺户年捐车则钉牌照，以便随时查验。应黏钉之处，分别于后。马车、汽车、人力车，黏贴车之后箱外正中；货车、轿车、敞棚车，黏贴车之右辕外侧，年捐敞棚车则改钉牌照；手车，黏贴车之前脸横梁上，年捐者则改钉牌照。

第八条 凡新捐之汽车、马车、轿车、人力车四种，除纳捐领照外，仍须在本管区署购钉警察厅制定许可牌，照其牌照式样，分下列之二种：一、自用车，椭圆形；二、营业车，长方形。

第九条 自用车辆赴区纳捐时，应缴还上次捐照，营业车辆应缴还上月捐照之附张，以凭换给新照。

第十条 车辆如迁移或易主，应即赴本管区署收捐处报明，以便查改捐册。

第十一条 各项车辆如废置不用，须遵照第六条所定捐期内，赴本管区署收捐处报明原由，缴还执照或执照之附张，及所钉之许可牌照，以凭注销，方可止捐。否则应认为应捐之车，照常征收。

第十二条 自用及营业敞棚车，除常川运货应纳货车捐外，其他或有偶尔运货者，准其赴就近各城门补交日捐，惟不得逾单套之限。

第十三条 营业货车，如偶尔加套者，亦准按套如十二条补交日捐，共计不得逾四套之限。

第十四条 各种车辆遗失执照，准其声明原由，查照原号补给，但铺户年捐车辆，须缴照费铜元十五枚。

第十五条 各项铺户自置送货车辆，须在车上书明字号，并持验本铺铺捐执照，方准报上年捐（四郊地面不在此限）。

第十六条 铺户年捐车辆，每年上捐一次，不得比照自用车辆。一次上全年捐例，可以周年计算。

第十七条　京营界外各项乡车，除入城营业一月以上者，照常取保纳缴月捐外，所有每日入城者，按照套数纳缴日捐。

第十八条　乡车出城时，应将原领捐照之附张，缴还该城门发照处，以为已经领照之证。

第十九条　乡车进城领照时，原应次日出城，即无庸请领出城照，倘因事迟延，次日不能出城者，应于进城时预领出城捐照，以凭第三日出城。（照上注明某日出城，逾期作废。）

第二十条　进城乡车，在城内多日，未及预领捐照者，于出外行动时，或出城之日，应赴就近城门发照处，缴换原领执照之附张，补领本日捐照。

第二十一条　四乡车辆，有进城修理或经查验确认无营业行为者，另行填给凭单，免收捐款，但于出城时，须将凭单缴销。

第二十二条　乡车入城，如系官车，应由该管官署给予特别证据，并于车上悬挂旗号，查验放行，免收捐款，否则照常征捐。

第二十三条　特许免捐及应暂行免捐各项车辆，分别列表于下。

自用车	官公用车	营业车	备考
醇亲王府车			查照优待条件，特许免捐。
各国驻京公使署车			查照各国通便，一律特许免捐。
	各国驻京军队军用专车		援照各国车舰免捐例，捐有特权，一概特许免捐。
	土军 军水车		关于地方自治或慈善事业，应行免捐。
脚踏车	脚踏车	脚踏车	官用者，应行免捐。自用及营业者，暂行免捐。

续表

自用车	官公用车	营业车	备考
运水车		运水车 推菜手车 推粪手车 推煤手车 推黄土手车 售卖食物果品小手车	此种车辆，非小贩籍资糊口，即自家偶尔运水使用。并无直接营业性质，暂行一律免捐。

第二十四条　特许免捐之府署军队车辆数目，应由各该管区署切实查明，由局发给特制圆式免捐牌照，钉于车上，以防假冒。

第二十五条　应行免捐及暂行免捐车辆，除脚踏车外，均应赴本管区署陈明，听候示期烙盖免捐火印，以示区别。

第二十六条　各项应行征捐车辆，有下列情形之一者，除饬照章更正及补缴正捐外，依后开各款，分别处罚。

一、未经纳捐而在街市行动者。

二、虽经纳捐，而逾应纳捐期，未接续纳捐者。

三、非居住京营界内，而在京营界内纳捐者。

四、迁移不报者（如本城内车辆迁移京营界，及甲区移至乙区者）。

五、冒纳自用车捐而营业者。

六、两车合上一捐者，具上列情形之一，均罚加纳一个月捐款。

七、营业车借用铺户捐照，冒上年捐者。具上列情形，该铺户、车户，各罚加缴一个月捐款。

八、自用车辆已纳捐而不携带捐照者。

九、营业车已纳捐而不黏贴捐照者。具上列情形之一，均罚加缴半个月捐款。

十、铺户年捐车辆已纳捐而不钉牌照者。具上列情形，罚加缴半年捐款。

十一、铺户年捐车辆已纳捐，私自加套者。

十二、营业货车套数不符者。

十三、京营界外入城乡车，不在各城门缴纳日捐者。具上列情形之一，均按套罚加缴应捐之捐数一倍。

十四、日捐乡车在城内多日，未补领日捐执照，而有营业行为者。具上列情形，按日按套，罚加缴应捐之捐数一倍。

十五、自用及营业敞棚车，未加纳日捐，而径自拉运货物者（如敞棚车只准坐人及拉运粪土）。

十六、自用及营业敞棚车，径自加套拉运货物者。具上列情形之一，依照货车，按套罚加缴捐敷一倍。

十七、报失之车，复经发现不上捐而自用或营业者。具上列情形，查照报失销捐之日起，罚加缴应捐之捐数一倍。

十八、各项车辆所有执照或牌照，与原车不符，希图蒙混者。具上列情形，除查明更正后，按照所蒙混之捐款，加缴一倍（如人力车照移用于马车者，即按马车捐款处罚，余类推）。

十九、私造执照或牌照，希图假冒者。具上列情形，除将原车充公外，仍将购用及制造原人，送交司法官厅，按律治罪。

第二十七条　营业车夫有拐乘客遗物潜逃，或不照章纳捐，即责成该车厂或铺保将原人交出，否则即责令直接赔偿。

第二十八条　应罚而不遵缴罚款，即将车辆扣留，给予凭单，勒限饬缴，俟罚款缴清后，凭单领取原车。

第二十九条　虽经扣车勒限而仍不缴罚款，延至一月以上者，将车变价充公。

乡车进城领照简章

第一条　四乡之车常川到城者，其有无营业行为，碍难逐次查考，应仍照旧章，赴区呈报，交纳月捐，以归简便。

第二条　四乡之货车偶然进城者，倘未上月捐，应遵照后开各条办理。货车以外之乡车未上月捐者，亦照此办理。

甲　请领执照　每次进城门时，应赴巡警派出所或本管区所，请领本日执照，黏贴车髓易见之处。倘因事迟延，至次日尚不能出城者，应于进城门时，预领出城日执照。倘在城多日，未及预领执照者，出街行走之日或出城之期，应赴就近城门呈缴原领附张，补领本日执照。

乙　缴纳照费　领执照时，无论在城门、在区所，每次应按照套数缴费。每车一辆，缴照费铜元六枚，每加一套，递加铜元六枚。

丙　缴还附张　执照联有附张，应于出城门时缴还巡警派出所，以为已经领照之证。

丁　违章罚则　乡车进城不领执照，或过期未出城，不补领执照者，一经查出，带区照章加倍罚办。

第三条　四乡之车，如系交进官用物品者，应请该管官署发给旗号及特别证据，以凭查验，无旗号证据者，仍应缴费领照。

第四条　四乡之车，如经官署确认为无营业行为者，可以领用凭单，否则仍应缴费领照。

呈报建筑规则

第一条　本规则以维持建筑秩序为主旨，凡本厅管辖区域之内，住户、铺户呈报建筑者，均遵照本规则办理。

第二条　呈报建筑人，须将建筑情形，详细开具节略，于来厅呈报时呈递，由收呈之员当面询明，代填本厅规定之呈纸。

第三条　呈纸一张，不得报修屋两所，若两所房屋相连，同在一契者，不在此限。

第四条　收呈发批，均于每星期一日行之，由本厅主管建筑各员经理，例如本星期一日所收之呈，应准应驳，即于下星期一日发批。但此系就普通建筑而言，如遇灾变或阴雨毁损房屋，急待修理者，准随时来厅呈报，立予查勘给批。

第五条　建筑工程，凡属下列各款者，无须呈验契纸。

一、院内修筑，不接邻舍、街道，不变更门者。

二、油刷门面、挖补墙壁，工程较小者。

三、开凿随墙门洞，不须借用他人土地出入者。

第六条　除前条各项工程外，呈报建筑时，一律携带契纸呈验，若系向无契纸之官产或庵观寺院，须将该管衙门标书印文或庙单呈验。

本厅查验契纸，系为考查建筑丈尺，与原契是否相符，防其侵占公共街道起见。若呈报人日后有因产业涉讼情事，契纸之关系，应由税契衙门查核办理，不得以本厅曾经验契，借作证据。

第七条　凡新建宅第或添盖、翻盖房屋，或楼房与邻舍毗连及接近街道，须按契内四至丈尺，逐细填注。若契内并未记载四至丈尺，除呈验契纸外，并须在呈纸注明与左右邻墙距离尺寸，取具并不侵越妥实铺保。

第八条　本厅为交通上谋公共利益起见，得令呈报建筑者，退让墙屋界限（其尺寸临时酌定）。又向来私有空地内，久已成为通行道路之处，经地主呈报圈建房屋，本厅亦得令其将通行道路让出。

第九条　凡扩充围墙或新圈空地者，亦照前条办理。

第十条　凡呈报新圈空地者，应由原呈报人于星期三日，自赴该空地所在之区署，听候派人一同前往查勘。

第十一条　凡应呈验契纸之建筑人，若实系契纸存贮外省，或质押他人之手，一时不克取回呈验者，得参照第七条，取具妥实铺保，并将不克呈验理由详细声叙，呈厅候核，但新圈空地者不在此限。

第十二条　凡取具保结者，须邀同出保商号铺掌与原呈报人同来本厅，声明作保情状，由收呈员代为填写结保后，盖用水印备案。

第十三条　凡属下列各款者，须经本厅特别允许，方得照准。第一、第三两款，应并呈验契纸或标书印文、庙单。

一、庵观、寺院改建各项房屋者。

二、门前向无牌坊等类，呈请添设者。

三、凡在院内及私有地界内开凿池井等类，与邻舍房屋墙壁相近者。

四、呈请修砌马路沟石或培垫街道者。

第十四条　凡空地新建房屋，不得于门外公共道路设立障碍交通各物，如系铺房，并不得于门前或当街设立各样幌杆，或悬挂招牌标柱。

第十五条　呈报之后，未经查勘批准，领有批文者，不得率行动工。木厂商人及各项工头于承揽工程时，须向雇聘人索阅本厅批准执照，方准工作。如知系未经批准擅行工作，该业主及承做厂商工人，均按违警律专条科罚。

第十六条　业经领批之后，经过三个月，尚未动工者，即由该管区署，将批文追缴注销。

第十七条　兴工建筑之日，凡堆积砖瓦木料等类，须由该管区署，听候指定地点。

第十八条　凡工竣之家，须至该管区署呈请覆查，并将原领批文，缴呈该管区署注销。

第十九条　凡因建筑违犯下列各款者，依违警律各专条分别科罚。

一、未经官准擅兴建筑或修缮，或违背官定图样者。

二、房屋势将倾圮，由官署督促修理，而延宕不遵者。

三、于私有地界内，当通行之处，有沟井及坎穴等，不设覆盖及防围者。

四、以木石堆积道路，不设防围，或疏于标识点灯者。

五、未经官准，于路旁河岸等处开设店棚者。

六、毁损道路桥梁之题志，及一切禁止通行或指引道路之标识等类者。

七、于私有地界外，建设房屋墙壁及轩楹者。

八、毁损路上植木或路灯者。

九、毁损明暗各沟渠，或受官署督促，不行浚治者。

十、违背章程，损伤森林树木者。

十一、无故毁损第宅题志、店铺招牌及一切合理告白者。

十二、在官地或他人私地内私掘土块，情节较轻者。

第二十条　凡因建筑，另有他项违法情事者，应按所犯情节，照律分别办理。

第二十一条　凡因建筑曾受处罚者，案结后，应准照章另行呈报。

督办市政公所建筑管理办法

第一条　凡在指定实行管理各街巷，无论住户、铺户，临街表面建筑工程在下列各条范围内者，均由本公所查核。

甲　就现有门面房屋翻修添改之工程。但仅属修补油饰，并不更改原样者，不在此限。

乙　现属空地新修房屋之工程。

丙　在空地或空院新修、改修墙垣及其他木铁等项围障之工程。

丁　门前牌坊新修、改修并其拆卸之工程。

戊　树立之冲天招牌及横出斜支之幌杆招牌等类，新修、改修，并其拆卸之工程。但其拆卸由官厅命令者，不在此限。

己　门前便道新修、改修之工程。但就土道平垫者，不在此限。

第二条　前条所规定之建筑工程，其现时实行管理之区域，以下列各街巷为范围。

甲　新辟模范马路

内城　自西长安街起，至化石桥止。

外城　自西河沿中间起，至虎坊桥止。

乙　拟修马路

内城　西长安街双栅栏　石碑胡同　兵部洼　大四眼井　西皮市　灰厂　西华门　南池子　东华门南池子

外城　琉璃厂　李铁拐斜街　南横街　粉房琉璃街　丞相胡同　高爵街及牛血胡同　东砖胡同　大川店

丙　原有马路大街

内城　八面槽　西交民巷

外城　宣武门至菜市口　虎坊桥至宣武门大街南口　三里河桥至蒜市口

丁　已修马路各胡同

外城　煤市桥　煤市街　西河沿　粮食店　打磨厂

内城　金鱼胡同　五道营　护国寺　象房桥

戊　香厂

己　各马路及接连马路各土路胡同之转角处所

督办市政公所建筑管理施行办法

第一　程序

凡在第六号布告之建筑管理范围，其查勘管理之程序如下。

甲　呈报建筑之件，由警厅函达公所后，实时交付调查。

乙　调查之期间，至多不得过二日，查复核定后，即将调查情形，函知警厅，转批原呈报人。但有须与原呈报人接洽之事，或因有特别情形，必须延长期间者，不在此限。

丙　调查之件，有对于原呈报人应加指示者，实时传知在一定期限内来公所接洽，其事属简单者，即由调查员于调查时当面告之。

丁　建筑房屋之件，无论新修、翻修、添改，均须附加平面图，其临时部分，并应附加正面图或旁面图。

第二　标准

凡在第六号布告之建筑管理工程范围内，其管理之标准如下。

甲　适当马路或接连马路各土路胡同之转折处，有必要情状时，应使改为圆角。

乙　新盖或翻盖、添改门面房屋者，如占碍测定之房基线，应照测定尺寸退出，其台阶及墙垛，亦均不得突出房基线以外。

砖料墙垣及木铁等项之围障，新筑或修改时亦同。

房基线俟测定后宣布，未测定以前，即依现时计画线核定。

丙　树立之冲天招牌，在私有地内者，不加以干涉，横出或斜支之幌杆招牌，突出之尺丈，以距离地面一丈以上、突出二尺以内为限。

若拆卸冲天招牌或幌杆时，其附属物料应一并拆去。

丁　临街楼廊之建筑，有发生危险之处者，得禁止或令其更改。

戊　凡设有天沟之房屋，其出水口在临街方面者，须安设直管，达于地沟，其流出之沟口，并不得高于地面以上。

己　在私有地以外，不得有妨碍交通之一切建筑物。

庚　门前便道之新筑、改筑，须与左右一律平齐，材料及其式样，并不得歧异，但左右两邻均系土质者，不在此限。

若其左右邻虽非土质，而原不整齐，或非一律者，得酌量指定之。

辛　三层以上之楼房，或多数人聚集之楼房，须设有准备非常之阶梯，并两个以上准备非常之出口。

壬　多数人聚集之平房，须设有两个以上准备非常之出口。

癸　高至五十尺以上之建筑物，须有适当避雷之装置。

京都市政公所评议会暂行章程

第一条　本公所为征集市民意见、改良市政起见，特置评议会，协议关于都市行政事宜。

第二条　评议会议长由市政督办兼充，评议员三十人，由市政督办就具有下列资格者聘充之。

一、在市内居住三年以上者。

二、年纳市税在五十元以上者。

三、历办公益事务成绩卓著者。

第三条　评议会协议事项，由市政督办提出，其范围如下。

一、关于市政经费事项。

二、关于重要之土木工程事项。

三、关于重要之市营事业事项。

四、关于公共卫生及市民教育事项。

第四条　评议会会期，分常会、特别会，常会月开一次，特别会由市政督办临时召集。但有评议员过半数之请求，亦得召集特别会。

第五条　评议员得提出议案，先送由市政督办汇同交议。

第六条　评议会开会时，本公所会办、坐办列席与议。

第七条　评议会开会时，由评议长主席，如评议长因事不能列席，得委托评议员或本公所会办、坐办临时代理。

第八条　评议事件，有涉及本公所及附属机关所管事件，须加说明者，得随时知照主管人员列席说明。

第九条　评议会议决事件，由市政督办采择施行。

第十条　评议会设主任事务员一员，事务员四员，管理评议会事务，由市政督办派充。

第十一条　本章程自公布日施行。

修正北京房地收用暂行章程

第一条　本章程于土地收用法未施行以前，凡关于谋便交通、推广商场、整理房基之公益事项，收用京都市土地房屋及其附属物，均适用之。

前项之公益事项，须由京都市政评议会公议决定之。

第二条　收用房地分下列三种。

一、国有，指国家固有之官地官产，及古代遗留之建筑物或基址而言。

二、公有，指公共团体所有之房地而言。

三、民有，指私人所有之房地而言。

其教会所置之房地，照民有例一律办理。

第三条　本章程所指为附属物者，指坟墓树木及其他与土地关连之一切建筑物。

第四条　各项房地，经收用机关查勘指定收用者，须先宣布地点、丈尺，按照本章程收用，业主不得损毁。

第五条　本章程所指为业主者如下。

一、国有房地，以主管该产之机关所指定之代表一人为业主。

二、公有房地，以公共团体所指定之代表一人为业主。

三、民有房地，如系个人所有者，以所有者为业主，数人共有者，以数人中所指定之代表一人为业主，均以持有转移凭单、贴身红契为据，旧有套契，并须呈验。凡典当抵押之房地，原业主无人者，以现在管业人持有原业主转移凭单、贴身契据，并取具妥实铺保证明者为业主。

第六条　凡经收用之房地，其负担捐税按照收用丈尺画除，但营业铺捐未经全部收用者，不在此限。

第七条　凡丈量房地，以营造尺为准，宽深以所占地基起算。

第八条　收用国有房地，以指定收用后，通知主管机关，即行移交，概不给价。

第九条　收用公有、民有土地房屋，于指定收用后，按照下列二种，分别给价。

一、土地，购买土地所有权，由原业主让出者（如地上有房屋，其房屋仍按第二款办理）。

二、房屋，购买及迁移补偿，除土地按前款办理外，房屋代价，分下列三项。

甲　购买费，房屋全部或一部，其所有权由原业主让出者。

乙　迁移费，房屋由原业主自行拆移者。

丙　补偿费，拆卸房屋不足一间，及其他不在购买迁移之规定内者。

第十条　前条各款，如收用机关有相当之土地房屋适足抵偿时，即无须另行给价，其不相当者另给补偿费，其额以协议定之。

第十一条　被收用之地上房屋，分下列三等。

一、房屋整齐，工料坚固，深在一丈四尺以上，宽在一丈以上者为限。

二、房屋整齐，工料坚固，深在一丈二尺以上，宽在九尺以上，及有前项丈尺而不甚整齐坚固者，为中等。

三、房屋整齐，工料固坚，深在一丈二尺以下，宽在八尺以下，及前项丈尺而不甚整齐坚固者，为下等。

新式建筑之不能以前项间数计者，不在此限。

第十二条　土地购买费，依其面积，照人民承领市有地标准价格，分别给价。房屋购买费，上等每间二百元，中等一百四十元，下等一百元。迁移费减半。不在三等限之新式建筑，其购买、迁移等费，以协议定之。

第十三条　补偿费由收用机关查照情形酌给之，但其数不得超过购买费、迁移费之最低额。

第十四条　第十一条规定之房屋，如系楼房，其上下两间，仍按两间计算。

第十五条　除收用之土地外，其地上附属物系不能迁移者，由收用机关给以相当之补偿费，其可以迁移者，给以相当之迁移费。

第十六条　购买费、迁移费、补偿费，收用后即行交付，具领备案。

第十七条　发款手续，得由收用机关自行规定。

第十八条　收用房地全部者，应由原业主将所有契据送交收用机关，并取具别无纠葛切结备案。

第十九条　取用土地房屋不满全部者，按照收用土地丈尺、房屋间数，在原业主所持最近契据内详细填注，加盖收用机关印信，以昭核实。其转移凭单，应呈市政公所勘查，添注更正之。

第二十条　收用房地，既经发款以后，由收用机关定期收用，如业主故意迟延，或抗不交出者，得由收用机关强制执行。

第二十一条　凡不属本章程第一条所列公益事项之收用，其价额应以协议定之，但不得超过各条规定价格之一倍或一倍半。

第二十二条　因建筑铁路收用房地，仍依交通部所定铁路收用土地暂行章程办理。

京都市政公所发给房地转移凭单规则

第一条　本公所为尊重市民权利暨整理市政起见，特订定发给房地转移凭单规则，凡市民典买房地者，悉依本规则办理。

第二条　京都市民所有关于房地转移情事，应由转业人及承业人双方，遵照本公所所颁转移报告表式，填载详明，并附具平面图式，呈由京都警察厅饬查，转行本所覆勘。其转移报告表另定之。

第三条　凡在市内官有、公有各项房地，亦应依本公所规则办理，但得以机关或团体名义照前条函报，发给凭单。

第四条　本公所收到京师警察厅函送前两条报告表，即派员按照表列各项，逐一详查，如确无理轇轕，并与契纸符合，随时于各契纸上加盖本公所验讫戳，掣给领取凭单证，一星期后持证来本公所领取凭单，并按旬开单覆厅备案。

但无贴身红契者，应依照本规则另行呈报。其红契不衔接，或红契与房间数目不符者，应取具妥实铺保存查。

第五条　承业人收到本公所转移凭单后，即向转业人按照原定价目交清，并一面持凭单向主管税局税契。

第六条　主管税局遇有承业人呈请税契时，应先验明本公所所给凭单，即予税契，并于凭单上加盖税讫戳，否则令其先按规则呈报，再予核税。

第七条　自民国三年六月一日起，凡有典买房地，已经税契，而未经本公所发给凭单者，应于修正本规则公布一年内，呈由京都警察厅转行本公所覆勘，并补发凭单。

第八条　凡在民国三年六月一日以前，典贴房地，业经税契，应于此次修正规则公布一年内，呈由京都警察厅转行本公所覆勘，并补发凭单。

第九条　凡典买房地，在本规则公布以前，所有未经税契，亦未经核发凭单者，应于此次修正规则公布日起，半年以内，呈报京师警察应转行本公所覆勘，并补发凭单。

但因手续便利起见，得先向主管税局投税，同时由投税人填具转移报告表，呈报警察厅。主管税局接到承业人依本条呈税之白契，得查核先予投税，但仍俟投税人领有公所凭单，再行发给新税契纸。

第十条　凡典买地基，业经本公所发给凭单者，嗣后建筑房屋，应于建筑完工后一月内，按照第二条手续，将前领凭单缴呈警察厅，并填表转送公所注销，再行换给凭单。其典买房屋，已领凭单，后添盖改建者，亦同。

第十一条　凡原系共有产分析为二分以上者，各承业人应依本规则所定各条，分别批明老契，按照第二条手续，呈报京都警察厅转行本公所，分别发给凭单，其原领有凭单者，应即缴销。

第十二条　凡租官地、民地及市有地建盖房屋者，应于建筑完工一个月内，按照本规则第二条手续呈报，发给凭单。

第十三条　凡遗失凭单，应由承业人实时登报一个月，声明作废，并取妥实铺保，具同式甘结两份，呈报京都警察厅，检同一份转行本公所，补验契纸，填给凭单。

第十四条　凡已领凭单税契后，又经转移者，于本公所调验契纸时，须将原领凭单携带，呈缴注销。

第十五条　凡转移房屋，在已测定房基线街巷者，应于发给凭单时，分别注明退让尺度，以资遵守。其未经测定房基线各街巷，俟测定公布后，仍应依照房基线施行规则办理，不在此限。

第十六条　凡依第二条、第三条、第七条、第九条、第十一条、第十二条、第十三条发给之凭单，应征收大洋一角，由承业人于领取凭单时，在本公所缴纳之，依第十七条逾限加倍征缴之凭单费亦同。但依第八条发给凭单者，免征费。

第十七条　凡转移房地，自成立契约之日起，逾六个月始行遵照第二条、第三条呈请发给凭单者，以及未遵照第七条、第九条呈请补发凭单之典买房地，逾原条所定期限始行呈报者，应征收凭单费大洋五角。其未遵照第八条呈请补发凭单之典买房地，逾原条所定期限始行呈报者，应照缴凭单费大洋一角。

前项所指第七条、第八条、第九条逾限核算日期，自此次修正规则公布之日起算。

第十八条　凡依第一条、第九条、第十条、第十一条所发给之典买房地凭单，每月由公所将发出数目列表，汇送主管税局一次，并由主管税局于税后每一月列表，汇送本公所一次，以资印证。

第十九条　本公所核准发给之凭单，按旬将坐落地点、新旧业主姓氏送到发给年月日布告一次，以便周知。

京都市房基线施行规则（摘录）

第一条　京都市政公所为改正市区扩充道路起见，特分期测定市内各街巷房基线，其施行办法，均照本规则规定办理。

第二条　在房基线未测定之街巷，仍依现时计画线办理，不适用本规则之规定。

第三条　各街巷房基线之测定，斟酌道路情形，分为下列各期。

第一期

甲　市内主要道路。

乙　市内繁要支路。

丙　市内毗连新辟市场各路。

第二期

甲　市内次要干路。

乙　市内已经建筑各支路。

第三期

甲　市内交通支路。

乙　市内计画筑造各路。

第四期

甲　其他特定各街巷

第十一条　房基线拆让年限，自公布日起，扣足日期计算，届期前六个月，由本公所列表函知警察厅，转令该管区署传知，遵照丈尺拆让，并令定期兴工，具结送本公所备案。

第十二条　凡未达拆让期以前，遇有呈报建筑事件，亦应照丈尺拆让，方准建筑。但其建筑工程，以下列各项为限。

甲　空地基新造围墙或房屋者。

乙　原有房屋墙壁围障，改造房屋或墙壁围障者。

丙　原有住居房屋，改为铺面房屋者。

丁　原有铺面房屋，改变门面式样，但仅动木工，不牵及墙基及坎墙、墙垛全部者，不在此限。

戊　凡临街房屋，并无上列四项工程，而于旧有房屋上加盖楼房者。

己　凡临街房屋墙垣围障并无工程，而于妨碍房基线尺度地段以内改造或新盖房屋者。

第十三条　因前条各项建筑工程，经由公所覆勘，依线令其退让者，应即遵照退让。

但房屋全部应行退让者，得参酌北京房地收用暂时章程办理。

第十四条　凡勘令退让各案，应于工程中及工竣后，由本公所会同该管警察区署覆查。

前项覆查细则另定之。

第十五条　凡遵照房基线退让者，因左右邻尚未退让，请众于退让地内建筑者，应依下列三项之限制，并缮具建筑图式。及左右邻有一方退让时，或公家收用时，均应遵照拆去，并具甘结两分，呈明京师警察厅转行本公所，查核批准。其建筑工程限制如下。

一、退让房基线在五尺以内，得建筑八字墙，但须与左右邻房屋墙垣取齐，其墙厚不得过一尺。

二、退让房基线在五尺以上者，得建筑铁质、木质招牌，但须与左右邻墙垣取齐，并不得用砖石建筑。

三、遇前项左右邻之原基本不相齐时，其建设地点，由本公所指定之。

第十六条　凡建筑工程，业经呈报，饬令退让，而临时变更工程，或停止工程，或退让不及勘定尺度者，所有该房屋拆让年限，照原定年限减半计算。

第十七条　因第十三条各项工程，查有房屋不及房基线时，得令建筑人按照丈尺移前建筑，并依地段、面积、道路程度，临时商定地价承购，但建筑人不愿移前承购者听。

第十八条　凡查勘妨基线建筑事件，仍查照七年二月本公所修正建筑管理施行办法办理。

第十九条　凡经测定公布房基线各街路，未达拆让期以前，遇有展修马路，须令其拆让者，应按照北京房地收用暂行章程办法。

京都房基线退让覆查细则（摘录）

第二条　市民所报建筑工程，核与京都市房基线施行规则第十二条列举各项相符，应行退让者，由本公所第二处调查人员分别覆勘，按照核定房基线图应退尺度，指示起讫地点，并制就调查报告书，呈候核定，函覆京师警察厅批给执照。

第四条　各该管警察区署接到厅发执照暨前项表册，应分别加饬各路长警特加注意，于其工程动作中及竣工后，随时查明退让尺度是否相符，并按月将各该户退让情形，填明原表，径覆本公所第二处备查。其尚未动工者，亦应于表内注明。

第五条　凡关于应行退让各建筑案件，如各警察署于工程动作中查有未遵照拆退，或退不足数时，得严切劝告，若仍不遵照，应勒令停工，即报告京师警察厅，函知或电达本公所会同核办。

第七条　凡妨碍房基线，退让尺寸不符之工程，在本细则施行以前，有工作未及退让足数者，应由本公所调查员暨区署人员随时注意，得查照房基线施行规则规定，将拆让年限按折半办法办理。

第八条　凡有碍马路线各建筑之覆查，得适用本细则第二条至第八条之规定。

督办京都市政公所投标章程

一、凡投标商人，须先取具妥实铺保，亲来本公所挂号，领取标纸。每张须先缴押标银十元，中标者订立揽单后发还，未中标者开标后三日内发还。

二、商人领得标纸后，须将应标价值填明封固，于开标之日以前，亲自投入标柜，所填数目字须用大写，不得添注、涂改。

三、商人投标承揽材料式样，送经本公所审查合格后，方准投标。

四、各项工料价目，一律均按现洋计算，中标后，无论工料价目如何涨落，不准要求增价。

五、本公所办理各项工程材料，并无丝毫陋规，商人投标，均须按照实数填入，不得浮开。如事后丁役人等有需索情事，准该商人指实呈明，倘若扶同徇隐，应一并究办。

六、中标商人限于开标后二日内呈递揽单，并按原值百分之五缴存保证金，掣取本公所收条。此项保证金，应俟工程完竣或材料交齐时，再行发还。

七、中标商人如有停止交料或中途罢工者，所存保证金全部没收。其违误揽单内批定竣工及交料期限者，均应按照批定每日应罚数目，计算处罚，即在保证金内扣除。

八、开标时以最低价为中标，次低价为次中标，如中标人因故不能承办，经本公所处罚或许可后，即归次中标人承办。

九、凡招标承办之工程做法图式并材料质量形式及期限等，均分别开明张帖，投标商人应详细阅看，再行填注标价。

香厂地亩转租注册规则

一、租地人依租领香厂官地契约第十一、第十二两条，自愿将原租地亩全部或一部转租他人者，须绘图呈报，经本公所派员，将转租人身份、年籍调查明确，核示后，方准转移。

二、租地人如将原租地全部或一部，租给一转租人或数转租人，呈经本公所调查核示，准移转后，即予分别注册，其有因地方渐臻繁盛，转租人情愿增价转租者，须由租地人将双方原订契约，并增租数目，据实呈报本公所。但就所得增租价内征收注册费，其等差如下。

甲　增租价在原租价一倍以上至三倍者，征收注册费百分之三，不及一倍者同。

乙　增租价在三倍以上至五倍者，征收注册费百分之六。

丙　增租价在五倍以上至七倍者，征收注册费百分之九。

丁　增租价在七倍以上至九倍者，征收注册费百分之十二。

戊　增租价在九倍以上至十一倍者，征收注册费百分之十五。

己　增租价在十倍以上者，统行征收注册费百分之二十。

三、前条增租注册费应一次缴清，但租地人与转租人原订契约，系分年缴租者，其注册费得按照年限，由租地人分次摊缴。

四、租地人原领地图证券应照旧收执，毋庸呈缴，但发给转租凭单于转租人。

五、租地人如私自转租，或将新增租价隐匿少报，不依本规则办理者，经本公所查出或发觉，即将地亩收回，概不给还原价。如转租人能将上列情形先行举发者，本公所得认该转租人有继续租地之权利。

六、转租人对于租领契约，有共同遵守之义务，其动工竣工期限，均依租领契约第五条、第六条、第七条之规定，仍自原租地人租领之日起，接续继算。

城南公园招商租地营建简章

一、城南公园现有应行布置各项，分别如下。

甲　类

图书馆

教育用品萃卖所

监狱出品所

公众运动场

儿童游嬉场

公众电话所

跑马场

乙　类

公众燕集厅

跑冰场

各项球场

武术练习场

游泳池

音乐馆

揪枰馆

射圃

丙　类

电影社

昆曲馆

动植物、矿物标本馆

水族馆

美术馆

模范家禽园

艺花处

丁　类

西餐馆

中餐馆

茶社

咖啡馆

球社

烟酒售卖处

戊　类

写真社

书报售卖处

古玩字画萃卖场

二、前条所列各项，除甲类外，有愿经营者，可赴本公所第二处阅看地段图，查照下列各条手续办理。

三、凡市内人民愿建筑经营公园内各项事业者，不论专办一项或兼办数项，均任其便，但地段所在，不得有所变更。

四、凡已指定愿办事项者，须于阅看地段图后，限期将该项设计布置详图呈送本公所审核，其兼办数项，须同时呈送设计布置图。

五、前项设计图，经本公所审定后发还该商民，限期按照原图将工料建筑方法详晰，开送说明书，再送本公所审核。

六、估工说明书经本公所审查认可后，即行传知原呈请人，将开工日期、经营资本总数迅行呈报，以凭查验资本。

七、凡经本公所派员查验资本相符、开工期确定者，即行批准承办，发给执照，划定地段，交其办理，并由公所派员随时监察之。

八、凡设计图、估工说明书，遇有大体合宜，应加修改者，得发还修正呈核，如经复核相宜，并得核准承办。

九、工程期限，应预先呈明，至迟不得逾一年。其有迟延不完工者，除遇有天灾外，应酌量议罚。如无故迟延至两年以上者，得取销其原案。

十、工竣后，经本公所监察员查验，与原报相符，方准开业。但遇有争议时，得另派专门人员覆勘核定，俟覆勘核定后，即不能再有异议。

十一、承办各事业建筑地及附属地，应缴地租数目，依地势及所营事业，照下列各等，按照所估亩数，随时由公所酌定之。

甲　每亩年租一百二十元。

乙　每亩年租一百元。

丙　每亩年租八十元。

丁　每亩年租六十元。

第一条乙类地租及各类附属地地租，得照前数减半征收之。

十二、前项地租于核准发照日，先行缴纳一次，嗣后按年于租期第一月内缴纳之。

十三、此项承办人以中国国籍为限，遇有影射外资，查出确据者，得随时收回公有，并停止营业。

十四、承办人建筑完竣后，遇有情愿退租时，得由本公所将建筑物估价收回，其价额临时召集公正厂商或工程师评议时价，由本公所参酌原承办时估工说明书酌定之。

但租地至三十年后，本公所遇有必要时，亦得按照前项办法将建筑物估价收回，该承办人仍得接租营业，其房地租价额临时协商之。

十五、各类地租，本公所得随时考察营业之状况，酌量增减之，但不逾于原额二分之一。

十六、各该承办人不得以建筑物及其事业转倒、转押，并不准有铺底情事，如查有此项情弊，或经人告揭，查实时，由本公所收回，毋庸偿还建筑资。

十七、遇有承办人于租期内，将全部转租他人经营时，不得收取押租，并须经本公所调查转租人身份，酌量核准注册，方准转租，按照转租地积，每亩收注册费银一元。其转租人以本国国籍为限。如查出私自转租，得勒令停业一个月至三个月，或处以百元以内之罚金，并仍令缴足注册费，方准开业，其再转租者亦同。但不得将全部分分割转租。

十八、承领地照日，应具遵照本简章各条切结，并取铺保甘结证明之。

十九、凡同项事业有两人以上请愿承办者，本公所于审核图案时，有采择之权。

二十、关于园内卫生秩序等项，应依城南公园事务所之指挥，不得违背现行一切规约。

京都市立贫民借本处简章（摘录）

第二条　本处先就市内贫民最多之区设置之，但各区已有私立贫民借本处者，暂不设置。前项所指区域，以所在警区为区域。

第三条　本处设置地点，随时公告之。

第四条　本处基金，由京都市政公所筹拨，每区至少以京钞银一千五百元为率，并折合铜元，随时发放。

第五条　借本人所借钱数，每户暂分铜元二百枚、三百枚二等，分号编次，按期收放，不取分文利息。

第六条　借本人须有家有保，先期到本处挂号，将姓名、住址、营业及保人姓名、住址、营业说明注簿，候查属实，方准借与。若游荡赌博、不习正务或以抵债及业不须本者，一概不借。

第七条　保人须系开设铺户之人，并于调查时声明完全负责，若系为人帮伙及住家，概不准保。

第八条　借户须立借据一纸，详列保人姓名，加盖铺户水印画押存查，随由本处给予还本手折，分书期限，折面将借户姓名及编列字号分别书明，以后持折缴本。

第九条　借户还本，无论钱数多寡，统限五十日，分十期偿清。如借铜元二百枚者，每日应还铜元四枚，即每期应缴铜元二十枚，由借户自行送处，余依此类推。

第十条　借本多寡，须由处察看所营生业大小为定，但第一次借钱，至多以铜元二百枚为限。

第十一条　每期缴本并不错误者，期满准再续借，如逾期不缴或欠缴至三四期者，即向原保追还原本。

第十二条　按照旧历每旬一、二、六、七日为借户挂号日期，以三、四、八、九日为调查日期，逢十为收放款日期，定于午前收款，午后放款，不得迟延搀越。

第十三条　凡市内绅商或组织团体自行集资办理此项借本处者，须将集资数目及主办人姓氏、职业、住址及驻处人员姓氏、职业、住址，呈经京都市政公所暨京师警察厅核准，并须依照本简章第五条至十二条规定办理。

第十四条 凡市内私立贫民借本处者，经京都市政公所查核该处情形，确有成效者，得酌量补助经常费，或酌给名誉奖章。

第十五条 凡市内私立贫民借本处，经京都市政公所查有办理不善情事，得饬令改良，并更换办事人员，呈报核准。

附 限制借户细则

一、各借户按期缴本，并不迟误者，缴清后准其续借三次。

二、借户如迟缴一期者，缴清后准其绩借二次。

三、借户如迟缴二期者，缴清后准其续借一次。

四、借户如迟缴三期者，除责成铺保清偿外，不准续借。

五、借户如因事故上期脱缴，下期一并补缴者，仍得享第一项之利益。

六、续借各户如有迟缴情形，仍按照前项办法减少借予次数。

七、借户次数已满，各借户仍须商借者，应由该处查核酌定。

八、夏节秋节停止收放，除夕只放不收，正月初五停止收放，正月初十只收不放，余均照常办理。

内务部防疫清净方法消毒方法

第一章 清洁方法

第一条 清洁方法之要项如下。

一、凡患传染病之家，须注意患者之居室，其有病毒污染可疑之场所，于施行消毒方法后，须加扫除，所有尘芥，则烧毁之。

二、家屋扫除时，地面之尘芥及其他不洁之物，须取出烧毁之。

三、患传染病者之家，其井户厨房便所，或尘芥委积之处，须于消毒方法施行后，加以扫除，但于必要之场合，须修理改造，或浚治其井。

四、对于百斯脱之传染病，除前各项之规定外，须于屋脊、天棚、板壁间、地板下等处，施行鼠族之搜除。

五、污染传染病毒，或疑有传染者之家宅，施行清洁方法时，得准用前项之规定。

第二条　传染病流行之际，淘浚沟渠，最足为病毒蔓延之媒介，故于必要场合，须投以消毒药（生石灰末或石灰），始可淘浚之。

第三条　于传染病之流行前或流行后，施行清洁方法时，对于家宅之扫除，沟渠之浚治，不可滥行撒布消毒药。

第四条　淘浚沟渠之泥芥，须装入一定之运搬器，弃置于不害健康之指定场所，不可散布或堆积路侧。

第二章　消毒方法

第五条　消毒方法为下之四种。

一、烧毁。

二、蒸汽消毒。

三、煮沸消毒。

四、药物消毒。

第六条　适于烧毁者如下。

一、传染病患者或死体所用被服、卧具、便器及其他器具，污染病毒最甚，消毒后不再供使用者。

二、传染病患者之吐泻物及其他排泄物暨尘芥动物之死体。

第七条　适于蒸汽消毒者如下。

一、衣服卧具布片等，及一切绢布、棉布、麻布、毛织物类。

二、玻璃器、陶器、瓷器，及其他矿制、木制品等，堪以蒸汽者。

第八条　施行蒸汽消毒时，须注意下列各项。

一、革类、革制品、漆器、橡皮附品、糊附品、胶附品、其他涂饰物品及毛皮、象牙、鳖甲、骨角之类，最易损坏，不可用蒸汽消毒。

二、被服类施行蒸器消毒，须检索其袖中或衣囊中，若有弹丸火药等易爆发或发火之物，须取去之。又有易染颜色之物，亦不可用蒸汽消毒。

三、蒸汽消毒，须用流通蒸汽，又须驱逐消毒器中之空气，使于一时间以上，接触摄氏百度以上之湿热。

第九条　适于煮沸消毒者与适于蒸汽消毒者同，煮沸消毒，须将消毒之物品全部浸入水中，沸腾后，煮沸三十分钟以上。

第十条　供药物消毒之药剂并其用法如下。

一、石炭酸水（二十倍）　结晶石炭酸五分，盐酸一分，水九十四分。

制造石炭酸水，凡石炭酸五分，约加水一分，搅拌或震荡之，逐次注入定量九十四分之水，后再加以盐酸一分。若用温汤，则其溶解更速，但使用时，每次须先振荡之。石炭酸水，最适于各种物件之消毒，惟使用时，须注意下列各项。

（一）吐泻物及其他排泄物，须加入药水同容量，善为搅拌之。

（二）器具、室内一切消毒，须擦拭、撒布之。

（三）手足等之消毒，须于洗涤后更以净水洗濯之。

（四）衣被等之消毒，须用未加盐酸之药水，浸渍六十分钟以上后，更以净水洗濯之。

库列拙尔水（库列拙尔石碱液六分，水九十四分）。

制造库列拙尔水，凡库列拙尔石碱液六分，须配水九十四分。库列拙尔水最适于各种物件之消毒，其用量及用法，可依石炭酸水。

二、升汞水（千倍）　升汞水一分，盐酸十分，水九百八十九分。

制造升汞水，须以升汞溶解于定量（九百八十九分）之水，后再加以盐酸。

升汞水性猛毒，且无色无臭，危险最大，故贮藏使用时际，须加染色，使其容易辨识，以防危险。但不可贮藏于金属器内，最适于陶器、玻璃器、木制器。而室内之消毒，或饮食用器具、玩具之消毒，及饮料水渗透场所之消毒，并金属制品、粪便、吐泻物之消毒，则不适用。若用于手足等消毒，完竣后，须更以净水洗涤之。

三、生石灰（灌以少量之水发热而崩坏者）、生石灰末（以少量之水加于生石灰，使为细末者）　生石灰末，须临用时制造之，最适用于吐泻物及其他排泄物，暨沟渠、床下等之消毒。其容量，至少须投入五十分之一而搅拌之，在床下则宜撒布地面四周。

石灰乳（十倍）　生石灰一分，水九分。制造石灰乳，以一分生石灰，渐续加以九分水，徐徐搅拌。其用量视吐泻物及其他排泄物等容量四分之一以上，但每次用时须先搅匀。在无生石灰之场合，可以普通石灰代之，须加倍其用量。

四、格鲁儿石灰水（二十倍）　（格鲁儿石灰五分，水九十五分）

格鲁儿石灰水用法并用量，与石灰乳相同，但须临用时制造之。

五、加里石碱或绿石碱　以加里石碱或绿石碱三分，溶解于热汤百分中，使用时须再加热，最适用于不洁之木制器具及户窗地板等之消毒。

六、福尔马林　此物宜藏于一定大口之器，安置温室内，或加以微熟蒸发之，或入喷雾器内，行喷雾消毒法。惟施行须注意下列各项。

（一）如泥造或砖造屋宇及洋式楼房，凡可以密闭之室屋，及室内安置之器物或对象内部，均可以之消毒。

（二）消毒时，其用量有一定，如室内每百尺见方，须喷用四十瓦以上，如用消毒灯，使之生气喷雾，则用十五瓦以上，同时再以水百瓦蒸发其汽，但须密闭室屋，达七点钟以上。

第十一条　消毒方法之应用如下。

一、患者。

传染病患者治愈时，须使全身入浴，更换其衣服，但有时得以温湿布拭净之，以代入浴。

二、死体。

传染病之死体，收敛入棺时，须以升汞水或石炭酸水撒布于其被服，或包以升汞水或石炭酸水浸渍之布，或填以石灰。

三、看视病人者，或病者之家人，及其他接触污染病毒者。

对于以上人等，须为衣服之手足之消毒，使人入浴。

四、患者及死体之搬运器。

搬运传染病患者及死体等之用具使用后，须以升汞水或石炭酸水擦拭之。

五、便所及尘芥委积处沟渠等。

贮传染病患者之吐泻物及其他排泄物之便所、粪池、肥料委积处等，须灌以生石灰末或石灰乳或格鲁儿石灰水，善为搅拌之。便所于以石炭酸水消毒后，立刻可以使用。其消毒后之粪便，于一周间以后，亦可供肥料。

病毒污染之土地，须灌以石灰乳或格鲁儿石灰水，病毒混入之尘芥委积处，须灌以石灰或格鲁儿石灰水，其尘芥则烧毁之。

病毒混入之沟渠，须灌以石灰乳或生石灰末，或格鲁儿石灰水。

六、衣服器具铺设物等。

传染病患者使用之衣类并卧具，及其病室之诸器具，或看病人及患者家人之衣类，暨其他有病毒污染之处者，须各从其对象之种类，施行消毒方法。

第八条第二项所载之物品，须以加里石碱或绿石碱（毛皮忌用）洗涤之，或以石炭酸水拭净或撒布之，又或用福尔马林，亦可使之消毒。不能施行第五条所载之各种消毒方法者，须置于日光或火气中，使之干燥。

七、甲　家屋患者之居室及其他污染传染病或疑有污染之室内，须以石炭酸水或升汞水拭净之，但土造或砖造可以密闭之室内，得使用福尔马林消毒。消毒后，须使日光射入，空气流通，俾易干燥。

乙　井户水槽等污染传染病毒，及疑有污染之井户水槽等，须以水量五十分之一之生石灰，制为乳状，投入搅拌之，须达十二时间以上，或依适当之装置，通以热蒸气，使沸腾至三十分间以上。

八、汽车。

有传染病患者或死体之汽车内消毒，与上条相同。对于传染病患者之吐泻物及其他排泄物，须掺入消毒药，适宜处置之。车附属之便所，须以石炭酸水施行消毒。

九、船舶。

有传染病者或死体之船舶内消毒，与七、八两项相同。对于其他之场所，须以消毒药撒布或擦拭之。船底之水，须投以容量二百分之一之生石灰末，于二十四小时后汲出之。

内外城官医院规则（摘录）

第一章　通则

第一条　本院诊治一切病人，除住院诊治者须纳饭食费外，概不收费。

第二章　诊察

第十一条　就诊者先至挂号处挂号，领取号单，按号单先后，分别入男女候诊室，听候诊察。但急剧病症，得报由医长或医员酌量提前诊治。

第十二条　下列各项人员，由号房给予优待号单，得实时入诊。

一、陆海军官兵士着有制服或持有营署执据者。

二、学校男女学生着有制服或佩有徽章，或持有学校执据者。

三、警察人员着有制服或持警察官署执据者。

第十三条　诊治时间，三月一日起，每日上午七时至十二时，九月一日起，每日上午八时至十二时，均以振铃为号。

第十四条　诊察时限，于持有号单之病人得依次导入，其他闲人不得擅进。

第十五条　入室诊察时，即将号单缴销。

第三章　药房

第十六条　医员诊毕，给以药方，病者持往药房取药，由中西药司事及药工，按照原方发给。

第十八条　本院除诊治时间按方发药，及值班医员所开药方应照常发药外，其外来持方取药者，概不发给，如擅行发给，查明罚办。

第二十三条　星期日及每日停诊后，遇有受伤及急剧病症，经厅区送院者，值班员须立与诊治，如实系不能来院，经厅区电请医员赴诊时，应即前往。

第二十九条　病人住院，除由各官署函送外，其他须经医员察视病状，认为必须住院，并有妥置保人或家属担保者，方准住院。

第三十条　警察厅区署及各官署函送无依病人或受伤人住院医治者，其饭食费由原送各署担任之，但有特别情形时，得由厅酌量办理。

第三十四条　病人亲属来院访问者，须先告知管理员，由号房导入，不得淹留过久，若馈送食物，须经医员认可，方得食用。

第三十五条　病房应遵守下列各条。

一、每日清早、午后，洒扫两次。

二、不得于痰盂外任意涕唾。

三、被褥稍有污坏，应即洗涤。

四、不得高声喧哗。

五、每晚十时一律熄灯。

第三十六条　住院者不得携带重大物件及非随身应用之物。

第三十七条　住院者不得任意出入，病愈出院时，须得主治医员之许可。

第三十八条　住院者死亡时，由本院分别函知警察厅或本管区署，转知检查厅检验，传知该尸亲属，具领葬埋。如无亲属，由区发结棺木，送城外葬埋标志。

传染病医院章程（摘录）

第七条　本院为便利诊治起见，得于外城设立分院，并于必要时得酌设分诊所。

第十条　凡患急剧之病，疑似传染者，应即赴本院诊察，不能到院时，可由家属通知本院，立派医员前往。

第十一条　各区警察署查有患急剧之病，疑有传染之虞者，迅送本院诊治，或知照本院，派员往治。

第十二条　公私立医院及医生，遇有急剧之传染病时，应即报告本院。

第十三条　本院于患急剧传染病人须留院医治者，应即分居养病室，其传染尤烈者，立即移送隔离室，妥为治疗。

第十四条　本院遇有猝死之病，由该家属或警察署通知时，立派医员前往检查，如确系传染病，应即施行消毒，并为相当之预防法。

第十五条　凡与传染病患者或尸体接近之人，应施行健康诊断，其同院或邻居有传染之虞时，亦得施行消毒与清洁之法。

第十六条　本院医员出外执行检查消毒各事时，应先知会该管警察署，以便协助办理。

第十七条　本院关于传染病患者应用之器具被褥等，均特别置备，并有病室用衣，凡入病室者，均着用之，用后均须随时消毒。

传染病医院普通诊疗所暂行章程（摘录）

第一章　总则

第二条　本所附设京师传染病医院，即定名为“京师传染病医院普通诊疗所”。

第四条　本所仿照官立各医院办法，诊疗病人，分施诊、速诊二种。施诊病人只收挂号金铜元六枚，其余概行免收，但每日暂定以五十名为限。速诊病人在本所诊察时间内，得尽先提前诊疗，每名挂号金铜元二十枚，其余药费、处置费，均按本所所定价目照额收取。药费、处置费等价目，另定之。

第五条　本所限于地势及经费，新建房屋舍，仅敷作候诊室、诊察室及药房之用，并无普通养病房间，刻下专行门诊，暂不容留住院。

第六条　本所专为施行内外科门诊而设，遇有传染症者，仍由传染病医院诊治。

第三章　诊察

第十条　病人来所就诊，先至挂号处挂号，交纳号金，分别内、外两科，领取号单。各按号数先后，分别至男、女诊候室、静候室静候诊治。但有受伤过重及患急剧病症者，经医长或医员之许可，得酌量提前诊治之。

第十一条　挂号时间，自四月一日起至十月底止，均自上午七时至九时。诊疗时间，自四月一日起至十月底止，均自上午八时至十一时。自十一月一日起至次年三月底止，均自上午九时至十二时。星期日及各纪念日，照章停诊。

第十二条　诊疗室只限持有号单之病人依次而进，入室诊察时，即将号单缴销，至再来复诊，仍须遵照第十条之规定办理。

第十三条　病人经医员诊疗后，亲持药方向药房取药，即行退出，不得在所逗留，以免拥挤。

第十四条　星期日及每日诊察时间以外，遇有受伤过重及患急剧病症者，经医员检验属实，随时立与诊治。惟除急剧传染病仍由传染病症院派员检查外，无论何种病症，本所概不出诊。

模范区租领地基章程

一、地基　本区建屋地基，分甲乙丙三种，甲种占地二亩，乙种占地一亩二分五厘，丙种占地七分。

二、租期及租价　自领地日起，以三十年为期，无论甲乙丙三等地基，每亩租价按二千五百元计算，作为三十年地租，一次缴清，三十年不再加租。

三、承租人限制　承租人应受下列条件限制。

（一）承租人须有相当教育。

（二）承租人须有相当职业。

（三）承租人须能遵守本区内章程，如卫生、风纪、公益、交通各项公共规则，并遵守现行法令。

四、承租地基限制　承租地基应受下列限制。

（一）每一承租人只能承领一处。

（二）承租时须声明自住，不得出租。如房屋造成后，因不得已事故，不能自住，须出租者，应声明理由，呈报本公所核准。转租之户，并应受第三条限制，由本公所审查合格，方得转租。

（三）承租人在领地后，尚未建筑房屋之先，不得将地基转租、转移于人，倘有私自转租、转移，即将地基收回，另行招租，原缴租价，概不发还。如在已经造成后，承租人遇有不得已事故时，拟欲转移，须声明理由，呈请市政公所核准。其转移新户，仍应查照第三条限制，由本公所审查合格，方得转移。

（四）本区地基，专为建造住房，不得用以建充各种营业店铺或公共宿舍之用。

五、外国人承租办法　外国人租领本区地亩，除遵守第三条各条款、第四条各条款外，并应有自国公使馆、领事馆之介绍。

六、承租人权利　承租人得享有下列各项权利。

（一）本区内设备之各种娱乐游息场所，承租人有完全享用之权。

（二）本区内卫生、风纪、公益、交通各项公共规则，由住民公同商订，每年轮选董事四人，管理本区内公益各事。

七、建筑　本区内建筑应照下开办法。

（一）无论甲、乙、丙三种住房，应照本公所悬赏选定之图样建筑，惟房屋内部得自由布置。

（二）承租人应于订立合同后六个月内开工建筑，动工后一年半内全部修竣。如逾六个月尚未开工，或动工后一年半尚未修竣，应于原租价外，加征租价十分之三。倘逾一年仍未动工，或动工后两年仍未竣事，应将原租地基收回，另行招租，原缴租价，概不发还。

（三）建筑材料应照本公所规定样本选用，如能选取更佳者听。

（四）建筑时应照普通手续呈报公所备案。

八、租地证券　承租地基，经本公所核准，订立合同，缴足租价后，由本公所发给租地证券，交承租人收执。

九、租赁期满后办法　租赁期满后，如不愿续租，应于三个月前呈报本公所，届期即将地亩交还。其地面上各种建设物，得自由拆去或变卖，本公所得照时价尽先收买。但拆去或变卖，至迟不得逾期满后六个月。如期满后仍愿续租，应于三个月前呈报，届期即一次缴纳续租价，其租价至多不得逾原租价十分之五。

十、房屋税契办法　承租人于建筑完工后，应行按照京师承租官地建筑房屋税契简章办理。

马路章程

第一条　凡附近马路铺住各户及往来车马行人，除各种规章禁止事项外，对于本章程所定各条，均应遵守。

第二条　凡重载手车及骆驼、猪、羊、牛、马各群，非遇无可绕越处所，均不得由马路直行。

第三条　马路上不得停置车辆或横拦各物，阻碍交通。

第四条　凡遇有出殡亮杠情事，须在马路两旁沟上，不得横置路中。

第五条 牵拉骡马及各项空车，均不得在马路上来往盘旋。

第六条 车马穿行马路时，须由过沟石上行走，不得径过明沟。

第七条 马路两旁树株灯杆及建设各物，须加爱护，不得毁损，或栓系骡马。其设有石木各种栏杆者，并不准行人跨过或憩坐。

第八条 马路两旁铺住各户，每日须自将门前洒扫洁净，不得抛弃秽物。

第九条 凡污秽水土，不得向马路上及明沟内倾倒。

第十条 凡粪车、秽土、秽水各车，均不得直行马路，但遇不能绕越，必须经行马路时，得由该管区署特许之，其时间须在上午十二钟以前。

自来水地管及售水龙头安设规程

一、自来水公司，凡在本公所规定整理区域以内，或以修马路地面，有需增设或修理地管及当街售水龙头等工作时，均应预计工程大小及所需时期，先行报由警厅，函转本公所呈明核准，方准开工。

二、凡在已修马路地面内工作时，路内漏井暗沟均应设法避让，如有经过之必要时，须得本公所之许可，以便临时派员监视。至路面所铺石渣，应照原有尺寸铺平，用夯筑打坚实。俟各工修复完竣，仍报由警厅，函转本公所，派员查验，如有敷衍疏忽或与原式不合情事，仍责成自来水公司妥为修理。

三、当街售水龙头，均应照不妨碍交通处便道上安设，并须距离马路线在四尺以外。

四、售水龙头所在地点，应用洋灰筑成漏水池，使龙头散水引入马路侧沟，以免浸坏路面。

五、凡新添地管，若方向与马路直线平行者，不得在马路内安设，应置于人行便道之下，以避将来修理时之困难。如该路无便道时，得酌量在该马路之一旁安设。

六、已修马路地面以内，已经安设之当街售水龙头，如经本公所查明，认为有碍马路者，均应随时迁移。

七、凡载本公所新展马路线内，有视为应设水管之处，自来水公司虽无此项计划，本公所得令其酌量安设。

八、自来水公司如有安设水龙及龙头等之新定计划，应随时呈报本公所查核。

第五编　公共事业

教　育

甲　学校教育

一　大学校

中国大学及专门部（私立）　宣武门内太平湖　电话西一三四〇

中国大学及专门部（私立）　正阳门内西城根　西一〇四四

北京大学（国立）　马神庙　东一四〇六　东一四〇七

北京大学第一院　汉花园

北京大学第二院　地安门内马神庙

北京大学第三院　东安门内北河沿

平民大学（私立）　地安门内二道桥

民国大学及专门部（私立）　宣武门外储库营　南二九六〇

交通大学（国立）　李阁老胡同

陆军大学校（国立）　西直门内大街横桥　西一三〇五

朝阳大学（私立）　东直门内北新仓　东一三七　东五四二

汇文学校（教会）　船板胡同　东一八一八

燕京大学男校（教会）　崇文门内盔甲厂　东二七五〇

燕京大学男校第三院（教会）　崇文门内马匹厂　东三二二四

燕京大学女校（教会）　灯市口佟府　东三二二六

二　专门学校（高等师范学校及各种专门学校属之）

中央政法专门学校（私立）　西单牌楼郑亲王府西　电话西一七三

中央陆军测量学校（国立）　祖家街　西一四三四

化石桥法政附设商科专门学校（私立）　化石桥　南一〇九六

北京工业专门学校（国立）　祖家街　西一〇一二

北京法文学校（私立）　北新华街北口内

北京法政专门学校（国立）　太仆寺街　西一一五〇

北京美术学校（国立）　京畿道　西一二四九

北京高等师范学校（国立）　琉璃窑　南三三七九　南四一一

北京女子高等师范学校（国立）　石驸马大街　西一三二五　西六二一　西二二七九

北京通才商业专门学校（私立）　广安门内大街　南二四八九

北京农业专门学校（国立）　阜成门外罗道庄　南一〇六六

北京医学专门学校（国立）　后孙公园　南四四

北京体育学校（公立）　西单牌楼北斜街　西六六四

交通部北京铁路管理学校（国立）　李阁老胡同　西一一四一　西一五九〇

协和医学校（教会）　东单牌楼北大街三条胡同　东九一七

京师女子美术学校（私立） 西单牌楼察院胡同

京师电气工业学校（私立） 正阳门内司法部街 南七七〇

法文翻译专修馆（私立） 祖家街翌教寺 西一八六八

英算专修馆（私立） 西单北大街

俄文专修馆（国立） 东总布胡同 东一〇六〇 东二六一

航空学校（国立） 南苑 南苑分局一三

高等预备学社（私立） 宣武门外大街

高等法文学校（教会） 宣武门内东城根

清华学校（国立） 京北清华园 西二分局八五

国文专修馆（私立） 西单北大街

陆军军医学校（国立） 东直门内富新仓 东二八五五 东二八五六

陆军兽医学校（国立） 东直门内富新仓 东二九五五

陆军军需学校（国立） 煤渣胡同 东六五六

陆军预备学校（国立） 京北清河镇 西二分局九

陆军讲武堂（国立） 安定门外校场

税务学校（国立） 大雅宝胡同

华北协和女医学校（教会） 崇文门孝顺胡同

新民工业专门学校（私立） 东单牌楼水磨胡同

新华商业专门学校（私立） 西安门外 西一六四五

经史研究社（私立） 西单北大街

蒙藏学校（国立） 石虎胡同 西四八七

德文学社（私立） 西单北大街

宪兵学校（国立） 东四牌楼四条 东五六八

警官高等学校（国立） 安定门内北新桥 东二一九四

盐务学校（国立） 王府井大街大纱帽胡同 东一八四三

三　中等学校（甲种实业学校、师范学校、中学校等属之）

上义师范学校（私立）　阜成门外石门路北

山东中学校（旅京）　化石桥东　电话南一一五二

中国大学附属中学校（私立）　西长安街双栅栏　西一〇四四

北京师范学校（公立）　祖家街　西一三六八

北京高等师范附属中学校（国立）　琉璃窑　南七

北京女子高等师范附属女子中学校（国立）　辟才胡同　西一三二九

平民中学校（私立）　阜成门内北沟沿翊教寺

北京商业学校（私立）　西珠市口蜡烛芯胡同　南三三〇六

北京实业学校（私立）　宣武门外虎坊胡同

甲种农业学校（私立）　西什库后库

四存中学校（私立）　府右街太仆寺旧址　西一七〇八

安徽中学校（旅京）　后孙公园　南一七一三

求实中学校（私立）　地安门外　后鼓楼院

成达中学校（私立）　阜成门外驴市口　西一二一

贝满中学校（教会）　东城灯市口

京师第一中学校（公立）　郎家胡同　东一七

京师第二中学校（公立）　史家胡同　东九三一

京师第三中学校（公立）　祖家街

京师第四中学校（公立）　西什库后库　西一一一八

京师公立第一女子中学校　西交民巷

京兆第一中学校（公立）　兵将局　东八七〇

尚义女子师范学校（私立）　宣武门外上斜街　南一〇八

函授学校（私立）　崇文门外三里河

留美女子预备学校（私立）　正阳门内四眼井

财政商业学校（教会）　米市青年会

商业银行簿记学校（私立）　西安门内赃罚库

务本女子甲种职业学校（私立）　西四牌楼马市

崇实中学校（教会）　安定门内三条

萃文中学校（教会）　西四牌楼礼路胡同

萃贞女子中学校（教会）　西四牌楼礼士胡同

朝阳大学附属中学校（私立）　朝阳门内汪家胡同　东一三七　东五四二

农林传习所特设农民学校（国立）　西直门外万寿寺

农林传习所特设农民学校第一分校（国立）　京北清河镇

农林传习所特设农民学校第二分校（国立）　京西城府

农林传习所特设农民学校第三分校（国立）　京西三家店

农林传习所特设农民学校第四分校（国立）　京南南苑

农林传习所特设农民学校第七分校（国立）　京南礼贤镇

新华中学校（私立）　西安门外大街

汇文中学校（教会）　船板胡同　东一八一八

毓英中学校（教会）　西直门内大街

慕贞中学校（教会）　孝顺胡同

畿辅中学校（私立）　宣武门外大街

励志中学校（私立）　西颂年胡同

怀幼中学校（私立）　香厂迤东珍嘉花园　南一四二五

四　初等学校（乙种实业学校、高等小学校、国民小学校、蒙养园等属之）

三育学校（私立）　齐内大方家胡同

工艺学校（私立）　阜成门内锦什坊街

工艺国民学校（私立）　东四牌楼九条胡同

女子工艺学校（私立）　西城二龙坑

女子高等预备学校（私立）　英子胡同

女子慈惠学校（私立）　宣武门外首善医院

女子积勤学校（私立）　护国寺罗儿胡同

女子职业学校（私立）　宣武门外赶驴市　电话南三一八八

女子簿记学校（私立）　西城甘石桥

内右三区地方公立第一高等小学校　李广桥

内右三区地方公立第一国民学校　李广桥

中央国民学校（私立）　西砖胡同　南一三二四

中央女子国民学校（私立）　西砖胡同　南一三二四

中央蒙养园（私立）　西砖胡同

中华圣公会幼儿园（教会）　象坊桥前王公厂

孔德女子高等小学校（私立）　东单牌楼方巾巷　东二四七〇

孔德女子国民学校（私立）　东单牌楼方巾巷

北京孔德学校（私立）　崇文门内方巾巷　东二四七〇

北京高等师范附属高等小学校（国立）　琉璃窑　南八四〇　南二〇五八

北京高等师范附属国民学校（国立）　琉璃窑　南二〇五八

北京高等师范附设徒弟补习班（国立）　琉璃厂厂甸　南二　五八

北京师范附属高等小学校第一部（公立）　西单牌楼西斜街红庙　西八二一

北京师范附属高等小学校第二部（公立）　西四牌楼翊教寺口

北京师范附属国民学校第一部（公立）　西单牌楼西斜街红庙

北京师范附属国民学校第二部（公立）　西四牌楼翊教寺口

北京女子明明学校（私立）　宣武门内油房胡同

北京女子高等师范附属女子高等小学校（国立）东铁匠胡同　西一二八

北京女子高等师范附属国民学校（国立）　东铁匠胡同　西一二八〇

北京女子高等师范附属蒙养园（国立）　东铁匠胡同

北京女子高等师范附设补习学校（国立）　西单牌楼北前英子胡同　西一五八九

北京豫章商业学校（旅京）　八角琉璃井　南二七八三

北京聋哑学校（私立）　安定门大街

启盲所　虎坊桥讲演所

北郊公立第一国民学校　德胜门外西黄寺

北郊公立第二国民学校　北郊大屯村大清观庙

北郊私立天真国民学校　德胜门外马店

北郊私立第一国民学校　安定门外外馆村东宽街

北郊私立第二国民学校　外馆村骆驼桥

北郊私立第五国民学校　后八家村庙内

北郊私立第六国民学校　德胜门外西后街羊角灯巷内

北郊私立第七国民学校　朝阳门外六里屯

北郊私立第九国民学校　东岳庙西廊

北郊私立第十国民学校　东直门外下关何家大院

北郊私立第十二国民学校　朝阳门外板桥村

北郊私立第十四国民学校　黄寺西十方院庙内

北郊私立第十五国民学校　德胜门外东后街弘慈寺

北郊私立第十六国民学校　德胜门外关厢三义庙内

北郊私立第十八国民学校　安定门外豆芽厂

北郊私立第十九国民学校　朝阳门外平房村中街

北郊私立第二十国民学校　东直门外落田洼

北郊私立第二十二国民学校　朝阳汛北平房村东头

北郊私立第二十四国民学校　安定门外六公主坟

北郊私立广育第二国民学校　德胜门外马店北头

外左三区地方公立半日学校　花市大街

外右三区地方公立国民学拔　广安门内大街

外右五匾地方公立国民学校　宣武门外高爵街灵佑宫

正黄旗满洲高等小学校（公立）　西城宝禅寺街

正黄旗满洲国民学校（公立）　宝禅寺街

正黄旗汉军高等小学校（公立）　西直门内南小街

正黄旗汉军高等小学分校（公立）　西直门内丁家井西一八五八

正黄旗汉军国民学校（公立）　西直门内老虎庙

正白旗满洲高等小学校（公立）　朝阳门内竹竿巷

正白旗满洲国民学校（公立）　竹竿巷

正红旗满洲国民学校（公立）　马市桥沟沿

正红旗蒙古国民学校（公立）　锦什坊街大水车胡同

正红旗汉军国民学校（公立）二龙坑上岗

正红旗满洲高等小学校（公立）　阜成门内马市桥南沟沿

立本国民学校（私立）　地安门外北官房口

立强国民学校（私立）　小菊儿胡同

民立国民学校（私立）　冰窖厂

幼幼国民学校（私立）　三眼井

平民补习学校（公立）　新街口西街

四川女学校（旅京）　骡马市大街四川营

司安幼儿园（教会）　安定门内头条胡同

外交部立国民学校　无量大人胡同

西郊公立第一高等小学校　颐和园翰林院公所

西郊公立第二高等小学校　外火器营西门外
西郊公立第三高等小学校　静宜园汛健锐营印房西
西郊公立第一国民学校　颐和园翰林院公所
西郊公立第二国民学校　外火器营西门外
西郊公立第三国民学校　静宜园汛健锐营镶黄旗营房
西郊公立第四国民学校　静宜园汛健锐营正黄旗官庙
西郊公立第四民国学校第一分校　健锐营正红旗营外
西郊公立第四国民学校第二分校　健锐营正红旗营外
西郊公立第五国民学校　静宜园汛健锐营镶白旗营房
西郊公立第五国民学校分校　香山四王府三教寺庙
西郊公立第六国民学校　静宜园汛健锐营镶红旗营房
西郊公立第六国民学校分校　健锐营镶红旗营内
西郊公立第七国民学校　静宜园汛健锐营正蓝旗营房
西郊公立第十一国民学校　外火器营南门内
西郊公立闵庄国民学校　京西闵家庄村
西郊公立第十一国民学校第一分校　京西外火器营镶红旗
西郊公立第十一国民学校第二分校　京西外火器营正黄旗
西郊公立海淀国民学校　海淀车库东头娘娘庙内
西郊私立第二国民学校　京西大有庄
西郊私立第四国民学校　颐和园宫门北头
西郊私立第五国民学校　苏州街五座坟
西郊私立第六国民学校　树村汛马兰洼村
西郊私立第七国民学校　京西大有庄三岔口
西郊私立第八国民学校　海淀街南药王庙
西郊私立第九国民学校　东四牌楼墓村娘娘庙
西郊私立第十国民学校　西郊胡家楼北头
西郊私立第十一国民学校　骚子营前精捷营西门内
西郊私立第十六国民学校　静宜园北坞村
江苏高等小学校（旅京）　北半截胡同江苏馆　南三〇三

江苏国民学校（旅京） 北半截胡同江苏馆 南三〇三

私立国民学校 宣武门内油房胡同

宏育国民学校（私立） 南弓匠营

宏育女子国民学校（私立） 朝阳门内南弓匠营

扶轮公学第一高等小学校（私立） 阜成门内冰窖胡同 西一六〇一

扶轮第五国民学校（私立） 西直门外

京师公立第一高等小学校 前圆恩寺 东八四一

京师公立第二高等小学校 西单牌楼头条胡同

京师公立第三高等小学校 新鲜胡同

京师公立第四高等小学校 报子胡同 西六四八

京师公立第五高等小学校 东单牌楼新开路

京师公立第六高等小学校 象鼻子坑 东三一〇

京师公立第七高等小学校 绒线胡同 南二一四四

京师公立第八高等小学校 虎坊桥

京师公立第九高等小学校 西便门内杨道庙

京师公立第十高等小学校 西城鲍家街

京师公立第十一高等小学校 什锦花园黄土坑

京师公立第十二高等小学校 羊尾巴胡同

京师公立第十三高等小学校 南草厂

京师公立第十四高等小学校 苦水井

京师公立第十五高等小学校 武定侯胡同

京师公立第十六高等小学校 金鱼池金台书院

京师公立第十七高等小学校 方家胡同

京师公立第十八高等小学校 府学胡同 东八四七

京师公立第十九高等小学校 梁家园 东三三七

京师公立第二十高等小学校 广安门内牛街

京师公立第二十一高等小学校 宣武门内东城根 西六四二

京师公立第二十二高等小学校　西安门北毛家湾东口　西五九五

京师公立第二十三高等小学校　手帕胡同

京师公立第二十四高等小学校　打磨厂铁柱宫

京师公立第一国民学校　安定门内前圆恩寺

京师公立第二国民学校　西单牌楼头条胡同

京师公立第二国民学校分校　西单牌楼太仆寺街

京师公立第三国民学校　新鲜胡同

京师公立第三国民学校分校　新鲜胡同

京师公立第四国民学校　西四牌楼北报子胡同

京师公立第四园民学校分校　受璧胡同

京师公立第五国民学校　东单牌楼新开路

京师公立第六国民学校　象鼻子坑

京师公立第七国民学校　绒线胡同

京师公立第八国民学校　虎坊桥东

京师公立第九国民学校　西便门内杨道庙路北

京师公立第九国民学校分校　西便门内杨道庙路南

京师公立第十国民学校　鲍家街

京师公立第十一国民学校　什锦花园黄土坑

京师公立第十二国民学校　羊尾巴胡同

京师公立第十三国民学校　南草厂

京师公立第十四国民学校　阜成门内苦水井

京师公立第十五国民学校　武定侯胡同

京师公立第十六国民学校　金鱼池金台书院

京师公立第十七国民学校　安定门内方家胡同

京师公立第十八国民学校　府学胡同

京师公立第十九国民学校　梁家园

京师公立第二十国民学校　广安门内牛街

京师公立第二十一国民学校　宣武门内东城根

京师公立第二十二国民学校　毛家湾东口外

京师公立第二十三国民学校　东四牌楼北十二条胡同东口老君堂

京师公立第二十四国民学校　东单牌楼东观音寺

京师公立第二十五国民学校　东安门外大阮府胡同

京师公立第二十六国民学校　崇文门外正蓝旗营房　南一五五九

京师公立第二十七国民学校　地安门外迤西厂桥

京师公立第二十八国民学校　西直门新街口大三条

京师公立第二十九国民学校　西城沟沿北魏胡同

京师公立第三十国民学校　右安门内三圣观

京师公立第三十一国民学校　手帕胡同

京师公立第三十二国民学校　广安门内大街

京师公立第三十三国民学校　安定门内郎家胡同

京师公立第四十国民学校　打磨厂铁柱宫

京师公立第一商业补习学校　琉璃厂土地祠后

京师公立第二商业补习学校　正阳门外新开路

京师公立职工学校　东城什锦花园　东八四二

京师公立第一女子中学附属高等小学校　西交民巷

京师公立第一女子中学附属国民学校　西交民巷

京师公立第一女子高等小学校　丞相胡同

京师公立第二女子高等小学校　二龙坑丁字街

京师公立第三女子高等小学校　交道口香饵胡同

京师公立第四女子高等小学校　西直门内大街

京师公立第五女子高等小学校　东单牌楼东观音寺

京师公立第六女子高等小学校　正阳门内旧帘子胡同

京师公立第七女子高等小学校　崇文门外上堂子胡同

京师公立第三十四女子国民学校　丞相胡同

京师公立第三十五女子国民学校　二龙坑西丁字街

京师公立第三十六女子国民学校　交道口香饵胡同
京师公立第三十七女子国民学校　西直门内大街
京师公立第三十八女子国民学校　东单牌楼东观音寺
京师公立第三十九女子国民学校　崇文门外上堂子胡同
京师公立第四十一女子国民学校　正阳门内旧帘子胡同
京师私立第一国民学校　东直门内南水关
京师私立第二国民学校　地安门外南锣鼓巷
京师私立第三国民学校　东直门内新太仓大庙后门
京师私立第四国民学校　东珠市口冰窖胡同
京师私立第六国民学校　西直门内崇寿寺
京师私立第七国民学校　西直门内崇元观新开路
京师私立第八国民学校　西安门内光明殿
京师私立第十国民学校　东安门内三座门风神庙内
京师私立第十一国民学校　西草厂裘家街
京师私立第十二国民学校　南横街南堂子胡同
京师私立第十三国民学校　虎坊桥东太平巷
京师私立第十四国民学校　正阳门内前府胡同
京师私立第十五国民学校　南锣鼓巷
京师私立第十六国民学校　南柳巷
京师私立第十七国民学校　延寿寺街延寿寺内
京师私立第十八国民学校　南池子普渡寺
京师私立第二十国民学校　朝阳门内南小街
京师私立第二十一国民学校　旧鼓楼大街北药王庙
京师私立第二十二国民学校　西直门内正黄旗马圈
京师私立第二十三国民学校　骑河楼
京师私立第二十六国民学校　河泊厂三条胡同
京师私立第二十七国民学校　南池子缎库胡同
京师私立第二十八国民学校　佘家胡同西口内
京师私立第二十九国民学校　下堂子胡同

京师私立第三十国民学校　正阳门外东南园

京师私立第三十二国民学校　崇文门外上头条

京师私立第三十三国民学校　正阳门外厨子营

京师私立第三十四国民学校　闹市口保安寺自在庵

京师私立第三十五国民学校　崇文门外旋马上湾

京师私立第三十七国民学校　南池子土地庙胡同

京师私立第三十八国民学校　崇文门内八根棋杆

京师私立第三十九国民学校　地安门内东板桥火神庙西岔

京师私立第四十国民学校　东四牌楼头条

京师私立第四十二国民学校　教场小五条

京师私立第四十三国民学校　南小街遂安伯胡同

京师私立第四十四国民学校　正阳门外草厂五条胡同

京师私立第四十六国民学校　黄化门碾儿胡同

京师私立第四十七国民学校　广安门内狮子店

京师私立第四十八国民学校　草厂下五条

京师私立第四十九国民学校　西直门内永泰寺庙

京师私立第五十国民学校　北芦草园火神庙

京师私立第五十一国民学校　香厂七圣庙

京师私立第五十二国民学校　广安门内法源寺前街大悲院

京师私立第五十三国民学校　崇文门外中二条

京师私立第五十四国民学校　崇文门外楼湾胡同

京师私立第五十五国民学校　阜成门内横水车胡同

京师私立第一启瞽学校　花市大街东头

京兆公立模范高等小学校　京兆尹公署

京兆公立模范国民学校　京兆尹公署

京兆工艺传习所（公立）　地安门外口袋胡同　东一四八九

京兆商业学校筹备处　绒线胡同

东正小学校（教会）东直门内俄国东正教会

东正教小学校（教会）　东直门外上岗
东正教备补小学校（教会）　安定门外俄国坟地
东正女学校（教会）　东直门内俄国东正教会
东郊公立第一高等小学校　朝阳门外神路街
东郊公立第一国民学校　朝阳门外神路街
东郊公立二闸村国民学校　东便门外二闸村土地庙
东郊私立第一国民学校　左安汛吕家营庙内
东郊私立第二国民学校　东便汛大柳树村
东郊私立第三国民学校　左安汛牌坊村
东郊私立第四国民学校　河阳汛花园闸村
东郊私立第五国民学校　广渠汛前垡头村
东郊私立第六国民学校　广渠汛大武基北六座坟村
东郊私立第八国民学校　广渠汛南五圣庙
东郊私立第九国民学校　广渠汛楼梓庄
东郊私立第十国民学校　左安汛十里河村
东郊私立第十一国民学校　左安汛杨家园
东郊私立第十二国民学校　左安汛萧家村
东郊私立第十三国民学校　广安门外关厢
东郊私立第十四国民学校　左安汛时家村
东郊私立第十六国民学校　左安汛蒲家庄
育才学校（教会）　东四牌楼魏家胡同
育正高等小学校（私立）　庆云巷
育正国民学校（私立）　庆云巷
育英学校（教会）　东城灯市口
育英高等小学校（教会）　东城灯市口
育英初等小学校（教会）　灯市口油房胡同
育英初等小学校（教会）　东四牌楼五条
育英初等小学校（教会）　朝阳门外关厢
育婴堂附设国民学校（私立）　广渠门内

尚志学校（私立）　化石桥　南二一四六

尚羲女子师范附属女子高等小学校（私立）　宣武门外上斜街

尚义女子师范附属国民学校（私立）　四眼井

秉德女子初等小学校（教会）　磁器口

协和道学院（教会）　鼓楼西大街　东一四一五

孤儿院国民学校（私立）　南下洼龙泉寺

青年会英文夜学校（教会）　东城米市青年会

南郊公立第一高等小学校　阜成门外火药局

南郊公立第一国民学校　阜成门外火药局

南郊公立三义庵村国民学校　广安门外三义庵村

南郊私立第一国民学校　阜成门外恩济庄

南郊私立第二国民学校　广安门外郭公庄村

南郊私立第三国民学校　广安门外后泥湾村庙内

南郊私立第四国民学校　广安门外西局村关帝庙

南郊私立第五国民学校　阜成门外正红旗营房

南郊私立第六国民学校　永定门外桥西

南郊私立第七国民学校　右安门外路东税局迤南

南郊私立第八国民学校　广安门外关厢九天庙

南郊私立第九国民学校　广安门外柳行村

南郊私立第十国民学校　广安门外纪家庙村

南郊私立第十一国民学校　广安门外北马连道

南郊私立第十二国民学校　丰台造甲村

南郊私立第十三国民学校　阜成门外海潮观音庵

南郊私立第十四国民学校　丰台西管头村

南郊私立第十五国民学校　东管头村

南郊私立第十六国民学校　南郊大井村

南郊私立第十八国民学校　右安门外铁匠营村

美以美会初等女小学校（教会）　东城宽街

美以美会初等女小学校（教会）　崇文门外汪太乙胡同

美以美会初等女小学校（教会）　河泊厂

美以美会初等女小学校（教会）　长巷上头条胡同

美以美会初等女小学校（教会）　崇文门外西草厂椿树胡同

美以美会初等女小学校（教会）　白纸坊枣林街

美以美会初等女小学校（教会）　右安门外大街

美以美会初等女小学校（教会）　崇文门内闹市口箭杆胡同

美丽女学校（教会）　东四牌楼五条胡同

英文夜学校（教会）　西四牌楼缸瓦市福音堂

英育女子国民学校（私立）　德胜门内大街弘善寺

耶苏圣心女学堂（教会）　东单牌楼三条胡同

首善医院附设高等接生看护学校　宣武门外大街

振儒女子国民学校（私立）　西四牌楼小红罗厂

振儒女子高等小学校（私立）　西安门外小红罗厂

海淀国民学校（私立）　海淀辛庄大胡同

高等补习学校（私立）　地安门外方砖厂

修道院（教会）　西安门内天主堂

崇文求智高等小学校（私立）　崇文门外抽分厂

崇文求智国民学校（私立）　抽分厂

崇实高等小学校（教会）　安定门内三条胡同

崇实国民学校（教会）　鼓楼西雅儿胡同

崇宝国民学校（教会）　安定门内北新桥三条

崇实初等小学校（教会）　东城官道口东大街

崇实女学校第一分校（教会）　鼓楼西雅儿胡同

崇实女学校第二分校（教会）　西直门内新街口

崇慈小学校（教会）　交道口　头条胡同

崇慈女小学校（教会）　北新桥永康胡同

崇德学校（教会）绒线胡同

崇德两等小学校（教会）　绒线胡同

培元女学校（教会）　海淀龙凤桥

培元女子两等小学校（教会）　王府大街

培贞女子高等小学校（私立）　崇文门外抽分厂

培贞女子国民学校（私立）　崇文门外抽分厂

培根女子高等小学校（私立）　西安门内府右街北口南一五九四

培根女子国民学校（私立）　西安门内府右街北口

培根女子学校附设幼稚园（私立）　西安门内右街

培华小学校（教会）　石驸马大街

培华女子高等学校（教会）　石驸马大街

培德女子国民学校（私立）　西长安街六部口

救世军学校（教会）　东四牌楼六条胡同

救世军附设两等女学校（教会）　王府大街中央堂

陶氏私立两等小学校　王府大街

第一公众补习学校（公立）　西四牌楼北大街

第二公众补习学校（公立）　宣武门外西草厂

第三公众补习学校（公立）　安定门内北新桥二条

第一蒙养园（私立）　甘石桥

第二蒙养园（私立）　栖凤楼

第一蒙养园附设国民学校（私立）　甘石桥　西一三九五

第二蒙养园附设国民学校（私立）　东单牌楼栖凤楼

妇女明论学校（教会）　灯市口

萃文高等小学校（教会）　礼路胡同

萃文初等小学校（教会）　东单牌楼北大街路东石大人胡同

萃文第二国民学校（教会）　缸瓦市福音堂

萃文第四国民学校（教会）　左安汛十八里店村

萃贞女子高等小学校（教会）　礼士胡同

萃贞女子初等小学校（教会）　东城石大人胡同

萃贞女子国民学校（教会）　西四牌楼礼士胡同

景山第一高等小学校（公立）神武门迤东柳树井

景山第一国民学校（公立）　景山西门

景山第二国民学校（公立）　安定门内秦老胡同

景山第三国民学校（公立）　地安门外鼓楼西

普励高等小学校（私立）　打磨厂新开路

普励国民学校（私立）　打磨厂新开路

华北协和华语学校（教会）　灯市口　东一六三三〇亮果厂　东一六二九

盛新高等小学校（教会）　西安门内刘兰塑

盛新国民学校（教会）　西安门内天主教堂东隔壁

贵州学校（旅京）　南横街椅子圈

博氏幼稚园（教会）　灯市口

汇文高等小学校（教会）　崇文门内马匹厂　东一七六宣武门外

汇文第二高等小学校（教会）　正阳门外冰窖胡同

汇文第一国民学校（教会）　崇文门内钓饵胡同

汇文第二国民学校（教会）　宣武门外铁门

汇文第三国民学校（教会）　正阳门外珠市口

汇文第四国民学校（教会）　崇文门外花市

汇文第五国民学校（教会）　永定门外关厢

汇文第六国民学校（教会）　崇文门外小市口

汇文第七国民学校（教会）　广安门内

汇文第八国民学校（教会）　广安门内白纸坊

汇文第九国民学校（教会）　右安门外

汇文第十国民学校（教会）　崇文门外东茶食胡同

汇文第十一国民学校（教会） 广安门外

汇文第十一一国民学校（教会） 东单牌楼方巾巷

汇文第一高小英文夜学校（教会） 宣武门外大街

汇文第二高小英文夜学校（教会） 东珠市口冰窖胡同南一〇七六

道理学校（教会） 东直门内俄国东正教会

新德小学校（教会） 东直门外上岗

毓英中学附设高等小学校（教会） 西直门内大街

闺范女子国民学校（私立） 裘家街

铭贤学校（私立） 西四牌楼砖塔胡同

广东高等小学校（旅京） 丞相胡同

广东国民学校（旅京） 丞相胡同

广育国民学校（私立） 小沙土园

广益高等小学校（私立） 牛圈

广益国民学校（私立） 牛圈

慕贞小学校（教会） 孝顺胡同

慕贞女子小学校（教会） 东椿树胡同

慕贞女子小学校（教会） 白纸坊枣林街

慕贞初等女学校（教会） 花市福音堂

慕贞初等女学校（教会） 崇文门外河泊厂小富贵街北口

慕贞初等女学校（教会） 右安门外关厢

德新高等小学校（私立） 东城闹市口箭竿胡同

德新国民学校（私立） 东城闹市口箭竿胡同

庆育学校（教会） 阜成门外栅栏天主堂西

庆义小学校（私立） 西单牌楼二龙坑

箴宜女子高等小学校（私立） 东四牌楼六条内班大人胡同

箴宜女子国民学校（私立） 东四六条内班大人胡同

模范讲演所附设公众补习学校（公立）　虎坊桥东

豫人学校（旅京）　达智桥　南三三五

豫章高等小学校（旅京）　八角琉璃井

豫章国民学校（旅京）　八角琉璃井

树德两等小学校（教会）　崇文门内大街

笃志小学校（教会）　前王公厂东口

笃志女学校（教会）　象坊桥北前王公厂东口

静宜女学校（私立）　香山静宜园

励群学院（私立）　阜成门内麻线胡同

怀幼学校（私立）　东厂胡同西口外　东五〇四

怀幼第一学校（私立）　东安门外北皇城根

怀幼第二学校（私立）　西安门内洒醋局

怀幼第三学校（私立）　正阳门外珍嘉花园

愿学堂高等小学校（私立）　正阳门内西城根

愿学堂国民学校（私立）　正阳门内西城根

觉民女子高等小学校（私立）　西四牌楼南缸瓦市

觉民女子国民学校（私立）　西四牌楼南缸瓦市

懿德初等女学校（教会）　东柳树井

镶黄旗汉军高等小学校（公立）　安定门内香饵胡同

镶黄旗汉军国民学校（公立）　交道口香饵胡同

镶白旗满洲国民学校（公立）　王府井大街

镶白旗蒙古国民学校（公立）　小城隍庙

镶红旗满洲高等小学校（公立）　石驸马大街

镶红旗满洲国民学校（公立）　石驸马大街

镶红旗汉军国民学校（公立）　阜成门内浸水河

五　平民学校

女子高等师范附设平民学校　东铁匠胡同

中国大学附设平民学校　正阳门内西城根

北京大学附设平民学校　地安门内马神庙

北京大学平民教育讲演团讲演所　松公府夹道

北京平民补习学校　阜成门内北沟沿翊教寺

北京平民女子职业学校　宣武门外珠巢街　电话南三五〇一

北京师范学校附设平民学校　祖家街

北京晓报平民第一工读学校　南池子冰窖胡同

北京晓报平民第二工读学校　东四牌楼嘎嘎胡同

民国大学附设平民学校　宣武门外储库营

京都市立第一平民补习学校　朝阳门内新鲜胡同

京都市立第二平民补习学校　西四牌楼报子胡同

京都市立第三平民补习学校　安定门内方家胡同

京都市立第四平民补习学校　宣武门外梁家园

京都市立第五平民补习学校　崇文门外手帕胡同

京都市立第六平民补习学校　正阳门外打磨厂

法政专门学校附设平民学校　太仆寺街

高等师范附设平民学校　南新华街

高等师范附属中学校附设平民学校　南新华街

教职员公会平民学校　德胜门内厂桥

第一中学附设平民学校　安定门内郎家胡同

福建恒善社平民学校　西长安牌楼太仆寺街

镇平魏氏平民学校　校场小六条

六　警察厅立半日学校（以警区为序）

第一半日学校（中一区）　北池子云神庙内

第二半日学校（中一区）　吉安所夹道

第三半日学校（中一区）　内宫监

第四半日学校（中一区）　北长街雷神庙

第一半日学校（中二区）　西安门大街惜薪司

第二半日学校（中二区）　西安门内玉石井

第一半日学校（内左一区）　泡子河

第二半日学校（内左一区）　苏州胡同

第三半日学校（内左一区）　东单牌楼北新开路东头黄兽医胡同

第四半日学校（内左一区）　东单东观音寺草厂胡同

第一贫儿半日学校（内左二区）　崇文门内惠明局胡同

第二半日学校（内左二区）　王府井大街

第三半日学校（内左二区）　朝阳门大街

第一半日学校（内左三区）　安定门内北锣鼓巷纱络胡同

第二半日学校（内左三区）　安定门内大街大三条胡同

第一半日学校（内左四区）　东直门大街

第二半日学校（内左四区）　安定门内扁担胡同

第三半日学校（内左四区）　旧太仓对过

第一半日学校（内右一区）　兵部洼

第二半日学校（内右一区）　西安门外皇城根

第三半日学校（内右一区）　石虎胡同内果匣胡同

第一半日学校（内右二区）　西四牌楼砖塔胡同

第二半日学校（内右二区）　屯绢胡同

第三半日学校（内右二区）　北闹市口卧佛寺街

第四半日学校（内右二区）　南闹市口回回营

第一半日学校（内右三区）　西四牌楼弘善寺

第二半日学校（内右三区）　西四牌楼普济寺

第三半日学校（内右三区）　德胜门内高庙

第一半日学校（内右四区）　西四牌楼小旃檀寺

第二半日学校（内右四区）　东新开路

第三半日学校（内右四区）　西直门南小街

第一半日学校（外左一区）　东珠市口八角胡同

第一半日学校（外左二区）　花市大街火神庙

第二半日学校（外左二区）　瓷器口大悲庵

第一半日学校（外左三区）　崇文门外东河漕区署后院
第二半日学校（外左三区）　崇文门外下二条胡同
第一半日学校（外左四区）　崇文门外南岗子
第二半日学校（外左四区）　崇文门外南岗子
第三半日学校（外左四区）　左安门内大街
第四半日学校（外左四区）　夕照寺
第五半日学校（外左四区）　西利市营
第一半日学校（外左五区）　崇文门外清化寺街
第二半日学校（外左五区）　东珠市口精忠庙
第一半日学校（外右一区）　正阳门外大宏庙
第二半日学校（外右一区）　西河沿中间路北
第一半日学校（外右二区）　梁家园后身
第一半日学校（外右三区）　广安门大街善果寺
第一半日学校（外右四区）　菜市口法源寺后街
第二半日学校（外右四区）　吴家桥四条东口外
高等小学校（外右五区）　莲花街路北
第一半日学校（外右五区）　天桥迤西灵佑宫
第二半日学校（外右五区）　永定门内大街
第三半日学校（外右五区）　西珠市口五圣庙
第四半日学校（外右五区）　黑窑厂

七　讲习所及传习所

工业传习所　教场三条

女子图画研究社　宣内旧帘子胡同

女子职业传习所　西四马市大街

女子簿记传习所　西单北大街

内务部地方自治模范讲习所　交道口东街　电话东三一五八

北京第一国语讲习所　安定门大街

北京务本女子职业传习所　西四马市大街　西二〇五一

北京女子蚕业讲习所　二龙坑　西二四六一

司法部司法讲习所　司法部街　南二三八〇

外国语传习所　酒醋局　西一二三六

交通部行政讲习所　崇内毛家湾　东二〇〇二

交通部铁路警员养成所　干面胡同　东二五二六

京师警察厅警察传习所　北新桥方家胡同　东三〇五四三〇五九

京师女子工艺传习所　东四牌楼七条胡同

京师女子工商讲习所　西四牌楼砖塔儿胡同

京师女子缝绣传习所　南长街

注音字母传习所　宣武门外大街　南七六六

美术画科专门传习所　东四牌楼四条胡同

财政部财政讲习所　石驸马大街

速记传习所　地安门内小石作

教育部国语讲习所　教育部街

募警讲习所　旧鼓楼大街北头小石桥　东二一五四

农商部农林传习所　西直门外　西一二二一

银行讲习所　教场小五条

医学专门学校附设产婆养成所　后孙公园

附　试验场

工业试验场　广安门内　电话南二七八六

内务部卫生试验所　天坛　南三〇五三

第一林业试验场　天坛　南八二〇

第一林业试验分场　西山遗光寺　西二分局七〇

第一棉业试验场　德胜门外

第二棉业试验场　德胜门外

第三棉业试验场　德胜门外

农事试验场　三贝子花园　西一〇四二

农事试验场　西直门外　西一二二一

电气试验所　琉璃厂厂甸　南二九〇〇

乙　通俗教育

一　讲演所

外左三区地方公立第一通俗讲演所　崇文门外花市大街

京师公立第一通俗教育讲演所　珠市口迤南

京师公立第二通俗教育讲演所　东四牌楼十巷口外

京师公立第三通俗教育讲演所　西直门内新街口

京师公立第四通俗教育讲演讲所　东安门外丁字街

京师公立第五通俗教育讲演所　西单牌楼教育部街东口外

京师公立第六通俗教育讲演所　正阳门外兴隆街中间

京师公立第八通俗教育讲演所　崇文门外花市大街

京师公立第九通俗教育讲演所　果子巷

京师公立第十通俗教育讲演所　地安门外大街路西

京师公立东郊通俗教育讲演所　朝阳门外关厢

京师公立南郊通俗教育讲演所　广安门外关厢财神馆

京师公立西郊通俗教育讲演所　京西海淀街

京师公立北郊通俗教育讲演所　德胜门外关厢

京师西郊私立通俗教育讲演所　京西四五府

京师模范讲演所　虎坊桥　电话南二九六五

二　图书馆

中央公园图书阅览所　天安门右中央公园内　电话南一八九一

京师图书馆　安定门内方家胡同　东一九三三

京师图书分馆　宣武门外香炉营四条　南八八五

京师儿童图书馆　西四牌楼

通俗图书馆　宣武门内大街路西　西八一七

三　博物馆

交通博物馆　府右街南头路西　电话西三九〇

历史博物馆　午门内　南一三九二

四　阅书处

京师公立第一阅书处　公立第一讲演所内

京师公立第二阅书处　公立第二讲演所内

京师公立第三阅书处　公立第三讲演所内

京师公立第四阅书处　公立第四讲演所内

京师公立第五阅书处　公立第五讲演所内

京师公立第九阅书处　公立第九讲演所内

京师公立第十阅书处　公立第十讲演所内

京师公立东郊阅书报处　东郊讲演所内

京师公立南郊阅书报处　南郊讲演所内

京师公立西郊阅书报处　西郊讲演所内

京师公立北郊阅书报处　北郊讲演所内

五　阅报处

公理会阅报处　灯市口

外左三区地方公立阅报处　外左三区讲演所内

西单牌楼阅报处　公立第五讲演所内

地安门外阅报处　公立第十讲演所内

东四牌楼阅报处　公立第二讲演所内

东安门外丁字街阅报处　公立第四讲演所内

花市阅报处　公立第八讲演所内

果子巷阅报处　公立第九讲演所内

京西四王府私立阅报处　四王府讲演所内

珠市口阅报处　公立第一讲演所内

新街口阅报处　公立第三讲演所内

兴隆街阅报处　公立第六讲演所内

六　公共体育场

公众体育场　宣武门内大街通俗图书馆

京师中小学校公共体育场　西什库后库

七　陈列所

内务部卫生陈列所　中央公园　电话南一五〇六

古物保存所　先农坛　南三〇五五

古物陈列所　武英殿　南三〇四六

京兆教育成绩品陈列所　鼓楼东大街

京兆农工出品陈列所　鼓楼东大街

商品陈列所　彰仪门大街　南三一三

监狱出品陈列处　中央公园　南一三〇一

各省会馆及同乡会（外国居留民会附）

直隶

直隶老馆　宣武门外大街中间路西

直隶新馆　骡马市大街路北

直隶同乡会　骡马市大街麻线胡同　电话南一九三四

京兆同乡会　琉璃厂太平巷　南二七六六

河南会馆　驴驹胡同西头路北

正定会馆　缴家坑路西

津南会馆　西珠市口路北

深州会馆　宣武门外护国寺路南

唐县会馆　冰窖胡同路北

天津同乡会馆　东珠市口东头路北

天津同乡会　东珠市口　南三二三

大宛试馆　西河沿东头路南

遵化试馆　崇文门外大街上二条胡同

畿辅先哲祠（即直隶乡祠）　下斜街路东

永年旅京同乡通信处　前门内前前细瓦厂

顺直察热两院议员同乡会　下斜街畿辅先哲祠　南一二四八

奉天

奉天会馆　西单牌楼旧刑部街　电话西三八七

东三省会馆　西珠市口路南

吉林

吉林会馆　西四牌楼北石老娘胡同

山东

山左会馆　教场头条胡同中间路西　铁香炉

齐鲁会馆　手帕胡同

济南会馆　烂缦胡同中间路西

寿张会馆　延旺庙街

汶水会馆　粉房琉璃街

武定会馆　西交民巷

青州会馆　门楼胡同中间路西

山东旅外同乡会　正阳门内西城根

河南

河南会馆　粉房琉璃街中间路东

河陕汝会馆　宣武门外大街

河洛会馆　宣武门外大街

中州老馆　骡马市大街路北

中州新馆　丞相胡同路东小胡同内

中州南馆　米市胡同路西

中州乡祠　上斜街路北

归德会馆　正阳门外草厂头条胡同　贾家胡同中间路东电话南二八〇八

怀庆会馆　潘家河沿路西

光州老馆　米市胡同中间路东

光州新馆　官菜园上街路西

孟县会馆　宣武门外大街路西

开封会馆　贾家胡同

开封县馆　宣武门外南横街

彭德会馆　宣武门外南半截胡同

岳忠武王祠　达智桥路北嵩云草堂

豫晋秦陇新五省协会　老墙根

山西

山西会馆　鞭子巷路南　正阳门外明因寺街　东小市

代郡会馆　西河沿　电话七一七

三晋会馆　骡马市大街

三晋东馆　东阎王庙后街北口路东

西晋会馆　广安门大街路南

晋太平会馆　百顺胡同

太原会馆　皮库营路北

晋翼会馆　小蒋家胡同路东

临汾会馆　打磨厂

汾阳会馆　王广福斜街路东

平阳会馆　小蒋家胡同路东

平介会馆　鹞儿胡同路南

平定会馆　正阳门外西柳树井

浮山会馆　鹞儿胡同

闻喜会馆　赶驴市路南

洪洞会馆　广安门大街路南

泽郡会馆　康家胡同

河东会馆　小蒋家胡同路东　广安门内大桥

曲沃会馆　虎坊桥路北　新开路路西

襄陵会馆　虎坊桥

解梁会馆　粉房琉璃街路西

灵石会馆　宣武门外大街路西

永济会馆　宣武门外大街路东

赵城会馆　紫竹林

孟县会馆　紫竹林　石头胡同
介休会馆　北官园中间路北
绛山会馆　椿树下三条胡同路北
翼城会馆　虎坊桥路南
潞安会馆　西珠市口路北
忻定会馆　崇文门内苏州胡同
泽郡会馆　崇文门外四条胡同　康家胡同
三忠祠　　上斜街
云山别墅　下斜街北口路西
江苏
江苏会馆　宣武门外北半截胡同　电话南三〇三
江苏公会　北半截胡同　南二五二
扬州老馆　菜市口路北　南一九四八
扬州中馆　西羊肉胡同
扬州新馆　珠巢街大院内路北
江宁会馆　南半截胡同　南一四三〇
元宁东馆　长巷下三条
元宁会馆　烂缦胡同
宁邑会馆　正阳门外鸾庆胡同
昆新会馆　琉璃厂沙土园路东　南二四七五
松江会馆　（一名云闲会馆）　大蒋家胡同　南五七九
太仓会馆　求志巷路北
江阴会馆　米市胡同路东
江震会馆　买家胡同北头路东　南柳巷中间路东
京江会馆　芦草园路北
镇江会馆　官菜园上街路东
吴县会馆　延寿寺街
锡金会馆　前孙公园路北
常昭会馆　烂缦胡同南头路西

武阳会馆　青厂中间路北

宜荆会馆　教场头条北头路西

淮安会馆　麻线胡同路西　南横街路北　潘家河沿　三里河桥西

徐州会馆　米市胡同　南三五〇二

句容会馆　东河沿中间路南　米市胡同路东

如泰会馆　后孙公园　西河沿

南通会馆　宣武门外大街路东

长吴会馆　长巷下三条路东

长元吴会馆　延寿寺街中间路西

江甘仪会馆　菜市口路北

太嘉宝崇会馆　宣武门外求志巷　南二四五

安徽

安徽会馆　后孙公园　电话南七七八

安庆会馆　铁门　南五四六

庐州会馆　虎坊桥大街路南　南一六一一

庐州试馆　东单牌楼观音寺胡同

徽州全馆　三里河大街

徽州会馆　鹞儿胡同

徽州郡馆　宣武门外大街路西　南七六六

歙县会馆　宣武门外大街路西　南三二七二〇　南半截胡同

黟县会馆　南半截胡同路西　南一六九四

凤阳会馆　排子胡同西头路南　南二一九二

怀宁会馆　延旺庙街北头路东　粉房琉璃街　潘家河沿南二三六七

泗州试馆　东单牌楼干面胡同

休宁会馆　丞相胡同路西　南二四三一

颖州会馆　裘家街

泾县会馆　长巷下三条　南横街路北

绩溪会馆　椿树头条路北
旌德新馆　骡马市大街果子巷内羊肉胡同路南
旌德会馆　大蒋家胡同路北
广德会馆　施家胡同东头路南
太平会馆　草厂三条胡同
南陵会馆　草厂三条胡同路西
休宁东馆　长巷下四条
休宁西馆　丞相胡同路西
宣城会馆　铁香炉
和含会馆　杨梅竹斜街东头路西
婺源会馆　西河沿石猴街
婺源新馆　大耳胡同东头路南
石埭会馆　席儿胡同
青阳会馆　施家胡同路南
芜湖会馆　打磨厂内高庙
贵池会馆　长巷下四条路北
当涂会馆　琉璃厂东北芦草园路南
望江会馆　兵马司中街路北　给孤寺夹道路西
六安会馆　米市胡同中间路东
桐城会馆　正阳门内西城根路北

江西

江西新馆　潘家河沿
江西会馆　宣武门外大街路东　电话南一〇六八
南昌会馆　长巷上三条　潘家河沿　南一七七二
南昌新馆　长巷下头条　南一七七二
南昌郡馆　宣武门外大街
南昌东馆　长巷下四条
南昌西馆　魏染胡同
赣州会馆　西珠市口路北　南三二四五

广信会馆　铁门　南三二二七

南康会馆　东珠市口路北

南康新馆　鲜鱼口内小桥

南城会馆　长巷下三条西头路南

南城新馆　魏染胡同

南安会馆　草厂七条胡同路东

南丰会馆　北柳巷南头路西

抚州会馆　大吉巷

抚州新馆　香炉营头条路南

袁州会馆　草厂七条胡同路东

九江会馆　西珠市口路北

临江会馆　长巷上三条北头路东　长巷二条路东　椿树头条路北

吉安会馆　大蒋家胡同

吉安老馆　正阳门外抄手胡同

吉安新馆　潘家河沿路西

广丰会馆　长巷上三条胡同　保安寺街

丰城会馆　长巷下头条路南

丰城南馆　保安寺街路北

奉新会馆　东河沿中间路南

奉新南馆　驴驹胡同东头路北

奉新北馆　果子巷内羊肉胡同路南

奉新中馆　保安寺街

德兴会馆　长巷上四条中间路东

赣宁会馆　正阳门外甘井胡同　西珠市口路北

赣宁新馆　煤市街南口外西柳树井

金溪会馆　长巷上三条南头路东

金溪新馆　长巷下四条南头路西

新城会馆　长巷上四条南头路西　椿树上三条

乐平会馆　长巷上四条中间路东

萍乡会馆　粉房琉璃街中间路西

临川会馆　宣武门外裘家街路西

宜分万会馆　板章胡同路西

宜黄会馆　东延旺庙街北头路西

上新会馆　长巷下四条路北

鄱阳会馆　柴儿胡同西头路北

高安会馆　燕家胡同西小胡同路北

武宁会馆　北芦草园　打磨厂高井胡同南　青云巷路西

进贤会馆　打磨厂高井胡同南　青云巷路西

庐陵会馆　大席儿胡同

德化会馆　大席儿胡同路西

浮梁会馆　东河沿路南

黎川会馆（原名新城）　长巷上四条　椿树头条　椿树上三条

永丰会馆　宣武门外大街

抚临会馆　宣武门外大街

安福会馆　西草厂胡同路北

义宁会馆　打磨厂高井胡同

永新会馆　护国寺对过路南

永新西馆　教场头条口路东

新建东馆　长巷下头条

新建南馆　王广福斜街

濮阳会馆　崇兴寺

邦城会馆　草厂二条胡同

惠安会馆　东羊肉胡同

安西会馆　板章胡同路北

惜字会馆（吉安府）　棉花四条胡同

吉安二忠祠　鲜鱼口沙子胡同

谢公祠　西砖胡同路北
萧公祠　打磨厂路北
铁柱宫　打磨厂中间路北
福建
全闽会馆　宣武门外大街
福州会馆　虎坊桥　电话南二三五一〇　南下洼子路北
福建新馆　骡马市路北
汀州会馆　长巷下头条　南二二九九
福清会馆　东砖胡同
延邵会馆　缨子胡同路西
漳浦会馆　煤市街椿树胡同
建宁会馆　宣武门外南柳巷　冰窖胡同
泉郡会馆　后孙公园路北
汀州会馆　长巷下二条路南
仙游会馆　草厂五条胡同路东　西砖胡同
龙溪会馆　椿树头条胡同路北
永春会馆　椿树上三条胡同
龙岩会馆　石头胡同路东
同安会馆　板章胡同路北
邵武会馆　草厂二条胡同路西
建宁会馆　南柳巷路东
晋江会馆　粉房琉璃街中间路东
晋江邑馆　宣武门外南柳巷
晋江新馆　香炉营头条
惠安会馆　延寿寺街羊肉胡同东头路北
莆阳会馆　崇兴寺路东
莆阳新馆　贾家胡同
全台会馆　后铁厂
漳州东馆　冰窖胡同路东

漳州西馆　煤市街

福建全省会馆办事处　车子营首善医院　南二六　五

福建旅京公会　宣武门外

浙江

全浙会馆　下斜街西头

全浙新馆　南横街中间路北　电话南二四二

浙江公会　下斜街全浙馆　南一〇二九

镇海会馆　小甜水井　东七六一

宁波会馆　小甜水井　东九九九〇　北五老胡同

湖州会馆　北半截胡同　南三二七五

绍兴县馆　南半截胡同路西　南三三〇二

温州新馆　教场五条　南一一〇

温州老馆　冰窖胡同路北　南一一二

姚江会馆　琉璃厂路　南二二五

嘉兴会馆　南横街中间路北

海昌会馆　缴家坑路东

吴兴会馆　北半截胡同路西

浙严会馆　南五老胡同

萧山会馆　西河沿中间路南

常山会馆　打磨厂新开路中间路西

江山会馆　香炉营头条

金华会馆　正阳门外东小市

上虞会馆　韩家潭中间路北

仁钱会馆　西珠市口路南

仁钱试馆　崇文门内西城根路北

鄞县会馆　打磨厂薛家湾路北

浙瓯会馆　冰窖胡同路北

严陵会馆　石头胡同路东

杭州会馆　长巷头条胡同　虎坊桥路北

严州会馆　大外廊营
处州会馆　西砖胡同路西
台州会馆　琉璃厂后孙公园
温州会馆　教场头条
慈溪会馆　小甜水井　兵马司中街路北　东小市
兰溪会馆　东小市中间路南
山会邑馆　东半截胡同
鄞县西馆　盆儿胡同路西
浙慈会馆　正阳门外精忠庙
余姚会馆　琉璃厂东南园
宁浦会馆　正阳门外打磨厂
黄岩会馆　宣武门外前青厂
浙绍乡祠　西珠市口路南
嘉兴六邑馆　宣武门外南横街
定海旅京同乡会　西长安街灯草胡同　南一九七二
越中先贤祠　西珠市口路南

湖北

湖北会馆　永光寺西街
湖北旅京同乡会　虎坊桥　电话南八四
湖广会馆　虎坊桥路南
武昌邑馆　长巷上头条
沔阳会馆　十间房路北　南二二八〇
黄梅会馆　车子营　南八五四
江夏会馆　排子胡同东头路南　南二九七四
黄安会馆　打磨厂新开路　南八〇二
黄冈会馆　草厂三条胡同路西　南二三七二
襄阳会馆　南横街路南　正阳门外銮庆胡同路北　铁老鹳庙　余家胡同
汉阳会馆　草厂八条胡同北头路西

应山会馆　打磨厂中间路北

京山会馆　草厂七条胡同路东　宣武门内未英胡同

蕲州会馆　瓷器口路北

蕲州新馆　七圣庙

荆州会馆　三里河平乐园

黄陂会馆　潘家河沿南头路西

孝感会馆　草厂七条胡同中间路西

麻城会馆　草厂头条胡同路北

云梦会馆　东延旺庙后街

郧阳会馆　教子胡同

兴国会馆　草厂头条胡同路东

安陆会馆　打磨厂新开路

郢中会馆　打磨厂中间路北　麻线胡同路东

钟祥会馆　打磨厂

天门会馆　宣武门外大街路东

武郡会馆　南御河桥路北

宜昌会馆　虎坊桥路北

蒲圻会馆　琉璃厂沙土园

咸宁会馆　椿树头条路北

蕲水会馆　贾家胡同　东柳树井

湖南

湖南会馆　草厂十条胡同路东　电话南二四一六　烂缦胡同

长郡会馆　草厂十条胡同路东

长沙郡馆　草厂十条胡同路西　南七三七

长沙邑馆　椿树三条

湘阴会馆　兵马司前街　南一八八二

湘阴西馆　宣武门外南横街

湘乡会馆　烂缦胡同路西　草厂十条　南二四一三

湘潭会馆　保安寺街　南三〇九〇　南官园内粪厂路西
宝郡会馆　草厂下五条胡同路北　南七七七
常德会馆　高庙北头路西
岳阳会馆　长巷下四条胡同路北
辰沅会馆　草厂下八条胡同路西　南一〇八一
衡州会馆　宣武门外丞相胡同
巴陵会馆　高爵街南头路西
澧阳会馆　海北寺街路南
武陵会馆　长巷上二条胡同南头路西
善化会馆　宣武门外大街路东
永靖会馆　永光寺中街
西西会馆　杨梅竹斜街路北
上湖会馆　草厂十条胡同
宁乡会馆　米市胡同

陕西

关中会馆　宣武门外大街路西
关中南馆　保安寺街
汉中会馆　宣武门外前青厂路北　烂缦胡同
商州会馆　宣武门外教场小六条
渭南会馆　西河沿路南
渭南新馆　宣武门外八角琉璃井路南　前孙公园
渭南老馆　潘家河沿
韩城会馆　宣武门外大街路东
华州会馆　南柳巷路东
凤翔会馆　青厂路北
凤翔后馆　宣武门外北极庵路西
郃阳会馆　椿树上二条
泾阳会馆　大外郎营路东
泾阳新馆　校场五条路东

咸长会馆　宣武门外大街路西
延安会馆　四川营路西　棉花四条
榆林会馆　前青厂路西
朝邑会馆　前孙公园
富平东馆　玉皇庙路东
富平西馆　玉皇庙路西
蒲城会馆　校场五条路北　铁老鹳庙西
大荔会馆　铁老鹳庙路东
三原会馆　五道庙路西
三原西馆　潘家河沿
三原南馆　潘家河沿

甘肃

甘肃会馆　教子胡同路西
甘肃南馆　官菜园上街路西
甘肃北馆　西草厂内山西街
皋兰会馆　果子巷羊肉胡同
凉州会馆　大外廊营　电话南四九一

新疆

哈密馆　石驸马后宅

四川

全蜀会馆　永光寺街
四川会馆　官菜园上街
四川新馆　宣武门外路西皮库营　电话南二五九六
四川老馆　四川营路北　前青厂
四川南馆　宣武门外大街路东
四川中馆　永光寺西街路西
四川东馆　陕西巷路东
川东老馆　棉花九条胡同
川西新馆　教场三条胡同路北

川南会馆　宣武门外大街
泸县会馆　延旺庙街
成都会馆　珠巢街路西
叙州会馆　后铁厂路南
重庆会馆　永光寺街　米市胡同
潼川会馆　北半截胡同路东　南二二三五
龙绵会馆　粉房琉璃街

广东

粤东会馆　打磨厂中间路南
粤东新馆　南横街中间路北
惠州会馆　草厂七条胡同路西　电话南六六〇
惠州新馆　草厂七条胡同路东　南六六〇
肇庆会馆　李铁拐斜街路南　南五四七
肇庆西馆　李铁拐斜街
平镇会馆　冰窖胡同东头路北　南二〇六三
广州七邑会馆　前孙公园路北　南三二七八
番禺会馆　上斜街路南　南一七八二
番禺新馆　前青厂　南一六七〇
嘉应会馆　香炉营头条西头路南　南七七九
东莞会馆　烂缦胡同路西　南二一六二　珠巢街
东莞新馆　上斜街　南二三八二
韶州新馆　草厂二条胡同　南二四〇五
潮州会馆　宣武门外丞相胡同　南二五一六　延寿寺街海北寺街　大外郎营
兴宁邑馆　潘家河沿　南一七六六
高州会馆　潘家河沿路西　南七一六　贾家胡同
香山会馆　珠巢街　南四四〇
新会邑馆　粉房琉璃街路西　永光寺西街路西
仙城会馆　王皮胡同路北

广州会馆　草厂头条胡同　韩家潭
协中会馆　棉花头条胡同路南
高郡会馆　贾家胡同路西
廉州会馆　粉房琉璃街路西
韶州会馆　大蒋家胡同
琼州会馆　大外廊营
蕉岭邑馆　虎坊桥路北
南海会馆　米市胡同路西
雷阳会馆　裘家街路东
顺德邑馆　海北寺街路南
顺德西馆　永光寺西街路东
顺德南馆　丞相胡同
顺德新馆　大井胡同
三水会馆　米市胡同内保安寺街路北
南雄会馆　长巷上四条胡同南头路东
潮郡会馆　打磨厂

广西

粤西会馆　銮庆胡同东头路北
广西新馆　北柳巷北口路东
广西三馆　香炉营四条　后青厂
三馆分寓　香炉营四条路南
广西南馆　教场三条胡同　贾家胡同
广西中馆　驴驹胡同路南
柳州会馆　贾家胡同中间路东
平乐八邑馆　延寿寺街中间路西

云南

云南老馆　朝阳门北小街
云南新馆　珠巢街
云南南馆　西延旺庙街中间路西

云南北馆　教场头条胡同路西　电话南九八七
云南东馆　棉花巷
云南公会　珠巢街　南二七二〇
彩云别墅　棉花巷
理化会馆　崇兴寺路北
景中祠馆　西延旺庙街
云征会馆　江擦胡同

贵州

贵州会馆　樱桃斜街东头路北
贵州中馆　樱桃斜街路南
贵州新馆　棉花七条胡同路北
贵州东馆　大蒋家胡同中间路北
贵州西馆　广安门大街路北
贵州南馆　教场二条胡同路北
贵州北馆　教场六条胡同路北
遵义六邑留学京津同乡会　南横街贵州会馆

满州

满族同进会　地安门外东不压桥　电话东三二一

蒙古

蒙古王公联合会　东皇城根　电话东五七三

西藏

西藏旅京同乡会　安定门内雍和宫北门　电话东一〇九九

各业

颜料会馆　北芦草园
药行会馆　兴隆街中间路北
烟行会馆　广安门大街中间
绸缎行会馆　三里河
靛行会馆　西半壁街
当行会馆　西柳树井路南

棚行会馆　南横街黑窑厂
玉行会馆　小沙土园
金行会馆　西河沿正乙祠
皮行会馆　大保吉巷
成衣行会馆　东大市浙慈会馆
整容行公益会馆　大马神庙
河东烟行会馆　广安门大街
外国居留民会
日本居留民会　东单牌楼三条胡同　电话东一五八
北京西绅总会　东交民巷台基厂　东一二九四

各团体及俱乐部

一　宗教团体

孔教会　西城太仆寺街
中国回教俱进会本部　西单牌楼北大街
北京念佛会　东城晾果厂大佛寺
北京同善总社　东帅府胡同　电话东三〇一〇
北京升平道社　礼路胡同　西二五二四
北京基督教青年会　东城米市大街　东二二〇二　东九五四东三六四
北京基督教妇女青年会　东城甘雨胡同　东一八二九
北京基督教学校事业联合会　安定门大街
正气社　广宁伯街西半截胡同　西二一〇六
正乐育化会　正阳门外精忠庙
佛教总会　宣武门内西城根
佛经流通处　西大街
京兆同善社　西直门内沟沿大觉胡同

美国圣经会　东城煤渣胡同　东三五六
信教自由会　宣武门内西城根
悟善社　宣内松树胡同　南二三三〇
圣书会　缸瓦市
福建驻京恒善总社　太仆寺街牛角胡同　西二〇九五

二　学术团体

中国地学会　地安门内慈慧殿　电话东一九一六
中华工程师学会　报子街　西八〇九
中华全国电气协会　宣内翠花湾　西一四
中华职业教育社通信处　西华门外北长街
毛革改良会　甘石桥梁宅　西二四六四
日本支那语同学会　霞公府小纱帽胡同　南一三四
北京世界语会　宣武门外大街
北京外洋音乐会　东城新开路后椅子胡同　东二三一
北京武术体育会　后门外吉祥寺　东九七一
北京高等师范学校学生会　琉璃窑　南二〇八七
北京教育会　西华门外北长街　南一八三
北京万国美术所　东交民巷奥使馆前　东一九五二
北京实业会社化学试验所矿学研究处　福建司营　东九二五
北京医学会　鼓楼西　东六〇三
北京体育总会　正阳门内西城根
民国经济协进会　广安门大街京师工艺厂内
丙辰学社　地安门大街米粮库二〇号
正谊学社　宣武门内绒线胡同　西九八九
四存学会　府右街太仆寺旧址　西二四〇八
交通研究会　西长安街交通部　西九八八
早稻田大学同学会　达智桥

直隶高等师范旅京校友会　徽州会馆

京都市工商业改进会　玉皇庙　南一六〇〇

京兆教育会　地安门外兵将局

法学会　法部街銮舆卫胡同　南一七一九

长安学会　西长安街　西二六三二

庚申学会　香炉营头条　南三四二四

尚志学会　化石桥　南一五五三

亚洲文明协会　宣武门外大街　南五九三

儿童教育研究会　西四报子胡同

政治学会　西单牌楼舍饭寺

春明学会　高碑胡同　南一六〇四

财政金融学会　石虎胡同　西一七一五

留法俭学会　达智桥

浙江学会　西城宝禅寺街大角胡同　西三五六

旅京南洋华侨学会　东单牌楼三条

教育调查会　铁匠胡同　西三八一

教育部通俗教育研究会　西单牌楼教育部街教育部东院西一九六〇

教育学术研究会　宣武门外大街

通俗教育会　西单牌楼东铁匠胡同

通艺社　彰仪门内　南一三五四

清真学社　西单牌楼北大街

湖北旅京学会　永光寺西街　南一四六一

博物调查会　宣武门外大街

词曲研究社　宣武门外徽州会馆

评书研究社　徽州会馆

道德学社　西单牌楼头条胡同　西一九八二

经济学会　石驸马大街　西四九四

新支那社　大甜水井　东一八六一

新农同学会　东四门楼胡同　东一五八二
实业同志会　西单牌楼安福胡同东头
实业访问处　东单三条胡同
廉钦学会　宣外粉房琉璃街
广东音乐研究会　王皮胡同仙城会馆　南三一七二
欧美同学会　东安门内石达子庙　东一八九七
乐群学社　达智桥松筠庵　南二四一二
辨志学会　报子胡同
学术研究会　宣武门内旧帘子胡同
戏剧研究社　阜成门内武衣库
医学研究会　虎坊桥东送子白衣庵内
罗氏驻医社　东单牌楼三条胡同　东一九一二
体育研究社　西四牌楼北大街　西六六四
体育竞进会　东城煤渣胡同

三　职业团体（商会、农会、律师公会、银行公会、报界联合会等）

北京汽车协会　东安门内南池子
北京律师公会　吹帚胡同　电话南五九一
北京茶叶商会　井儿胡同　东九九二
北京报界联合会　前外北芦草园　南八七八
北京证券经纪公会　小椿树胡同　南二四四三
北京银行公会　羊皮市　南三六七六
全国商会联合会　石附马大街　西一九二八
灰行商会　西长安街西三座门　南二五四
羊行商会　德胜门外马店
京兆农会　西安门内后库
京师农务总会　西安门内后库
京师人力车联合会　东不压桥吉祥寺

京师古玩商会　阎王庙前街　南九九一

京师米面行商会　西湖营　南一二五六

京师灰栈公会代征石灰牙税事务所　香炉营头条横街　南二五八八

京师油酒酱行商会　东大市临襄馆　南二九四四

京师电业公会　西单牌楼安福胡同东头

京师总商会　西珠市口路南　南五四一

东直商团办公处　东直门外　东一九〇六

果行商会　正阳门外布巷子万春花店　南二四四四

英国制造师会　王府井大街　东九五〇

酒行商会　瓜市

菜行商会　北半截胡同　南三二〇六

商事公断处　西珠市口商会　南二七〇八

棉花行商会　花市大街

农工商业共进会　正阳门内西城根

煤行商会　西河沿大沟沿　南二七七六

当行商会　西珠市口

当业商会　西柳树井

猪行商会　东四牌楼　东一二四六　西四牌楼　西五四六

粮麦商务分会　永定门外　南一六九七

矿业联合会　西四牌楼兵马司

炉房商会　珠宝市

四　政治团体（政党及与政治有关系之团体，如国民外交后援会、国货维持会、禁烟总会等私人结会，又如河务研究会等官设机关，均附焉）

北京国货维持会　西珠市口　电话南二一二一四

全国禁烟联合总会　西单牌楼北　西一九八六

河务研究会　东城内务部街内务部内　东二一一八

河道善后研究会　化石桥　西二九一
京畿河道善后研究会　宣武门内东城根
东省铁路委员会　西长安街　西一一九二
益友社　石驸马大街
国民外交后援会　东太平街　南五六七
国民制宪倡导会　油房胡同　西一八〇二
国际统一救济总会　大方家胡同　东三二八四
进步党本部　未英胡同　西五一五　南三四〇
黄河新桥审查会　东单三条胡同
预算委员会　内务部内　东二一二八
万国拒土总会　东单二条胡同　东三〇一八
农商部经济调查会　西单牌楼北粉子胡同　西一八九〇
宪法协议会　兵部洼　南一一九二
宪法研究会　未英胡同
宪法起草委员会　象坊桥众议院　西一六五九
宪政讨论会　宣武门外大街　南一七二九
铁路协会　西长安街　西一一三〇
盐政讨论会　西草厂

五　自治团体（自治协进会地方服务团及水会等）

中华自治协会　宣武门外大街
北京地方服务团　灯市口　电话东三〇九四
西北城地方服务团办公分处　锦什坊街
地方服务团　缸瓦市　西二六二六
地方自治协进会　交道口东街
京都地方自治筹进会　北长街
三善水会　甘井胡同
公义水会　煤市街中间
公议水会　正阳门外观音寺　鲜鱼口庆隆大院路北

永济水会　北新桥北大街　东单牌楼北西堂子胡同　东四牌楼南大街

同仁东会　宣武门外大街　南二二九五

同仁西会　广安门内大街

同安水会　方砖厂

同善水会　柏兴胡同　南一六四一

同义水会　三里河街南广仁堂内

西安水会　西长安街六部口

安平水会　琉璃厂　南三四九〇

成善水会　虎坊桥土地祠

坎济水会　朝阳门外大街　东一一二三

治平水会　正阳门外观音寺　南一〇三二

保安水会　打磨厂东头路西

海宴水会　西直门外海甸

祥善水会　廊房头条　南一三五九

崇东总会　花市大街

崇东分会　花市大街

普善水会　正阳门外新开路路东　南二四三

普义水会　西四牌楼西宫门口内

义善水会　大栅栏街北

与善水会　铁门

锦善水会　锦什坊街

六　俱乐部

乙卯俱乐部　东华门内马嘎拉庙　电话东一六八五

七号俱乐部　西单兴隆街　西三一二

大同俱乐部　前细瓦厂　南二五八九

大和俱乐部事务所　东单牌楼三条胡同　东八七

大和俱乐部球突场　东单牌楼三条胡同　南一六六〇

己酉联欢社　西铁匠胡同　西二五七二
山东议员俱乐部　油房胡同　西二六三七
太平湖俱乐部　太平湖　西一〇九〇　一一九七
中法协会　东城木厂胡同　东一六一八
北洋法政俱乐部　米市胡同　南二五
北京学界俱乐部　宣武门外大街徽州会馆　南七六六
民彝社　高碑胡同　南一六〇四
行健会　中央公园　南八一三
同德俱乐部　排子胡同　南二三五七
京汉铁路同人会　东单牌楼二条　东四七六
庚社　大六部口路东　西二四一七
政余俱乐部　象坊桥　南二三五七
美国武官俱乐部　绒线胡同　南八三一
海军联欢会　东单牌楼北金鱼胡同　东四一九　东三四一
将校俱乐部　东四牌楼北钱粮胡同　西一二一三
将校联欢社　地安门外炒豆胡同　东二二三二
湖南旅京陆海军俱乐都　宣武门外烂缦胡同　南二三一七
新闻记者俱乐部　正阳门外延旺庙街　南一九六六
万国新闻记者俱乐部　东单二条胡同　东二九三一
侨商招待所　石驸马大街
电政同人俱乐部　翠花街　西一三
广东旅京陆海军俱乐部　宣内旧帘子胡同　南五三四
韬园　西单牌楼安福胡同
兰社　宣武门内旧帘子胡同

慈善事业

一　红十字会、教养院、施粥厂等慈善机关

山东灾区救济会　英子胡同　电话西一五六九

内左二区贫民借本处　东直门大街

内城教养院　西四牌楼石碑胡同　西一九〇八

中国红十字会总会　金鱼胡同　东八三〇

中国红十字会宛平分会驻京办事处　地安门外遮西宛平县署

中国红十字会大兴分会驻京办事处　交道口南大兴县署

中国女界红十字会　石驸马大街

中美联合义赈会　虎坊桥

五族慈善教养院　老墙根　南三三五九

北京拯济极贫会　西单白庙胡同　西二二五五

北京陕西赈灾会　铁门　南三六一九

北京贫儿院　安定门内千佛寺胡同　东一〇四七

北京博爱第一工厂　东直门大街

私立左四区贫民借本处　东直门大街

灾民幼女教养院　地安门外宽街解忠祠　东三二四二

兵灾善后联合会　果子巷驴驹胡同　南三六七七

佛教筹赈会京绥赈粮办事处　受璧胡同　西二〇四三

京兆灾荒救济会　交道口京兆尹公署　东一三六四

京师育婴堂　东不压桥　东一九三一

京师便民食厂　西单牌楼西沟头

京师贫民救济会事务所　西直门大街　西一一九〇

京师警察厅内城收养贫民所　千佛寺胡同　东二六五四

京师警察厅内城收养贫民第一分所　朝阳门大街

京师警察厅外域收养贫民所　潘家河沿

京师警察厅习艺所　西单牌楼皮库胡同　西一一〇九　西二一七一

京师警察厅疯人收养所　宝钞胡同高公巷　东一四六一

京都地方公益会　宣武门内东城根

孤儿工读园　新街口西街

香山慈幼院驻京事务所　小磨盘院　西二六六一

美国红十字会　西总布胡同　东二二四六

旅京湖南筹赈会　宣武门内旧帘子胡同

浙江旅京成衣同善公益会　南横街全浙会馆

书画慈善会　徽州会馆

勉善堂　广安门内护国寺

崇善堂　清化寺街路南

妇女习工场　石碑胡同　西二一五六　西一九〇八

妇女感化所　石碑胡同

妇孺救济会　东城灯市口　东二一

贫民借本处　西直门大街

教养局　教子胡同　南三一六一

基督教孤儿院残废院　北池子

顺直助赈局　达智桥松筠庵　南一四九　粥厂　东直门内左四区操场　西直门内炮局　朝阳门外七条胡同　朝阳门外南中街清真寺　东直门外关帝庙　阜成门外慈明庵　德胜门外华严寺　安定门外茶棚庵　永定门外关厢　广渠门外同仁粥厂　崇文门外南岗子玉清观　西便门外天宁寺　广安门内教子胡同　右安门外莲海寺　京西四王府三教寺　京西外火器营西门外　京西成府村刚秉庙　京西大有庄官马圈　京西蓝靛厂关帝庙　京西门头村真武庙　芦沟桥龙王庙

华北救灾协会　六部口新平路　西一〇八六　西二一九六

善良堂　西安门内大街

资善堂　广安门内护国寺

新民辅成会　西单报子街　西二〇〇九

慈幼院　京西香山静宜园　西苑分局一三

慈幼院董事会驻京办公处　石驸马大街

广仁堂　米市胡同

广仁堂　三里河

广育堂　小沙土园

静宜园董事会驻京办事处　石驸马大街

办理义赈奖券处　礼士胡同　东二九二八　东二一一〇

龙泉孤儿院　南下洼　南八一六

济良所　石碑胡同　西二一七〇

粮食救济会　小方家胡同王宅　东二七一〇

筹募赈灾公债处　大方家胡同　东三二〇四

二　人力车夫休息所

北京之有人力车，自清光绪庚子年（1900）前始，近十年来逐渐增多，迄今已达二十余万。一般贫苦人民，无老无幼，皆争趋之，俨然一种营业。夏时奔走于炎天烈日之下，冬时往来于风寒冰雪之中，急风骤雨，尤所难堪。以人力代物力，殊非人道之幸，孰有为之筹划，谋一休息之所，以稍减其苦楚者。民国八年（1919），中西慈善家睹此项营业之人，冒寒暴暑，最为可悯，苦无良策，完全救济，于无可如何之中，就通衢大路，创建人力车夫休息所，以为休憩饮水之用，于是此等穷苦无告之人，始获喘息之地。去岁京师警察厅鉴于慈善家之善举，亦以为警政所应办，复择冲要之地，增设九处，合慈善家之所设，共计一十有八，兹列其地点如下。

第一　（被焚）前门外东车站

第二　广安门内大街

第三　东四牌楼马市路北

第四　西四牌楼缸瓦市

第五　护国寺街西口外

第六　崇文门外瓷器口西路北

第七　崇文门外南大街路东

第八　宣武门外大街路东

第九　前门外天桥南

第十　宣武门内大街路西

第十一　新街口北大街路西
第十二　德胜门内丁字街西口
第十三　地安门外西皇城根
第十四　安定门内大街
第十五　东四牌楼南大街
第十六　王府井大街路西
第十七　东单牌楼大街西
第十八　前门外西车站

三　丙舍

三官庙　右安门外
三圣庵　南横街
白云观　西便门外
东岳庙　朝阳门外
长椿寺　土地庙街
圆广寺　阜成门外关厢
慈慧寺　阜成门外关厢
广慧寺　老墙根
龙泉寺　南下洼
铁藏庵　永定门外铁匠营

四　义冢（各国公共坟地附）

山东义园　广安门内北线阁
山西义地　广安门内迤南
四川义园　广安门内迤北
北城义地　右安门内姚家井
北城新义地　右安门内东城根
石棣义园　左安门内安化寺大道
江西义地　左安门内潘家窑

江南义地　右安门内姚家井北

江南春台义园　左安门内铁道西边

江苏义地　右安门内东城根

江苏义园　广安门外　电话南一八一三

全浙广谊园　广安门内护国寺迤东

全浙广谊分园　广安门内北线阁

安庆义园　瓷器口北岗子街

安庆义园　瓷器口法华寺街

安徽歙县义园事务所　北新桥吴裕泰茶栈　东一九二八

吉安义园　护国寺迤东

京师警察厅义地　先农坛迤西

河南义地　右安门内迤东

育婴堂义地　瓷器口南岗子街

春台义地　左安门内安化寺大道

泉郡义地　虎坊桥南

南城义地　右安门内迤西

泾县义地　正阳门外永安桥西

高氏义地　广渠门内铁道迤西

浙江同谊园　下斜街迤西

浙慈新园　左安门内刘家窑

绍兴义地　天坛东北角

梨园义地（俗名戏子义地）　左安门内安化寺大道

顺天府官义地　东便门内蟠桃宫东

登莱义园公所　广安门内南线阁

蜀义地　冰窖迤西

贵州义地　广安门内

云南义园　下斜街迤西

福建义地　虎坊桥南

广东义园　广渠门内石道口

广东新义园　左安门内大道迤西

镇江义地　左安门内东城根

各国公共坟地　崇文门内东南段城墙下

法国坟地　西安门内西什库天主堂后

英国坟地　西便门外

俄国坟地　安定门外

葡萄牙国坟地　阜成门外迤西

自来水

自来水公司　化石桥　电话南一四二七　正阳门内西城根南一三一

自来水南一局　正阳门外北深沟　南九五一

自来水南右局　正阳门外大沙土园　南九二四

自来水西分局　旃檀寺　西一四二二

自来水东二局　小豆腐巷　东七六二

中分局　前门内西顺城街　南一三一六

自来水公司水厂　东直门外　东一七三四

自来水包月水价

四分径水管龙头，大洋一元八角，六分径水管龙头，大洋六元。如不包月，可按挑计价，惟须预购水表。至于用管，凡干线百尺以内不收费，百尺外至七百尺，则以每尺计之。

四分三角；

六分四角；

一寸五角五分；

一寸半一元；

二寸一元三角；

过七百尺再议。每户以一龙头为限，如多安龙头，每添一只，四分收六角，六分收一元二角，一寸收一元八角。倘院落宽敞，花园、马号、工程用水，及保险龙头水法等项另议。主顾家如系租客，须邀同房主至公司签单为凭，以后租客迁移，先通知本公司，前往关闭闸门，他户接用此管，水价另议，否则由公司收回原送管件。再此项送管之家，房主倘有更易，务向公司声明。水价一月一清，逾期不交，即由本公司阻止水路（自来水公司有详细章程，可索阅）。

电　灯

北京电灯有限公司　正阳门内西城根　电话南一〇三三

北京电灯公司公事房　正阳门内化石桥　南一〇八八

警钟台

内外城适中之地，有警察厅所建警钟台五处，昼夜派兵瞻望，遇有火警即击钟报告，消防队及各水会均即驰救。

第一台在西长安牌楼迤南北新华街中间，凡正阳门内，东至朝阳门、西至阜成门、北至神武门一带属之，为第一路。

第二台在东四牌楼西神路街，凡神武门迤北至城根、迤东至朝阳门一带属之，为第二路。

第三台在西四牌楼，凡神武门迤北至城根、迤西至阜成门一带属之，为第三路。

第四台在崇文门外橄榄市，凡正阳门外迤东一带属之，为第四路。

第五台在宣武门外五道庙，凡正阳门外迤西一带属之，为第五路。

凡火警，连声警钟二十五，为紧急之报告也，旋照地点分别击钟，一路一下，二路二下，三路三下，四路四下，五路五下，每一分钟击一次，以击至十次为度。

击钟以本路发生火警为标准，但晚间有警，不能确认为某路者，附近警台亦击钟二十五下，俟查明地点，仍应按路击钟。

第六编　交通

水　路

一　上海至天津船价

招商局轮船自上海至天津大餐房票价，单程九〇元，来回一四〇元。太古轮船公司、怡和轮船公司轮船，上海开为星期二、星期六，天津到为星期五、星期二；天津开为星期日、星期四，上海到为星期三、星期六。票价，大餐房单程九〇元，来回一四〇元；仆票单程六元，来回十二元。来回票以半年为限，并得在他公司船上互换使用。教会中人无单程来回，均减收十分之一。

二　治港公司

和兰治港公司　亮果厂　电话东五二八

陆　路

一　铁路车站及办事处

大红门小车站　南苑大红门　南苑分局二四

永定门车站　永定门外　南苑分局三四
北京水关车站　正阳门东车站迤东
交通部铁路联运事务处　西长安街　电话西一二六九
交通部粤汉川铁路办事处　西长安街　西一九八八
西便门车站　西便门外　南三五六一
安定门车站　安定门外　东一六七
同成铁路公司　东华门外　东四六五
京奉铁路局　正阳门东　南七四七
京奉正阳门车站　正阳门迤东　南三〇
京奉车站稽查分所　前门外　南五〇七
京奉铁路局巡警总局　东车站　南四二二
京绥铁路局　羊肉胡同　西一二一六
京绥铁路正阳门车站　正阳门外　南一九二
京绥西直门车站　西直门外　西一四一三
京绥铁路局西直门车站巡警局　西直门外　西一九三八
京绥铁路局车站工程处　西直门外　西一九三九
京汉铁路局　东长安街　东八五八
京汉铁路管理局车务处　同上　东三一九八
京汉铁路警察处　同上　东二八九二
京汉正阳门车站　正阳门迤西　南九四
京汉铁路警务局　西车站　南一四六五
京汉铁路管理局西车站问事处　前门西　南九五
东车站检察室　前门东　南三一〇一
东直门车站　东直门外　东二六六七
东便门车站　东便门外　东二二二四
东省铁路公司总局　东交民巷俄国府　东二四四四
阜成门车站　阜成门外
宣武门车站　宣武门外
南浔铁路公司　宣武门外大街路东

高线铁路公司事务所　南池子　东一二一三

株萍铁路局　西单头条　西一七二四

株钦铁路局　西城头发胡同　西九四一

浦信铁路公所　东城金鱼胡同

通州岔道车站　正阳门东车站迤东

朝阳门车站　朝阳门外　东二四六〇

满铁社　椿树胡同　东一六八〇

广安门车站　广安门外　南三五六二

德胜门车站　德胜门外　西一八〇

龙烟铁路公司办公处　小土地庙陆宅　南二九七〇

陇海铁路公所　东安门外　东一三三五

陇海路总工程司驻京办公处　兵部洼中街　南一七二五

二　京汉铁路添开特别快车关于搭客办法

第一条　车票之限制　凡搭客持用免费乘车券、军用半价券、特别减价券，及各路优待券等类，一概不得乘坐此项特别快车，并不适用准许乘坐之戳记。所有免费包车，亦不得附挂。

第二条　特别快车加价票　凡乘特别快车者，除按向定等第，照购普通客票外，均须另购特别快车加价票，其价目列下。

每一百公里或不及一百公里，头等六角，二等三角，三等一角五分。但三等客票，专备头二等搭客所带之仆从购用，概不单独发售。乘坐此项特别快车者，除用本路普通客票并另购加价票外，以持用国有铁路联运会议、中日联运会议或其他会议所规定之联运票暨周游票、陆地游历票、来回游票、团体旅行联运券等为限，并须另购特别快车加价票。

第三条　孩童乘车　凡四岁以上、十二岁以下之幼孩，乘坐特别快车，除按照等第购买车票外，另须买特别快车加价票及床位票，但两孩童占用一床位者，可合购床位票一张。

第四条　仆从限制　凡头等搭客，限带仆从二人，二等搭客，限带仆从一人，除照章购普通客票外，并须另购特别快车加价票。

第五条　发售特别快车票各站　发售特别快车客票，以下列各站为限：北京前门、长辛店、保定、正定、石家庄、顺德、彰德、新乡、郑州、许州、郾城、驻马店、信阳、广水、汉口大智门。

第六条　床位价目　凡乘特别快车占用床位者，每位每夜应另购床位票一张，头等每张三元、二等每张二元。

第七条　特别快车附挂车辆　此项特别快车，每次均挂有头等卧车、二等卧车、饭车、行李车各一辆。

第八条　开到时刻　第一次特别车，每星期一、星期四下午十点，由北京前门开。

星期三、星期六上午九点，到汉口。

第二次特别快车，每星期一、星期四下午十点，由汉口开。

星期三、星期六上午九点三十分，到北京。

白昼乘车往来各站旅客注意：此项特别直达快车座位有限，凡搭客只日间登车前往，即日昼间可到之短程各站者，本车有空座时，始准乘搭。

凡旅客于上午八时前及下午八时后登车者，无论路程远近，均须购买床位票。

三　汽车行

汽车即摩托车也，有自用、出赁两种。出赁价各行不同，自长期赁用外，大约第一钟洋三元，第二、三钟各二元五角，三钟以后，每钟二元，全日合计二十四或二十五元。其专往来某处者另议，如往来农事试验场四钟内八元，过一钟加二元；

往来颐和园五钟内十元，过一钟亦加二元；再远至西山、汤山，二十二元或二十四元。其地址如下。

一得　灯市口大鹁鸽市　电话东一八〇〇

三益　西单牌楼南大街　西局一一二

大来　西华门南长街　南一五七一

大轮　东四牌楼南大街　东局一六六二

大丰　东四牌楼南大街　东一九五五

小小　宣武门外虎坊桥　南一八一七

上海　东单牌楼帅府园　东二七九九

天津　王府井大街　东三〇八六

公益　西安门外大街　西局一二七六　二三四四

中央　王府井大街　东三七八

北京汽车公司　东四牌楼米市　东一八二六

生生　内务部街西口外　东一四七九

生生　东四牌楼南大街　东局一四七九

平安　贡院东夹道　东三二二

永亨　东单牌楼　东二三二一

交民　前门内西交民巷　南局一〇七七

交通部西北汽车处　西四羊肉胡同　西一六九六

同立成　西四牌楼北大街　西二五四七

西林兴　西单牌楼北大街　西二〇一七

竹记　香厂保吉路　南二五〇八

宋记电驰公司　东茶食胡同　南五八八

彤记　前门内羊毛胡同　南二八六一

亨茂　东华门南池子　东四八〇

快轮　王府井大鹁鸽市　东二三八二

延丰　西单牌楼绒线胡同　西八二五

京玉　东四牌楼南路东　东局一九七六

京玉马路汽车公司　东四牌楼十一条　东二六七六

京玉分行　东四牌楼大街　东九七六
京畅汽车总行　西直门外
东昌　灯市大街　东二三一六
东升　王府井大街　东二三九七
金兴盛　南锣鼓巷南口外　东二〇三二
金龙　东堂子胡同　东一四六六　东一二〇四
金龙　东华门南池子　东四八〇
林兴　西单牌楼北大街　西局一八二五
升昌　东四牌楼南大街路西灯市口　东一七五三
美华　王府井大街　东五七一
美华金记　王府井大街　东一一一六
美华金记（修理）　八面槽　东二七八五
美富　米市大街　东三〇〇三
美丰　东长安街　东二二二九
春立　虎坊桥　南三一九一
飞龙华记　东华门北池子　东八八六
津利　香厂路　南一一九〇
振大　西四牌楼当街庙　西二四八四
悦来　东四南大街　东三一〇五
陈永泰　崇文门大街
连升　西四北大街　西一五九一
陆腾　西河沿　南三三四〇
盛京　西单牌楼北甘石桥　西一八七六
富记　西单牌楼北甘石桥　西九五八
富记　炒面胡同　东一二二七
复丰　米市大街　东四一五
顺成　王府井大街　东一八二六
云升　香厂万明路　南二九八六
裕昌　香厂路新世界　南二五七三

达达　东四牌楼五条胡同　东五八七

达轮　东四南大街　东二六〇七

瑞升　东四牌楼南大街　东局二五九三

义昌　法部街北头　南一四八二

义记　香厂路

群婴　社稷坛　南四一八

新华　船板胡同　东二八二七

福生　东安门内大街

福安　栖凤楼　东七四八

福发汽车公司　东长安街　东二二二九

福德　东四牌楼　东一二八一

荣飞　前门内西交民巷　南一四八四

毓记　东四南大街　东一〇九五

远安　西柳树井大街　南二五五一

德奎　东安门内大街　东八一八

燕平　内务部街　东二二九

燕京　西观音寺中间　东一六九

燕京　西观音寺　东二二三八

兴华协记　东单观音寺　东二二六三

寰通瑞记　西长安街　西一九四

鸿记　东四牌楼北路东　东一一〇三

鸿记　东四牌楼北路西　东一一〇三

騍駐　西单牌楼北

跻平　东四牌楼南路东　东局二三二九

鹤记　东四六条北　东二九六一

四　马车行

马车赁价，全日四元或五元，半日二元或三元。车夫饭钱，每日铜元八十枚。其有加赁顶马、跟马者，每项加二元半。至道路较远，及结婚用之彩车，则另议。其地址如下。

三友　灯市口东　电话东一二〇九

三合顺　达智桥　南二九一九

三和顺　宣武门外达智桥　南二九一九

三省　宣武门外　南一七七七

三益　西单牌楼　西一一二

三顺　交道口　东八七八

三顺　鼓楼东大街

大升　交道口　东八七八

大升　鼓楼东大街南

大升　交道口西　东二三八一

大顺　鼓楼东大街

久峰自行车行　东长安街中间王府井大街　东一七八六

公大　李铁拐斜街　南六七五

公平　阜成门大街东头西四牌楼北　西四四四

公升　宽街　东三八三

公益　西安门大街　西一二七六

公桐　新街口南大街　西二二二五

公兴　东四北大街　东四六三

中利　宣武门内大街　西一七九三

中兴　米市大街　南一三二

太平　草厂上四条胡同　南二四七八

天兴　正阳门外纸巷子路西杨梅竹斜街　南二九九七

友记　西珠市口　南五五七

五合　崇文门大街

永安　东四牌楼九条保宅　东二二一七

永和　八面槽　东九八六

永升　交道口南大街　东一九二七

永飞　达智桥　南八九〇

永飞　宣武门外大街
永增　西单牌楼西长安街　西七四一　西二四四七
永兴　煤市街　南二三二
永丰　李铁拐斜街　南一九三
玉昌　果子巷驴驹胡同　南二〇三三
正大　樱桃斜街　南二一一五
同成　果子巷堂子胡同　南二八一四
安记　西柳树井　南二五五一
西长源　米市胡同　南二九九
共和　李铁拐斜街升官店　南九八〇
快利　甘石桥　西一四六四
快利　缸瓦市南路西
利升　东四牌楼十二条胡同　东一六六四
延丰　绒线胡同　西八二五
协大　五道庙　南九六八
东升　宽街北　东二五七七
东昌　灯市口大街　东二三一六
东海　五斗斋　南一三六二
升昌　崇文门大街
升昌　东城米市胡同　东八六八
升昌永　灯市口　东七一一
明月　东直门外　东一一一五
两益　新街口南大街　西一七三二
和平　宣武门大街　南九三八
飞祥　交通口南大街　东二八二二
飞华　王府井大街
飞龙　王府井　东八八六
飞鸿　地安门外　东一六一七
飞骅　王府井大街　东一五六三

飞骅　交道口南路东
俊兴　西河沿　南三七四
振大号　西四北大街　西二四八〇
振盛　新街口南大街
振业　头发胡同东口　西一七六二
振耀　西长安街　西一一六六
益兴　南柳巷　南一五一四
悦来　东四南大街　东三一〇五
袁记　十间房　南六五四
高驷　西甘场　南二〇四一
乘风　灯市口　东九五六
连风　灯市口
陆腾　前门外西河沿　南三三四〇
富有　东四牌楼七条　东一九九四　东一三六
富记（兼汽车）　西单北大街　西九五八
华利　灯市口　东六五七
华昌　甘石桥　西九八五
华昌　西单北大街
华记　大外廊营　南二〇四
华通　东四北大街　东一七六一
云飞　皮条营新泰店　南五六二
云翔　粉房琉璃街　南五七六
顺记　灯市口顺记木厂内　东七二三
瑞升　东四南大街　东二五九三
瑞记　西长安街　西一九四
瑞兴　安定门内大街
群婴　社稷坛　南四一八
新运　三眼井　南三二三七
达轮　东四牌楼　东二六〇七

远安　西柳树井　南二五五一
毓记　崇文门大街　东一〇九五
德华　西安门内大街
德福　石牌坊　东六二八
龙飞　交道口东街　东六〇四
骏利　东交民巷　东一九五五
骏升　延寿寺街三眼井　南三二三七
骏骅　打磨厂　南二四四五
鸿飞　西单牌楼迤南大街　西五四九
临记　崇文门内大街
丰泰　西河沿　南五四二
騉駓　石驸马大街　西九五八
騉駓　东堂子胡同　东一二二七
耀记　地安门外大街　东一二一七
跻平　东四牌楼南　东二三二九
骅驰　甘石桥　西一三六四

五　轿车行

轿车日少，惟婚丧及妇女归宁时或雇用之，赁价全日约一元二角，全月约三十元。大抵停于大街之各胡同口，俗谓之曰“站口儿车”，亦有向车厂定雇者，如郭家车厂、杨家车厂、刘家车厂是也。其地址如下。

弓准院　阜成门大街
永兴号　米市大街路东
北于家　东四北大街
北源兴（新式）　崇文门内大街
长久号　东四牌楼南路东
长顺兴　西单北大街
东发兴　东安门外大街

恒盛号　东四牌楼东路南
南于家　东四北大街
振兴号　王府井大街路西
裕盛号　鼓楼东大街
万升号　杨柳竹斜街
万成久　王府井大街路西
万通号　地安门外南锣鼓巷路西
万盛成　安定门大街
广义号　西珠市口
积聚号　宣武门内大街
双聚号　打磨厂

六　赁车店

永兴　东草市
同顺和　蒜市口
东义和　正阳门外打磨厂
和顺　西珠市口
悦来　蒜市口
悦来　东珠市口
顺兴　广安门内牛街
义和　草市街
义聚　广安门内大街
德顺　柳树井
德兴　东草市

七　敞车

敞车为载运货物之用，全日赁价与轿车略同，惟用双套者约加半价，三套、四套则递加。或于移居时载运器具，其载人者曰“荡子车”。平时往来西直门、新街口、海甸、蓝靛厂、正阳门、西华门等处，旧历新年往来宣武门、白云观等处，每里赁价约铜元一枚。其地址如下。

天盛号　安定门外大街
天顺成　东直门外大街
永盛号　安定门外大街
永德（兼轿车）　鼓楼西大街路北
合兴号　安定门外大街
西合顺　西直门外高亮桥南
西聚盛　正阳门内西交民巷
和顺盛（兼轿车）　安定门内大街东
东永兴　安定门外大街
东福兴　安定门外大街
和顺号　崇文门外花市
林兴和　东四牌楼东路南
恒兴号　朝阳门内路北
裕盛（兼轿车）　鼓楼东大街路北
万盛成（兼轿车）　安定门内大街东
义盛号　安定门外大街
义兴号　安定门外大街
聚盛号　朝阳门外大街
德胜龙（兼轿车）　鼓楼西大街路北
双聚号　西直门外高亮桥南
兴顺号　崇文门外月墙

八　手车铺

天义和　东单牌楼路西
永盛号　东草市
东德兴　交道口东街
顺隆号　阜成门外大街

新德胜　新街口南大街

万盛号　瓷器口

万顺祥　李铁拐斜街

万兴隆　广安门外大街

双盛号　崇文门外大街

双盛号　花市

九　人力车行

人力车之轮，皆裹以胶皮，赁价按月约洋十八元，按日大约洋一元，按时者一小时一角，否则酌量道路远近，临时议价，每里铜元一二枚也。寒时略增，大雨雪加一二倍。其地址如下。

大有　安定门大街

小小　虎坊桥路南

天顺成　新街口南大街

天兴成　东直门大街

文胜（兼电镀）　米市大街　电话东一九六三

中孚　西四牌楼北路西

北隆和　交道口南大街

永德顺　西单北大街

永兴　新街口南大街

吉田行　阜成门大街

利生　王府井大街　南一七三八

利用凯记　新街口西街

协和　崇文门外上二条胡同　东一五五三

两利　景山西板桥路西

和顺　西四北大街

和源号　新街口南大街

春立　骡马市大街

春季成　缸瓦市

起顺　西交民巷东头　南二八七六

峻峰永　西安门外大街

悦来　东四南大街

挹兴顺　西直门大街

清和顺　东四北大街

庄汜　东四五条　东一二七六

隆聚　马市大街

隆聚　王府井大街西

顺记　交道口南大街

万顺成　西四北大街

万顺德　缸瓦市

义记成　西安门外大街

爱群合　东四牌楼南大街

福聚　宣外大街　南二二八五

福兴　崇文门外上三条胡同　东二二〇八

福兴　虎坊桥　南一一七八

远轮行　朝阳门大街

铭记　西四牌楼北路东　西一七二六

熙懋　西直门大街

广记　西安门内大街

德成　王府井大街西

兴玉德　鼓楼东大街

锦记　西四牌楼大街

燕记　胭脂胡同　南一五七八

宝兴　西城察院胡同　西一九四九

一〇　自行车行（即脚踏车）

久峰　东华门外丁字街

日月　东直门外　电话东一一一五
元龙　西单牌楼北路西
正泰　新街口南大街
玉升　交道口南大街
同利　西四北大街　西二三七七
同义　打磨厂东口　东二二七九
自立　安定门内大街
利用　新街口西
利华　西单牌楼南路西
快利　崇文门内大街
快马　裱背胡同　东一〇二六
阜华　翠花胡同　东一七三七
阜华　王府大街
金龙　崇文门外大街
奎记　西四南大街
恒利　崇文门内大街　东一五五五
春立　虎坊桥　南三一九一
祥利　骡马市
绍芝　钱粮胡同　东九六一
集义成　西四北大街
华成　西四牌楼南缸瓦市
华昌（兼洋铁）　宣武门内大街
华兴　法部街
云飞　东单牌楼　东五二四
云飞　西单北大街
云飞　崇文门内大街
顺利　西珠市口
爱群　灯市口南　东一三五九
爱群和　东四南大街

荣利　西交民巷东口　南一四五一
荣华（兼电料）　东四北大街　东二七二二
聚友　东四南大街
聚友　王府井大街
广利　南横街　南六七六
德成　王府井大街西
德利　地安门外路西
学记　崇文门大街　东三〇二九
宝元　虎坊桥　南一八一二
铁龙　东四南大街
麟华　西四牌楼北　西二四〇九

一一　骡马店

三顺　德胜门外路西
三顺　广安门内大街
三义　东珠市口半壁街
永和　德胜门外路西
永升　东珠市口半壁街
永顺　广渠门内大街
永顺　东珠市口草市
同和　德胜门外路东
安泰　德胜门外路东
合义　东珠市口半壁街
升隆　广安门内大街
和顺　广安门内大街
高升　德胜门外路东
通顺　德胜门外路西
祥顺　东珠市口草市
富兴　广安门内大街

万和　德胜门外路西
万泰　德胜门外路东
万顺　广安门内大街
裕德　德胜门外路东
义和　德胜门外路西
万顺　德胜门外路西
聚和　德胜门外路西
聚顺　德胜门外路西
聚顺　东珠市口半壁街
德和　德胜门外路东
德茂　德胜门外路东
广升　德胜门外路西
德顺　德胜门外路西
兴顺　德胜门外路东
兴隆　东珠市口半壁街
兴隆　德胜门外路东
兴盛　德胜门外路西
兴顺　东珠门口半壁街
联升　德胜门外路东

一二　驴店

永兴　东草市
同顺　蒜市口
和顺　东晓市
洪顺　德胜门外大街
富兴　广安门内大街
万兴　广安门内大街
万顺　广安门内大街
德盛　东草市

德兴　德胜门外大街

兴隆　广渠门内大街

一三　标局

标局之“标”，宜作“镳”或作“镖”，局以保护行旅为业，北地多有之。局有善掷镳之壮士，谓之“镳客”，亦称“镳师”。行旅者投局纳资，则为之护送以防盗，谓之“保镳”。其法，令镳客随行，昼树旗、夜张镫于车上，以为标识，盗自不犯，盖彼此有所顾忌也。今旅客之陆行于未通铁路处所者，犹雇用之。

同兴　狗尾巴胡同

西光裕　西河沿

自成　布巷子

东光裕　西直门外车站

会友　粮食店

一四　转运

中华捷运公司　前门内西皮市　电话南一三九九

通益公司　前门外西河沿东口

通连公司　正阳门迤东　南三九

开源转运公司　正阳门外东河沿　南七四九

普达公司　镇江胡同　东一四二〇

万国卧车公司　东交民巷六国饭店　东四二七

邮　务

一　交通部邮政总局北京邮务管理局及各支局地址

交通部邮政总局　西长安街　电话西一三七〇　九一〇

一〇

交通部邮政总局邮票处　白纸坊　南二一六

邮务管理局　正阳门内户部街

三里河邮局　东珠市口东

内西华门邮局　西华门外北长街

外西华门邮局　西安门内大街

正阳门邮局　正阳门大街

正阳门东车站邮局　正阳门东车站

甘石桥邮局　西单牌楼甘石桥

北新桥邮局　北新桥南大街

打磨厂邮局　正阳门外打磨厂中间

安定门邮局　安定门内大街

地安门大街邮局　地安门外大街

西四牌楼邮局　西四牌楼羊市大街

西长安街邮局　西长安街东头

花市大街邮局　崇文门外花市大街

东四牌楼邮局　东四牌楼南大街

东四牌楼北大街邮局　东四牌楼北大街

东交民巷邮局　东交民巷东头

东长安街邮局　东长安街中间

南池子邮局　东华门内南池子

宣武门邮局　宣武门内大街

崇文门邮局　崇文门内大街

琉璃厂邮局　琉璃厂东口

参议院邮局　宣内象房桥参议院

众议院邮局　宣内象房桥众议院

达智桥邮局　宣武门外大街

新街口邮局　西直门内新街口

煤渣胡同邮局　东单牌楼北大街

骡马市邮局　骡马市大街

二　邮务管理局收件时刻

每日上午七点起，下午九点止，收寄普通、挂号、快信各件。上午九点起，下午五点止，收寄包裹、保险信件，并办理汇兑。星期及放假日，普通、挂号、快信等件仍收寄，惟包裹、保险信及汇兑均停办。

三　各支局收件时刻

每日上午七点起，下午九点止，收寄普通、挂号、快信各件。上午九点起，下午五点止，收寄包裹并开发汇票。西长安街邮务局兼办保险信件。正阳门东车站邮务局，对于快信，无论日夜何时，均可收寄，并派专差，即时投递。放假日办公时刻，临时各在局门张示。

四　邮务信柜

居民可到临近信柜购买邮票，投送信件。如挂号信件，姓名住址用华文书写者，信柜均接收，并在各信筒附近地方，设代售邮票处，以便购买邮票。信柜、信筒之邮件，皆同时派人收取。

五　信筒办法

内外城共有信筒一百八十五处，逐日按段开取八次，东交民巷开取十二次。开取时刻，信筒标明，惟须贴足邮票，否则即按欠资邮件办理。挂号者须赴支局或信柜等处，掣取执据，否则无论邮票多寡，均按普通邮件寄递。

六　本城投送信件时刻

各局逐日投送信件八次，由前门东车站邮局按段分发，投递时刻列左。一次上午八点，二次上午十点，三次正午十二点，四次下午二点，五次下午四点，六次下午六点，七次下午八点，八次下午十点。其余各局按距东车站邮局远近，核定时刻，亦投送八次。

（收件者有以末次时过晚不愿投递者，可知照邮局。）

七　前门东车站支局封发邮件钟点（按铁路行车时刻随时修正）

国内　每日上午五点三十分、八点十分、十点十五分，下午一点五十分、四点二十分、八点零五分，封发天津县（天津）之邮件。每日上午五点三十分、八点十分，下午八点零五分，封发山海关营口县（牛庄）及沈阳县（奉天）以北之邮件。每日上午五点三十分、八点十分，下午八点零五分，封发历城县（济南府）、青岛（胶州）之邮件。每日上午五点三十分、八点十分，封发历城县（济南府）、江宁县（南京）、上海以及南方各局之邮件。每日上午五点三十分、八点十分，下午八点零五分，封发库伦恰克图及伊犁（西伯利亚转）之邮件。每日上午五点三十分、十一点，下午三点三十分，封发通县（通州）之邮件。每日上午八点五十分，下午六点四十分，封发夏口县（汉口）及夏口县以南等处之邮件。每日上午四点三十五分、八点五十分，下午六点四十分，封发邢台县（顺德府）之邮件。每日上午四点三十五分、八点五十分，下午一点三十分、六点四十分，封发清苑县（保定府）、石家庄之邮件。每日上午八点五十分，下午六点四十分，封发阳曲县（太原府）及阳曲县以西等处之邮件。每日上午八点五十分，下午六点四十分，封发郑县（郑州）、洛阳县（河南府）、开封县（开封府）、长安县（西安府）、皋兰县（兰州府）及伊犁（由陆道转）之邮件。每日上午五点三十分、八点十分、九点三十分，封发张家口、大同县（大同府）及大同县以西各处及库伦恰克图（由陆道转）之邮件。每日下午一点，封发承德县（承德府，即热河）之邮件。

国外　每日上午五点三十分、八点十分，下午八点零五分，封发美国、日本、俄国之邮件。每日上午五点三十分、八点十分，封发南亚美利加、奥斯达利亚、亚非利加与由海道转寄之各国邮件。每日上午五点三十分、八点十分，下午八点零五分，封发欧洲各国（除德国、奥勃牙利、土耳其外）之邮件。车站票房临近水关，有信筒一具，凡去天津路线上各处及该路线外各处邮件，在火车开行五分钟前投入信筒，即可随时寄递。

八　中华民国邮政寄费清单第六十九号

（自中华民国十二年一月一日始实行）

九　快信地名

见民国九年第九版邮政章程，及九年一月至十年六月之第九版邮政章程补编。

章程于地名下标有“丁”字者，均快递邮件局，即快信也。

【直隶】北京、石家庄（枕头）、张家口、保定（清苑）、顺德、通州、唐山、天津、良各庄、昌黎、滦州、滦州车站、祁州、山海关、清华园、沧州、南宫、大沽、宣化、丰台、长辛店、良乡、乐亭、泊头镇、怀来、朝阳洞、外馆、古冶、邯郸。【奉天】奉天府（沈阳）、牛庄（营口）、辽阳、新民、铁岭、盖平、盘山、海城、安东、锦州、四平街、公主岭、田庄台。【吉林】吉林府、宽城子（长春）、双城、哈尔滨、阿什河。【黑龙江】龙江（齐齐哈尔）、海伦、呼兰、北团林子（绥化）、巴彦。【山东】济南、济宁、潍县、烟台、周村、黄县、高密、胶州、龙口、德州、枣庄、登州、兖州、泰安、滕县、青州、禹城、博山、台儿庄、大汶口、峄县、昌乐、桑园。【河南】开封、彰德、郑州、周家口、道口、驻马店、河南府、许州、怀庆、确山、光州、光山、归德、南阳、南召、新乡、新安、新郑、信阳、焦作、清化镇、卫辉、郾城（漯湾河）、禹州、孝义、唐县、商城、固始、武安、武陟、汝宁、渑池、鲁山、罗山、临漳、临颍、巩县、叶县、辉县、西平、遂平、邓州（邓县）、睢州、陕州、长葛、观音堂、丰乐镇、赊旗镇、兰封、正阳、杞县、荥阳、石佛寺、舞阳、虞城、鸡公山、偃师、荆紫关、襄城、封邱、息县、阌乡、灵宝、马牧集、新蔡、明港、桐柏、楚旺镇、内黄、水冶镇、永城、淅川、淇县、卢氏、裕州、陈州、黄河口、中牟、修武、尉氏、扶沟、林县、柘城、汜水、汤阴、济源、获嘉、嵩县、沈邱、镇平、朱集。【山西】太原（阳曲）、太谷、大同、平阳、平遥、祁县、运城、绛州、曲沃、蒲州、归化、绥远。【江苏】南京、南翔、常州、常熟、泰州、泰兴、上海、上新河、镇江、宜兴、盐城、龙华、浏河、高邮、丹阳、如皋、朱家角、枫泾、湖熟、高淳、高昌庙、江阴、嘉定、昆山、句容、溧水、六合、下关、东台、浦口、苏州、徐州、松江、太仓、清江浦、青浦、通州、吴淞、无锡、扬州、兴化、淮安、宝应、浦镇、溧阳、奔牛、浒墅关、砀山、仙女庙、仪征、十二圩、吴江、唐家闸、姜堰、安东、宿迁、掘港、扬中、新邳州、板浦、江浦、泗阳、沭阳、沛县、海州、瓜洲、盛泽、睢宁、萧县、西坝、丰县、金坛、阜宁、靖江。【江西】玉山、樟树、丰城、彭泽、抚州、乐平、兴国、河口、湖口、武宁、余干、会昌、饶州、瑞昌、瑞金、瑞州、赣州、吉安、建昌（南城）、建昌（今改永修）、景德镇、九江、牯岭、广信、贵溪、临江、南昌、南安、南丰、南康、南康（星子）、宁都、萍乡、新昌、新淦、新喻、德兴、德安、都昌、万安、万载、吴城、袁州、雩都、上高、李家渡、信丰、塘江墟、安福、崇仁、永新、永丰、涂家埠、石城、进贤、龙泉、泰和、金溪、铅山、安源、东乡。【福建】厦门、安海、漳州、泉州、福州、福清、涵江、兴化、建宁、建阳、三都澳、沙县、潭尾街、同安、洋口、延平、上杭、仙游、惠安、汀州、龙岩、峰市。【浙江】杭州、杭州通商场、闸口、南屋桥、衢州、兰溪、慈溪、镇海、湖州、南浔、嘉善、嘉兴、宁波、绍兴、硖石、余姚、温州、瑞安、台州、严州（建德）、平湖、长安。【湖北】武昌、武昌（东）、武穴、樊城、汉口（夏口）、汉阳、宜昌、沙市、襄阳、仙桃镇、孝感、广水、新堤、施南、黄石港、咸宁、嘉鱼、蒲圻、团风、宜都、巴东、枝江、归州、江口、监利、化园、祁家湾、羊楼峒、董市、葛店、金口、阳逻、黄州、三叉埠、黄陂、脉旺嘴。【湖南】长沙、常德、衡州、洪江、宝庆、辰州、湘乡、湘潭、津市、益阳、岳州、沅州、城陵矶。【安徽】安庆、巢县、滁州、怀远、徽州、黟县、休宁、临淮关、六安、庐州、宁国（宣城）、蚌埠、宿州、太平（当涂）、大通、桐城、屯溪、芜湖、乌衣、亳州、蒙城、寿州、正阳关、颍州、颍上、五河、南陵、和州、凤阳、明光、荻港镇、青阳、三河、固镇、柘皋、枞阳镇、池州、涡阳、运漕、采石。【陕西】西安、汉中、泾阳、三原、同州（大荔）、潼关、延安、渝林、渭南、兴安（安康）、凤翔。【甘肃】兰州、秦州。【四川】成都、雅州、遂宁、长寿、顺庆、重庆、资州、自流井、涪州、合江、夔州（夔府）、泸洲、万县、保宁（阆中）、内江、嘉定、忠州、叙州（叙府）、梁山、荣昌、永川、永宁、江津、潼川（三台）、灌县、绥定、绵州、綦江、中坝、广安、渠县、烧酒坊。【广东】广州、东莞、新会、新宁、新昌、陈村、潮州、佛山、河南、河源、江门、江门城、琼州、清远、雷州、沙面、石岐、石龙、高州、汕头、大良、惠州、英德、三水、公益埠、海口、北海、嘉应、揭阳、肇庆、都城、阳江、韶州、廉州、西南、九江、崎碌。【广西】桂林、贵县、龙州、南宁、梧州、柳州、浔州、蒙江、百色、藤县。【云南】阿迷州、个旧厂、蒙自、云南府、大理、河口、腾越、下关。【贵州】安平、安顺、正安、镇宁、镇远、兴义、老黄平、古州、黄草坝、黔西、贵定、贵阳、郎岱、黎平、毕节、普安（盘县）、绥阳、三江、松坎、思南、清镇、遵义、独山、铜仁、都匀。【蒙古】库伦、恰克图。

一〇　中美（和诺鲁鲁在内）订立直接互换包裹章程摘要

资例　邮费应按每磅或其零数，收三角五分，由汽机未通局所交寄之包裹，应加国内资费。仿此，由美国寄交中国汽机未通处所之包裹，应向收件人收取国内资费。

挂号　包裹付费一角，即可挂号，回执费亦一角。包裹遗失损坏，邮局概不负责，寄件人或收件人均不得要求赔偿。

尺寸重量　包裹不得重逾十一磅，其尺寸至长以英三尺六寸为限，或按其长度及横周计之，以英六尺为限。如往来汽机未通各处，体积不得逾英一立方尺。

封装　包裹不得用火漆或铅或他法封志，封装之法，务使海关易于启验。

禁寄之物　包裹按前项章程互寄者，不得装有信函及违犯各本国国内法律及章程之各件、违犯各本国国内法律及章程之出版物、违犯投递国版权之出版物、含有毒性及易于轰爆之各物、油腻物品暨流质以及易于融化之物、蜜饯食品及湿润点心，除干透之已死羽虫爬虫外，其他一切无分生死之动物、易于溃烂之水果菜蔬及蒸发恶气之物、彩票及关于彩票之苦白或传单、各项淫邪或背于道德之物以及能损毁邮件或伤害经手邮员之各物。

领事证状　包裹向美国寄递货物，价值在美金一百元以上者，须于交寄时随附发货单一纸，由领事于其上加以证明。所有此项货物，虽分数包寄递，亦应照此办理。

一一 信局

三盛 杨梅竹斜街
三义成 崇文门外打磨厂
立成号 崇文门外打磨厂
全泰盛 打磨厂二条胡同
协兴昌 崇文门外打磨厂
胡万昌 崇文门外打磨厂
义兴号 打磨厂戥子胡同
福和 崇文门外打磨厂
福兴润 打磨厂鸿泰店
聚兴北号 崇文门外打磨厂

附 京师空中游览搭客规则（中华民国十年三月二十一日）

第一条 京师空中游览，以开通社会风气、练成空中习惯为宗旨，暂以一个月为限。

第二条 京师空中游览，以南苑航空教练所飞行场为飞机起落搭客上下地点。

第三条 京师空中游览，定于每星期二、四、六、日，自下午二时起，举行三次。

第四条 京师空中游览发售客票地点如下。

一 航空教练所；二 北京饭店通济隆公司。

第五条 京师空中游览客票，分甲、乙两种。甲种飞行三十分钟者，每张价洋二十元，与飞航员并座者价三十元；乙种飞行十分钟者，每张价洋十元，与飞航员并座者价十五元。

第六条 京师空中游览客票，每票以一人乘座一次为限，其因天时或他种关系停止飞行，或乘客因事未能搭座，该票仍可于下次乘用。

第七条　乘客搭座飞机，均须先向售票各地点购票，按照票注号数依次入座，以维秩序。

第八条　乘客如欲延长乘座时刻，或包座全机游览，须先期通知航空署航运厅营业科，票价临时酌定。

第九条　京师空中游览，概不发行免票及优待票。

第十条　乘客乘座飞机，不得有下列情事。一、不按照票注号数入座；二、在飞机中吸烟；三、向外抛掷物件。

第十一条　乘客除手提行李外，不准携带违禁物品、照相具、牲畜及笨重物品。但手提行李须不妨他人乘座，其重量以五斤为限。

第十二条　乘客出入飞行场，上下飞机，均须听从飞行场内执事员之指导，不得任意拥挤，以免危险。

第十三条　航空署对于乘客，自应力谋安全，如有意外情事，发生危险，概不负责。

第十四条　如临时因天气或他种关系不能飞行者，在发售客票地点，挂出红色旗帜，以代标识。

第十五条　本规则施行日期另定之。

电　报

一　北京电报总分局地址

总局　东长安街　电话东八〇

分局　虎坊桥　南一三〇

西分局　西长安街　西一四二〇

北分局　交道口香饵胡同　东三六三

西南局　贾家胡同　南八六三

大北　东单二条　东一九一

无线电报局　东便门外　东一四八五　天坛　南一七七三

陆军行军无线电报队　国子监　东一五四四

二　电报章程摘要（最新电报收发规则全文见本馆出版明密码电报书）

华文明语，每字，同城电报银元三分，同省电报六分，隔省电报一角二分。华文密语或洋文，每字，同城电报银元四分五厘，同省电报九分，隔省电报一角八分。新闻电报，无论本省隔省，华文每字三分，洋文每字六分。发报人欲将所发之报提前先发者，即为紧急电报，寻常报照原价加费二倍（原价一角加为三角），以“急”或“Urgent”书于收报人姓名住址之前，亦按一字收费。收报人如欲将其姓名住址缩写为一字者，得向当地电报局商定字样，预行挂号。

三　中国电报局名

【直隶】昌黎、张北县即张家口、张家口桥东、朝阳府、承德府即热河、正定府、赤峰、秦皇岛、锥子山、阜新、河间府、怀来、开鲁、开平、高碑店、高村、建平、经棚、古北口、良各庄、临城县、凌源县即建昌县、林西县、永平府、滦州、马厂、密云、北戴河、北京国务院、交通部、教育部、陆军部、南苑、海军部、内务部、北京北分局、大总统府、北京西南分局、参谋部、北京前门分局、外交部、北京西分局、平泉、泊头镇、山海关、闪电河、石家庄即枕头、什巴尔台、小站、顺德府、宣化府、绥东、大沽、大名府、塘沽、唐山、天津、天津城局、天津北分局、天津南分局、多伦诺尔、沧州、井陉县、井陉矿局、清苑县即保定府、通县即北通州、围场厅、乌丹城、永年县即广平府、丰台、龙化县、丰宁、定县即定州、高邑、挂甲屯、洋河口、永定河、获鹿、易州、邯郸、兴河城、柴沟堡、小范镇、高阳、辛集、迁安县、六郎庄、达昌、长沟镇（附铁路电局：芦台、北塘、新城）。【奉天】安东、长白府、昌图府、朝阳镇、锦州府、法库门、凤城县即凤凰城、抚顺、海城、海龙府、兴京府、桓仁县即怀仁、义州、开原、开原分局、沟帮子、公主岭、辽阳县、辽源州、临江县、龙王庙、八道江、北镇、山城子、沈阳县即盛京、盛京分局、西安县、西丰、新民府、岫岩、绥中县、四平街、大孤山、洮南府、大东沟、铁岭、辑安、东丰县即东平、通化县、通江子、牛庄即营口、牛庄即营口分局、青堆子、庄河县、八面池、范家屯、通辽镇、黑山县、新立屯、孙家台、东边、旅顺、金县即金州、盘山县、八道沟、柳河县。【吉林】阿城县即阿什河、长春即宽城子、方正县、富锦县即富克锦、扶余县即伯都讷、珲春、依兰县即三姓、伊通州、佳木斯、吉林、郭尔罗斯、拉哈苏苏、宁安县即宁古塔、农安、额木县即额木索、磐石县、宾州、滨江县即哈尔滨、双城县即双城、小城子、新甸、德墨利、延吉厅、榆树县、桦川县、长岭县、双阳县、伏龙泉、萨奇库站、万里河洞、歌金、一面坡、横道河子、海林、穆棱县即穆棱站、绥万河、掖河即铁岭河、下九台、汪清、细鳞河、秦家岗。【黑龙江】瑷珲、肇州厅、海伦厅、海兰泡、兴化镇、兴龙沟、呼兰县即呼兰、呼玛县即库玛、奇干河、林甸、龙江县即齐齐哈尔、龙门镇、漠河、讷河厅、嫩江府、拜泉、巴彦州、绥化府、泰来镇、大赉厅、通北县、望奎镇、三道沟、昂昂溪、青岗县、通河县、兰西县、海拉尔、墨尔根、满沟、安达县、富拉尔基、扎兰屯、博克图、兴安岭、扎岗、扎兰诺尔、满洲里、奇克特克山、二克山。【河南】安阳县即彰德府、郑州、正阳县、周家口、驻马店、潢川县即光州、开封、汲县即卫辉、鸡公山、荆紫关、观音堂、临汝县即汝州、罗山、洛阳县即河南府、南阳府、商邱县即归德府、陕州、孝义镇、新乡、信阳州、许昌县即许州、道口、焦作、清化、沁阳县即怀庆府、武安、武陟、叶县、郾城即漯湾河、禹州、邓县、泛水县、方城县即裕州、西平县、兰封。【山东】昌邑、城阳、周村、诸城、韩庄、菏泽县即曹州府、胡家岸、虎头崖、黄县、惠民县、益都县即青州府、日照县、高密、贾庄、胶州、巨野县、官庄、广饶、莱阳、聊城县即东昌府、历城县即济南、济南商埠、临清州、临沂县即沂州府、雒口、龙口、蓬莱县即登州府、平度、博山、沙河、单县、十里堡、寿光、香山、宋家集、泰安府、台儿庄、大郭家、郯城、陶城堡、道旭、大汶口、德州、滕县、铁匠庄、曹县、齐河、即墨、清河镇、青岛、济宁、栖霞、滋阳县即兖州府、威海卫、潍县、羊角沟、掖县即莱州府、烟台即芝罘、郓城县、石岛、平里店、章邱、金乡县、文登、朱桥、高村、金家口、临城、冠县、峄县、枣庄、昌乐县。【山西】丰镇、汾阳县即汾州、韩阳镇、侯马、霍州、祁县、归绥县即归化厅、临汾县即平阳府、包头镇、平定州、平遥、萨拉齐、忻州、代县、太谷县、大畲太、大同府、碛口、五原县、阳高、阳曲县即太原府、运城、潞安府、泽州、牛杜、决阳。【陕西】长安县即西安府、凤县、凤翔县即凤翔府、延安府、洛川县、龙驹寨、南郑县即汉中府、宁羌县即宁羌、邠州、三原县、西乡、潼关、石泉县、安康宁、大荔县、白河县、蜀河镇、泾阳、同州、陇县。【甘肃】安西、张掖县即甘州府、皋兰县即兰州府、泾川县即泾州府、酒泉县即肃州府、固原、陇西县即巩昌府、宁安堡、宁夏府、平番、平凉、西宁府、导河县即河州、磴口、天水县即秦州、定西县即安定、狄道州、武威县即凉州府、清水县。【新疆】阿克苏县即温宿、承化寺即阿尔泰、哈密、伊宁县即宁远县、伊尔克斯塘、奇台县即古城、库车、库克申仓、巴楚县即玛拉巴什、疏附即喀什噶尔、汉城、绥来、绥定即伊犁、塔城即塔尔巴哈台、迪化府、精河厅、吐鲁番、乌苏厅、焉耆县即哈拉沙尔、元湖。【四川】长寿、成都、忠州、中渡、奉节县夔州府、酆都县、涪陵县即涪州、汉源县即清溪县、合川县即合州、宜宾县即叙州府、康定县即打箭炉、剑阁县即剑州、綦江、广元、梁山、乐山县即嘉定府、泸州、绵阳县即绵州、南充县即顺庆府、南川、内江、巴县即重庆府、小桥驿、西昌县即宁远府、新津县、遂宁、叙永县即永宁府、垫江、资中县即资州府、自流井、万县、巫山、五通桥、雅安县即雅州府、越嶲、永川、云阳县、中坝、三台县、阆中县、灌县、贸县、平武县、松潘、大竹、资阳县、茂州、保宁、二博、三汇、隆昌、泸定桥、西俄洛。【贵州】安顺府、镇远府、赤水厅、重安江、兴义县即黄草坝、黔西州、贵阳、南龙县即兴义、毕节、松坎、大定府、遵义、铜仁、桐梓、威宁、独山。【湖北】安陆县即德安府、长阳、钟祥县即安陆府、恩施县即施南府、汉阳府、黄岗县即黄州府、黄陂、宜昌、宜都、江陵即荆州府、嘉鱼县、蕲春、荆门、公安、广水、来凤、老河口、利川、庙河、白洋、宝塔洲、巴东、蒲圻、沙市、沙洋、夏口县即汉口、襄阳府、孝感、仙桃镇、新堤、大冶、潜江、秭归县即归州、武昌、武穴、羊楼峒、阳新县即兴国州、郧县即郧阳府、崇阳、通城、资邱、马鞍山、浩子口、野山关、大枝坪、小桥驿、随州、监利县、兴山、长门、古楼背、朱家河。【湖南】长沙、常德、郴州、城陵埠、辰溪、芷江县即沅州、株洲、凤凰厅、衡山县、衡阳县即衡州府、洪江、晃州、江华、祁阳、耒阳、澧州、醴陵、零陵县即永州府、临澧县即安福、宁乡、宁远、宝庆、湘乡、湘潭、湘阴、道州、桃源津市、慈利、益阳、岳阳县即岳州府、沅江县、沅陵县即辰州府、永丰、永明、武冈州、新宁县、汉寿即龙阳、溆浦、浏阳、攸县、茶陵、新化、东安、桂阳县、桃花坪、新田县、平江县。【江西】安源、樟树、丰城县、河口、湖口、宜春县即袁州、赣州、吉安府、景德镇、九江、牯岭、临川县即抚州府、乐平、南昌、萍乡、鄱阳县即饶州府、上饶县即广信府、新喻县、大庾县即南安府、德安县、进贤县、万安县、吴城、余江县即安仁、永修县即建昌县、万载、武宁、信丰、修水、会昌、贵溪、玉山县、广丰。【安徽】正阳关、凤阳、阜阳县即颍州府、合肥县即庐州府、怀宁县即安庆府、霍山县、贵池县即池州府、六安州、蚌埠、亳州、寿州、舒城、宣城县即宁国府、宿松、太湖、当涂即太平府、大通、秋浦县即建德县、桐城、屯溪、燕湖、乌衣、颍上县、殷家汇、荻港镇、采石、深渡、宿县、霍邱、怀远县、滁州、泗州、五河县、临淮关、婺源县。【江苏】常熟、陈家港、震泽、众兴、川沙、福山、海安、海门厅、兴化、浒浦口、淮安府、宜兴、如皋、高邮州、江宁即南京、南京鼓楼、江都即扬州府、姜堰、江阴、灌云县即板浦、涟水、浏河、溧阳县、南通县即通州、宝应、浦口、上海、上海制造局、上海闸北、盛泽镇、十二圩、沭阳、下关、象山、响水口、仙女镇、松江府、宿迁、泰兴、泰州、唐家闸、丹徒县即镇江府、丹阳、大伊山、清江浦、青浦、崇明、东海县即海州、铜山县即徐州府、徐州府分局、东台县、吴淞、吴县即苏州、吴江、无锡、武进县即常州、窑湾、邵伯、江浦、久隆镇、盐城、阜宁、界首、汤泉、狮子岭、南汤山、东沟镇、砀山。【浙江】乍浦、镇海、衢县即衢州府、海门、杭县即杭州府、杭州江干、杭州拱宸桥、黄岩、嘉善、嘉兴、江山、金华府、兰溪、临海县即台州府、龙山镇、莫干山、南浔、宁海县、鄞县即宁波、平湖、浦江、绍兴府、萧山、德清、缙云、崇德县即石门、桐乡县、吴兴县即湖州府、武康、武义、永康、永嘉县即温州府、余姚、曹娥镇、建德县即严州府、嵊县、丽水县即处州府、淳安县、奉化县、塘栖、三北、诸暨。【福建】长门、长汀县即汀州府、诏安、晋江县即泉州府、涵江、惠安县、建瓯县即建宁府、鼓岭、龙溪县即漳州府、龙岩州、马尾、闽侯县即福州府、闽侯县城即水部、福州上杭街、南平县即延平府、浦城、三都、上杭、川石山、水口、思明县即厦门、平和、云霄、峰市、永定、建阳、浦口。【广东】潮安县即潮州府、陈村、蕉岭县即镇平县、长冈、化州、佛山、防城、虎门、香山、兴宁县、海丰、海康县即雷州府、香港、合浦县即廉州府、河源、琼山县即海口、江门、江门洋关、高要县即肇庆府、曲江县即韶州府、老隆、廉江县即石城、灵山、连滩、罗定州、陆屋、梅县即嘉应州、武利、茂名县即高州府、那丽、那良、南雄、岸步或名安铺、北海、白沙、平远县、宝安县即新安、博罗、番禺县即广州府、三水、沙角炮台、沙面、石龙、水东、深圳、顺德县即大良、小董、遂溪、新昌、新塘、汕头、德庆、电白、清远、前山、徐闻、松口、东兴、东莞、惠阳县即惠州府、威远炮台、黄埔、乌石、钦州、恩平、阳江、英德、悦城、乌家、平儒洞、长江、梅菉、平吉、琵江、西南、猪头山、黄岗、平山。【广西】昭平、镇边、全州、崇善县即太平府、中渡、富川县、海渊、横州、兴安、兴业、宜山县即庆远府、江口、恭城县、贵县、桂林、桂平县即浔州府、果德县即果化、来宾县、勒竹、鹿寨、禄丰、隆安县、龙州、隆邦、马平县即柳州府、南关、宁明州、八步、平而关、平乐、平马、平孟、平南县、凭祥、宾阳县即宾州、百色、上思、硕龙、水口、藤县、驮卢、苍梧县即梧州府、靖西县即归顺、迁江、郁林、永淳、武鸣、永福、南宁、愚店、八渡、罗里、恩平、长安镇、柳城县、泊利、下冻、思恩。【云南】阿迷州、阿墩子、昭通、中甸厅、富州县即富州厅亦即普厅、鹤庆、河口、建水县即临安府、个旧场、昆明县即云南府、曲靖府、广南府、丽江、鲁掌、马关县即安平厅、麻栗坡、蒙自、普洱县即普洱府、保山县即永昌府、碧色寨或名壁虱寨、剥隘、顺宁、下关、小辛街、宣威、思茅、他郎、大理府、腾冲县即腾越厅、青龙厂、楚雄、东川、通海、文山县即开化府、盐津县即老鸦滩、永平县、元谋、云龙县、蛮耗、蛮允、马龙即马龙州、桃源。【蒙古】库伦、买卖城、滂江、叨林、乌得、二连。

四　邮转电报办法

一、凡在未设电局而有一、二等邮局地方，欲发电报至设有电局或邮局或邮寄代办所各处者，可将电报交由邮局收转邻近之电局拍发。至在设有电局地方，欲发寄电报至未设电局而有邮局或邮寄代办所者，得将电报交由电局拍至距离收报地点最近之电局，转交邮局投送之。

二、凡交邮局收转电局拍发之电报，应由发报人书写两份，送交邮局，收报人姓名住址务须详细书明，以便投送，至发报人姓名、住址，亦须在电底内注明，以备查考。所需电报纸张，可向邮局取用。

三、邮转电报应收电费邮资如下。

电费　按收报、发报地点之距离，照电局所定之本省、隔省报价核收。

邮资　照邮局所定邮费章程收取快信及回执之邮费。前项邮资，系指经由邮局转递一次之电而言，如须经邮局转递二次者，其邮资应加倍收取（即由邮局寄交电局拍发之电报，复须由电局寄由邮局投送者）。至蒙古、新疆与各省往来之电报，以及蒙古、新疆境内各处互相往来者，其邮资均应加倍。

四、华文电报之收报人姓名、住址，应书在收报地名之后（例如“北京前门大街泰昌号王良”），其在洋文电报内者，应书在收报地名之前（例如“姓名　Smith　住址　Davenport Road”），但华文电报之收报人姓名住址如用电报挂号字码者，应照洋文电报例，写在收报地名之前（例如“电报挂号字码 5408　收报地名 Shanghai”）。

五、华文密语或洋文电报内之收报局名，应按照电报收费章程，照一字计算，但在华文明语电报内者，应按两字计算。

六、华文密语电报，应由发报人在电报纸上余言栏内附注

“密语”二字，洋文者注明“Code”一字。此项附注，概不计费。

七、邮转电报在邮局经手递寄时，应按邮局章程办理，在电局经手递寄时，应按照电局章程办理。

八、前项章程，自九年七月一日起，在直隶、山西、陕西、河南、奉天、吉林、黑龙江、山东、湖北、湖南、江苏、安徽、江西、浙江、福建、广东、广西、云南、贵州十九省先行试办，其余省分施行日期，再临时通告。

五　电报代日韵目表（韵目无三十，以全字代之）

初一日，东先董送屋；初二日，冬萧肿宋沃；初三日，江肴讲绛觉；初四日，支豪纸寘质；初五日，微歌尾未物；初六日，鱼麻语御月；初七日，虞阳麌遇曷；初八日，齐庚荠霁黠；初九日，佳青蟹泰屑；初十日，灰蒸贿卦药；十一日，真尤轸队陌；十二日，文侵吻震锡；十三日，元覃阮问职；十四日，寒盐旱原缉；十五日，删咸合潸翰；十六日，铣谏叶；十七日，篠霰洽；十八日，巧啸；十九日，皓效；二十日，哿号；廿一日，马个；廿二日，养祃；廿三日，梗漾；廿四日，迥敬；廿五日，有径；廿六日，寝宥；廿七日，感沁；廿八日，俭勘；廿九日，豏艳；三十日。全。

电　话

一　北京电话局地址

电话南局（总局）琉璃厂甸　电话南一

电话东局　灯市口　东七

电话西局　西单牌楼北甘石桥　西四九

电话第二分局　海甸

电话南苑分局　南苑

二　电话租用章程

第一章　装设

第一条　装设电话，须先将名号、职业、地址详细函告本局挂号，俟本局工程处查明线路情形，然后分别函复用户，限十日内将应交各费如数预先缴交后，始行挨次派工装设。逾限如不缴费，即将挂号取销。

第二条　凡装设电话，须按各户挂号先后次第装设，倘遇工程不便，线路不顺，应由本局酌量办理。

第三条　凡衙署局所公立各机关需用电话，视其缓急，如有号额，得以提前装设。

第二章　装费及租费

第四条　本局用户租费，分别甲、乙两种，凡官厅宅第及各商号为甲种用户，旅馆、饭庄、茶楼、酒馆、戏园、乐户、澡堂、球房及公众娱乐场所等为乙种用户。其应缴月租及他项各费，在北京大城内者，按照北京大城内电话价目表收费，在大城外者，按照北京大城外电话价目表收费，其在各分局区域内者，各按照各分局电话价目表收费。

北京大城内电话价目表　南苑、西苑、北苑分局，离局三里以内各用户照此表收费

电话名目	装设费	月租		移机费		备考
		甲种用户	乙种用户	院内	院外	
墙机	十元	七元	八元	二元	五元	
桌机	十元	八元	九元	二元	五元	
加用墙机	五元	三元	三元	一元	二元	加用机限在本院以内装设，并以两具为限

续表

电话名目	装设费	月租		移机费		备考
		甲种用户	乙种用户	院内	院外	
加用桌机	五元	四元	四元	一元	二元	同前
带单铃搬闸		五角	五角	一元	二元	
带双铃搬闸		一元	一元	一元	二元	
话机分铃		五角	五角	一元	二元	叫人电铃，照分铃收费
说明	民国元年以前，所有装设普通机器，每号甲种收费六元，乙种收费七元，如将话机移让他人，仍应按照特别机收费 凡新装之户，不论正机分机，均须装设特别机器。如自愿装设普通机器者，亦照特别机收费					

北京大城外电话价目表　以出大城十五里为限（每里以一八九〇英尺计算），南苑、西苑、北苑分局，离城三里以外各用户照此表收费。

电话名目	装设费	工程费	月租		移机费		备考
			甲种用户	乙种用户	院内	院外	
墙机	十元	出城每里十元，未及一里者，亦按一里计算	出城每三里均按城内租费加收一元，并预收三个月租费。其未及三里者，亦按三里计算	同上	四元	十元	院外移机，在原用线路以外者，仍按里加收工程费
桌机	十元	同前	同前	同上	四元	十元	同上

续表

电话名目	装设费	工程费	月租		移机费		备考
			甲种用户	乙种用户	院内	院外	
加用墙机	五元		三元	三元	二元	四元	加用机限在本院以内装设，并以两具为限
加用桌机	五元		四元	四元	二元	四元	
带铃搬闸			五角	五角	二元	四元	
话机分铃			五角	五角	二元	四元	
说明	民国元年以前，所有装设普通机器，每号甲种收费六元，乙种收费七元，均以大城内为限。出城第三里，应照表加收租费。如将话机移让他人，仍应按照特别机收费。凡新装之户，不论正机分机，均须装设特别机器，自愿装设普通机器者，亦照特别机收费						

第五条　装设电话，自通话日起，第一次月租，按日计算至是月底止，于十日内交清。以后月租按月计算，每逢月朔，送本局收款处交纳，给回收据，或由本局派人持正式收据往取，不得拖欠。愿预缴数个月者听。

第六条　电话至少以租三个月为限，如不满三个月，亦按三个月收费。

第七条　军队、旅馆及旅馆寄住客人、乐户，暨其他迁徙无定与临时之用户，均预收三个月租费后，始行装设。

第八条　凡属乙种用户，捏称甲种，希图省费，一经本局查出，应照章加倍补偿，如不缴纳，停止通话。

第九条　所有装设费、工程费、租费及其他各费，既经电话局收纳，给予收据，概不得请求退还。

第十条　电话如阻断不通，由阻断日起，接连逾十五日者，其阻断之故，并非用户疏忽损坏，则阻断期内不收租费，如已收者，亦按日找还。为阻断之日，以本局接到用户通知，或本局查出之日起算。

第十一条　用户应付之费，如逾本局所定期限，不能照付者，即将电话暂行停止。自停止日起，逾三十日尚不能将费交清，即将话机撤回，仍追欠费。

第十二条　拖欠租费撤机各号，嗣后如有人仍欲接续移用该号者，除照章缴纳院外移机费外，须将该号原欠租费如数代缴，方能装设。

第十三条　拖欠租费撤机各用户，嗣后如有人在该处居住或营业，请装电话者，是否原欠户托名影射，俟本局调查明确后，方能装机。

第十四条　大城外及分局，离局三里以外区域，已装设电话之户，添装话机，除加用机不计外，如再另添一号，装设工程等费仍须照章缴纳。

第三章　长途传话收费事项

第十五条　各用户欲与已通长途电话线各处通话者，按照下列长途传话价目表收费。

长途传话价目表

由北京能与各处传话地方	价目	
天津	每次大洋八角	
塘沽	每次大洋一元三角	
新河	每次大洋一元三角	
大沽	每次大洋一元三角	
葛沽	每次大洋一元	
通县	每次小洋一角	通县与天津等处通话，均照京津长途传话价目收费

续表

由北京能与各处传话地方	价目	
本京	每次小洋一角	
汤山	每次小洋二角	汤山与通县通话每次收小洋三角，其余天津等处不能通话

如托本局告知以上地方各局，请某处某人说话，由局派差送信，离局五里以内者，收力洋一角，十里以内者，收力洋二角，十五里以内者，收力洋三角，余类推。

第十六条　长途通话，由所要之家答话时起算，至话毕撤线止，五分钟或五分钟以内为一次，十分钟或十分钟以内为二次，十五分钟或十五分钟以内为三次，至多不得继续通话至三次以上。

第十七条　长途传话费，由本局随时结算，开具清单，向用户收取。如延不清缴，或诿为不知，即将该户长途传话停止，仍追缴欠费，其到本局通话者应随交话费。

第四章　移机撤机及添装分机

第十八条　已装话机，如拟迁移他处，及拆卸各机、添装分机、附设分电铃者，均须于五日前函知本局，查照价目表预缴辙移费或装费。

第十九条　欠租之户，如欲移机，应先缴清旧欠，方能派工。

第二十条　所装话机及附属机件，如用户擅自移动拆卸，一经本局查知，应照章加倍收费。

第二十一条　各用户不得在本局所装话机之上，自行加设分机、分铃等件，否则一经查出，除将该机件一律没收，并按照本局添设分机、分铃等补交装设费外，另加收三个月租费，仍按月收费。

第二十二条　北京大城内用户，如欲移机至大城外，除照大城外价目表收院外移机费外，所有工程费，仍按离城里数照表收费。城外用户移至城内者，按照城内院外移机费收费，其前缴工程费概不退还。

第五章　更换机件及迁移杆线

第二十三条　用户宅内所装话机及线料，均系本局租用之物，如有损失，均应按照机件损失赔偿价目表赔偿。

特别美特克罗西门子普通等各种话机及附属品赔偿价目表				
名称	类别	件数	估价	
桌机	特别 普通	全部	五十五元 五十元	
墙机	特别 普通	全部	五十元 四十五元	
耳机	特别 普通	全份	二十五元	
墙机盒	特别 普通	一件	二十五元 二十五元	
桌机盒	特别 普通	一件	十五元 二十元	
桌机盒	美特 西门子 克罗	一件	三十元	
桌机座	特别 普通	一件	十五元 十元	
传话器	特别 普通	一件	十元 十元	
听话器	特别 普通	一件	十元 十元	
耳机把	特别 普通	一件	二元 二元	
耳机盖	特别 普通	一件	一元五角 一元五角	

续表

特别美特克罗西门子普通等各种话机及附属品赔偿价目表				
名称	类别	件数	估价	
胶嘴子	特别 普通	一件	一元五角 一元五角	
耳机绳	特别 普通	一条	三元 二元	
铃碗	特别 普通	一个	一元 一元	
铃锤	特别 普通	一件	一元 一元	
铃线轴	特别 普通	一件	二元 二元	
传话线轴	特别 普通	一件	二元 二元	
黑盒	特别 普通	一件	三元 三元	
助音盒	特别 普通	一件	三元 三元	
嘴子盖	特别 普通	一件	二元 二元	
桌机插销	特别 普通	一件	一元 一元	
桌机耳机簧	特别 普通	一件	三元 三元	
墙机耳机簧	特别 普通	一件	二元 二元	
墙机耳机挂钩	特别 普通	一件	一元 一元	
耳机片	特别 普通	一件	三角 三角	
炭素末	特别 普通	一件	一元 一元	

续表

特别美特克罗西门子普通等各种话机及附属品赔偿价目表				
名称	类别	件数	估价	
圆盒档电机		一个	五元	
瓷档电机		一个	五元	
木档电机		一个	四元	
地板线		一条	八元	
三角搬闸		一件	一元	
双碗木盒电铃	甲乙种	一个	十五元 八元	
螺丝钉		一件	一角	
单皮线		每码	三角	
十七号铜线		一磅	一元	
干电瓶		一个	一元五角	
十六号铜线		一磅	七角	
木杆		一根	长短不一临时酌定	
木档电机木板		每个	二角	
木档电机炭板		每块	三角	
木档电机铜片		每块	三角	
木档电机螺丝		一个	一角	
木档电机火玻璃		每块	四角	
磁档电机磁板		每个	一元二角	
磁档电机炭板		每块	一角	
磁档电机铜帽		每个	二角	

续表

特别美特克罗西门子普通等各种话机及附属品赔偿价目表				
名称	类别	件数	估价	
磁档电机螺丝		每个	一角	
磁档电机红棍		每根	一元	
磁档电机火玻璃		每块	二角	
圆盒档电机纸帽		每个	二角	
圆盒档电机螺丝		每个	一角	
圆盒档电机炭板		每块	一角	
圆盒档电机玻璃管		每根	四角	
圆盒档电机弹片		每个	二角	
圆盒档电机白铜块		每个	一角	
圆盒档电机磁板		每个	八角	
磁石式西东洋话机及附属品与特别普通话机并附属品价目相同				

第二十四条　已装话机，欲更换新机者，除该话机内部机件经本局认为有碍通话，派工更换，不另收费外，每换一具收换机费二元，如欲更换号码者，须按院外移机收费。

第二十五条　用户因图各人之便利起见，欲将已经建设电话杆线略为移动时，须缴纳相当之工程费及材料费，但于实际上有妨碍及危险者，不在此限。

第六章　小交换机装机收费事项

第二十六条　小交换机及小交换机所用电话机、线路等之装设费、工程费及租费，按照下列各表收取。

北京大城内外及西苑、南苑、北苑各分局装设小交换机价目表

	大城内及南西北苑分局离局三里以内					大城外及南西北苑分局离局三里以外						备考
名称	装设费	月租		移机费		装设费	工程费	月租		移机费		院外移机在原用线路以外者，仍按里加收工程费
		甲种用户	乙种用户	院内	院外			甲种用户	乙种用户	院内	院外	
小交换机	十元	五元	五元	四元	十元	十元		五元	五元	四元	十元	以上按每十号计算不及十号者，仍作十号计算
小交换机所用中继线	十元	七元	八元	二元	五元	十元	出城每里十里不及一里者亦按一里计算	每增三里按上表月租加收一元不及三里亦按三里计算	同上	四元	十元	
小交换机所用电话墙机	五元	二元	二元	一元	二元	五元		二元	二元	二元	四元	分机租费装费及移机费等均按正机计算
小交换机所用电话桌机	五元	二元五用	二元五角	一元	二元	五元		二元五角	二元五角	二元	四元	

第二十七条　小交换机及小交换机所用话机、电瓶及其他一切材料，均用电话局供给，如用户自行装置小交换机及所用话机、电瓶等，经本局认可，接用本局中继线者，除收中继线装费、租费外，每装话机一具，月收交换费一元二角。

第二十八条　小交换机上所装话机，限于本院之内，其由交换机至话机之线路，至长不得超过一里。

第二十九条　小交换机所用司机生，由用户自行雇用，其人数及资格须经电话局之许可。如用本局司机生，所有薪水等费，应按本局司机生章程办理。

第七章　装设专线及收费事项

第三十条　凡有重要机关，欲在两处或两处以上安设专线电话，须开明名号住址，经本局看察线路情形，如可安设，即将工程费、装费开单送交用户，俟该费交楚，本局即派工立杆挂线安设。既经兴工，即用户或欲中止，所交工程费，概不退还。

第三十一条　专线所用线路，每里收工程费二十元，未及一里者，照一里计算，至足不得过三十里。

第三十二条　线路每里每月收租费二元，不及一里者，亦照一里计算。话机每具收装费五元，租费二元，棹机加收五角。

第三十三条　如欲使用小交换机者，应照第六章内装设小交换机各款办理。

第八章　杂项

第三十四条　电话一号，不得两家或数家合用，否则一经查出，定即停止通话。

第三十五条　用户不得私自代人传话，收取话费，倘有此等情事发见，即将该用户电话停止。

第三十六条　用户如愿自备话机，亦应照章收费。

第三十七条　用户如因彼此通话，遇有冲突及被假冒撞骗等事，均与本局无涉。

第三十八条　装设话机及移机撤机，如墙壁偶有损壤者，均与本局无涉，但出于不慎者，不在此限。

第三十九条　本局随时派员司或工匠至各用户装机室内考查机线物料等件有无损坏，所派工人，均持有本局执照为凭，如无执照者，即系假冒，请勿令进内。

第四十条　本局工匠员役，对于各用户如有需索等事，即请通知本局惩办。

三　零售电话

此项电话为便于行人使用而设，择交通冲要地方安置，用者须按法使用（法及详章均悬各该处），即可通话，地点价目列后。

一　地点：京奉车站　京汉车站　京绥车站　中央公园　丰台车站

二　价目：丰台二角，余一角，每次以五分钟为限。

铁路客票价目里数及行车时间表

京奉干路

站名	距离英里	特别快车行车时间(停车时间并计)	头等票价	二等票价	三等票价
北京正阳门	起点	起点	元角分	元角分	元角分
丰台	一一·八七	二十八分	·七〇	·四〇	·　·二五
天津总站	八三·九三	二时三十七分	五·二〇	三·二五	一·七五
唐沽	一一三·八四	三时五十四分	六·八五	四·二五	二·三〇
唐山	一六七·六六	五时四十三分	一〇·一〇	六·三〇	三·三五
锦县	三七六·四三	十四时十六分	二二·六五	一四·一〇	七·五五
帮子沟	四一六·一二	十五时五十五分	二五·〇〇	一五·六五	八·三五
新民屯	四八六·〇〇	十八时五十四分	二九·二五	一八·二五	九·七五
皇姑屯	五二一·四七	二十时三十三分	三一·四〇	一九·六〇	一〇·四五
南满站	五二三·一四	二十时四十五分	三一·四五	一九·六五	一〇·四五
潘阳城	五二三·八九	二十时五十八分	三一·五〇	一九·六五	一〇·五〇

续表

京通京奉支线					
站名	距离英里	行车时间	头等票价	二等票价	三等票价
北京正阳门	起点	起点	元角分	元角分	元角分
东便门	一·七五	九分	·五〇	·三〇	·一〇
双桥	九·二五	二十九分	·六〇	·三五	·二〇
通县南	一三·七四	四十四分	·八五	·五〇	·三〇
通县东	一五·三四	五十分	·九〇	·六〇	·三〇
沟营京奉支线					
站名	距离英里	行车时间	头等票价	二等票价	三等票价
帮子沟	起点	起点	元角分	元角分	元角分
胡家窝铺	一一·二〇	四十六分	·七〇	·四五	·一一五
帮子沟	起点	起点	元角分	元角分	元角分
双台子	二〇·一〇	一时三十一分	一·二五	·八〇	·四〇
大洼	三三·七四	二时二十四分	二·五〇	一·二五	·七〇
田庄台	四四·九一	三时零九分	二·七〇	一·七〇	·九〇
营口	五六·六一	四时	三·四〇	二·二五	一·一五

续表

<table>
<tr><th colspan="7">京绥干路</th></tr>
<tr><th>站名</th><th>距离华里</th><th colspan="2">行车时间（停车时间并计）</th><th>头等票价</th><th>二等票价</th><th>三等票价</th></tr>
<tr><td>丰台</td><td>起点</td><td colspan="2">起点</td><td>元角分</td><td>元角分</td><td>元角分</td></tr>
<tr><td>西直门</td><td>二七</td><td colspan="2">二十九分</td><td>・六〇</td><td>・四〇</td><td>・二〇</td></tr>
<tr><td>南口</td><td>一〇一</td><td colspan="2">二时零二分</td><td>二・四〇</td><td>一・六〇</td><td>・八〇</td></tr>
<tr><td>康庄</td><td>一五五</td><td colspan="2">四时</td><td>三・六〇</td><td>二・四〇</td><td>一・二〇</td></tr>
<tr><td>宣化</td><td>三〇八</td><td colspan="2">六时二十二分</td><td>七・五〇</td><td>五・〇〇</td><td>二・五〇</td></tr>
<tr><td>张家口</td><td>三六七</td><td colspan="2">七时零七分</td><td>八・七〇</td><td>五・八〇</td><td>二・九〇</td></tr>
<tr><td>大同</td><td>六九九</td><td>十一时五十一分</td><td>起点</td><td>一六・八〇</td><td>一一・二〇</td><td>五・六〇</td></tr>
<tr><td>丰镇</td><td>七八〇</td><td>十三时二十六分</td><td>二时</td><td>一八・六〇</td><td>一二・四〇</td><td>六・二〇</td></tr>
<tr><td>平地泉</td><td>九三〇</td><td></td><td>四时五十二分</td><td>二一・九〇</td><td>一四・六〇</td><td>七・三〇</td></tr>
<tr><td>卓资山</td><td>一・〇五一</td><td></td><td>八时十八分</td><td>二四・九〇</td><td>一六・六〇</td><td>八・三〇</td></tr>
<tr><td>绥远城</td><td>一・二二二</td><td></td><td>十四时五十五分</td><td>二八・八〇</td><td>一九・二〇</td><td>九・六〇</td></tr>
</table>

续表

环城京绥支线					
站名	距离华里	行车时间	头等票价	二等票价	三等票价
北京正阳门	起点	起点	元角分	元角分	元角分
东便门	五	九分	照京奉价	照京奉价	照京奉价
北京正阳门	起点	起点	元角分	元角分	元角分
朝阳门	一〇	十八分	·一五	·一〇	·〇五
东直门	一三	二十五分	·三〇	·二〇	·一〇
安定门	一九	三十四分	·三〇	·二〇	·一〇
德胜门	二三	四十二分	·四五	·三〇	·一五
西直门	二八	四十八分	·四五	·三〇	·一五
宣化京绥支线					
站名	距离华里	行车时间	头等票价	二等票价	三等票价
宣化					
水磨	一六				

续表

大同京绥支线					
站名	距离华里	行车时间	头等票价	二等票价	三等票价
大同	起点	起点	元角分	元角分	元角分
平旺	二二	五十分	·八〇	·四〇	·二〇
口泉	三六	一时十五分	一·二〇	·六〇	·三〇
京汉干路					
站名	距离公里	特别快车行车时间（停车时间并计）	头等票价	二等票价	三等票价
北京前门	起点	起点	元角分	元角分	元角分
长辛店	二一	三十四分	·九〇	·六〇	·三〇
保定府	一四六	三时二十三分	五·四〇	三·六〇	一·八〇
正定府	二六三	六时十四分	九·六〇	六·四〇	三·二〇
石家庄	二七七	七时	一〇·〇五	六·七〇	三·三五
顺德府	三九〇	九时五十二分	一四·一〇	九·四〇	四·七〇
彰德府	五〇八	十三时零五分	一八·五〇	一二·三〇	六·一五
新乡县	六一四	十五时四十四分	二二·二〇	一四·八〇	七·四〇

续表

站名	距离公里	特别快车行车时间（停车时间并计）	头等票价	二等票价	三等票价
郑州	六九四	十八时二十分	二五·〇五	一六·七〇	八·三五
许州	七八〇	二十时四十四分	二八·二〇	一八·八〇	九·四〇
郾城县	八三四	二十二时十五分	三〇·一五	二〇·一〇	一〇·〇五
驻马店	九〇〇	二十四时四十分	三二·四〇	二一·六〇	一〇·八〇
信阳州	九九六	二十七时三十八分	三六·〇〇	二四·〇〇	一二·〇〇
孝感县	一·一四〇	不停	四一·一〇	二七·四〇	一三·七〇
汉口江岸	一·二〇四	三十四时五十二分	四三·三五	二八·九〇	一四·四五
汉口大智门	一·二〇八	三十五时	四三·五〇	二九·〇〇	一四·五〇
西广京汉支线					
站名	距离公里	行车时间	头等票价	二等票价	三等票价
西便门	起点	起点	元角分	元角分	元角分
广安门	二	八分	·四五	·三〇	·一五

续表

长丰京汉支线					
站名	距离公里	行车时间	头等票价	二等票价	三等票价
长辛店	起点	起点	元角分	元角分	元角分
丰台	一○	二十四分	·四五	·三○	·一五
京坨京汉支线					
站名	距离公里	行车时间	头等票价	二等票价	三等票价
北京前门	起点	起点	元角分	元角分	元角分
长辛店	二一		·九○	·六○	·三○
南岗洼	二六	十五分	一·○五	·七○	·三五
良乡县	三一	三十分	一·二○	·八○	·四○
坨里	四八	一时十分	一·九五	一·三○	·六五
琉周京汉支线					
站名	距离公里	行车时间	头等票价	二等票价	三等票价
琉璃河	起点	起点	元角分	元角分	元角分
周口店	一五	三十六分	·六○	·四○	·二○

续表

高梁京汉支线					
站名	距离公里	行车时间	头等票价	二等票价	三等票价
高碑店	起点	起点	元角分	元角分	元角分
涞水县	一六	三十九分	·六〇	·四〇	·二〇
易州	三四	一时二十八分	一·三五	·九〇	·四五
梁格庄	四三	一时五十分	一·六五	一·一〇	·五五
高临京汉支线					
站名	距离公里	行车时间	头等票价	二等票价	三等票价
高邑店	起点	起点	元角分	元角分	元角分
鸭鸽营	八	二十分	·四五	·三〇	·一五
临城	二四	一时三十分	·九〇	·六〇	·三〇

续表

津浦干路					
站名	距离公里	特别快车行车时间（停车时间并计）	寻常车头等票价	寻常车二等票价	寻常车三等票价
天津车站	起点	起点	元角分	元角分	元角分
天津总站	四·三五	十分	·二〇	·一五	·一〇
天津西站	九·八四	三十一分	·四〇	·三〇	·二〇
沧州	一二五·一九	三时零六分	四·七五	三·一五	一·六五
德州	二三八·七七	五时三十三分	八·九五	六·〇〇	三·〇〇
济南府	三五六·三八	八时十一分	一三·三〇	八·八五	四·四五
泰安府	四二八·一七	十时十八分	一六·二五	一〇·八五	五·四五
兖州府	五一二·三八	十二时十九分	一九·四〇	一二·九〇	六·四五
临城	六〇六·七一	十四时三十八分	二三·〇〇	一五·三〇	七·六五
徐州府	六七三·八一	十六时二十一分	二五·六〇	一七·〇五	八·五五
蚌埠	八三八·六二	十九时五十五分	三一·七五	二一·一五	一〇·六〇
浦口	一·〇一三·八三	二十四时三十分	三八·二五	二五·五〇	一二·七五

续表

兖济津浦支线					
站名	距离公里	行车时间	头等票价	二等票价	三等票价
兖州府	起点	起点	元角分	元角分	元角分
孙氏店	一九·一七	三十分	·七五	·五〇	·二五
济宁州	三一·五三	五十三分	一·二〇	·八〇	·四〇
临枣津浦支线					
站名	距离公里	行车时间	头等票价	二等票价	三等票价
临城	起点	起点	元角分	元角分	元角分
山家林	一四·一九	二十七分	·六〇	·四〇	·二〇
邹坞	一九·〇九	四十三分	·七〇	·五〇	·二五
齐村	二八·五七	一时零一分	一·一〇	·七〇	·三五
枣庄	三一·四六	一时十分	一·二〇	·八〇	·四〇

续表

国有五路及日本朝鲜南满中东联标价目表 民国十一年六月查白奉天至日本朝鲜及南满中东路用日币每日币百元约合本国银元九十至一百〇四元							
京奉站名	路线指别	票价类别 至他路站名	头等票价	二等票价	三等票价	逾额行李每五公斤	包件每五公斤或三十立方公寸
由奉天至下列各路站	日本路线	东京	九三·一九	六〇·八六	三二·三三	一·〇〇	一·〇〇
		平沼（横滨）	九二·六五	六〇·五〇	三二·一五	一·〇〇	一·〇〇
		名古屋	八三·〇八	五六·一二	二九·九六	〇·八五	〇·八五
		京都	八二·九九	五四·〇六	二八·九三	〇·八五	〇·八五
		大阪	八二·〇〇	五三·四〇	二八·六〇	〇·八五	〇·八五
		三宫	八一·三四	五二·九六	二八·三八	〇·八五	
		神户	八一·二八	五二·九二	二八·三六	〇·八五	〇·八五
		下关	六四·〇〇	四一·四〇	二二·六〇	〇·七〇	
		门司	六四·一〇	四一·五〇	二二·七〇	〇·七〇	
		长崎	七四·三九	四八·三六	二六·一三	〇·七〇	
	朝鲜线	釜山	五三·三五	三四·三〇	一九·〇五	〇·五五	
		南大门	三三·七〇	二一·六五	一二·〇五	〇·四〇	〇·四〇

续表

京奉站名	路线指别	票价类别 至他路站名	头等票价	二等票价	三等票价	逾额行李每五公斤	包件每五公斤或三十立方公寸
由奉天至下列各路站	朝鲜线	仁川	三四·九五	二二·七五	一二·六五	〇·五五	〇·五五
		平壤	二二·四〇	一四·四〇	八·〇〇	〇·四〇	〇·四〇
		镇南浦	二三·九五	一五·九五	八·八五	〇·四〇	
	南满路	长春	一三·二五	八·五〇	四·七五	〇·三五	〇·三五
		辽阳	二·八〇	一·八〇	一·〇〇	〇·二五	〇·二五
		大连	一七·二五	一一·一〇	六·一五	〇·三五	〇·三五
		旅顺	一九·一〇	一二·二五	六·八〇	〇·三五	〇·三五
		安东	一二·〇〇	七·七〇	四·三〇	〇·三五	〇·三五
	中东路	哈尔滨	二八·三七	一七·九〇	一〇·三七	〇·六〇	
		齐齐哈尔	四三·九一	二七·七二	一六·二五	〇·八五	
		海拉尔	七二·二六	四五·四六	二六·九一	一·二五	
		满洲里	八三·二九	五二·二九	三一·〇〇	一·三八	
		绥芬河	六一·二四	三八·五三	二二·七一	一·一一	

续表

京奉站名	路线指别	票价类别 至他路站名	头等票价	二等票价	三等票价	逾额行李每五公斤	包件每五公斤或三十立方公寸
由北京京奉站路至		天津东站	五·二〇	三·二五	一·七五	每二十公斤 〇·二八	每一公斤 〇·二五
		山海关	一五·八〇	九·八五	五·二五	〇·八五	〇·二五
		帮子沟	二五·〇〇	一五·六五	八·三五	一·三四	〇·三五
		奉天	三一·四五	一九·六五	一〇·五〇	一·六九	〇·四三
京奉铁路及京通支线与营口支线各站价目表		自北京正阳门至以下各站	头等	二等	三等		距离（公里为单位）
		丰台	〇·七〇	〇·四五	〇·二五		一九·一〇二八
		黄村	一·四〇	〇·八五	〇·四五		三五·四三七六
		安定	二·〇〇	一·二五	〇·六五		五二·八六六八
		万庄	二·四〇	一·五〇	〇·八〇		六三·四四〇一
		郎坊	二·八〇	一·七五	〇·九五		七四·二二二七
		落垡	三·三五	二·一〇	一·一〇		八九·三〇二二
		张庄	三·七〇	二·三〇	一·二五		九九·五二一五
		杨村	四·一五	二·六〇	一·四〇		一一〇·四一六八

续表

京奉站名	路线指别	票价类别 至他路站名	头等票价	二等票价	三等票价	逾额行李每五公斤	包件每五公斤或三十立方公寸
京奉铁路及京通支线与营口支线各站价目表		北仓	四·七〇	二·九〇	一·五五		一二五·三五一五
		天津总站	五·二〇	三·二五	一·七五		一三五·〇七一九
		天津东站	五·四〇	三·四〇	一·八五		一三九·四一七一
		塘沽	六·八五	四·二五	二·三〇		一八三·二〇七〇
		芦台	八·四〇	五·二五	二·八〇		二五五·〇六六〇
		唐山	一〇·一〇	六·三〇	三·三五		二六九·八二一七
		开平	一〇·四五	六·五〇	三·五〇		二七九·〇五九三
		古冶	一一·〇〇	六·八五	三·六五		二九四·〇七四五
		泺县	一二·一〇	七·五五	四·〇五		三二三·八六三五

续表

京奉站名	路线指别	票价类别 至他路站名	头等票价	二等票价	三等票价	逾额行李每五公斤	包件每五公斤或三十立方公寸
	京奉铁路及京通支线与营口支线各站价目表	昌黎	一三·一〇	八·四〇	四·五〇		三五九·三三
		北戴河	一四·四五	九·〇五	四·八〇		三八七·一四二八
		秦皇岛	一五·一〇	九·四五	五·〇五		四〇五·一〇三
		山海关	一五·八〇	九·八五	五·二五		四二二·三三
		前所	一六·五〇	一〇·三〇	五·五〇		四四一·四九
		前卫	一七·三〇	一〇·八〇	五·七五		四六一·五七
		荒地	一七·八〇	一一·一〇	五·八五		四七五·三二
		绥中县	一八·二五	一一·四〇	六·〇五		四八七·三二
		兴城	二〇·〇〇	一二·四五	六·六五		五三四·六三
		高桥	二一·五五	一三·四〇	七·一五		五七五·六一
		锦县	二二·六五	一四·一〇	七·五五		六〇五·八一
		帮子沟	二五·〇五	一五·六〇	八·三五		六六九·六七
		大虎山	二六·六五	一六·六五	八·八五		七一二·四一

续表

京奉站名	路线指别	至他路站名＼票价类别	头等票价	二等票价	三等票价	逾额行李每五公斤	包件每五公斤或三十立方公寸
京奉铁路及京通支线与营口支线各站价目表		新民屯	二九·二五	一八·二五	九·七五		七八二·一三
		巨流河	二九·六五	一八·五〇	九·八五		七九三·七三
		兴隆店	三〇·一〇	一八·七五	一〇·〇〇		八〇四·八四
		马三家	三〇·八〇	一九·二〇	一〇·二五		八二三·〇九
		皇姑屯	三一·四〇	一九·六〇	一〇·四五		八三九·二二
		南诺站	三一·四五	一九·六五	一〇·四五		八四一·九一
		潘阳城	三一·五〇	一九·六五	一〇·五〇		八四三·一二
		自正阳门至以下各站					
		东便门	〇·一五	〇·一〇	〇·〇五		二·八一六三
		双桥	〇·六〇	〇·三五	〇·二〇		一四·八八六四
		通县南	〇 ·八五	〇·五〇	〇·三〇		二二·一一二三
		通县东	〇·九五	〇·六〇	〇·三〇	二四·六八七二	

续表

京奉站名	路线指别	票价类别 / 至他路站名	头等票价	二等票价	三等票价	逾额行李每五公斤	包件每五公斤或三十立方公寸
京奉铁路及京通支线与营口支线各站价目表		自正阳门至以下各站					
		帮子沟	二五・〇五	一五・六〇	八・三五		
		胡家窝铺	二五・七〇	一六・〇五	八・五五		一八・〇二四六
		大洼	二七・一〇	一六・九〇	九・〇〇		五四・二九九二
		田庄台	二七・七五	一七・三〇	九・二五		七二・二七五四
		营口	二八・三五	一七・七五	九・四五		九一・一〇四七
京绥铁路各站价目表		自丰台至以下各站	头等	二等	三等		距离(公里爲单位)
		广安门	〇・三〇	〇・二〇	〇・一〇		七・三二三
		西直门	〇・六〇	〇・四〇	〇・二〇		一四・六一三
		清华园	一・二〇	〇・八〇	〇・四〇		二〇・二一五
		清河	一・二〇	〇・八〇	〇・四〇		二五・九七五
		沙河	一・八〇	一・二〇	〇・六〇		三六・二四九
		南口	二・四〇	一・六〇	〇・八〇		五四・九六七

续表

京奉站名	路线指别	票价类别 / 至他路站名	头等票价	二等票价	三等票价	逾额行李每五公斤	包件每五公斤或三十立方公寸
京绥铁路各站价目表		青龙桥	三·三〇	二·二〇	一·一〇		七二·九六四
		康庄	三·六〇	二·四〇	一·二〇		八四·八〇〇
		新保安	五·七〇	三·八〇	一·九〇		一二七·八一一
		下花园	六·三〇	四·二〇	二·一〇		一四三·八〇〇
		宣化	七·五〇	五·〇〇	二·五〇		一六八·九七〇
		张家口	八·七〇	五·八〇	二·九〇		二〇一·二〇九
		柴沟堡	一〇·八〇	七·二〇	三·六〇		二四八·八二八
		天镇	一二·九〇	八·六〇	四·三〇		二九七·二三八
		阳高县	一四·四〇	九·六〇	四·八〇		三二六·五六一
		大同	一六·八〇	一一·二〇	五·六〇		三八三·一五〇
		丰镇	一八·六〇	一二·四〇	六·二〇		四二八·一〇七
		平地泉	二一·九〇	一四·六〇	七·三〇		五一〇·二五
		卓远城	二八·九〇	一九·二〇	九·六〇		六六八·三〇
		绥远城	二八·九〇	一九·二〇	九·六〇		六六八·三〇

续表

京奉站名	路线指别	票价类别 至他路站名	头等票价	二等票价	三等票价	逾额行李每五公斤	包件每五公斤或三十立方公寸
	津浦铁路各站价目表	自天津东站至以下各站	头等	二等	三等	过磅行李每三十三斤半	距离（公里爲单位）
		天津总站	·二〇	·一五	·一〇	〇·二八	四·三四五二
		天津西站	·四〇	·三五	·二〇	〇·二八	五·四九
		杨柳青	·九五	·六五	·三五		二〇·二六
		良王庄	一·五〇	一·〇〇	·五五		三四·四五
		静海县	二·〇〇	一·三五	·七〇		四七·六二
		唐官屯	二·九〇	一·九五	一·〇〇		七一·五一
		马厂	三·二〇	二·一五	一·一〇		七九·三七
		青县	三·五五	二·四〇	一·二〇		八九·四五
		兴济	四·一〇	二·七五	一·四〇		一〇四·〇八
		沧州	四·七五	三·一五	一·六五	〇·五一	一二一·一〇
		泊头	六·一五	四·一〇	二·一〇		一五九·六〇
		东光县	六·九〇	四·六五	二·三五		一七九·六〇

续表

京奉站名	路线指别	票价类别 至他路站名	头等票价	二等票价	三等票价	逾额行李每五公斤	包件每五公斤或三十立方公寸
津浦铁路各站价目表		连镇	七·三〇	四·九〇	二·四五		一九〇·四九
		桑园	八·一〇	五·四五	二·七五		二一二·四三
		德州	八·九五	六·〇〇	三·〇〇	〇·七四	二三四·〇一
		平原县	一〇·一五	六·八〇	三·四〇		二六七·一三
		禹城县	一一·三五	七·六〇	三·八〇		二九九·二九
		济南府	一三·三〇	八·八五	四·四五	〇·九七	三五〇·四八
		万德	一五·三五	一〇·二〇	五·一五		三九八·二八
		泰安府	一六·二五	一〇·八五	五·四五	一·一二	四二二·九八
		大汶口	一七·三〇	一一·五五	五·八〇		四三六·五三
		吴村	一八·四五	一二·三〇	六·一五		四八〇·七九
		曲阜	一八·七五	一二·五〇	六·二五		四九〇·九一
		兖州府	一九·四〇	一二·九〇	六·四五	一·二九	五〇七·七〇
		邹县	二〇·二五	一三·五〇	六·七五		五二七·八二

续表

京奉站名	路线指别	票价类别 / 至他路站名	头等票价	二等票价	三等票价	逾额行李每五公斤	包件每五公斤或三十立方公寸
	津浦铁路各站价目表	滕县	二一·七五	一四·五〇	七·二五		五六七·九九
		官桥	二二·四〇	一四·九〇	七·四五		五八七·五四
		临城	二三·〇〇	一五·三〇	七·六五	一·四七	六〇二·三九
		韩庄	二三·九〇	一五·九五	七·九五		六·二七二九
		利国驿	二四·二五	一六·一五	八·一〇		六三五·九〇
		柳泉	二四·八〇	一六·五〇	八·三〇		六五〇·三八
		徐州府	二五·六〇	一七·〇五	八·五五	一·六一	六七一·七一
		曹村	二六·七五	一七·八〇	八·九五		七〇二·二九
		夹沟	二七·二五	一八·一五	九·一〇		七一五·九七
		南宿州	二八·四〇	一八·九〇	九·五〇		七四六·九五
		任桥	二九·五五	一九·七〇	九·八五		七七八·三三
		固镇	三〇·一五	二〇·〇五	一〇·〇五		七九三·六二
		新桥	三〇·六五	二〇·四五	一〇·二五		八〇八·一〇

续表

京奉站名	路线指别	票价类别／至他路站名	头等票价	二等票价	三等票价	逾额行李每五公斤	包件每五公斤或三十立方公寸
	津浦铁路各站价目表	蚌埠	三一·七五	二一·一五	一〇·六〇	一·九四	八三六·六六
		门台子	三二·三〇	二一·五〇	一〇·八〇		八五一·五四
		临淮关	三二·六五	二一·七五	一〇·九〇		八六〇·八〇
		小溪河	三三·三五	二二·二五	一一·一五		八八〇·五二
		明光	三四·〇〇	二二·六五	一一·三五		八九七·四二
		管店	三四·六五	二三·〇五	一一·五五		九一四·三二
		三界	三五·〇五	二三·三五	一一·七〇		九二五·九九
		张八巅	三五·五五	二三·六五	一一·八五		九三八·四六
		沙河集	三五·九〇	二三·九〇	一二·〇〇		九四八·五二
		滁州	三六·四〇	二四·二五	一二·一五		九六一·七九
		乌衣	三七·〇五	二四·六五	一二·三五		九七八·六九
		东葛	三七·四〇	二四·九〇	一二·五〇		九八七·九五
		花旗营	三七·八〇	二五·二〇	一二·六〇		九九九·二一

续表

京奉站名	路线指别	票价类别 至他路站名	头等票价	二等票价	三等票价	逾额行李每五公斤	包件每五公斤或三十立方公寸
津浦铁路各站价目表		浦镇	三八·一〇	二五·四〇	一二·七〇		一〇〇七·二六
		浦口	三八·二五	二五·五〇	一二·七五		一〇一一·二八
京汉铁路各站价目表		自北京前门至以下各站	头等	二等	三等		距离（公里爲单位）
		西便门	〇·四五	〇·三〇	〇·一五		六
		跑禹场	〇·四五	〇·三〇	〇·一五		七
		长辛店	〇·九〇	〇·六〇	〇·三〇		二一
		琉璃河	一·八〇	一·二〇	〇·六〇		五〇
		高碑店	三·一五	二·一〇	一·〇五		八四
		保定府	五·四〇	三·六〇	一·八〇		一四六
		定州	七·五〇	五·〇〇	二·五〇		二六〇
		新乐县	八·二五	五·五〇	二·七五		二二七
		正定府	九·六〇	六·四〇	三·二〇		二六三
		柳辛庄	九·九〇	六·六〇	三·三〇		二七一

续表

京奉站名	路线指别	票价类别 至他路站名	头等票价	二等票价	三等票价	逾额行李每五公斤	包件每五公斤或三十立方公寸
京汉铁路各站价目表		石家庄	一〇・〇五	六・七〇	三・三五		二七七
		高邑县	一一・八五	七・九〇	三・九五		三二七
		鸭鸽营	一二・一五	八・一〇	四・〇五		三三五
		顺德府	一四・一〇	九・四〇	四・七〇		三九〇
		邯郸县	一六・〇五	一〇・七〇	五・三五		四四二
		马头镇	一六・五〇	一一・〇〇	五・五〇		四五八
		丰乐镇	一七・八五	一一・九〇	五・九五		四九三
		彰德府	一八・三〇	一二・二〇	六・一〇		五〇八
		卫辉府	二一・三〇	一四・二〇	七・一〇		五八九
		潞王坟	二一・七五	一四・五〇	七・二五		六〇四
		新乡县	二二・二〇	一四・八〇	七・四〇		六一四
		黄河北岸	二四・〇〇	一六・〇〇	八・〇〇		六六四
		黄河南岸	二四・一五	一六・一〇	八・〇五		六六八

续表

京奉站名	路线指别	票价类别／至他路站名	头等票价	二等票价	三等票价	逾额行李每五公斤	包件每五公斤或三十立方公寸
京汉铁路各站价目表		郑州	二五·〇五	一六·七〇	八·三五		六九四
		新郑县	二六·七〇	一七·八〇	八·九〇		七四〇
		许州	二八·二〇	一八·八〇	九·四〇		七八〇
		郾城县	三〇·一五	二〇·一〇	一〇·〇五		八三四
		驻马店	三二·四〇	二一·六〇	一〇·八〇		九〇〇
		信阳州	三六·〇〇	二四·〇〇	一二·〇〇		九九六
		新店	三七·三五	二四·九〇	一二·四五		一〇三四
		广水	三八·二五	二五·五〇	一二·七五		一〇六一
		花园	三九·九〇	二六·六〇	一三·三〇		一一〇六
		孝感县	四一·一〇	二七·四〇	一三·七〇		一一四〇
		横店	四二·六〇	二八·四〇	一四·二〇		一一八二
		汉口江岸	四三·三五	二八·九〇	一四·四五		一二〇四
		汉口大智门	四三·五〇	二九·〇〇	一四·五〇		一二〇八

续表

京奉站名	路线指别	票价类别 至他路站名	头等票价	二等票价	三等票价	逾额行李每五公斤	包件每五公斤或三十立方公寸
京汉铁路各站价目表		京汉支线					
		自北京前门至以下各站					距离
		长辛店	○·九○	○·六○	○·三○		二一
		南岗洼	一·○五	○·七○	○·三五		二六
		良乡县	一·二○	○·八○	○·四○		三一
		坨里	一·九五	一·三○	○·六五		四八
		自高碑店至以下各站					
		涞水县	○·六○	○·四○	○·二○		一六
		易州	一·三五	○·九○	○·四五		三四
		梁格庄	一·六五	一·一○	○·五五		四三

续表

京奉站名	路线指别	票价类别 至他路站名	头等票价	二等票价	三等票价	逾额行李每五公斤	包件每五公斤或三十立方公寸
沪宁路		自北京正阳门至以下各站	头等	二等	三等		距离（公里爲单位）
		镇江	四五·四〇	二九·七〇	一四·九五		一二二〇
		常州	四七·四〇	三〇·七〇	一五·四五		一二九五
		无锡	四八·四〇	三一·二〇	一五·七〇		一三三四
		苏州	四九·四〇	三一·七〇	一五·九五		一三七六
		上海	五二·四〇	三三·二〇	一六·七〇		一四六二
沪杭路		以北京正阳门至以下各站	头等	二等	三等		
		松江	五三·六五	三三·九五	一七·一五		一五〇六
		嘉兴	五五·一〇	三四·八〇	一七·六五		一五六〇
		杭州	五七·三〇	三六·一五	一八·四五		一六五一

凡过磅行李以每二十公斤（三十三斤半）第公里应纳洋二厘计算

第七编　实业

北京特优工商品略述

器物则金银制造，为护国寺街之宝华楼；嵌银丝铁制造，为草厂头条之奇古堂；古铜仿造，为打磨厂板井胡同之义泰永；景泰蓝，为王府井大街之老天利、灯市口之德昌号、打磨厂之德兴成；珍珠碧犀首饰，为灯市口之德昌号；翡翠雕制，为护国寺街之宝华楼；白玉雕制，为琉璃厂之德宝斋；刻晶石印章，为广安门内教子胡同之裕源厚；套色料器，为廊房三条胡同之德兴涌；里画料器，为西砖胡同内门楼胡同之马少宣；仿制古磁，为草厂下九条胡同之王德昌；澄泥制造，为西直门外老营房之同兴隆；烧泥玩具，为东安市场之锦益兴；仿古铜烧泥，为西城象来街之李俊峰；琉璃制造，为琉璃厂之琉璃窑赵家；烧料撇子，为打磨厂之玉盛荣；烧泥楼殿模型，为二龙坑之马廉顺；硬木骨镶，为西四牌楼广济寺之巨丰和；雕竹，为东安市场之文竹斋；刻工垫面，为西珠市口之聚兴号；刻丝像框面，为东便门外二道街之公兴和；黄料制造，为廊房三条胡同之德兴永；绣花像框面，为东安门内之源聚永；绣花，为东河沿之李德旺；平金打籽，为玄帝庙之瑞升绣局；钉线，为东安门内之源聚永；绛丝，为西湖营之振德兴；呢革，为西河沿之溥利呢革公司；栽绒花毯，为孝顺胡同之继长久；编线玩具，为东单牌楼娘娘庙之治祥；漆盒，为西单牌楼之隆和；画漆，为广安门大街之巨兴号；雕漆，为中剪子巷之继古斋；黑黄漆鸽雀笼，为正阳门大街之瑞珍祥、隆福寺神路街之永兴号；鸽哨，为北新桥慧照寺之德成平记；空钟、播弄鼓，均为南池子之空钟单记；风筝，为西直门内之北永兴、琉璃厂之风筝哈；风筝线，为崇文门外花市上四条胡同之德诚和；线桄子，为廊房二条之广巨斋；线麻，为崇文门外之曹润生；皮货，为大栅栏之瑞蚨祥；绦带，为大栅栏之天成号；绸缎，为大栅栏之瑞林祥；翠货，为西河沿之文华楼；内式暖帽，为地安门内之伟仪斋；檀木首饰，为珠宝市之花汉冲；宽脸鞋，为煤市街之全盛斋；各种花笺，为琉璃厂之清秘阁；笔，为琉璃厂之贺莲青、琉璃厂之松华斋、打磨厂之胡汉臣；花爆，为琉璃厂之九龙斋；胰皂，为地安门外大街之闻异轩、宣武门外十间房子庆成轩；蜡制瓜果模型，为草厂三条胡同之陆剑秋；像生花虫，为护国寺街永隆泉之陈子贞；像生蛾子，为地安门外南药王庙之裕兴造花局；管弦乐器，为打磨厂之宝音斋；弦马，为地安门外旧鼓楼大街之雅竹斋；响器，为正阳门外大街之广顺号；羊角灯，为廊房头条胡同之吴子华；雕象牙，为打磨厂之仁义顺；画灯，为廊房头条胡同之文盛斋；刀剪，为宣武门外大街路东之王麻子；镊子，为打磨厂深沟之镊子张；南剪子，为鲜鱼口之义和号；厨刀茶刀，为宣武门外桥头路南之五代双十字；炒勺，为花市大街之顾家；桌椅板凳，为东小市路北之天成号。

食品则烧鸭子，为米市胡同之老便宜坊；烩鸭条，为西河沿之斌升楼；烧鱼头，为煤市街之致美斋；银丝卷，为杨梅竹斜街之明壶春；烤羊肉，为正阳门外肉市之正阳楼；酱肘子，为西单牌楼之天福斋、煤市街之普云斋；鸡血汤，为打磨厂之东兴居；鸡汁面，为正阳门外观音寺之福兴居；蜜蜡肉，为杨梅竹斜街之万福居；白肉，为缸瓦市之和顺居（俗称沙锅居）；烧鱼腹，为报子街之同和堂；糟溜鱼片，为什刹海之会贤堂；炸三角，为煤市桥之兴盛馆；东坡羊肉，为王广福斜街之元兴堂；烧羊肉，为户部街之月盛斋；蒸羊肉，为安定门内谢家胡同之成三元；汤羊肉，为鲜鱼口之广来永；酱牛肉，为门框胡同之洪盛斋；江豆腐、潘鱼，均南半截胡同之广和居；南式点心，为宣武门外南横街之和义斋；满洲饽饽，为西单牌楼大街之毓美斋；南果铺，为正阳门外大街之正明斋；密供，为正阳门外南药王庙之毓顺斋；蜂糕，为鲜鱼口之天馨斋；细馅元宵，为东四牌楼南之合芳楼；云片糕，为大栅栏之滋兰斋；冰糖葫芦，为琉璃厂之信远斋；酱萝菔，为西直门内大街之洪兴（俗称鹦哥张）、肉市之天章涌；臭豆腐，为延寿寺街之王致和；伏酒，为粮食店之六必居；南酒，为李铁拐斜街之裕源、粮食店之聚宝斋、北柳巷之长发号；佛手露，为正阳门外大街之都一处；玫瑰露，为正阳门大街之义兴号；药酒，为大栅栏之同仁堂；果酒，为宣武门大街之果酒公司；秋油，为铁门之桂馨斋；罐头食物，为宣武门外大街之集成公司；蜜饯杏脯，为大栅栏之翟景轩；关东烟，为大栅栏及后门外鼓楼东之豫丰号；鼻烟，为大栅栏之天蕙斋。

药品，则中西药品，为大栅栏之伊尹大药房；药材，为大栅栏之育宁堂；平安散及一切丸药，为大栅栏之同仁堂；灵宝如意丹，为东华门菜厂之皮赞公；山楂丸，为宣武门外大街之刘铉丹；麻仁滋皮，为朝阳门内南小街之同诚堂；硇砂暖脐膏，为西四牌楼北之橘井堂；狗皮膏，为杨梅竹斜街之王回回；保赤万应散，为杨梅竹斜街之雅观斋；瓜子眼药，为崇文门外下四条之锭子刘家；虎骨鹿角胶、龟板二仙胶，为琉璃厂西门鹿角胡同之雷万春；百补增力，为护国寺街之仁义堂孟家；万应锭，为东安门内路北之东安堂；异授二龙膏，为东单牌楼之保元堂；益母膏，为天坛内之保合堂；八寅退云散，为杨梅竹斜街之马元龙；鹅翎管眼药，为廊房二条胡同之史敬斋；小儿七珍丹，为东直门内羊管胡同之德爱堂沈家；济妇灵丹瘰疬丸，为西河沿五斗斋之鸿胪寺赵宅；赵氏金丹（治妇女胎前产后各症），为西河沿路北之赵宅；舒肝丸，为西单牌楼舍饭寺之乾元堂；理脾磨积散，为西四牌楼北大街之天育堂；追风散，为廊房三条胡同之文秀斋。

京师市场说明

京师市场，类皆百货荟萃，应有尽有。别有所谓集市者，则为专门之贸易，或银钱或米粮或故衣故物或鱼肉蔬菜，以及糖果、花鸟虫鱼、儿童玩具、日用杂物，皆各有集聚之地址、交易之时刻也。兹特说明于下。

银市，在正阳门外珠宝市小胡同。每日清晨，内外城钱商皆至，以银元、铜元、钞票互相买卖，视各项多寡，以定一日之价。粮市，在正阳门外西珠市口、彰仪门内大街、西直门外官厢、阜成门外官厢、朝阳门外官厢。每日之晨，支木案，陈列各色粮样，粮商悉至此订购。议价时，以手作式，表示其数，远望之，几疑为大众之行握手礼也。

猪肉市，一在东四牌楼迤西神路街，一在西四牌楼西安市场，一在正阳西外门河沿公兴市场东隔壁，均于每晨列市。

羊肉市，一在崇文门外南北羊市口，一在德胜门外马店，均于每晨列市。

菜市，最大者为正阳门外公兴市场、宣武门外广安市场、香厂西华兴市场，陈列鸡鸭鱼肉海味蔬菜，每晨购者极多。东单牌楼、西四牌楼、德胜门外之菜市次之。

果市，一在正阳门外之东，一在德胜门内迤东。每晨列市，杂陈干鲜果品，买卖均由经纪之手，即牙行也。城内外小贩皆至此趸购。

糖市耍货市，一在德胜门内糖房胡同南口外，一在正阳门外之东，与果市相近。陈列儿童玩物、各种糖品，小贩之往购者颇多。

鸟市，一在宣武门外，一在地安门外鼓楼后，一在阜成门外吊桥西。鸟之已经训练者，能衔旗、开箱、打蛋（以骨球向空而掷，鸟则追而衔之，谓之打蛋），选购者多青年游民。

鸽市有期，以阴历每月之日定之，三日在土地庙，五、六日在白塔寺，七、八日在护国寺西口外，九、十日在隆福寺，平日则在安定门内北新桥东。一鸽之价，自数元以至十数元。

油葫芦市，在崇文门外花市西，所售皆蟋蟀也，购者均少年。

估衣布，在正阳门外精忠庙，每晨集市。

玉器市，一在正阳门外门框胡同，一在崇文门外北羊市口。

故物市，俗呼之曰“晓市”，盖寅时聚而辰时散也。所售皆日用器物之破旧者。其地址有四，一在崇文门外金台书院，一在宣武门外大街，一在司家坑车子营，一在德胜门外迤东。若正阳门外半壁街，则于夜半售之，故又名“黑市”。

晚市，一在朝阳门外大街，一在宣内路西，每日午后聚，酉时散，所售为零物及破旧之品。

夜市，薄暮始集，所售为零物，而古玩玉器间有之。其地址有三：一、四、七日在正阳门外西球市口，二、五、八日在正阳门外大街，三、六、九日在崇文门外花市，皆阴历之日期也。此外如正阳门外之草市、球宝市，崇文门外之瓜市、米市、栏杆市及瓷器口，宣武门外之赶驴市、菜市、骡马市及果子巷，西安门外之鸡鸭市（改称集雅士），东安门北之大鹁鸽市、小鹁鸽市，东单牌楼北之米市，西单牌楼北之鱼市，西四牌楼东、东四牌楼西之羊市，则皆名存实亡。惟正阳门内之皮市，正阳门外之铺陈市、刷子市，西单牌楼北之缸瓦市，间有售卖皮货、铺陈、刷子、缸瓦者，然亦非鳞次栉比之专卖店也。

一般实业公司类（兼营数种实业，或不能确定其专营何种实业之公司及洋行、商行等属之，其专营一业者，散见以下各类）

一　公司

大中公司　宣武门内化石桥　电话西五七六

大成公司　地安门内油漆作　东一四六四

久原公司　宣内旧帘子胡同　西二三二〇

太平贸易公司　化石桥　南三四一六　三六七五

天益公司第一分销处　前门大街　南六三四

五大股份有限公司　东单牌楼王府井　东一九三九

五大商业有限公司　西交民巷　南二八二三

中日实业公司　化石桥别墅　南一九五〇

中法实业公司　东长安街　东西二八

中美实业公司　东单西观音寺　南三一四〇　三一四一

中原公司驻京办事处　宣武门内未英胡同　西一三五五　东铁匠胡同　西一四五六

古河公司　东单三条　东一五〇〇

永和公司　东四牌楼南大街路西灯市口　东四二八

同益公司　宣武门外板章胡同　南二九八二

同顺公司　东车站月台　南三二三一

合顺公司　广安门外　南一〇七四　西直门外　西一五六〇

利用公司筹备处　小草厂严宅　东二九一七

明华公司　正阳门外掌扇胡同　南二六八七

来远公司　正阳门外长巷二条胡同　南八〇七

东亚公司　东单牌楼　东一四五〇

协和贸易公司　鲜鱼巷　东一五二五

协丰公司　东华门北小草厂　东三二九

柳江公司　四眼井　南四一

茂木公司　西裱褙胡同　东七九六

保晋公司　宣武门外城根　南三八六

保丰公司　东单牌楼二条胡同　东九六五

俄比实业公司　麻线胡同　东一四九五

信中贸易公司　西河沿　南三二六四

美丰公司　东单牌楼王府井　东一八六〇

恒丰实业公司　西单牌楼石虎胡同　西七五三

泰平公司　东单牌楼新开路　东一三〇〇

晋丰公司　正阳门外瑞金大楼　东一〇〇二

晋丰公司　东安门北皇城根小草厂　东一〇〇二

开源公司收发货厂　东河沿　南二四五七

通惠实业公司　绒线胡同板桥　西一五八三　三六八

裕中公司　东单牌楼东总布胡同　东二〇

瑞大公司　前门内西顺城街　南一七二二

瑞大公司　东四史家胡同　东二三〇六

惠民公司　长巷头条胡同　南三二九九

华胜公司　栖凤楼　东一七〇〇

华兴公司第二分销处　劝业场　南三四〇五

裕国实业公司　礼士胡同　东二七　史家胡同　东二三〇六

义兴公司　史家胡同　东二二九一

雷虎公司　东堂子胡同　东一四〇

溥益实业公司　西单宏庙　西一七六九

福中总公司北京经理处　宣武门外西城根　南二八四〇

福公司　东交民巷　东一一二〇

福正公司　东单牌楼裱路胡同　东一九二二

福华公司　东单牌楼喜鹊胡同　东二七七九

广兴公司　正阳门外小马神庙　南七三四

豫丰公司　灯市口　东二三四八

积成公司　西直门外　西八三　广安门外　南三四六五

兴华公司　西交民巷　南一四二八　西堂子胡同　南一四五三

丽中公司　东单牌楼新开路　东一六〇

宝源公司　西便门外　南一四四　正阳门外湿井胡同　南二九八

鑫记公司　西观音寺　南一八六七

二　洋行

一和　石大人胡同　电话东一三六八

力古　崇文门内大街路东　东八〇〇四

大田　崇文门内大街

大仓　北池子北头　东七八四

大昌和　东单牌楼大街路东　东一五九五

大町　东单牌楼鲜鱼巷　东二二三九

大藏　东单观音寺　东三四

大丰　东交民巷　南六六一二

三菱公司　王府井　东一九〇　东单牌楼路西　东五三〇

三德　正阳门大街　南二五五

三志　打磨厂吉隆店　南二七四四

三井　总布胡同　东一三九

三府　康家胡同　东一六三六

久华　廊房三条　南二六三六

川崎　麻线胡同　东三六七

公义　崇文门大街　东四五八

公懋　东单牌楼三条胡同　东一九四九　甘雨胡同　东九

四二

日华　崇文门大街　东三三

日清　东单牌楼　东八四

仁记　东单牌楼石大人胡同　东八一一

中央　灯市口

中根　东单小三条土地庙　东一三五

元丰　煤市街　南二二八八

白筑　八宝胡同　东二二八八

永昌　崇文门外大街　东一〇六八

正广和　东单牌楼总布胡同　东一一一三

加藤　崇文门大街　东一一三

西海　正阳门大街　东六〇二

西门子　灯市口路北　东二五六

合发　台基厂增茂洋行内　东二六四〇

有喊　东交民巷汇理银行西隔壁　东九四一

光裕（经理处）　崇文门内西裱褙胡同　东二二二八

志方　象鼻子前坑　东八一六

沙利　东堂子胡同　东一七九

利丰　羊肉胡同　东一六七二

利喊　王府井大街　东四四

利丰　东四牌楼北钱粮胡同　东一〇五九

利华　宣武门内　西一〇四

快利　崇文门内　东六九八

东方　骡马市　南二二四

东晋　东交民巷华北银行　东二六三〇

东华　崇文门大街　东三五五

佛雷沙　大佛寺　东三〇二二

佛来地　东交民巷台基厂　东一二八二

怡大　东单牌楼西堂子胡同　东七七五

怡和　东交民巷　东九七三

佐生　八宝胡同古川宅　东一七一五　一五六　三〇五三

升昌　崇文门内大街　东九五二

宜峻　崇内鲜鱼巷　东一九二〇

和利　崇文门内钓饵胡同　东一七六三　东单牌楼二条东一九九九

协隆　总布胡同　东一七三〇

林屋　孝顺胡同　东三三〇

河野　崇文门内方巾巷　东九三二

忠记（五金）　打磨厂　南四〇三

茂生　东单三条　东一九七三

茂盛　崇内苏州胡同　东一五八一

品德　崇内大街中西饭店　东一八四八

品德（木器铁床新旧货拍卖）王府井大街　东二四八〇

保丰　东单二条　东九六五

信昌　正阳门外大街　南八七　霞公府　南一七三

信记　无量大人胡同　东二九〇〇

信义　东单牌楼　东二〇六

恒顺　王府井　东一二二六

泰明　东单牌楼东观音寺　东五八

泰来砖窑　永定门外马家堡　南三二九

泰成　掌扇胡同　南二五〇四

泰章　东单牌楼羊肉胡同　东六三五

泰和　东堂子胡同　东一六九七

追风　东单观音寺　东五八二

益和行　东珠市口　南二七三八

祥源茂（杂货）王府井大街

乌利文　瑞金大楼　东一四七一

通和　东交民巷西口　东八五二

通济隆　东交民巷　东二二六二
清友　八宝胡同　东三五〇
理格　东交民巷台基厂　东二三〇
盛隆　孝顺胡同　东二八五
华茂　王府井大街　东九五三
华西　前外小齐家胡同　南二一八八
华陆　前内府前街　南一四〇五
华隆　王府井大街　东六二四
普济　东珠市口　南一〇五四
雅利　苏州胡同　东二七三四
渡边　象鼻子后坑　东二八六一
喜多　大李纱帽胡同　南一五五
费达　石大人胡同　东一八九二
新华　台基厂　东一二八二
瑞生　长巷上四条　南一六〇一
瑞昌　高庙庆云大院　南三二四八
圆父　麻线胡同　东三九
义昌　东单牌楼观音寺　南八二
义达　八宝胡同　东一五〇五
慎昌　东单牌楼二条　东八〇六　一九三五
聚源　瑞金大楼　东二五四五
福隆　毛家湾　东二七八九
福隆　王府井大街　东六六三
邓禄普　东长安街　东二二七〇
增茂　东交民巷台基厂　东九七四
欧亚　无量大人胡同　东一七四九
德昌　东安市场花园　东二六五六
德兴　崇文门内船板胡同　东二四五三
德隆　崇内苏州胡同　东三二七二

谋德利 台基厂 东一八二〇

笃孚 兵部街英国府内 东九四三

卫德 西堂子胡同 东九二一

临记 西交民巷东口 南一〇二七

麟泰（牙科材胶皮车带） 西河沿 南二一七九

三 商行

中华商行 骡马市大街 电话南一六八三

加荣商店 东单羊肉胡同 东四一〇

合成行 崇文门内东单牌楼新开路后身大土地庙五号 东三六四六

华西商行 小齐家胡同 南二一八八

华陆商行 法部街北口府前街 南一四〇五

一般工厂类（兼营数种工业，或不能确定其专营何种工业之工厂属之，其专营一种工业者，散见以下各类）

八旗第三工厂 蓝靛厂 电话西苑分局九三

八旗第五工厂 健锐营演武厅 西苑分局九五

八旗第九工厂 包衣旗校杨 西苑分局九九

工艺局 彰仪门大街 南八

中华制造厂 果子巷中间 南二八五一

外右五区柳器习工厂 南横街窑台

和最时实业工厂 丞相胡同 南四七七

宗人府教养工厂 西安门外北皇城根 西一八四

京兆公立第一工厂 分司厅胡同 东一一八五

京师贫民女工厂 东直门内北馆后海 东二六二〇

京师警察厅妇女习工厂 西四牌楼石碑胡同 南二一五六一九〇八

首善第一工厂　灯市口北
首善第二工厂　帅府胡同　西一七四三
首善第一女工厂　辟才胡同　西五八六
首善工艺厂办事处　大鹁鸽市　东九七八
益华工厂　新开路　东一八三一
普慈工厂　广安门内牛街　南一一八八
朝日组工厂　东单牌楼新开路大土地庙　东一七七二
博济教养工厂　西单牌楼西城隍庙街炮厂　西一〇六五
华鑫工厂　小蒋家胡同　南一一五九

一般售品所类（一般商品发卖所属之，其专售一类商品之大小商品，散见以下各类）

一　售品所

天津民益工厂售品所　宾宴华楼
元兴永中外杂货售品所　香厂万明路　电话南一六一一
日新工厂　鲜鱼口
北京第五国货店　香厂　南八八二
北京大学消费公社　景山东街
北京第一国货店　东安市场　东三〇八八
印花税代发行所　鼓楼东大街
京兆工厂监狱出品代售所　鼓楼东大街
京兆农用品选卖所　鼓楼东大街
京师第一监狱售品所　宣武门外大街路东
京师工艺局售品所　宣武门外下斜街
京师警察厅贫民习艺售品所　西单牌楼皮库胡同
京师警察厅树艺教养所售品处　天桥迤西路西
首善第一女工厂售品所　西单北大街

首善第一
首善第二　西安内达子营
首善工厂售品处　灯市口迤北
首善工厂分销处　布巷子增盛店　南二八三三
华盛国货售品所　东安市场内
华林工厂　前外观音寺
德善工厂售品所　观音寺　南八〇四

二　洋货庄

人和　正阳门大街　电话南六一八
大吉祥　瓜子市
大昌和记（兼广货）崇文门内大街
大中营业部　香厂路
三和成　崇文门外四条
三和益（兼杂货）船板胡同　东一八二八
三益号　地安门外路西
三义厚　崇文门外四条
三义祥　东单牌楼大街
天盛长　崇文门内大街
天盛成北记（兼玻璃）崇文门大街
元兴　骡马市　南六六六
元记　骡马市　八二四
元丰成　花市　东一九七九
文泰生　冰窖胡同　南二五一一
仁德庆　布巷子义信店内　南二二五七
北德和　地安门外大街
正大号　瓜子市
正兴和　崇文门外四条
玉隆号　崇文门外四条

永成公　正阳门外第一楼
永盛公　正阳门外第一楼
永信号　布巷子　南九五四
永聚号　廊房头条　南六一七
同聚兴　正阳门外瓜子店　南二五五八
同义祥　正阳门外大齐家胡同　南八一二
同兴　青龙桥　第二分局五九　观音寺　南九九八
全顺成盛记　大蒋家胡同　南一六二
全聚亨　阜成门大街
利大昌　观音寺　南一八六八
志信成　大蒋家胡同
宏远祥　骡马市　南九三五
协和昌　花市西口　东一二七〇
协成　交道口　东一六四六
协成祥　安定门内路西　东一六四六
协泰　陕西巷　南三三六六
协泰公　新街口　西一〇七三
东正兴　当街庙　西三二三
东记　东安市场　东八九一
东兴益　船板胡同　东一七七八
东源泰　东安市场　东二二六一
升义盛　大齐家胡同　南二五四四
亚兴　东四牌楼　东二四七九
和记号　西四南大街
宜丰　骡马市　一九九八
直方大　草厂胡同　东一八六三
奎记（兼电料）　西什库夹道　西六五一
英国兵营大拉托杂货行　东交民巷　东一四七四
信昌恒　香厂　南一八七九

美昌号（兼纸烟）香厂　南二七九四

茂森厚　正阳门外第一楼

春和祥　正阳门外青云阁

恒昌厚　花市　东二四七五

恒义　大栅栏　南一二九二

恒泰号　大栅栏　西一一七五

恒兴祥　西单牌楼　西二九三

泰昌　正阳门大街　南一〇四

泰来栈　花市　东一六五二

泰源栈　鼓楼前大街东　东一八三七

晋生号　崇文门内大街

晋源祥　北孝顺胡同　南一六二五

晋顺生（兼呢绒栏杆）　小蒋家胡同义和店内　南二五六五

通顺公司（兼售汽水）　瓜子店　南二四六二

通兴长　地安门外　东一二七三

祥和斋　船板胡同　东一〇三九

祥源号（兼荷包）大栅栏　南一五五四

祥义（兼绸缎）　大栅栏　南六三五

祥聚德　东四牌楼六条西口　东五一一

祥聚兴　布巷子　南二八〇七

乾诚栈（兼广货）　地安门外大街

盛兴　麻线胡同　东一九〇二

隆和号（兼漆盒）西单牌楼北路东　西三二七

集成公　正阳门外第一楼

华丰泰　东四北大街

复源恒　宣武门内大街

裕记　小齐家胡同　南二〇五三

裕厚永　冰窖胡同　南二六二二

裕通号　骡马市　南二八五五
万兴荣　北孝顺胡同　南二六二一
义成永　大齐家胡同　南一二八三
义昌号（兼杂货）　东四南大街
义和号　陕西巷　南三二〇五
义和永（兼料器）广安门内　南二〇八二
义信厚　布巷子永锡店　南二一八〇
义泰祥（兼绒线）　八面槽
义盛成　瓜子市
义盛成　瓜子店　南二六〇〇
义盛永　宣武门内大街
义聚恒　花市　东二五一三
义隆祥　崇文门外四条
义兴成　崇文门外四条
新华厚（兼纸烟）陕西巷南口　南二六三一
新丰号　鼓楼前大街西
瑞盛源　兴隆街　南一一一五
瑞聚永　西单报子街
瑞德恒　大蒋家胡同
瑞丰（兼广货）花市中四条　东三〇〇八
瑞兴源　布巷子　南一〇三〇
瑞兴隆　北新桥　东六四四
瑞宝信　西珠市口　南一五三七
达昌号　北孝顺胡同　南四八〇　三五五三
鼎义盛　大齐家胡同　南二五四四
福和祥　朝阳门内小街　东一二六三
福聚祥　崇内苏州胡同　东一九五七
福聚号　东四南大街
福兴润　新街口　西七五六

聚祥益　朝阳门外　东一七八八
聚顺源　布巷子　南二五五七
聚义德　崇文门外四条
聚源涌　布巷子　南三二二二
聚兴昌（兼南货）陕西巷　南二〇九三
魁盛元　大栅栏　南一三三
魁顺祥　花市　东一八五七
广生行　大栅栏　南八四二
广隆号　骡马市大街　南一一〇二
广乾义　西安门外　西四〇六
广义永　阜成门内路北
庆成祥　崇文门外花市
庆华栈　花市中间　东二〇〇四
庆兴永　花市中四条　东五九〇
庆丰号　灯市口　东一〇五三
德元祥　布巷子　南二六七一
德成　三里河　南一九五七
德祥益　东四牌楼北　东九〇一
德记　布巷子天盛店　南九五四
德源栈　东四牌楼十一条胡同　东二〇一三
德义公　崇文门外四条
德义祥　崇内苏州胡同
德兴隆（兼广货）大齐家胡同　南二三六四
锦昌号　观音寺　南七九九
锦泉涌　打磨厂尚古店　南一七六九
豫康　观音寺　南六四八
鸿兴号　崇文门外四条
兴记　布巷子　南三一六三
龙泰泉　甘雨胡同　东三八二

宝泰祥　布巷子　南六六二一　瓜子市

宝兴　朝阳门外元老胡同　东一〇七九

金融类

货币之通行者，为银元、铜元、钞票、铜元票四种。银元市价不同，国币站人及北洋等，每元可易铜元百五十枚有奇，鹰洋及江南、湖北等次之，吉林、奉天又次之。小洋十二角合大洋一元，每角市价亦以此为准。新辅币则十角合大洋一元。钞票、铜元票与银元、铜元一律行使，至从前所用之宝银、锭银，间仍有使用者，市价照银元折核，惟旧时银票、钱票，已不行使矣。

一　公估局

公估局　廊房头条　电话南一五九七

二　公债局

内国公债局　西交民巷　电话南三一四六

公债局　西交民巷中国银行内　南二四八〇

三　平市官钱局

平市官钱总局　魏染胡同　电话南一九八六

平市官钱京局　珠宝市　南一八二七　二六七六　二一七一

平市官钱市局地安办事处　地安门外　东一八四五

平市官钱局驻京办事处　魏染胡同　南二四六八

四　兑换所

三聚　地安门外南锣鼓巷　电话东一〇八四

五大　西单牌楼路西　西一七四二　一七四四

五昌　崇文门内路东　船板胡同　东四二一　二四八六

六合号　香厂万明路

天益成　交道口北大街　东二四六四

元昌　前门外大街路东

公易东　地安门外大街

公兴　西单牌楼路东　西四九五　七七七

文记　正阳门外西河沿

永昌　东单牌楼大街

永利　西河沿东口　南二五八一　二六八二　二九五一

永增合　正阳门大街路西

同成　正阳门外西河沿

同康　正阳门外廊房头条

同顺　西单牌楼北大街　西二四二一

同义公　东安门外大街

志成　纸巷子　南一九〇七

信孚　正阳门外大街

益大　西单牌楼路西　西二〇五　八〇五

益善元　东四南大街

春华茂　正阳门大街路西　南三六四　六六五　一三六八二五七〇

振华　虎坊桥大街　南三一九六

通和　东四牌楼四条　东二六三九

启顺永　地安门外大街

乾丰　正阳门大街南头

祥顺厚　东四牌楼南大街

祥顺益　前门外大街路西

祥发茂　东四牌楼南路东

裕通　骡马市大街

万聚　鼓楼东大街

源和　正阳门外施家胡同路北　南二二〇三

源丰　西单牌楼北大街　西七四九

义成德　东四牌楼大街　东一九一三

义善源　东四牌楼南大街

义丰号　前门外大街路西

鼎裕　前门外大街路西　南五六五

聚成厚　崇文门内大街

聚隆号　地安门外路东

福康　前门外大街路西　南一〇二一

福利　西河沿　南二二八九

庆泉石记　宣武门内大街

庆通　西单北大街

余康　正阳门外大街路西　南三四五

豫发　前门外大街路西　南三四五七

鸿庆恒　正阳门大街路西

丽华文记（首饰兑换所）正阳门外西河沿东口　南一五七六

宝三元　大栅栏中间　南二五八七

宝成　珠宝市路西

五　金店及金珠店

三元兴　廊房二条胡同

三益号　廊房头条胡同

三益号　地安门外大街

三益兴　朝阳门内大街

三益兴　廊房头条胡同

三阳　廊房头条胡同　电话南五五八

天裕　珠宝市北头　南三二一六

天聚　廊房二条胡同

天聚兴　廊房头条胡同　南一七五

天丰　打磨厂西口　南五四八

天宝　廊房头条胡同

天宝鸿记　阜内锦什坊街　西二四〇六

中原　香厂　南五五二　二八八七

中恒　廊房二条胡同

中源　西河沿东路南

仁昌　西河沿东口　南一五二

公源　珠宝市

文华　廊房头条劝业场　南三一七

永华　廊房头条第一楼　南一二六五

永顺号　廊房头条胡同

全裕　珠宝市北头　南三七〇

全聚　廊房头条胡同　南二七四五

全聚　前门外纸巷子

志成　东安市场　东一〇四六

阜丰　珠宝市北口　南二四六三

和丰　珠宝市北口　南三三〇八

恒利　东四牌楼头条胡同　东一〇九三

恒裕　骡马市大街　南七〇

恒源　珠宝市

恒源　东四牌楼大街　东二八一六

恒聚　廊房头条胡同

恒兴　廊房二条胡同　南二三七九

泰源　廊房二条胡同

泰源号　廊房二条胡同　南二二六九

益通　西河沿东路北

开泰　西河沿东头路北　南二六九

乾泰　西河沿东头路北　南三三七四七二
富聚　廊房二条胡同
源丰　东四牌楼头条胡同　东二二五二
义聚　廊房二条胡同
汇泉　西河沿东路北　南一〇三　二八二六〇
前大街证券交易所　南三二三四
凤翔　廊房头条胡同　南二三七七
凤舞　安定门大街　南二八九七
嘉和　协资庙胡同　南一一八
聚成　廊房二条胡同
聚泰　廊房头条胡同
聚宝　珠宝市
聚源　廊房二条胡同　南一八四六
聚源恒　打磨厂
福源　廊房头条胡同　南一九八
德昌　廊房二条胡同
德森　前门外观音寺街　南七六〇
德裕　西河沿东口内　南五六一
德源　廊房二条胡同　南三三六六
亿昌　廊房二条胡同　南二三七七
蔚顺祥　骡马市大街　南一一九
震亚　杨梅竹斜街
震源　打磨厂西口　南二二七〇
广元　骡马市魏染胡同　南二〇九九
广成　西河沿东口　南二二
广成永　西河沿东头路北
庆丰　东四牌楼二条胡同　东三四五
庆丰肇　西河沿　南一七一二
镒聚恒　东四牌楼南大街　东一七六六

镒丰　打磨厂西口　南九二一　一九四七
丽华　西河沿　南一五七六
丽丰　西河沿　南一七八七
丽丰　西河沿东头　南七九五
宝成　廊房头条胡同　南一九八〇　二〇三四
宝金　廊房头条劝业场
宝恒　廊房头条胡同　南三八二
宝华　正阳门外排子胡同
宝善　崇文门外花市
宝善　西河沿东口　南四七六
宝善仲记　珠宝市北头路西　南一二四
宝源　东四牌楼大街　东一〇七八
宝兴隆　骡马市大街　南七一
宝权　廊房头条劝业场

六　帐局

十万春　浸水河
天和号　锦什坊街华嘉寺
仁和号　锦什坊街华嘉寺
世义信　打磨厂新开路
同春局　石驸马大街
恒裕厚　大蒋家胡同
复兴　东单三条豫王府东院　电话东二四〇二
汇恒同　打磨厂聚泰店
新升茂　巾帽胡同
福源隆　小蒋家胡同
广源水　木厂胡同
震源润　打磨厂震源金店
兴隆号　锦什坊街华嘉寺

丽泉生　大蒋家胡同

七　汇兑庄

大盛川　打磨厂泰昌店　电话南一七二八
大德通　打磨厂　南一一五　打磨厂会宝栈
大德恒　巾帽胡同　南一九〇
大德玉　打磨厂鸿泰店
三晋源　草厂九条路西
天成亨　正阳门外小蒋家胡同
天顺祥　长巷下二条　南六五三
中兴和　打磨厂
世义信　正阳门外北五老胡同
日升昌　草厂十条路西
百川通　草厂十条
合盛元　打磨厂
存义公　打磨厂同泰店
志一堂　打磨厂太谷店
协成乾　打磨厂聚泰店
协同庆　薛家湾路南
裕源号　施家胡同
新泰厚　正阳门外木厂胡同路北
源丰润　施家胡同
义盛谦　打磨厂
义善源　施家胡同
福利　西河沿　南三四〇七
蔚成厚　外馆官墙东　东四一六
蔚长厚　薛家湾路南　南四二三
蔚盛长　草厂九条路东
蔚泰厚　草厂九条路西

蔚兴厚　前门外打磨厂　一四一七
蔚丰厚　巾帽胡同
锦生润　草厂九条
谦和泰　打磨厂

八　银公司

中英银公司　东交民巷　电话东九七七
美国惠东银公司　正阳门内瑞金大楼　东二二一五

九　银行

山东工商　前门外施家胡同　电话南九〇七
大生　煤市街云居寺胡同　南一〇五五　一九九七
大中商业　大马神庙胡同　南一六八四　二八六四　前门大街证券交易所　南三四一九
大成　廊房头条胡同　南一一八二
大宛农工　前门内西交民巷西皮市　南三四八二　三四八三
大东银行筹备处　松树胡同　南三四三七
大陆　西交民巷　南一四九六
五族　前门内西交民巷　南一九〇五　一三〇五
天津银行北京支店　崇文门内大街路东　东一〇三〇
中法实业　东交民巷　东二〇七　一五九二
中法实业银行中国账房　东交民巷　东八七五
中美银行北京事务所　史家胡同　东二二七七
中孚　正阳门大街　南二八〇
中华平民　正阳门内西交民巷
中华懋业　前门外西河沿　南三一二六　三一四三
中华汇业　户部街　东四五九
中华惠工　大安澜营　南一二三二
中华储蓄　打磨厂西口内　南一四四三　一五六八　前门

大街证券交易所　南三一二九

中华茶业　前门外西河沿　南一九一一

中国　西交民巷　南一五三一　二七一〇

中国银行办事处　西珠市口　南二五二一　珠宝市　南二六七六　米市胡同北口外路南　南三三一一　东华门内　东一七四一　北新桥　东一七四二　崇文门外大街　东一八四四　地安门外大街　东一八四五　东四牌楼大街　东一九三八　新街口大街　西一二二　西单牌楼大木仓胡同　西三一二

中国银行兑换所　海甸大街　西二分局八〇　营市口　南分二〇　东营市街　北分一四

中国实业　西交民巷路北　南二八六七

中根　东单小三条胡同　东一三五

友华　东交民巷六国饭店　东二四八二

日本兴业银行驻京事务所　遂安伯胡同　东二五一八

四川铁道银行北京支店筹备处　宣外大街　南一六六三

正金　东交民巷　东四六二

永亨　煤市街　南二八七四

永丰　前门大街　南二八七四

北京大陆　前门内西交民巷　南一四九六　一四〇三

北京大学学生储蓄银行　东安门北河沿　东二八八三

北京中孚　施家胡同　南二八〇

北京商业　西交民巷东口　南三四二七　三四〇一

北京裕国实业　樱桃斜街　南二六二九

北京实业　东单牌楼　东一〇三〇

交通　西河沿　南二八四一　东交民巷　东二〇一五

交通分银行　海甸大街　第二分局三六

交通银行京行　西河沿　南四七三

交通银行办事处　排子胡同　南一九七五

全国农工银行筹备处　宣内东城根　西八三九

宛平日新农工　正阳门外大蒋家胡同　南三一七八

阜民　正阳门内西交民巷

明华　煤市街中间　南一三四

金城　西河沿　南二三六〇　三二二六

直隶省分银行　正阳门外长巷三条德泰店　南三五七

东三省　长巷上二条胡同　南二三〇六

东方汇理　东交民巷　东三九二

东方汇理银行中国账房　东交民巷　东三七二

东陆　施家胡同路北　南一五　二六六三　二二六〇　前门大街证券交易所

花旗　东交民巷　东八九三　二四六三

花旗银行买办室　台基厂　东二九〇八

保商　打磨厂　南四〇二

泉通　施家胡同　南一四七九

致中　西河沿　南一一七四

浙江兴业　施家胡同　南二四

晋胜　珠宝市　南一六五九

崇华殖业　虎坊桥　南二一五

麦加利　东交民巷　东六七六　六七七

通惠　西河沿中间　南三一九二

华北　前门大街路西施家胡同　南一二九一　一六七一

华北　东交民巷　东一四七三

华北银行中国账房　东交民巷　东一四七六

华北银行代表处　东交民巷　东八〇三

华充珠宝市　南一九八一　二五三六

华充银行库房　瑞金大楼　东三一一八

华孚　施家胡同　南三六一

华法振业　东交民巷　东二五四二

华义　东交民巷瑞金大楼　东三一八一　三一八二

华富殖业　打磨厂　南三三四三
华俄道胜　东交民巷　东六四九　一四二三
殖边　施家胡同　南三三九一
裕民　掌扇胡同　南一二七七
农商　前门外大街路西　南三六〇一　三六〇二
道胜　东交民巷　东二〇三五
道胜银行总办处　东交民巷　东一一九
烟酒　西柳树井给孤寺　南二九一七　二七二六
汇业　正阳门内瑞金大楼　东二二七八　四五九
汇丰　东交民巷　东八五五　一二三九
新亨　瑞金大楼　东四三二
新华　廊房头条　南一〇四二
新华储蓄　廊房头条　南二二〇四
新华储蓄银行证券交易所　甘井胡同　南一八五〇
聚兴诚　煤市街　南八八八
聚兴诚　前门大街　南三四六八
察哈尔兴业　掌扇胡同　南二二一三　二五六八
察哈尔兴业银行北京分行　掌扇胡同　南二八二
驻京直隶省银行　打磨厂德泰店　南三五七
仪品放款银行　东交民巷　东八三四
蔚丰　崇文门外巾帽胡同　南一五五八　三六九
德华　东交民巷　东八六九　五八九
德华银行总经理处　财政部内　西一三
震义京行　东交民巷德华银行胡同　东一〇二三
震义总行　东交民巷奥使馆　东一三八四
慈善　前门外西河沿　南三六五七
边业　前门外西河沿　南三一八五　三一八四
濬川源四川　小蒋家胡同　南二五七
劝业　前门外西河沿　南一六八一

盐业　西河沿　南一八三　二六八五　甘井胡同证券交易所　南一三三一

一〇　银号

三义　正阳门外大街　电话南二〇四七

三聚源　廊房三条胡同　南三六六

大中　廊房头条胡同　南二九二七　甘井胡同证券交易所　南二四二二

大新　廊房三条胡同　南二五三〇

大通　前门外大街路西　南一〇三三　甘井胡同证券交易所　南一三三九

中恒　煤市街　南三四七二

中恒　前门外煤市街　南一二五四

中源　西河沿　南二一三三

天盛　西安门内大街

天裕　正阳门大街　南九三一　一一二〇　甘井胡同证券交易所　南二二八九

天聚丰　正阳门外大街　南二九四八

天兴　东交民巷　东一八八三　东交民巷　东四七一

天豫　崇文门外大街　东一三一九

日亨　前门大街　南二三一九

日亨　长巷三条胡同　南一六四九　三三四三

公大　前门外掌扇胡同　南一五八

元亨利　打磨厂德裕栈　南二八四七

永大　前门外煤市街　南一五〇九　一八三八

永孚　前门外施家胡同　南一五四五　三三四九

永利厚　前门外西河沿　南一〇六四

永利　前门外西河沿　南一三四二　一八九八　甘井胡同证券交易所　南一八一八

永信　施家胡同　南二五〇七　二五八三

永益　前外大蒋家胡同　南一七六七

永顺义　施家胡同　南九三一

永增合通记　前门大街　南一三〇二　一三〇三　前门大街证券交易所　南一九三一　瑞金大楼　东一六一〇

永丰　煤市街全泰店　南二五二　一四四六

正通　前门外珠宝市　南一四二一　三二九四　前门大街证券交易所　南一四二一

平易　地安门外大街　东一二六四

同成　煤市街　南三二四

同成　西河沿东　南四六七　西河沿　南二九九一

同康　前门外廊房头条　南一二九六　一八四四

全聚厚　珠宝市　南二〇三八　一〇〇八　一六四二　二〇九一　二二七七　三四八七　甘井胡同证券交易所　南一七二

全聚厚　前门内瑞金大楼　东三一二六

亨记　西华门北长街　南八二三

亨发　前门外粮食店　南五五六

宏大　长巷上三条　二三〇八

宏源　前门大街　南二〇四七　二一五〇　西河沿交通银行内　南二七一一　甘井胡同证券交易所　南一四

东三省　打磨厂鸿泰店　南五二八

金城银行办公处　佘家胡同　南一五三九

金城　西河沿　南一七八二　二三六〇

协成信　北长街　南一五七三

协丰　前门大街　南二五四三　三四四一

协丰　前门大街　南一九九〇

信孚　珠宝市　南二四〇七

信富　施家胡同　南一五〇一　一五〇二　一三一五　三

五一七

恒裕　骡马市大街　南七六一

恒盛　珠宝市　南一二一

恒兴　东四牌楼北大街　东二八一六

益大　西单牌楼　西二〇五　八〇五

益大　宣武门内大街

益泰源　珠宝市　南二四四八　二三四〇

益善源　东四牌楼大街　东八七二

泰亨　前门外兴隆街　南四九〇

泰源　大齐家胡同　南二五三〇　二八五八

春华茂　正阳门大街　南六六五　一三六八　二五七〇　正阳门桥西　南三六四

峰源　正阳门外大街　南三三六一

振泰　地安门外方砖厂　东八七二

祥顺兴　珠宝市　南二〇八九　一二四九　珠宝市　南二六八〇　前门大街　南一三六〇　瑞金大楼　东二九二〇

祥顺益　前门大街　南三四五　甘井胡同证券交易所　南一八二〇

祥顺厚　东四牌楼大街　东二九〇七

祥盛　崇文门外巾帽胡同　南二四三八　二五三

祥发茂　东四牌楼　东一五六一

乾丰　前门大街　南二八五三

华北　前门大街　南一二九一　甘井胡同证券交易所　南三二一一

华昌　施家胡同　南二二二二

华通　长巷三条胡同　南九三一　二八二〇

华丰　排子胡同　南一八五八

复大　施家胡同　南二五〇七

复丰　施家胡同　南一二八九

会源　安定门内大街凤舞银楼内　东二五三

云益　正阳门大街　南三三一一

隆聚　布巷子　南明一五八九

隆茂源　正阳门外大街　南一二四一　二九一三　二八八一

裕生　煤市街兴隆店内　南一〇七

裕丰源　布巷子　南二四四六

裕丰　前门大街　南二八五七　甘井胡同　南二六六九

瑞恒　甘井胡同　南一二〇八

溥益　甘井胡同　南三一八七

溥益　崇文门大街　东三〇七七　三一三四

汇泉　西河沿　南一五三

万义长　大蒋家胡同　南三三四六

万荣祥　长巷下头条　南三六三

万义长　大蒋家胡同　南二四四六

万兴　珠宝市钱市胡同　南三三二一

万丰　珠宝市钱市胡同　南四四一

义生　西长安街

义成　地安门外大街

义和永　崇文门外西　东六三四

义顺裕　东四牌楼　东八三一

义昌源　前门大街　南二五六六　二九八三　三二五三　前门大街证券交易所　南二四七一

义丰　前门大街　南五六二　七七一

义源　打磨厂鸿泰店　南一八三七

义兴合　打磨厂　南二七一三

义兴　施家胡同　南三二八四　施家胡同　南七六四　施家胡同　南二一四七　二六六一　三一四八　甘井胡同证券交易所

源和　掌扇胡同　南二二七六

源和　东交民巷瑞金大楼　东三一八八

源和　前门大街　南二八三

源庆永　鞭子巷头条胡同　南一三二一

源丰　甘井胡同　南一六〇七

源丰　鲜鱼口　南七八九

鼎新　小蒋家胡同　南二二〇二

鼎裕　前门大街　南五六五　一一七七

福康　前门大街　南四七　一〇二一

福华　延寿寺街　南二二五四

聚盛源　珠宝市　南三五一八

聚义　珠宝市　南二〇三五　前门大街证券交易所　南一五九七

震华　小蒋家胡同　南九七六

震发合　前门外打磨厂　南三六二

震兴　正阳门外大街　南二三〇二　九八九

庆成　施家胡同　南二五〇四

庆源　前门大街　南二五〇三

庆源　东四牌楼北四条胡同　东一二七六

广兴泉　西珠市口当业商会　南一〇五七

德森　前门外观音寺街　南三二〇五

德善　煤市街兴隆店内　南一九四六

德成　正阳门大街　南八八六　一〇七七　一九九〇　二四八一　三四〇七　前门大街证券交易所　南一二六一　二七五五

德成北号　正阳门大街　南八二九

德彰　掌扇胡同　南二九三二

驻京吉林永衡官银号　掌扇胡同　南九七

肇通　廊房二条胡同　南一六四　三〇六　甘井胡同证券

交易所　南九七三

豫发　前门大街　南一二三四　前门大街证券交易所　南二六八四

豫泰厚　前门外协资庙　南二三三三

豫丰　东四牌楼　东一〇九七　二一七三

余康　正阳门大街　南二五三三　二七一四　正阳门大街南三二一七

谦和泰　正阳门外大街　南二五八四　三三二三　一一二三　甘井胡同证券交易所　南一二〇七

谦和泰　前门外打磨厂　南一〇五九

鸿庆恒　打磨厂德泰店　南一五一八　一六七九

丽丰　东四牌楼大街　东二五一六

宝源　东四牌楼北　东四〇九　一七一八

宝成　前门外珠宝市　南二九一六　前门大街证券交易所南二四一一

一一　银钱店

三合号　果子市东

三聚号　南锣鼓巷　电话东一〇八四

久成号　烟袋斜街

中三元　煤市桥　南三一九

天顺祥　西单牌楼南路东　南六九〇

天聚丰　正阳门大街路东　南四一六

天德恒　北羊市口

天豫号　崇文门外大街

公盛号　西安门内大街

仁源号　绒线胡同

永成号　地安门外大街　东一九三

永泰号　阜成门内路南

永顺号　阜成门内路北
永源号　东华门内路北
永兴隆　菜市口
玉川厚　西四南大街
玉成源　廊房头条　南二四五三
玉顺厚　西四牌楼南路西
平易号　地安门外路东
正通号　珠宝市
北福盛　东直门内大街　东一〇三〇
同顺锦　西单牌楼大街　西一五二〇
同兴号　崇文门外大街
同兴龙　西河沿
同丰和　东单牌楼南　东二六三三
东天源　阜成门内老虎洞口　西四七四
东和合　宣武门外南横街
和合号　宣武门外南横街
和益公　花市　东一四四六
恒泰恒　南锣鼓巷
恒裕号　骡马市　南七六一
厚记　西河沿　南二五二一
厚记号　正阳门外观音寺
泰和号　花市大街
乾昌号　骡马市
乾云生　西河沿
裕成永　崇文门外大街
裕通　骡马市　南一八六六
裕丰　正阳门大街路西　南八二五
隆茂源　正阳门大街路东　南三一六
隆泰泉　东四南大街

隆兴顺　安定门大街

云益　正阳门大街中间　南一三〇八

瑞林号　北新桥北大街　东一〇〇八

义顺永　韩家潭　南三二八三

义兴合　打磨厂　南二七一三

源和　正阳门大街路东　南二八三　一三五〇　一八六五一〇七九　掌扇胡同　南二二七六

源记栈　米市大街　东二二四六

源兴号　广安门内大街

源丰　甘井胡同　南一六〇七

万义和　东四牌楼大街　东一三一七

万德成　崇文门外大街路东花市大街　东九五八

聚增号　阜成门内路北

福盛永　朝阳门内大街

魁兴益　宣武门外南横街

蔚顺祥　骡马市

增盛号　西直门内大街

广和　正阳门大街路东　南一二九〇

广兴裕　交道口北大街　东一九一四

庆祥瑞　正阳门外煤市街　南二三五四

庆通　西单牌楼大街　西四六四

庆源　正阳门大街路东　南三三九七　二五〇三

庆丰号　新街口南大街

德成号　东四牌楼报房胡同

德泰号　花市大街

德顺永　东四牌楼路西

德盛永　李铁拐斜街　南四七四

德源成　锦什坊街

兴成　正阳门大街中间　南二七一一

联仲三元　观音寺　南二三四六
丽丰号　东四牌楼南路东
宝瑞兴　珠宝市
宝兴亨　崇文门外大街

一二　炉房

三聚源　廊房三条　电话南二二九八
三德合　前门外珠宝市内　南一八八三
永泰成　北新桥大街　东二六〇四
同元祥　前门外珠宝市内　南八三八
同义祥　珠宝市
全聚　珠宝市　南一〇〇八
全聚厚　珠宝市　南一六四二
恒盛　珠宝市　南一二一
祥瑞兴　珠宝市　南一五七　一一六九
复聚　珠宝市　南二四〇一
万聚　珠宝市钱市胡同　南二六九一
万兴　珠宝市　南二七〇九
万丰　前门外证券交易所　南一一四三　珠宝市　南二九二一
源丰　珠宝市　南二一三五　二六三四
聚盛源　珠宝市
聚兴斋　地安门内安乐堂
德顺　珠宝市　南三〇六
宝源号　珠宝市
宝兴　珠宝市　南四六六　三三八八
定丰成　珠宝市　南三一九

一三　证券交易所

证券交易所　正阳门外大街　电话南一三七八　一三七九

一四　证券交易所事务所

同义厚绸缎庄　大栅栏　电话二〇一六

老大房茶食铺　正阳门外观音寺　南二〇二六

桂香村茶食铺　西单牌楼　西三七四

晋和祥洋广绸缎店　正阳门外观音寺　南六二三

贻来牟和记米面公司　正阳门大街　南三八九

新华储蓄银行证券交易所　前门甘井胡同　南一八五〇

馥馨烟卷公司　东单牌楼南　东一一九一

附　证据金及经手费

证据金

公债票及中外银行券　照额面每百元收十元（改订一月期每万元收六百元，二十日期每万元收四百元，十日期每万元收二百元，进出一律）。

股票　照实价每百元收二十元经手费。

公债票　现货照额面交费千分之一（例如每千元应交证券交易所费一元），经用千分之二（例如每千元应交经纪人费用二元）；定期照额面交费千分之二，经用千分之三。

中外银行券　现货照额面交费万分之二（例如每千元应交证券交易所费二毛），经用万分之三（例如每千元应交经纪人费用三毛）；定期照额面交费万分之五，经用万分之七。

以上各项费用，买进卖出双方各交费用一份。

股票　现货照实价交费千分之二五（例如每千元应交证券交易所费二元半），经用千分之五（例如每千元应交经纪人费用五元）；定期照实价交费千分之五，经用千分之五。

一五　当铺

天保　西直门外关厢

天泰 宣武门外西草厂东口
天源 花市猪营路南 电话东六四六
天丰 永光寺中街路东
仁和 北新桥南魏家胡同
仁泽 宣武门外南横街
中和 烟袋斜街路南 东一一〇六
公兴 陕西巷
永存 阜成门内沟沿 西一一七六
永兴 东直门大街北 东二五三七
永庆 兴隆街 南二四〇一
全和 宫门口太平街 西四〇八
西同泽 阜成门外路南
西恒肇 锦什坊街路西 西一〇三九
同泽 阜成门外路北
同义 板章胡同 南六三一
同源 延寿寺街 南一〇〇三
同聚 广安门内大街
同兴 三里河
利源 东安门内大街 东二六八
志成 樱桃斜街 南六六四
志诚 樱桃斜街
阜和 地安门外东皇城根路北
和盛 骡马市路北
两和 西长安街西口 西三七一
东恒肇 东四牌楼六条胡同口外 东二六五
恒盛 花市大街 东四四七
恒顺长 东四南大街
恒德 宣武门大街路东 南一四八
祥元 东茶食胡同 南二七二一

崇兴　地安门内大石作路东
通盛　瓷器口关王庙街
国顺　朝阳门内大街路北　东一七五九
惠元　德胜门内蒋养房内路北
惠盛　西柳井路北
集成　宣武门内大街　西二二一
裕民　安定门内路西　东三三七
裕顺　左安门外关庙　南三五六七
裕源　新帘子胡同
裕丰　安定门内路西
万成　宣武门外南横街
万年　宣武门外南柳巷路西
万聚　新街口南路东
万庆　南锣鼓巷
万兴　东四牌楼十一条东
义盛　地安门内黄化门内
义聚　灯市口街北　东八四四　东四牌楼南路东
义兴　老虎洞　第二分局三四
汇丰　德胜门外教场口路南
汇丰　东四牌楼北大街　东一一二一
新盛　朝阳门内南小街
瑞增　东单牌楼北路东　东一三七〇
鼎盛　正阳门外协资庙路北
福和　煤市街路西　南一四一
聚盛　德胜门内路东
庆云　地安门外皇城根
增盛　西交民巷路南　东单牌楼北路东
亿源　王广福斜街　南一六七四
德成　虎坊桥路南

德和　东华门外乃兹府
德丰　朝阳门内路北
广德　交道口南路东
广庆　阜成门内路北　西二二九六
懋德　西四牌楼北路东　西一六九九
济通　三里河
谦合　宣武门外大街路西
谦益　北新桥北路东
谦福　马市大街路东
谦德　东四牌楼北大街
丰聚　广安门内大街
镒增　兵部窪路东
宝盛　宣武门外大街路西　南九四一
宝丰　南横街　南三四六四

一六　保险公司

仁记（火险）　东交民巷北京六国饭店
太古（火险）　正阳门外香厂新世界内
永明人寿保险公司　东单灯市口　电话东二二九〇
永年人寿保险公司　东城王府井大街　东六二四
印补洛尔（水火）　东城王府井大街　东六二四
宏利人寿保险公司　沟沿头　东一五二
延丰益寿　东交民巷　东二二四一
金星人寿水火保险公司　炭厂胡同　南一九一六
东方人寿保险公司　石大人胡同　东三一三七
东方人寿保险公司　宣武门内绒线胡同　西口　西二七八七
南英（水火）　东城王府井大街
康年人寿保险公司　宣武门内六部口　西一一八五

华安合群保险公司　东单牌楼王府井大街　东九〇四

华洋人寿保险公司　正阳内瑞金大楼　东一八一四

慎昌　王府井大街大阮府胡同　东一九三五

福安保险公司　正阳门外小马神庙　南二四四三

附　保险办法及火险价目

保水险，每次自货物装船至运到日为止。火险、寿险时期，随投保者定之，火险或一年或半年或数月，寿险或十年或二十年或二十五年，如有不测，如数赔偿。寿险期满无恙，亦将本利归还。其价目除水、火、寿险须视所运货物及人之身分临时酌定外，火险一项，俱按等第规定，兹列于下。

一、住宅、学堂、宣讲所、医院、银行、公所、衙署、祠堂等

头等房保费每千两九两三钱七分五厘；

二等房保费每千两十八两七钱五分；

三等房保费每千两三十七两五钱。

二、客店、饭庄（存货堆房有危险之货者价同）

头等房保费每千两二十二两五钱；

二等房保费每千两三十三两七钱五分；

三等房保费每千两四十五两。

三、存货堆房无危险之货者

头等房保费每千两九两三钱七分五厘；

二等房保费每千两十八两七钱五分；

三等房保费每千两三十两五钱。

四、铺户无危险之货者

头等房保费每千两十八两七钱五分；

二等房保费每千两三十一两；

三等房保费每千两四十五两。

五、铺户有危险之货者

头等房保费每千两三十两；
二等房保费每千两四十五两；
三等房保费每千两六十两。

一七　储蓄会

五族储蓄部　煤市大街
中法储蓄会　东交民巷西口瑞金大楼　电话东六七五
万国储蓄会　王府井大街　东一五二二

美术品类

一　美术社

缥湘馆　廊房头条劝业场　电话南二八四四

二　书画店

正心记　东四北大街
品古斋　（字画）　地安门外大街
毓文斋　（字画）　地安门外烟袋斜街
宝文斋　（字画）　地安门外烟袋斜街

三　古画字帖铺

一元斋　琉璃厂中
文光楼　琉璃厂东
古雅斋　琉璃厂中
宜古斋　琉璃厂中
怡墨堂　琉璃厂中
悦古斋　琉璃厂西　琉璃厂中
集文斋　琉璃厂中

华彩斋　琉璃厂西
庆云堂　琉璃厂东
维古山房　琉璃厂西
德懋斋　琉璃厂西
墨妙斋　琉璃厂中
墨宝斋　琉璃厂中
余古斋　琉璃厂西
荟古斋　琉璃厂东

四　苏裱字画铺

文古斋　阜成门大街
文茂斋　南新华街
文雅斋　南新华街
文兴阁　南新华街
天义斋　鼓楼东大街路南
天宝斋　鼓楼大街
石妙斋　琉璃厂西
玉珍斋　南柳巷
玉池山房　南新华街
竹宝斋　南新华街
吉顺斋　羊市大街
成兴斋　隆福寺街
壮观阁　琉璃厂东
秀华阁　鼓楼东大街
松竹斋　护国寺
尚古斋　琉璃厂中
两宜斋　琉璃厂中
恒兴斋　南新华街
修古斋　琉璃厂中

异美斋　打磨厂
富华斋　廊房头条
博古斋　隆福寺街
会文斋　南新华街
义文斋　护国寺街
义古斋　南新华街
义古斋　西四北大街
荣兴斋　隆福寺街
精研阁　东华门内大街南
聚宝斋　鼓楼东大街路南
德古斋　护国寺
庆丰斋　交通口东街
锦文斋　南新华街
儒爱堂　琉璃厂东
韵竹斋　隆福寺街
藜光阁　地安门外烟袋斜街
蕴华斋　琉璃厂中
懿雅斋　琉璃厂西

五　扇画店

三义斋　打磨厂路南
文珍　廊房头条胡同
文盛　廊房头条胡同
文华　廊房头条胡同
玉华斋　打磨厂路南
泰华　珠宝市路东
华美　廊房头条胡同
富润斋　打磨厂路南
新一　廊房头条胡同

义和斋　打磨厂路南
圣古　廊房头条胡同
福成　打磨厂路南
福禄　打磨厂路南
铭汇　廊房头条胡同
润宝　廊房头条胡同
广兴　打磨厂路南
戴美利　打磨厂路南
戴廉增　打磨厂路南

六　灯画店

文珍　廊房头条
文盛　廊房头条
文华　廊房头条
成记　隆福寺街
美珍　廊房头条
美珍隆　廊房头条
美华　廊房头条
泰华阁　珠宝市
纯绘　廊房头条
华美　廊房头条
义华斋　隆福寺街
德盛　廊房头条　珠宝市

七　画相馆

王子祥　宾宴华楼
王宗谷　东四南大街
王美沅　杨梅竹斜街
王玉崐　宾宴华楼

宋季祥 正阳门外宾宴华楼
岳化宇 宾宴华楼
师古斋 正阳门外青云阁楼上
陈裕艺 东安市场
张镜宇 宾宴华楼

八 传真处

徐子华 杨梅竹斜街
许振声 琉璃厂路南
傅书三 琉璃厂路北
董岫生 正阳门外南新华街

九 照相馆

一亚 廊房头条
二我 观音寺燕家胡同口外 电话南六八四
山本 霞公府路南 东六六
大芳 廊房头条 南二三三六
大昌 石头胡同天和玉饭庄
小彭 西长安街西路北 西一四〇七
五洋 隆福寺街 东二〇〇五
五兴 王府井大街 东二三六九
升记 西安门内路南
太芳 新世界商场内
太芳 廊房头条 南二三三六
元芳 宣武门内大街南头 西一七五一
元芳 宣武门内大街路东 西一七五一
元记 王广福斜街
文顺 隆福寺
中华 前门外纸卷子

中华　东四牌楼八条胡同路北
天华　廊房头条　南三二〇三
公记　木厂胡同
光华　宣武门外大街南头　东安市场　北新桥路西
玉芳　第一楼
玉昌　隆福寺
安福　王广福斜街
西安　西安门外大街
同生　廊房头条胡同　南五二四
同生分馆　中央公园　南一九三九
同我　青云阁
同通　东四牌楼路东
亨泰　杨梅竹斜街
利满仁　崇文门内孝顺胡同　东一七九〇
怡生　地安门外路西
亚东　宣武门外大街南头
尚友　西单牌楼北路西
东安　八面槽　东二四四六
阿东　东交民巷　东一二八九
怡生　东安市场
秋水山庄　地安门大街
贞记　西四牌楼北大街路东护国寺街　西二三八一
泉德　隆福寺街
相川（兼材料）　小报房胡同　东二二三〇
美日　李铁拐斜街望园内　南六七三
美芳　香厂万明路　南三四一
美国照像公司　中御河桥　东一五八六
美华　王广福斜街
恒昌　东安市场

恒昌瑞　东四牌楼四条胡同

恒泰　李铁拐斜街

容生　李铁拐斜街　南一六六一

容光　廊房头条胡同　南三二三五　羊肉胡同　南三三三九

悦容　王府井元宝胡同　东一八五六

泰丰　地安门外帽儿胡同

振记　琉璃厂路南

裕泰　崇内船板胡同

景星　五道庙路西　南三三五一

集萃　琉璃厂大沙土园　南四四七

净浴　宣武门内路东

温太芳　廊房头条路南

萃芳　宾宴华楼

萃真　新世界大楼路南

萃真　宣武门内大街南头　西一六六七

华安　崇文门内大街

东华　东安市场

华芳　西单牌楼北粉子胡同

华美号　西安门外大街

富华　东安市场

万成　东珠市口精忠庙胡同

万春　香厂新世界　南二七四

照相公司　东交民巷

新民　西柳树井路北

源记　隆福寺

瑞生　大李纱帽胡同

瑞璋　地安门外帽儿胡同

荣华　崇文门内大街　东一七三六

荣兴钰　地安门外帽儿胡同
福全　隆福寺街
德记　大栅栏　南二〇二七
德华　宣武门内路东
广元　王广福斜街
兴泰　东安门外丁安街
燕京　崇文门内大街　东二六〇六
丰泰　琉璃厂土地祠内　南七九
丽芙　第一楼
丽容　隆福寺
丽华　阜成门大街
丽丰　护国寺街路南
宝记　李铁拐斜街
宝镜　虎坊桥路北
铸新　宾宴华楼
铸新　海王村公园　南一三三七

一〇　图章馆

七弦　门框胡同　电话南二七八九
文岚簃　樱桃斜街路北　南二四八二
怡文　东安市场
敬文斋　东安市场

一一　刻字铺

九华斋　打磨厂西
文心社　正阳门外皈子庙胡同
文古斋　隆福寺街
文光阁　东四北大街
文光斋　杨梅竹斜街路北

文林斋 地安门外大街
文和斋 东珠市口
文奇斋 琉璃厂东一尺大街
文奎斋 杨梅竹斜街中间
文魁斋 地安门外大街
文魁斋 花市大街
文德斋 琉璃厂中间
文兴斋 阜成门外月坛西
文丰斋 杨梅竹斜街路北
四宝斋 东单牌楼观音寺
北篆古 花市大街
石竹斋 西单牌楼北路西
古云斋 新街口西街
正明斋 打磨厂
正明斋 豆腐巷内
宏文斋 杨梅竹斜街中间
秀义斋 琉璃厂中间
松元斋 琉璃厂东
致文斋 护国寺街
振兴斋 高亮桥
訚文斋 煤市桥
善德斋 鼓楼东大桥
得见斋 骡马市
彩文斋 东四北大街
彩华斋 朝阳门内南小街
景文斋 鲜鱼口内
景华斋 东华门外大街北
集文阁 锦什坊街
富华斋 珠宝市

斌魁斋　朝阳门内南小街
博文斋　朝阳门内南小街
复兴斋　西单报子街
万华斋　东四北大街
万云斋　隆福寺街
云林阁　地安门外大街路东
会文斋　打磨厂
雅文斋　打磨厂朝阳门内南小街
汇文斋　东单牌楼北路西鲜鱼口内
义古斋　西四牌楼北路东
瑞兴斋　新街口南大街
瑞麟阁　北新桥西大街路南
荣文阁　东珠市口
荣林阁　琉璃厂中间
荣宝斋　打磨厂中间
聚元斋　琉璃厂西
聚文斋　杨梅竹斜街中间
聚文斋　东四北大街
聚成斋　东华门外大街南
聚成斋　东安门外大街
聚云斋　东四南大街
聚宝斋　东四牌楼南大街
润华斋　西安门外大街
润宝斋　护国寺街
墨林斋　东四牌楼南大街
墨华斋　地安门外大街
锦文斋　琉璃厂东
豫文斋　西河沿路北
豫文斋　米市大街路东

翰文斋　东四牌楼南大街
翰墨斋　宣武门外大街东
篆文斋　琉璃厂西
篆古斋　蒜市口
篆云斋　琉璃厂西
龙元阁　琉璃厂东
龙光斋　杨梅竹斜街路北
龙华斋　琉璃厂东一尺大街
龙云阁　琉璃厂中间
龙云斋　琉璃厂东门　南五一九
龙云斋　新街口西街
拟晋斋　西单报子街
濬增益　羊市大街
宝文斋　安定门大街

一二　古玩铺（亦即文玩）

又日新　劝业场
三合成　东四牌楼南大街
三盛兴　廊房二条胡同
三义公　鼓楼东大街路南
大竹秀古堂　八宝胡同　电话东二八六
大吉祥　东四牌楼南大街　东二五一七
大吉山房　冰窖胡同　南三四四
大吉山庄　炭儿胡同　南二六一二
大洞天　东四南大街
大观斋　琉璃厂
太古斋　地安门外烟袋斜街
公义和　崇文门内大街
公义和　鼓楼前大街

天成　新街口南大街
天和斋　东四南大街
天益公　崇外上三条　东一三一九
天顺永　地安门外烟袋斜街
天义兴　劝业场
天宝斋　锦什坊街路东
文林阁　琉璃厂中
文珍斋　琉璃厂中打磨厂中
文记　东安门外丁字街
文记　八面槽
文德成　崇文门大街
文德斋　东四牌楼南大街
本利斋　猪市大街
玉泉永　西四牌楼南路西
正泉水　宣武门内大街
正兴斋　青云阁内
立木斋　王府井大街
立本斋　东华门外丁字街
古欢阁　琉璃厂东
古韫斋　琉璃厂中
永古斋　猪市大街
永和号　东四北大街
永和德　东四牌楼南路西
永和斋　东四牌楼北大街
永珍斋　干面胡同　东二六八七
永记　廊房二条
永盛全　崇文门内大街
永宝斋　正阳门外琉璃厂中间　南二九六八
永宝斋　东单三条胡同

式古斋　琉璃厂中

同古斋　琉璃厂西

同顺兴　东四南大街

同义成　前门大街天桥北　南三六三二

同义斋　廊房二条　南三六一八

同丰（兼南货）　骡马市大街　南一九七〇

全聚成　崇文门内大街　东二五二

志成斋　崇文门大街

吉珍斋　琉璃厂中　南七二〇

延古斋　西安门内大街

延古斋　琉璃厂　南三二六七

延清堂　琉璃厂　南九六〇

尚古斋　琉璃厂东

抱璞山房　地安门外烟袋斜街

佩珍斋　北火扇　南二四〇八

和顺长记　宣武门内大街

协利成　东华门外丁字街

协利成　王府井大街

松古斋　灯市口南大街　东二三〇九

松古斋　东四南大街

松竹山房　炭儿胡同　南一〇三八

松茂斋　青云阁内

松云斋　西安门外路北

松筠阁　南新华街

奇珍祥　珠市口　南三六八九

政古斋　廊房二条

俊古山房　地安门外大街　东六七二

珍古斋　东四南大街

茂兴　地安门外烟袋斜街

恒兴斋　廊房二条
英古斋　琉璃厂中
修珍斋　琉璃厂中
泉润斋　宾宴华楼
厚记　廊房二条
信古斋　琉璃厂
信盛和　鼓楼东大街
信义号　宣武门内大街
信远斋　琉璃厂
信德斋　地安门外大街
致宝斋　琉璃厂中
茹古斋　琉璃厂　南二六五二
悦心斋　东马市大街　东四三六
恩华斋　猪市大街
益宝斋　王府井大街
晋文阁　琉璃厂中
晋文斋　琉璃厂中
晋古斋　烟袋斜街路南
晋雅斋　琉璃厂中
晋宝斋　西单牌楼北路东
访古斋　琉璃厂西
崇古斋　琉璃厂西
崇雅斋　琉璃厂
祥和成　天桥迤北路东
祥德泰　珠市口南　南三五五三
清逸阁　琉璃厂东门　南二六一九
清翰斋　琉璃厂
清韵阁　琉璃厂
富德润　廊房二条胡同　南三四一七

华顺号 王府井大街 东二二八六
为宝斋 地安门外大街东
集雅斋 琉璃厂中
敦古斋 琉璃厂西
裕古斋 烟袋斜街路南
裕和祥 地安门外烟袋斜街
万义斋 廊房二条 南一六三三
万聚斋 廊房二条 南一六六八
博古斋 东四牌楼隆福寺街口外 东五〇二
博珍斋 地安门外烟袋斜街
博韫斋 琉璃厂中间 南三九九
博观斋 琉璃厂
闻光阁 琉璃厂中 南二二二八
道古斋 琉璃厂
敬古斋 琉璃厂
雅韵斋 海王村公园
椿秀山房 东四南大街
椿秀山房 崇文门内大街
源成号 西单牌楼北路西
源丰润 崇文门内大街
瑞文斋 廊房二条
瑞成斋 椿树胡同 东一四五九
瑞珍亨 东四牌楼南大街 东二二二
瑞珍亨 东四南大街
瑞记 东珠市口狗尾巴胡同 南八四五
瑞宝斋 宣武门外海王村公园南新华街
义文斋（兼珠石） 廊房二条 南一八六四
义和兴 王府井大街
义和兴 东华门外丁字街

义信厚　地安门外烟袋斜街
义顺厚　王府井大街
义盛和　东四北大街
义聚斋　廊房二条
义兴合　东四牌楼南路西
义兴和　东四南大街
毓文斋　烟袋斜街路北
福庆茂（兼绸缎）　草厂二条　南三一三〇
辅聚斋　东四南大街
铭记　隆福寺街
润古　东安门内大街　东二二五三
润古斋　东华门内路南
聚友山房　灯市口南大街　东一四五九
聚友山房　东四南大街
聚古斋　烟袋斜街路北琉璃厂中
聚古斋　崇文门内大街
聚珍　东四北大街
聚珍厚　廊房二条
聚珍斋　廊房二条东四牌楼北大街
聚顺斋　东四弓箭大院　东二六九一
聚兴成　廊房二条
荣古斋　东华门外丁字街
荣古斋　烟袋斜街路北
荣古斋　王府井大街
荣和祥　东四南大街
荣禄堂　琉璃厂东
荣兴祥　灯市口大街　东一一九六
荣兴祥　东四南大街
荣兴号　东四牌楼南路西

墨妙斋　琉璃厂东
绪珍斋　廊房二条胡同
绮盦　　正阳门外琉璃厂东门　南三三八一
论文斋　琉璃厂
广兴隆　东四牌楼南路西
广兴源　王府井大街
庆盛合　鼓楼东大街
庆怀堂　东四南大街
庆怀宝　灯市口南大街　东一四四四
赏古斋　琉璃厂
赏古斋　琉璃厂路北　南二九七
德昌　隆福寺街
德长永　东四南大街
德珍斋　琉璃厂　南二九五二
德泉厚　崇文门内苏州胡同
德泉轩　东四牌楼南大街
德保斋　琉璃厂　南三二六九
德盛公　廊房二条胡同
德盛号　新街口南大街
德义斋　东华门外丁字街
德源成　西四牌楼西路南　西二〇四
德源斋　廊房二条　南三二七一
德聚成　西安门外路南　西二二二三
德聚恒　东四牌楼北大街
德庆斋　东四南大街
德兴永　西安门外路北
德宝斋　东四牌楼南路西　琉璃厂中　南三二六九
学古斋　海王村公园
遵古斋　琉璃厂　南二五九〇

余宝斋　廊房头条胡同　南三二七九
听古斋　海王村公园
隶古斋　琉璃厂西
双盛号（兼绣花）　前门大街珠市口北　南四四八
怀古庙　南新华街
韵古斋　琉璃厂　南一八二〇
韵珍斋　海王村公园
韫古斋　羊市大街
蕴古斋　东四南大街
蕴秘阁　琉璃厂东
蕴宝斋　东四牌楼　东五六二
宝昌隆　廊房二条
宝明斋　王府井大街
宝记德盛公　廊房二条胡同　南三二六三
宝润成　王府井大街
宝润成　东华门外丁字街
宝粹书屋　海王村公园
宝聚号　崇文门内苏州胡同
宝铭斋　崇文门内苏州胡同
宝德山房　隆福寺街
鉴古斋　琉璃厂　南三三四七

一三　景泰珐瑯铺

天华信　西河沿三府菜园
天义和　小报房胡同　电话东五九一
天增玉记　王府井大街
天丰和　西河沿三府菜园
永华成　西河沿三府菜园
老天利　王府井大街　东一一七九

亨记　第一楼
恒义永　西河沿三府菜园
美术　西四帅府胡同　西二九八
复聚信　西河沿三府菜园
涌盛斋　排子胡同
义康号　杨梅竹斜街
增盛号　青云阁
德庆号　宾宴华楼
德兴成　长巷二条　南一二三三

一四　象牙秋角铺

成聚公　西河沿
裕盛公　西河沿
万兴广　杨梅竹斜街
聚兴号　西河沿
福兴号　西河沿

一五　扎花师

同顺堂　骡马市四川营
专门　五道庙承庆公司　电话南一八〇三
福记　宣武门内大街
庆远堂　阜成门内北沟沿东

一六　雕漆铺

瑞兴斋　崇文门大街
辅润斋　正阳门外半壁街
宝记　猪市大街
继古斋　鼓楼东大街

一七　堆花绣花镜屏

广文斋堆化绣花镜屏售品所　宾宴华楼

音乐类

一　风琴厂

天铎　西安门内真如镜
和鸣厚　羊市大街
众和分厂　虎坊桥西路北
关记　西安门内北妞妞房内

二　音乐铺

三顺斋　隆福寺街
文盛斋　琉璃厂路北
文兴斋　琉璃厂路北
成音斋　东河沿
合音斋　打磨厂
同音斋　打磨厂
保音斋　东河沿
隆兴斋　隆福寺街
德盛斋　西单北大街
庆音斋　打磨厂
兴音斋　打磨厂
儒林斋　东四牌楼隆福寺路南
声音斋　打磨厂
双音斋　打磨厂
宝音斋　打磨厂

三　响器店

永顺合　正阳门大街路西
同顺合　崇文门外大街
恒合号　崇文门外大街
恒和号　崇文门外大街
广顺　正阳门大街路东

四　鼓铺

天合成　花市大街
天成永　花市大街
元成德　花市大街
振兴号　崇文门外小市口
新利号　鼓楼东大街路北
义成号　崇文门外西月墙
义和永　打磨厂中间
义盛永　崇文门外西月墙
德和永　打磨厂中间

五　话匣经理处

百代公司瑞记　正阳门外观音寺　电话南二五九七
百代公司经理处　正阳门外韩家潭　南一四八八　宾宴华楼
吴记　东四北大街

书纸印刷类

一　书

二酉堂　打磨厂中

二酉斋　琉璃厂中
九经堂　琉璃厂西
三槐堂　隆福寺街
大酉堂　琉璃厂中
公慎书局　琉璃厂路北　电话东四三〇
孔群社　琉璃厂中
中亚书局　正阳门外宾宴华楼
中华书局　琉璃厂路北　南八五
文元堂　隆福寺
文友堂　琉璃厂中
文成堂　打磨厂东
文林堂　琉璃厂中
文奎堂　隆福寺
文英阁　琉璃厂西
文美　东安市场
文焕堂　琉璃厂西
文德堂　小沙土园文昌馆　东二〇三
文兴斋　宣武门内大街西
本立堂　琉璃厂中
正文斋　琉璃厂中
玉生堂　琉璃厂西
永宝斋　琉璃厂中
日好堂　琉璃厂西
北京书社　琉璃厂路南　南八八〇
北洋书局　琉璃厂路北
自强书局　琉璃厂内
有正书局　琉璃厂路北　南三九四
同文山房　琉璃厂内
同文书局　护国寺街

西湖堂　东单牌楼裱褙胡同内　东七五六
西山书庄　打磨厂路北
宏远堂　琉璃厂中
宏道堂　琉璃厂中
延清堂　琉璃厂东
亚新书局　琉璃厂路南　南一五六九
来熏阁　琉璃厂中
明经堂　隆福寺
佩文斋　正阳门外青云阁
武学书局　廊房头条　南一七四二
武学书馆　琉璃厂　南一七一八
直隶书局　琉璃厂路南　南一六三九
长兴书局　琉璃厂海王村公园
述古堂　琉璃厂西
保古堂　琉璃厂中
保萃书局　琉璃厂　南一一三九
保萃书屋　琉璃厂　南二三六五
悦古堂　隆福寺街
真古斋　隆福寺街
浣花书局　琉璃厂　南七七四
晋华书局　琉璃厂内
益古堂　琉璃厂东
带经堂　隆福寺
问经堂　隆福寺
致文堂　打磨厂中
修文堂　琉璃厂中
修本堂　琉璃厂中
修绠堂　隆福寺街
郭纪云图书馆　东单牌楼灯市口路北　东一一〇四

得利复兴　鼓楼东大街
商务印书馆　琉璃厂路北　南三〇二
教育书社　正阳门外廊房头条
开明书局　琉璃厂路北
开通书局　琉璃厂内
纯古斋　琉璃厂中
为宝书局　地安门外大街
尊古书庄　琉璃厂路南　南二五九〇
森宝堂　海王村公园
善成堂　琉璃厂中
集成书局　西四牌楼北大街路东之护国寺街
博益书局　宣武门内大街西　西一七五八
华北图书馆　东四南大街
华洋书庄　琉璃厂路南　南七七三
华新书庄　廊房头条
富晋书庄　正阳门外青云阁内　南二三七四
富强书庄　宾宴华楼
富强书局　琉璃厂内
富强斋　琉璃厂东
富华阁　琉璃厂中
富灵堂　琉璃厂东
会文堂　琉璃厂西
会友书庄　廊房头条劝业场　南一二二五
会经堂　琉璃厂中
敬业堂　琉璃厂中
肄雅堂　琉璃厂中
新华书社　锦什坊街
福润堂　琉璃厂中
聚珍堂　隆福寺

荣禄堂　琉璃厂中
汉文书庄　琉璃厂路南　南二〇二二
汉文图书馆　东单牌楼灯市口路北　东七七八二
饷华书庄　琉璃厂路北　南三〇一
庆麟堂　廊房头条胡同
论古斋　琉璃厂中
震华书馆　灯市口
广学会发行所　灯市口
维新书局　廊房头条东安市场
学古堂　打磨厂中
翰文斋　琉璃厂中　南二〇二一
隶宝堂　琉璃厂西
畿辅先哲祠编书局　宣武门外老墙根　南八七七
龙文阁　琉璃厂中　南五六八
鸿文阁　琉璃厂路南　南二二八
鸿文斋　琉璃厂　南二二八
鸿宝阁　琉璃厂西
撷华书局　广安门内　南三二六五
韵古堂　琉璃厂东
镜古堂　隆福寺
耀文堂　琉璃厂西
宝书堂　隆福寺
宝华堂　琉璃厂东
鉴古堂　琉璃厂西

二　造纸局

三义兴　广渠门内大街南
大成公　白纸坊
文兴斋　正阳门外纸巷子路西杨梅竹斜街

天成号　白纸坊
天义成　白纸坊
天聚号　白纸坊
天兴号　白纸坊
玉合成　德胜门内果子市东
永升号　白纸坊
永兴隆　崇文门外东草市街
永丰成　白纸坊
西顺昌　白纸坊
西万庆　西直门大街路南
同顺号　白纸坊
同裕号　宣武门外南河沿
合兴公　白纸坊
合兴号　广渠门内大街南
全聚厚　白纸坊
全兴涌　白纸坊
东顺昌　广渠门内大街南
和兴永　白纸坊
长顺号　白纸坊
恒昌号　白纸坊
恒盛号　白纸坊
财政部汉口驻京造纸厂批发处　棋盘街　电话南一〇六九
复盛源　白纸坊
复聚号　白纸坊
顺昌永　白纸坊
万兴顺　白纸坊
义昌号　广渠门内大街南
瑞成号　白纸坊
源聚永　广安门内白纸坊

源聚成　北新桥南大街路东
聚盛源　白纸坊
润丰斋　白纸坊
德昌号　白纸坊
增盛号　白纸坊
广兴成　白纸坊
兴顺长　白纸坊
双合成　崇文门外蒜市口街

三　南纸店

人和厚　西四牌楼南路西
三元斋（画）　廊房头条劝业场
三山斋　前门外打磨厂　电话南一〇九六
三盛和　阎王庙前街　南八七〇
大升泰　地安门外大街　东三七三
大兴源　廊房头条劝业场
大丰号　前门外取登胡同　南一六八
士宝斋　大沙土园玉器行　南二六一
六吉斋　崇文门外头条　东一一七二
公记　琉璃厂东南园　南二五四三
公兴　正阳门大街北头　南七九六　长巷上三条　南九三九
天元亨　东四牌楼北
天荫阁　西河沿后河沿　南二五四九
天丰恒　巾帽胡同　南三三三二
文古斋　宣武门外东北园　南一七四六
文茂祥　东单牌楼大街　东一一一四
文仪阁　东北园　南一九八八
文宝斋　廊房头条劝业场
生记　石头胡同南口外　南二六三一

玉珍斋　廊房头条劝业场

日升泰　鼓楼前大街　东二九二

四友斋　廊房头条劝业场

四宝斋　正阳门外石头胡同南口　南一六五八　琉璃厂东南园头条　南一六五八

永升泰　鼓楼东路北　东七〇五

永太和　正阳门外西珠市口路北粮食店　南七二四

永兴（洋纸行）　崇文门内大街　东一四五三

永丰德　西单牌楼北路东　西一四六七

有信社　琉璃厂中间经香阁　南七八四

合昌　东四牌楼路东大街　东九三五

全德昌　东四北大街

西万盛　新街口西大街

西万庆　西直门内大街　西二四三四

西庆兴　西直门内大街

西庆兴　阜成门内宫门口内

同心德　东四牌楼大街　东一七二九

同源号　新街口南大街

同义　煤市街　南五八四

同懋祥　西单北大街　西二二一八

同懋增　西单牌楼路西　西一一七三

成记　前门外纸巷子

成兴斋　杨梅竹斜街　西六四七

宏元号　东四牌楼大街

秀文斋　琉璃厂　南三七八〇

协和　大蒋家胡同　南一七五三

怡古斋　炭儿胡同　南一二八七

育源号　北新桥南大街

忠兴厚　西单牌楼北　西二六九

忠瀛厚　西单北大街
松古斋　琉璃厂中间　南三八一
松竹斋　琉璃厂万源夹道　南二一〇四
松雪斋　琉璃厂东南园　南七六七
松华斋　琉璃厂　南三一五
松雅斋　金鱼胡同　东二二六七
松雅斋　廊房头条劝业场
泉成　花市大街　东一五七三
宣元阁　琉璃厂路南　南七五四
恒生祥　打磨厂西口内　南二七四二
恒兴号　西单牌楼南路东
恒兴号　东四牌楼三条胡同　东二〇九
洪兴号　骡马市大街
厚记　虎坊桥　南一三二
晋豫斋　琉璃厂东北园　南五六五
伦池斋　宣武门外小沙土园　南三三〇六
振记　打磨厂中间　南二九七六
振兴　东四南大街
敏古斋　琉璃厂东北园　南二四五九
第一阁　劝业场　南二〇一九
翊文斋　琉璃厂东北园　南一九八八　杨梅竹斜街
乾元亨　骡马市大街　南一一二八
通德昌　兴隆街中间　南三三九六
清秘阁　琉璃厂路南　南二九一
崇雅斋　西河沿　南二七〇六
隆合号　新街口南大街
裕源长　崇文门外栏杆市　东一六三二
诒晋斋　琉璃厂
云锦斋　大沙土园　南七七二

云锦斋　东四牌楼大街
富文斋　青云阁
万宝斋　琉璃厂路北　南二一二
万利斋　廊房头条劝业场
万盛成　朝阳门内大街
万盛祥　兴隆街　南二三七〇
敬记　兴隆街路北　南五九八
敬滕兴　兴隆街中间　南三二五二
瑞兴斋　廊房头条劝业场
群益斋　东北园　南三五〇三
慎丰号　东四北大街
雅宝斋　廊房头条
源昌号　安定门大街
源诚阁　宾宴华楼
荣禄堂　琉璃厂
荣庆号　西单牌楼路东　西一六二六
荣宝斋　琉璃厂
绮文斋　南新华街　南七八四
广成厚　南新华街　南四〇五
广和永　西四北大街
庆兴号　西直门内大街
庆丰　新街口大街　西一六三四
庆丰号　新街口南大街
德成号　东北园　南二〇四三
德盛号　北新桥南大街　东一三九一
德源　广安门内大街　南二〇八六
德源长　宣武门外大街中间
德义公　骡马市大街
德润斋　廊房头条劝业场

德庆泰　正阳门大街北头

德兴号　阜成门路南　西一八〇七

兴德庆　打磨厂德泰皮店内　南三三五八

静文斋　宣武门内大街

静文斋　琉璃厂中间　南五九〇　西单牌楼　西二六七九

翰文斋　方巾巷　东二四九五

翰雅斋　廊房头条　南六三八

翰墨缘　廊房头条劝业场

翰宝斋　杨梅竹斜街　南一六五〇

鸿瑞兴　鲜鱼口庆隆大院　南八四四

缥湘馆　廊房头条劝业场　南二八四四

懿文斋　琉璃厂路北　南二六五

兰石斋　打磨厂扁担胡同　南二三九九

宝文斋　琉璃厂路北　南二九六

宝香阁　廊房头条劝业场

宝晋斋　琉璃厂中间　南四五九

宝聚山庄　宾宴华楼

宝兴号　阜成门内路北

宝丰　阜成门内大街　西二三八七

鉴文斋　南柳巷永兴寺　南五五六

显文斋　正阳门外笤帚胡同　南三三五三

四　纸店

三盛和　阎王庙前街　电话南八七〇

元昌号　安定门内大街

日升恒　地安门外大街

正兴　前门大街　南一三四四

北德盛　北新桥北路西

永和恒　北羊市口

永荣祥　东单大街
同源号　新街口南大街
同兴　西河沿　南二二七〇
成记　廊房二条西口　南三三五七
昌记纸庄公司　范子平胡同　东一一五七
协和纸庄　大蒋家胡同　南一七五三
东和顺　崇文门外大街
东万庆　安定门内大街
泉成盛　花市
信义号　正阳门外炭儿胡同
洪兴　菜市口　南一四六二
洪兴号　宣武门内大街
泰源成　花市
乾兴号　东四牌楼东路北
集文　樱桃斜街　南三一九六
复兴成　前门大街　南一二〇三
裕昌号　东华门外路南
万庆号　安定门内大街
万兴号　东华门外路北
源吉永　东华门外路北
源吉昌　崇文门外大街
庆兴号　西直门大街
德源亨　花市
德聚成　蒜市口
广和号　西四牌楼北大街
广盛号　西安门外路北　西二三二九
兴盛号　地安门外大街
谦丰泰（兼杂货）　打磨厂　南一四一六
宝聚和　朝阳门南小街

宝聚成　东四牌楼东路北

五　草纸店

三益公　广安门内大街
三通永　阜成门外大街
三义成　阜成门外大街
永顺成　广安门内大街
长顺公　广安门内大街
万成号　广安门内大街

六　账本店

吉利斋　大蒋家胡同
万宝恒　打磨厂
万宝斋　打磨厂
聚源斋　打磨厂
聚宝斋　打磨厂
德宝斋　打磨厂

七　印刷所

七弦印字局　门框胡同
久安印字局　廊房三条
公记印书局　杨梅竹斜街　电话南一〇四〇
文益印刷局　万源夹道　南二〇九
中和　廊房三条　南三三四五
中和印刷所　廊房三条　南三三四五
中华印刷局　杨梅竹斜街　南一六七三
北京印刷局　取灯胡同　南七五二
北京大学出版部　沙滩　东一九四
光华　宣外海北寺街　南一四二九

共和石印局　琉璃厂　南六三
同文印书局　西拴马椿　西一九九七
同昌　海北寺街　南一五八一　崇文门内大街　东一二〇〇
同益印字局　五道庙　南八五一
亚东制版印刷所　海北寺街　南一四二九
亚华　杨梅竹斜街
明明印刷局　丞相胡同　南三二六六
长兴印字局　苏州胡同四眼井　东八七三
怡然印字局　廊房三条　南七六一
和清印刷局　彰仪门内大街　南三一五四
协通印字局　铁老鹳庙　南四六二
京华印书局　虎坊桥　南一三八　二七七五
京华印票处　南新华街南口　南一三八
京汉铁路局印刷所　东单二条胡同
宣元阁　琉璃厂
法轮星记印字局　广安门内　南三三四
春亚　廊房二条胡同
美大　杨梅竹斜街
美国钞票公司　北长街会计司胡同　南六五九
财政部印刷局　劝业场　南三三九八
振东印字局　廊房三条
益民　木厂胡同　南七二五
益民　魏染胡同　南一〇八七
第一印字局　廊房三条
商务印字馆　东单牌楼　东五三四
众议院印刷处　象坊桥　西一四一九
斌记印字局　廊房三条
富华　梁家园后身　南九三
华言印字局　西砖胡同　南七三〇

华古斋（石印）　东四牌楼北大街
华国印书局　棉花上八条　南三四七
华新印刷局　琉璃厂玉皇庙　南七〇九
裕源印刷公司　廊房三条胡同　南四三七
瑞麟阁（石印）　交道口东街
群益印刷局　宣外大街　南一一七九
新华　南新华街南口
新华制版所　东总布胡同　东二七九四
新发铅石印刷局　廊房头条　南二三三九
肇新印刷局　樱桃斜街　南一九四三
德兴堂印字局　东单牌楼三条　东三二四
广益印书局　排子胡同　南七二五
醒春　廊房二条
维新印刷局　廊房二条　南一四一三
联兴印务局　王府井大街　东一八三九
撷华　广安门内大街　南三二六五
撷华　前外西河沿　南一四六八
宝增印字局　廊房三条
丽华印字局　廊房三条

报章杂志类

一　公报

内务公报　内务部街
市政通告　西长安街
外交公报　东单牌楼北　东堂子胡同
交通月刊　西长安街　电话西一三二〇
京师教育报　东铁匠胡同

政府公报　东城王府井大街　东二〇一
财政月刊　西长安街
教育公报　教育部街
众议院公报　象坊桥　西一四一八
农商公报　西四牌楼南　粉子胡同　西一五四〇

二　日报

又新日报社　李铁拐斜街　电话南一二六
大中华日报　南新华街
大西北日报　西南园
大亚洲报　大耳胡同
大陆日报社　大外廊营路东　南一一四四
大统一报　宣武门外香炉营头条　南一七五六
大义报社　西草厂山西街　南三四三四
大义报馆　西长安街六部口　西二〇四四
小公报馆　北柳巷　南一五一三
上海新闻报　梁家园　南二七六四
天津报　东交民巷台基厂　东一八三二
公论日报　板章胡同　南一九六六
中央日报社　南横街贾家胡同　南一〇五三
中央时报社　前门外南官园　南二五六二
中国民报社　果子巷羊肉胡同　南三五〇七
中华新报馆　棉花八条胡同　南三六七一
中报馆　前门内西城根　南一五一〇
日知报　椿树上三条　南一一五八
平报　南柳巷
平民公报　烂缦胡同
正言报社　李铁拐斜街　南三二〇〇
正俗公报　西长安街

正阳日报　潘家河沿

民本报社　宣武门内油房胡同　西二六七七

民和日报　前青厂

民报　后孙公园

民国公报　永光寺四街

民视报社　棉花三条胡同　南一二〇

民业日报社　樱桃斜街　南二八六六

民智报　南堂子胡同

民声报馆　前孙公园东夹道　南六四〇

北洋时报社　宣武门外魏染胡同　南三四三五

北京报　大安澜营

北京日报　李铁拐斜街　南六四五　东城镇江胡同　东一五一

北京白话报　大安澜营

北京政闻报　东单三条胡同

北京华文日报　崇文门大街

北京晚报社　宣武门内新华街　西二四六二

北京晚报社　南池子飞龙桥冰窖胡同　南三二七一

北京新报　潘家河沿　南一一三〇

共和新报　石驸马大街　西八二七

共和民报社　海北寺街　南三六八五

言中报　永交寺西街

定一日报　海北寺街　南五八三

亚东新闻　永光寺西街　南二一五一

东南日报　椿树头条

京报　小沙土园

京津时报　小沙土园　南七一五

京津新报　米市胡同

京国新报　兵马司后街

京话日报社　五道庙街　南五七六
持平报社　保安寺街　南六七六
美国联合报馆　东单椿树胡同　东一四二四
时言报社　潘家河沿　南二八三八
益世报　玉皇庙街　南一九九五
益民报社　宣武门外校场六条胡同
晨报社　丞相胡同　南一八八六
惟一日报社　香炉营头条胡同　南一三四八
商业日报　取灯胡同　南六九〇　七五二
陆海军日报　东城大佛寺武学社内　东一二三三
都报　储库营
都门新报　南新华街安平里
国是报　潘家河沿　南一二一四
国强报　海北寺街　南三一一〇
国报社　南柳巷　南一九六九
国际新闻社　东单新开路　东三一四八
顺天时报　化石桥　南一〇三五　南一一三五
华同日报　西单手帕胡同
华京日报　崇文门大街
黄报　宣武门外大街
道心报社　宣武门外校场六条胡同
蒙边日报社　米市胡同　南一六九二
爱国白话报　西草厂　南五二
群强报　樱桃斜街　南五〇三
群报社　椿树三条　南三二四二
新民报　万源夹道　南二九四
新京报社　西河沿五斗斋　南二三二四
新社会报　宣武门外棉花头条
新亚洲报社　宣武门外大街　南一七〇

新晚报 宣外棉花下七条 南一六八〇
新华日报社 香炉营头条胡同 南四六五
新兴中报 贾家胡同
统一日报馆 香炉营头条胡同 南一七〇一
实事白话报社 铁老鹳庙 南一一八六
经世报社 西单北大街
燕京日报 前门内半壁街
舆论报 香炉营
声报社 前门内中街东口
觉报社 宣武门内刚家大院 西一五七八
铁道时报 椿树三条
铎声报社 椿树二条胡同 南一八六七

三 洋文报

北京英文日报 东单牌楼镇江胡同 电话东二七〇
北京导报 东城煤渣胡同 东一二六八 一六四一
法文新闻报 东城甘雨胡同 东一六四
英文华北正报 崇文门内船板胡同 东二二二〇
纽约希鲁报 东交民巷

四 通信社

大同通信社 香炉营四条胡同 电话南一四九八
大陆通信社 前门外西河沿 南三六六二
中央 永光寺西街 南四六八
中央政闻社 永光寺中街 南二一六〇
中和通信社 前门内北新华街
中美通信社 东四石大人胡同 东二七七五
中国 北柳巷
民生通信社 前门内北新华街

民国通信社　宣武门内东城根　西二二九三
北方通信社　宣武门外南半截胡同　南七二七
北京通信社　前门外延旺庙街　南二九〇四
北京华俄通信社　东交民巷桂乐第一楼　东二〇一四
共同　东单新开路　东五四一
亚东　棉花二条　南二四五一
庚申通信社　南池子葡萄园　东二三一〇
东大陆　东单牌楼新开路　东二二四六
东方通信社北京支社　东单西观音寺　东一一二一
东亚通信社　西单牌楼北灵境
神州通信社　南横街中间　南二八七六
曾子延记电器行通信处　前门外南芦草园　南一一三九
路透电报公司　东长安街　东一四一二
远东通信社　东太平街天仙庵　西二三六五
新民　朝阳门内小街井儿胡同　东一四九二
新华通信社　东柳树井大街　南三六一四
寰瀛通讯社　南魏胡同
经济通信社　前门内花园大院　南三五五八

五　派报社

中华派报社　木厂胡同　电话东一六一八

六　广告部

中华广告部　大安澜营　电话南二五七七
沈捷臣广告部　西砖胡同　南二五二三
赵松岩　新华街　南二二四三

七　杂志

大学日刊　东安门内北河沿

四存周刊　府右街路东
交通丛报　霞公府　电话东一〇五八
官话注音字母报　宣武门外徽州馆
军事月报　安定门大街
救世报　编辑部西堂子胡同　印刷部东四牌楼灯草胡同
清华学报　清河清华园
海军杂志　东四牌楼十条
海潮音月刊　东城大佛寺　东一九六一
侨学杂志社　东单三条胡同
新华周刊　北新华街北口
道德杂志　西单牌楼头条
实业周刊　前门内安福胡同
铁路协会会报　西长安街
体育季刊　西四牌楼北大街
监政杂志　西草厂　南一六一九

仪器文具类

一　学校仪器所

北京教育品仪器所　琉璃厂路南　电话南八八〇
亚西博品社新书仪器所　琉璃厂东南园　南七七四
京华教育用品公社　琉璃厂　南二九〇三
协和博品馆新书仪器所　琉璃厂大沙土园　南七七二
海王商店　南新华街
教科博品社新书仪器所　琉璃厂路北　南七三九
锦章图书局新书仪器所　打磨厂

二　笔墨店

一得阁（墨汁）　琉璃厂路北　电话南二一四五

三元阁　东华门外金鱼胡同
丹桂斋　护国寺街路北
仁昌斋　打磨厂
王文升　琉璃厂
王文升　打磨厂
文元魁　烟袋斜街路北
文升堂　打磨厂
世化堂　西四北大街
北三元　隆福寺街
正明升　打磨厂
生花斋　珠宝市
老胡开文（笔）　琉璃厂中间　南二一七四
助文魁　珠宝市
李文魁　珠宝市
李玉田　琉璃厂
李自实　珠宝市
秀古斋　琉璃厂
青莲阁　琉璃厂路北
姚万源　打磨厂
胡竹溪　杨梅竹斜街
胡开文　琉璃厂
胡敦元　打磨厂
胡魁章　琉璃厂
马殷元　崇文门大街
崔文魁　西单北大街
连三元　隆福寺街
连生元　安定门大街
崇汉斋　打磨厂
贺莲青　琉璃厂

愚得阁（兼墨汁）　琉璃厂
詹大有　打磨厂吉顺店
詹大生　打磨厂义顺店
詹大生悦记　打磨厂
荣升斋　打磨厂
毓文堂　打磨厂
震兴魁　杨梅竹斜街
德润斋　宾宴华楼
戴月轩　琉璃厂
宝光阁　琉璃厂
邓正太　琉璃厂

三　墨盒店

大德阁　琉璃厂
元明斋　琉璃厂
天义德　杨梅竹斜街
天兴合　琉璃厂
同古堂　琉璃厂
全盛号　打磨厂
全聚号　打磨厂
两明斋　琉璃厂
东兴永　打磨厂
明远阁　琉璃厂
清源斋　琉璃厂
砚华斋　琉璃厂
万和祥　西河沿
万顺兴　琉璃厂
万聚和　琉璃厂
万丰号　琉璃厂

瑞珍斋　琉璃厂
义元斋　琉璃厂
义合成　杨梅竹斜街
义和公　打磨厂
义成号　琉璃厂
聚隆号　琉璃厂
聚兴斋　杨梅竹斜街
魁顺号　打磨厂
导古斋　杨梅竹斜街
澄云阁　琉璃厂
德利成　打磨厂
德泰永　打磨厂
德顺成　打磨厂
德义成　打磨厂
德聚永　打磨厂
兴文阁　琉璃厂
翰元斋　琉璃厂
双盛兴　打磨厂
鉴古斋　杨梅竹斜街

土木建筑类

一　工程司

何士工程司　南池子大苏州胡同　电话东一二八八
沈德工程司　东单牌楼观音寺　东一一一九
升昌忠记工程师　灯市口　东一八六〇
雷虎工程司　盔甲厂　东一〇八〇
鸿林工司　米市胡同　东一八九七

罗工程司　东四牌楼北大街西铁狮子胡同　东一二〇三

二　工程处

大中营造公司　麻线胡同　电话东一四九五
北京建筑公司　东单羊肉胡同　东三一一二
升昌工程处　东单牌楼大街
松元工程局　崇文门内盔甲厂　东四〇七
协成建筑公司　东长安街迤北霞公府西口　东四二七
协成建筑公司工坊　齐化门大街　东二八四
恒生工程处　西单甘石桥　西二三二一
开成土木公司　西单报子街　西二〇九二
华伟公司建筑部　西长安街　西二四五三
复兴成　西单牌楼北甘石桥路西
嘉礼裕中营造公司　东总布胡同　东一七八二
履大（电器工程）　东四牌楼南大街　东二六八八
临记工程事务所　西交民巷临记洋行楼上　南四七〇
泽山工程总局　东单牌楼二条　东四五〇
泽山工程局　东单牌楼新开路　东七三六
鸿美建造公司　东观音寺大草厂　东三〇六二
鸿美建造公司　东单观音寺大草厂　东三〇六二

三　凿井局

中华　宣武门内口袋胡同
泰和　崇文门大街

四　木厂

人和　缸瓦市
三益　东四牌楼东路南
三义　交道口南大街

三义和　鼓楼东大街
大顺　北新桥西路南
大义　大佛寺北路东
大德　北新桥西路北
大德生　交道口　电话东一三二七
大丰　甘石桥路东　甘石桥路西
中义　王府井大街西
中兴　新街口南大街　西二〇二八
仁昌　北新桥西路北
仁记　南小街后拐棒胡同　东一五九六
元升　新街口南大街
元和　交道口西路南
元顺　王府井大街北　东三二七五
元兴　兴隆街　南三二九一
公和成　东四牌楼猪市
公和号　北新桥西路南
公益　宣武门外大街路东　南一七二九
公兴顺　沟沿头官帽司胡同　东六六八
天元　鼓楼东大街
天成　新街口南大街
天成　北新桥西路南
天和　西四牌楼南　马市大街宽街　东二七〇四
天和　锦什坊街
天林　北新桥西路南
天泉　西单牌楼堂子胡同　西九〇一　西单牌楼北路东
天茂　鼓楼东大街路北
天顺　内务部街　东五一四
天裕　正阳门外东大市
天源　石老娘胡同

天福　大佛寺北路东
天聚　正阳门外东大市
天增　地安门外宝钞胡同　东二六八九
天德　王府井大街东
天德　南兵马司街西
天丰　鼓楼东大街路北
天丰　鼓楼东大街
天丰局　西安门外大街
正兴　李铁拐斜街
北京木料公司　西珠市口　南二八九四
北和盛　北新桥西路北
永成　正阳门外东大市
永恩　大佛寺北路东
永祥　西交民巷
永义　东四牌楼东路南
永源　崇文门外瓷器口
永聚兴　北新桥西路南
永增　北新桥西路北
永德　鼓楼东大街
永兴　东四牌楼东路南
永兴　无量大人胡同　东三三〇六
永兴　彰仪门内小土地庙　南一八八
永兴合　胭脂胡同　南一〇三
永丰　马市大街路东
朱森昌　煤市街　南三四〇六
西原　北新桥东路北
合成　东四牌楼猪市
同利　朝阳门内路北
同和　朝阳门大街

同林　交道口西路南
同茂　东四牌楼迤南
同泰　西单牌楼堂子胡同　西三八九　西单牌楼路东
同义　鼓楼东大街
同发　新街口迤南
同德　西四牌楼缸瓦市　西六九五
同兴永　总布胡同　东一八五九
志兴　新街口南大街
辛和记　户部街　东三一四七
芳胜　西皮市路西
长盛　东四牌楼东路南
丘顺记　东四牌楼南大街路东演乐胡同　东一六一六
昌源　猪市大街
协泰　南小街后拐棒胡同　东二六九
金生　鼓楼东大街
东永　北新桥西路北
东森　骡马市大街
怡和　大佛寺北路西
怡和　宣武门外板厂胡同　东一八七四
松元　南横街中间路南
松泰　大木仓　西二三一四
松楙　北新桥西路南
和顺　崇文门外东小市
和兴　鼓楼东大街路北
和兴　王府井大街东
茂林　正阳门外东大市
信义　三座桥　西一九四七
信义成　琉璃厂东门　南三七九
恒利　西四牌楼西路南

恒茂　宽街中间　东九二七　正阳门外东大市

恒茂（兼棺材车轴）　西大街

恒春　宣武门外椿树胡同

恒顺　西大街

恒源　王府大街

恒兴　骡马市大街

春利厚　草市街

桐源　石牌坊大街　东一〇五一

峻德祥　宣武门内路东

泰丰　西河沿中间　南九二二　甘石桥路东

益昌　绒线胡同　西二五一一

益顺　禄米仓　东五二九

振亿　铁门　南三二〇

振亿东　米市大街　东二六〇

振兴　东厂胡同　东一一九　东华门北池子

乾兴　琉璃厂

启泰　北新桥西路南

开成土木公司　报子街　西二〇九二

祥利　北新桥西路南　北新桥西路北

祥和　西四牌楼羊市大街　西六〇九　东四牌楼路南西四牌楼路南

祥升　东安门外丁字街北

祥顺　陟山门大街路北

祥盛　西四牌楼西路南

祥盛兴　东四牌楼东路南

祥盛兴　朝阳门大街

祥源　西四牌楼西路南　交道口西路北

华记　本司胡同　东一八〇八

涌源（兼竹）　瓷器口　东一五〇二

贵寿　东珠市口大街　南二二一六

景生采木公司　北新桥南街梯子胡同

景和义　王府井大街　东一一四四

顺兴　宣武门外大街路东　西四牌楼南

顺泰　新街口迤南

富森　北新桥西路南

富源　北新桥西路南

富兴　香厂大川路　南二二三五

复隆　北新桥西路南

复隆（兼寿材）　交道口东街

复源号　草市街

隆茂　交道口西路南

隆茂　新街口南大街

隆昌　安福胡同　西二二九一

隆顺　鼓楼东大街

隆盛　鼓楼东大街

隆义　鼓楼西大街路北

隆聚　护国寺街仓夹道内

隆兴　西四牌楼西路南

裕林　西单北大街

裕和　果子市南

裕顺　崇文门外东晓市

裕源　安定门内簸箩仓东

裕源　东华门外北皇城根

裕源　灯市口　东七四六

万昌　宣武门大街　南七三一

万顺　交道口南大街

万顺　广安门内大街

万顺兴　朝阳门内大街　东一五九六

万义祥　西珠市口
万义升　大佛寺北路东
万兴　宣武门外米市胡同　南一九六七
万丰　鼓楼东大街
万丰　交道口西路北
瑞兴　崇文门内孝顺胡同　东一九六四
汇东　西四牌楼缸瓦市
新泰　石大人胡同　东二六七　江擦胡同　东七八〇
源和　西四牌楼西路南
源和　羊市大街
源泰　东单观音寺　东二四六七
源盛　交道口西路北
义成　佟府夹道　东五八八
义成　灯市口
义昌合　王府大街
义祥　五老胡同　东六二九
义盛　宣武门外大街路东
义顺　东四牌楼东路南
义隆　东单牌楼路东
义兴　东四牌楼东路北
义兴　东安门内大街
义丰　崇文门大街
福泉　鼓楼东大街
荣昶　东直门内大街西头北新桥　东三一六
聚升　西四北大街
聚顺　崇文门大街
聚顺和　鼓楼东大街
聚兴　西四牌楼北路西车儿胡同　西二三四九
聚兴永　交道口东街　交道口大街　东一〇八七　沟沿头

官帽司胡同　东二四六八　北新桥西路南

蔚昌　北新桥南大街

宝兴　地安门西皇城根　西五九三

郑泰祥　宽街中间　东九〇三

增茂　崇文门外瓷器口

增盛　北新桥东路北

增顺　东单牌楼路东

庆昌　王府井大街北

庆茂　北新桥东路南

庆顺　交道口　东二六〇八

庆寿　崇文门外东晓市

广利　西四牌楼马市

广利　西单北大街

广和　西四牌楼西路南

广茂　东四牌楼迤南　北新桥西路南

广泰　正阳门外西河沿路南佘家胡同　南三三一四

广裕源　王府井大街东

广盛　王府井大街北

广顺　骡马市　南一〇一六

广顺　王府大街

广顺　北新桥西路南

广义　宣武门大街　南二二三六

广德恒　西单北大街

广德恒　粉子胡同　西二五一四

广德号　东华门外丁字街南

广兴　朝阳门大街

广兴　西单牌楼北路东　交道口西路南　东单牌楼米市大街

广丰　王府井大街北

德成　崇文门外瓷器口

德利　景山后大街路北

德和　灯市口大街南

德和永　东珠市口大街　南一九〇六

德昌　宣武门内大街

德茂永　虎坊桥大街

德升　灯市口东大街　东一九五七

德顺　王府井大街路东

德新　宣武门外骡马市大街　南一八六六

德源　东四牌楼东路南

德源　朝阳门大街

德义　新街口南大街

德兴　东华门内路北　西四牌楼南　西一四九七

德丰　朝阳门大街

德丰　绒线胡同　西一六七四　德胜门果子市北　东四牌楼路南

润记　崇文门大街　东一六六七

豫源　东四南大街

兴隆　西四牌楼西路南

兴隆玉　正阳门外东大市

鸿林工司　米市胡同　南一八九七

鸿昌　北长街北头

鸿盛　宣武门外大街路东

鸿茂　西单北大街

鸿庆　交道口南大街

双盛　东四牌楼东路南

双盛（兼嫁妆寿材）　朝阳门大街

艺和　府右街灰厂　西一八六一

宝恒　前孙公园　南二九八四

宝寿　甘石桥路西　西二六七

五　生料厂

三和（兼竹货）　崇文门外花市大街　电话东四五三

三德　西长安街路南　西一二七

大德　北新桥西路北

大顺　北新桥西路南

天成　交道口东街

公和　北新桥西路南

仁昌　北新桥西路北

仁昌　交道口东街

北和成　交道口东街

永泰　鼓楼东大街　东一七九四

永益公　天桥迤北路东　南一三七四　珠市口内大街　南二七〇四

永通　草市　南一八六

永钰　前门大街珠市口南　南二五二四

永聚兴　北新桥西路南

永增　北新桥西路北

松楙　交道口东街

东永　北新桥西路北

协茂兴　宣武门外西城根　南二八六三

信记　西珠市口大街　南一五八八

恒兴　打磨厂　南二九五三

春利厚　草市大街　南二七九七

俱顺　交道口大街　东一〇三八

俱顺栈　鼓楼东大街

启泰　交道口东街　东四三一

祥利　北新桥西路南　北新桥西路北

复隆　鼓楼东大街北
裕丰　鼓楼东大街北
万益祥　西珠市口大街　南七七五
富森　北新桥西路北
富源　北新桥西路北
义祥永　宣武门内大街
瑞增　交道口东街
辅顺　虎坊桥　南三二九九
聚兴永　北新桥西路南
聚顺　交道口西路南
聚顺栈　鼓楼东大街北
聚合　鼓楼东大街　东二四五四
聚源　交道口东街
聚兴　新街口南大街　西二八〇
庆顺　交道口东街
庆兴　西单北大街
广利　西四牌楼马市　西一一一
广顺　骡马市大街　南一九九三　北新桥西路南
广兴　崇文门大街
德利西厂　交道口东街
德茂　鼓楼东大街
德茂永　虎坊桥　南二五三七
德义成　南小市　南一九四一
德庆永　东单牌楼羊肉胡同　东二九七
德兴永　崇文门大街
锦祥茂　花市大街　东四八三

六　油漆作

三义油漆局　王府大街

天顺局　鼓楼东大街路南
永成局　缸瓦市
永盛　交道口南大街
永德局　西单牌楼北路东
忠利号　西单牌楼北路东
长升局　宣武门内大街
长义局　缸瓦市路东
明顺局　西珠市口
明顺局　北新桥西大街南
和合局　东四牌楼本司胡同
和成局　王府大街
和源局　鼓楼东大街路北
恒茂局　马市大街
春华斋　西单牌楼北缸瓦市路东
春义局　崇文门大街
顺成公　杨梅竹斜街
复兴成　西单北大街
万成永　东四北大街
万宝斋　琉璃厂路北
新盛斋　杨梅竹斜街
源兴局　东四牌楼东路南
寿春局　东单牌楼观音寺
魁兴公　杨梅竹斜街
福和局　朝阳门大街
福顺局　西单牌楼北路西
德泉斋　杨梅竹斜街
德春局　缸瓦市
德升斋　西河沿路北
双盛局　五道庙街

七　漆铺

永成隆　大栅栏路南
永茂　骡马市　电话南三五八三
永盛号　鼓楼东大街路北
泰山源　东珠市口内
乾泰义　杨梅竹斜街
万和号　正阳门外观音寺路南　南一四四五
万裕号　廊房头条　南一〇九八
德源　山西街地藏寺　南一四五四

八　石版厂

华兴　崇文门外羊市口路东中四条胡同　电话东一五〇六

九　石瓦厂

德成　宣武门外西城根
广聚　宣武门外西城根

一〇　石厂

大成　阜成门外大街
三益　朝阳门内路南
三盛　大佛寺北路西
三义　广安门内大街
永大　北新桥南大街
永山　王府井大街西
永安　东四牌楼东路北
永利　交道口南路西
永泉　鼓楼东大街路北
永茂　阜成门内大街

永茂　西四牌楼西路南
永泰　北新桥南大街
永顺　西直门内大街
永德　鼓楼西大街路南
利顺　西安门外皇城根
恒义　西单牌楼北缸瓦市
信义盛　灯市口
泰来成　西四北大街
益丰　西四牌楼北　电话西三一二
华兴（电光石）　东西北大街
顺兴　广渠门内大街
顺成　广安门内大街
隆泰　西四牌楼西路南
隆义　北新桥西路南
隆兴　西安门外迤北
万顺　缸瓦市
源兴　西单牌楼北缸瓦市
新华　花市　正阳门东大市
瑞升　广安门内大街
义成　朝阳门大街
义盛　东四牌楼东路南
荣升　甘石桥
聚山　阜成门内路南
聚顺　西四北大街
广利　朝阳门大街
广聚　鼓楼西大街路南
德山　东四牌楼南路东　东二三二四
德成（兼瓦）　宣武门外西城根　南二七三六
德泉涌　新街口西大街

德义 交道口南路西
双聚 崇文门外花市
宝兴 西单牌楼北缸瓦市

一一 灰栈

大成 宣武门外西城根
德成 宣武门外西城根 电话南二七三六

金属品类

一 五金工厂

万德栈 骡马市大街 电话南六六二
万庆成 花市大街 东三一七

二 五金行

三益泰 崇文门外大街中间 电话东一三二四
元昌 新开路西口俄国大楼 东三七〇
仁记 西交民巷 南二五三二
天盛德 西皮市街西 南二五二四
天增义 木厂胡同 南三二七六
公聚德 花市西口内 东七〇四
永昌 崇文门外上四条
全兴局 地安门外大街 东二一一
同立（兼电料） 西四牌楼 西一三四〇
同合泰 东茶食胡同 南二八二八
同祥利 东单牌楼路西 东一九九八
同顺成（兼电料） 西四北大街
同义德 打磨厂路北 南二六六七 一四五二

同义德　巾帽胡同　南一四五二
成记　陕西巷中间　南三二一四
和记　布巷子路东　南二九三二
松茂　宣武门内大街
忠记新号　打磨厂　南四〇三
信昌　崇文门外大街和众里　东二九七
春立　西珠市口三义店　南一一二〇
祥盛德（兼磁）　地安门外大街
复兴局　西交民巷路北　南一四〇三
华泰西　正阳门大街路西　南三四五八
华兴东　东单牌楼船板胡同
万和成　崇文门外瓜市大街　东一一二四
成聚号　崇文门外路西
万庆成　花市大街路北　东三一七
万庆和　崇文门内木厂胡同　东一七八九
万德栈　骡马市大街　南六六二
万德号　虎坊桥大街　南三二一
万丰泰（兼煤油）　东茶食胡同　南六二二
瑞丰号　朝阳门大街
义和成　崇文门外瓜市大街　东六六七八
义信成　前门大街　南四二五
义聚栈　东单牌楼路东
义兴栈　打磨厂
义丰号　东四牌楼头条胡同　东二二五二
聚益　正阳门内后红井　南三三六六
荣发（电镀厂）　北官园北头　南二六二七
铨镃鑫　煤市街　南三一七一
福盛德　长巷上四条崇直观大街　南二八〇二
广元亨　巾帽胡同　东一三八八

德聚　崇文门外大街　东二三三一　三二〇七

庆成德　朝阳门大街

庆和祥五金公司　崇文门外大街　东四七三

锦记　杨梅竹斜街　南二〇五一

鸿昌德　崇文门外大街　东九九五

翼记　廊房头条胡同　南二八五

三　铜铁工厂

大新　崇文门外月墙

三盛和　骡马市大街　电话南三二八五

三兴　宣武门内大街

中茂　崇文门外月墙

北三盛　德胜门内大街

永增　正阳门外长巷三条胡同　南二五三七　打磨厂　南三三八五

同祥利记　崇文门大街

同祥泰　崇文门大街

同盛祥　缸瓦市　西二一〇四

致顺号（铜）　菜市口迤东

启发顺　樱桃斜街路北　南二五七一

华记　绒线胡同

华得胜　宣武门内大街

万合　宣武门外铁门路西

万成　宣武门外大街　南二三八三

广源亨　巾帽胡同　东一三八八

德祥和（兼机器）　缸瓦市

德聚　麻线胡同　东七〇六

四　铁工厂

三益　崇文门外西月墙　电话东二六〇二

三盛　崇文门外大街
三盛合　虎坊桥大街
三义　崇文门外西月墙　东二六〇二
三兴　宣武门内大街　西七九七
大丰　东四牌楼大街
中华　东四牌楼南路东
文胜号（兼电镀）　崇文门大街
天佑兴　崇文门内大街
天聚祥　崇文门外月墙
北三盛（铸锅）　德胜门内大街
永泰　王府井大街　东二七一五
永丰机器铁工厂　西河沿（后河沿）　南一二七五
同利成　西四北大街　西一五七七
同祥利（洋铁）　东单牌楼大街　东一九九八
同聚　朝阳门大街
亨记　鲜鱼巷　东二二七二
彤记　西交民巷羊毛胡同　南二八六一
利兴　崇文门内大街
东魁　东直门内北新桥南大街
京华铁工厂　猪市大街
昌升永　东四南大街　东七一一
昌记　东四南大街　东一九五五
升昌（铸锅）　德胜门内大街
升昌永　灯市口大街　东七一一
升昌忠　灯市口　东一七五三
升泰（铸锅）　德胜门内大街
恒利兴　西单北大街
祥利　打磨厂　南九五六
顺利　崇文门大街

顺利　东单牌楼北路西　石牌楼　东一四〇三
华田　新街口南大街　西一一八七
华庆　缸瓦市
裕昌　苏州胡同　东六〇一　苏州胡同　东三〇二
万昌　东四南大街　东二九一五
义合盛　东四南大街　东二九一五
义和盛　炒面胡同西口　东二九一五
义顺成　西珠市口　南二三四八
义兴　王府井大街　东三一一六
魁元　西四牌楼北大街
聚盛　崇文门大街
荣利　船板胡同　东五四四
荣盛　东单牌楼北路西
荣兴　打磨厂　南二四四一
实业铁工厂　东四牌楼南　东三〇九五
德盛局　宣武门外大街　南二八五八
德华　宣武门外骡马市　南三三七八
德聚　崇文门内大街
临记　东单牌楼大街　东八六四
镇东　崇文门外西月墙　南九四七

五　拔丝作

永顺局　廊房头条鸟枪胡同
合义堂　鸟枪胡同
全顺堂　鸟枪胡同

六　包金作

三和　新街口南路西
三和局　排子胡同

三义号　三府菜园
三聚兴　三府菜园
元泰顺　地安门外大街
天利号　东四南大街
文成斋　排子胡同
四义　弓箭大院
北天成　安定门大街
立成号　三府菜园
玉泰和　排子胡同
老松盛　鸟枪胡同
永合　新街口南路西
永利　新街口西路北
永昌厚　三府菜园
合盛号　三府菜园
同源　弓箭大院
同聚　弓箭大院
全顺兴　廊房头条鸟枪胡同
全聚　弓箭大院
利兴局　三府菜园
忠信厚　三府菜园
长兴局　东四南大街
恒盛和　三府菜园
益源　弓箭大院
启盛号　鸟枪胡同
隆和号　三府菜园
隆聚和　三府菜园
裕兴局　鸟枪胡同
复兴隆　排子胡同
万德　东四南大街

华茂　弓箭大院
华兴　三府菜园
新和永　新街口南路东
新和永　新街口南大街
瑞升局　鸟枪胡同
瑞源号　三府菜园
义昌号　三府菜园
义聚　弓箭大院
聚兴　弓箭大院
聚义　东四南大街
庆顺　弓箭大院
庆丰　弓箭大院
德华楼　三府菜园
德庆　弓箭大院
仪珍局　排子胡同
双和　北新桥北路西
双兴　弓箭大院
宝华　东四南大街
宝兴　弓箭大院

七　錾金作

天恩局　廊房头条鸟枪胡同
天顺局　鸟枪胡同
天华局　鸟枪胡同
永顺局　鸟枪胡同
全顺局　鸟枪胡同
新华局　鸟枪胡同

八　机器庄

公记　鲜鱼口

丹商文德机器公司　东总布胡同　电话东一一三〇

全记　东华门外八面槽

西门子电机总厂　东西牌楼南大街路西灯市口　东二五六

茂记胜家公司缝纫机器　地安门外大街

益记　东单牌楼路东

胜家公司缝衣机器　正阳门外东河沿　南二四七　鲜鱼口内小桥　南二〇八　地安门外　羊肉胡同西口外　东七三九

达明森记　八面槽

荣立机器厂　崇文门内船板胡同

宝记　宣武门内路东

九　金钻局

罗恒泰　打磨厂

罗兴泰　肉市北口

罗鸿泰　肉市北口

一〇　金箔店

同义厚　廊房二条

万聚号　打磨厂

一一　捶金铺

三义号　打磨厂

泰源号　打磨厂

苏义聚　打磨厂

一二　铜器铺

同义楼　廊房头条

全和号　打磨厂

全义楼　打磨厂

协聚成　打磨厂
恩和号　打磨厂
复聚号　打磨厂
隆和成　打磨厂
万顺成　打磨厂
万顺和　打磨厂
万丰成　打磨厂
源丰和　打磨厂
鸿贤号　打磨厂
双聚生　打磨厂
竞新厂分售处　青云阁

一三　白铜铺

元成局　阜成门内路北
北天成　安定门内路东
聚成号　打磨厂
锦记　宾宴华楼内

一四　红铜铺

三义和　崇文门外大街
正源号　崇文门外花市
永茂兴　西单牌楼路西
永盛号　东四牌楼南路西
永泰聚　地安门外路东
永泰兴　地安门外路东
永泰号　崇文门外大街
同盛公　东四牌楼西路北
同盛号　东四牌楼铜铺大院
和盛号　西四牌楼西路南

珍成斋　阜成门大街
海兴成　阜成门大街
泰山号　东四牌楼东路北
泰德号　安定门大街
复兴源　打磨厂
隆聚和　打磨厂
万恒号　东四北大街
万升号　阜成门内路南
万丰公　打磨厂
源聚永　东华门外路南
源顺成　东单牌楼北路西
荣和号　东四北大街
聚兴隆　新街口蒋养房内路北
广聚兴　西单牌楼路西
龙海成　西单牌楼路西
双聚号　打磨厂
双盛合　东四牌楼北大街

一五　黄铜铺

三聚合　宣武门内大街
永发号　杨梅竹斜街
同合　鼓楼东大街
同祥号　打磨厂
同丰成　李铁拐斜街
同丰号　地安门外大街
利成号　打磨厂
恩利号　鼓楼东大街路北
泰德号　安定门内大街东
万庆永　东四牌楼猪市

万龙号 朝阳门大街
源利永 东四牌楼东路南
义兴号 东四南大街
广盛永 朝阳门大街
广兴楼 地安门外大街西
兴隆号 打磨厂
龙泉号 朝阳门大街
双盛和 西四北大街
宝兴号 羊市大街

一六 铜锡店

三合兴 朝阳门大街
三和公 东四牌楼东路南
三义号 朝阳门内路北
天盛源 新街口南大街
玉元长 正阳门外东大市
玉顺长 正阳门外东大市
永昌号 打磨厂
永庆成 鼓楼东大街北
合义号 打磨厂
松茂号 东四牌楼东路南
东庆成 朝阳门外大街
泰德公 安定门内路东
益元丰 正阳门外东大市
益泰号 朝阳门内大街
顺兴成 交道口西大街
万昌号 正阳门大街路西 电话南三三〇九 打磨厂
万顺成 正阳门外东大市
义顺成 正阳门外东大市

义聚成　阜成门内路北
德元恒　东四牌楼南路东
德茂成　东四牌楼东路南
德顺号　安定门内路东
兴顺成　正阳门外东大市
兴聚成　正阳门外东大市
鸿兴号　安定门内大街
谦德号　东四牌楼东路北
谦德号　朝阳门大街

一七　锡店

公利号　正阳门外肉店
玉成公　正阳门外东大市
永成号　东华门外大街
合义号　正阳门外东大市　打磨厂
恒聚成　西单牌楼锡拉胡同
益源丰　正阳门外东大市
祥聚泰　西单牌楼锡拉胡同
万成号　东华门外大街
义成公　正阳门外东大市
源聚成　东珠市口
庆兴公　正阳门外东大市
广昌号　正阳门外东大市
广兴号　正阳门外东大市

一八　铅铁铺

五和号　东四南大街
永增　西四北大街
永兴　东四南大街

全兴局　东四南大街
同裕德　东四北大街
同兴号　东四南大街
利兴永　西四北大街
和义　东四北大街
恒升益　地安门外大街
恒和永　八面槽
华宾　东四北大街
华复兴　东四北大街
华盛永（兼电石）　宣武门内大街
万华西记　宣武门内大街
万顺成　崇文门大街
瑞兴隆　西四北大街
义和成　新街口南大街
义兴号　东安门外大街
福昌局　西单北大街
聚兴隆　宣武门内大街
广明长　安定门大街
广顺成　东四北大街
德顺永　崇文门内大街
德顺祥　西四北大街
德盛源　宣武门内大街

一九　铁铺

大新号　崇文门外月墙
三和号　东四牌楼东路南
三聚成　东珠市口
四和顺　崇文门大街
永顺　新街口南大街

永隆号　东四北大街
永聚成　东珠市口
永兴号　交道口东街
永丰号　崇文门外大街
合兴号　西四北大街
同和祥　安定门内路西
同聚号　东四牌楼东路南
同兴和　安定门内路西
成兴号　崇文门外花市
宏兴泰　柳树井
和丰号　崇文门外大街
保利　西四北大街
恒利　鼓楼东大街
恒利兴　西单牌楼北缸瓦工市
恒茂号　安定门内路西
恒盛号　鼓楼东大街路北
恒发号　缸瓦市
振兴泰　东珠市口
振兴泰　柳树井
振兴号　八面槽
崇慎号　打磨厂
祥聚号　西四北大街
隆义号　西单北大街
裕兴隆　羊市大街
万庆成　崇文门外花市
义和成　崇文门外大街
义顺号　安定门内路东
义兴德　崇文门外大街
聚成号　北新桥西路南

聚茂　东四北大街
广兴　宣武门内大街
庆发号　新街口南大街
庆聚兴　西单北大街
德顺成　崇文门大街
德盛号　东四牌楼东路北
德隆永　崇文门内大街
德发号　东四牌楼南路西
德聚成　东四牌楼东路南
德兴号　阜成门内路北
兴隆号　宣武门内路西
丰玉成　崇文门外大街

二〇　铜丝铺

天元成　打磨厂
天庆美　打磨厂
永茂隆　崇文门外四条
瑞丰厚　打磨厂
德泰昌　崇文门外四条

二一　铁丝灯笼铺

和通斋　廊房头条
松茂泉　东珠市口
顺兴长　椿树胡同西口
宝兴斋　虎坊桥湖广会馆

二二　针店

三和成　崇文门外四条
仁和号　崇文门外大街

永和号　东珠市口
玉隆号　崇文门外四条
正兴和　崇文门外四条
隆兴昌　打磨厂
义和成　崇文门外四条
义兴成　崇文门外四条

二三　刀剪铺

一兴同　宣武门外月墙
三合公（有三家）　均东四牌楼猪市大街
三合号　宣武门外月墙
三泰号　打磨厂
三顺义　东四牌楼猪市大街
三聚兴　东四牌楼猪市大街
王麻子（有二家）　均打磨厂　宣武门外大街南头珠宝市
天利永　朝阳门外大街
天成号　西直门内大街北
天和公　崇文门外和众里
天和顺　崇文门外和众里
天盛号　崇文门外上四条
正兴号　打磨厂
永和成　朝阳门外大街
永盛号　东四牌楼东路北
永盛义　朝阳门内大街
西同顺　西四牌楼南路西
西顺德　缸瓦市
全盛号　西河沿
全兴号　交道口南大街

同泰号　打磨厂
同盛义　东四牌楼猪市大街
同顺号　打磨厂
同兴顺　鼓楼东大街路南
同兴号　北新桥西路南
汪麻子　宣武门外大街南头
宏兴号　宣武门外月墙
旺麻子　宣武门外大街南头
东顺兴　东四牌楼猪市大街
和盛号　米市大街路东
恒兴义　打磨厂
顺兴号　西直门内路北
张公道　正阳门大街路东
张公盛　正阳门大街路东
义合永　西四北大街
义和顺　崇文门外上四条
义兴号　朝阳门内大街
聚盛号　崇文门外上四条
广盛号　隆福寺街
德盛永　崇文门外和众里
德盛号　东四牌楼东路北
鸿顺永　安定门内路东
鸿盛号　北新桥西路南
宝兴号　朝阳门外大街

二四　铡刀铺

天泰号　朝阳门内大街南
天德号　王府井大街路西

二五　药刀铺

三合号　东四牌楼西路南

三元号　打磨厂

三泰号　打磨厂

王麻子　宣武门外大街南头　打磨厂　青云阁　珠宝市　骡马市

中兴德　打磨厂

玉盛号　打磨厂

正兴号　打磨厂

同泰号　打磨厂

李北顺　打磨厂

和盛号　米市大街路东

长泰号　打磨厂

旺麻子　宣武门外大街南头

段麻子　打磨厂

恒泰号　打磨厂

恒兴义　打磨厂

隆兴云　打磨厂

义和德　打磨厂

德兴号　东四牌楼西路南

兴隆号　东四牌楼西路北

二六　剃刀铺

和盛号　崇文门大街

二七　麻刀铺

三和号　新街口南大街

天和永　灯市口　电话东二三六五

天聚公　阜成门内路北
天德合　西四北大街
永顺成　崇文门大街
吉顺昌　八面槽
同盛福　钱粮胡同东口　东二八二一
同义和　西大街
东兴顺　西直门大街
恒源　宣武门内大街
洪兴　齐华门内南小街　东二五六九
泰山恒　西交民巷东头路南
祥和益　交道口南大街
顺义　宣武门外大街南头
隆裕号　鼓楼东大街
义盛　崇文门外蒜市口大街　东二二九五
德盛号　锦什坊街
兴盛号　东四北大街
丰义盛　王府井大街　东二二六五

二八　蹄铁铺

大兴号　安定门内路西
三祥顺　宣武门外路西
天义合　灯市口
天兴号　阜成门大街
永利成　王府井大街西
永顺号　崇文门外大街
永发号　蒜市口
永兴号　安定门内路东
万成号　东单牌楼路西
万顺号　西单牌楼甘石桥西　宣武门内路西　宣武门外

路西

义顺号　东四牌楼猪市大街

源兴号　西单牌楼北路西　西四牌楼北路东

魁盛号　东草市

德元成　德胜门外大街

德泰永　东单牌楼南路东

兴顺号　崇文门外大街

双盛号　东草市

二九　水烟袋铺

公和永　打磨厂

同盛号　打磨厂

同丰泰　打磨厂

振泰兴　打磨厂

义盛斋　廊房头条

德盛局　打磨厂

宝源斋　打磨厂　杨梅竹斜街

织染类

一　纺纱公司

驻京石家庄纺纱公司　正阳门外东柳树井　电话南二六二六

广益纺纱公司　前府胡同　南一九三六

二　棉花庄

三合玉　西单牌楼刑部街口内

三合益　西单北大街

三义公　新街口南大街
三义祥　东四牌楼北大街
三义德　鼓楼前大街路东
大顺恒　花市　电话东二七二三
大顺源　地安门外路东
大顺号　花市
大顺兴　西单牌楼南路西
公泰兴　西珠市口
元丰泰　东四牌楼南路西
中兴公　东四牌楼西路北
天成号　花市
天恩号　阜成门内路北
天庆成　正阳门大街路东
天顺兴　正阳门外观音寺
永和轩　西四南大街
永兴号　南孝顺胡同
同聚号　东四牌楼南路西
同德公　安定门内路西
长盛祥　阜成门内宫门口内
恒顺号　东单牌楼路西
振兴公　安定门大街
晋隆号　新街口西大街
启盛永　北孝顺胡同
通泉号　花市
复兴号　正阳门外观音寺
裕兴号　大蒋家胡同
裕丰号　西珠市口
源成祥　阜成门内路北
瑞记号　地安门外大街

瑞升号　三里河北桥湾
义全泰（兼茧庄）　大蒋家胡同　南二四二三
义记（兼纱）　花市上四条　东一五〇一
义贞号　地安门外路西
义聚永　东珠市口　南三四七
福源号　西单牌楼北路西
聚泰祥（兼广货）　东四牌楼　东二六八五
聚源成　骡马市大街　南一五二一
庆隆德　东珠市口　南二三三七
德隆号　骡马市大街
德兴号　花市
广兴裕　安定门内路西
广兴魁　西四南大街
广兴魁　东单牌楼羊肉胡同

三　织布厂

又中　宣武门内象房桥西　电话西一六一二
日新　瓷器口石虎胡同　南一二五七
元记　崇文门外木厂胡同　南一五二八
公立教养织工厂　博兴胡同
正裕昌　前门外大蒋家胡同　南一四九
共和成　北孝顺胡同
固本（兼毛巾）　崇文门外东晓市
恒隆　魏染胡同　南二三八一
振纶　大蒋家胡同　南三一二
开源（兼呢绒）　烂缦胡同　南一八七〇
祥义　缸瓦市
祥聚　崇文门外上三条　东七三四
华兴织衣公司　沈篦子胡同　西一四三八

朝日　东单大土地庙　东一七七二

华盛　崇文门外上四条　东六六六

华丰（兼漂染）　西柳树井　南二三七八

裕大纺织公司　西单甘石桥　西二六四五

裕华　崇文门外上头条　东二三八四

裕源恒　花市大街　东二六三一

瑞记　铺陈市　南三二六八

义记　打磨厂东

义成　花市大街　东二六四三

实业　下斜街土地庙

福瑞　崇文门外石虎胡同　东一一三一

福源　鼓楼东大街路北

广和义　朝阳门大街

庆集成　德胜门内苇坑胡同

德善　花市宝庆胡同　东一一七三

兴记　西四牌楼北路西

乐善　花市大街

四　织袜厂

正大　东安市场

成记　正阳门外草市街

利足　珠宝市

亚震　缸瓦市　电话西二二一四

恒益　瓷器口北岗子街

普利　潘家河沿

普利　东安市场　东二二四七

振华　东安市场南门

振业第一工厂（兼衣）　前门外宾宴华楼

振业第二工厂（兼衣）　东四北大街路东

国强　东安市场
复兴隆　崇文门外东晓市
裕华　东珠市口
华兴（兼衣）　沈篦子胡同　西一四三八
华兴公司（织品）　劝业场　南三四〇五
华固　鞭子巷三条　南三五〇九
维新　前门内前府胡同
德记　宾宴华楼
震记　崇文门外花市
兴华　青云阁
宝善　西四牌楼北大街

五　毛巾厂

永顺成　崇文门外小市
永兴成　崇文门外花市
利兴恒　崇文门外四条
复元亨　交道口西路南

六　地毯厂

大中　宣武门外下斜街　电话南二八四五
仁立号　灯市口
天立　崇文门外大街路西
永盛号　八面槽
玉增永　崇文门外大街　东二〇五一
亚康　下斜街　南三三二六
美通　东四牌楼西大街　东二八三五
振兴地毡工厂　西安门外大街
祥福永　崇文门外大街　东四一四
祥聚　朝阳门大街

智成　西交民巷扁担胡同
华国　崇文门外东晓市　南三〇九〇
华章　崇文门外东晓市　南二六二八
华盛全　崇文门内大街
华轮　崇文门外木厂胡同　南三五九四
万成永　东四梯子胡同　东一五九八
义生永　崇文门内大街
熙胜　西直门内大街　西二四〇四
德隆厚　什锦花园细管胡同　东二九三四
继长永　崇文门内大街　东一〇七〇

七　地毡庄

王德山　打磨厂
玉山河　崇文门外大街
玉增　崇文门外大街　电话东二〇二一
玉增利　崇文门外大街
永和公　崇文门外大街
永顺号　打磨厂
永义德　打磨厂
同盛德　崇文门外大街
协恒永　崇文门外大街
长盛德　崇文门外大街
泰山永　崇文门外大街
祥福永　崇文门外大街
华美利　崇文门外大街
华盛全　崇文门内路东
万盛永　东华门外丁字街
义生永　崇文门内路东
义和永　打磨厂

广顺号　崇文门外大街
德盛永　打磨厂
继长永地毯公司　崇文门内大街路东孝顺胡同西口　东一〇七〇

八　毡帘铺

久恒号　安定门内大街东
大兴隆　崇文门外大街西
天成号　西安门外大街
永利号　东四牌楼南路东
永信昌　崇文门外花市大街
永顺德　德胜门外大街东
永诚玉　宣武门内大街
世昌号　东四牌楼南路西
吉昌号　东四南大街
全泰永　宣武门内大街
同兴号　东四牌楼西猪市
同聚号　东四南大街
协泰永　东四牌楼北大街
长兴永　鼓楼前大街路东
长盛永　三里河大街路南
恒有号　地安门外大街
恒泰号　西四南大街
恒顺号　西单牌楼北路东
恒兴号　西长安街西口路南
万顺长　灯市口大街路南
源顺成　柳树井
源顺号　西单牌楼北路东
瑞生号　崇文门内大街东

瑞兴号　东四牌楼南大街
聚盛号　东四北大街
广茂源　地安门外大街
德昌　东四北大街
德盛号　西四牌楼北大街
德兴成　朝阳门内大街北
联升号　西四北大街
宝兴号　德胜门内果子市东路南

九　毛毡局

永和成　南横街黑窑厂南坡
永义成　南横街黑窑厂南坡
义聚兴　德胜门内果子市东路南
聚丰恒　南横街黑窑厂南坡
德源　南横街黑窑厂南坡
宝祥号　德胜门内果子市东路南

一〇　织染公司

华兴织衣公司　阜成门内沈篦子胡同　电话西一四三八
华丰织染公司　正阳门外西柳树井　南二三七八

一一　染工厂

永源　猪市大街
振利祥　朝阳门大街
岗本　酱杆白胡同　电话东一九五八　裱背胡同　东一一九七
鸿源　天桥东草市

一二　染坊

大成号　李铁拐斜街

大信号　东珠市口精忠庙街
大顺永　骡马市大街路南
大顺成　西单牌楼南路西
大顺号　正阳门外观音寺路南　电话南二四五六
大聚恒　正阳门外肉市
天顺　宣武门内大街
公义号　花市大街
仁和　地安门外大街
仁和成　东单牌北路东
仁德盛　北新桥南大街
永信成　东草市
永顺公　新街口南大街
永聚号　花市大街
同和　西单北大街
同聚成　瓷器口
同兴昌　西砖胡同法源寺　南二六二六
长顺公　西四牌楼北路东
长丰隆　煤市街
茂盛　地安门外大街
恒茂涌　朝阳门内大街北
恒盛永　朝阳门内南小街
恒裕号　煤市桥
恒聚号　煤市街
振利号　东四牌楼东路南
泰和号　西单牌楼北路西
通盛号　煤市桥
祥顺号　东单牌楼北路东
集盛号　地安门外大街路西
顺泰裕　宣武门外大街

崇盛号　东华门外皇城根
华顺永　东晓市
万聚号　三里河
义成公　东四牌楼南大街
义恒号　鼓楼东大街路北
义裕号　东四牌楼西路北
聚义号　北新桥西路北
福新顺　八面槽
福兴顺　东安门外丁字街
德盛号　安定门内大街路西
德顺号　阜成门内宫门口
德义号　新街口南大街
德兴号　阜成门内宫门口
广元　绒线胡同东头路北
广元号　东四牌楼北大街
广成号　安定门内大街路西
广和号　地安门外大街路西
广兴号　东四牌楼北大街
鸿顺永　安定门内路东
宝丰信　骡马市大街路南

一三　颜料店

三升永　安定门大街
三义公　花市大街
三义永　崇文门外东晓市
三庆永　德胜门内路东
元盛和　打磨厂东
元盛局　打磨厂东
元兴钰　西单牌楼南路西

公信和　杨梅竹斜街
公记号　东珠市口
公盛合昌记　打磨厂　电话南一〇七八
公聚兴　东珠市口
天和永　西单牌楼北路西
天盛永　东晓市
天裕公　骡马市大街
天聚泉　东珠市口
永成公　东珠市口大市街
永盛号　北新桥西路北
永裕号　花市大街
永源号　安定门内路东
永庆号　安定门内路西
永兴公　崇文门外东晓市　北新桥北大街
合盛永　正阳门大街北头　合盛永南号　正阳门大街南头　南三三三六
同茂义　宋姑娘胡同　南二〇二〇
同义兴　东华门外丁字街
全泰号　东晓市
全顺昌　崇文门外大街　东二六九八
志信号　广安门内大街
东隆和　西四南大街
协成钰　西安门外路北
长茂局　打磨厂东
长泰号　宣武门外大街南头
长盛源　骡马市大街
泉源号　北新桥南大街
茂盛号　东四牌楼南路西
振兴义　东华门外大街南

务本全　东四北大街
隆和义　新街口南大街
隆盛号　东四牌楼东路南
裕兴永　地安门外路东
万兴义　鼓楼前大街路西
义成号　西四北大街
义升公　崇文门外大街　东二六七八
义隆昌　东四牌楼北大街　东八〇九
义隆号　东四牌楼东路北
福兴　北孝顺胡同　南四八三
聚祥　巾帽胡同　南二三四三
聚义公　花市大街
聚义恒　崇文门外巾帽胡同　东二七九
广来永　正阳门大街北头　南二六九七　正阳门大街中间
德盛成　正阳门大街中间
德盛长　东珠市口大市街
积聚公　花市大街路南
鸿昌号　阜成门内路南
丰盛公　东单牌楼北路东

绸布类

一　绸缎庄

三益和　新街口南
三益和（兼布）　新街口　电话南五七四
三益祥　东单牌楼　东二七四二
大吉祥　宾宴华楼
大吉祥　东四牌楼南　东一四四四

大吉祥　瓜子店　东三三六九

大昌　鲜鱼口　南三三〇一

大昌绸缎公司　正阳门外鲜鱼口　南三三〇一

大顺成　北新桥大街西

大德昌　北蒋家胡同　南一五七九

介福　纸巷子　南三二二一

元和成　花市大街　东二七六五

元聚成　西珠市口　东四八八

元丰成　崇文门外花市

文昌厚　小蒋家胡同　南二二一四

文信号　东安市场　东六一一

文彩洋行　崇文门内大街

天有信（兼洋货）　鲜鱼口　南二〇六七

天利永（兼洋货）　观音寺　南二七九六

天成信（兼洋货）　大栅栏　南一六九六

天盛长　锦什坊街

天华成　阜成门内路北

天华锦　大齐家胡同　南二三〇三

天聚成　东珠市口　南三四五四

天兴　地安门外　东九五五

天兴厚　小蒋家胡同　南五八〇

天锡庆　护国寺街西口

天丰　东皇城根　东七四四

天丰成　长巷上二条　南二八九

五源　长巷上三条　南三三五五

正祥盛　煤市街全泰店　南一九九四

正源号（兼戏衣）　东珠市口　南二三八九

正阳号（兼绸缎）　东珠市口大街　南二三八九

永亨　小蒋家胡同　南四八六

永和兴　西四牌楼北　西一八一五
永升　小蒋家胡同　南二〇七
永祥　中芦草园　东二八七一
永通成　地安门外桥南　东七八一
永顺信记　大栅栏　南二〇三二
永顺兴（兼估衣皮货）　东华门外　东一一六四
永兴长　安定门大街
永兴号　前门外半壁街　南二七〇二
世和　正阳门大街
吉祥号　阜成门大街
合盛成　正阳门大街
合盛成　珠市口　南三二〇一
合义祥　西四牌楼南　西一五三五
合丰益　长巷上三条　南二〇六五
同成信　正阳门大街　南四二三
同和祥　小蒋家胡同　南一五六二
同源祥　地安门外大街　东二四四五
同义公　安定门大街
同义厚　正阳门大街　南二〇一六
同发长　宣武门外菜市口　南一五三五
志川永　骡马市　南二一五七
亨丰　正阳门大街　南三六一
利盛长　东珠市口　南一八五四
利源增　东四北大街
明纶号　香厂万明路　南一〇五八
长泰石记　东华门外路北
东升祥（兼洋货）　东四牌楼大街　东一四三五
东广盛　西安门内大街　西七〇一
阜源　布巷子增盛店内　南二三六六

阜丰亨　阜成门内路北
阜丰恒　阜成门内大街　西二九九
协成仁　大蒋家胡同　南三八七
协成祥　安定门大街
协和　长巷上二条　南六〇四
协泰　新街口南
和顺公（兼洋货）　西单牌楼　西一四七九
和顺成　安定门内路西
和顺祥（洋货）　西四牌楼北　西一八二九
和源成　小蒋家胡同　南一五七九
信廷　长巷上二条　南一一四一
恒信公记　东四牌楼南　东二六二三
恒义公　东安门外路西
恒盛号　地安门外路西
恒义昌　打磨厂　南二六八六
恒发号　东四牌楼　东一九八八
恒兴祥　西单北大街
恒丽号　西单牌路东
恩信永（兼布）　东茶食胡同　南一八九二
益聚（兼绣货）　小蒋家胡同　南二〇六八
晋华瑞　小蒋家胡同　南二五八一
桐记（兼皮货）　南大市　南二七六九
悦昌文　香厂　南一六六七　二五六七
泰祥号　东安市场
泰祥东　礼士胡同　东一七一八
振泰　东珠市口半壁街　南三五三
振记　廊房二条　南一七〇五
振兴厚　打磨厂
通兴长　地安门口外路西　东一二七三

祥顺成　新街口大街　西一二〇七
祥义　大栅栏　南六三五
祥聚德　东四北大街
乾元兴　东四北大街
乾祥东记　西珠市口　南二七七七
乾义成　小蒋家胡同　南一九七四
万聚栈恒记　崇文门外上四条　东一四五四
华昌号　西单北大街　西一〇七九
华兴蔚（兼洋货布）　东安市场　东一九九一
隆盛公　东四牌楼北
隆源益　东华门外路北
裕昌厚　西四牌楼南　西一八九八
裕昌恒　小蒋家胡同　南二二八四
裕顺兴　前门大街　南六二七
裕兴隆　东四牌楼北
裕兴厚（兼洋货布）　西四牌楼　西三七〇
裕丰信仁记　正阳门外半壁街　南二五六九
万聚长　崇文门大街　东二七二六
新昌泰　掌扇胡同　南一一二七
新记　东安市场　东二五八三
源昌　小蒋家胡同　南二一七六
源泰昌　小蒋家胡同　南一三一
源泰祥　小蒋家胡同　南二〇六六
源聚祥（兼洋货）　正阳门大街　南九一一
源聚涌　东四北大街　东二五五六
源增祥　鲜鱼口中间　南一九六三
义成刘记　朝阳门大街
义成号　地安门外西皇城根　东七七七
义和　前门大街　南一五四

义昌号　小蒋家胡同　南一九二六

义信成　小蒋家胡同　南二〇六八

义顺恒（兼布）　东四牌楼北四条　东一八四六

瑞生祥　打磨厂　南二六四

瑞和祥　安定门内路西

瑞林祥元记　鲜鱼口　南三四九

瑞蚨祥鸿记　大栅栏　南二九三

瑞蚨祥　大栅栏　南二九二　一九三三

瑞蚨祥西栈　大齐家胡同　南四七二

瑞蚨祥鸿记（兼皮货、新衣、茶叶）　大栅栏　南六〇九

瑞增祥　正阳门外大街　南三六五

瑞增源（兼玉器皮件）　北池子　东二七七七

瑞兴隆　北新桥路西

肇新　蒋家胡同　南二四四二

聚庆奎　东安门外　东一七一四

福丰祥　东安市场　东二五八四

庆顺祥　东四北大街　东五九三

庆丰和　烂缦胡同　南一七三六

庆丰厚　正阳门大街　南五七二

广吉祥　新街口南大街

广泰祥　东安市场

广盛永（兼洋货）　花市　东二二〇一

广盛祥　大栅栏　南七一二

广源号（兼洋货布）　东安市场中间　东一五八五

广聚永　崇文门内大街

广聚永　阜成门内路北

广积祥　新街口大街　西一九〇六

德成亨　花市西口　东二五三八

德昌公　安定门内路西

德昌锦　东珠市口　南二四〇〇

德茂永　东安门外　东四〇四

德祥益　东四北大街

德隆恒　打磨厂　南三二九七

德顺长升记　西单牌楼　西一九七

德顺益（兼洋货）　花市大街　东二二四四

德毓成　东安市场　东一八〇四

德源泰　东珠市口　南二四〇〇

德源兴　东华门内路南

德义公　崇文门外上四条　东一八〇九

德义祥　东四北大街

亿丰祥　骡马市　南四九二

兴隆长　西河沿万寿关帝庙内　南二四一三

锦云成　掌扇胡同　南一六六九

锦泰昌　阜成门大街

鸿兴祥（兼洋货）　东安市场　东一〇二一

谦和泰　打磨厂　南二三六三　一〇五九

谦益祥　鲜鱼口　南九五二

谦祥益（兼洋货）　廊房头条　南一九九　珠宝市南一八五九

谦祥益北号　地安门外大街　东三八一

谦盛祥　施家胡同　南七六五

宝丰成　北池子　东一六四九

二　缎庄

元聚成　西珠市口　电话南四八八

仁记　长巷二条胡同　南二二四五

天华　大齐家胡同　南二三〇二

天庆永　长巷上三条　南三一二
天兴　地安门外大街
立昌（细）　煤市街兴隆店　南七六八
永益和　小蒋家胡同义合店　南一七九五
永丰　布巷子恒丰号　南二一〇三
世和　正阳门大街　南一五〇四
同和厚　小蒋家胡同　南三五七六
同和号　西四北大街
安盛厚　长巷上三条　南二一〇五
和记　西湖营　南一四三一
阜源　布巷子增盛店　南二三六六
恒兴昌　长巷上二条　南八六一
振昌　东珠市口精忠庙　南二二五一
通和永　长巷上三条　南九一六
乾丰　北池子　东一五三七
祥顺源　小蒋家胡同　南二三〇四
云章　纸巷子　南三二二一
云章　长巷上头条　南三三六一
裕元　木厂胡同　南九四三
义祥　大蒋家胡同　南一五七四
义顺公　西湖营　南四三
荣祥盛　长巷二条　南一三七五
锦昌合　长巷二条　南一三七五
广丰　东大市　南一五三〇

三　印度绸缎庄

力古洋行（兼汽水）　崇文门内大街
印度绸缎庄　王府井大街

四　绫店

德源成　崇文门外四条胡同

五　呢绒洋货

大成呢革公司　正阳门外煤市街　电话南一三四
天兴广记　崇文门内大街　东一七八五
李同益　王府井大街　东一二九六
裕津制呢股分有限公司驻京筹备处　东安门外大街

六　布铺

天生厚（夏布曲绸）　大蒋家胡同　电话南一七六七
天有信　肉市
天盛长　锦什坊街　西一七九七
天聚兴　（兼呢绒）　布巷子合兴店　南一四六九
天德合　正阳门外观音寺
天德豫　布巷子　南九九九
天增成　东四牌楼猪市
天锡厚　正阳门外半壁街
天兴成　安定门外大街
永庆德　花市　东二六三七
永兴长　安定门内大街
同生魁　花市
同信成　花市
同春和　东珠市口　南三三一五
同义公　安定门内大街
协和隆　崇文门外大街
恒信　东四南大街
恒信号　东四牌楼大街

恒丰号　德胜门内果子市

蚨源瑞　（兼线货）　木厂胡同　南七四〇

华聚号　布巷子　南一八一六

万聚祥　东四牌楼猪市

义增永　高亮桥

聚源祥　布巷子增盛店　南二一四九

亿源恒　安定门外大街

庆长号　珠宝市　南三四三八

广生祥　花市

广庆和　高亮桥

德源祥　安定门外大街

德聚　小蒋家胡同　南一一九七

锦泰永　东四牌楼西弓箭大院

七　布庄

三益成　菜市口　电话南二一五五

元新　布巷子天盛店　南七一三

同春和　东珠市口　南三三一五

合记　布巷子义信店　南八〇六

利源增　东四牌楼三条胡同　东九六三

协成裕　花市西口　东二〇一七

蚨丰号　布巷子　南二七二二

华兴久　布巷子广顺店　南二二四六

华丰　布巷子　南二八〇二

万胜顺　布巷子　南五六三

瑞昌　布巷子义信店　南四〇七

义成　东四牌楼北　东九〇二

义和昌　花市上四条　东一六八七

义信永（夏布）　花市　东一八二四

义源　布巷子洪兴店　南二六〇一
滨兴源（花市）　大齐家胡同　南二六一五

八　洋货布庄

三益祥　崇文门内大街
元和成　花市　电话东二七六五
公兴祥　布巷子　南七一三
天华成记　宫门口　西一八二二
天德豫　布巷子　南九九九
天兴公　布巷子　南一一八九
天兴号　崇文门内大街
同源兴　东单牌楼　东一七九五
东升祥　东四南大街
长泰石　东安门外大街
松记　布巷子合兴店　南二〇四九
协成生　花市大街　东一六九一
协成裕　花市西口　东二〇一七
协和隆（兼线货）　崇文门外大街　东二三八五
协泰义　新街口南大街
纯酥祥　布巷　南二八四七
群祥　布巷子广盛栈内　南三五三六
瑞成亨　布巷子　南一二〇五
义成　花市　东一六七四
义和昌　布巷子　南三三七五
聚合祥（兼线货）　花市中间　南二三〇一
德源号　布巷子义信店　南一一九七
亿源恒　安定门外　东二三九一
广顺和　布巷子天盛店　南二二一五
广泰石记　东安门外大街

广聚永　阜成门大街　西二二二七
鸿兴仁　布巷子　南一六五〇

九　踹布局

三义成　正阳门外东珠市口后营
和盛号　崇文门外大街东
和义盛　崇文门外大街东
德沅成　正阳门外东珠市口半壁街

一〇　花边庄

一价　灯市口路北
利新　王府井大街
东安兴　东安市场
振兴合　崇文门大街
源顺利　东珠市口

一一　栏杆店

文德祥　崇文门外上四条
复祥东　崇文门外上四条
义和永　崇文门外上四条
义顺兴　崇文门外上四条
义盛号　崇文门外上四条
义宁永　崇文门外上四条
福厚长　崇文门外上四条
双合公　崇文门外上四条

一二　绦带铺

天成永　崇文门外四条
天成号　大栅栏

天河隆　崇文门外四条
天和成东号　大栅栏
天和成西号　大栅栏
天义成　廊房头条
天聚成　正阳门外观音寺
天德成　鲜鱼口
天兴成　门框胡同
玉兴厚　鲜鱼口
永丰成　东四牌楼东路北
同义永　鲜鱼口
同义德　廊房头条
志玉成　崇文门外四条
亚胜号　鲜鱼口
恒盛公　崇文门外四条
洪兴号　廊房头条
顺成号　正阳门外观音寺
万德成　鲜鱼口
万德和　鲜鱼口
万盛号　东华门内大街
义顺成　东四牌楼东路北
万兴成　鲜鱼口
瑞丰成　东四牌楼东路北
义成厚　打磨厂
义顺成　打磨厂
义顺祥　猪市大街
义盛祥　崇文门外四条
义兴成　鲜鱼口
德春号（兼扇帽）　隆福寺街
增盛成　正阳门外观音寺

增盛荣　鲜鱼口
广元兴　鲜鱼口
广玉成　崇文门外四条
双兴成　崇文门外四条

一三　绒球店

本利宽　花市大街
永华兴　崇文门外上四条
同盛永　崇文门外上四条
同顺和　崇文门外上四条
春华庆　崇文门外上四条
义和祥　崇文门外上四条
源和永　崇文门外上四条
聚和祥　崇文门外上四条
德利顺　花市大街
德顺兴　花市大街
锦记号　崇文门外上四条
宝三元　崇文门外上四条

一四　丝线店

天聚源　崇文门外瓜市　电话东二七〇二
永顺昌　崇文门外四条
永聚昌　翟家口　南二八〇一
恒泰春　崇文门外四条
恒春隆　崇文门外四条　东二〇一二
益聚号　崇文门外四条
万元成　花市西口　东一八四九
义泉号　崇文门外四条　东一七三八
源和永　崇文门外四条

源诚永　崇文门外四条
源丰和　崇文门外四条
义牲成　崇文门外四条
聚生祥　崇文门外花市　东二三〇一
广源长　巾帽胡同　南八九五
庆隆德　花市　南三三三七
德泉号　崇文门外四条　东二二八七

一五　棉线店

文德成　崇文门外四条
天聚源　崇文门外大街
天庆玉　崇文门外四条
天兴德　崇文门外四条
永昌恒　花市
成丰永　崇文门外四条
长顺永　东草市
泉记兴　崇文门外四条
星记号　崇文门外四条　电话东一五〇一
南义泉　柳树井
信远号　柳树井
信义号　崇文门外大街
泰兴号　东珠市口
益生号　崇文门外四条
通裕德　德胜门内大街
通丰公　崇文门外四条
顺记号　崇文门外四条　东二〇一五
华兴永　柳树井
复兴和　花市
复兴祥　崇文门外四条

裕昌恒　东草市
裕泉和　崇文门外四条　东三五七
万源号　瓷器口　东二二六二
万丰成　崇文门外四条
道德成　崇文门外四条
道德隆　崇文门外四条
义和成　崇文门外四条
义泉号　崇文门外四条　东一七三八
义信号　崇文门外大街　柳树井
义记号　崇文门外四条　东一七三八
义庆德　瓷器口
义兴德　崇文门外大街
福丰号　崇文门外大街
聚生祥　花市　东二三〇一
增顺永　瓷器口
庆隆德　花市　南三三三七
广聚源　崇文门外四条
广德成　崇文门外瓜市　东一四六三
德泉成　崇文门外四条
德泉号　崇文门外四条　东二〇一二
德春成　花市
德祥义　崇文门外四条
德源义　瓷器口
德兴厚　崇文门外大街
兴泰号　崇文门外四条
鸿顺永　崇文门外大街　东一四六五　瓷器口

一六　绒线杂货店

大顺成　北新桥南路东

三义公 朝阳门内南小街
文德公 锦什坊街路西
公和祥 西四牌楼大街
永兴长 安定门内路西
北义祥 兵部洼 电话南一〇三六
恒顺公 地安门外大街
恒源号 锦什坊街路西
恒义公 北新桥东路北
恒兴祥 西单牌楼北路东
恒丰泰 鼓楼前大街路东
泰德昌 东四牌楼大街
祥盛永 缸瓦市
祥瑞成 阜成门内大街
顺兴永 新街口南大街
胜祥号 西四北大街 西二四九一
复兴大 西四北大街
敦义永 护国寺街
万盛 新街口南大街
万义和（兼钱店） 东四牌楼 东一三一七
源吉祥 地安门外路东
源顺祥 地安门外大街
瑞玉兴 绒线胡同 西八二一一
瑞兴号 绒线胡同
瑞丰成 朝阳门大街
义合公 东四牌楼大街
义成公 安定门内大街
义和厚 西单报子街
义顺德 北新桥西路北
义丰号 朝阳门内南小街

聚和号　地安门外大街
福和祥　朝阳门内南小街
福兴玉　东四北大街
广元成　东华门外路北
广泰石　东华门外路北
广裕祥　西四牌楼北大街路东护国寺街
广聚成　打磨厂
广聚祥　西单牌楼大街
德本兴（兼杂货）　西直门内大街
德茂恒　阜成门内路北
德泰永　安定门内大街
德泰恒　阜成门内路北
德泰魁　鼓楼前大街路西
谦昌永　西单牌楼北路东
丽丰号　鼓楼前大街路东

衣着类

衣有中西之别，西衣、军衣皆购于西服庄与军衣庄，价须面议。中式衣服，可向绸缎店、绸缎庄、布店购料，嘱成衣铺制之。而正阳门外各绸缎店，亦可代料代工，料实工坚，价亦公道。新衣铺所售，虽稍廉，或恐受欺。若精忠庙估衣市，价廉物美者固可遇之，而受欺之事，亦必不免。

一　新衣庄

三顺号　东珠市口草市街　电话南一一〇八
大东公司　前门外观音寺
中华盛　阜成门大街　西二三三八
公义祥　王广福斜街　南二〇五九

天利兴　正阳门外观音寺
天和魁　东珠市口　南二〇七
正源号（兼戏衣）　东珠市口　南二三八九
永昌号　前门外大栅栏　南八一〇
永茂成　东珠市口
永顺兴　东华门外大街　东一一六四
永瑞兴　东安市场内　东二七〇九
吉祥成　阜成门大街
同兴号　隆福寺街
松茂盛　西单北大街
协成　东四北大街
美新号　大栅栏
洪顺公　大栅栏
胡瑞祥　南横街中间　南一七八〇
乾泰正　大栅栏
乾泰号　大栅栏
祥元泰　东珠市口　南二〇三五
涌泉　东安门外大街
华兴厚　大栅栏
云兴号　樱桃斜街　南五八六
隆顺号　正阳门外观音寺　南二九七〇
隆聚公　东珠市口　南二七八一
裕顺成　东四牌楼大街
裕源祥　李铁拐斜街　南一四六七
万兴号　大栅栏　南九二〇
新昌号　宣武门外兵马司前街　南二六二
义成和　大栅栏　南二〇七三
义成和　东四牌楼大街　东二〇一二
瑞华　廊房头条　南一四四八

瑞华号　大栅栏
聚顺源　大栅栏
寿德记　胭脂胡同　南二六一六
福华玉　隆福寺街
福兴记　隆福寺街
广裕昌　东珠市口
德昌锦　东珠市口
德源兴　东珠市口
德丰厚　正阳门外观音寺
锦记　东珠市口
鸿元兴　东珠市口　南三四九
馥新号　西四牌楼东大街

二　新衣袜店

中和斋　崇文门大街
天顺昌　骡马市
文兴长　新街口南大街东
乾兴号　西单牌楼南路东
复兴号　花市大街
隆福斋　隆福寺街
源泉号　东华门外大街北
义泰裕　西单北大街
义泰号　西单牌楼南路东　西单牌楼北路西
荣宝斋　东华门外大街北
德成永　东华门外大街南
双顺号　宣武门内大街东

三　西服庄

公益（兼呢绒）　王府井大街

天裕通　东单牌楼三条　电话南二三〇
王安记　西长安街路北　西二四八七
王顺兴　东单牌楼三条　东四四九
永泰　崇文门内苏州胡同
同泰　宣武门内大街　西二二七三
同森泰　宣武门内大街
合记　王府井大街　东一二八八
合顺祥　象坊桥　西二二八三
合兴昌记　绒线胡同板桥　西二一三
汪利记　王府井大街　东二七五
宏记　西单牌楼　西二三四一
李同益　王府井大街
利昌　石牌坊南大街　东一一五九
利源　崇文门内苏州胡同
和兴祥　崇文门内大街
美泰　栖凤楼西　东二七三五
泰昌号　崇文门内大街
泰兴号　崇文门内船板胡同
祥昌号　崇文门内船板胡同
陈振锠　崇文门内小报房胡同
裕源祥　李铁拐斜街　南一四六七
张永记　王府井大街　东一一〇二
华兴厚　大栅栏中间　南六三六
华丰厚　大栅栏中间　南五四五
华丰祥（兼军衣）　西长安街路南　西九二七
云华利　观音寺中间　南五二三
新记行　霞公府路北　东一三〇三
源泰祥　北池子南口　东二四三五
义兴　新开路　东二六八四

瑞华　廊房头条胡同　南一四四八

瑞华西记　大栅栏　南一四七七

发昌　崇文门内苏州胡同　东一九八九

福康（兼呢绒）　王府井大街

福锠祥　南池子菖蒲河　东一三九八

德记　王府井大街　东一四〇九

兴昌　栖凤楼　南一六二二

懋丰　崇文门外大街　东六七八

谦发号　东单牌楼大街　东一二七七

丰泰隆（兼靴鞋）　观音寺　南三三一三

麓记　王府井大街

鑫锠祥　西裱褙胡同　东二三五四

四　军衣庄

大同　正阳门外门框胡同　电话南二四〇六

文记　杨梅竹斜街　南一九二八　鲜鱼口内路南　南一九四七

中华兴　门框胡同　南三五六九

天华　门框胡同　南二三〇

天裕通　东单总布胡同　东二九九

正兴　正阳门外门框胡同　南二九五四

永昌隆　小马神庙胡同　南五六三

永增　打磨厂内路北　南五五四　二二五

永增工厂　长巷上头条　南二〇〇八

永丰　廊房二条胡同　南九〇九

同森泰　西单牌楼南路东　西一五一三

利华洋行　宣武门内大街

阜华　西河沿东口　南九二六

承庆制旗公司　五道庙街　南一四八六

武彰　法部街路东　西二八三一
忠泰新记　东单牌楼大街　东一八五四
恒义德　煤市街兴隆店　南三二四四
洪兴茂　煤市街南头　南六四三
致信号　灯市口
厚记　打磨厂西口内　南三二三二
泰甡祥　金鱼胡同路北　东一七七七
泰昌号　崇文门内大街
泰兴号　崇文门内船板胡同　东一〇二
崇亨号　瓜子市　南三七〇一
裕胜祥　廊房三条胡同　南二三〇
华昌号　崇文门内船板胡同
华盛兴　廊房二条　南一二六六
华丰厚西记　门框胡同　南九二六
源记　门框胡同　南二一〇七
福兴号　南船板胡同　东一三五八
德成祥　正阳门外门框胡同　南一九二八
德华成　正阳门外门框胡同　南一六〇〇
鸿聚德　观音寺　南一二八八
丰厚公　崇文门内大街
馥新号　西安门外路北
宝华　布巷子　南二二五二

五　中西成衣铺

王明记　华严路
永和祥　鼓楼东大街
永泰　缸瓦市
李财记　华严路
李万兴　东四南大街

合兴　绒线胡同
周永源　东安门内大街
长兴宫　西大街
信义成　板章路
美成　鼓楼东大街
甡记　南池子菖蒲河　电话东二七二一
许荫记　绒线胡同
张森记　华严路华兴里
汤兴祥　宣武门内大街
复兴祥　华严路
顺兴成　羊市大街
黄林记　东安门内大街
裕顺成　西大街
裕丰祥　绒线胡同
新林记　太仆寺街松树胡同　西二三八四
虞兴隆　樱桃斜街　南五八六
瑞华　廊房头条　南一四四八
瑞华西记　大栅栏　南一四七七
寿德记　鼓楼东大街
乐兴祥　华严路华兴里
兴昌　前牛肉湾　西一四九二
黼章生记　西单北大街
宝祥　西交民巷　南一七八四

六　成衣铺

九益公　廊房头条胡同　电话南三二九三
大甡祥　金鱼胡同路北
三顺成　西四北大街
中德兴　绒线胡同　西一五八六

王永利　东单北大街
王顺兴　东单牌楼三条胡同　东四四九
天成永　锦什坊街
天利兴　总布胡同
天顺祥　南缸瓦市
永顺成　西四北大街
永顺兴　栖凤楼　东二四二七
永顺号　南锣鼓巷
永升祥　朝阳门内南小街
永发号　地安门外烟袋斜街
永泰　苏州胡同
永泰成　苏州胡同
永泰号　缸瓦市东　西二四〇一
安盛号　绒线胡同路北
同义长　东华门北池子
全记（兼机器局）　八面槽
合义顺　灯市口
合义兴　果子巷北堂子胡同　南二九五七
合兴号　北新华街桥板街北
李日新　前门内北新华街
李民新　苏州胡同
李万兴　东单牌楼北大街
林记　李阁老胡同　西一九五七
东源祥　马市大街翠花胡同
周椿记　李铁拐斜街
周庆记　五道庙口　南八五〇
胡瑞祥　南横街　南一七八〇
范记　护国寺街
汤兴祥　四单牌楼南大街

孙忠记　西长安街六部口内　西八〇八
孙德顺　李铁拐斜街　南三二八七
陈麟记　西交民巷路北　南二八七六
陆鑫祥　樱桃斜街北　南二五七六
祥益　崇文门外二条
祥泰　锡拉胡同　东二六四五
祥顺　西河沿
祥顺成　北锣鼓巷
祥义成　地安门外帽儿胡同
祥义和　南锣鼓巷
祥兴号　新华街　南一〇八五
祥麟　西河沿
复兴号　东华门内路南
湘盛记　西单牌楼宽街
盛顺　护国寺街
黄楚记　石头胡同　南一一五一
华昌　新街口南大街
裕源祥　李铁拐斜街
裕丰祥　新华街板桥路北　西一八七二
万顺祥　新街口蒋养房
万聚祥　地安门内操场大院
万聚魁　石驸马大街
新隆斋　北新桥西路南
瑞记　西长安街路南
杨森记　西长安街大六部口北头路东　西四一四
杨鑫记　北新华街
源昌　东单牌楼三条胡同　东二八七三
源泰祥　东华门北池子
义成永　堂子胡同

义顺成　马市大街翠花胡同
义顺和　东四牌楼北大街
赵记　崇文门外大街
寿祥记　东单牌楼三条　东三一四四
魁顺局　孟端胡同　西二二三九
魁顺祥　新街口正觉寺　西一一八二
福茂祥　前门内霞公府
福顺成　东四牌楼十二条
福兴昌　打磨厂　南一七六九
增顺祥　新街口禁卫街
广泉记　象房桥
楼和兴　东华门内南池子　东一一六七
德成记　西单牌楼二条
德成厚　东华门北池子
庆盛永　栖凤楼火神庙　东二八一七
庆丰号　东单牌楼灯市口
兴顺　护国寺街
兴顺号　米市胡同　南二八二九
锦昌成　李铁拐斜街
边森记　樱桃斜街　南一七二四
宝盛号　廊房头条
鑫记　西单牌楼刑部街

七　估衣铺

久春号　东珠市口草市
久远号　东珠市口草市
三泰号　东珠市口大市
三盛和　东四牌楼北大街
三顺号　东珠市口草市

三义元　东四牌楼北大街
三聚号　东珠市口半壁街
文锦和　正阳门大街路东
文丰厚　东珠市口半壁街
元春号　正阳门大街路东
元顺号　东四牌楼东路北
元聚成　东珠市口大市
元庆泰　东珠市口半壁街
元兴泰　东珠市口半壁街
天成裕　东珠市口苏家坡
天和聚　东珠市口半壁街
天恩号　东四牌楼北路西
天顺号　阜成门大街
天义德　东珠市口半壁街
天增祥　东珠市口草市
天增号　东珠市口大市
天德号　东珠市口半壁街
永元号　阜成门大街
永成利　东珠市口大市
永昌　大栅栏中间　电话南八一〇
永和成　东珠市口半壁街
永泰号　东珠市口大市
永顺兴　东华门外路南
永隆和　东珠市口半壁街
永盛祥　东珠市口大市
永瑞兴　东安市场　东二七〇九
永聚成　东四牌楼东路北
永聚兴　东四牌楼东路北
永增源　西单牌楼北大街

永兴成　东四牌楼北路西　东珠市口半壁街
永兴昌（带寿衣）　东四牌楼北大街
永恒号　东四牌楼北路西
吉祥号　阜成门内路北
同春号　东珠市口草市
同泰号　东珠市口半壁街
同盛和　东珠市口半壁街
同顺号　东四牌楼北路西
同义成　东珠市口半壁街
同义和　东珠市口半壁街
同义德　东珠市口半壁街
同兴号　东四牌楼北路西
成盛永　东珠市口苏家坡
协成号　东四牌楼北路西
和丰成　地安门外帽儿胡同
昌义永　宣武门内大街
长源利　东珠市口大市
长聚兴　东珠市口大市
茂盛号　东珠市口草市
重兴公　东珠市口半壁街
祈源号　东珠市口半壁街
信盛号　东珠市口大市
信玉号　东珠市口半壁街
恒和号　东珠市口半壁街
恒和义　东珠市口半壁街
恒泰公　东珠市口半壁街
恒泰号　东珠市口苏家坡
恒盛和　东珠市口半壁街
益成号　东珠市口半壁街

益成德　东珠市口半壁街
泰和兴　东珠市口半壁街
泰顺号　东四牌楼北路西
泰顺裕　东四牌楼北路西
泰庆号　阜成门大街
祥信成　东珠市口半壁街
祥顺号　东珠市口草市
乾昌号　东珠市口半壁街
乾泰号　宣武门内路东
景成号　东珠市口半壁街
华新号　东珠市口苏家坡
隆兴成　东珠市口半壁街
隆兴昌　东珠市口半壁街
隆兴泰　宣武门内路东　西四四一
隆兴号　东四牌楼北路西
万成号　东珠市口精忠庙街
万昌永　东珠市口半壁街
万盛号　东珠市口精忠庙街
万顺兴　东珠市口半壁街
万聚和　东珠市口精忠庙街
复盛号　东珠市口半壁街
复茂号　东珠市口草市
复兴玉　东珠市口半壁街
复兴和　阜成门大街
裕盛和　东四牌楼北大街
裕顺成　东四牌楼北大街
裕顺和　东四牌楼北路西
裕增源　东珠市口半壁街
裕兴成　宣武门内路东　骡马市大街南

裕兴昌　东珠市口半壁街
瑞泰成　东珠市口半壁街
新盛和　东四牌楼北大街
新丰隆　东珠市口半壁街
源成合　东四牌楼北大街
源聚德　东珠市口半壁街
源增永　西单牌楼北路西　西七八五
义昌永　宣武门内路东
义和泰　东珠市口半壁街
义顺永　东珠市口草市
义盛公　东珠市口半壁街
魁发号　东珠市口半壁街
福成聚　东珠市口半壁街
福顺号　崇文门内路东
福润祥　东珠市口大市
聚和永　东珠市口半壁街
聚泰号　东四牌楼北路西
聚顺和　东四牌楼东路北
聚盛祥　东珠市口半壁街
聚盛号　东四牌楼东路北
聚义和　东四牌楼东路北
聚增号　东珠市口草市
聚兴号　东珠市口半壁街
聚丰厚　阜成门内路北
纶章泰　东珠市口大市
庆泰号　东珠市口大市
庆森泰　东珠市口半壁街
增茂号　东四牌楼东路北
增泰号　东四牌楼东路北

增盛祥（兼寿衣）阜成门大街
德元亨　东珠市口半壁街
德益号　东珠市口半壁街
德泰兴　阜成门内路北
德裕恒　东珠市口半壁街
德盛号　东珠市口草市
德义合　东珠市口半壁街
德源恒　东珠市口半壁街
德源号　东珠市口半壁街
德聚成　东珠市口草市　东四牌楼东路北
德兴和　正阳门大街路东
德兴泰　正阳门大街路东　东珠市口草市
德丰号　东珠市口半壁街
广生茂　东珠市口半壁街
广信厚　东珠市口半壁街
广泰昌（兼绣货）　正阳门外大街路西　南二六九七
广泰祥　阜成门内路北　西九二三　东珠市口大市
广通号　东珠市口半壁街
广顺号　东珠市口半壁街
广裕祥　宣武门内大街路东　西七四三
广义成　东珠市口内
广源茂　东珠市口大市
广聚永　东珠市口半壁街
广聚成　宣武门内大街
广德号　东珠市口半壁街
广兴隆　东珠市口半壁街
广兴德　东珠市口半壁街
锦成永　东珠市口半壁街
兴隆泰　宣武门内大街

鸿顺永　宣武门内路东
双和成　东珠市口半壁街
双和兴　东珠市口草市
双兴号　东珠市口草市　东珠市口半壁街
宝聚永　东珠市口大市
宝兴成　东珠市口大市
宝兴厚　东珠市口半壁街
鑫增钰　东珠市口草市

八　雨衣铺

永福成　打磨厂
全盛公　东四牌楼北大街
泰源号　打磨厂
泰源号　鼓楼前大街路西
义盛厚　打磨厂
聚兴厚　打磨厂
德源号　打磨厂
庆丰成　打磨厂
兴顺源　东四牌楼北大街
丰源号　打磨厂

九　僧衣铺

瑞盛斋　护国寺街

一〇　戏衣局

玉兴成　正阳门外半壁街
永顺号　正阳门外半壁街
永兴号　正阳门外半壁街
同升长　正阳门外半壁街

同顺利　正阳门外半壁街
裕丰协　粮食店
裕丰号　正阳门外半壁街
聚盛祥　正阳门外半壁街

一一　寿衣铺

三聚号　东珠市口半壁街
久春长　东珠市口草市
久盛号　东珠市口半壁街
久远号　东珠市口草市
天源永　阜成门大街
天义德　东珠市口半壁街
天庆祥　东珠市口草市
永昌　鲜鱼口小桥　电话南九一〇
永昌发　鲜鱼口
永顺号　鲜鱼口
全有兴　东四牌楼南大街
全顺成　东四牌楼北大街
全盛公　东四北大街
两益号　新街口南大街
协成　东四北大街
协顺斋　东珠市口半壁街
泉兴号　东珠市口半壁街
南山永　东珠市口半壁街
南泰山　东珠市口半壁街
信玉号　东珠市口半壁街
信义号　东珠市口半壁街
晋隆号　东珠市口半壁街
泰源号　地安门外大街西

连升号　地安门外帽儿胡同
通丰泰　东珠市口半壁街
景裕恒　鼓楼东大街
富春和　骡马市五道庙
华丰泰　东珠市口半壁街
裕通　护国寺街西口内
复盛　东珠市口半壁街
万丰　地安门外帽儿胡同
义隆号　交道口东街
聚增号　东珠市口草市
福顺　崇文门内大街东
寿昌　崇文门外蒜市口
增寿号　东珠市口草市
德安　隆福寺街
德利　地安门外大街路西
庆祥成　东珠市口半壁街
庆祥瑞　东珠市口半壁街
魏记　地安门外大街

一二　祭衣铺

广聚昌（兼顾绣）　四湖营南口内　电话南一九七三

一三　被服厂

华记　掌扇胡同

一四　毡帽毡鞋作

田老泉　鲜鱼口内
同顺永　东草市
杨少泉　鲜鱼口内

魁元恒　南横街
霖记号　崇文门外大街东
宝源永　崇文门外花市大街

一五　帽店

一品斋　东四牌楼猪市大街
二妙堂　大栅栏
大同　门框胡同
大东制帽公司　正阳门外北芦草园　电话南一六二九
内一品　正阳门外观音寺
元亨号　打磨厂
元记　门框胡同
元隆　门框胡同
元盛义　打磨厂
正芳斋　鲜鱼口
北协兴　东四北大街
永盛斋　东安市场
永聚益　打磨厂
永聚兴　地安门外大街
同瑞升　门框胡同
同聚和　雍和宫大街
同丰号　骡马市大街
吉云斋　前门外大街路东
东兆魁　大栅栏
和顺号　雍和宫大街
信义号　东四北大街
恒和号　打磨厂
恒盛益　打磨厂
振昌号　打磨厂

马聚源　鲜鱼口
马聚兴　东四牌楼弓箭大院　西河沿
祥顺斋　东四牌楼大街
斌升号　隆福寺街
伟怡斋　地安门内路西
华安号　地安门内路西
华昌号　门框胡同
隆记　门框胡同
隆源　宣武门内大街
隆源号　隆福寺街
万盛兴　打磨厂
万顺斋　东四牌楼猪市大街　东直门内大街
万兴斋　打磨厂
义升斋　东四牌楼西路北
源兴斋　南孝顺胡同
荣升斋　打磨厂
荣华斋　鲜鱼口
聚美斋　大栅栏
聚顺源　门框胡同　南二一〇七
聚源斋　鲜鱼口
聚兴斋　东四牌楼弓箭大院
庆升斋　地安门外路东
仪丰号　骡马市果子巷
广元祥　打磨厂
广升号　地安门外大街
德昌斋　大栅栏
德祥斋　西单牌楼路西
德盛昌　门框胡同
德兴号　东华门内路南

德祥斋　宣武门内大街
锦昌号　门框胡同
鸿兴号　隆福寺街

一六　盔头铺

永全号　隆福寺街
永利号　廊房二条
永茂号　廊房二条
永聚号　廊房二条
全盛号　隆福寺街
和兴永　大蒋家胡同
鸿顺兴　大蒋家胡同

一七　靴鞋庄

一品斋　煤市街
久安斋　鲜鱼口
三同斋　崇文门外大街
三盛　护国寺街路南
三顺斋　崇文门外大街
大中斋　前门外观音寺街
大昌源　前门外大栅栏街
大华鑫　骡马市大街
大庆斋　锦什坊街路西
元记行　大栅栏口　电话南一八七八
文元号　东安市场内
文华斋　宣武门内大街
内品升　东华门内路南
内万顺　东华门内路南
内亿顺　东华门内大街南

内联升 廊房头条胡同 南六七四

天成斋 鲜鱼口

天成斋 鼓楼东大街路面

天利斋 鲜鱼口

天明斋 宣武门内大街

天华馨 鲜鱼口

天聚斋 东珠市口草市

天庆斋 隆福寺街

天兴斋 鼓楼东大街路南

正大 东安市场

日升斋 正阳门外观音寺

玉华鑫 东安市场 东一三一四

永升斋 锦什坊街路西

永利斋 南孝顺胡同

永泰蔚 鲜鱼口 南二六六七

永顺鑫（坤鞋） 板章胡同 南一六〇九

永兴斋 珠宝市

吉兴号 东安市场内

老华胜 东四北大街

老华胜德 东四北大街吉庆大院

同升斋 地安门外路西

同兴号 崇文门外和众里

全升斋 煤市街

全安斋 地安门外路东

全盛斋 煤市街

步云斋 骡马市大街 南三四九九 正阳门外青云阁 南二三〇一 西安门外路北 正阳门外鲜鱼口

步瀛斋 大栅栏

孟运记（坤鞋） 韩家潭 南二七九一

东长兴　德胜门外路东

和顺　东安市场

昌兴号　苏州胡同

昌兴泰　苏州胡同

武备斋　珠宝市

武胜斋　珠宝市

长盛斋　新街口西街

长福斋　鲜鱼口

长荣斋　正阳门外观音寺

恒庆斋　珠宝市

洪盛斋　崇文门大街

美中美　东安市场

美最新　观音寺　南二三七一

美华　廊房头条胡同　南二六九八

美华馨　东安市场　东一九六〇

泰丰久　草厂二条胡同　南九五九

普安斋　护国寺街路南

春华鑫　西单北大街

海华号　廊房头条胡同

振兴号　正阳门外宾宴华楼

致信　灯市口大街　东一七六

级升斋　东华门外路南

祥元斋　隆福寺街

通盛（坤鞋）　韩家潭胡同　南三三三一

乾升斋　隆福寺街

乾有斋　地安门外路西

裕顺号　苏州胡同

集升斋　煤市街

云盛斋　东珠市口草市

隆和斋　宣武门内大街

隆庆斋　鲜鱼口

华安斋　地安门外路西

华东　崇文门内大街

华昌厚　地安门外大街

华美丽　香厂万明路　南二九七四

华茂斋　地安门外大街

华胜号　地安门外路西

万升斋　煤市街

万安斋　朝阳门内路北

万英斋（洒鞋）　东单三条胡同

万祥斋　隆福寺街

万盛斋　东单牌楼路西

万华斋　西河沿　东安市场

万荣斋　隆福寺街

万庆斋　煤市街

万兴　东四北大街

万丰斋　宣武门内大街

新美华　廊房头条胡同

源茂号　正阳门内观音寺

义升斋　宣武门内大街

福记　骡马市大街

荣华鑫　东安市场

聚大昌　骡马市大街

聚庆昌　前门外鲜鱼口

聚兴昌　前门外陕西巷

德升祥　南孝顺胡同

德华　东安市场

庆美号　正阳门外宾宴华楼

庆隆斋　珠宝市
庆云斋　鲜鱼口
兴隆斋　西四牌楼南
兴华丽　东安市场　廊房头条胡同
鸿茂祥　大栅栏　南三三〇八
鸿盛斋　东单牌楼路东
双井合　豆腐巷　东一四二
宝华斋　珠宝市
鑫华利　地安门外烟袋斜街

一八　皮靴庄

天昌兴　崇文门内苏州胡同
天增合　西安门外大街　电话西二四六三
天兴昌　崇文门内苏州胡同　东一八四七
同义兴　崇文门内苏州胡同
亨利德　崇文门大街
和记　崇文门内苏州胡同　东二四五九
信华号　崇文门内苏州胡同
范裕顺　崇文门内苏州胡同　东二六九七
华兴　崇文门内苏州胡同
盛隆洋行　崇文门内孝顺胡同　东二八五
裕昌　东单牌楼观音寺
聚兴号　崇文门内大街
增昌盛　崇文门内苏州胡同
德昌和　西单牌楼刑部街
锦记　正阳门外青云阁
瞿昌兴　崇文门内苏州胡同
瞿兴昌　崇文门内苏州胡同　东一二九三
宝丰　崇文门内大街

一九　油靴店

大成号　花市大街
永成公　花市大街
万成斋　鼓楼东大街路北
万恒斋　柳树井

二〇　皮货局

久聚恒　东珠市口半壁街
三盛源　东珠市口半壁街
三顺元　东珠市口半壁街
公盛永　东珠市口半壁街
元升号　东珠市口大市
元兴永　东珠市口半壁街
天合益　东珠市口半壁街
天佑号　东珠市口半壁街
天恩号　东珠市口半壁街
天盛号　东珠市口半壁街
天裕成　东珠市口半壁街
天福成　东珠市口扁担胡同　电话南一五八三
天福成（兼雨衣）　打磨厂　南二二一二
天兴永（兼绣衣）　西湖营　南二三三四
天兴成　东珠市口半壁街
玉和成　东珠市口半壁街
玉盛祥　东珠市口苏家坡
玉顺长　东珠市口半壁街
玉兴成　东珠市口半壁街
永和号　东珠市口半壁街
永成隆　东珠市口半壁街
永泰兴　东珠市口大市

永盛和　东珠市口半壁街
永盛兴　东珠市口半壁街
永源成　华严路
永义和　东珠市口半壁街
永义成　东珠市口大市
永聚号　东珠市口苏家坡
永庆和　东珠市口中间　南三三五二
永兴号　东珠市口半壁街
如茂号　东珠市口半壁街
全记号　东珠市口半壁街
吉兴公　东珠市口半壁街
吉祥兴　东珠市口半壁街
同益号　东珠市口大市
同顺永　东珠市口半壁街
同庆成　大蒋家胡同　南三四八
同兴公　东珠市口半壁街
同兴成　东珠市口半壁街
宏发广　东珠市口半壁街
宏兴隆　东珠市口大市
亨记　大栅栏中间　南二〇六五
亨记号　东四北大街
亨泰永　西河沿　南三三五四
忠和祥　三里河　南二二三
和顺号　东珠市口苏家坡
和义成　东珠市口西湖营　南一九七三
长吉盛　东珠市口大市
长聚兴　东珠市口大街
东永泰　东珠市口半壁街
东昌和　东珠市口大市

东源聚　东珠市口中间　南三三二七
东聚发　东珠市口半壁街
东聚成　东珠市口半壁街
信兴号　东珠市口半壁街　南一六四五
重兴成　东珠市口半壁街
恒昌号　东珠市口半壁街
恒和裕　东珠市口半壁街
恒和号　东珠市口半壁街
恒和广　东珠市口半壁街
恒顺永　东珠市口半壁街
恒源水　东珠市口大市
恒义成　东珠市口苏家坡
恒聚盛　东珠市口半壁街
恒兴德　东珠市口半壁街
益顺成　东珠市口半壁街
泰成　前门外东珠市口　南六四六
振义永　东珠市口大市
振德兴　东珠市口西湖营　南一三九八
乾泰正　大栅栏　南二八五三
祥复泰　东珠市口半壁街
诒昌　小蒋家胡同　南二七七一
昆成玉　东珠市口冰窖胡同　南二二九五
集成号　东珠市口大市
裕盛恒　东珠市口半壁街
裕增源　前门外半壁街　南二四一五
复顺永　东珠市口大市
复盛永　大蒋家胡同　南六九七
复兴成　东珠市口半壁街
隆盛和　东珠市口半壁街

隆盛魁　东珠市口半壁街
隆源祥　东珠市口苏家坡
隆丰泰　东珠市口半壁街
万成号　东珠市口半壁街
万盛祥　东珠市口大市
万盛义　东珠市口半壁街
万盛德　大蒋家胡同　南三二五一
万隆祥　东珠市口苏家坡
万聚号　东珠市口半壁街
万福隆　东珠市口半壁街
万亿永　东珠市口半壁街
新和号　东珠市口大市
瑞昌号　东珠市口　南三四四三
源顺号　东珠市口大市　南二三二二
源发泰　东珠市口半壁街
义成裕　东珠市口苏家坡
义和永　东珠市口西湖营　南二七三五
义昌号　东珠市口半壁街　南一二九三
义昌隆　东珠市口半壁街　南三三四一
义来永　东珠市口半壁街
义恒永　东珠市口半壁街
义泰盛　东珠市口大市
义顺公（兼绸缎顾绣）　西湖营　南二四九六
义顺成　东珠市口苏家坡
义顺裕　东珠市口半壁街
义顺兴　东珠市口西湖营　南二四九六
义聚和　东珠市口半壁街
义兴昌　东珠市口苏家坡
义兴泰　东珠市口半壁街　南二四二五

义丰成　东珠市口苏家坡　东珠市口大市
魁元永　小蒋家胡同　南二四五四
荣益成　东珠市口半壁街
聚义号　东珠市口半壁街
福顺永　东珠市口半壁街
福盛德　东珠市口大市
福聚和　东珠市口半壁街
福庆成　东珠市口半壁街
福兴利　东珠市口大市
福兴号　东珠市口中间　南三三一六
庆裕恒　东珠市口东三里河　南三三三五
亿顺号　东珠市口半壁街
增源泰　东珠市口大市
广成号　东珠市口苏家坡
广盛茂　东珠市口半壁街
广发永（兼顾绣）　东珠市口　南一七六六
德信成（兼绣衣）　西湖营　南二七八四
德泰永　东珠市口半壁街
德记号　东珠市口中间　南四三
德义昌　东珠市口半壁街　南二一九五
德源兴（兼顾绣）　东珠市口　南九一八
德源成　东珠市口半壁街
德源祥　东珠市口苏家坡
德聚源　东珠市口半壁街
德兴公　东珠市口半壁街
德丰成　东珠市口半壁街
余庆厚　东珠市口大市
积义成（兼绣衣）　西湖营　南一〇三九
兴和成　东珠市口半壁街

兴泰永　珠宝市　南二三二七
兴泰号　东珠市口半壁街
兴源涌　猪市大街
丰源恒　打磨厂西口　南二七八七
丰源盛　东珠市口大市
双和祥　东珠市口半壁街
双盛永　东珠市口半壁街
双义来　东珠市口半壁街
宝和成　东珠市口苏家坡
宝源长　东珠市口半壁街
宝丰号　东珠市口半壁街

二一　绣货庄

三顺号（兼礼服戏衣）　草市　电话南一一〇八
仁昌永　西湖营
公聚成　西湖营
天源成（兼皮货）　东珠市口　南一八一二
永兴　正阳门外半壁街
吴彩霞　劝业场
隆聚公　东珠市　南一六一一
华彰　廊房头条路北　南一二一六
万丰　东珠市口
德盛昌（兼绛丝皮货）　西湖营　南三一七三
蔡彩霞　劝业场

二二　皮荷包铺

恒兴和　打磨厂
集顺永　打磨厂
广利厚　打磨厂
广三元　打磨厂

老北京实用指南

〔下　册〕

徐珂◎编纂

孙健◎校订

根据中华民国十二年（1923年）增订三版
《增订实用北京指南》整理

社会科学文献出版社
SOCIAL SCIENCES ACADEMIC PRESS (CHINA)

目　录

·上册·

·下册·

妆饰品类

一　金珠首饰店

三益　珠宝市

中恒　廊房二条胡同

天利　珠宝市

文宝楼　廊房头条胡同　电话南二二二八

全聚号　西河沿东口内　南二七四五

聚泰　廊房头条胡同

福源　廊房头条胡同　南一九八

广兴肇　西河沿东口内　南一七一二

震亚　杨梅竹斜街蕴和店　南二四七一

德森　观音寺街　南七六

德盛号　宣武门外米市胡同　南二七二九

德裕　东安市场内　东一八六八

镒聚恒　东四牌楼南大街　东一七六六

丽华　西河沿东头路北

宝丰　东安市场

二　珠宝玉石店

三盛兴　取灯胡同西头　电话南一五

三聚成　羊肉胡同　南一九九一

文秀斋　廊房三条

永盛号　廊房三条

田村　孝顺胡同中间　东二四七三

西天赐　门框胡同

同升号　廊房三条
全盛永　廊房三条
全顺永　廊房三条
全兴诚　廊房三条
恒聚号　廊房三条
祥泰兴　廊房三条
祥顺永　花市上四条　东二二九三
顺兴号　崇文门外中四条　东二五四三
华兴号　廊房三条
纯秀斋　廊房三条
万德　廊房二条胡同
万兴涌　廊房三条
万兴涌　廊房三条　南二一八四
义源茂　西四北大街
义和公　崇文门外中二条　东一三三二
业盛永　门框胡同
业盛昌　门框胡同
瑞文斋　廊房二条　南三四二二
瑞品斋　廊房三条
瑞珍斋　廊房三条　南三二六三
瑞兴　炭儿胡同东头　南一七三
福顺兴　崇文门外上四条　东一三四七
聚珍斋　崇文门外上三条　东二四一三
聚盛公　崇文门外上三条　东一八三三
聚丰厚　廊房二条　南二六七五
聚宝斋　廊房三条
广聚　崇文门外中三条　东一四一
德文斋　廊房三条

德顺兴　廊房三条
德顺诚　花市上三条　东三一一
德润兴　门框胡同
德兴顺　廊房三条
德宝斋　廊房三条
镒宝号　门框胡同
宝珍斋　廊房三条
宝权号　廊房二条　南三二八六

三　收买珠石首饰铺

三浦顺（收买翡翠珊瑚）　崇文门内大街
元和号　阜成门大街
天泰号　东四南大街
玉宝斋　西四北大街
永信德　新街口南大街
悦心斋　马市大街
益和楼　东四北大街
华茂号　护国寺街
义古斋　西单北大街
源震兴　阜成门大街
聚宝斋　地安门外大街
德宝丰　新街口南大街
宝丰斋　新街口南大街
丽英号　地安门外大街

四　攒花作（攒洋珠为各种花式，为妇女装饰用）

天增号　廊房头条鸟枪胡同
瑞增和　鸟枪胡同

五　勋章银器局

永增　长巷上头条　电话南一三七三
万宝新　戥子市　南四九七

六　银楼

天增　珠宝市北口内　电话南二六七七
天华　西河沿三府菜园
天华楼　劝业场
天吉　西四牌楼南大街
天元　东华门外路北　东单牌楼观音寺
天有　东华门外路北
天源　北孝顺胡同
天聚楼　东四北大街
天丰和　三府菜园　南一七〇七
天宝　廊房头条胡同　南一七六三　朝阳门内南小街
天宝楼　锦什坊街
天一楼　西单报子街
文丰　三里河北桥湾
文增　护国寺西口内　四一三一
文华　廊房头条胡同　南三一七　东四牌楼南路东
中和银楼　西安门内大街
永生楼　东安市场
永华楼　东安市场
永华楼　西单报子街
永华　廊房头条第一楼内
永增　西河沿
永珍　东华门外路北
永记　廊房头条第一楼内

永升　安定门内路西
永铨　新街口南大街
卉芳　地安门外大街
玉和　东四牌楼南路东
任义楼　安定门大街
全聚　崇文门外花市
安华　地安门外路东
志宝　正阳门外肉市街
志成　东安市场内　东一〇四六
亨元　崇文门外花市
升远　北孝顺胡同
和丰　西河沿三府菜园
物华　隆福寺街路北　孝顺胡同
阜昌楼　朝阳门大街
佩珍　东华门外路北
长生　正阳门外观音寺　南二六三三
信远　地安门外路西
茂生　北孝顺胡同
泉兴局　地安门外大街
泰山　北孝顺胡同
泰山局　新街口南大街
泰华　正阳门外观音寺
泰源　东四牌楼东路南
蚨祥楼　劝业场
乾元　大蒋家胡同
乾元楼　西单北大街
乾泰号　地安门外大街
乾华　西单牌楼北路东
华茂　北孝顺胡同

华宝　东四南大街
顺茂号　劝业场
梧村　朝阳门外大街　东二〇二二
富德　宣武门外南横街
富华　崇文门外花市
裕宝楼　宣武门内大街
瑞宝　绒线胡同西口
瑞增　东四牌楼北大街
瑞成楼　地安门外大街
万华楼　东直门大街
万华楼　崇文门大街
万华　东单牌楼北路西
万珍　北孝顺胡同
会源　安定门内路西
新华　崇文门外花市
钰华　新街口南大街
义珍楼　护国寺街
义泰　地安门外路东
义成　地安门外路东
义顺　地安门外路东
义和　西四牌楼北大街
义信　北孝顺胡同
聚华　东四牌楼北大街
聚珍　安定门内路西
聚和　地安门外南锣鼓巷
聚成　朝阳门内南小街
聚泰　廊房头条胡同
聚宝　东四牌楼北大街
聚宝楼　锦什坊街

福丰楼　地安门外大街
福元泰　朝阳门内南小街
嘉禾楼　地安门外大街
增华　东四北大街
增盛祥　劝业场
增盛楼　锦什坊街
德宝楼　阜成门大街
德盛号（兼古玩）　新街口南大街
德盛号　米市胡同　南二七二九
德源楼　锦什坊街
德兴楼　劝业场
德海楼　地安门外大街
德聚　南孝顺胡同
德森　正阳门外观音寺
德兴　北孝顺胡同
德华　西河沿三府菜园　东华门内路南
德成　地安门外路东
广元　北孝顺胡同
广泉　北孝顺胡同
庆善　北新桥南大街
庆华楼　东四北大街
亿宝　阜成门内路北
震元楼　西单北大街
鸿兴　东华门内路南
鸿祥楼　劝业场
声远　西单北大街
声元　北孝顺胡同　南八一七
声远　三里河北桥湾
宝华　廊房头条胡同　南七一八　护国寺街路北　西一一

六九　大栅栏

宝兴　北孝顺胡同

宝珍　宣武门外南横街　安定门内路西

宝源　崇文门外花市

宝源　东四牌楼南路东

宝善　地安门外路东

宝元楼　东四南大街

宝光楼　东安市场

馨元　三里河北桥湾

七　镀金闷活

同聚　东四南大街

义兴（附五金）　交道口南大街

八　白铜首饰店

三益永　崇文门外上四条

三义公　崇文门外上四条

永义号　崇文门外上四条

永聚和　崇文门外上四条

合盛号　廊房头条

松盛号　廊房头条

启盛号　廊房头条

复聚兴　崇文门外上四条

义聚兴　崇文门外上四条

九　翠花局

三盛号　崇文门外上四条

三聚成　廊房头条鸟枪胡同

天兴成　崇文门外四条

同义和 崇文门外四条
同丰泰 崇文门外四条
吉祥公 崇文门外花市
新盛丁 崇文门外四条
源顺和 崇文门外花市
鸣盛泰 崇文门外四条
聚兴成 崇文门外四条
广聚号 廊房头条鸟枪胡同

一〇 纸花店

天香楼 崇文门外上四条
元记号 崇文门外上四条
永华茂 护国寺街路北
永隆泉 护国寺街路北
永盛成 崇文门外上四条
玉元永 崇文门外上四条
生祥东 东安市场
西永盛 崇文门外上四条
东永盛 崇文门外上四条
洪顺永 崇文门外上四条
春华庆 崇文门外上四条
春华锦 崇文门外上四条
泰源增 东安市场
祥顺永 崇文门外上四条
祥盛永 崇文门外上四条
顺德成 崇文门外上四条
瑞丰号 东安市场
义和号 崇文门外上四条
义盛号 崇文门外上四条

义盛永　崇文门外上四条
福记　西单牌楼南路西
敷庆成　崇文门外和众里
广发祥　崇文门外和众里
德顺永　崇文门外上四条
德兴成　东安市场

一一　宫花店

永隆泉　护国寺街
万升德　护国寺街

一二　绢花庄

美华丽　东安市场
万聚兴　东安市场

一三　绒花店

隆顺　东安市场

一四　头发铺

天顺永　西四北大街
公兴顺　天桥迤北
永泰号　安定门内大街东
永顺号　护国寺街路南
西万顺　新街口南公用库
西鸿顺　崇文门外上四条
同泰号　交道口西大街南
同顺号　交道口西大街南
同顺号　鼓楼东大街
东鸿顺　崇文门外上四条

洪盛号 崇文门外上四条
泰利成 崇文门外上四条
通顺号 崇文门外上四条
义和顺 崇文门外上四条
义合顺 隆福寺街
义顺兴 地安门外烟袋斜街
新利祥 崇文门外上四条
新利成 崇文门外上四条
瑞兴恒 崇文门外上四条
福顺祥 崇文门外上四条
福兴号 打磨厂
德龙永 地安门外烟袋斜街
德龙义 地安门外烟袋斜街
德隆永 烟袋斜街
广泰号 崇文门外上四条

一五 梳篦铺

天顺成 崇文门外四条
天义成 崇文门外四条
天兴和 崇文门外四条
正兴号 打磨厂
永盛公 崇文门外四条
和盛公 崇文门外四条
洪元永 崇文门外四条
祥顺号 崇文门外四条
义和永 崇文门外四条
义和顺 崇文门外四条
福顺永 崇文门外四条
德隆永 崇文门外四条

德盛号　隆福寺街

一六　骨货铺

永兴隆　崇文门外上四条
正兴号　崇文门外上四条
同合成　青云阁
新华茂　第一楼
聚远隆　青云阁
锦记号　崇文门外上四条

一七　药露庄

美利坚行（兼烟酒洋货）　香厂万明路
露华浓（马俊卿）　东四牌楼隆福寺

藤竹木器类

一　藤竹桌椅铺

三源成　西单北大街
三义合　崇文门外大街
三义昌　杨梅竹斜街
天德成记　东四南大街
公义成　宣武门内大街
永顺成　东华门丁字街
亚惟一藤竹器公司　李铁拐斜街　电话南二一五三
亚惟一分售处　宣武门内大街路西
复茂永　杨梅竹斜街
华惟一（兼柳器）　崇文门大街
富泰祥　西四北大街

义泰成　杨梅竹斜街
义聚恒　杨梅竹斜街
聚兴华　杨梅竹斜街
魁聚成　杨梅竹斜街
增茂永　宣武门内大街
广兴公　交道口西大街
德茂永　杨梅竹斜街
德盛号　鼓楼东大街
德顺东　正阳门外五道庙
德源成　杨梅竹斜街
德源永　东四北大街
德庆永　崇文门大街
德兴玉　杨梅竹斜街
兴隆号　东四北大街
丽胜源　东单牌楼大街

二　桌椅木器铺

三合兴　东珠市口大市街
三义号　东珠市口东小市
三义兴　东四牌楼东路南
久成号　地安门外大街
文明号　东珠市口大市街
公义和　地安门外大街
元记　西单牌楼　电话西一六七
元顺号　东珠市口大市街
天成永　北新桥西路南
天元号　东珠市口大市街
天泰号　东珠市口大市街
天顺号　东珠市口大市街

天瑞兴　东珠市口大市街
天增号　西四牌楼北路西
天兴盛　北新桥西路南
天兴号　北新桥西路南
北天成　鼓楼东大街路北
玉成号　鼓楼东大街路南
永成号　阜成门内大街
永泉号　东珠市口东小市
永顺成　东珠市口大市街
永顺木厂　东四北大街
永兴号　东西牌楼东路南
永丰成　朝阳门大街
老天顺　鼓楼东大街路南
全盛号　东珠市口东小市
合义号　鼓楼东大街路南
同和成　东珠市口大市街
同春和　东珠市口大市街
同盛公　东珠市口大市街
同盛号　东珠市口大市街
同义成　东珠市口东小市
同兴和　东珠市口南晓市街　南三九〇二
李同益　东华门外丁字街
作新号　宣武门外大街南头骡马市　南八九九
协利号　西四牌楼西路南
东鸿兴　东珠市口大市街
恒顺号　东珠市口大市街
恒兴和　西四牌楼西路南
和合号　东四牌楼东大街
和顺号　宣武门内大街路东

和义成　鼓楼东大街路南
海生号　西交民巷东口内
泰和永　朝阳门大街
泰和成　新街口南大街
泰和号　德胜门内果子市东路南
泰昌祥　宣武门内大街　西八一
祥泰号　鼓楼东大街
清华胜　王府井　东八八二
启新号　东四牌楼南大街
翕记　西斜街北口　西二五九六
森茂号　朝阳门大街
景和义　东华门外丁字街　东一一四四
复兴号　花市大街　东一八三六
顺兴号　东珠市口东小市
华荣木厂（兼西式）　八面槽
华美号　崇文门外小市
华兴厚　崇文门外小市
新华胜　骡马市　南五三
万和成　新街口南大街
万隆涌　骡马市　南一三六七
瑞兴斋　东单牌楼北路西
义成号　东珠市口大市街　东单牌楼北灯市口
义和永　西四牌楼西路北
义盛和　东珠市口大市街
义盛号　东珠市口大市街
义善公　虎坊桥　南二一一六
义顺成　王府井
义顺兴　东珠市口大市街
义顺号　东四牌楼东路南　东四牌楼北大街

义聚成　东四牌楼东路南
义聚号　西四牌楼西路南
义兴合　鼓楼东大街路南
义兴号　东珠市口大市街
荣华号　东华门外丁字街　东二八五三
聚成号　骡马市
聚泰成　东珠市口东小市
聚兴号　东珠市口东小市
福成号　东珠市口东小市
福盛祥　东珠市口大市
福顺兴　东珠市口大市街
福增祥　东珠市口东小市
庆和号　东珠市口大市街
庆瑞祥　东珠市口大市街
广恒号　东珠市口大市街
广顺永　东珠市口大市街
广顺号　骡马市
广源号　西四牌楼西路南
广庆永　东珠市口大市街
广兴号　东珠市口大市街
德盛义　骡马市
德顺永　东珠市口大市街
德顺永　东珠市口东小市
德新厂　骡马市
德义盛　东珠市口东小市
德义顺　骡马市　南一七七八
德义号　西四牌楼西路南
德兴号　东珠市口大市街
龙顺成　东珠市口大市街

兴盛号　鼓楼东大街路南
兴顺号　鼓楼东大街路南
双盛号　东四牌楼东路南
宝源祥　羊市街　西八二八

三　洋桌椅铺

三和公　王府大街
天和木厂　西单北大街
天华锦　正阳门外大市街
天增号　西四北大街
永昌号　船板胡同
永祥成　崇文门外大市街
永发祥　正阳门外大市街
西和记　王府井大街
同义和　宣武门内大街
李同益　王府井大街东
海生行　西交民巷东口
桐源号　东单牌楼路西　电话东一〇五一
泰昌华记　宣武门内大街　西八一
振兴号　王府大街
振兴义　八面槽
清华胜　王府井大街西　东八八二
启新号　东四牌楼南大街
隆懋　东安门内大街
景和义　王府井大街东
华胜永　西单牌楼路西
万林号　苏州胡同
新华盛　骡马市　南五三
义和新记　崇文门内苏州胡同

义善公　虎坊桥　南二一一六
裕源局　灯市口
裕兴合　八面槽
聚德兴　王府井大街
魁兴号　王府井大街东
锦昌号　船板胡同
广华木厂　王府井大街
德新号　骡马市
德兴号　王府井大街
兴顺号　王府井大街东
兴源号　杨梅竹斜街
双恒和　宣武门内大街
宝源祥　羊市大街

四　出赁木器铺

中兴号　香厂仁民路
和记　王广福斜街
华美　虎坊桥
瑞记　王广福斜街
瑞华　青风巷
瑞兴　石头胡同

五　嫁妆铺

三和兴　东四牌楼东路北
玉顺长　大市街
永升号　东四南大街
永义　鼓楼东大街
永聚兴　东四北大街
永兴号　东四南大街

同兴长　东四南大街
协兴盛　大市街
茂盛兴　东四牌楼东路南
恒顺成　大市街
恒聚号　大市街
益源丰　大市街
富兴号　东四牌楼东路南
万顺成　大市街
新顺号　鼓楼前大街路东
瑞兴成　大市街
义和号　西单牌楼南路西
义顺成　大市街
义聚号　羊市大街
聚和号　大市街
庆新号　朝阳门大街
广源号　羊市大街
德元恒　东四牌楼东路北
德源号　大市街
兴顺成　东珠市口大市街
兴隆号　大市街
双天和　西四北大街
宝聚成　东华门外丁字街迤北

六　柜箱铺

天兴德　正阳门外东小市
永顺号　正阳门外东大市
玉顺长　正阳门外东大市
协利厂　羊市大街
协兴盛　正阳门外东大市

恒聚号　正阳门外东大市
万顺成　正阳门外东大市
义顺成　正阳门外东大市
瑞兴成　正阳门外东大市
裕丰润　正阳门外东小市
福成号　正阳门外东小市
魁盛号　正阳门外东大市
聚和号　正阳门外东大市
聚泰成　正阳门外东小市
聚泰昌　正阳门外东小市
聚顺成　正阳门外东小市
聚兴号　正阳门外东小市
广源号　正阳门外东小市
兴顺成　正阳门外东大市
双恒和　宣武门内大街　电话西一四二七

七　板箱铺

天德成　崇文门外花市
永顺利　崇文门外小市
东兴顺　崇文门外花市
万盛祥　打磨厂
义成号　打磨厂
义盛号　打磨厂
聚盛利　打磨厂
广利成　崇文门外小市
庆丰成　打磨厂
兴盛号　打磨厂
兴源号　崇文门外小市

八　风箱铺

永顺成　柳树井
同盛号　打磨厂
东和盛　打磨厂
东聚兴　打磨厂
恒利号　崇文门外花市
恒盛号　打磨厂
恒聚号　打磨厂
泰成号　崇文门外花市
广生利　柳树井

九　木桶铺

三合　西四牌楼北路东
三顺号　花市大街
三义成　北新桥南大街
天顺号　西单牌楼北路东
天德合　交道口南大街
永泰号　瓷器口
永顺号　东华门内大街北
永顺号　宣武门内大街
同泰成　宣武门内大街
同庆号　杨梅竹斜街
同兴号　西单牌楼北路西
长顺号　鼓楼东大街路南
昌盛号　交道口南大街
东三顺　花市大街
东永顺　东草市
东来号　王府井大街路西

东来兴　新街口南大街
和顺号　杨梅竹斜街
振兴号　灯市口
海兴号　西四牌楼北路东
泰山恒　西珠市口
泰和　崇文门大街
泰兴号　东四北大街
隆盛号　杨梅竹斜街
万全号　瓷器口
义合成　朝阳门大街
义成号　西大街
义利号　花市大街
义顺　花市大街
增庆　朝阳门内大街北
聚顺号　东草市
刘家　王府井大街路西
广盛号　花市大街
德盛号　新街口南大街
德盛聚　东四牌楼南路东
德顺　东珠市口
德顺永　杨梅竹斜街
兴盛　交道口南大街
龙兴顺　柳树井
宝兴成　蒜市口

一〇　旋木器铺

三义合　阜成门内大街
天增号　肉市内
天兴号　东河沿

同盛号　东河沿

同义号　宣武门内路西

义和成　肉市内

万成号　打磨厂

万华成　东河沿

万兴合　东河沿

一一　漆盒铺

玉成号　鼓楼东大街

永成局　缸瓦市

永发号　东珠市口大市街

英明斋　东珠市口大市街

春义局　米市大街

隆和号　西单牌楼北路东　电话西三二七

隆兴号　东四牌楼神路街

万和号　东珠市口大市街

义泰和　东珠市口大市街

义顺兴　骡马市

福盛号　东四牌楼神路街

锦泰和　东珠市口大市街

宝顺兴　东晓市

一二　楠木作

天成义　骡马市

天兴隆　西珠市口

成顺斋　杨梅竹斜街

松林斋　西四牌楼南缸瓦市路西

明古斋　杨梅竹斜街

明隆斋　东四牌楼隆福寺

和顺成　东华门外大街南
彦丰斋　杨梅竹斜街
振兴斋　杨梅竹斜街
祥和永　西单牌楼北路东
顺发和　西四牌楼北路西
增顺局　南锣鼓巷路东
万生祥　朝阳门内南小街
聚兴隆　杨梅竹斜街
广议和　琉璃厂东
庆源厚　东华门内大街南
德兴号　烟袋斜街路南
兴义号　东华门内大街南
双盛斋　杨梅竹斜街

一三　小器作

永立斋　隆福寺街
永盛斋　隆福寺街
明隆斋　隆福寺街
长兴和　东四南大街
泉兴号　东四南大街
福聚永　羊市大街
德盛荣　交道口东街
广发厚　鼓楼东大街

一四　山货店

三盛　安定门内路东
天顺　东华门外路北
天顺永　东四牌楼南路西
天德　东四牌楼南路西

天德合　西四牌楼北路东

元泰　花市

永盛　西四牌楼北路东

玉成　花市

全顺　护国寺街路南

全顺公　花市大街南

同益公　大佛寺北路西

同义　东华门内路北

同义和　大佛寺北路西

长顺兴　西直门外月墙

阜盛　阜成门内路南

东义兴　东四訔楼南路东

东聚兴　四直门内大街

恒顺　德胜门内丁字街南

泰顺永　西安门内路南

通新德　花市大街西头　电话东六四七

祥和益　大佛寺北路东

祥顺和　东单牌楼路东

顺天兴　西四牌楼北路东

顺义　花市

新顺　东直门外大街

新聚　鼓楼东大街路南

义盛　正阳门大街路西　南三七〇

义盛　鼓楼东大街路南

义兴　德胜门内丁字街北

义兴合　锦什坊街路西

万元兴　花市

万成　西单牌楼北路西

万和　东直门内路南

万顺　东直门内路北
万源祥　天桥迤北路西
福升号　地安门外大街
魁顺　西安门内路南
锦泰成　正阳门大街路西　南一三〇七
广泰　广安门内大街
德和永　东珠市口
德盛　锦什坊街路西
德顺　花市
德顺成　花市
兴盛　北新桥南大街
鸿兴　阜成门内葡萄园
双顺　北新桥西路南
丰盛和　东四牌楼南路东
宝丰永　东华门外路南

一五　荆条铺

九顺号　广安门内大街北
山田号　四直门外大街北
永顺号　朝阳门内大街北
合顺号　果子市东路北
西德胜　果子市东路北
利大号　西直门外西月墙
长顺兴　蒜市口
和顺永　广安门内大街北
春茂号　崇文门内大街东
海兴号　崇文门内大街东
泰山号　朝阳门内大街北
泰安号　阜成门内大街南
隆兴号　花市大街

富山永　东直门外大街南
义成号　果子市东路北
德胜号　德胜门内果子市东路北
庆福号　广安门内大街北
宝由成　花市大街

一六　镜框店

同生祥　廊房头条路南
义顺云　东单牌楼船板胡同
广兴　廊房头条路北　电话南二〇三七
双义和　交道口南大街

一七　酒篓铺

三合成　崇文门外大街南头
三盛永　柳树井
三顺永　崇文门外大街南头
天恩号　崇文门外大街南头
太山号　柳树井
永茂长　崇文门外大街南头
永茂号　崇文门外大街南头
永盛号　瓷器口　崇文门外大街南头
永顺兴　柳树井
和益　崇文门外西月墙
恒昌号　柳树井
福昌　崇文门外西月墙
福盛　瓷器口
兴盛永　虎坊桥东

一八　扁担铺

元泰号　花市

玉成号　花市
永利成　花市
永顺厂　广安门内大街
永顺号　广安门内大街
东三顺　花市
恒利成　广安门内大街
顺义号　花市
义利顺　花市
万元兴　花市
万成永　阜成门外大街
德顺成　花市
广兴隆　广安门外大街

一九　鸟笼铺

三义　宣武门外月墙路东
天兴　宣武门外月墙路东
永兴　东四牌楼神路街
宏远楼　东四牌楼神路街
和顺　天桥迤北路西
和兴永　东四牌楼神路街
振兴　宣武门外月墙路东
德顺兴　东四牌楼神路街
宝兴　东四牌楼神路街

陶瓷玻璃器类

一　陶器铺

山泉永　朝阳门内大街

天和号　朝阳门内大街
永成号　阜成门城门洞
西广庆　西直门城门洞
同兴隆　宣武门城门洞
复义兴　安定门内大街
富盛号　阜成门城门洞
德顺成　宣武门城门洞
德润成　宣武门城门洞
兴隆顺　宣武门城门洞

二　缸瓦铺

永茂号　缸瓦市
玉顺永　德胜门内果子市
同顺号　东单牌楼北路西
华升号　铁辘轳把大街
万德玉　德胜门内大街
义兴成　宣武门外菜市口
广利厚　花市大街
德兴号　广安门内大街南
双和合　宣武门内大街东

三　缸砂铺

天和号　新街口南大街
永顺砂石公司　西直门大街　电话西二五七八

四　缸店

三合　蒜市口
永成　崇文门外蒜市口大街
西长顺　崇文门外瓜市大街

东长顺　崇文门外蒜市口大街
东海　蒜市口
东兴　蒜市口
裕成　崇文门外蒜市口

五　沙锅店

天合成　广安门内善果寺
三聚永　善果寺
永兴隆　善果寺
岳家　善果寺
张家　善果寺
黄家　善果寺
广泉永　善果寺
德仁号　善果寺
德兴隆　善果寺

六　砖瓦铺

三义兴　南官园五圣庙　电话南一三四〇
天恩号　兵部窑
天德公　西直门外大街南
元成号　北新桥西大街南
公和聚　骡马市大街路南
永祥号　西四牌楼西路南
永祥顺　西直门内南草厂
永顺成　东单牌楼米市
永聚号　崇文门外东草市
永聚厂　东华门外大街南
吉兴号　琉璃街南
全顺号　瓷器口

全兴德　花市大街
同顺号　崇文门大街
同义和　西四北大街
同义和　东单牌楼羊肉胡同
同义泉　东华门北池子路东
宏通号　东珠市口
洪兴号　朝阳门内南小街
长泰兴　西长安街路南
长盛号　崇文门外大街西
东义盛　西直门内大街北
东义顺　西直门外大街南
和丰号　东安门外大街　东一八〇二
恒盛永　东珠市口
振昌砖窑　安定门外
马家堡机器砖窑批发处　崇文门大街　东三四三
泰山长　西珠市口　南一二七〇
泰山号　东四牌楼东路南
泰源号　朝阳门内南小街
通顺德　花市大街
隆兴德　三里河北桥湾
华通号　王府大街
顺兴号　广安门内大街
顺兴德　宣武门内路东
源成号　雍和宫西路西
义昌号　崇文门大街
万元成　花市大街
万成号　大木仓东口　西一八六三
义盛永　东珠市口
万增号　花市大街

万聚和　北新桥东路南
万兴　新街口南大街
万兴和　新街口南大街
万兴号　东珠市口
福和裕　东四牌楼西路北
聚源永　骡马市大街路南
聚源成　地安门内东板桥
聚盛义　三里河
聚兴号　阜成门外路南　西四四一九
亿顺公　崇文门大街
广源祥　崇文门外蒜市口
广丰号　报房胡同路南　东七二八
德盛和　东四牌楼东路南
德丰号　鼓楼西大街路北
锦华成　李铁拐斜街
双顺永　杨梅竹斜街
丰盛号　花市大街
丰盛和　安定门内路东
丰义成　王府井大街
宝源号　地安门内黄化门口外　东二五七八

七　官窑金瓷厂

老天利　新丰市场　电话西二六二

八　瓷器店

三和公　东四牌楼东路南
三义　朝阳门内路北
公记栈　锦什坊街路西
永盛成（兼竹货）　前门大街珠市口南　电话南二七

四一

永祥和　崇文门外花市

江西磁业公司江西磁业劝工场地安门外分销处　地安门外大街

吉祥和　西单牌楼北路西

松茂号　东四牌楼东路南

信永和　西四牌楼北大街

恒发号　东四牌楼南路西　东一九八八

益泰兴　骡马市大街东

森和兴瓷栈　西便门外铁道南

泰丰　骡马市大街东

清华斋　琉璃厂

祥广公栈　锦什坊街

隆元成　东单牌楼北路西

隆盛号　崇文门外大街

义和成　安定门大街

万盛号　正阳门外东小市

福盛长　西便门外　南三六三八

聚兴　正阳门外青云阁

广元祥　崇文门外花市

亿盛　薛家湾　南二八四二

庆顺成（兼缸器）　宣武门内大街

德元恒　东四牌楼南路东

德泰　正阳门大街路东

德盛永　护国寺街

九　瓷铁店

三益祥　西直门外路北

三盛号　西安门内路北

天和瑞　地安门外路东
公记　锦什坊街路西
北隆和　宣武门内大街
永昌锦　朝阳门内路北
永顺昌　朝阳门外路北
永兴号　新街口南大街
吉祥和　西单牌楼大街
吉顺号　崇文门外花市
西天成　阜成门外路南
西裕德　西四牌楼北大街
协泰号　地安门外路西
信成河　西四北大街
恒聚兴　宣武门内大街
祥盛德　地安门外路西
崇兴号　新街口西大街
万成号　东华门外路南
万成号　德胜门外路西
义成号　德胜门外路西
义和公　东四牌楼南路西
义和长　广安门内大街
义聚和　北新桥南大街
义兴东　护国寺街
聚成号　安定门大街
聚盛义　东四北大街
德顺成　宣武门内大街
广和成　宣武门内路西
广泰石记　东华门外路北
广盛号　东安门外大街
广顺成　宣武门内路东

庆盛号　东华门外路北
庆德成　东四牌楼东路北
豫茂益　崇文门内大街
兴盛号　东华门外路南

一〇　瓷锡店

三义　朝阳门大街
茂盛兴　朝阳门大街

一一　珐琅厂

善术　阜成门内西四牌楼帅府胡同　电话四二九八

一二　琢磨玉石作

文古斋　地安门外大街
文秀斋　廊房三条
永盛局　廊房三条
永顺成　弓箭大院　廊房三条
永顺德　弓箭大院
永德局　廊房二条
永兴局　廊房二条
同陛局　廊房三条
西宝珍　西四北大街
全盛永　廊房三条
全顺永　廊房三条
全兴成　廊房三条
升隆斋　廊房二条
治宝斋　廊房三条
恒聚号　廊房三条
则古斋　羊市大街

纯秀斋　廊房三条
晋新斋　廊房三条
祥泰兴　廊房三条
景华斋　廊房三条
华兴局　廊房三条
瑞品斋　廊房三条
万兴永　廊房三条
义宝斋　东四牌楼弓箭大院
魁星斋　廊房二条
富润斋　羊市大街
聚宝斋　廊房三条
德文斋　廊房三条
德古斋　鼓楼东大街
德顺兴　廊房三条
德宝斋　东四南大街
德宝斋　廊房二条
兴隆斋　廊房三条
宝珍斋　崇文门大街
宝星斋　廊房二条

一三　料器厂

光明　南下洼　电话南一三五八
茂盛　金龟池　南二六三一

一四　料器店

玉盛荣（兼杂货）　打磨厂　电话南二六三五
光明料器工厂　南下洼　南一三五八
吉祥瑞　崇文门外四条
同泰祥　崇文门外四条

同义永　打磨厂
益盛荣　打磨厂
复成广　崇文门外四条
裕昌泰　打磨厂
福亭号　崇文门外四条
福昌泰　崇文门外四条
德兴永　崇文门外四条
鸿兴永　打磨厂

一五　烟壶盖铺

天兴号　隆福寺街

一六　玻璃耍货瓶子局

三义局　铁辘轳把大街
天义长　花市大街
天兴永　花市大街
永顺号　花市大街
利顺局　铁辘轳把大街
泰元局　花市大街
景元局　花市大街
顺利局　花市大街
广和局　铁辘轳把大街

一七　玻璃庄

三盛永　宣武门内大街
天源泰　精忠庙胡同　电话南二七〇七
元利成　地安门外大街
月盛杨记（收售各种玻璃瓶子）　教子胡同　南二五七五

文祥涌　东单牌楼南大街　电话东一一一九
公义厚　精忠庙胡同　南一八五
仁记（兼木器）　陕西巷南口　南二七一九
仁义厚　精忠庙胡同　南八三二
永升泰　鼓楼东大街北
永信号　地安门外大街
永顺和　东西南大街
青兴永　崇文门外大街
育兴厚　骡马市大街　南二五一三
和顺成　东华门外路南
恒源祥　东珠市口大街　南二七七九
恒义厚（兼广货）　精忠庙胡同　南三二九六
泰记　鼓楼东大街
乾兴厚　精忠庙胡同　南二四八五
顺泰义　精忠庙胡同　南七七六
裕盛荣　打磨厂
义和永　东四北大街
义和号　宣武门内大街
义兴德　鼓楼前街路西
聚顺成　地安门外路西
聚兴德　西四牌楼南大街　西二八七
聚兴德　西四牌楼西路南
广顺成　安定门大街
广源德　精忠庙胡同　南八三九
广兴号　廊房头条胡同　南二〇三七
庆昌永　东四南大街
庆顺和　精忠庙　南二〇八六
宝聚祥（兼洋货）　崇文门内大街

一八　镜子铺

正明斋　崇文门外上四条
永兴和　崇文门外上四条
明华斋　崇文门外上四条
恒盛祥　崇文门外上四条
恒瑞祥　崇文门外上四条
新利成　崇文门外上四条
聚兴和　崇文门外上四条
德泉永　崇文门外上四条
德盛永　崇文门外上四条
德顺成　崇文门外上四条
广发成　崇文门外上四条

一九　怀镜风镜铺

怀镜，妇女胸襟所佩之镜也，民国纪元前最盛，近则鲜有佩带者。风镜，大风时所戴之眼镜也，其构造为玻璃片，外围纱布，价甚廉，向成做处购买，每洋一元可兑二十余件，街市购买，每件铜元十枚或二十枚、三十枚不等，向无定价。

天庆公　崇文门外上四条
文德公　崇文门外上四条
福祥号　崇文门外上四条
福聚恒　崇文门外上四条
福兴厚　崇文门外上四条
广兴永　崇文门外上四条
德义公　崇文门外上四条
庆祥瑞　崇文门外上四条

二〇　白土店

同聚山　新街口西街

万顺和　安定门大街
德泉涌　西直门大街

武装品类

一　军刀铺

三盛号　打磨厂东
三顺兴　打磨厂西
永兴号　打磨厂中
同福泰　打磨厂西
长顺号　打磨厂西
祥盛号　打磨厂东
万盛号　打磨厂西
新盛号　东四牌楼南铜铺大院
新华号　铜铺大院
福祥号　打磨厂东
庆祥号　打磨厂西
广盛号　打磨厂西
广顺号　隆福寺街
广源号　打磨厂西
广聚号　打磨厂西
兴盛永　打磨厂中
双盛公　打磨厂中

二　枪铺

三德胜　德胜门内路西

三　弓箭铺

天元　东四牌楼西弓箭大院

天顺成　东四牌楼西弓箭大院
永顺兴　东四牌楼西弓箭大院
全顺　东四牌楼西弓箭大院
全兴　东四牌楼西弓箭大院
聚元　东四南大街
德聚兴　东四牌楼西弓箭大院
广升　东四牌楼西弓箭大院
广聚兴　东四牌楼西弓箭大院

四　鞍子铺

三聚和　东四南大街
永成号　东四牌楼弓箭大院
永兴号　安定门外大街
振庆永　正阳门外草市街
福聚和　东四牌楼弓箭大院
德盛永　正阳门外草市街
广顺成　阜成门外大街

五　鞍粘铺

天兴号　朝阳门大街
永泰　西河沿
永泰成　东四牌楼路东
永泰号　崇文门外大街
永聚成　打磨厂
永兴　东四牌楼南路西
合利成　东四牌楼路东
同泰永　德胜门外路东
同泰号　德胜门外大街
泰来　虎坊桥大街路南

泰来成　西河沿
万义和　东四南大街
义顺德　西河沿
义兴　东四牌楼南路西
福聚和　档四牌楼弓箭大院
广兴号　崇文门外蒜市口
德泰　西河沿
德盛号　西直门外大街
德义号　正阳门大街路西
兴泰成　西四牌楼西路南
双顺永　德胜门外路东

日用品类

一　刷子铺

三顺号　沟尾巴胡同
三聚兴　沟尾巴胡同
永元兴　沟尾巴胡同
永成号　沟尾巴胡同
永茂号　沟尾巴胡同
永茂德　沟尾巴胡同
长聚兴　沟尾巴胡同
富顺号　沟尾巴胡同
聚成永　沟尾巴胡同
增顺号　沟尾巴胡同
广顺号　沟尾巴胡同

二　牙刷厂

福聚　打磨厂北官园路东

三　造胰厂

天津造胰公司　正阳门外观音寺　电话南二二二

天津造胰公司分售处　东安市场　东八三

日新　崇文门外木胡同　南局二八一三

北京日新　崇文门外木厂胡同　南二八一三

恒利　西四牌楼北宝禅寺街中间路南　西局二二〇七

富华　下斜街四眼井　南四一

蒙古制碱公司　崇外瓜市　东二二九三

四　钟表铺

三义斋　西单牌楼北路西

大顺斋　西单牌楼北路西

太平洋　廊房头条路南

天佑斋　东安门外大街

天怡斋　东华门外路北

文秀斋　西安门内大街

文源斋　朝阳门内南小街

元成斋　崇文门大街

元兴永　香厂万明路

永记　西四牌楼西路北

玉衡斋　西河沿

吉顺斋　崇文门内路东

同义斋　西单报子街

同兴（兼洋货）　观音寺　电话南九九八

志元斋　安定门内路东

志秀斋　北新桥北街东

秀文斋　新街口南大街

金明斋　正阳门大街路西

怡和永　绒线胡同
明时斋　南缸瓦市
和成行　东四北大街
和记　鼓楼东大街路北　崇文门外路西
松竹斋　东四北大街
松瑞斋　东华门外丁字街北
英秀斋　花市大街
美华利（钟表行）　陕西巷南口　南三四一〇
春华盛　地安门外大街
恒源号　新街口南大街
清华斋　地安门外路西
祥瑞斋　崇文门外路西
乾云斋　西河沿
涌古斋　东四南大街
萃珍斋　东四北大街
惠远达（兼洋货）　香厂万明路　南三六〇七
华兴号　东四北大街
复兴斋　地安门外路西
钰和斋　护国寺街
义和斋　西单牌楼北路西
义顺斋　崇文门内路东
义源斋　西单牌楼南路东
义宝斋　花市大街
瑞和斋　护国寺街路北
瑞明斋　烟袋斜街路北
瑞珍斋　鼓楼东大街路南
瑞华斋　阜成门内路南
瑞源斋　崇文门大街
铭瑞斋　隆福寺街

瑞鸣斋　西四牌楼北路西
瑞锦斋　北新桥南街东
庆顺斋　地安门外路东
德古斋　宣武门内大街
德秀斋　隆福寺街
德记　西安门外路北
德泰号　新街口西街
德义斋　锦什坊街路东
德源斋　新街口南大街
德丰斋　东四北大街
锦珍斋　锦什坊街路东
泽丰斋　西安门外路北
鸿文斋　西四牌楼西路南
鸿秀斋　东四牌楼观音寺街
翰宝斋　琉璃厂

五　眼镜行

三山斋　打磨厂
三益祥　琉璃厂
元明斋　琉璃厂
天华泰　西河沿
天丰泰　炭儿胡同
中国真精眼镜行　珠宝市　电话南二〇七七
中国精益眼镜公司　正阳门外观音寺　南一一一
中国精精眼镜总店　香厂万明路
生明斋　杨梅竹斜街
正明斋　廊房头条
永明斋　琉璃厂　崇文门外四条
永兴源　廊房三条

光明眼镜公司　正阳门外观音寺　南一三一三
光华眼镜公司　正阳门外观音寺　南一二〇
两明斋　琉璃厂
东永顺　崇文门外四条
东深兴　崇文门外四条
泰山斋　打磨厂
浚明斋　门框胡同
启元斋　琉璃厂
砚华斋　琉璃厂
华兴斋　琉璃厂
义元斋　琉璃厂
瑞珍斋　琉璃厂
万元斋　琉璃厂
万成斋　琉璃厂
万丰号　琉璃厂
福盛永　崇文门外四条
毓盛祥　杨梅竹斜街
广明斋　崇文门外花市
德元斋　琉璃厂
德明斋　杨梅竹斜街
德润斋　杨梅竹斜街
兴元斋　炭儿胡同
兴盛永　崇文门外四条
宝山恒　杨梅竹斜街
宝光阁　鲜鱼口
宝恒斋　杨梅竹斜街
宝华斋　鲜鱼口
宝丰斋　打磨厂　南一二一七

燃烧品类

一　电料行

三立　陕西巷　电话南七九一

三义合　布巷子　南二〇〇二

大中　石头胡同　南二六二八

大同（电气）　安福胡同新昌路　西二六五二

日升　金鱼胡同西口　东二九一九

文记　杨梅竹斜街　南三六四四

中国电气股份有限公司　南池子街表章库　东七〇〇

中华　宣武门外骡马市大街　南一六八三

中华电气制作所　化石桥中日实业公司内　南一九五一

永明　前门外石头胡同

同立　西四牌楼北大街　南一三四〇

同记　崇文门内大街　东三三五

利生　廊房头条胡同　南三四九七

协昌　西单牌楼南大街　西二〇七八

京昌永　宣武门外虎坊桥　南二〇〇六

京英　宣武门内象房桥　西二五二三

奎记　西安门内西什库　西六五一

振声　西长安街六部口　西一五〇九

祥华　西长安街　西二六六七

绍芝　东四北大街

云记　崇内船板胡同　东二九四

曾子延记电器行通信处　南芦草园　南一一三九

森记　东安门外大阮府胡同　东一一二八

华立　西河沿　南三五九七

华光　陕西巷　南二二八一
华明　虎坊桥
华昌　珠宝市北口内　南二二〇
华美　前门外大街路东
华记　西交民巷　南一〇二五
华国　骡马市大街　南一三一
华新　崇文门外花市大街
华兴　西单牌楼石虎胡同　西一〇五九
华耀　虎坊桥西　南一七九〇
华丰　地安门外大街　东三二七四
云记电气公司　船板胡同　东二九四
达明森记（电机）　八面槽　东一一二八
慎昌　长巷二条　南二三四五
荣华　东四六条西口外　东二七二二
聚盛成（兼钱店）　王广福斜街　南二八四二
履大　灯市口大街　东二六八八
庆记　杨梅竹斜街　南一〇二八
邓子安电料南行　前门大街　南一八〇　五六〇
鸿德利　崇文门内苏州胡同
关记　煤市街　南一六〇二
鹤记　东四六条西口外　东二九六一

二　电灯行

一中　王府井大街　电话东一一九六
同记　东四牌楼南
京英电灯行　象坊桥　西二五三二
何宝记　李铁拐斜街　南三三九四
信记　煤市街　南一五〇八
华明　虎坊桥　南二二五七

华泰　正阳门外大街　南一六八八
华泰昌　新街口南大街
华得利　宣武门内大街
华兴　西单牌楼报子街
义记　煤市街　南六八〇
瑞源　陕西巷　南二四九二
稻川　崇文门内苏州胡同　东一八八一

三　煤油公司

亚细亚火油公司　大羊宜宝胡同　电话东一六八八
美国煤油公司　东单牌楼二条胡同　东一五二八
广丰号煤油纸烟公司　正阳门大街　南一五三六

四　煤油庄

大昌号　安定门内国子监　电话东二二五四
大祥（兼洋货）　北新桥　东二四七八
天德隆　正阳门大街　南二五七二
仁昌　东便门外　东一〇七五
中兴和　宣武门外教场口　南二二八五
平记　正阳门外樱桃斜街　南一一九〇
平康号　内务部街　东一〇一七
文华栈　西珠市口　南三三二八
文源栈　果子巷　南一三五二
北德和（兼洋货）　鼓楼前大街　东三九六　地安门外路西
玉顺栈（兼杂货）　西总布胡同　东六九四
永昌　崇文门外花市大街
永和（兼洋货）　东四牌楼二条胡同　东七八五
永和栈　西安门内大街　西一三一八　西单牌楼北街东

永和南栈　西单牌楼鱼市　西九八二
永记栈　阜成门外大街
永盛号　地安门外大街　东一九三
永兴隆　护国寺街
永兴德　三里河大街北
合记栈　东四牌楼东路南
全聚恒　阜成门内路南
同兴和西记　延寿寺街　南二六〇三
成记　朝阳门外铁道旁　东七九三
成兴顺　宣武门外西城根　南一七四三　南一〇一九
克里森（兼烟卷）　正阳门大街　南二三八
协记　东便门外　东一三六九
东华栈（兼广货）　东四牌楼　东一〇一二
信义栈　西珠市口牛血胡同　南二五五二
洽兴　永定门外　南八九二
和成园　北新桥大街　东一一四九
和丰栈　朝阳门外　东一九〇九
恒记厚　崇文门外花市
恒记栈　海甸西大街　第二分局一二
恒顺栈　宣武门内大街
恒发号　新街口西街
恒丰（兼洋货）　地安门外桥北　东一八三七
晋宝　骡马市大街　南三七九四
益和　西便门外　南一七九
益兴亨　西直门外车站
益兴行　西直门外车站
益兴恒　西直门外车站　西一二七一
泰古　北新桥大街　东一五八一
泰昌号　王府大街

泰昌号　东四马市　东一〇九二

泰和　　宣武门外西城根　南九一七

泰和颂记煤油罐　宣武门外西城根　南二八九七

泰祥号　北新桥大街东

泰源栈　地安门外大街

通和　　地安门外大街

祥记号　正阳门外西珠市口

复源恒　西单牌楼南路东

贵记　　西单北大街　西六八七

华胜栈　德胜门外桥北　西一七四八

华丰栈　（兼洋货）　安定门内大街路东方家胡同　东一三六七　安定门内路东

隆记　广安门外　南八六四　西直门外　西一二四一

隆聚栈（兼洋货）　新街口北大街　西一四四五

颂记　朝阳门外　东二三七

魁顺兴（兼纸烟）　绒线胡同西口外　西八四三

新丰栈　地安门外大街　东二七四一

裕兴（兼纸烟）　宣武门外烂缦胡同　南一八七二

裕丰　正阳门外施家胡同　南六一五

瑞甡栈　安定门内路西

瑞丰　东四牌楼大街　东七〇八

瑞丰号　朝阳门内大街

万润祥（兼纸烟洋货）　西长安街大六部口　西一八四

万兴成　崇文门外草市

万丰泰　西单牌楼南　西七四

源兴永　前门大街　南一一九九

源丰　鼓楼前大街　东一二三〇

源丰号　西单北大街

源丰西栈　阜成门大街　西一四九八

义和公（兼洋货）　铁狮子胡同西口　东五一五
义记　东四牌楼大街　东一七七三
义记栈　东四牌楼路东
义源号（兼酒）　东四南大街　东二五五七
义兴成　崇文门外大街
义兴号（兼纸烟）　宣武门外半截胡同　南二七五八
（兼洋货）骡马市大街　南三三七七
义丰（兼烟卷）　宣武门外十间房　南一八七三
增盛号　东安门外大街
聚源成　阜成门外关厢路北
聚兴号　王府井大街
荣丰恒　煤市街　南一八四一
荣丰恒　崇文门外东城根　东七八九
广茂　西四北大街
德记　正阳门外东城根月坛墙　东一〇八八
德益公　甘石桥大街　西五八一
德源祥　西单北大街
德道公　西单牌楼缸瓦市东
德寿　正阳门外清华寺街　南二四五二
德丰顺　德胜门大街　西七四九
宝乐栈　交道口路东　东二三四五
龙源永　宣武门外烂缦胡同　南一七三六
谦昌　东单牌楼　东一九三七
谦源号　东单牌楼　东一〇二七
双顺和　西安门内
丽华（兼纸烟洋货）　东单牌楼东堂子胡同　东七四八
宝兴恒　德胜门内果子市　西四六九

五　煤油罐

成记　西直门外车站　电话东七九三

成兴顺　宣武门外西城根　南一七四三
协记　东便门外城根　东一三六九
和记　朝阳门外车站　东一二〇七
和丰　西直门外车站　东一九〇九
茂木　东单西裱褙胡同　东七九六
美孚　东单二条　东一五二八
洽兴　永定门外车站　南八九二
益兴恒　西直门外车站　西一二七一
泰和　宣武门外西城根　南九一七
泰和　广安门外车站　南一七九
泰和颂记　宣武门外西城根　南二八九七
隆记　西直门外车站　西一二四一
隆记　广安门外车站　南八六四
荣丰恒　崇文门外城根　东七八九
德记　崇文门外东城根　东一〇八八

六　火柴

丹华火柴公司京厂　崇文门外后池　电话南三一一

七　煤灰栈

九成　鼓楼东大街路南
三聚兴　宣武门外东城根　电话南三三三四
久远　阜成门内北沟沿路西
大合　宣武门外西城根　南一一七八　宣武门内路东
大成公　正阳门外西城根　南〇〇六五　崇文门外东城根　东一七〇一
大恒　广安门外车站　南三五三四
大盛德　宣武门外东城根　南二六五六
大德公　地安门内路东

大德公　前门外西城根路北　南六五
大德生　正阳门外观音寺　南四五
大德亨　宣武门外西城根　南二七五三
大德通　宣武门外西城根　南二四六六
大兴隆　宣武门内大街路西　西四五四
大丰　前门外西城根　南二一五四
公和　安定门内路东
仁和　宣武门外西城根
元记　朝阳门外车站　东一九一五
元记　绒线胡同
元记　西直门外北　西二八五
井陉矿务局分销处　崇文门外东月墙　东一七九七
井陉矿务局分销处　前门西城根　南四九四
井陉矿通益公司售煤处　西河沿　南三四五五
井陉矿通益公司售煤处　宣武门外西　南三六五
天利　宣武门外东城根　南一六四八
天顺　交道口西路南
天聚矿局煤栈　广安门外　南一八二一
天德　北新桥东大街北
天德玉　杨梅竹斜街　南三二〇四
天兴　宣武门外东城根　南二七二八
天丰厚（兼纸烟洋货）　地安门外大街　东一三七九
五昌　西珠市口牛血胡同　南三三九九
北恒隆　锦什坊街路西
永昌（兼灰）　宣武门外西城根　南三五二七
永丰红　东单牌楼东总布胡同　东一八七五
四合顺　崇文门外东城根　东五四七
四合顺　东便门内　东七四七
四合顺　宣武门外东城根　南七四四

四聚合　宣武门外东城根　南一〇七三

同元　阜成门外北城根　西一八九七

同和成　永定门外车站　南三三八二

同义运煤总栈　正阳门外西城根　南七九七

同兴德　安定门外城根　东一〇二八　德胜门外城根西三五三　西直门外城根　西三〇四　德胜门外车站

同兴　永定门外车站　南一二四四

安元　安定门外城根　东一八八九

安乐庄　西直门外北城根　西一一二三

百通　东单八宝胡同　东三〇二一

百通　宣武门外西城根　南二七九〇

西裕兴　西安门内大街　西一〇七

西德顺　地安门外路西

成兴顺　宣武门外东城根　南九七八　崇文门外西月墙东一〇六四　安定门外　东一六六八

成兴顺厚记（兼灰）　西直门外　西九八三

孚盛　宣武门外菜市口　南一三五七

长鑫　西直门外　西五一五

阜成　西直门外城根　西二二七四

阜记　宣武门内中街西头　西九四七

东元　东直门外南城根　东一八一四

东亚　铁门路西

东复兴　宣武门外东城根　南二〇四六

东宝成　鼓楼东大街北

恒利昌　北新桥东路北

升昌　崇文门外东月墙　东八五一

宣东　彰仪门外车站　南一六九五

信德成　西安门内大街路南

泉盛　北新桥南大街

泉兴顺　鼓楼西大街北

厚记　西城根　南二四五五

厚德生　抄手胡同　南三二五八

保晋　安定门外西城根　东一六六八

保晋　崇文门外西月墙　东一〇六四

保晋　宣武门外西城根　南三八六

保晋厚记　西直门外南城根　西九八三

益源长　朝阳门外城根　东一六六一

泰山永　西单牌楼北路西

泰昌　西直门外南　西三〇七

泰昌　正阳门外西车站　南二三二三　西便门外铁道南

泰昌义记　崇文门外月墙　东一七二六

泰源　阜成门外北城根　西一七三八　阜成门外城根　西一七三八

通益公司　崇文门外东月墙　东七〇二

乾德　崇文门内东城根　东一九九二

胜源　宣武门外西城根

顺泰　宣武门外西城根　南二六〇四

顺记　宣武门外永光寺西街

开滦矿务分局售煤处　西单牌楼甘石桥　西一三七八

复和瑞　宣武门外西城根　南二三一一

复合　西直门外车站　西三七七

伟记　北新桥西大街北

伟业　宣武门外西城根　南二七一二

华兴　正阳门外河泊厂四颗槐　南二六四一

华兴　正阳门外西城根　南二三八四

华兴厚　宣武门外东城根　南五八八

鼎昌　崇文门外东月墙　东八五一

杨家坨　西直门外南城根　西一六八六

葆晋祥　正阳门外西城根　南一一〇七

源兴厚　阜成门外城根　西三九三

源兴义　阜成门外　西一九五五

裕和　宣武门外东城根　南二六五五

裕恒号　北新桥东路北

裕泰成　阜成门外北城根　西九一二

万利祥　崇文门外东城根　东六四五

万和公　正阳门外西城根　南三三〇四

万和公　宣武门外西城根

万益公　前门外西城根　南三二八九

万德生　正阳门外五道庙　南二七八七

义顺德　东单牌楼南大街　东一九六二

义兴　东直门内大街南

义兴　德胜门内果子市南　东直门内大街南

义兴泰　朝阳门外北城根　东一三〇六

瑞生　安定门内路东

瑞生公　永定门外　南一二四四

瑞记　北新桥西大街南

瑞升　广安门内大街

瑞春　西直门外车站　西一〇一九

瑞兴　前门外西城根　南一〇九四

瑞丰　宣武门外东城根　南一九〇四

福忠　安定门外东城根　东一〇三一

福祥厚　西华门南长街路西

聚全成　宣武门外西城根　南一七一五

聚盛永　鼓楼东大街北

聚庆和（兼灰）　宣武门外西城根　南二五四

增兴永　延寿寺街　南二九六三

庆安　广安门外车站对过　南二一二六

庆升（兼灰）　安定门外东城根　东一九五八

广和成　西直门外车站　西一六五二

广隆源　西直门外车站　西一二三四

广盛　西直门外车站　西四〇九

广盛隆　东直门外车站　东一五三一

广盛义　西直门外车站　西二一八

广聚隆　西直门外车站　西一四二一

德元　德胜门外城根　西一四八

德长公　朝阳门内大方家胡同　东一一四七

德隆　东四牌楼北大街

德隆长　栏杆市大街　东一八三八

德隆盛　宣武门外东城根　南二六三二

德义　阜成门外北城根　西三一一　宣武门外车站　南一八〇

德义顺　宣武门外西城根　南二六四二

德丰元　崇文门外东城根　东九〇八　朝阳门外城根　东一七八一

德丰成　宣武门外东城根　南二七四三

德丰恒　阜成门外城根　西三六七　西直门外车站　西七二五　宣武门外东城根　南二一七七

德丰源　正阳门西车站城根　南二八〇六

兴来　安定门内路东

兴记　宣武门外前青厂路北

兴顺　东安门外丁字街

兴隆　安定门内五道营　东一六九四　南新华街　南二二九六　北新桥南大街

兴隆合　东四牌楼南大街

积顺兴泰记　东便门外　东二六七一

鸿丰　宣武门外西城根　南二七二四

宝昌　东珠市口三里河西　南一七四五
宝顺　阜成门外北城根　西一四八七
宝顺东　交道口西路南
宝瑞　宣武门外东城根　南二一九一
宝德　德胜门内路南　德胜门外车站
宝丰号　正阳门内张相公庙西头路北

八　煤铺

一利　南锣鼓巷路西
九成厂　鼓楼东大街
九森　朝阳门内南小街
九森裕　朝阳门内南小街
三义　东珠市口　东四牌楼东路北
久远　阜成门内北沟沿路西
大合　宣武门内大街路东
大德公　地安门内路东
大德玉　五道庙
大德生　正阳门外观音寺路北　电话南四五
大兴　西直门外大街面
大兴隆　宣武门内大街路西
太和　西直门内大街南
五昌　西珠市口牛血胡同　南三三九九
内兴隆　东华门南池子路东
中兴和　西四北大街
元记　绒线胡同路南
元泰亨　地安门内黄化门内
元丰号　东四牌楼北十条胡同
公和兴　朝阳门内大街路北
公茂　西珠市口

天佑　崇文门内沟沿头　东二八五四
天和　打磨厂
天峰　朝阳门内大街南
天增合　鼓楼东大街
天增和　鼓楼东大街路南
天德　王广福斜街
天亿和　东单牌楼方巾巷
天兴　南锣鼓巷东　打磨厂　朝阳门内南小街
天兴义　护国寺街
天丰　朝阳门内北小街
四合　高亮桥
北恒隆　阜成门内锦什街路西
巨兴　交道口东街
玉成　南锣鼓巷路东
玉兴　朝阳门内北小街
永利　东四牌楼路南
永升　东华门外皇城根
永隆　安定门外西河沿
永聚　崇文门外大街
永聚德　打磨厂
永兴　东四牌楼北大街
永兴　西河沿　南二〇一一
永丰　总布胡同
安元　安定门外西城根
合义　打磨厂
吉顺兴　马市大街路西
西裕兴　西安门内路南
成兴顺　安定门外西河沿
同兴成　石头胡同　南三五三二

同兴德　安定门外西河沿
孚盛　宣武门外菜市口　南一三五七
志泰　陕西巷
利盛公　苏州胡同
阜记　宣武门内中街路南
协顺　地安门内黄化门
协成　煤市街　南二六八
长和　东单牌楼东苏州胡同
长胜永　东珠市口
长发祥　西四北大街
东天顺　朝阳门内大街北
东来兴　崇文门大街
东裕顺　东四南大街
东义兴　东华门外丁字街
东宝成　鼓楼东大街路北
东宝隆　灯市口大街南
和顺永　东四牌楼南报房胡同
厚德生　大蒋家胡同　抄手胡同　南三二五八
信德成　西安门内大街南
宣东　崇文门内西观音寺　南一六〇二
宣东　板章胡同　南二九八二
泉兴厚　景山东大街路南
泉兴顺　鼓楼西大街路北
恒玉　半截碑　西二四二七
恒利昌　北新桥东路北
恒利盛　东单牌楼闹市口
恒利兴　东四牌楼东路南
恒源永　北锣鼓巷路西
恒兴（兼炭厂）　报子街半截碑　西二三九七

峰盛　东四牌楼东路南
泰山永　锦什坊街路东　大佛寺北路西
泰来　安定门内西大街
泰来永　西单牌楼北路西
泰丰　北锣鼓巷路东
通和　西四牌楼马市
祥顺泰　打磨厂中
祥义永　新街口南路东
涌泉　北闹市口炮厂胡同　西二四九五
伟记　北新桥西大街北　西四牌楼大街
乾泰　天桥南　南三二一六
顺成涌　朝阳门内南小街
顺记　宣武门外光寺西街
顺兴　东单牌楼观音寺东方巾巷
顺兴　牛血胡同（留学路）　南一六七
煜昌　苏州胡同
源涌昌　东华门南池子路西
汇生　外西华门达子营　西五六七
汇升祥　东四牌楼西猪市大街
新发　东珠市口
新顺成　东草市
裕恒　北新桥东路北
裕盛　北新桥北路西
裕盛成　东四牌楼南报房胡同
瑞春　西直门外大街北
瑞升　广安门内大街
瑞丰　安定门内路东
万盛林　大马神庙　南三三〇三
万裕　正阳门外大市街

万义成 西河沿路南
万宝成 安定门内路东
义成 十条胡同东横街
义来兴 朝阳门内南小街
义和永 地安门内北河沿
义顺长 北新桥细管胡同
义顺德 东单牌楼南大街
义聚昌 十条胡同东横街
义兴合 南锣鼓巷路东
义兴合 大佛寺北路西
义兴 地安门内大学堂操场 德胜门内果子市路南
增顺公 河泊厂 南一一五四
聚和永 大佛寺北路西
聚盛永 鼓楼东大街路北
聚宝 西中牌楼北路东
福泉号 交道口南大街
福泉涌 大佛寺北路西
福祥厚 西华门南长街
福顺和 新街口南大街
福盛 朝阳门内南小街
福涌泉 大佛寺路西
震源 西草厂 南二七四八
畿兴 西四牌楼北路东
庆兴 正阳门外大市街
广亨裕 东直门大街
广裕成 朝阳门内南小街
广庆 东四牌楼西路北
广庆 大蒋家胡同 南一四三四
广庆成 东四牌楼南路东

广兴成　东四北大街

德长公　朝阳门内大方家胡同　东一一四七

德泰山　地安门内东板桥大街

德隆　东四牌楼北大街

德隆长　崇文门外栏杆市　东一八三八

德胜　天桥南　南三四九八

德胜长　东四牌楼南报房胡同

德源公　延旺庙街　南一五一六

兴元　香厂万明路

兴利号　东直门内北小街

兴记　前青厂路北

兴隆合　东四牌楼南大街

兴隆号　裘家街　前门外西河沿　安定门内五道营路北东一六九四　南新华街　南二二九六　北新桥南大街

兴顺号　东安门外丁字街

双聚兴　王府井大街路东

宝山永　宣武门外裘家街

宝成　西四大院胡三道栅栏　西二四四二

宝泰　东四牌楼东路北

宝顺东　交道口西路南

宝顺兴　安定门内路东

宝德　德胜门内路南

宝兴　宣武门外裘家街

宝兴隆　西直门城门洞

宝丰　正阳门内张相公庙西口路北

九　劈柴厂

三顺永　新街口西街

协茂兴　宣武门外西城根　电话南二八六三

德山　新街口南大街

一〇　炭厂

永利　广安门外大街北
宏兴　椿树胡同
长利　王府井大街　电话东一六四七
长顺　东单牌楼船板胡同
长兴　东单牌楼观音寺
顺利　东华门外丁字街
广安　广安门内大街南
广隆　东华门外丁字街
双盛（兼木厂）　西单安福胡同　四二三三九

一一　白油局

九顺魁　豆腐巷
三聚成　西四牌楼马市街
天源永　豆腐巷
仁昌　豆腐巷
仁和　豆腐巷
永和　大拐棒胡同
永和　豆腐巷
永裕　豆腐巷
恒昌号　豆腐巷
源和　报房胡同路南
裕盛公　豆腐巷
德元永　马市街
广来顺　豆腐巷
广发祥　马市街
兴隆　大拐棒胡同

鸿盛永　马市街

一二　蜡铺

天恒兴　东华门外路北
天恩号　西珠市口
天顺祥（兼纸烟）　西单北大街
天源号　阜成门外大街北
明三元　地安门外路西
东天源　阜成门内大街北
祥云斋　崇文门内大街
祥云斋　东单牌楼南路东
祥瑞斋　地安门外路西
顺和成　安定门内路西
顺天兴　安定门内路西
万顺号（兼钱店）　新街口南大街
会源永　西四南大街
义顺永　韩家潭　电话南三二八二
义顺兴　新街口南大街
德顺兴　新街口南大街
德兴魁　东华门内路南
广和号　西单牌楼北路东
广盛隆　东珠市口
广顺公　东四牌楼北大街
广兴裕　安定门内路西
锦昌泰　东四牌楼北大街
联仲三元　正阳门外观音寺街　南二三四六

一三　修理炉灶局

天河局　西单牌楼北街东

曹记　德胜门内大街西　德胜门内果子市　鼓楼西大街路北　电话东一二七五

一四　白炉铺

公茂号　北新桥南大街
天恩号　五道庙
永元长　西直门内南小街
永立成　西河沿路北
永茂号　地安门外北头路西
永魁　东四北大街
四合顺　朝阳门内南小街
同源号　杨梅竹斜街
西庞公道　甘石桥路西
和顺号　新街口南大街东
恒升号　杨梅竹斜街
恒顺长　东单牌楼北路西
恒顺和　西四北大街
恒顺号　东四牌楼南路西
恒源号　杨梅竹斜街
海山长　东单牌楼北路西
海山长　东四牌楼南路西
义合顺　西四牌楼北路西
德泉涌　西直门内大街北
庞公顺　东四北大街
庞公道　交道口西大街北
庞有道　北新华街中间板桥路北

一五　洋炉铺

久恒　阜成门内大街北

三顺　地安门外大街路东
公益兴　宣武门内大街西
元兴成　骡马市
文胜号　东单牌楼米市大街路东
天佑兴　崇文门内大街东
天泽利　宣武门内大街
四合顺　东单牌楼米市大街
四合义　骡马市
永顺成　正阳门外大街南头
永聚和　打磨厂
宏泰号　西单牌楼大街西
利华　崇文门外大街东
来顺　东单牌楼北大街
协景成　东华门外丁字街
益和　安定门内大街路东
梁记　崇文门内大街东
善记　西安门外大街北
复兴成　王府井大街路东
华成号　西单牌楼南路东
华兴　东华门外大街北
华兴顺　西单牌楼南路西
钰隆泉　兵部洼
义和盛　东四牌楼南路东
义顺永　东华门外丁字街
义顺成　正阳门外大街路西西珠市口　宣武门内大街
义兴　正阳门内法部街路东
义兴成　东单牌楼北路西
义兴隆　东华门外丁字街
万华成　兵部洼

万顺成　正阳门外大街南头
万顺和　东单牌楼北路西
万义德　王府井
万德成　东单牌楼北路东
万德号　西单牌楼南路西
福顺局　西单牌楼大街西
聚盛号　东单牌楼北路西
广明长　安定门内路东
广记　西安门内大街南
德顺永　崇文门内大街东
德顺成　东单牌楼北路西
德顺源　东单牌楼北路西
德盛源　西单牌楼南路东
德聚号　崇文门内大街东

一六　牛角灯铺

万元斋　廊房头条

饮食品类

一　粮栈

大同　西便门外铁道南　电话南一九四九
大恒　广安门外火车站　南三五三四
大德通　宣武门外西城根　南三四六七
中合　永定门外　南五五七
元顺成　西直门外　西一三四四
公兴　宣武门外西城根
永裕　永定门外　南二四二二

永源公　广安门外车站　南二六二六
合顺　西直门外车站
合义永　西便门外　南八四六
同义总栈　前门外西城根　南七九七
同庆广　广安门外车站　南二六二六
西光裕　西直门外　西一四九三
忠兴成　西便门外　南二四五二
恒胜隆　西便门外　南一六五一
信昌　东四牌楼无量大人胡同　东一八六五
振成　西直门外　西三二四
泰昌　广安门外车站　南一六一四
祥恒泰　德胜门外车站　四一四四七
裕成厚　西便门外　南二六八三
裕泰源　西便门外　南二四三五
义利　西便门外　南二六八四
德隆茂　广安门外车站　南二一二七
德远成　西便门外铁路南　南一三九四
积成　西直门外北城根
豫康　宣武门外西城根
龙源通　永定门外　南一二一八
宝恒盛　西河沿

二　粮店

三义公　宣武门外南大街　电话南五
公和长　南长街　南一二九七
公和恒　绒线胡同
公和恒　南横街中间
公和顺　西安门内　南一三八八
元春　地安门外西板桥　东七一九

元顺公　护国寺西口　西二四九八
天义成　交道口大街　东二四六四
永和　永定门外　南一二七八
永昌　齐华门内　东三〇七八
永盛厚　广安门内　南三二四六
永顺合　朝阳门内南小街　东五一七
永义兴　羊市大街
永源　西四羊肉胡同　西九二六
永兴　骡马市大街
永丰泰　广安门内大街　南三二七〇
四合　东四牌楼北宽街　东一三四四
同和泰　受璧胡同沟沿　西一四三〇
同义　宣武门外大街　南一〇〇七
全升　地安门外定府大街　西四五八
协和永　广安门内大街　南二三〇四
和源号　西单北大街
东泰成粮局　东单二条　东一八一三
恒盛永　东直门大街
恒兴和　光明殿　西二二三四
泰来号　北长街　南二三四七
泰顺　大六部口　西一五五七
泰兴局　西四牌楼北大街
富升　西直门横桥　西二二三七
裕懋　东单牌楼　东二三六一
源长店　东直门大街
万聚和　阜成门大街
义吉　朝阳门内　东二三七一
义裕　东四牌楼　东二七〇八
义聚　东四牌楼七条胡同　东六六

义丰永　地安门外大街
福隆　西四羊肉胡同　西一二四四
福盛　阜成门内　西二〇六八
福兴生　兵部洼
福丰　东四牌楼隆福寺　东一三三七
广三和　西单北大街
广通蔚　地安门外大街
增盛兴　阜成门大街
德庆程　崇内沟沿头　东一七六五
德兴厚　鼓楼大街　东一〇八二
德兴泰　宫门口葡萄园　西一一八二
德丰泰　朝阳门内大街　东一二三四
庆合　崇文门外缨子胡同　东二六二七
兴记　彰仪门内大街牛街口　南一二四六
兴记　礼士胡同　东二九三二
鸿庆丰　东安门外丁字街　东二二二七

三　粮局

天增　宣武门外安福胡同　电话西一六四
泰来号　北长街　南二三四七
隆茂号　骡马市
义聚成　正阳门外大席儿胡同　南三二四六
聚丰永　骡马市
丰裕局　西长安街
宝兴隆　骡马市

四　米面庄

九丰　前门大街　电话南二五七二
三成　东单米市大街　东二九三

大和恒　西珠市口　南二五二七

大通　崇文门外花市　东二六二二

大源　陕西巷南口　南二四七二

天利永　兵部洼　南一六三八

天裕兴　隆福寺街东口外　东二四三七

天裕兴　东四牌楼北大街

天庆公　鼓楼前大街西

天增号　西单牌楼安福胡同

天兴局　鼓楼东大街北

天兴成　交道口西大街

天兴栈　地安门外大街

元生详　东四牌楼南大街　东二三三六

元盛号　西单牌楼绒线胡同

公兴和　鼓楼东大街

六合栈　东华门内路南

永昌号　东华门外大街

永茂　宣武门内大街路西　西一三八三

四合店　西大街

北永昌　地安门外鼓楼东街

亨记　崇文门外花市

志裕永　宣武门内北闹市口

和义成　崇文门内沟沿　东一六四八　西单牌楼大街　西三四四

协合永　广安门内大街

长兴号　鼓楼东大街南

东天吉　地安门外路东

恒义成　新街口蒋养房内路北

洪义信　安定门大街

益生局　新街口南大街

祥泰号　崇文门大街
通义公　东四北大街　东二三七七
裕盛公　鼓楼前大街东
源盛　崇文门大街
源盛　东四牌楼南大街
万聚泉　阜成门内路南　西一二九三
万聚泉西栈　阜成门内路东
义和龙　阜成门内马市桥南
义聚号　东四牌楼北大街
义兴东　北新桥南大街
新盛　雍和宫大街
瑞生栈　安定门内大街　东一三八七
聚和号　崇文门大街
广三和　西单牌楼缸瓦市西
德兴公　西单牌楼北路东
德丰泰　朝阳门大街
魁发德　骡马市果子巷　南七九八
锦昌恒　朝阳门内大街
鸿记　东四牌楼北大街
鸿庆丰　东华门外丁字街北　东二二二七

五　米庄

三成　米市大街　电话东二九三
大顺（兼碾房粮店）　宣武门外梁家园　南二四二一
大德亨　西单牌楼北　西三〇三
公合　正阳门内张相公庙　南六九六
公和恒　绒线胡同　西八〇七
公和顺　西安门外
公和源　地安门内　东二九一六

公和增　慈慧殿　东二七四七
公义　骡马市大街　南一五八二
公义局　虎坊桥
公兴裕　虎坊桥
公兴玉　骡马市　南六一四
公兴生　虎坊桥　南二六〇九
天佑　东单牌楼东堂子胡同　东一七七一
天和成　西单北大街　西二〇三七
天泰号　西单北大街　西一二二九
天裕兴　东四北大街　东二四三七
天兴局　鼓楼东大街
天兴公　东四牌楼北　东一八七一
元生祥　东四南大街　东二三三六
元吉永　西单牌楼北　西七七二
元顺　朝阳门大街
仁宜永　西珠市口西柳树井　南二二四七
六合栈　东安门内大街　东二一四
永茂南　宣武门内大街路西　西一三八三
永祥　石大人胡同　东二三一七
永盛成　正阳门大街
永盛源　东单牌楼二条胡同　东一八一九
永顺成　东四牌楼北钱粮胡同　东一九八
永聚　西交民巷　南一四五七
永丰厚　西单闹市口　西一四八三
巨兴　骡马市　南四九九
巨丰　西单北大街　西七二七
玉顺栈　东单牌楼西总布胡同　东六九四
同义昌　十八半截　西一九五四
和记　骡马市　南四二六

和顺成　西单牌楼南　西三四四
和顺祥（兼南酱）　西单北大街
和顺复　宫门口内翠花横街　西一四三五
和源　甘石桥　西七九一
信兆　东四南大街
信成　骡马市　南二一〇六
茂兴　宣武门外西草厂　南一九一六
振亚行（兼杂货）　交道口北大街　东一〇二四
振兴　东单牌楼东堂子胡同　东二四五七
益生局　新街口南　西二一〇一
益成永　宣武门内北闹市口　西二二七一
益庆源　正阳门外大街　南九〇六
泰兴局　西四北大街　西一九八七
祥恒兴　西珠市口　南一五四九
祥记　东四牌楼大街　东一〇五二
祥泰　东四牌楼米市　东一一六九
祥云斋　东单牌楼大街　东二〇三九
乾祥　骡马市　南六一三
通顺　菜市口　南二〇五
隆昌　东四十二条　东二五三二
隆昌厚　宣武门内北闹市口
隆昌号　八面槽
隆茂　菜市口　南二四九四
隆记　骡马市　南二〇七一
隆兴泰　宣武门内大街　西四四一
富隆号　西四牌楼北
复兴　东四七条石桥　东二四一七
顺成　史家胡同　东一六七三
湘米经销处　宣武门外教场五条胡同　南六一

义和成　崇文门外瓜市　东六七八
义和源　新街口南
义泉涌　东安门外丁字街　东一六七三
义泰和　东四北八条　东二五三一
义善长　遂安伯胡同　东二七一
义广源　正阳门大街
义兴东　北新桥船板胡同　东二五九二
义光东　东四北大街
义兴　西四牌楼南　西一〇七五
万泰永　太仆寺街　西二四四一
万盛东（大米）西四牌楼南　西一二九三
万华兴　正阳门大街
源记　东四牌楼大街　东一四六九
源盛（大米）　东四牌楼米市大街　东五三一
源兴　东四牌楼汪芝麻胡同　东一〇四九
新盛　北新桥大街　东四三四
裕盛公　地安门外方砖厂　东一五一七
意记　东四牌楼大街　东一一九九
道生　阜成门内　西二二八四
福生　骡马市　南六一九
福合隆　正阳门大街
福和　骡马市　南一三九七
福和隆　大蒋家胡同　南二二六
福和聚　十八半截　西一七八七
福和兴　骡马市　南一六三六
福昌　东四牌楼北四条胡同　东一四一三
福昌　西单牌楼南
福记　石附马大街
福盛兴　东四北大街

福裕　西单牌楼南

福兴隆　新街口西街

聚和　东四牌楼米市大街　东二二五一

聚和永　西单牌楼北　西一五九八

聚和隆　骡马市　南一六五六

聚和隆　虎坊桥

聚财　报子街　西七八二

聚丰永　菜市口　南一四八一

德兴　西华门北长街　南三三九四

德兴公　西单牌楼北　西一六六六

德兴成　骡马市　南二一〇九

德兴顺　西便门内　南一二二七

德丰　宣武门内大街　西一六八九

广三和（粳米）　甘石桥　西七一七

广聚兴　绒线胡同　西八一四

广兴号　王府井大街　东二七〇七

润记栈　东四牌楼汪家胡同西口　东一二二二

庆元　新街口南

庆春栈　隆福寺街

亿兴　东四北二条　东二三七九

龙源兴　延寿寺街　南二四六〇

兴隆　陕西巷南口　南一七一

兴隆号　虎坊桥

鸿成永　骡马市大街　南二四三三

鸿记　东四北大街

鸿兴泰　新街口西大街

谦义和　东单牌楼北灯市口　东九〇七

丰泰　北新桥大街　东二二二四

丰盛　西单牌楼北辟才胡同　西六〇四

丰裕　西长安街　西二〇八
宝恒盛　西河沿　南二七六五

六　杂粮店

三盛　东华门内南池子
天顺　北新桥西大街路南
天顺成　宣武门内大街路东
天庆　西便门外　电话南三二二五
天德号　安定门内大街路西
天增永　崇文门大街
天兴局　鼓楼东大街路北
元春局　景山西板桥路北
元兴和　东华门外大街北
元兴茂　东华门内南池子
元兴盛　东安门内大街　东二四七四　东华门内南池子
元兴顺　东华门外大街南
公和长　崇文门大街
公和源　地安门内大街路东
公兴和　鼓楼东大街路南
六合栈　东华门内大街南
永和　北新桥北大街东
永和义　地安门内内府库街
永茂　宣武门内大街路西
永泰号　朝阳门内大街南
永益公　安定门内大街路西
永裕　朝阳门内大街南
永义　朝阳门内大街南
永义店　安定门大街
永聚　西交民巷

永兴店　地安门内黄化门
正兴隆　东四牌楼南报房胡同
北永昌　鼓楼东大街路北
四合店　交道口南大街路西
四通店　交道口南大街路东
同和号　鼓楼西大街路南
合聚号　东直门内大街北
西天益　鼓楼东南锣鼓巷
西永兴　琉璃厂路南
和顺　北新桥东大街北
和顺成　西单牌楼南路东
和义成　西单牌楼南路东
长盛永　法部街西
长兴号　鼓楼东大街路南
长慎永　兵部洼北
东天吉　安定门外大街东
东天增　东直门内大街北
协义成　西直门大街
恒盛永　东直门内大街北
恒盛得　崇文门内大街
恒义成　新街口蒋养房路北
信成永　德胜门丁字街北
洪义信　安定门内大街路西
垣成店　朝阳门内大街南
泰来栈　安定门内大街路西
晋源号　朝阳门内大街南
通泰德　安定门内大街路西
通顺　东四牌楼马市大街路西
通兴永　宣武门内大街路东

祥恒聚　德胜门丁字街北
隆兴顺　安定门内大街西
富隆　西四北大街　西二三〇四
裕茂　崇文门大街
裕丰成　琉璃厂西口
义成聚　北新桥北大街西
义和龙　西单牌楼北路东
义泰　王府井大街路西
义泰永　北新桥西大街路南
义祥　东四牌楼东路南
义盛　朝阳门内大街南
义盛亨　交道口南大街路西
义顺长　安定门内大街路东
义裕店　东四北大街
义源　交道口南大街路东
义聚永　灯市口
义兴　王府井大街路东
义兴东　北新桥东大街北
义兴号　西四北大街
义丰久　崇文门大街
万昌　安定门内大街路西
万盛东　西四南大街
万顺成　东华门内南池子
万裕　安定门内大街路西
源成店　八面槽
源长号　东直门内大街北
源昌聚　安定门内雍和宫
源盛永　崇文门内大街　东三〇〇七
源聚永　交道口南大街路东

新泰　北新桥东大街北
新盛　北新桥北大街东
瑞生祥　东华门内大街北
瑞生号　东华门外大街北
福昌　宣武门内大街路东
福顺　马市大街
福裕店　宣武门内大街
荣升长　东直门内大街南
聚兴成　东华门内北池子
德裕和　安定门内大街路西
德义永　东四牌楼东路南
增源　安定门内大街路西

七　面粉公司

泰和恒（分售处）　正阳门外西珠市口
通丰面粉公司　宣武门外北新华街　电话南三五九一
涌源　正阳门大街　南二二五六
扬辉制面股份有限公司　正阳门外河泊厂　南二三三八
华俄面粉公司　东直门内俄国北馆内　东九九四
新利　阜成门内水车胡同　西五二九
德隆公司机器磨房　西便门外　南一五八五
德隆公司机器磨房分售处　果子巷口　南一五八六
庆丰永磨面粉有限公司　东便门外　东四三一
寿星面粉公司批发处　前门大街　南二二〇九

八　碾房

人和号　李铁拐斜街路北
大顺　梁家园　西直门外大街
永顺　崇文门外花市东

同顺合　东四牌楼北路东
裕昌厚　德胜门外大街东
福芝　崇文门外柳树井
广来顺　崇文门外蒜市口
德茂永　东直门内南小街

九　挂面铺

泰山永　烟袋斜街西口
泰丰颐　宣武门内绒线胡同　电话西一五八七　锦什坊街路西
华顺和　安定门内路东
裕兴　鼓楼前大街路东
裕兴民记　果子巷　南一六九八
源兴斋　东四北大街

一〇　切面铺

三义永　东四南大街
大兴号　新街口北大街
山海兴　鼓楼西大街路南
天和长　东四牌楼北大街
天海龙　东华门外丁字街
天聚隆　西直门内路北
天德隆　地安门内黄化门内
天德瑞　鼓楼西大街路北
天兴泉　西单牌楼西北闹市口
永和轩　朝阳门内路北
永盛号　西四北大街
永盛斋　西直门外路南
永顺长　西单北大街

永兴号　新街口南大街
北泉盛　安定门内路东
四合斋　护国寺街
全盛轩　地安门内内府库大街
同合斋　东四北大街
东天庆　兵部洼路东
长顺公　西直门内路北
恒兴永　西四牌楼西路南
恒兴龙　地安门外大街
泰山永　烟袋斜街西口
泰山亨　新街口西街
泰山轩　王府井大街路西
泰昌　鼓楼西大街路南
祥玉兴　安定门内路东
顺茂号　雍和宫大街
复盛全　交道口南大街
复兴斋　西单北大街
隆和　宣武门内大街
隆兴　东华门外路南
义茂德　东四牌楼西路北
义兴斋　交道口南路西
新盛轩　北新桥北路东
瑞德庆　东华门内路南
聚盛　北新桥北路东
聚兴楼　西四北大街
广泰兴　北新桥北路东
德成永　崇文门内大街
德盛永　阜成门大街
德盛斋　东四南大街

庆三义　东直门内路北　北新桥东路北
增和兴　鼓楼东大街路北
兴发　鼓楼东大街路南
兴顺斋　宣武门内路东
兴裕隆　朝阳门内路北
龙兴长　西单牌楼北路东
双顺斋　宣武门内路东
丰盛永　八面槽

一一　蒸锅铺

天宝龙　西单牌楼北路西
永和斋　东四北大街
永茂号　西椿树胡同
永隆斋　西单牌楼北路东
同兴斋　南锣鼓巷
恒丰聚　西直门内大街南
乾元斋　东四北大街
复兴斋　东四北大街
义兴斋　西单牌楼北路西
广泰兴　北新桥北大街路东
兴盛号　南锣鼓巷
兴顺和　总布胡同
兴隆斋　安定门内大街东
丰盛林　东四牌楼南路东

一二　猪店

三聚　糖房胡同
王二店　猪市大街
王家　猪市大街

安家　猪市大街
李玉　猪市大街
李冯张店　猪市大街
李瑞王店　猪市大街
李兴　糖房胡同
何王店　猪市大街
沈家　猪市大街
尚闫店　猪市大街
岳王　东四牌楼猪市大街豆腐巷
季李店　猪市大街
恒兴　西四牌楼北路西
洪大　猪市大街
保李　猪市大街
徐康陈店　猪市大街
高八店　猪市大街
马蒋店　猪市大街
陈九　糖房胡同
陈李　糖房胡同
郭九　西四牌楼北路东
复发杂货猪栈　西便门外铁道南　电话南一六八七
万家　猪市大街
新郭　糖房胡同
新杨店　猪市大街
义兴　猪市大街
贾宣　猪市大街
贾家　猪市大街
董八店　猪市大街
殿赵店　猪市大街
广聚　猪市大街

刘四店　猪市大街
刘安　猪市大街
刘家　猪市大街
刘陈店　猪市大街
德元　糖房胡同
德成义　猪市大街
郑玉　猪市大街
蒋二店　猪市大街
兴马　猪市大街
兴隆　猪市大街
兴杨　猪市大街
戴李店　猪市大街
苏张店　猪市大街

一三　猪肉汤锅

三益号　马市大街
三顺号　糖房胡同
三义永　豆腐巷
元利号　糖房胡同
元兴局　马市大街
内金成　豆腐巷
永盛局　豆腐巷
永盛号　马市大街
北永盛　豆腐巷
四泰号　马市大街
市梁局　猪市大街
市源局　猪市大街
市翼局　猪市大街
西恒盛　豆腐巷

西马车　马市大街
同利局　豆腐巷
长成局　豆腐巷
长盛号　糖房胡同
东马车　马市大街
南和泰　马市大街
南兴隆　豆腐巷
恒聚永　豆腐巷
春福局　马市大街
茂盛号　马市大街
泰顺号　马市大街
马陈店　马市大街
乾元号　马市大街
顺和号　马市大街
顺兴局　马市大街
顺兴号　马市大街
复盛永　豆腐巷
复盛泰　豆腐巷
义生局　豆腐巷
义合号　糖房胡同
义昌局　豆腐巷
义和源　豆腐巷
义盛长　豆腐巷
义万号　马市大街
义兴永　豆腐巷
源盛号　豆腐巷
新泰号　马市大街
广益号　马市大街
广莱号　马市大街

广盛公 豆腐巷
广盛号 豆腐巷
广顺永 豆腐巷
增盛永 豆腐巷
兴泰号 马市大街
兴顺号 豆腐巷
双利局 豆腐巷
双盛永 豆腐巷

一四 猪肉杠

三义永 豆腐巷
天德合 护国寺街
元利号 马市大街
元兴永 西河沿公用市场
元兴昌 西河沿公用市场
永盛局 西河沿公用市场
永顺兴 西河沿公用市场
四合盛 西河沿公用市场
同利号 豆腐巷
同泰号 马市大街
同顺号 马市大街
同聚号 马市大街
同福馆 马市大街
同福楼 八面槽
吉升永 西河沿公用市场
西盛馆 西四北大街
利盛义 马市大街
长成号 豆腐巷
长盛永 马市大街

东协和　东安门内大街
和泰号　马市大街
和盛局　西河沿公用市场
恒聚永　豆腐巷
恒兴玉　西河沿公用市场
恒兴局　西河沿公用市场
泰顺号　马市大街
祥恒公　西河沿公用市场
张公道　西河沿公用市场
通顺祥　西河沿公用市场
隆泰馆　安定门大街
复盛永　豆腐巷
复盛泰　豆腐巷
复聚盛　西河沿公用市场
复兴斋　锦什坊街
顺和号　马市大街
顺兴号　马市大街
富兴永　西河沿公用市场
义合号　马市大街
义和局　西河沿公用市场
义和馆　西直门大街
义盛长　豆腐巷
义兴永　豆腐巷
万和永　西河沿公用市场
万香春　东四南大街
万聚盛　西河沿公用市场
新云斋　新街口北大街
源盛号　豆腐巷
福兴馆　崇文门内大街

聚盛合　西河沿公用市场
聚兴泰　西河沿公用市场
聚兴盛　西河沿公用市场
庆云斋　西单北大街
增盛永　豆腐巷
广盛公　豆腐巷
广顺永　猪市大街豆腐巷
德元馆　锦什坊街
双合兴　西河沿公用市场
双盛永　豆腐巷
丽盛通　西河沿公用市场

一五　酱肉铺

天盛　西河沿
天云斋　阜成门内路北
天福楼　东安门外大街
天福号　宣武门内大街
天福斋　西单牌楼路东
天福斋　雍和宫大街
天福斋东号　东安门外大街路北
天聚　西河沿
天德馆　西安门内东红门
天馨楼　崇文门外花市大街
正明楼　地安门外路东
正明斋　安定门大街
正阳楼　缸瓦市
四丰斋　交道口南路西
同顺馆　鼓楼东大街路南
西盛馆　西四牌楼北大街

步云斋　鼓楼前大街路西
东胜楼　菜市口迤东
东华馆　东华门内路北
东华馆　东华门外路北
东兴楼　兵部洼路南　东四牌楼东路南
明华春　琉璃厂东门外
协泰山　西交民巷
长顺馆　朝阳门内南小街
泰山馆　东总布胡同
泰和坊　东四牌楼北大街
振阳楼　东四牌楼西路北
深盛馆　打磨厂
云香斋　西单牌楼南路东
隆泰馆　安定门内路西
华兴斋　北新桥北路东
普云楼　猪市大街
普兴斋　东四牌楼南路东
裕华馨　崇文门大街
万坊馆　安定门内路西
万香春　东四牌楼南路东
万胜楼　骡马市大街路南
万兴楼　打磨厂
福和楼　打磨厂南深沟
福泰楼　鼓楼东大街路南
福兴楼　兴隆街
增云斋　东四牌楼北大街
增兴斋　东四牌楼北大街
德庆楼　西四南大街
德盛楼　东总布胡同

庆云斋　缸瓦市
庆福楼　骡马市大街
宝元斋　西单牌楼路西

一六　炉肉铺

三德合　肉市路东　电话南八八三
天吉楼　地安门外大街西
天福楼　西四牌楼南路东
仁和坊　护国寺街
全聚德　肉市路东
吉盛楼　地安门外大街
东海坊　东安门外大街　东二〇三九
东兴楼　东四牌楼东路南
金华馆　东华门外大街南　东一〇二二
便宜坊　鲜鱼口内
振阳楼　东四牌楼西路北
登福楼　西四北大街

一七　鸡鸭店

三德和　肉市路东　电话南八八三
天宜坊　鼓楼前大街路东
天盛馆　鲜鱼口　南一二五九
天德居　崇文门大街　东五六五
天德便宜坊　东单牌楼大街　东五六五
仁和坊　护国寺街路南　西一七六二
六合坊　鲜鱼口　南二一八七
正明斋　安定门大街路西
正阳楼　西单牌楼北西斜街
正阳楼　安定门大街

老便宜坊　米市胡同　南六九四

如盛楼　北新桥南大街

利和斋　广安市场　南二四四九

明宜坊　西河沿　南二一三一

明云斋　崇文门外大街

和兴公　崇文门内大街

便宜坊　鲜鱼口　南五〇五　李铁拐斜街　南二六九三　东安门外丁字街北　东二六七七　正阳门外观音寺　东四牌楼北路西　地安门外大街　新街口南大街

便宜斋　隆福寺街内　崇文门外大街　地安门内操场大院

泉成斋　花市

泰和坊　西单牌楼北路西　西二三三一

泰华坊　东安市场

乾宜坊　米市胡同　南一五六三

祥宜坊　东华门外路北

都宜坊　北新桥北路西

普华邨　东四牌楼南路西

普云楼　东四牌楼路北

普云斋　东四牌楼路北　煤市街

顺宜坊　东单牌楼北路西

登福楼　西四牌楼北大街

义和号　猪市大街

福合楼　西河沿东口　南一三六三

聚美楼　煤市桥路东　南二〇二三

聚英楼　肉市街

庆云楼　花市

宝升斋　骡马市大街

宝华春　东安门外丁字街东

一八 鸡鸭鹅店

三顺 马市大街
永和 马市大街
永顺 马市大街
合兴 草市
德盛 草市
泉顺 马市大街

一九 羊店

九成 马店
正德 马店
永茂 马店
永源 马店
永德 马店
西兴 马店
恒利 马店
恒德 马店
洪顺 马店
德茂 马店
兴顺 马店

二〇 羊肉铺

三元兴 朝阳门内南小街
三永成 东四牌楼东路南
三顺兴 南孝顺胡同
三裕隆 西四牌楼南大街
三义兴 北新桥北路东
王山成 广安门内大街

公兴顺　阜成门内路北
天益德　安定门内路西
元顺号　朝阳门内南小街
内西金　安定门内路西
中三元　东华门内路北
中魁元　东四牌楼东路南
中桥王　西单牌楼北路东
卞记（兼牛肉）　广安市场
永盛长　崇文门大街　电话东二九七二
永顺号　朝阳门内南小街
永顺兴　总布胡同
永隆德　地安门内黄化门内
北茂永　安定门内路西
北恒兴　东四南大街
北德山　鼓楼东大街北
北德顺　北新桥东路北
白家楼　马市大街
玉升恒　广安门内大街
玉兴隆　朝阳门内南小街
正德顺　地安门外路东
西恒兴　阜成门内路南
西祥顺　琉璃厂
西域兴　阜成门内路南
西顺兴　雍和宫大街
西德公　地安门内沙滩
西德顺　隆福寺街　烟袋斜街路北
全盛号　南锣鼓巷
全顺隆　朝阳门内南小街
同义号　东四牌楼北大街

成三元　新街口南大街

志兴号　崇文门内大街

东玉兴　广安门内大街

东长顺　隆福寺街

东洪顺　崇文门内大街　东二六五九

东盛魁　朝阳门内南小街

东德顺　东四北大街

东兴茂　北新桥南大街

长顺成　崇文门内大街

金蚨元　东四牌楼北大街

金家楼　安定门大街

协月盛　正阳门内张相公庙西头路南

和三元　新街口南大街

恒瑞　宣武门内大街

恒瑞北号　西单北大街

春三元　交道口南路东

洪兴顺　总布胡同

泰记　骡马市大街

海兴隆　安定门外大街

祥利成　交道口南路西

祥利盛　西直门外路北

祥利兴　西直门外路北

祥顺成　西安门内大街

祥顺泰　宣武门外西椿树胡同

祥顺兴　果子巷

祥顺兴　地安门外路西

祥顺斋　鼓楼前大街路西

通兴元　东四牌楼北大街

通兴顺　十条胡同横街

盛三元　禁卫街东口外
顺利成　阜成门内路北
顺隆号　琉璃厂
隆兴盛　西直门大街
裕顺号　新街口大街
新茂永　西交民巷西口路西
新桥王　新街口大街路东
瑞升　广安门内大街
义泰元　正阳门大街路东
义顺号　锦什坊街路西
义庆公　东华门南池子
万兴号　阜成门内路北
福盛号　安定门外大街
福兴顺　新街口南大街
聚泰号（兼牛肉）　菜市口　南一三二八
广裕号　打磨厂
广裕兴　地安门东板桥
广聚兴　东华门外路北
庆升祥　地安门外大街
德三元　安定门大街
德泉涌　广安市场内
德顺　广安门内大街
德源　东四牌楼北大街
德兴号　鼓楼东大街南
兴盛长　崇文门内大街
兴盛号　安定门外大街
坛满号　阜成门外路南
桥东号　新街口西大街
桥洪号　西四牌楼南大街

联升三元　东华门外路北
丰盛永　南锣鼓巷

二一　各种熟羊肉铺

广来永（汤羊肉）　鲜鱼口
东桥王（以下蒸羊肉）　安定门内大街
洪顺成　新街口南路东
桥洪号　西直门内大街
月盛斋（以下酱羊肉）　户部街
协月盛　绒线胡同
东洪顺　崇文门内大街
东德顺　东单牌楼路东
洪三元　草市街
祥顺义　草市街
隆三元　草市街
德盛魁　草市街
德顺玉　草市街

二二　酱牛肉铺

卞记　广安市场
西德义　西四南大街
洪盛斋　门框胡同
德泉涌　广安市场

二三　鱼店

二合　东单牌楼观音寺胡同　电话南六八四
三合　地安门外路西
三合兴　广安市场
三盛和　公兴鱼菜场

三顺德　公兴鱼菜场
大古　东四牌楼北路西
大合　东四牌楼西路北
大兴　东四牌楼北路西
天兴永　正阳门大街路东
元兴　公兴鱼菜场
公顺　东四牌楼西路北
公兴　东四牌楼西路北
永合　公兴鱼菜场
永和　正阳门大街路东
永和　正阳门大街南头　南四一二
永信成　广安市场
永恒兴　西河沿鱼市　南二二九二
永顺利　公兴鱼菜场
永顺和　公兴鱼菜场
永顺兴　西河沿市场　南七九二
永兴　公兴鱼菜场
永兴合　公兴鱼菜场
北和兴　公兴鱼菜场
同泉涌　公兴鱼菜场
同泉义　公兴鱼菜场　南一〇八九
同记　公兴鱼菜场
成顺　公兴鱼菜场
何家兴　公兴鱼菜场
协盛　猪市大街
协盛　公兴鱼菜场
协盛义　东四牌楼西路北
长兴　公兴鱼菜场
和顺　公兴鱼菜场

和兴公（兼菜）　崇文门内大街　东二七四八
南隆顺　西河沿市场　南二六九四
祥恒　公兴鱼菜场
复兴　公兴鱼菜场
顺兴号　广安市场
万胜和　宣武门大街南　西河沿市场　南九六二
万兴和　公兴鱼菜场
义和　东四牌楼西路北
义盛　正阳门大街路东
德生　正阳门大街路西
德利　西河沿市场　南二七五六
德福　正阳门大街路西
德福　西珠市口口外　南二七六六
广三元　广安市场
震兴　公兴鱼菜场
兴盛　地安门外路西
兴盛号　地安门外大街
兴隆德　西河沿市场　南一四八七
兴隆德　公兴鱼菜场
兴隆斋　公兴鱼菜场
兴德　正阳门大街路东
双兴　公兴鱼菜场
宝盛　公兴鱼菜场

二四　蘑菇店

天丰　东柳树井大街　电话南二九六四
天丰成　东珠市口
天丰益　东珠市口
天丰义　东茶食胡同　南一九五四

巨太　东珠市口
巨泰　兴隆街中间　南二八〇九
晋义源　东四北大街　东二三九三
福源　抽分厂　东一六三九　东珠市口
聚盛德　西单北大街
聚顺和　大栅栏西口路北　南九四〇
广慎厚　菜市口东大街

二五　海味店

人和栈　西四牌楼路东　电话西一一七一
三盛公　鼓楼前大街东
三盛隆　阜成门内路南
大顺公　地安门外路东
小门台　东四牌楼东路南
天泰号　西河沿
公和义　东四牌楼北大街
公昌义　东四牌楼东路北
公泰益　东四牌楼东路南
公义和　西茶食胡同
公义长　安定门内路西
中井吉　阜成门内路北
太益长（兼南货）　大栅栏中间　南一二七四
永祥义　东单牌楼观音寺街
永顺信西记　观音寺　南一二二八
永顺通　隆福寺街
永兴隆　西河沿
正吉祥　新街口南大街
世德长　虎坊桥迤西
玉丰恒　排子胡同　南二六五九

同泰石记　东华门外路北　东六〇五
同泰德（兼南货）　西河沿东口　南二一三八
同义公　新街口南大街
同义公　鼓楼前大街东
安泰兴　安定门内路东
吉益公　阜成门内路北
吉庆长　骡马市大街
全德昌　东四牌楼大街　东一七一二
和泰久　北新桥南大街
长发永　正阳门外大街路东　南二九六七
长发魁（兼南货）　大栅栏西头　南三三三七
阜昌号　琉璃厂
恒昌义　广安门内大街
泉茂永　东四九条西口　东一〇九九
泰山丰　崇文门内路东
晋泰永　杨梅竹斜街
晋华春　安定门大街
晋义永　杨梅竹斜街
益源号　崇文门外花市
乾德号　地安门外大街
乾德号　鼓楼前大街东
通三益（兼南货）　正阳门大街路东　南九一二
通顺永　崇文门外柳树井
通瑞祥（兼南货）长巷下头条　南一二二九
隆泉公　西单牌楼南路东
隆盛昌　西单牌楼北路西
隆景和　西四牌楼南大街
隆源涌　新街口南大街
裕顺长　东四牌楼南大街

新茂永　东四牌楼北大街
新茂全　安定门内路西
新茂长　新街口南大街
新茂魁　地安门外路东
义吉成　粮食店　南一五一七
义昌号　骡马市大街　南一二二一
义承裕　广安市场内　南二一五八
义泰永记（兼蘑菇果）　兵部洼北口外路北　南八三一
义泰栈（兼南酒果）　兵部洼中间路东
义纯信　北新桥南大街
义盛号　鼓楼东大街
义盛恒记　西安门内大街　西二四三八
义源昌　崇文门外花市
义源长　崇文门外花市
义聚昌　西柳树井　南二八三二
义聚昌　虎坊桥迤西
义兴和　西河沿东口　南二〇二
万和昌　广安门内大街
万春昌　西单北大街
万泰昌　西单牌楼路西　西五三五
万盛隆　新街口南大街
万魁号　西四牌楼南大街
瑞昌号　骡马市大街　南一九九二
瑞兴公　打磨厂
源兴长　东四牌楼北大街　东二四二四
源兴昌　西单牌楼北路东
福元泰　朝阳门内南小街
福源公　朝阳门内路南
福源长　崇文门外花市

福源厚　大蒋家胡同　南二六五九
福聚德记　正阳门大街路东　南四九四
福德厚　打磨厂
福兴长　西四牌楼马市大街
聚泰永　灯市口西路南
聚盛公　鼓楼前大街西
聚盛长　鼓楼前大街西
聚盛号　地安门外路东
聚盛德　西单牌楼北路东　西二三〇七
聚顺和（兼蘑菇杏仁）　大栅栏西口路北　南九四
聚源长　安定门外大街
聚庆奎　东华门外路南　东一七一四
德昌号　琉璃厂
德隆昌　东四北大街
德顺号　锦什坊街路东
德裕号　新街口西大街
德义长　东四牌楼八条西口外　东二九八三
广益公（兼南货）　骡马市大街　南二九七二
广德成　新街口西大街
庆元栈　西河沿公兴鱼菜场内
庆元号　西河沿公兴鱼菜场内　南二〇二
积顺源　骑河楼　东二五三三
兴泰隆（兼南酒果）　西交民巷西头路北
兴隆公　东四牌楼北大街　德胜门内路北
兴盛隆　安定门内路西
宝聚公　三里河

二六　松花鸭子局

三涌　正阳门内西城根路南

永兴德　正阳门外西城根路北

利顺永　花市

振源　正阳门内西城根路南　电话南一六一七

万玉兴　宣武门外山西街　南三二九〇

二七　鸡蛋行

永隆　广安门外大街南

京师鸡蛋专行总局　德胜门内大街　电话四一八九二

恒和　宣武门外南横街

万顺　广安门外大街南

广和　广安门外大街南

兴隆　广安门外大街南

二八　油店

大顺　崇文内外大街西

永馨　打鼓厂

晋恒谦　崇文门外大街西

复顺源　崇文门外柳树井　电话南二六四二

德源　崇文门外大街西　东二三六二

二九　香油坊

大德亨　西单牌楼北路东

天胜西（兼碱）　阜成门大街

天顺成　宣武门外菜市口

天增　地安门内东板桥

天增永　东草市

元顺成　三里河街

元兴泰　正阳门大街南头

元丰裕　柳树井

永源长　锦什坊街丁章胡同路北
同义公　东四七条　电话东三〇五〇
西和丰　锦什坊街路西
西广丰　缸瓦市　西八一五
西恒聚　广安门内大街
和盛　王府大街
和丰　东单牌楼闹市口
东来　干面胡同　东二三六〇
恒昌　观音寺中间　南二〇二四
恒聚　西草厂东路南
泰麟　鼓楼东大街路南　东一三七五
隆泰成　崇文门外五老胡同
隆丰和　西单牌楼大街　西二五三
涌利兴　柳树井
义利丰　东茶食胡同　南二六六二
义丰裕　崇文门内大街东　东六四八
万聚成　东茶食胡同　南三三二九
福来　东四牌楼四条胡同　东三五四
福长永　广安门大街　南三一四一
德成　广渠门内大街　东三一二
德聚祥　朝阳门内南小街
德丰成　西单牌楼北路西　四八四七

三〇　油盐店

三义永　崇文门外羊市口
三义和　朝阳门内南小街
大生　花市大街西口　电话东一七九二
大生号　朝阳门内北小街
大新号　前门外煤市街　南二二六六

大兴号　琉璃厂延寿寺街　南一二五
天合号　东单牌楼苏州胡同
天成号　东单牌楼米市
天益号　东单牌楼总布胡同
天顺成　宣武门内路东
天顺号　宣武门外南柳巷
天聚泉　阜成门大街
天增号　地安门内东板桥
天兴店　南长街中间路西
天兴号　新街口南街
天兴号　东单牌楼北路西　地安门内东板桥
天丰号　阜成门外路北
公和兴　马市大街路东
公盛和　鼓楼东宝钞胡同
公义顺　煤市桥
元兴和　东华门外路北
元兴茂　东华门南池子
元兴泰　天桥迤北路西
元兴盛　东华门南池子
元兴顺　东华门外路南
永生号　朝阳门内南小街
永昌号　朝阳门内路北
永和号　北新桥北路东
永盛长　东单牌楼总布胡同
永顺公　东单牌楼方巾巷
永顺合　朝阳门内南小街
永华坊　交道口南路东
永源号　西四牌楼羊肉胡同
永德栈　地安门内东板桥街

永德号　朝阳门内南小街
永增利　西直门外路北
永兴隆　东华门外路北
永兴号　地安门内黄化门内
北三义　东单牌楼路东
北聚泰　崇文门外大街
玉丰成　西四牌楼北新街口
同义成　三里河
同福聚　鼓楼东宝钞胡同
西天益　南锣鼓巷路西
西和丰　锦什坊街路西
西永德　地安门内内府库街
西永兴　琉璃厂
西福盛　阜成门内路北
西增玉　南锣鼓巷路西
合兴号　东直门内路北
全升号　德胜门内厂桥街
宏元茂　西河沿
宏兴号　西直门内路北
和顺成　西单牌楼南路东
和顺祥　西单牌楼北路东
和顺号　西单牌楼北甘石桥
和义成　西单牌楼南路东
和源号　西单牌楼缸瓦市西
和兴号　北新桥北路东
协和义　西直门内路南
忠兴号　阜成门内路北
东天吉　地安门外路东
东天增　东直门内路北

东和兴　东四牌楼南路东
东昶胜　打磨厂
东福盛　锦什坊街路西
南洪泰　地安门外路东
洪吉号　地安门外路西
洪茂号　朝阳门内北小街
洪兴号　雍和宫西街
恒聚兴　烟袋斜街路北
恒兴和　西安门内东红门南
致中和　西直门大街
泰昌号　西单牌楼北甘石桥
泰恒坊　鼓楼东大街路北
泰康号　朝阳门内南小街
泰顺号　宣武门内六部口路西
泰丰号　兵部洼路西
晋源长　新街口南大街
祥恒泰　德胜门外路东
祥聚永　德胜门内大街
通兴永　宣武门内路东
隆丰和　宣武门内大街
裕盛昌　十一条胡同横街
裕荣兴　正阳门大街南头
裕兴合　八面槽
裕丰号　北锣鼓巷路东
义和号　安定门外大街
义泰泉　东单牌楼干面胡同
义聚永　灯市口东路北
义聚丰　朝阳门内北小街
义兴成　东华门北池子

义兴昌　雍和宫西街
义兴号　地安门内沙滩
义兴号　王府井大街东
万成号　西直门外路北
瑞生祥　东华门外路北
瑞生号　东华门外路北
万聚泉　阜成门内路北
新裕号　西四牌楼北新街口
源聚永　交道口南街东
福兴生　兵部洼路西
福兴恒　琉璃厂
福兴源　兵部洼路东
福兴号　安定门内路西
福丰号　新街口北路东
聚顺号　阜成门外路北
聚增福　宣武门外南横街
聚丰号　西直门外路南
广兴号　王府井大街
德茂成　正阳门内张相公庙路北
德盛号　朝阳门内南小街
德聚号　德胜门丁字街
增元和　南锣鼓巷路东
增和店　鼓楼东大街路北
增盛永　西单牌楼北路西
增盛德　崇文门外蒜市口
增源号　安定门内路西
增兴和　南锣鼓巷路西
震泰兴　新街口南大街
龙源永　前门外五道庙

兴义公　东四牌楼路东
宝瑞兴　地安门外路西
宝聚成　安定门外大街

三一　油酒店

三义永　西单北大街
大有庆　西四北大街
天成正　宣武门外大街
天成义　宣武门内路东
天和　北新桥南大街
天益号　地安门外大街
天胜西　阜成门内路北
天顺号　东四南大街
公盛号（兼钱店）　西安门内大街
中和泉　新街口南大街
中兴号　地安门外大街
永兴　地安门内大街东　地安门外路西
全和号　安定门内路东
利兴　新街口南大街
利兴德　西四牌楼北大街
协同永　无量大人胡同　电话东一八二一
恒聚涌　北新桥北路东
泰和　安定门内路西
益兴隆　崇文门大街
振兴　安定门内路东
原昌永　西直门内路北
原泉永　西直门大街
祥兴顺　地安门内黄化门内
通合生　猪市大街

复泉永　阜成门大街

裕成　正阳门大街路东

裕泰泉　东华门内路南

裕丰　正阳门大街路东

瑞兴　西单牌楼南路东

义和　阜成门内宫门口内

义源昌　雍和宫大街

义聚　东华门外大街北

义兴　正阳门大街路东　南三三一九　正阳门大街南头

义丰　安定门内路东

聚仙　地安门外大街西

聚和泉　王府井大街路西

聚庆德　东华门外大街南

聚丰　西直门外大街南

广生裕　缸瓦市

德元　西华门外大街北

德元成　西单牌楼北路西

德义昌　西单牌楼北路东

庆成　东四牌楼南路东

庆云　西四牌楼北路西　正阳门大街路西

庆丰　鼓楼东大街路南　鼓楼东大街路北

庆丰阜　鼓楼东大街

庆丰厚　铁门南口　南二五四八

庆丰泰　鼓楼东大街

谦益　地安门外路东

鸿源长　东四牌楼南路西

丰源泰　交道口南大街

宝正源　新街口南大街

宝祥源　新街口北大街

宝隆源　地安门外大街
宝聚源　西四南大街

三二　酒店（即公卖栈）

天裕酒店南路公卖第一栈　崇文门外柳树井　电话南一八七五
泰和酒店南路公卖第二栈　崇文门外蒜市口
天顺酒店南路公卖第三栈　崇文门外大街东　东二六二一
永益酒店南路公卖第四栈　崇文门外大街东
永隆酒店南路公卖第五栈　崇文门外大街东
永亨酒店南路公卖第六栈　崇文门外大街东
聚隆酒店南路公卖第七栈　崇文门外大街东
永顺酒店北路公卖分栈　崇文门外蒜市口
四义兴（兼碱）　阜成门大街
悦来居（兼帐局）　东四南大街
隆源　崇文门外蒜市口　东二九三七
义盛　纸巷子　南一一八
福源　蒜市口　东一三三八
聚顺酒店　崇文门外大街东
庆昌　煤市街　南七三二

三三　南酒店

三合居　东安门外大街　电话东二二〇六
三义　东四牌楼大街
玉源　李铁拐斜街　南六四九
宏茂　东四牌楼东大街　东一七〇六
京兆荣　延寿寺街　南二四六五
长生号　宣武门内大街　西二四三七
长发　崇文门外大街

长发号 北柳巷 南二一二五 崇文门外大街 东一八七二 隆福寺街 东一七二八

和茂勤记 正阳门外观音寺 南一七二三

泰亨 兴隆街 南四九〇

泰源号 地安门外大街 东二六一七

源茂号 果子巷 南五一三

聚宝 粮食店 南九八八

三四 洋酒店

三和益 船板胡同 电话东一八二八

三义和（兼食品） 崇文门内船板胡同

元记（兼烟卷） 崇文门内船板胡同 东一八五五

东兴益 崇文门内船板胡同

亚洲商行葡萄酒公司 麻线胡同 南二七四七

祥泰义（兼食品） 崇文门内大街

华兴东 船板胡同

义盛隆 东单二条胡同

汇中果酒公司 石碑胡同 南三一五七

德源记（兼纸烟电料） 万佛寺湾 南二三一五

三五 西法造酒公司

中国葡萄果酒公司 宣武门外路西 电话南二九二二

玉泉山啤酒汽水总公司 西三座门 南二三

玉泉山啤酒汽水公司 玉泉山东宫门外 第二分局三二

玉泉酿造公司 西直门大街 西一七七〇

金山汽水公司 西观音寺 东二二六

亚洲葡萄酒公司 骡马市麻线胡同 南二七四七

协记 东单牌楼北大街

复丰 东单牌楼北大街

临记　前门内西皮市
双合盛（啤酒汽水）　广安门外车站　南三三六五
双合盛分销处　前门内中街　四二三二
丰记汽水公司　东四牌楼东　东二七〇一

三六　盐店

久大精盐公司　西草厂
公柜　东柳树井　电话南二一七
永顺公　朝阳门外大街
成记　地安门外大街
长顺公　苏州胡同　东二四六
信成公　崇文门外大街
信义　三里河
恩成公　东柳树井大街　南二一七　南苑营市街　南苑分局一七
恩成公（东店）朝阳门外大街　东六四五
恩成公（西店）　阜成门外月坛　西四一六
鼎丰和　广安门内大街

三七　硝店（即卤虾铺）

北京售硝分处　延寿寺街羊肉胡同　电话南二〇七八
合兴盛　崇文门外栏杆　东一二一九
涌源号　西四牌楼北路西
义顺成　交道口东街
义源号　朝阳门内大街
义兴永　灯市口大街南
万顺号　西单牌楼南路西

三八　川货咸菜店

川香远　李铁拐斜街

蜀珍　正阳门外新华街

三九　京酱园

大有酱业公司　朝阳门外　电话东一七六四
大丰酱业公司制造厂　广安门内　南二六八一
六必居　粮食店北口路西　南二八二五
天益号　东总布胡同
天章涌　正阳门外肉市北口　南二三四一
天顺成　宣武门内大街
天顺号　煤市街
天源栈　西交民巷西头路北
天源号　西长安街路南　西五三四
天义永　东四牌楼南大街　东四牌楼路东
天义号　金鱼胡同　朝阳门外大街　西四牌楼北路东
天德公　护国寺街路南
公合永　西斜街口外　西一八九一
公和裕　西华门南长街路西
中鼎和　西柳树井路南
元兴和　东华门外大街
内天义　西四北大街
永华坊　交道口南大街
北吉昌公　东四牌楼南路东
北鼎和　安定门内路西
同义永　正阳门外观音寺
西鼎和　锦什坊街路西
东天吉　地安门外大街
东天源　东四牌楼北大街
东天义　东四牌楼北大街
东亚园　王府井大街路东

东杨号　鲜鱼口
东鸿泰　煤市街
东鸿顺　宣武门外西茶食胡同
和顺成（兼油盐）　宣武门内大街
和义成（兼大米）　宣武门内大街
长顺公　花市
恒昌号　正阳门外观音寺
恒兴厚　交道口南大街
洪源昌　骡马市大街
泰昌德　东华门内路南
泰恒坊　鼓楼东大街
泰麟号　鼓楼东大街路南
晋义源　东四牌楼北大街
通义　东柳树井　南九二
涌福号　珠宝市
涌福成　广安门内大街
瑞生号　东华门外大街
义泰成　八面槽
义丰裕（兼油坊）　崇文门内大街
福兴号　安定门内大街
德盛号　宣武门内西单牌楼报子街西头北闹市口
增盛水（兼大米）　西单北大街　四一二四七
增盛源　北新桥南大街
德全涌（兼干果）　西四北大街
德源号　东华门外大街
增源号　东华门外大街
增源号　安定门内大街
丰源长　新街口南大街
宝瑞兴　地安门外大街

宝源涌　东单牌楼路东

四〇　南酱园

大德亨　西单北大街

公盛义　隆福寺街

桂馨斋　骡马市大街　电话南二四二七　铁门南口　铁门路西

荃馨斋　校场胡同　南三三七一

万华馨义记　前门大街　南二二一九

聚馨斋　彰仪门内大街　南二一〇八

德馨斋　铁门南　南三三二五

蕙馨斋　菜市口东

馥馨斋　宣武门外校场口　南二四六七

馨连斋　铁门　南三二五五

兰馨斋　铁门　南二五〇五

四一　菜局

三阳　广安市场　电话南二六八四

天兴永　正阳门大街路东

元兴号　公兴鱼菜场内

永和　正阳门大街路东

永记　马市大街

正顺号　广安市场

田记　马市大街

合义居　马市大街

晋记　广安市场

祥发顺　广安市场

裕顺号　广安市场　南一七一一

义盛　正阳门大街路东

福兴号　广安市场
庆元　西河沿公兴鱼菜场内
德利号　公兴鱼菜场内
德顺永　公兴鱼菜场内
德顺号　广安市场
兴隆号　广安市场
兴德　正阳门大街路东
龙泉涌　广安市场
双兴号　公兴鱼菜场内
宝恒号　菜市
宝源涌　菜市

四二　菜店

中张　北半截胡同
王家　北半截胡同
公兴　北半截胡同
恒兴　北半截胡同

四三　粉坊

天泰号　鼓楼西大街路南
天义号　安定门外关厢
天源号　西河沿
公隆号　北新桥西路北
永利号　新街口南公用库
永顺公　德胜门外大街
北永和　安定门外大街东
同利号　新街口南路东
协盛义　阜成门内宫门口东岔
协顺义　宣武门内闹市口马蜂桥

隆盛号 德胜门外路东
义和号 宣武门外东城根路北
义顺号 安定门外大街东
福盛号 西直门内大街路南
龙顺和 安定门外关厢
兴隆号 地安门外大街

四四 面筋铺

天盛永 马市街
天福永 马市街
天丰号 北新桥西大街南
永利全 马市街
位得合 宣武门外菜市口
东福兴 广安门内大街北
益合隆 东四牌楼西路北
桂香斋 地安门外李广桥西羊房胡同路南
兴隆号 鼓楼前大街路西

四五 豆腐坊

三合号 北新桥东大街北
三合永 宣武门外南横街
三顺号 朝阳门内南小街
三义号 朝阳门内南小街
三义成 西安门内惜薪司
久恒号 西四牌楼北路东
天河龙 新街口南公用库
天宝龙 新街口南大街西
内德顺 东华门南池子路东
王德山 广渠门内大街北

永和号　宣武门外后河沿
永泉号　安定门外大街
永顺成　西单牌楼北路西
永顺号　东直门内大街北
永隆泉　崇文门外南羊市
正兴号　安定门外大街
玉成号　地安门外李广桥
同合号　安定门内大街
安德贵　瓷器口
西合顺　广安门内牛街
西河兴　打磨厂
宋士兴　东四牌楼马市大街
东合顺　广安门内大街
信记号　德胜门内大街
信义成　德胜门外大街
孙多福　广安门内善果寺
桂香斋　崇文门外东河沿
海龙泉　朝阳门大街
张永泉　西单牌楼南油房胡同
涌泉号　东四牌楼南路西
涌兴号　东直门内大街北
钰隆泉　正阳门外大街南头
善德堂　宣武门内闹市口
新顺永　阜成门大街
德顺永　东华门外皇城根
德宝泉　西便门内大街西
广顺成　西四牌楼南路西
兴合号　阜成门内宫口
兴和永　广安门内北线阁

兴隆号　阜成门内大街北
兴杨家　东便门内观音寺

四六　南豆腐店

东合兴　王府大街

四七　臭豆腐铺

王致和　延寿寺街　宣武门外大街西
仁致和　延寿寺街
宋记　宣武门外后河沿
洪记　东直门外大桥北

四八　葱店

天和　东珠市口草市

四九　干鲜果行

三盛　正阳门外果子市
三义兴　正阳门外果子市
大成　正阳门外果子市
天成　正阳门外果子市
天义　德胜门内果子市
天义成　正阳门外果子市
天聚　正阳门外果子市
天德　德胜门内果子市
天增　德胜门内果子市
天兴　正阳门外果子市
公盛和　正阳门外果子市
永和　正阳门外果子市
永升号　正阳门外果子市

永盛　正阳门外果子市

左记　德胜门内果子市

正顺成　正阳门外果子市

北聚顺　正阳门外果子市

同成　正阳门外果子市

同和　正阳门外果子市

同盛　正阳门外果子市

同顺　正阳门外果子市

同裕　正阳门外果子市

合记　德胜门内果子市

合兴　正阳门外果子市

存记　德胜门内果子市

西大成　正阳门外果子主

西顺　正阳门外果子市

西万成　正阳门外果子市

豆张　德胜门内果子市

东北顺　正阳门外果子市

东长顺　正阳门外果子市

东靳　德胜门内果子市

长顺　正阳门外果子市

恒昌　正阳门外果子市

恒昌店　阜成门大街

恒兴　正阳门外果子市

清金　德胜门内果子市

顺昌　正阳门外果子市

隆景和　西四南大街

万成　正阳门外果子市

万昌　正阳门外果子市

万兴顺　正阳门外果子市

万丰号　正阳门外果子市
新茂长（兼海味）　新街口北大街
义昌　正阳门外果子市
义信利　锦什坊街　电话西一一二八
源顺　正阳门外果子市
聚顺　正阳门外果子市
聚顺和东记　地安门外大街
德成　正阳门外果子市
德昌　正阳门外果子市
广聚　正阳门外果子市
增盛　正阳门外果子市
增兴　正阳门外果子市
兴顺长　正阳门外果子市
兴隆　德胜门内果子市　正阳门外果子市
牌王　正阳门外果子市

五〇　鲜果店

三顺合　羊市大街
三义成（兼鲜菜）　崇文门内大街路东　电话东三一三
三义兴　宾宴华楼内
大兴隆　宣武门内大街
天河　北新桥北路东
中兴号　东四北大街
公兴合　东安市场
公兴顺　东安市场
玉记　地安门外路东
玉记　东四北大街
四顺和　西四牌楼南大街
永顺德　新街口南大街

永庆　宣武门外南柳巷

永兴号　正阳门大街路东

西四马记　羊市大街

全盛　西单牌楼路东

和盛厚　花市大街

东升和　西四牌楼南大街

信成　西单牌楼北路东

振兴　锦什坊街路东

晋昌号　大栅栏

晋义永　观音寺中间　南二三七五

通顺和　西安门外大街

通顺和　羊市大街

富聚兴　崇文门内船板胡同

新茂长　新街口大街　西一七七一

万昌号　大栅栏

万恒　正阳门大街路东

万顺号　大栅栏

万裕　东四牌楼北大街

万魁　西四牌楼大街　西二五九

义成　西单北大街

义茂　正阳门大街路东　南二九三一

义德成　崇文门内大街

杨记号　李铁拐斜街

裕通　正阳门大街路东

源通　正阳门大街路东

榆园　香厂万明路

赵记号　新街口路东

福成号　三里河街

福顺　正阳门大街路东

福瑞成　大栅栏　南三五三一
福兴永　东珠市口
聚庆奎　东安门外大街　东一七一四
广记号　北新桥路西
庆和　北新桥东路北
德祥号　三里河街
德泉号　大栅栏
德盛号　三里河街
德源号　观音寺
德隆号　前门大街　南一〇七五
德兴永　鼓楼前大街路西　大栅栏
震泰　阜成门大街
刘记　东四牌楼北路西
兴隆　西单牌楼南路东
龙元　东四牌楼南路西
龙兴魁　正阳门大街路东
宝源涌　东单牌楼东菜市

五一　花生店

三顺和　阜成门外大街南
三善　宣武门外南横街
三义合　东珠市口草市街
万顺号　德胜门内果子市
广裕号　东四牌楼东路南　电话东二四三四
广兴隆　阜成门外大街南
兴顺号　阜成门外大街南

五二　瓜子店

顺合　德胜门内果子市

广聚　正阳门外瓜子市
双合　瓜子市

五三　果脯局

山子石刘家　朝阳门内大街
东顺和　鼓楼东大街
聚顺和　德胜门内果子市

五四　蜂蜜店

永丰　前外南五老胡同　电话南二五〇一

五五　糖庄

恒盛　冰窖胡同
益记　大蒋家胡同　电话南一五三四
华美　大蒋家胡同
华新　大蒋家胡同
义记　大蒋家胡同　南二六四四
增和店　鼓楼东大街

五六　糖坊

天成号　阜成门内宫门口内
永盛　宣武门外香炉营头条
永盛魁　阜成门内路南
和盛　广安门内大街
东德盛　安定门大街
厚记　西交民巷西口内路南
海兴隆　德胜门内路西
钰记　正阳门外果子市
万泰成　阜成门内北沟沿

义成永　朝阳门内北小街
义源号　西直门外大街南
义兴泰　朝阳门大街
广顺　崇文门外上三条
德成　德胜门内丁字街
德泉涌　德胜门内路西
德聚永　东珠市口

五七　蜜供局

大生号　崇文门外大街东
正明斋　鲜鱼口内
素源斋　北新桥北大街西　正阳门外东大市街
瑞兴斋　东四牌楼北大街
毓美斋　西单牌楼北路东
毓顺斋　正阳门外南药王庙
毓庆斋　新街口南大街西
增庆斋　地安门外大街西　电话东二四八七
德丰斋　南锣鼓巷路西　东一五二三
宝兰斋　东华门外大街南
兰英斋　西单牌楼北路东
兰华斋　西四牌楼南路东

五八　饽饽铺

一品香　东四北大街
一品香　北新桥南大街
一品香　安定门大街
山泉斋　东单牌楼闹市口
三阳泰　骡马市大街　电话南一八三九
文美斋　西四牌楼北路西

文美斋　新街口南大街

文华斋　北新桥北路西　安定门内大街路西

天福斋　花市大街

正明斋　正阳门大街南头　正阳门大街路东　煤街中间路东　虎坊桥路北　鲜鱼口小桥　三里河北桥湾

合芳楼　东四牌楼南路东

西域斋　西单牌楼南路东

西兰英斋　锦什坊街路东

宏兴斋　北新桥西路北

东文美　东四牌楼南路东

东桂英斋　鼓楼前大街路东

东聚兴　安定门内路西

芙蓉斋　东四牌楼西街北

金兰斋　崇文门内大街东

致美斋　煤市街北头路东　兵部洼路西　西华门南长街北头路东

致国斋　安定门内大街路东　东单牌楼北路东

桂芳斋　阜成门外路北

桂明斋　朝阳门内南小街

桂茂斋　阜成门内路南

桂英斋　地安门外大街　东一五二三

桂福斋　崇文门大街

桂兴斋　西直门外大街北

桂兴斋　骡马市大街路南

桂兰斋　东珠市口

春华斋　雍和宫大街

素源斋　正阳门外东大市街

真素斋　北新桥南大街

祥顺斋　新街口南大街

祥聚公（清真）　正阳门大街

万通斋　正阳门大街南头

万华斋　安定门内大街路西

滋兰斋　大栅栏

瑞芳斋　东四牌楼北大街

瑞兴斋　东四牌楼北大街

义隆斋戴记　东安门外东安市场　东三二七八

庆长玉　西单牌楼北路西

庆明斋　安定门外大街

庆华斋　大栅栏东头路北　南五七一

庆云斋　前门大街南头

庆福斋　花市大街

庆福斋　广安门内大街

聚庆斋　大栅栏　北新桥南大街　东四牌楼北路西　东四牌楼北路东　李铁拐斜街

聚增和　花市大街

聚兴斋　地安门内大街东

聚声斋　新街口西大街

聚宝斋　东四牌楼北大街

聚馨斋　新街口西大街

毓明斋　西单牌楼北路东

毓美斋　西单牌楼北路东

毓顺斋　东珠市口南药王庙

毓顺斋　正阳门外大市东头

毓庆斋　新街口南大街西

闻馨斋　东四牌楼南路西

德美斋　安定门外大街

德丰斋　安定门内路西　南锣鼓巷路西

德宝斋　三里河街　朝阳门大街北

增庆斋　新街口南大街
锦香斋（清真）　石头胡同
蕙芳斋　东安市场　朝阳门外大街
熏兰斋　正阳门外观音寺街　南柳巷街中间
鸿兴斋　骡马市大街路北
宝兰斋　东华门外大街南　东华门外丁字街
兰英斋　西单牌楼北路东
兰华斋　西四牌楼路东　西一八四九

五九　蜂糕铺

芙蓉斋　猪市大街
致美斋　护国寺街
福兴斋　护国寺街

六〇　真素南果铺

大生号　崇文门外大街
大顺斋　德胜门外大街
公和魁　鼓楼前大街路西　电话东二四二三
西域斋　西单牌楼南路东　宣武门外菜市口
西增庆　新街口南大街
芙蓉斋　东四牌楼西路北
真素斋　北新桥南大街路东
海丰轩　宣武门内大街
祥顺斋　新街口南大街
祥瑞斋　花市大街
祥聚斋　东安门外大街
万顺斋　广安门外牛街
魁兴顺　正阳门外观音等
增庆斋　鼓楼前大街路西

六一　南果茶汤铺

天兴斋　鲜鱼口
天馨斋　鲜鱼口
正兴斋　鲜鱼口小桥
西域斋　西单牌楼南路东
万兴斋　东华门外大街北
聚元斋　大栅栏西口
聚美斋　隆福寺街
聚宝斋　北新桥东大街北
魁宜斋　鲜鱼口小桥
德顺斋　东四牌楼南大街　正阳门外大街路西

六二　糕干铺

三顺斋　东直门大街
天顺斋　皇城西北角路北
洪吉斋　西单牌楼北路西
恩成斋　王府井大街路东
宝兴斋　护国寺街

六三　南货点心店

三阳泰　虎坊桥路北
大新号　煤市街　电话南二二六六
大兴元　宾宴华楼
天益食品公司　东四牌楼南　东一四七
天益公司　西四南大街
正吉祥　新街口南大街
采芝斋　骡马市　南八四一
东利顺　崇文门外大街　东一八二二

东亚公司　东单北大街路西

珍海斋　东安市场

桂香村　观音寺　南二四九三

桂香村西号　西单牌楼北　西三七四

益华　虎坊桥　南二一一七

华美春　崇文门外大街　东二三七八

第一春振记　西河沿东　南二三八八

森春阳　东四牌楼　东二九四七

鼎香村　骡马市　南三九八

鼎香春　骡马市大街

聚庆奎　东安门外　东一七一四

稻香村　正阳门外观音寺　南一五六　东安市场　东九三七　东四牌楼北　东一一三六　西单牌楼北　西七三三　地安门外　东一三五五

稻香村锦记　廊房头条　南二九五五

稻香春　东安市场　东一九七六

稻香春　东四牌楼北街　东一一三六

稻香春元记　地安门外大街

稻香春生记（兼茶叶）　西单牌楼北　西四四七

稻香春晋记　西四牌楼北　西二三四四

稻香轩　香厂万明路

稻乡村　地安门外大街

广正隆　正阳门大街

庆长玉　西单牌楼北　西六三五

谷香村　西四牌楼南　西二九四

兴记　东安市场

兴盛（食品）　崇文门内大街

锦记　廊房头条　南二九五五

六四　洋点心铺

永德记（兼牛乳）　东安市场
西吉庆　绒线胡同　电话西一〇四七
光华春　香厂万明路
青林堂　八宝胡同　东一四〇
马玉山公司　香厂万明路　南一一八
振兴饼干公司　香厂万明路　南三二三九
祥福号（兼咖啡）　崇文门内船板胡同
华利　王府井大街　东二二八六
远东　东安市场
庆华斋　大栅栏

六五　面包房

正昌　东交民巷　电话东一四四一
法国　崇文门大街　东四三七
得利　崇文门内大街　东一四七四
德国　东交民巷德国街　东一五六一
面包房　缸瓦市

六六　罐头庄

元兴洋行　崇文门内大街
万源泰　崇文门内大街　电话东一八七七

六七　豆精制造所

大成　宣武门外骡马市　电话南三一三一
中华　宣武门外教场口
安徽　东华门北池子　东一九一九
林记　隆福寺西口　东一七〇八

开成豆食制造售品所　宣武门外大街西　南一〇九一

顺和号　东四牌楼西猪市

森记　西长安门西长安街西口路北　西五九四

润香斋　瓷器口

六八　牛乳铺

二合轩　西长安街西口内　电话西二三二四

二合义　西单牌楼大街　西二二二一　兵部洼

三合成　崇文门外大街

三合顺　鼓楼东大街

三合义　兵部洼　南一〇一二

三义兴　官场胡同　东二六一五

永盛　隆福寺神路街　东一一四三

永盛长　东单牌楼北大街　东二九七二

永盛轩　猪市大街

永顺合　东单牌楼大街

永顺轩　东四南大街

永顺兴　西单牌楼北大街路西　西六三六　西单牌楼北路西

永德　东安市场内　东七五七

永德盛　地安门外帽儿胡同

全山　安定门内大街

全生　虎坊桥迤东路北

西永顺　西单牌楼南路西　西七八七

西长顺　西安门内大街　西二三一七

合顺轩　西河沿

百顺斋　东四北大街

长盛轩　东单牌楼苏州胡同路南　东单牌楼南路东　东四牌楼西路北

东盛兴　东四南大街

东德顺　东安门外大街

保生　崇文门内大街

香熏轩　西安门内大街　西二二八　户部街路东　东一四四九　南池子南头路西　东一四四九　西四牌楼北路东

泰山涌　交道口南大街　东二四三一

泰记　东四北大街

益生　西茶食胡同　南三二七七

俊德成　东单牌楼观音寺

森记　东四马市大街

瑞记厂　王府井大街路东　东一三八三

源兴义　东单牌楼大街　东一四二

福生厂　东单牌楼大街　东一六八一

福林　崇文门外花市大街

福盛轩　骡马市大街路北

德利　西拴马椿路东　西二三七

德泉　米市大街

德泉轩　崇文门大街

德顺轩　杨梅竹斜街穿堂门内　阜成门内北沟沿

德兴成　崇文门大街

双顺成　东珠市口　炭儿胡同

双义合　石牌楼大街　东一八三四

宝泉　广安门内牛街　南二二六三

体康　三里河街

麟记　门框胡同

六九　茶店（茶叶）

三泰号　宣武门内路东

大同　前门外石头胡同

大有　崇文门外大街
大昌号　新街口南大街
元成　西四牌楼北
元隆号　新街口路东
元兴号　德胜门丁字街路南
天利　北新桥南街
天利　东四北大街
天昌号　安定门内路西
天昌　西直门大街北
天泰　鼓楼前大街路西
天兴号　东单牌楼北街西
天兴义　崇文门外蒜市口
方德春　西直门外大街北
方蕙隆　新街口南大街
中兴号　阜成门内路南
立大号　阜成门外路北
正大号　德胜门外路西
正茂号　德胜门丁字街路北
正泰　崇文门外大街
正泰号　正阳门大街路东
玉生号　花市大街
永和号　大栅栏
永茂号　阜成门外路南
永泰号　鼓楼前大街路东
永隆号　北新桥南大街
永隆号　阜成门内路北
永兴号　北新桥北路东　东四牌楼北大街
同春号　三里河街
同记　德胜门外大街西　安定门外大街西

同泰号　安定门内路西

同裕号　地安门外路西　地安门外路东

同丰号　宣武门外南横街

同丰号　鼓楼东大街路北

西鸿记　前门外大栅栏西口　电话南一〇〇九

汪元昌　东四牌楼西路北

汪正大　观音寺中间路北　南五一七　新街口南路西　西七五六

吴元泰　花市大街　东一七〇七

吴元丰　东珠市口

吴瑞春　东四牌楼南路北

吴裕泰　西珠市口　北新桥南大街

吴汇源　地安门外路东

吴鼎盛　西四牌楼北

吴鼎裕　崇文门外大街巾帽胡同　东一七四八

吴德利　老虎洞街内　第二分局七五

吴德泰　大栅栏　南二七四〇

吴德丰　东四牌楼北大街

和春　西华门内南长街　东一〇一

和泰号　安定门内路西

和丰号　地安门外路东

利泰号　正阳门大街路东

金山　地安门外大街

东合兴　三里河

东升号　地安门外路东

东鸿记　大栅栏西头路北　南三二六一

协泰　广安门内大街

恒泰号　骡马市大街路北

恒通号　东华门外路北

恒盛号　崇文门外蒜市口
恒裕　东四牌楼南路东
恒瑞号　西单牌楼南路东
星聚号　东四牌楼北大街
泰昌号　西四北大街
泰昌元记　阜成门内路北
恩隆号　菜市口迤西路北
益丰　东四牌楼南路东
乾和　锦什坊街路西
祥泰号　地安门外路东
祥瑞号　宣武门内路东
张一元　正阳门外观音寺
张玉元　花市大街
张正元　崇文门外大街
景元号　西单牌楼北路西
景泰号　东四牌楼南路东
景隆号　虎坊桥路北
万年春　正阳门大街路东
万有庆　打磨厂鸿太店内
万昌　东单牌楼北路东
万春号　西直门外大街北
万茂号　广安门内大街
万恒和　崇文门外大街
万华香　煤市街
万兴号　三里河街
万丰号　北新桥北路西
萃芬号　东珠市口
森泰号　正阳门大街路西
开泰　西四牌楼南大街

顺泰　　皁成门外路南
隆记　　花市西　东二四〇九
隆泰　　西四牌楼南大街
义和　　东四牌楼北大街
义盛　　高亮桥
瑞蚨祥鸿记　大栅栏　南一〇〇九
瑞云　虎坊桥路北
瑞丰字号　崇文门内大街
裕兴号　皁成门内路北
裕兴　宫门口口外路北　西一〇七一
源龙号　东华门外路北　东二三九二　宣武门内路东
源龙号　新街口北大街
广大欣　西四北大街　西二二一七
广和号　珠宝市　肉市街
广茂　观音寺中间路南　南二一二八
广泰号　花市大街
广盛号　宣武门外大街路西
广兴号　西安门内大街
广兴利　崇文门外四条
广兴恒　东珠市口　南三二九八
荣和　东四牌楼北大街
荣盛　正阳门大街路东
荣顺　骡马市大街路北
荣源号　地安门外路东
庆昌号　西单牌楼北路西
庆昌　东四牌楼西猪市大街
庆昌　草厂上七条　南五九七
庆云阁　崇文门大街
鼎和号　西单牌楼北路东

肇新　虎坊桥
聚丰号　鲜鱼口
锦泰　锦什坊街路西
兴隆和　东单牌楼北路西
鸿泰　广安门内大街
鸿丰号　东单牌楼南路东
馨泰号　安定门内路西

七〇　冰局

三义号（兼瓷铁）　新街口南大街
永和　王广福斜街
永顺　灯市口大街南　东四牌楼报房胡同
正阳　正阳门外大街东
义顺　东单牌楼船板胡同　电话东一二七四
卫生　石头胡同

七一　冰窖

永顺　朝阳门外南河沿
四义　宣武门外西河沿
合兴　地安门外白米斜街路北
雪池　地安门内三柱香
崇顺　崇文门外东河沿
德盛　德胜门外冰窖口

七二　烟庄

三省　西珠市口大街北　电话南一八五七
福聚涌　东堂子胡同路南
广记　金鱼胡同西口内　东六五三

七三　烟铺

三和公　三里河街
三益和　西单牌楼北闹市口
三义和　安定门外大街
三义和　高亮桥
大兴顺　西珠市口
仁和义　西单牌楼北路东
天义成　崇文门外小市口
天聚永　东华门外皇城根
天聚号　东四牌楼西猪市大街
天荣嵅　新街口南大街
天德合　布巷子
天德裕　鲜鱼口
中兴号　东珠市口
中兴西号　广安门内大街
公义泰　东单牌楼东总布胡同
永昌　广安门内大街
北天裕　安定门内大街西
北益丰　鼓楼前大街路西
北豫丰　鼓楼东大街路北
正兴德　新街口南大街
西广裕公　隆福寺街
合兴魁　东华门外大街南
和益祥　西四北大街
和兴号　阜成门内路北
东正兴　西四牌楼北大街　电话西三二三
信昌恒　西单牌楼北路东
信义永　朝阳门内南小街

恒源号　锦什坊街路东
恒丰泰　花市大街
泰来号　刑部街　南二一〇二
晋昌　大栅栏
晋昌号　打磨厂　南一〇八六
益丰公　地安门外路东
益丰泰　安定门内路西
祥聚泰　羊市大街
复丰　东四牌楼北大街　东二九四一
万镒兴　东华门外大街南
义和公　崇文门外东小市
义兴永　安定门外大街
瑞林号　北新桥北路东
瑞兴号　宣武门内大街
裕泰成　朝阳门内大街北
裕兴号　西珠市口
源祥长　朝阳门内大街北　东一三三四
源顺德　东四牌楼北大街
源兴通（兼钱）　宣武门外大街　南三四六七
聚盛成　德胜门丁字街路北
聚兴　大栅栏
聚兴隆　东四牌楼南路东
聚丰德　花市大街
福顺永　朝阳门外大街北
福聚涌　东单牌楼东堂子胡同
魁兴益　宣武门外南横街
德成号　东四牌楼南报房胡同
德升号　阜成门内宫门口
德祥钰　阜成门外关厢路北

德庆亨（兼钱）　德胜门外　西二二八一
德丰泰　崇文门内大街
庆和丰　地安门外大街
广升号　新街口南大街
广裕公　隆福寺街
广义成　阜成门内路北
广兴号　新街口西街
豫泰号　花市大街
豫丰号　大栅栏
丰裕　东单牌楼干面胡同

七四　卷烟公司

大丰纸烟公司　正阳门大街　电话南一一四六
天宝成英美烟卷公司　灯市口万兴和内　东七四六
公兴成纸烟公司　西四牌楼砖塔胡同　西七六八
永泰和烟行　西观音寺　东二八〇九
安福烟公司（兼照像）　王广福斜街　南二九七七
合兴纸烟公司　海甸大街　第二分局七三
希腊烟公司　崇文门内大街　东三三〇九
和记烟卷公司　西四牌楼　西四三二
东亚烟公司　东苏州胡同　东八六
协和纸烟公司　东交民巷西头　东一〇九一
协泰　陕西巷
南洋兄弟烟草公司　香厂天字路　南二六〇六
英美纸烟公司　孝顺胡同　东五四六
英美烟公司　苏州胡同下坡　东二二七六
英国烟卷公司　三里河　南一九九六
美隆烟行　崇文门内大街　东一七二七
美昌号（兼兑换）　香厂万明路

信诚斋　新街口南大街
泉祥鸿（兼煤油）　礼路胡同东口外　西二〇七
春华盛　交道口南大街
恒丰泰　煤市街　南一五五七
泰古西栈　西四北大街　西九五三
益峰恒（兼煤油）　樱桃斜街　南一一九〇
晋和祥烟公司　正阳门外观音寺　南六二三
振兴号　西四南大街
祥顺魁（兼煤油）　西单牌楼　西一七六〇
祥和斋（兼洋货）　崇文门大街
祥瑞茂（兼煤油）　大木仓口外　西八二四
华泰号（兼兑换）　华岩路
华通烟草公司　三星河　南四〇八
顺兴隆　缸瓦市
万福永　三里河北桥湾　南一六八五
瑞生栈　安定门内大街　东一三八七
义成永　护国寺东口外　西四五八
义成祥（兼煤油）　打磨厂　南一二九四
义和成　王府井大街
义兴成纸烟公司　崇文门外　东一一四八
新华厚　骡马市
荣凤烟卷公司　龙凤桥　第二分局八七
广和泉　宝禅寺街西口外　西一一八五
馥馨烟卷公司　苏州胡同　东一一九

七五　纸烟庄

三益号　地安门外大街
大祥号　雍和宫大街
大丰　正阳门大街

太平洋　东安市场

六和源　粮食店　电话南二一六四

元记（兼洋酒）　船板胡同　东一八五五

天顺祥　西单牌楼　西六九〇

天庆魁　崇文门大街

中兴　煤市街　南二八一

永成号　地安门外大街

永隆长　安定门大街

同义德　安定门大街　东六六九

利华　西单牌楼北　西九一七

和成号　雍和宫大街

和记　西四牌楼南

林记号（兼钱店）　观音寺宾宴商场　南二八七二

协记　煤市街　南三三七六

东发源（兼煤油）　虎坊桥　南二七五七

亚兴号（兼洋货）　东四南大街

泉祥鸿（兼煤油）　礼路胡同东口外　西二〇七

信昌恒　香厂万明路

祥顺魁（兼煤油）　西单牌楼　西一七六〇

义成祥（兼煤油）　打磨厂　南一二九四

瑞生栈　安定门内大街　东一三八七

福茂　正阳门大街

福记　骡马市

魁顺钰（兼钱店）　南闹市口　西二二〇三

广茂亨　西四北大街　西二一九一

广记　金鱼胡同　东六五三

广盛信　大栅栏　南二〇五五

广隆号　骡马市　南一一〇二

广兴成　新街口南大街

广丰号　前门大街　南一五三六
庆长义　新街口南大街
德记（兼洋酒）　正阳门内西城根　南二五六六
德祥　西单牌楼
德祥华记（兼煤油）　西单牌楼大街　西一七三七
澄记号（兼兑换）　香厂万明路
增顺祥（兼杂货）　八面槽
谦源号　崇文门大街
宝三源　大栅栏　南二五八七
宝荣源（兼煤油）　正阳门外大街　南五八七　正阳门大街

七六　鼻烟铺

文美斋　东四牌楼南路东
天增号　大佛寺北街西　东四牌楼南街东　鼓楼东大街路北　崇文门外大街　东四牌楼南大街
天蕙斋　大栅栏
正芳斋　新街口南街西
宏兴斋　北新桥西路北
裕兴斋　正阳门外观音寺
裕兴斋　阜成门内街北
德和号　打磨厂

药品类

一　参茸庄

大有昌　西河沿　电话南一八三二
天顺兴　李铁拐斜街　南五四四

天兴合　炭儿胡同　南二五一八
天丰　杨梅竹斜街
永盛合　炭儿胡同　南一七六
永兴合　粉房琉璃街　南三三五三
永丰成　西河沿　南二六九三
合兴　廊房头条　南一五四三
合兴成　炭儿胡同　南四〇六　廊房头条
同和　杨梅竹斜街　南八六六
同昌　杨梅竹斜街　南六七八
同达　杨梅竹斜街　南一八四八
同济堂　大栅栏　南二九一四
志信　廊房二条
宏济堂　大蒋家胡同　南九〇五
恒源　琉璃厂　南二五六
恒裕　琉璃厂　南一二三七
恒兴　小沙土园　南二六三九
惠和　前门外门框胡同　南一五五五
复泰　杨梅竹斜街　南一九五三
复瑞　西河沿　南二一六三
裕庆栈　前门外长巷下头条
葆太　杨梅竹斜街　南三一六四
鼎和　西河沿　南二六八九
魁和　琉璃厂
福和　杨梅竹斜街
福泉　杨梅竹斜街
德润　炭儿胡同　南六三三
庆丰　杨梅竹斜街　南三二〇八
庆和　骡马市　南一九九三
锦昌　观音寺　南二二二六

宝丰　琉璃厂　南六六四

二　药铺

三之堂　北新桥南大街

千芝堂　花市大街路北　电话东一五七四

大和堂　阜成门内路北　西二八〇

太和堂　朝阳门内北小街　马市桥迤西　西二八四　东单牌楼大街　白塔寺路南　西二八〇

大德堂　新街口南路西

大龄堂　东单牌楼东闹市口

天一堂　安定门内路东　地安门外路西

天和堂　广安门内大街

天沛堂　东四牌楼北大街

天沛堂　魏家胡同　东二六六

天彙堂　打磨厂

天益堂　崇文门内苏州胡同

天彙药行　打磨厂　南五四四

天德堂　安定门内路东

天德堂　崇文门外南羊市口

天龄堂　德胜门外路东

仁一堂　鼓楼前大街路东　东九四六

仁育堂　护国寺街路南

仁和堂　西四牌楼南路西

仁术堂　宣武门外达智桥北

仁义堂孟家　护国寺街路南　西四八四

仁寿堂　朝阳门内南小街

玉和堂　甘石桥路西

北德丰堂　德胜门外路西

北庆仁堂　东四四条西口　东一九七四

北庆仁堂　东四北大街

永安堂　朝阳门大街

永安堂　东四牌楼东路南　东二五二七

永春堂　三里河北桥湾

永泰来（药栈）　兵部洼路东

永龄堂　西安门内大街

世德堂　新街口南路西

西博济堂　正阳门外观音寺西口路北

西鹤年堂　菜市口迤东路北　南六五二

西鹤龄堂　朝阳门内南小街

同仁堂　大栅栏　南二二一

同安堂　东华门外路北

同春堂　西四牌楼南路西　西一九〇七　朝阳门内南小街杨梅竹斜街

同泰堂　正阳门外杨梅竹斜街

同诚堂　朝阳门内南小街

同济涌　朝阳门内南小街

同济堂　前门外大栅栏内　南二九一四

志一栈　地安门外路西

志善　东四北大街

延年堂　阜成门内宫门口内

东安堂　东华门外路北

沛芝堂　宣武门外北柳巷

育宁堂　正阳门大街路东

保元堂　东单牌楼路西

保生堂　西交民巷路南

南山堂　正阳门大街路东　南三八三　西珠市口

南山堂北号　正阳门外大街南头

南博济堂　鲜鱼口

南庆仁堂　前门大街　南三二六〇
纯一堂　三里河
振兴号（药庄）　崇文门外上头条　南二六八一
乾一堂　安定门外大街
乾元堂　舍饭寺口内
乾德堂　安定门内路西
琪卉堂　阜成门内路北　西一四一七
普仁堂　西单牌楼北路东
普安堂　广渠门内大街
普济堂　地安门外药王庙街
裕盛隆　西直门外路北
圣术堂　地安门外帽儿胡同
圣济堂　新街口西路北
达仁堂　杨梅竹斜街路北　南一八四八
义和　前门外大齐家胡同　南二五一九
义和堂　粮食店
义泰（药庄）　崇文门外喜雀胡同
万全堂　崇文门外大街
万春堂　东四牌楼北大街
万华堂　阜成门外大街
万寿堂（陈一贴）　地安门内后局大院
万锦堂　锦什坊街
万灵堂　崇文门外大街
庆仁堂　崇文门外二条胡同　东二六五七
庆仁西栈　虎坊桥路南
庆生堂　柳树井
庆生堂　宣武门内北闹市口
广堉堂　东安门外丁字街北
广德堂　安定门内大街

德山涌田家　东四北大街

德生堂　北长街北头路东

德安堂　东四牌楼南路西　东一三八一

德育堂　陕西巷　南二五四七

乐舜记　西安门外路南　西一八五　南锣鼓巷　东四九七

乐家老铺　西安门外大街

兴仁堂　朝阳门内南小街

余庆堂　安定门内路东

静德堂　阜成门内路南

橘井堂　琉璃厂

橘井堂　西四北大街

橘泉堂　西安门内大街　西四牌楼迤东

颐龄堂　廊房头条　南一八二四

颐龄堂东栈　兴隆街　南三五九二

颐龄堂南栈　大齐家胡同　南三六二八

济人堂　安定门大街

济仁堂　果子市南

济生堂　东安门外大街

济生堂　正阳门大街路西　南八九七　东华门外丁字街东三〇六八　大齐家胡同　南二九七〇

济世堂　西直门内大街

济和堂　正阳门外大道庙

鸿术堂　南横街西口路北　南二二三九

赞元堂　西单牌楼路西

赞育堂　阜成门外路北

怀德堂　西四牌楼北路西

鹤鸣堂　骡马市大街路北　南二七八二

体元堂　东四牌楼北大街

体乾堂　正阳门大街路东

三　丸药铺

一小堂（开胸顺气丸）　高亮桥
天和堂（妇科丸药）　东四牌楼南报房胡同
仁义堂　崇文门内大街路东
永仁堂　东安门内大街
杏草堂寿泫波　西四南魏胡同
长生堂　东安门内大街
东生堂（白家）　东安门内大街
胡寿延（平肝丸）　德胜桥北路西
保仁堂　崇文门内大街
高守田　西河沿路南
培元堂（小儿科万应散）　杨梅竹斜街
崔氏瓣香庐（川广丸药）　正阳门外青云阁
张家一小堂（开胸顺气丸）　东华门皇城根
张寅卿　西顺城街
敦仁堂（小儿科保赤散）　杨梅竹斜街
普济堂　东四牌楼南大街东
雅观斋（小儿科万应散）　杨梅竹斜街
瑞德堂　西单北大街
魁元堂池记（眼药）　宣武门内油房胡同
赵文卿　西河沿路南
赵氏金丹　西河沿路北
毓德堂陆氏（妇宝金丹）　西河沿路南
福兰堂（耳聋痣漏）　大齐家胡同
广德堂段氏（妇宝金丹丸）　西河沿路北
德生堂（疝气丸、耳聋丸）　虎坊桥
德瑞斋　隆福寺街
德爱堂（沈家七珍丹）　东内当铺胡同

济人堂（白鹤洪家儿科） 安定门内大街东
藏声轩（响亮丸润肺膏） 宣武门外铁老鹳庙
鹤龄堂（灵宝如意丹） 东华门外皇城根

四 眼药铺

天一堂 西四牌楼北大街
史敬斋（鹅翎筒） 廊房二条
同春堂 东珠市口
郎明堂 西河沿
梁光明 鲜鱼口
马元龙 正阳门外一尺大街 西河沿
马玉堂 前门外小沙土园
马云龙 西河沿
马应龙 西河沿

五 闻药铺

德华堂 鲜鱼口

六 坎离痧药铺

广元堂 李铁拐斜街 东华门皇城根

七 膏药铺

久安堂侯墨林（妇科） 西长安街路南
三槐堂 西直门大街
永寿堂赵记 锦什坊街扁担胡同 西四牌楼兵马司西口外
西域堂 宣武门内大街
同春和 西河沿路北
同春堂 西四牌楼北大街路东之护国寺街内路南
金回回 东四南大街

长庆堂　西四牌楼南将坊胡同
保仁堂　东单牌楼大街东
保元堂（二龙膏）　崇文门大街
复元堂　新街口西街
普仁堂　正阳门内半壁街西头
寿平氏（养血安坤膏）　正阳门内半壁街西路北
乐善堂（狗皮膏）　炭儿胡同
德山堂　羊市大街
德元堂　新街口西大街南
广生堂　安定门内土儿胡同路南
广德堂祝姓　土儿胡同路南　电话东七六六
橘井堂　西四牌楼北路西
济安堂（狗皮膏）　杨梅竹斜街路南

八　药室

志仁堂　西河沿　电话南一四七二
野鹤轩（小儿万安散）东安门内大街
赵鼎臣（中药品室）　德胜门内抄手胡同

九　药酒店

北义兴　德胜门内丁家街路北
义兴　鼓楼前大街路西　北孝顺胡同
义丰　安定门内路东
广成号　东四南大街

一〇　红花藏香局

文珍堂　花市大街
同义堂　廊房三条
忠和堂（红花）　正阳门外大安南营

一一　香料铺

内天馥　宣武门内大街

公泰号　地安门外大街

天和楼　崇文门外蒜市口

天香阁　骡马市大街

天香楼　崇文门外花市

天桂轩　德胜门外路东

天泰楼香铺　西四牌楼北路东

天兴楼　东四牌楼北大街

天馥楼　西四牌楼南路西　西单牌楼南路东　东华门外路北

天馨楼　安定门内大街

北富香　安定门内大街

仙香楼　崇文门外花市

仙鹿阁　骡马市大街果子巷

西合馨楼　西直门内大街

西凌云芳　阜成门内路北

西裕兴　五道庙

合香楼　珠宝市　电话南一二六四

合香局　缨子胡同　东一一九五

合馨中局　鼓楼东大街

合馨西局　地安门外大街

合馨楼　西直门大街

合馨楼　地安门外大街

合馨楼　珠宝市

合馨楼　东四牌楼北大街

芝兰芳　阜成门内宫门口内

芝兰轩　北新桥北路东

东天馥楼　东安门外大街
金驴张　德胜门内果子市东
花长春　打磨厂
花汉冲　珠宝市
恒泰号　交道口东街
恒泰号　北新桥街大街
桂林轩　北新桥南大街　北新桥北路东
桂芳斋　隆福寺街
桂馥楼　崇文门外大街
桂馨楼　阜成门外路北
凌云阁　德胜门内大街
通和轩　东堂子胡同路北
通诚轩　东四牌楼南路西
异蕙轩　西单牌楼北路东
异兴楼　锦什坊街路东
异馥局　西单牌楼手帕胡同
异馥轩　地安门外大街
异馥轩　甘石桥
异馥轩　西单牌楼缸瓦市西
云香阁　大栅栏
滋兰芳　崇文门外花市
瑞香楼　大栅栏
瑞兰芳　三里河
裕兴　正阳门内半壁街
裕兴轩　正阳门外观音寺
万盛楼　广安门内大街
万馨楼　朝阳门内南小街
万馨楼　东四北大街
闻香斋　广安门内大街

闻异轩　地安门内大街
闻异轩　锦什坊街路西
闻异轩　宣武门外南横街
庆云阁　东单牌楼路西
庆云楼　大栅栏
龙合楼　东珠市口
蕙兰芳　东四牌楼北大街
馥香斋　安定门大街
丰裕楼　朝阳门内南小街
宝香阁　宣武门外南柳巷
宝兴局　西四牌楼北
宝兴义　新街口南大街
宝兴斋　新街口南大街

一二　碱店

卜内门洋碱公司　长巷上头条　电话南二五〇九
大顺　朝阳门内大街北
大诚　崇文门外大街
三泰　花市大街
三益　东四牌楼北大街
中和　地安门外大街
天德庆　新街口南大街
永昌　东四牌楼大街
永和　北新桥南大街
永茂　花市大街
永泰　东直门内大街
全元　安定门内大街西
合义长　地安门外大街
同顺　西单牌楼北路东

同顺锦　西单北大街

长泰永　南官园　南一三四〇

来顺　广安门内大街北

和益　西直门外大街北

益泰　东华门外路北

晋华公（兼酒）　地安门外大街

通昌　东四牌楼北大街

通和　地安门外路西

通泰　西单牌楼北路东

通顺　西单牌楼北路东

惠兴　安定门内大街东

新和　北新桥北路西

义泰　东四牌楼大街

裕昌　崇文门外大街

裕顺　崇文门外大街

万合玉　东四南大街

万泰　崇文门外大街

万顺　西四牌楼北路西

福昌　安定门内大街西

聚庆德　东华门外大街南

德恒泰　东安门外大街

广恩和　新街口南大街

蔚德厚　正阳门大街路东

增昌　东四牌楼北大街

增盛　阜成门内路北

双兴　正阳门大街路东

一三　药房

丁仲杰　西交民巷西口　电话南二六一

久大　打磨厂　南二四四五
大陆　前门外大栅栏街
中外　前门外煤市街
中西　大栅栏西口　南三三九
中法　大栅栏　南三三八四
中英　观音寺　南九九二
中美　煤市街　南一九〇七
中美　正阳门大街　南二九五八
中华　宾宴华楼
文记　东四北大街
五洲　前门大街
北京瑞华　王府井大街
北洋　观音寺　南二五四二　宾宴华楼
回春　大栅栏　南五七八
老德记　大栅栏　南五九四
同济　陕西巷
谷水　东单牌楼三条胡同　东三二
延年父子药房　地安门外大街
志善　北新桥　东一〇五〇
利亚　崇文门大街　东四五六
利华　台基厂　东一五三六　宣武门内大街　西四八
金安氏　王府井大街　东一五二九
屈臣氏　大栅栏　南三七〇
协和　金鱼胡同　东二六九二
亚孟　茶儿胡同　南一一一一
亚洲　宣武门内大街
亚康　大栅栏　南六九二
和记　东安市场
信义　崇文门内大街

英法　骡马市大街
英美　西单牌楼北路西　西九七九
时子和药房　东四南大街　东一六六六
真木　东珠市口　南一〇五四
振亚　东安市场
张仲三　前外鲜鱼口
华安　崇文门内　东一三八五
华英　观音寺　南二四八八
华美　大栅栏　南三二五七
华伦　木厂胡同　南八六八
华欧　观音寺青云阁内　南二三九六
杨仲五　大马神庙　南七三六
新昌　西四北大街
瑞华　东四南大街
瑞丰　东四牌楼六条胡同　东一七〇四
福华　西单牌楼　西六九
震大　朝阳门内南小街　东二三八
德生　西单北大街
德林氏　宣武门外老墙根
德华　东安市场
济生　地安门外大街
宝光　西四牌楼丁字街

一四　花柳药房

久春堂　梯子胡同
王医生　北孝顺胡同　电话南一一九五
王华峰　小马神庙
生生堂　蔡家胡同
北陆治疗所　崇文门内大街路东

同春堂　李铁拐斜街
同善堂　大蒋家胡同中间
育生堂　王广福斜街
保生堂　骡马市
华术堂　石头胡同
杨仲武　正阳门外大马神庙　南七〇三
广德堂　正阳门外集云楼
树林堂　隆福寺街
济生堂　花市
鸿术堂　宣武门外南横街　南二二三九
宝全堂　西单牌楼大街
宝春堂　打磨厂
鹤声堂　蔡家胡同

农林类

一　鲜花厂

久成　锦什坊街鸭子庙
上苑春　台基厂　电话东四五八
工艺局　下斜街
天佑　下斜街
平分秋色（菊花）　西直门内大乘巷西口
永和　隆福寺街
永和馨　隆福寺街
玉春　隆福寺街
玉丰　下斜街
合记（京津花局）　崇文门内大街
卉芳　护国寺街

卉茂　北新桥南街东
同立　隆福寺街
同春　下斜街　隆福寺街
同益　护国寺街
同顺　下斜街
同发　下斜街
同乐　隆福寺　东一七二三
利本　下斜街
利和　隆福寺街　东二三三五
京津　崇文门内大街　东一六七五
奇卉　护国寺街
育英标本馆　崇文门内大街
东芳花局　崇文门内大街
东远馨　王府井大街　东一一五四
泉盛　隆福寺街
益和　隆福寺街
悦容　护国寺街
悦容花园　朝阳门外　东二九一二
悦容花厂　西交民巷　南三四五一
祥茂　护国寺街
盛春　隆福寺街
华林林业公司　苏州胡同　东三〇八〇
朝阳　东四牌楼北
琪园　东安市场
隆和　隆福寺街
隆顺　东华门外北夹道　东一〇六五
隆顺　隆福寺街
隆兴　隆福寺街
万玉　护国寺街

万年　隆福寺街
万升　护国寺街　西二二二九
万盛　隆福寺街
万隆　前门外劝业场内
万顺　缸瓦市
义顺兴　护国寺街西口外
远馨　护国寺街　西六一五
德茂　东安市场
德泉　下斜街
德盛源　隆福寺街
兴隆　弓弦胡同　东一一一八
鑫和　王府井大街

二　草铺

三盛号　地安门内黄化门
三顺号　三里河街
天保号　打磨厂
天兴号　鼓楼前迤西路南　东河沿
天丰号　新街口南大街路西
永隆号　安定门内大街东
永聚号　骡马市
吉祥永　南锣鼓巷
同义泉　东华门内北池子
恒信永　东四牌楼东路南
曹兴旺　西直门内大街北
义和号　西交民巷
意兴隆　宣武门外南横街
诚顺号　西珠市口
魁隆号　朝阳门内北小街

聚源　宣武门内大街
澂顺增　缸瓦市
德顺号　李铁拐斜街路南
德聚号　西直门大街
双盛德　鼓楼东宝钞胡同
双龙局　灯市口

三　麻绳铺

天义兴　崇文门外大街东
永盛德　崇文门外大街东
永顺恒　花市大街
永兴成　崇文门外大街东
西茂盛　西直门外月墙
茂盛号　花市大街
茂盛永　安定门外大街
长顺永　花市大街
崇顺成　崇文门外大街东
义和成　花市大街
福全茂　花市大街
福顺义　花市大街
福德全　花市大街
德盛永　花市大街
兴顺义　蒜市口
双龙泉　崇文门外大街东

四　麻铺

天顺成　崇文门外大街东
天义合　崇文门外大街东
天兴盛　崇文门外大街东

世源长　崇文门外大街东
同顺成　崇文门外大街东
和顺永　花市大街
和顺德　花市大街
隆裕号　鼓楼东大街路北
源盛裕　崇文门外大街东
义文泰　崇文门外大街东　花市大街
义盛永　崇文门外大街东　花市大街
义盛长　崇文门外大街东
义顺永　崇文门外大街东
义聚成　崇文门外大街东
广聚号　崇文门外大街东

五　官麻店

月兴号　花市
永兴成　花市
义顺长　花市
福德长　花市

六　线麻店

天合永　羊市大街
敬义　安定门大街

皮革类

一　皮革厂

中原皮件部　香厂　电话南二九三七
中华　果子巷中间　南二八五一

永增　前外打磨厂中间　南三三八五
同义德　廊房头条　南二二九
利华　八面槽
和丰隆　西河沿　南二〇五四
恭华记　灯市口
昆成玉　冰窖胡同　东二二五九
祥聚恒　西交民巷　南一三二九
盛兴　南下洼子太平桥　南一五八九
华北　崇文门内苏州胡同
新华　宣武门外大街　南一三三五
杨华　香炉营头条　南一六四
广聚号　西皮市　南一四五三
德泰　东河沿　南二三一二
丰津制革股份有限公司驻京筹备处　东安门外大街

二　斜皮店

永庆号　正阳门内西皇城根
同顺　法部街
全聚　正阳门内西皮市　电话南三〇五
全兴厚　西皮市
长聚号　正阳门内西皇城根
恒聚　西皮市
协聚号　西皮市
祥聚恒　西交民巷
富升公　西皮市
善成号　正阳门内西皇城根
隆泰号　正阳门内西皇城根
义成　西皮市
义成号　正阳门内西皇城根

义源号　正阳门内西皇城根
义兴号　正阳门内西皇城根
万益号　正阳门内西皇城根
万隆号　正阳门内西皇城根
万聚公　前府胡同
聚成号　西交民巷
聚顺兴　正阳门内西皇城根
庆顺成　正阳门内西皇城根
广顺号　西皮市
广德信　正阳门内西皇城根
德聚号　前府胡同
兴聚号　前府胡同
锦聚全　正阳门内西皇城根
宝兴润　正阳门内西皇城根

三　牛皮店

义诚　广安门内牛街头条胡同　电话南二八三〇
广发源　西交民巷　南四三六

四　羊皮店

久成　西四牌楼南将坊胡同
久恒永　南横街南药王庙
大顺成　南横街黑窑厂
玉泰源　西四牌楼羊皮市
永成　南横街黑窑厂
永聚　南横街黑窑厂
义和全　羊皮市
义和长　羊皮市
义德公　羊皮市

聚和义　羊皮市
聚盛永　羊皮市
广泉　西四牌楼南砖塔胡同
广恒局　南横街黑窑厂
广隆　虎坊路帐垂营
广聚　虎坊路帐垂营
广聚永　虎坊路帐垂营
德泰　南横街南药王庙

五　皮箱店

三盛永　崇文门上外花市
三义永　崇文门上外小市
大兴永　骡马市大街
天兴德　崇文门外小市
公兴永　正阳门大街路东
永兴号　西河沿
永兴成　东珠市口大街
富兴号　朝阳门大街
义兴德　骡马市大街
万义　正阳门大街路东
万兴　正阳门大街路东
万兴成　廊房头条胡同
万兴号　西河沿

六　猪毛厂

三益　马市大街
三顺　马市大街　西四牌楼北大糖房胡同
公聚　报房胡同信家大院
永利　报房胡同毛厂大院

永和　报房胡同毛厂大院

永昌　报房胡同信家大院

永茂　马市大街

永泉　马市大街

永顺　东四牌楼报房胡同信家大院　西四牌楼东马市大街

同合　猪市大街豆腐巷

同春　猪市大街豆腐巷

同顺　马市大街

同聚　马市大街

东来　报房胡同官房大院

和记　西四牌楼东马市大街

茂盛　西四牌楼北大糖房胡同

泰昌　马市大街

义和　马市大街

义盛　马市大街

万盛　报房胡同毛厂大院

聚合　猪市大街

聚盛　报房胡同毛厂大院

聚兴　东四牌楼猪市大街豆腐巷　东四牌楼报房胡同毛厂大院

广聚　西四牌楼北大糖房胡同

福来　猪市大街豆腐巷

德顺　猪市大街豆腐巷

德源　猪市大街豆腐巷

德义　马市大街

七　马尾店

长盛和　打磨厂

义盛永　打磨厂

义盛成　打磨厂
义顺魁　打磨厂
福盛永　打磨厂
庆立合　打磨厂
庆义祥　打磨厂
广兴永　打磨厂
亿盛兴　打磨厂
兴聚和　打磨厂

矿业类

山东矿业股份有限公司　甘石桥　电话西一九六八
山东矿业公司　石老娘胡同
大建煤矿公司　西单牌楼后京畿道
公利煤矿总局　后细瓦厂　南五五五
六河沟煤矿总公司　小草厂　东二七三三
六河煤矿公司化验处　乃兹府　东三一七三
中国矿务代办所　瑞金大楼　东一七二二
井陉矿务局　正阳门西　南四四九
井陉矿务局发售处　东交民巷　东三二九
井陉矿务局分销处　崇文门外东月墙　东一七九七
永平铁矿公司　西城根　南二一八三
交河沟煤矿公司管理营业处　瑞金大楼　东一四九〇
百通煤矿公司　宣外西城根　南二七九〇
百通销煤经理处　八宝胡同　东三〇二一
同宝煤矿公司　前英子胡同　西二〇四〇
宏豫铁矿公司　石附马后闸　西二三〇四
昌华铅矿公司　烟袋斜街石碑胡同张宅　东八一八
门头沟中英合办煤矿公司　门头沟　西一九八〇

保华安烟煤矿务公司　西单牌楼灵境　西一七四八
建昌矿务公司　正阳门外西城根　南一四九六
华洋合办通兴煤矿公司　东交民巷　东一七六八
开滦矿务公司售煤处　甘石桥　西一三七八
开滦矿务局分销处　前门外西城根　南二二七八
开滦矿务总局　瑞金大楼　东八五六
新安煤矿公司事务所　德胜门内羊房胡同　西五四四
杨家坨煤矿公司总批发处　西直门外　西一六八六
汉冶萍煤铁矿有限公司事务所　西堂子胡同　东一五四八
裕丰煤业总公司　骡马市麻线胡同　南一六一三
裕丰煤业公司　广安门外车站　南三一五二
裕丰煤业公司　麻线胡同　南一六九五
斋堂煤矿筹备处　新帘子胡同　西五五五
临城矿务局　宣武门外　南三四六　崇文门外　东八六〇
小草厂　东一四九〇
筹办全国煤油矿事宜处　西单牌楼头条　西八九七
宝昌煤公司　宣武门外西城根　南二八九二

专门技艺类

一　书家

丁佛言　按院胡同
王伯弓　权盛里
朱孔扬　翟家胡同
朱葆慈　口袋胡同
李小隐　南千章胡同
李毓如　西砖胡同
宋伯鲁　三教寺

吴云皆　崇外三条胡同
侗将军　王府仓
胡笈孙　前青厂
祝荫庭　琉璃厂
袁励準　北池子
秦树声　校场二条
陈庆慈　板井胡同
陈师曾（兼画刻）　库资胡同
章浩如（兼画）　正阳门外东南园
冯公度　后细瓦厂
赵世骏　什刹海
郑沅　回回营
郑家溉　西什库
蒋华甫　南下洼
樊增祥　大乘巷
刘延年（兼画）　车子营
韩子忠　西河沿关帝庙
宝熙　大甜水井

二　画家

沈光甫　汾州营
忻贝子　齐内北小街
李筱泉　方壶斋
李鹤寿　方壶斋
金拱北　芳家园
林琴南（兼书）　永光寺中街
周墨禅　东北园
洪硃砤　东长安街二条
姚重光　莲花寺

俞瘦石　炒豆胡同
俞涤烦　兵部洼中街
常增灏　板井胡同
汤涤　老菜街
张燕宾　承恩寺
換依女士　魏家胡同
齐白石　宣外观音寺
刘子谦　四川营
刘炳堂　四眼井
刘献臣　松树胡同
郑香圃　东北园
萧厔泉　辟才胡同
萧谦中　绒线胡同

三　律师

刁名世（符五四川）　排子胡同路北　电话南二八九九
王可亭（鹤五直隶）　打磨厂义顺店
王仲篪（竹波直隶）　小四元井三〇号
王廷弼（滋尘河南）　石附马后闸二号
王育荫（越楼京兆）　东城禄米仓三四号　东二二八九
王劲闻（劲闻安徽）　前门外大耳胡同　南九二〇
王庭兰（友芝京兆）　施家胡同三义店　南四六四
王钧卓（力武山西）　宣武门外椿树下三条七号
王维华（璞章四川）　产资胡同
王槐布（檗吾湖南）　旃檀寺后身绳子库六号　西二五六九
王汉书（左臣山东）　杨梅竹斜街斌升店
王怀河（静轩京兆）　十八半截中半壁街五号
王礼恭（一舟山东）　施家胡同三义店

王鸿翥（奉侪直隶）　瓷器口路西五〇号
王宝忠（龙乾湖北）　东柳树井随县馆
尹式昌（占五山东）　前门内小四元井路北
尹耕莘（拙诚湖北）　魏染胡同北头路西　南一一三二
方震甲（王郏安徽）　打磨厂南深沟路西　南一九一九
方锡光（耀庭安徽）　法部街吹市胡同一六号　南二二九四
毛堉恩（澍郇京兆）　西河沿五斗斋石关帝庙内一一号
包　振（逸愈京兆）　大安澜营路北　南二三二五
左　霈（灵刚广东）　醋章胡同路北
白　鋆（黼章京兆）　煤市街万隆店　南二八二四
白喜懿（伦五直隶）　打磨厂吉隆店
皮宝铭（仰西直隶）　銮兴卫夹道一〇号　南二七八〇
任凤阁（砺亭直隶）　锦什坊街巡捕厅胡同二三号
朱　迈（倬亭京兆）　西单北国文专修馆
朱念典（型叔京兆）　高碑胡同西头路北　南二九四九
朱常伦（纪五奉天）　李铁拐斜街路南七四号
朱鸿儒（蕖青安徽）　南横街七井胡同路东
江旭东（建屏四川）　西城太平桥四一号
艾善濬（哲文江苏）　西单白庙胡同南口路西一八号
吕世芳（安徽）　西城辟才胡同三条五号　西二五七九
李勤朴（湖南）　后英子胡同八号
李炳塏（弈秋直隶）　德胜门大街一六四号
李志奎（璧辰直隶）　西城宝禅寺街路南二〇号
李岫云（筱峰河南）　高碑胡同路北二号
李琪春（紫印山东）　南长街路西
李锡琛（孟启湖北）　太仆寺街穿堂门一〇号
李云台（象图直隶）　旃檀寺西大街三八号
李　谦（绍儒直隶）　宣外上斜街后河沿西　南一四五八

李炳棻（芳荪江西）　裘家街临川馆　南二七七八
李兼善（达叔广东）　辟才胡同南千章胡同一二号
李镜坡（鉴明京兆）　西交民巷九二号
宋生桂（馨吾山西）　骡马市大街三晋馆
沈　坦（砥平京兆）　石附马大街沟西新华公寓
沈　培（厚田京兆）　石附马大街沟西新华公寓
沈叔木（克仁直隶）　大安澜营九号
沈祖彝（叙伦京兆）　板章胡同路北一〇号
何喆鑫（砺岩山东）　报子街四六号
何基鸿（海秋直隶）　南长街老爷庙街内　老爷庙胡同一六号　南一九九九
何钟奇（希之四川）　粉坊琉璃街北口路西四号　南一七八三
何奋庸（琴友湖南）　石附马大街西头后百户庙五号
汪其砥（砺峰安徽）　帅府园内帅府胡同一一号
汪有龄（子健浙江）　大将坊胡同广兴里　西一四〇六
佟岩煦（子明京兆）　板章胡同
佟伟功（竹铭直隶）　宝禅寺街路北九号
吴　哲（子明直隶）　粮食店同兴客栈
吴大业（扶青江苏）　西城兵马司三号　西二五一五
吴修源（信三江苏）　韶九胡同东口路南
吴增撰（习元浙江）　新帘子胡同三七号　西一四九九
吴蕴藻（旭章湖北）　梁家园西夹道六号　南二八二
吴宗藻（文钦安徽）　旧帘子胡同五二号
吴锡宝（至人京兆）　宫门口中廊下三六号　西一九五〇
周　泽（绩卓浙江）　汪芝麻胡同二六号
周玉山（象德京兆）　东柳树井路北一五号
周庆恩（次瑾山东）　崇外大街路西一六四号
周鸿文（光亚安徽）　草厂四条六号　南三七六八

林行规（斐成浙江） 受璧胡同路南 西一六二六
林乔枬（俊三广东） 宣外沟头官房胡同二号
和 倬（振中直隶） 打磨厂长巷二条义聚店
岳朝山（星如京兆） 骡马市大街直隶新馆
金 源（问渠浙江） 草厂上六条路西 南一三七〇
胡季昌（昭然江苏） 法部街司法讲习所 南二六一七
胡春林（茂青安徽） 地安门内中老胡同二六号
姚鸿斋（秀岑河南） 东铁匠胡同一七号 西三一九
姜德森（荫庭安徽） 裘家街颖州馆
姜继善（益三直隶） 施家胡同三义店
纪麟祥（瑞符京兆） 前外沟尾巴胡同刘家店
徐 均（持平江苏） 十八半截前泥洼一二号
徐 伟（子重河南） 西单西保安寺二六号 西七〇七
徐光模（慎初湖南） 西四大院胡同内三道栅栏四二号
徐熙臣（伟斋京兆） 长巷下头条二七号
马 峪（步云湖南） 草厂九条二六号
马宗援（尚文直隶） 地安门外宝抄胡同王佐胡同一号
孙慕周（浙江） 西河沿西头路南一七七号
孙绍敬（汉英直隶） 草厂九条二二号内一号
孙润宇（子涵江苏） 兵部洼中街桥西路北 西二三一
孙耀高（显定京兆） 打磨厂福寿旅馆 南二八五九
翁广心（精一奉天） 西珠市口东三省馆
桑多罗（蠡尘京兆） 西单牌楼白庙胡同 西六二
袁 超（犀然湖南） 椿树上三条路南二四号 南二三四二
高 朔（养志江苏） 兵部洼张相公庙路北 南二三三七
高 穰（子阳福建） 西河沿中西旅馆 南一〇二
章 鸿（奉俦浙江） 骡马市大街长发栈 南八三六

章濬涵（剑泉浙江）　三里河桥西路南　南二六九五

崔玉峰（俊三热河）　皮库胡同大元公寓

崔秀岩（秀岩直隶）　粮食店路西三九号

陈步东（茹菱浙江）　精忠庙内五四号

许卓然（修直江苏）　宣外棉花九条三号

陈炳堃（锡朋安徽）　绒线胡同二一〇号　南三二八〇

陈其新（铭桥奉天）　西单胡同路南　西一二〇六

张　谔（一山山东）　西珠市口路南广裕店

张　韶（子闻安徽）　太仆寺街内背荫胡同二二号

张允中（子执广东）　甘石桥石缸胡同六号　西二三五

张文坛（俊如江苏）　烂缦胡同七神庙四号

张玉昆（瑞峰直隶）　延寿寺街笤帚胡同

张俊武（孟□奉天）　李铁拐斜街路南七四号　南三二〇〇

张务滋（务滋江苏）　珠市口南路东永钰木号

张浚明（仲宣直隶）　河泊厂一〇〇号

张雄华（晋卿京兆）　前府胡同路南

张丰泰（俭之直隶）　施家胡同三义店

张涤铭（虑斋直隶）　长巷二条义聚店　南六二五

张德懋（官青山东）　南柳巷南头路东　南三二二四

张凤林（桐坡直隶）　延寿寺街中间路西二七号

张鼎乾（健伯陕西）　椿树横胡同路东　南二二六二

张荫培（浚明直隶）　打磨厂德泰店

张荫棠（棣华湖北）　西单二龙坑中央政法学校　南三二五

张继先（子承京兆）　观音寺街中和栈　南三三一八

郭定林（宝书江苏）　西单兴隆二八号

陈乐汶（竹溪京兆）　北孝顺胡同会元旅馆

陈彰五（通斋河南）　宣内翠花街什家户八号

陈继善（孝周浙江）　东四本司胡同一六号　东一五九三

曹祖蕃（实卿江西）　西四粉子胡同二六号　西二一六

曹福荫（绥之京兆）　崇文门外上三条二二号

陆绍祁（蕒阶广西）　西斜街路南六四号　西一六八

陆索梁（晶初京兆）　宫门口中廊下南口路西四号

许绍祖（复仲浙江）　西城纱络胡同路南　西七四〇

国广恩（汉卿直隶）　打磨厂吉隆栈

陶润波（芝田浙江）　李铁拐斜街路北　南二一

黄士杰（灌群浙江）　崇文门外花市大街一六号

黄国英（震阳湖南）　宣武门外永光寺西街　南四六八

黄象朴（蔼彬奉天）　宫门口北大玉皇阁一八号

黄云鹏（美涵四川）　宣武门内油房胡同七号　西一一二一

黄宝筠（竹农直隶）　丞相胡同伏魔寺

宁　梓（仰桥京兆）　交道口南吉祥胡同一二号

胜　续（承之京兆）　北新桥二条中间路南　东一三四八

曾崇高（叔聘山东）　宣武门外老墙根一八号　南一五八四

游桂声（一山直隶）　虎坊桥东白衣庵

舒伟元（德斋江西）　长巷四条乐平馆

冯学颜（郁文京兆）　骡马市大街路北一〇七号兴隆玉锡店

傅　诗（湘泉四川）　马市大街二七号

傅绍儒（聘三直隶）　大四元井路北九号　南三二一

童　鉴（鹤舫江苏）　大耳胡同二二号

童益咸（安徽）　旧帘子胡同西头路南七一号　西二〇七六

程文锦（直隶）　化石桥北新华街三八号

程秉钧（星阶河南） 米市胡同南头中州馆
路宝华（焕亭京兆） 草厂九条二号
杨启炜（子明直隶） 西河沿大诚店
杨春熙（耀翔山东） 宗帽头条二号
杨振飞（鹏程直隶） 石大人胡同二五号
叶宗儒（楷庭京兆） 宗帽头条五号
董耀青（耀青山西） 粉坊琉璃街五〇号
熊 才（养三浙江） 草厂镇头三条 南三三三五
熊福华（馨芝湖北） 麻线胡同内四眼井路北 南八四九
赵 毅（贯一京兆） 东城乃兹府关东店北头四号
赵立勋（炳坤直隶） 西草厂胡同山西街二三号
赵永延（荫龄山东） 国子监三六号
赵从扬（庚虞江西） 八角琉璃井豫章学校
赵凤冈（栖桐直隶） 前门外取灯胡同口商业报馆
赵兰馨（蕙庭河南） 丞相胡同衡州馆
蒯晋德（旭人江苏） 府右街罗圈胡同一三号 西一六〇四
乐挺志（词宗江西） 延旺庙街地藏庵
郑象山（陟夫安徽） 东四椿树胡同路北八号 东二五七
增 钺（幼鹤京兆） 地安门外李广桥南大新开路三号 西一七七五
邓 镕（守瑕四川） 西四礼路胡同东口路北一号 西九六
欧阳颖（尧庵江西） 烂缦胡同路东
刘 蕃（孚衍湖北） 辟才胡同南宽街一一号 西一五一九
刘 玺（文鼎陕西） 果子巷北堂子胡同路北
刘 铭（戒之京兆） 煤市街兴隆店 南二六七八
刘文奎（伯武京兆） 黑窑厂窑台下坡路南四号

刘光禄（竹庵四川）　后铁厂叙州馆
刘崇佑（嵩生福建）　丞相胡同路西　南一六二二
刘国霖（家瑞四川）　旧刑部街长安公寓
刘敦谨（厚之浙江）　醋章胡同路南
刘尊严（安斋奉天）　西单大木仓胡同毓华公寓　西四〇三
刘云奇（庚虞直隶）　永光寺西街七号　南三二二三
刘峄桐（严生浙江）　十八截中半壁街五号
刘钟芳（馥卿直隶）　地安门外吉祥寺内
刘钟佑（铸辰京兆）　未英胡同地藏庵　西二一九五
钱　俊（仲彩直隶）　崇文门外上三条路北　东八八三
阎藏达（盛斋山东）　草厂十条粪厂大院　南二八二
随步廷（培一安徽）　东城什锦花园一八号
骆腾麟（止斋四川）　护国寺前罗圈胡同一号
卢朝恩（锡鸿京兆）　沟尾巴胡同刘家店
薛　英（昆生京兆）　崇文门外下四条路北一四号　东三二三二
谢廷宾（梦楼浙江）　宫门口太平街五号
谢振翮（四川）　兵马司前街扁担胡同一号
钟鼒鼎（立山浙江）　宛平县署东三九号
韩玉辰（达斋湖北）　宣武门外棉花八条七号　南三六七一
韩国栋（拯民直隶）　东珠市口西湖营
萧桂荣（华亭京兆）　长巷下三条东口路北
萧国安（梁材四川）　米市胡同重庆馆　南二七三二
萧鉴章（少山直隶）　琉璃厂文明胡同　南四二〇
邝其光（春廷广东）　前孙公园一二号　南三二七八
聂登期（燮夫浙江）　宣武门内象坊桥飞鸣公寓
聂铭书（止静直隶）　打磨厂德裕栈　南二四七三
颜泽祺（子伟广东）　兵部洼石碑胡同一号　南二二〇五
蓝步瀛（法禅湖北）　东四北吉庆大院　东一二一〇

蓝景山（九峰热河）　屯绢胡同七号

饶嘉谷（茀岑河南）　东单三条四二号

四　医院（附药房诊治所）

二友医馆　绒线胡同

川田医院　东单牌楼二条　电话东八五

山田产科院　东拴马椿　南八六

中央防疫处　天坛　南一四〇〇　二二九一　二六六四

中央医院　西四牌楼西马市　西五三八　阜成门内　西五八四

中国红十字会京兆分会临时医院　石附马大街

仁民医院　香厂　南一〇二二

仁和医院　魏家胡同　东一二五三

仁济医院　缸瓦市　西一〇八八

王星斋医院　虎坊桥东　南一三四五

内城官医院　钱粮胡同　东二一五三

日华同仁医院　东单牌楼三条　东五四五　一九五〇宿室绒线胡同　南二二八八

平民医院　西四牌楼北大街

外城官医院　新华街　南三〇七二　香厂仁民医院内南一〇二二

石原医院　娘娘胡同　东五九四

生生医院　良乡胡同　西三三三

北京医院　石附马大街　西四一三

北陆治疗所（外科皮肤）　崇文门内上大街　东一八八六

北野牙科医院　西总布胡同　东八五〇

民复医院　后青厂　南二二〇一

江口医院　东长安街　东二八三八

同仁医院　崇文门内　东六〇八

同仁眼科处　崇文门内　东一九二六

同仁医院施疗所　东单三条胡同　东三二四

同春医馆　东安门内大街

同济诊疗所　李铁拐斜街　南一二七九

池田医院　石附马大街　西一〇六三

仲杰药房诊治所　西交民巷　南二六〇

村上牙科医院　东单牌楼二条　东一八四八

李寄尘女士　交道口南大街

克敦医院　锦什坊街　西八四九　分诊所　西长安街西二四三

沈衔书诊疗所（德医）　崇文门内上大街新开路

沈铁厂　前门外观音寺街华英大药房

秀贞女医院　甘石桥　西一一五九

京兆医院　地安门外马尾巴斜街

京师警察厅传染病医院　东四牌楼北十条　东一八一〇

京师传染病医院分所　天坛　南二五二九

京师警察所医药室　户部街　东二一〇五

京绥铁路局西直门医院　西直门外车站　西二五八四

京汉铁路医院　康家胡同　东六二三

松木产科院　南半截胡同　南六四

尚志医院　宣武门外老墙根　南八九六

金子直医院　西交民巷　南二四七六

金安氏大药房诊治所　王府井大街　东一五二九

长安医院　灯市口

长老会医院　北新桥二条　东二五〇〇

明明医院　南长街三条

东岩医院　西大街

东亚医院　麻线胡同　南二一三〇

法国医院　东交民巷　东一六四二

法国眼科医院　西交民巷

协和医院　崇文门大街

协济医院（眼科）　王府井大街　东一七七九

亚航医院　粉房琉璃街　南三六六四

亚康药房诊治所　大栅栏　南六九二

施医院　石牌坊　东一九五二　新开路　东八九七　石大人胡同　东一九五一

保安医院　西单东斜街　西二二九〇

保安产科医院　内务部街　东二四九二

首善医院　宣武门外　南二六八一

砂田医院　南池子冰窖胡同　东二八二〇

若纳医士医院　李铁拐斜街　南一八二一

胡麟书中医院　椿树下三条　南三二二三

城南医院　宣武门大街　南八九四

时子龢医院　铁狮子胡同　东八二一

原田医院　西草厂胡同　南八一五

仓田医院　兵部洼　南二三三

兼子胜　石附马大街

甡甡医院　西长安街

张嘉蓉医院　西安门内大街　西二四七九

崇仁医院　石附马大街

陆军第九师医院　北苑　北苑分局二二

陆军十一师军医分院　南府口七所　西五九六

妇婴医院　孝顺胡同　东一四七〇

妇婴疗养病院　石大人胡同　东六〇九

华北医院　内务部街

华伦药房诊治所　木厂胡同　南八六八

森仁妇孺医院　绒线胡同内草帽胡同　南七〇六

顺天医院　李铁拐斜街　南一九二〇
普仁医院　崇文门外羊肉胡同　东六四
普通诊疗所　东四北大街
普济医院　南横街　南七八〇
惠民医院　交道口南大街
博爱医院　西交民巷
杨仲五药房诊治所　大马神庙　南七三六
新华医院　西安门外　西一四五三
瑞华医院　绒线胡同　南三二八八
福华大药房诊治所　西单牌楼大街　西六九
碧云寺天然疗养院　西山　西二二
驹井产科院　绒线胡同
德国医院　东交民巷　东一七七〇
寰西诊治所　绒线胡同
卫生医院　南长街西大街
学校医院　西四牌楼北大街
济时医馆　新街口南大街
瞿英乃　宣武门外达智桥
医养病院　西安门内大街
罗氏驻华医院　东单牌楼三条　东一三一六　一九一二
耀华诊疗所　东四南大街
继仁医院　前门内绒线胡同

五　医寓

丁少臣（西医）　宣武门内绒线胡同
丁仲杰（西医）　西交民巷西口内　电话南二六一〇
丁庆三　崇文门上外羊市口
大美国满医士　东单二条胡同
山本大夫　旧刑部街　西一三三　一三三三

王子林　西安门内光明殿
王子良　西四牌楼宝禅寺
王子君　西四大红罗厂
王子荣　东四牌楼北八条胡同永升公寓
王小溪（按摩）　西单北大街清真寺
王希忱　羊角灯胡同
王肖莪　西单北大街
王庚槑　西单牌楼二龙坑
王旭初　西安门内
王厚峰　安定门五道营
王星垣　辟才三条胡同　西三二六
王星斋　虎坊桥东路南
王荣五　粮食店南口路西
王敬卿　煤市街
王扬蕃　东四南大街
王景章　光明殿　西一九二二
王云程　棉花头条
王汉文　前门大街云居寺
王静澜　石附马大街
王洁卿（西医）　粉房琉璃街路东
王锡辉　崇文门外上堂子胡同
王质卿　西直门内大街
王翰周　北新华街南路东
王翰卿（王子良之子）　西四牌楼北宝禅寺街
王藻臣　地安门外宝钞胡同
王继武　地安门外什刹海海潮庵
牛玉山　新街口南大街
方行维　铁门
方西野　丞相胡同

仁术堂李树堂　小三条胡同　东一〇二九
仉泽民　香厂路北华康路
孔锡五　王广福斜街北口
左少宇　安定门谢家胡同　东一四〇四
石廉舫　报子街
史绶紫　前铁厂　南四〇一
伏暗章　西单牌楼西斜街
江口医师　东单二条胡同
江尔鹗（西医）　崇文门内大街路东
江笃厂　北新桥南大街路西
朱伯谦　东安门小甜水井　东七九四
朱茂堂　崇文门内西总布胡同
朱毓芬　正阳门内西交民巷
朱寿之　宣武门内绒线胡同
同春医馆　东华门内路北
刑仑原　兵马司沟尾巴胡同
吕思明　护国寺街西口外
李小川　东堂子胡同
李子余　干面胡同　东一六八九
李仁山　东四牌楼北辛寺胡同　东一八九六
李玉金　新街口西街
李玉书　宣武门外西草厂
李叔英　西四牌楼南魏儿胡同
李纪云　地安门外大街
李雨田　南横街中间路北
李春荃　崇文门内苏州胡同
李悦田　崇文门外上堂子胡同
李佩青　西四牌楼兵马司
李茂青　西四牌楼太安侯胡同

李策安　北柳巷

李雅臣（西医）　东单西裱褙胡同　东二三七五

李靖臣　前门外鹞儿胡同

李昆山　新街口大帽胡同

李博泉　华严路

李术仁（西医）　前门外大蒋家胡同　花枝胡同　南二三四九

李济民　前门内石碑胡同文昌阁内

李树风　安定门内棉花胡同

李檽　东直门大街

李泽清　宣武门内大街

李宝臣　鼓楼东大街路南

李耀华（西医）　东四演乐胡同　东二八〇一

李显臣　多福巷

沈王桢　安福胡同新昌路　西一九七一

沈修是　安福胡同新昌路

沈衔书（德医）　崇文门内米市大街　东一一七一

沈灵犀　西单牌楼堂子胡同

吴秀章（西医）　粉房琉璃街路西

吴梦占　鼓楼东大街

吴济川　西四牌楼北小拐棒胡同　西三〇八

吴鹭泌　打磨厂

志心泉　卧佛寺街　西七八四

宏育堂沈泽溥　西华门外北长街

杜秀田（专医痔漏）　香厂路

何健民（女医）　西长安街路北

那寿珊　魏家胡同　东一二五三

金士英　西单牌楼西二龙坑

金世臣　煤市街

金世炫（西医）　宣内绒线胡同
金杏邨　西单牌楼堂子胡同
金皖英　锦什坊街机织卫
金溶浦　东单牌楼东总布胡同
金播丞　锦什坊街机织卫　西一四八九
金济川　护国寺街西口外
金维铭　西四牌楼橘井堂
金盖忱　横二条胡同　西七三五
周文波　西单牌楼太平胡同
周寰西　西单绒线胡同
治有山　护国寺中间路北
治悌安　王府大街
松月坡　宫门口中二条
卓亭　东直门大街　东二七八二
佩亭文　东直门大街
武俅堂（西医）　前门外大街路东五洲大药房　南一九〇〇
邱益臣（西医）　护国寺街
花云卿　香厂路北华康路
波棣鲁（法医）　南河沿金钩胡同　东三一五四
易赞庭　粉房琉璃街　南一七八三
迮夔钦（日医）　甘石桥灵境路北
施今墨　石附马大街　西二二一
姜月川　绒线胡同新平路
春名　取灯胡同　南八〇八
胡守谦（西医）　前门外观音寺街华英大药房
胡东岩　西四牌楼西大街
胡清和　椿树三条
胡麟书　椿树下二条胡同　南三二二三
保赤医馆（王有璋）　西单北大街

柳林甫　粮食店天寿旅馆
南昌医叟杨　宣武门外大街路东
俞景初　西四牌楼北小拐棒胡同　西一二一七
哈锐川　王府井大街　东三〇八九
洪寿山（白鹤）　安定门大街
奚子儒（西医）　李铁拐斜街　南一二四二
马太泉　法部街銮舆卫夹道
马雨亭　朝阳门内大街
马长龄　宣武门外后青厂　南三四四五
马洁忱（西医）　东四牌楼北船板胡同
唐君陶女医士　西拴马椿徐宅　南五六一八
唐世杰　南长街西大街
徐雨苍　果子巷羊肉胡同
徐霭轩　东安门内大街
孙信之　前门内旧帘子胡同
孙祥庭　石附马大街　西一五〇六
孙彦科　下斜街　南二二六七
孙澐　地安门外马尾巴斜街
夏禹臣　交道口东大街路北
夏诚斋　瓷器口北岗子街
高省三　西安门内达子营
秦秉笙　雍和宫大街
郝荫奎　西单牌楼旧帘子胡同
郝蕴之　马大人胡同
敖寰洲　东四牌楼本司胡同　东一三七一
恩鹤年　朝阳门内南小街
毕茂如　后圆恩寺
许少华　隆福寺街西口内
许绍耆　果子巷延寿堂

梁心　粉房琉璃街　南二九一一
梁郁生　广安门大街
梁毅修（女医）　西单二条胡同
陈芝轩　宣武门外老墙根
陈祀邦（西医）　总布胡同神路街　东一九六六
陈侨如　东四牌楼五条胡同
陈肃卿　骡马市四川营　南二四九〇
陈树千　西长安街大六部口
陈霈霖　宫门口西岔济生堂
陈寿岩　朝阳门内南小街
曹仰舟　锦什坊街大盆胡同
曹巽轩　礼士胡同　东一一二九
常相臣　崇文门外国强胡同　东二二一七
常起臣　朝阳门内南小街
常赞臣　阜成门内
陶乃康　前门外西河沿西　南六〇七
陶仲芳　大公主府　东九七五
郭良臣　炭儿胡同
崔秀垒　东四牌楼猪市
崔润南　万明路大保吉巷
陆琼珍（女医）　粉房琉璃街
张子濬　西单牌楼北闹市口
张友松　地安门外大街
张少卿　东珠市口南桥湾
张文薮　阜成门大街
张志堂（正骨）　西交民巷羊毛胡同
张志纯　东四牌楼北帐房胡同
张松亭　崇文门大街
张武国　油房胡同　西四六三

张星舫　东四牌楼本司胡同
张青云　西单牌楼牛肉湾
张俊材　崇文门外关帝庙街
张振声　府右街李阁老胡同
张耕龙　象牌子前坑　东一七五七
张云芝　太仆寺街　西一九五
张云甫　丰盛胡同
张云垓　府右街李阁老胡同
张梁臣　东单牌楼闹市口
张贵廷　瓷器口西利市营
张绩元　西四北大街
张馨泉　地安门外李广桥东街
郭竹卿　前门内中街东头
富雨田　西安门内大街
富通　西安门内大街
黄石岑（西医）　学院胡同西头
黄秀田　东华门南池子
冯秋平　西单牌楼达智营
冯俊卿　北新桥南大街路西
冯鼎臣　西安门内
冯济卿　羊市口北找子营
冯爕臣　西单牌楼旧刑部街大增公寓
傅兆祥　北长街中间路东
傅春钟　西长安街路北
程锦云（女医）　东四九条胡同　东一〇三二
温冰崖医室　西单二条胡同
温保衡　西安门内惜薪司
彭子纯　宣武门内翠花湾
惠仁斋　西四牌楼报子胡同

喜如山　西单南大街路东
纽云芝（女医）　西交民巷路南
杨子泉　西四牌楼宝禅寺
杨世卿（西医）　前门外大马神庙胡同杨仲武药房
杨守和　护国寺街
杨春泉　东单牌楼椿树胡同
杨重华　西单牌楼安福胡同东口
杨荣泉　西直门内顺城街
杨荫堂　宣武门内头发胡同　南二三四六
杨蕴章　牛街中间　南二四四七
叶润民　宣武门外大街
叶寿彭　地安门外义溜河沿
董芳五　西四北报子胡同
邹松如　报子街　西一四七四
贾雅臣　大翔凤路西
瑞德（美医）　东交民巷美国兵营　东二八八四
园西妇婴医室　石附马后宅
臧彭年　石头胡同南口
齐少山　崇文门外花市大街
赵子齐　潘家河　南一四一九
赵春洲　西安门外警尔胡同
赵云卿　大佛寺北路东
赵鲁卿　朝阳门大街
赵璧民　小雅宝胡同　东三二九三
荣介如　阜成门内宫门口
福幼医室（王子贞）　西单北大街
满新斋（治臌症）　安福胡同东拴马桩
肇济民　西交民巷保生堂
刘化南　王府井大街路西

刘芸甫　大佛寺北路东
刘伯川　西珠市口潞安馆
刘信芳　兴隆街　南一一六八
刘祝五　东直门大街
刘春霖　地安门外海潮巷
刘敬之　大佛寺西大街山老胡同
刘雁峰　宣武门内小老莱街　西二〇三〇
刘绍贤　交道口东街
刘瑞澹　宣武门内翠花街
刘雪樵　施家胡同　南二〇二八
刘紫芝　西单牌楼牛肉湾
刘璞存　东北园　南三三三〇
刘绪彤　西交民巷路南
刘静轩　粉房琉璃街
刘彝　虎坊桥大街路南
刘润斋　安定门内郎家胡同
刘鸿存　前门外李铁拐斜街
刘韵清　前门内旧帘子胡同
德山医室（花柳科）　华严路
德安堂欧子泉　北新桥西路南
德荣斋　阜成门内北沟沿
郑雨三　东吕祖阁
蔡希良　大外廊营　南一〇五
邓术三　西安门内刘兰塑
蒋道菜　西四北报子胡同
樊寿严　丞相胡同大吉巷
潘吉甫　无量大人胡同官房大院　东三二四七
蔡君邻　金太监
蔡葆民　西四牌楼受璧胡同

兴子垣　瓷器口北岗子街
儒拉　御河桥义国医院内　东九一〇
燕记刘医士　虎坊桥胭脂胡同　南一五七八
冀恺轩　东四北大街什锦花园
颐寿堂　地安门外马尾巴斜街
韩一斋　西安门内二条
韩震山　王府大街
颜绍辅　宝钞胡同
魏立功（西医）　新开路东头　东二六五〇
魏寿轩　朝阳门内南小街
魏寿卿　东四牌楼翠花胡同
谭久庵　锦什坊街大麻线胡同
蓝南陔　白米仓胡同路北
关精一　西安门外大街
苏仲锐　西长安街六部口　西一〇二四
苏达阔福（洋医）　西交民巷路南
萝石仁　地安门外马尾巴斜街
栾钰卿　鼓楼东大街路南

六　牙眼医

又日新　宾宴华楼
小彭　西长安街
王恩涛　宾宴华楼
王捷臣　韶九胡同
王凤歧　东安门外金鱼胡同
田文卿　八面槽
周俊亭　正阳门外第一楼
英美　宾宴华楼
美华丽　第一楼

徐芝瑶　珠宝市

徐景文牙医　王府井大街　电话东一八四

孙云笙　户部街　东一〇七三

陈步洲　香厂华严路

陈顺龙牙医　廊房头条　南一二二

陈镜蓉　笤帚胡同　南三二〇九

梁桢干　金鱼胡同　东一七七六

张雨田　宾宴华楼

张星五　宾宴华楼

张荫亭　第一楼

张寿山　第一楼

张寿泉　宾宴华楼

赵笏臣　东安市场

赵懋亭　廊房头条

广济堂　东安市场

郑晋卿牙医　纸巷子　南二〇六二

刘健堂　第一楼

增寿堂　地安门外大街

兰俊亭　廊房头条

麟瑞生　天桥市场　南二一七九

七　兽医

古山堂　西珠市口

古善堂　虎坊桥

正明堂　宣武门内路西

永生堂　东直门内大街

永明堂　德胜门外路西

永愈堂　崇文门外大街

宏德堂　西直门内路北

保生堂　东四牌楼东路南　电话东二七六七
通济堂　东华门外路南
通愈堂　东单牌楼北路西
善德堂　广安门内大街　安定门内大街
瑞德堂　西单牌楼路西
新昌兽医院　西四北大街　西二六八四
万宁堂　崇文门外大街
远安堂　东珠市口小市
乐善堂　东直门外大街
德安堂　骡马市大街
龙兴堂　蒜市口

八　内外城产婆

以下中一区
丁陈氏（宛平）　地安门内东板桥吉祥胡同
王任氏（宛平）　东安门内北长街
李祁氏（大兴）　地安门内北箭亭
李马氏（宛平）　南池子冰窖胡同
李徐氏（宛平）　北池子斗鸡坑
何马氏（宛平）　地安门内内府库
沈何氏（大兴）　东安门内东高房
奎海氏　地安门内绳子库
潘马氏（大兴）　南池子小苏州胡同
以下中二区
马卢氏（宛平）　西安门内西大街
魏萧氏（宛平）　西安门内光明殿
以下左一区
于林氏（大兴）　东单牌楼西观音寺
王李氏（大兴）　东单牌楼新开路

安润洁（天津）　东单牌楼马勺胡同
李傅氏（大兴）　东单牌楼水磨胡同
何李氏（涿县）　东单牌楼无量大人胡同
岳赵氏（大兴）　东单牌楼帅府园
周王氏（大兴）　苏州胡同井儿大院
姚刘氏（大兴）　帅府胡同
马林氏（大兴）　朝阳门内南小街礼拜寺
张张氏（大兴）　东单牌楼赵堂子胡同
常张氏（大兴）　象鼻子后坑
清赵氏（大兴）　象鼻子坑
杨刘氏（京兆）　苏州胡同
赵张氏（大兴）　东安门外皇城根大阮府胡同
刘段氏（大兴）　朝阳门内方巾巷
刘张氏（武清）　朝阳门内土地庙下坡
刘郭氏（蓟县）　东单牌楼西石槽
德荣氏（大兴）　东单牌楼官帽胡同
阎李氏（大兴）　东单牌楼锦什坊院
聂吴氏（通县）　官帽胡同
以下左二区
志班氏（大兴）　正阳门内南小街方家园
姜李氏（大兴）　什锦花园
姜刘氏（宛平）　东单牌楼小牌坊胡同
马王氏（大兴）　报房胡同
陈常氏（大兴）　东四牌楼安乐巷
陈杨氏（通县）　东安门外皇城根
瑞氏（大兴）　东四牌楼后拐棒胡同
德德氏（大兴）　东四牌楼演乐胡同
苏黄氏（大兴）　东四牌楼后炒面胡同
以下左三区

李刘氏（通县）　安定门内鼓楼湾
科任氏（大兴）　下洼子
科李氏（孙河）　安定门内大经厂
科祥氏（孙河）　安定门内下洼子
春树氏（宛平）　安定门内天仙庵
唐赵氏（大兴）　安定门内二条胡同
夏宋氏（大兴）　安定门内钟楼前
高张氏（大兴）　香饵胡同
郭刘氏（宛平）　东四牌楼钟库胡同
张刘氏（大兴）　东四牌楼北兵马司
崔郭氏（大兴）　水獭胡同
冯张氏（大兴）　赵府街
冯杨氏（大兴）　安定门内赵府街
以下左四区
于郭氏（大兴）　东四牌楼五条胡同后坑
王张氏（大兴）　东直门内草厂胡同
全雷氏（大兴）　东四牌楼北弓匠营
范王氏（武清）　东四牌楼莫脖子胡同
郭董氏（宛平）　东四牌楼门楼胡同
景胡氏（大兴）　东四牌楼十条胡同
赵氏（宛平）　东四牌楼石雀胡同
德许氏（大兴）　东四牌楼十条胡同
欧阳兰（香山）　东四牌楼九条胡同
铁海氏（宛平）　东直门内鞭梢胡同
龚氏（宛平）　莫脖子胡同
以下右一区
丁王氏（武城）　西单牌楼东小秤钩胡同
山田静子（日本）　安福胡同
孔崔氏（宛平）　宣武门内嘎哩胡同

白王氏（宛平） 正阳门内新帘子胡同
周氏 前门内松树胡同
松本恒子（日本） 安福胡同
侯杨氏（宛平） 西单牌楼二条胡同
梁何氏（宛平） 西单牌楼头条胡同
郭杨氏（宛平） 兵部洼扁担胡同
陈郭氏（大兴） 正阳门内西皮市柳树院
张任氏（宛平） 草帽胡同
张吴氏（宛平） 兵部洼马神庙
刘魏氏（香河） 西单牌楼北东斜街
以下右二区
王何氏（宛平） 西四牌楼西狗脖子胡同
白氏（宛平） 西单牌楼二龙坑西王爷佛堂
多刘氏（宛平） 西单牌楼西安院胡同
成存氏（京兆） 宣武门内南闹市口罗圈胡同
李吴氏（宛平） 西四牌楼南大院胡同
周李氏（宛平） 阜成门内大水车胡同
海张氏（宛平） 西单牌楼西北沈篦子胡同
郝禄氏（宛平） 海北寺街
张邱氏（宛平） 西四牌楼西三道栅栏
张氏（宛平） 西四礼路胡同
张梁氏（宛平） 大沙果胡同
陈张氏（宛平） 西单牌楼西铁匠胡同
福邢氏（大兴） 砖塔胡同
赵陈氏（北京） 小院胡同
赵陈氏（宛平） 阜成门内达子庙
刘张氏（宛平） 西四牌楼西狗脖子胡同
以下右三区
朱侯氏（宛平） 德胜门内龙头井

英金氏（宛平）　护国寺西廊下
保富氏（宛平）　西四牌楼北官房口
彭倪氏（宛平）　德胜门内化寺街
瑞马氏（宛平）　护国寺西廊下
德广氏（宛平）　德胜门内大街
潘周氏（宛平）　德胜门内旧鼓楼大街
韩李氏（宛平）　德胜门内罗圈胡同
以下右四区
于金氏（宛平）　西直门内小陈巷
王王氏（宛平）　西直门内大后仓
王吴氏（宛平）　阜成门内宫门口二条
朱李氏（宛平）　拣果厂
王李氏（宛平）　帅府胡同
李桂氏（宛平）　阜成门内宫门口西廊下
金陈氏（宛平）　西直门内北草厂五根檩
姚陈氏（宛平）　西四牌楼北武王侯胡同
奎氏（宛平）　新街口北街
高双氏（宛平）　西直门内柳巷胡同
徐赵氏（宛平）　西直门内金丝沟
曹田氏（宛平）　阜成门内宫门口内苦水井
陈张氏（宛平）　西直门内南城根
常双氏（宛平）　西直门内方家胡同
胜春氏（宛平）　西四牌楼姚家胡同
德绪氏（宛平）　阜成门内马市桥
刘宋氏（宛平）　阜成门内宫门口头巷横三条
兴黄氏（宛平）　西直门内黑塔寺
丰玉氏（宛平）　西四牌楼北东新开路
以下外左一区
宋王氏（文安）　兴隆街草厂六条

徐范氏（东平）　东珠市口坑洞胡同
马王氏（安平）　打磨厂长巷上头条
贾陈氏（上虞）　鲜鱼口大席胡同
寇李氏（大兴）　鲜鱼口小席胡同
以下外左二区
沙陈氏（大兴）　正阳门外薛家湾牛角胡同
宋李氏（大兴）　正阳门外五圣庵后身
崔王氏（大兴）　东兴隆街
訾张氏（武邱）　崇文门外打鼓巷
刘张氏（大兴）　崇文门外花市黄家店
刘刘氏（大兴）　崇文门外高家营
以下外左三区
白王氏（大兴）　崇文门外下二条
杜萧氏（大兴）　花市东铁辘轳胡同
范张氏（大兴）　崇文门外东茶食胡同
连陈氏（大兴）　崇文门外中头条
贾潘氏（大兴）　崇文门外南找子营
以下外左五区
王王氏（大兴）　东草市
梁姚氏（大兴）　崇文门外鞭巷二条
郑穆氏（大兴）　东马尾帽胡同
以下外右一区
王邸氏（武清）　羊肉胡同
王单氏（河南）　永光寺中街
内田（日本）　取灯胡同
马王氏（宛平）　西河沿
马王氏（河间）　宣武门外东北园
孙李氏（宛平）　北极庵
林范氏（密云）　北极庵

张王氏（宛平）　香炉营四条
张李氏（宛平）　前青厂
郭刘氏（宛平）　正阳门外西河沿石猴街
以下外右二区
任阎氏（宛平）　椿树头条
李徐氏（涿县）　南柳巷
李张氏（宛平）　草厂内山西街
吴潘氏（宛平）　琉璃厂东南园头条
高乔氏（日本）　西草厂
张瑞氏（通县）　骡马市大街五道庙
项张氏（浙江）　琉璃厂西南园
雷赵氏（三河）　正阳门外大马神庙
潘李氏（通县）　琉璃厂东南园
钱向氏（宛平）　草厂内缴家坑
以下外右三区
文瑞氏（宛平）　西便门内营房
吉何氏（宛平）　宣武门外王子坟
杜赵氏（顺义）　教场内车子营
海恩氏（宛平）　西便门内营房
张邱氏（宛平）　教场六条
张巩氏（东安）　教场内车子营
刘氏（宛平）　教场内车子营
以下外右四区
池田（日本）　南横街普济医院
吴张氏（宛平）　南横街
李何氏（宛平）　宣武门外小川淀
松木（日本）　南半截胡同
郭吴氏（宛平）　烂缦胡同
郭陈氏（宛平）　大吉巷

陈氏（广东）　果子巷　大吉巷
陈张氏（枣强）　延旺庙街地藏庵
富成氏（宛平）　输入胡同
韩郭氏（通县）　米市胡同
以下外右五区
王张氏（宛平）　铺陈市
朱王氏（通县）　铺陈市任家头
任王氏　香厂路三元庵
吴聂氏（通县）　香厂路三元庵
武陈氏（宛平）　铺陈市
孙王氏（大兴）　骡马市大保吉巷
褚夏氏（大城）　南下洼城隍庙
郑李氏（宛平）　粉房琉璃街

杂技类

一　阴阳生

京师惯例，除回教、耶教外，无论土著、寄居，遇有死亡，须由阴阳生出具殃书，报知警区，始得葬埋。

姓名　区域　地址
杨鹤春（以下中一）　西华门牛圈胡同
鲍崇奎　东安门内蜡库
张荣五（以下左一）　南夹道
刘瑞亭　西观音寺
于澂（以下左三）　大佛寺
王文华　灯市口大街
宋振歧　朝阳门北小街
沈德成　朝阳门南小街

张恕堂　黄土坑

张钧　东安门大街

王德山（以下左三）　方家胡同

王德海　方家胡同

王德宽　土儿胡同

斌绍　安定门西城根

杨安清　西牛圈胡同

王柏寿（以下右一）　西单牌楼北灵境胡同

存福　甘石桥柳树井

宋崇贤　北新华街土地庙

蒋耀泉　张相公庙

宋吉良（以下右二）　报子街

冯焕文　王府仓

庆麟　羊肉胡同

文兴（以下右三）　羊市大街

朱世珺　羊房胡同

孟恩铨　后马厂

桂晓风　西直门南小街

陈文寿　巾帽胡同

张翰元　帽局胡同

白瑞山（以下右四）　公用库西口外

陈有山　新街口中帽胡同

何其祥（以下外左一）　草厂二条

万华亭　草厂五条

祁玉山（外左二）　崇文门大街

周国祥（以下外左三）　北河漕

绪昌　上锅腔胡同

马兆祥（以下外左四）　南岗子

涌锡　北岗子

李金源（以下外右二）　八宝甸
戴鸿泉　八宝甸
冯永春（外右四）　白纸坊
杜德圃（以下外右五）　粉房琉璃街
段清显　东砖胡同
侯霞峰　德胜门外小关南
斌宪章　安定门外关厢东
萧佩义　高爵街

二　命馆

九数堂　东安市场
七政堂　安定门内大街西
三元子　朝阳门内大街
文英堂　东安市场
五术堂　东直门大街
五福堂　东四牌楼南路西
古石山房　西直门内大街北
古术今谈　羊市大街
永灵堂　朝阳门外大街北
李明扬　李铁拐斜街
明如镜　前门外西河沿东
明政堂　鼓楼东大街
金子卿　东安市场
松寿卿　东四钱粮胡同
纫兰女士　西单绒线胡同
纯一馆　东安市场
郝舒灵　东安市场
神术堂　崇文门外花市大街
悟真子　西河沿路北

悟真堂　广安门内大街南
问心处　东安市场
就是我　前门外西河沿东
云松子　前门外西河沿东
经纬山房　东安市场
福星处　东安市场
福星堂　西单北大街
福星堂　西四牌楼缸瓦市
静安堂　北新桥西大街北
霈霖居士　西单牌楼北路东
韬光居士　西河沿路南

三　测字相馆

王振声　煤市街
金刚眼相馆　西河沿
姜子明　西直门内大觉胡同
钓金鳌揣骨相　西河沿　电话南三五五七
粤东野鹤测字　李铁拐斜街

介绍类

一　拍卖行

和利　东单牌楼二条
恒顺　王府井大街
品德（英商）　王府井大街路西　电话东二四八〇
华商大通拍卖行　西单二条胡同　西一五四九

二　房产经理处

大森房产经理处　打磨厂　电话南一〇五九

华伟房产公司　西长安街　西一〇九三
华兴　香厂大川店内　南二六二

三　媒婆

介绍工人于人家者，类为年岁稍长之妇女，俗称媒婆，亦称媒人。凡荐一人，先试工三日，乃议工资，如不适用，仍令媒婆领回。近年业此者较昔发达，并经警厅取缔，门首多悬木牌，书“警厅批准介绍工人”等字，凡通衢大路附近之街巷多有之。酬资无定，大半由主仆各自酌给。

四　纤手

纤手，即南方之掮客也，买卖屋地物件或租赁及借贷银钱等事，均可托之。事成，各出资酬之，通例为成三破二，如价值百元，买者酬百分之三，卖者酬百分之二。大率日聚会于旧式茶馆，以互相商询而奔走之，故人皆呼之曰“跑纤”。

杂　类

一　车围铺垫铺

三盛号　地安门外路西
三聚成　地安门外路西
天贵　鼓楼西大街　电话东八三八
天贵号　兴隆街
天富号　鼓楼东大街北
天顺公　东四牌楼东路南
公义号　新街口南大街
永合号　正阳门大街路东
永丰成　东四牌楼东路南

信义成　西四牌楼西路南

泰兴号　鼓楼东大街

祥茂号　东四牌楼南路东

义兴顺　交道口南大街

瑞丰长　大蒋家胡同

万成号　正阳门大街路东

万兴　东四北大街

广兴号　打磨厂

德升号　东华门外南皇城根

兴泰成　西四牌楼西路南

谦和公　朝阳门大街

谦顺公　东四牌楼东路南

鸿盛号　东华门外南皇城根

鸿庆号　米市大街路东

丰盛号　正阳门大街路东

二　喜轿铺

天和号　东四牌楼北大街　电话东二三一九

天泰号　西直门外大街

天顺号　灯市口西口外　东一〇八九　朝阳门内路北　东华门外丁字街北

天德号　东四南大街

永和号　朝阳门内大街

永顺号　正阳门外薛家洼　朝阳门内南小街

永源号　阜成门外大街

永兴号　宣武门外南横街　地安门内大街　护国寺

永丰号　景山后大街路北

同和号　北新桥南大街　北新桥北大街

合兴号　崇文门外三转桥　东一八三八

和顺号　炭市街西

东永兴　地安门内黄化门

东昌号　北新桥南大街

东蓬莱　东四牌楼北三条口　东二二九

致信成　新街口南大街

祥泰号　炭市街西

新利号　新街口蒋养房内路北

源和号　朝阳门内南小街

义成号　西安门外路北

义泰号　隆福寺街路南

义顺　北新桥东大街　东九八四

义源号　宣武门外南横街

道德生　西单牌楼南路西　西二二六七　阜成门内路南

万源号　西四牌楼北大街

福源号　西四北大街

蓬莱号　交道口南路西

庆昌号　北新桥南大街

庆祥瑞　安定门内路西

庆丰号　东华门内路南　安定门内路西

庆丰顺　安定门内路东

德成号　阜成门内葡萄园路北

德泰号　三里河街

德顺号　张相公庙路南　锦什坊街路东

德顺号　鼓楼东大街

德兴号　三里河北桥湾

兴泰号　鼓楼前大街路西

三　账房铺

天顺号　东四南大街

天兴号　朝阳门大街
永顺成　王府井大街
益泰号　西四牌楼北大街
振兴号　灯市口大街
晋义号　东四牌楼南路西
森茂号　新街口南大街
兴泉涌　地安门外大街

四　棚铺

山河　宣武门外下斜街
六合　宣武门内六部口路西
天合号　西安门外路北
天成　东四牌楼北大街
天利　德胜门外大街
天利义　崇文门大街
天利义　东四牌楼南路东
天和　王府井大街西
天和号　灯市口大街南　新街口蒋养房内路北
天盛　安定门外大街
天盛全　安定门内雍和宫西
天顺　东四牌楼南大街　西长安街路南　朝阳门内路南总布胡同
天顺号　鼓楼东大街南
天顺永　宣武门外孙公园
天源　朝阳门内路南
天源号　安定门内成贤街南
天福　王府井大街西
天增　东华门外丁字街北
天德合　大佛寺北路西

天兴　朝阳门内路南

天兴号　朝阳门内南小街西

公和　大佛寺北路西

永利　西长安街路北　德胜门外大街

永泉号　朝阳门内南小街西

永顺号　朝阳门内南小街西

永顺　西直门南小街　西草厂裘家街　西长安街路北

永兴　东四牌楼北大街

同一公　西草厂口

同合号　鼓楼东大街路北

合盛号　东直门内路北

西天利　北新桥北大街路西

西万顺　鼓楼西大街路南

西义成　刑部街西口

利兴　西单北大街　电话四二四八八

长安　崇文门外羊市口

长泰　崇文门外大街

长顺　崇文门外三条

长顺号　朝阳门内南小街东

东义成　绒线胡同

恒泰号　德胜门内果子市东路北

泰来兴　地安门内东板桥

泰源号　东华门北池子路西

益泰号　新街口南大街

振兴号　灯市口大街北　东二六六八

祥生号　报房胡同路南

祥顺号　东总布胡同内

富元　西四北大街

富源号　西四牌楼北路东

新利　安定门内北锣鼓巷

新利号　阜成门内北沟沿路西

顺利号　皮库胡同

义成号　大佛寺北路西

义和　新街口南大街

义和号　东方巾巷　东单牌楼米市街

义泉号　西四北大街

义盛号　羊肉胡同

义顺　王府井大街东　东二六二九

隆源号　阜成门内北沟沿

万利　交道口南路东

万和　西单北大街

万盛　宣武门外大街南头

万顺号　打磨厂南深沟

福盛　北新街南大街

福顺号　三里河北桥湾

聚隆号　李铁拐斜街路北

蓬莱　交道口南路东　交道口南路西

广德号　新街口公用库

德益　德胜门内路西

德顺号　东四牌楼南路东

德顺　二龙坑高井　西二三五一

增源号　北新桥东路北

兴利号　西四牌楼西祖家街　西八二四

兴泉永　鼓楼前大街东

兴隆号　阜成门内北顺城街

丰成　阜成门大街

丰盛　阜成门内路南

丰盛号　地安门外西皇城根路北

五　杠房

日升　西长安街西口　电话西九〇九

玉和　什刹海后海北

玉兴　锦什坊街路西

永利　东四牌楼南路西

永吉　西单牌楼南路西

永和　西四牌楼南路西　东珠市口　柳树井

永盛　猪市大街　朝阳门外大街

永丰　王府井大街东

合升　西安门外路北

合顺　新街口蒋养房内路北

合兴　地安门外东皇城根

同顺　宣武门内大街　西一九三七　朝阳门内南小街东

和盛　德胜门内大街

和顺　东华门外丁字街北

协成　西直门内路北

协和　地安门外大街

协盛　德胜门外大街

恒升　西柳树井路北

恒盛　北新桥西路南

恒裕　西单牌楼北路西

恒兴　东四牌楼北大街　东二三四二

顺利　西四牌楼西路北

义茂　北新桥东路北

义盛　朝阳门外大街

裕顺　鼓楼东大街北

德元　东单牌楼方巾巷

德利　朝阳门内大街　东二〇三七

德盛　西安门外路南
德顺　朝阳门内路南
德源　东珠市口
德兴　西安门外路北
兴盛　西安门外路北
双利号　西直门大街

六　桅厂及棺铺

久成　东四牌楼南大街
大义　西大街
日升　西单牌楼长安街
中义　王府井大街
元顺　灯市口北王府井
仁寿　东安门外丁字街
天成　北新桥西大街南
天和　南锣鼓巷　西安门外大街　地安门外银锭桥北
天林　北新桥西大街南
天恩　崇文门外大街西
天寿　张相公庙路南　甘石桥路东
天寿　崇文门外东晓市
天德　灯市口北王府井
公和成　东四牌楼猪市街
玉和　阜成门内大街
玉兴（兼杠房）　锦什坊街
永升　崇文门外东晓市
永吉　宣武门内大街
永和　缸瓦市大街
永昌寿衣桅厂　鲜鱼口小桥南　电话南九一〇
永恩　交道口南大街东

永盛　东四牌楼猪市
永聚　东四北大街
永寿　西单牌楼北路东　鼓楼西大街路北
永寿　南锣鼓巷
永寿　崇文门外花市大街
同林　交道口西大街南
吉泰　东珠市口
合义　西珠市口
和成　东四牌楼猪市街
东一本　南芦草园　南一六一八
东升　朝阳门内南小街
东泰　西交民巷西头
协成　西直门大街
长顺　西直门大街
长发　宣武门外北柳巷
长源　北新桥西路南
长聚　打磨厂
长寿　打磨厂
阜丰　朝阳门内南小街东
恒和　德胜门内路西
恒茂　交道口南大街东
恒源　北新桥南大街
恒兴　东四北大街
信义诚　琉璃厂东一尺大街南
泰和　德胜门内果子市东
泰和祥　王府大街
泰和兴　东四牌楼猪市
泰义　交道口南大街东
祥利　交道口东南

祥升　八面槽
乾利　新街口北大街
崇兴　东直门内路南
善成　朝阳门外大街
华永　宣武门外烂缦胡同内　南一四一四
顺利　羊市大街
富东　安定门内路东
富寿　安定门大街
隆盛　东单牌楼方巾巷内
贵寿　东珠市口广兴彩局　南二二一六
义茂　北新桥东路北
义盛　西单牌楼帘子胡同
义兴　广安门内大街
义丰　西直门外路南
源盛　广安门内大街
裕盛　崇文门外南羊市口
裕顺　鼓楼东大街
寿山　骡马市大街　三里河街
寿山　朝阳门内南小街
寿昌　地安门外后海
寿昌　瓷器口
聚盛　西四牌楼大街
聚丰（兼杠房）　锦什坊街
福寿　张相公庙路南　南八六九　张相公庙路北
广泰　西河沿路南
广顺（兼杠房）　阜成门大街
广源　打磨厂
广寿　前门外虎坊桥
庆升　羊市大街

庆顺　北新桥西大街南
庆寿　崇文门外东晓市
庆福　交道口南大街南
德祥　西四牌楼西路南
德升　东单牌楼灯市口
德升　灯市口大街北
德聚　安定门大街
德寿　东四牌楼南路西　东一〇八
兴泰　西交民巷西头
兴隆　苏州胡同
鸿远　骡马市大街路北　南二四二九
双盛　东四牌楼东街南
宝恒　宣武门外前孙公园
宝恒　地安门外路西
宝源　兴隆街
宝寿　西单北缸瓦市　西二六七
鹤年长　虎坊桥路北

七　佛像铺

文翰斋　鼓楼东大街
四宝斋　鼓楼东大街
富华斋　廊房头条
圣古斋　廊房头条
宝绘斋　隆福寺街

八　蒙古佛像铺

恒丰号　雍和宫大街
泰兴号　雍和宫大街
义和斋　雍和宫大街

聚兴厚　雍和宫大街

九　挂货铺

专售各种旧物，如木器、铜器、铁器、磁器、靴帽，以及漆件、皮件等，莫不应有尽有，亦可谓之为旧货铺。

三义永　崇文门外东晓市
三义成　瓷器口
天和　朝阳门内大街北
天泰　东四牌楼南路东
天增魁　朝阳门内大街北
公义和　地安门外大街西
永古　东四牌楼西路北
永和　东四牌楼南路西
永和德　东四牌楼南路西
永盛　天桥迤北路东
永盛号　猪市
永兴　东四牌楼南路东
永兴　东四牌楼西路北
同义公　安定门内大街东
同义成　天桥迤北路东
同义合　北新桥南大街
和盛　天桥迤北路东
和盛成　天桥迤北路东
和兴任　西四北大街
东源号　猪市
奇珍斋　天桥迤北路东
洪古斋　新街口南大街
恒记　地安门外大街
通义　天桥迤北路东

务本堂　新街口南大街
祥和　天桥迤北路东
祥德泰　天桥迤北路东
乾泰　地安门外大街东
华顺号　王府井大街路东
富盛永　东珠市口草市
富源　地安门外大街东
顺兴　东四牌楼西路北
顺兴楼　猪市
隆盛号　崇文门外瓷器口
复兴号　北新桥南大街
义合　天桥迤北路东
义合号　鼓楼东大街
义利成　猪市
义和　天桥迤北路东
义和号　猪市
义兴和　东四牌楼南路西
瑞成号　猪市
瑞升斋　猪市
瑞兴斋　西四北大街
万升长　安定门大街
荣古斋　鼓楼东大街
荣兴号　猪市大街
庆和永　天桥迤北路东
广滋长　天桥迤北路东
润古　东四牌楼西路北
润华　东四牌楼西路北
德利涌　鼓楼东大街
德盛号　猪市

德盛公　东珠市口草市
德隆斋　东四牌楼西猪市
德兴　东四牌楼西路北
德宝斋　东四牌楼南路西
兴盛成　地安门外大街
兴盛义　猪市
双和　天桥迤北路东
双和兴　东珠市口草市
双茂盛　猪市大街
双盛合　鼓楼东大街
双兴　东四牌楼西路北

一〇　汽油皮带行

大公行　西安门外大街
大东行　交道口南大街　电话东一九八六
同义工厂　缸瓦市
绍芝　东四北大街
富有行　东四北大街
博记　崇文门内大街
荣利　西单北大街　西四九六六

一一　修理皮带

中孚　新街口南大街　电话西一二七八
和记　鼓楼东大街
俊记　交道口南大街
集田　缸瓦市

一二　烟袋铺

三泰德　安定门内路西

大兴成　新街口蒋养房口内路北
天合成　花市大街
天佑斋　东安门外大街
天泰号　打磨厂西
方兴成　德胜门内蒋养房
公和永　打磨厂西
公义局　鼓楼东大街
永天成　猪市大街
永泰成　东四牌楼西猪市大街
西文成　花市大街
西天成　隆福寺
西天成　打磨厂西
同泰号　崇文门外大街南头
全盛号　打磨厂西
吉兴和　德胜门内蒋养房
长盛裕　打磨厂东
泰山号　崇文门内路东
通顺公　烟袋斜街路南
通顺斋　烟袋斜街路南
隆天成　隆福寺
广顺号　烟袋斜街路北
广兴长　东直门大街
德兴号　锦什坊街
双山号　烟袋斜街路北
双盛号　烟袋斜街路北

一三　天平店

公顺　珠宝市
同兴　珠宝市

全兴　珠宝市
万顺公　珠宝市

一四　掸扇铺

大有成　交道口北大街
三义成　护国寺街
天成　隆福寺街
天盛　隆福寺街
永成　花市
永和　隆福寺街
永兴　东直门内大街
恒有　鼓楼前大街路西
恒和兴　朝阳门内大街
复兴成　花市
源成　花市
源利　隆福寺街
义成　护国寺街
义成号　护国寺街
义顺号　正阳门外大街西
义顺永　东四牌楼大街
义兴　护国寺街
义兴号　护国寺街
义兴永　东四牌楼南路西
万兴号　新街口南大街
聚源　打磨厂
福兴隆　花市
广兴隆　花市
宝兴隆　隆福寺街

一五　通草店

义信　花市

广信　花市

一六　锦匣铺

三多斋　隆福寺街

文明斋　琉璃厂路北

文华斋　新街口大帽胡同

天华斋　猪市大街

永明斋　琉璃厂路南

全聚斋　廊房头条　廊房二条

志明斋　隆福寺街路南

志德斋　隆福寺街路北

桂华斋　廊房头条

集真斋　南新华街

森荣斋　廊房二条

瑞珍斋　廊房头条

义合斋　隆福寺街

义华斋　杨梅竹斜街

慎铭斋　廊房二条

慎铭斋　护国寺街

聚雅斋　廊房二条

聚宝斋　廊房二条

德华斋　廊房二条

德荣斋　廊房二条

德兴斋　廊房二条

锡嘏斋　隆福寺街

双胜斋　廊房头条

宝华斋　隆福寺街

一七　蒙货铺

福聚厚　雍和宫大街

一八　哈达店

洪远顺　打磨厂
复合昌　打磨厂鸿泰店
广源成　打磨厂
双美成　打磨厂

一九　护肩毡屉铺

大成隆　东直门外大街
三盛号　柳树井
三盛兴　柳树井
天顺永　阜成门外大街
永全号　蒜市口
和盛永　安定门外大街
东来顺　东直门外大街
常安号　德胜门外大街
瑞山永　广安门内大街
瑞兴隆　广安门内大街
义盛号　德胜门外大街
义兴德　西直门外大街
广生利　东草市
广德成　朝阳门内大街
德顺兴　柳树中
德兴厚　崇文门外大街

二〇　罗圈铺

三益成　花市大街
永盛号　交道口西路南
同和义　阜成门内路南
同兴号　鼓楼前大街路东
和顺号　东单牌楼北路东
通顺号　东四南大街
瑞升号　西单牌楼北路西
万成号　西单牌楼北路西
万盛兴　西四牌楼南路西
万顺号　花市大街
万增号　西四牌楼西路南
广顺号　安定门内路西
广兴号　东四牌楼南路西
德兴号　朝阳门大街
双和号　新街口南大街
双兴号　东四牌楼南路东

二一　罗底局

文德号　西直门外大街北
天兴义　崇文门外大街东
永恒兴　花市大街
全兴号　崇文门外大街东
同兴成　西直门外大街南
德源成　西直门外大街南
德兴成　崇文门外大街东

二二　包头铺

天裕成　崇文门外四条

同泰成　崇文门外四条
荣泰成　崇文门外四条
锦祥成　崇文门外四条

二三　笼头铺

北崇盛　崇文门外大街东
合义元　西珠市口
南崇盛　崇文门外大街东

二四　肠子铺

天泉水　崇文门内大街　电话东一二二一
元兴　范子平胡同　东一三〇七
公兴局　崇外东河沿　东一二〇六

二五　货栈

中和庆（兼猪栈）　西便门外铁路南　电话南一〇九七
天昌　宣武门外西城根　南二五九四　西便门外迤南　南二六九九
文顺成　永定门外车站　南二五〇九
天庆　西便门外铁路南　南三二二五
公议　西河沿盐业银行后　南一六〇
西光裕　西河沿裕隆号内　南七九三
合顺　广安门外　南一〇七四
合顺成　西直门外车站
和记　正阳门外深沟北　南二六六八
东光裕　西河沿东头　南三〇七　西直门外车站　西三〇八
泰昌　西便门外铁道南
益庆源　永定门外车站　南一七七六

开源　正阳门外东河沿西头　南二四五七
胜义　东车站　南二三〇九
义和永过货栈　西便门外铁道南　南一三〇六
汇通　西直门外车站
福中　宣武门外西城根　南二八四〇
荣庆　永定门外车站　南二九四七
德隆盛（杂货）　西便门外铁道南
积成　广安门外车站　南三四六五
鸿丰泰　西便门外铁道南　南五四
宝源　西直门外车站　西八三
宝源　西便门外　南一四四

二六　席箔店

三合　广安门内大街
三全顺　西单牌楼北路西
三和　广安门内大街
三顺　新街口南大街
天和　广安门内大街
天泰永　东四北大街
天源号　鼓楼东大街路北
天丰永　宣武门外大街路东
元兴　宣武门外大街路西
永和　东四南大街
永泉号　朝阳门内路北
永顺　新街口南大街
永义兴　鼓楼东大街
永德号　马市大街路西
玉顺　阜成门内路南
北德顺　德胜门外路东

西合顺　皁成门外路南
西益盛　皁成门内路南
合顺永　鼓楼东大街路北
合兴　宣武门外大街路东
安泰成　安定门内路东
同发号　鼓楼东大街路南
和顺成　广安门内大街
东华永　东华门外路南
东义盛　西四牌楼西路南
东德盛　朝阳门内路北
长顺　西长安街路南
长兴盛　西四牌楼南缸瓦市
协力　广安门内大街
恒信成　东四南大街
泰和　宣武门外大街路东
乾和　宣武门外大街路西
通兴　广安门内大街
新和　宣武门外大街路东
新义兴　鼓楼东大街路南
新聚号　鼓楼东大街
顺天兴　西四牌楼南缸瓦市
隆昌瑞　西四牌楼南缸瓦市
隆盛　西交民巷
隆兴　宣武门内北闹市口
义合永　朝阳门大街
义珍　西直门大街
义盛　皁成门内路南
义顺号　西四北大街
义顺号　崇文门大街

义德成 鼓楼东大街路北
万成号 西单北大街
万利号 朝阳门内路北
万顺号 新街口南大街
万聚号 宣武门内大街
万聚永 西单北大街
万聚和 东直门大街
聚成 东四北大街
聚源号 宣武门内大街
庆和 东四北大街
福盛永 广安门内大街
德成号 宣武门内大街
德利 广安门内大街
双顺和 交道口东街

二七 冥衣铺

今古斋 西四牌楼北路西
天成斋 东单牌楼北路西
天成斋 东四牌楼南大街
天顺合 鼓楼东大街路北
天顺斋 鼓楼东大街
天聚斋 东四北大街
天亿斋 护国寺街 电话西二二七八
北天成 鼓楼东大街路北
永立斋 西交民巷
永茂隆 北池子
永茂斋 地安门内路西
永盛斋 米市大街路东
永兴斋 东华门外路南 西华门外大街北

西月盛　西四牌楼北路东
西天盛　绒线胡同路北
同顺斋　东四牌楼南路东
成顺斋　地安门内路西
吉同斋　西四牌楼北路西
吉祥斋　崇文门外羊市口
利顺斋　朝阳门内南小街
志隆斋　烟袋斜街路南
奇巧斋　南锣鼓巷
长顺兴　西长安街西口路南
忠义斋　地安门内黄化门
英华斋　东四牌楼南大街
泉德斋　隆福寺街
泉兴斋　鼓楼东宝钞胡同
泰来斋　安定门外大街
海隆斋　西单牌楼北路西
华兴斋　西华门外大街南
隆古斋　西单牌楼北路西
云巧斋　西交民巷
顺兴斋　煤市桥
新立德　西单牌楼南路西
新隆斋　交道口东街
义和斋　北池子
义顺斋　新街口南大街
万恒斋　宣武门外南横街
万兴斋　西椿树胡同
钰明斋　烟袋斜街路北
会义阁　马市大街路西
瑞鸣斋　交道口东街

复兴斋　绒线胡同
庆安斋　鼓楼东大街
广和斋　崇文门外小市口
广宏斋　米市大街路东　东二八一九
广隆斋　朝阳门内南小街
广源斋　北半截胡同
广兴斋　崇文门外中四条
广兴斋　王府井大街路西
聚华斋　朝阳门内南小街
聚兴斋　朝阳门内南小街
聚宝斋　大蒋家胡同　东四牌楼南大街　灯市口　东二六四七
魁茂斋　东单牌楼方巾巷
毓顺斋　宣武门内大街西
德成斋　西四牌楼北路东
德金斋　鼓楼西大街路南
德恒斋　三里河北桥湾
德泉斋　虎坊桥五道庙
德泉斋　地安门外银锭桥
德盛斋　东四牌楼东路南
德顺斋　南新华街　交道口南大街东
德义斋　西单牌楼北路西
德兴斋　西长安街路南
德兴斋　东四北大街
德兴斋　隆福寺街
增盛斋　米市大街路东
兴一斋　西四牌楼北路西
兴宝斋　德胜门内蒋养房
锦华斋　东单牌楼羊肉胡同

鸿升斋　锦什坊街
濬临斋　地安门外帽儿胡同路北
双合斋　地安门内东板桥
丽文斋　大佛寺北大街西
宝兴斋　朝阳门内大街南

二八　花炮局

九隆号　琉璃厂
吉庆斋　阜成门外月坛夹道

二九　收硝局

北京收硝局　朝阳门内豆芽菜胡同　电话东三八八
北京售硝分处　延寿寺街羊肉胡同　南二〇七八

三〇　礼物庄

惠通礼物庄　绒线胡同

第八编　食宿游览

食宿游览说略

食之大别，为西餐、中餐。西餐大率为番菜馆及饭店所备，而茶楼或兼备之，至其价则每客有七角五分、一元、一元五角、二元、三元五等，零点则每品有一角五分、二角、三角、四角、五角五等。中餐为南、北二派，豫菜馆、闽菜馆、广东菜馆、云南菜馆、四川菜馆皆为南派，北派旧皆为山东人所办，近更有山东馆、济南馆、天津馆、天津锅贴铺之别。要之，婚丧及作寿演戏，多在饭庄，以其屋宇宽敞也，通常宴会，则在饭庄、饭馆与羊肉馆、素菜馆。整席价皆略同，大率为八元、十元、十二元、十六元，若零点每客约在一元左右，酒饭均在外。至小饭馆便餐，则每人约三四角或四五角，余若三角铺、馄饨铺、热酒馆，虽亦间有肴馔，然不能宴客。茶楼兼售点心。住居之所为饭店、旅馆、客栈、客店、公寓、寄宿舍、庙寓七等，或仅备饭而自行点肴，或饭肴皆不备。大抵饭店为上等，旅馆次之，客栈、公寓又次之，客店更次之，寄宿舍则为学校学生或银行行员寄宿，非如客栈之营业者也，庙寓则庙之可住旅客者是也。其价以日计，饭店二元、三元、四元，旅馆五角、八角、一元或二元、三元，客栈、公寓、客店一角、二角、三角、五角，间有作九折、八折者。游览之处，有商场、市场、游艺场、戏园、影戏班、电影园、八角鼓班、词曲、坤书馆、评书、弦子书、书茶社、杂技、围棋社、球房、溜冰场、跑马场、妓馆等，而妓馆又有大森里、清吟小班、茶室、下处、东西洋妓馆之别。

通用中菜

红烧鱼翅、清汤银耳、清炖燕菜、锅塌桂鱼、芙蓉鸡片、五柳鱼、橄榄鱼片、奶汤蒲菜、奶子山药、软炸猪肚、烩南北、水晶肘、蜜蜡莲子、炮双脆、葱烧海参、海参蟹粉、八宝烧猪、拔丝山药、鸡绒菜花、锅烧白菜、油爆肚仁、软炸鸭腰、炸青虾球、软炸鸡、炸肜肝、烩清蛤、火腿片、炒冬茹、炒尤鱼、软炸里脊、烩鸭条、烩三冬、烩三鲜、烩什锦、烩虾仁、烩爪尖、虾子冬笋、糟溜鱼片、焖断鳝、酱汁鲤鱼、红烧鱼片、红烧鸡、红烧肉饼、菜心红烧肉片、锅烧肥鸭、东洋三片、锅贴金钱鸡、草帽鸽蛋、蘑菇汤、鲍鱼汤、蛋花汤、三片汤、鸡球汤、糟煨冬笋、口蘑锅巴、面包虾仁。

通用西菜

烤白鸭、烤野鸭、烤对虾、烤牛肉、烧山鸡、烧竹鸡、烧鹌鹑、法猪排、羊排、牛排、火腿蛋、童子鸡、烩白鸽、烩鱼、炸鱼、烧鱼、局鱼、咖利鸡、番茄烩鸡、红白烩鸡、面条桂鱼、牛奶布丁、菠萝布丁、提子布丁、蛋糕布丁、猪油布丁、香蕉布丁、西米布丁、虾仁汤、葱头蔴菇汤、青豆蘑菇汤、鲍鱼汤、鸡丝汤、牛尾汤、番茄汤、细米粥、玫瑰冻、车厘冻、牛奶冻、咖啡多士茶、曲古多士茶、牛奶多士茶。

饭庄

天福堂　肉市　电话南七五八

天寿堂　交道口　东一四一四

同和堂　宣武门内西单牌楼报子街　西一三三九

同兴堂　取灯胡同　电话南八七一
同丰堂　护国寺　西九一六
惠丰堂　观音寺　南二六
富庆堂　锦什坊南　一〇五〇
万寿堂　南五老胡同　南二三九一
会贤堂　什刹海　西三七〇
福寿堂　金鱼胡同　东三二二
福寿堂　打磨厂　南二八五九
聚寿堂　钱粮胡同　东七七一
聚贤堂　宣武门内西单牌楼报子街　西一四一六　西一二九二
庆和堂　地安门外　东一二七二
庆福堂　手帕胡同　东三〇四〇
庆寿堂　东四牌楼四条　东二三五七
庆丰堂　汪芝麻胡同　东二八四七
增寿堂　石雀胡同　东一三七四
燕寿堂　总布胡同　东六二五
庆丰堂　长巷头条　南一五八七

饭馆

一家香　香厂路
又一村（羊肉）　石头胡同　电话南九七七
三江春（天津）　王广福斜街　南二六八七
三元店（羊肉）　李铁拐斜街　南二一八一
三盛轩（河南）　东安市场
上林春（南菜）　中央公园　南七三五
小有天　香厂游艺园　南七一九
天和玉　石头胡同　南六九五
天津饭馆（天津）　打磨厂

天盛馆　鲜鱼口内　南一二五九
天然居　陕西巷中间　南八八二
天瑞居　肉市中间路西　南二二七七
天兴楼　煤市街北头　南二〇八
水榭　中央公园　南一八八七
元兴堂（清真）　王广福斜街　南一三一九
元兴斋（羊肉）　司法部街
六安春　东安市场
六合坊　鲜鱼口　南二一八七
六味斋（素菜）　香厂　南一七七九
太湖春（南菜）　百顺胡同　南三二八一
五合楼　花市
永盛馆　粮食店中间　南一一〇三
四如春（南菜）　西官场胡同　东一八四三
四如春　西四羊市大街　西二三六三
四如春　西长安街西口　西一八一七
四海春（南北）　香厂新世界内　南二九〇七
四新春　前门内张相公庙　南二五三五
正阳楼　肉市中间路东　南九五五
玉碗春　东四南大街
玉楼春（南菜）　廊房头条劝业场　南八一一
老半斋（江苏）　前门内四眼井
百花洲（济南）　正阳门外掌扇胡同
同和居　西四牌楼路西　西九二五
同和馆　王广福斜街　南二一四二
同和馆　灯市口外大街　东一三三
同盛居　正阳门外大李纱帽胡同　南二六六一
同顺居（天津）　大李纱帽胡同
同华楼　朝阳门南小街

同新楼（天津）　大李纱帽胡同

同福居　西长安街东头　西二二七八

同福居　大李纱帽胡同　南七一一

同福居　百顺胡同　南九〇八

江南春（南菜）　东安市场　东二〇一四

合升馆　粮食店中间　南二七三四

西域楼（羊肉）　粮食店　南二〇三一

西盛馆　粮食店北头　南二三一五

西顺兴（羊肉）　西皮市吉升新馆　三眼井胡同　南一五七六

全聚楼　大李纱帽胡同　南二三七六

全兴馆　粮食店北头　南一六一

杏花春（南菜）　韩家潭　南八四八　二〇九七

延年居　粮食店　南一二一一

东天成　地安门外路西

东安楼（川菜）　东安市场

东来顺（清真）　东安市场　东一〇九八　二一九一

东长顺（清真）　隆福寺街　东一九三六

东升居　西河沿东口内　南五六四

东升楼　肉市中间路东　南二三五八

东升楼　东四北大街

东海居　大李纱帽胡同　南四一九

东海楼（天津）　东安门外丁字街

东兴居　打磨厂路南　南二三六九

东兴楼　东安门外　东五七〇　东一〇八五

长美轩　中央公园　南七三五

长庆楼　粮食店　南二三二八

雨华春（清真）　西单牌楼南　西二二二七

协庆和（清真）　宣武门内大街路东　西二七一

岷江春（四川）　小椿树胡同　南八七五
明湖春（山东）　杨梅竹斜街　南二六七四
京华春（福建河南）　煤市街　南四四五
和顺居（白肉）　缸瓦市
金华馆　东安门外大街　东一〇二二
信陵居（河南）　陕西巷　南三八
春明楼（南菜）　五道庙
春明馆（南菜）　中央公园　南一四九三
春记　宣武门外米市胡同　南三六八八
春华楼　五道庙　南三二〇七
春阳居（四川）　茶食胡同
春义居　朱家胡同　南一五六六
南园　大李纱帽胡同　南三四七一
南园　果子巷贾家胡同
宣南春　西长安街华楼
厚德福（南菜）　大栅栏　南一〇六
南海馆（南菜）　米市胡同　南一六九九
致美斋　煤市街北头　南八七二
桃园春　朱家胡同
海宾楼　煤市街　南一五九九
泰安楼　西河沿东头　南七六二
泰和馆　粮食店中间　南二八一七
泰丰楼　煤市街北头路西　南七二三
浣花春（川菜）　香厂　南一五三二　一八四九
悦宾楼　煤市街中间路东　南九六五
益华园（四川）　南新华街
时新春（南菜）　石头胡同　南二四二九
梁园　香厂　南六九
陆稿荐（南菜）　韩家潭

淮南村 北新桥北路西

陶园（南菜） 霞公府 东三七〇

通聚馆 王庆福斜街 南一三七七

富盛居（天津） 朱家胡同 南一四六〇

富源居（天津） 大李纱帽胡同 南二九二五

富源楼 煤市街北头 南四二九

富增馆 宣武门内大街

涌泉 崇文门大街

涌泉居（闽菜） 东四北大街

涌泉居甡记（南菜） 汪芝麻胡同 东一四九七

萃芳园（清真） 观音寺 南七八五

华安居（白肉） 地安门外大街东

华宾楼 煤市街北头 南一五九九

华丰楼 陕西巷中间 南九三六

第一春（南菜） 百顺胡同 南一一九六

壶山酒楼（南菜） 香厂路

一条龙（清真） 前门大街 南一八三四

射阳春（江苏） 东安门内南河沿

隆盛馆 隆福寺街路南 东一九五四

隆兴堂 司法部街路东

斌升楼 西河沿东口内 南七八一

粤华 陕西巷 南二〇七九

裕源馆 北锣鼓巷扁担厂 东六五三

新如春（南菜） 韩家潭 南二九五〇

新丰楼 香厂 南三二九五

万年居 粮食店 南一一二九

万泰祥 韩家潭 南二六六二

万福居 杨梅竹斜街 南五二一

会元楼 东安市场内 东一五八八

会友堂　西安门内东红门

会英楼　石头胡同　南二四一八

瑞记　骡马市大街路南　南一二六八　二〇八四

福全馆　隆福寺街路南　东三九一

福安楼　肉市中间路东　南一九一

福禄春（天津）　留守卫　南二八五六

福兴居　观音寺中间　南三九五

福兴楼　前门外大街路东

聚仙居（俗名拐脚）　西单牌楼路东

聚丰园（南菜）　韩家潭　南二四八六

聚丰园分号（南菜）　百顺胡同　南一二九七

聚丰馆（江苏）　东单二条胡同

聚丰馆（江苏）　王府井大街

宾宴春（南菜）　宣武门外骡马市　南三二一三　二九七二

宾兴楼　王广福斜街　南一二二三

畅源楼　煤市街　南四二一

嘉禾春（南饭庄）　西单北大街　西二一〇二

广和居　北半截胡同　南七三三

庆陵春（南饭馆）　陕西巷　南二九四六

广福楼　劝业场内　南七二〇

德源居　王广福斜街　南二七五三

德福居（白肉）　东四牌楼西路北

庆元春（淮扬）　韩家潭　南四七五

庆晏楼（清真）　粮食店　南三八一〇

庆华居　大李纱帽胡同　南一一三七

庆华春（清真）　香厂路

庆云楼　烟袋斜街　东四九二

庆云楼　朝阳门南小街

蓬莱春（南菜）　劝业场　南五一二
醒春居（天津）　大李纱帽胡同　南二八七
潞香春（通州）　大李纱帽胡同　南二五六三
兴升馆　粮食店北头　南二二三七
兴盛馆　粮食店北头　南二六四五
龙泉居　隆福寺街
燕春居　南新华街中间路东
燕春园（河南）　石头胡同　南七四
燕乐春（天津）　朱茅胡同　南二五七四
颐乡斋（南菜）　石头胡同　南一四九三
鸿宾楼　粮食店北头　南一二七三
鸿兴楼　朱茅胡同　南三三六七
鸿兴楼　廊房头条路北　南六八七
济南春（山东）　煤市街　南四四五
双顺居（白肉）　东单牌楼北大街
双顺兴　东单牌楼大街
鹊华春（南菜）　鲜鱼口抄手胡同　南一七〇五
宝晏楼　大李纱帽胡同　南二五六三
宝华春（南菜）　金鱼胡同　南一三二一
宝华楼（南菜）　三府菜园
宝华楼　排子胡同　南一二六三
宝丰楼（清真）　东安市场

饭铺

三和居（馄饨、饺子）　肉市
三益居　阜成门大街
三盛馆（锅贴）　打磨厂
天利馆　阜成门大街
天和顺　鼓楼东大街

天香春（锅贴）　燕家胡同　电话南二九三九
天泰楼（馄饨、饺子）　肉市
天泰馆（馄饨、饺子）　肉市
天顺居（馄饨、饺子）　肉市
天德馆（馄饨、饺子）　三里河
天兴馆（馄饨、饺子）　南深沟
公兴馆　西单北大街
文华居（锅贴）　朱家胡同
文华居（锅贴）　大李纱帽胡同
五合馆（馄饨、饺子）　花市
元亨居（馄饨、饺子）　王广福斜街
永顺号（大饼）　新街口南路东
四海居（卢家饺子）　宣武门内大街
同利成（大饼）　灯市口大街北
同和馆（馄饨、饺子）　东四牌楼大街
同顺居（锅贴）　大李纱帽胡同
西来顺（天津）　西单市场
西海居（锅贴）　西河沿
东海轩（馄饨、饺子）　蒜市口
和顺楼（馄饨、饺子）　打磨厂
春义店（锅贴）　朱家胡同
英华楼（馄饨、饺子）　西珠市口
宴和楼（馄饨、饺子）　三里河
宴乐春（锅贴）　朱茅胡同
复盛斋　崇文门内大街
复兴馆（大饼）　猪市大街
华兴居（锅贴）　李铁拐斜街
瑞元楼　地安门外大街
会贤居　灯市口

会贤楼　东四北大街
万椿馆　西单北大街
万兴楼　新街口南大街
万兴馆　东安门外大街
义成号（清真）　新街口南大街
源兴馆（锅贴）　西河沿
福兴永　宣武门内大街
福兴轩　阜成门大街
德升居（锅贴）　西河沿
德升馆（大饼）　东四牌楼南路东
德升馆　新街口南大街
德盛居（馄饨、饺子）　东珠市口
广来永（大饼）　西四牌楼大街
龙泉居　西四南大街
龙泉斋　崇文门大街
龙海居　地安门外大街
兴盛馆（馄饨、饺子）　西珠市口
鸿升轩（锅贴）　西河沿
双和源　东四南大街
双顺兴（馄饨、饺子）　东单牌楼大街
双兴居　崇文门大街

番菜馆

北京食堂　前门外西车站内　电话南一八二
吉士林　香厂新世界　南二九〇八
东亚　香厂路
英生　崇文门内大街　东七四九
美益　正阳门外观音寺　南一九九六
益华　虎坊桥　南二一一七

益锠　西单牌楼大楼　西五七
华美　西交民巷　南三五一五
雅园　石头胡同　南三三五九
新华　百顺胡同　南三五三七
德昌　东安市场　东一八一二
澄华园　香厂　南二七四六
撷英　廊房头条　南二五八六　一七七〇　二三五四
撷华　北新华街　西二四五七
丽康　百顺胡同
体育　韩家潭

茶楼及咖啡馆

咖啡馆定价，每杯二角、一角五分、一角不等。
又新茶社　东安市场
中华　猪市大街
中兴　东安市场　电话东一五五四
玉泉　东安市场
玉壶春　青云阁　南三三二
玉楼春　劝业场内
永德轩　东安市场
江南春茶楼　东安市场
沁芳　东安市场　东一五五四
来今雨轩　中央公园　南一七五一
东安　东安市场
东园　王府井大街
青云阁南茶楼　观音寺　南七二二
青莲阁茶楼　香厂万明路
长美轩　中央公园　南七三五
恒义轩茶楼　东安市场

柏斯馨咖啡馆　中央公园　南一九六二
娱园　劝业场内
雅叙　集贤楼
华美楼　前门内西交民巷
华美楼　前门内北新华街
萃芬　石头胡同
复顺成　前门内张相公庙
第一茶楼　宾宴华楼　南三三四八
义顺成　前门内小四眼井
绿香园（兼咖啡馆）　宾晏华楼　南三三四四
绿香园　天桥　南一三九一
畅怀春　第一楼　南一四七
碧严轩　第一楼　南一六三二
蓬莱春　劝业场内
德昌（兼咖啡馆）　东安市场
润明　东安市场

茶轩（即贰荤铺）贰荤铺之菜，以炒里肌片、摊黄菜为主要品。

三阳馆　阜成门大街
三义轩　骡马市大街路南
天利轩　东四牌楼北路西
天和轩　正阳门大街南头
天泰轩　护国寺街西口外
天汇轩　正阳门大街南头　电话南一三二七
天福轩　西四牌楼南路东
天寿轩　交道口东街
天德轩　西四牌楼西路南
天兴轩　东四牌楼南路西
天丰轩　花市大街

天宝轩　猪市大街
永泰轩　朝阳门外大街
永顺轩　崇文门外大街西
永顺轩　三里河街
北天汇　正阳门大街中间
玉春轩　广安门内大街
同义轩　崇文门外大街东
东鸿泰轩　煤市桥中间路东
东海升　西珠市口
海兴轩　东珠市口
海丰轩　东单牌楼南路东
海丰轩　宣武门内路东
通泰轩　鼓楼东大街路北
隆海轩　西长安街西口路北
裕泰轩　高亮桥
裕丰轩　德胜门外路西
汇兴楼　地安门外大街
汇丰轩　东华门外大街南
万德楼　珠宝市北口路西
广和轩　安定门内大街西
宝兴轩　正阳门大街南头

小菜馆

三立轩　德胜门外冰窖口
三顺轩　天桥西
三义轩　东安市场
天和轩　崇文门大街
永立轩　东安市场
永顺轩　天桥西

永顺轩　灯市口大街路南
永顺轩　东安市场
玉华春　西安市场
四合轩　羊市大街
弘极轩　隆福寺街
东海轩　蒜市口
长河楼　高亮桥
海泉居　羊市大街
海华园　西河沿
华利厚　东珠市口
华美居　天桥西
华胜轩　西直门外月墙南
富河楼　高亮桥
顺兴轩　西安市场
万顺居　东安市场
会友轩　西四牌楼北路西
会友轩　东四牌楼大街
聚仙居　宣武门外大街
魁顺轩　南孝顺胡同
震华轩　灯市口大街路北
庆华轩　东安市场
标张家　东珠市口
兴隆轩　西直门外大街北
锡庆堂　猪市大街
鸿声轩　安定门外大街

酒馆

永兴居（俗名虾米居）　阜成门外月墙
柳泉居　护国寺西口外　电话西一八八〇

都一处　正阳门外大街

洋酒馆

天和顺　崇文门内船板胡同
永聚　正阳门内西城根
德记　正阳门内西城根
德源　万佛寺湾

饭店

三星饭馆　东长安街　电话东二三〇三
大陆饭店　王府井大街路东　东一三九七　三〇八七
天昶饭店　崇文门内船板胡同
中西饭店　崇文门内大街
中华饭店　西城根　南一三二七
五族饭店　西长安街西口
六国饭店　东交民巷　东六八五
北京饭店　东长安街中间　东五八一　二二五〇
西安饭店　西长安街总统府西　西一四二四　六三四
东方饭店　香厂　南二九八八　二九八九　六〇五　二一三七　二九九六　二三六四
东安饭店　东长安街　东一六六九
东亚饭店　煤市街
东华饭店　王府井大街
长安饭店　王府井大街　东八七一　九一四
美益饭店　西柳树井大街
宣南饭店　宣武门外虎坊桥　南九〇九
华东饭店　崇文门内大街　东四三
顺和饭店　崇文门内大街
电报饭店　东长安街中间　东一五三二

聚贤饭店　西单报子街　西一三九二

德昌饭店　东华门灯市口　东一一一

德国顺利饭店　崇文门大街　东七二〇

德兴饭店　崇文门内船板胡同

附汤山饭店价目　电话东局二一九九。大菜每客，早饭一元，午饭一元五角，晚饭二元，红茶点心五角，青茶二角，各种汽水每瓶二角。住宿，每客每日房饭洋六元，住一星期者九五折，二星期者九折，三星期者八五折，四星期者八折。二客同住一房间，每日房饭洋十一元，折扣照前计算。一人住整月，房饭洋一百四十四元，无折。每房间每日外加炉火洋五角。幼童收费，二岁至五岁照大人四分之一，六岁至十二岁照大人减半，十二岁以上不减。男女仆每日每人房饭一元。电汽车（系小电车）由沙河车站至汤山饭店，或由汤山饭店至沙河车站，每次，一人坐五元，二人坐七元，三人坐九元，四人坐十元。人力胶皮车，每人八角。汽车，由汤山饭店至万寿山十八元，至玉泉山二十元，至京城内二十五元。非住客沐浴游览，每人一元，游览每人五角。

旅馆

一声旅馆　船板胡同

三多旅馆　前门外东河沿　电话南二四五九

天涯旅馆　安定门内大街板厂胡同彭宅　东一〇七一

天寿旅馆　粮食店

中西旅馆　西河沿　南一〇二　九六三

中华旅馆　正阳门内西城根

中华旅馆　西河沿　南三三〇

中兴旅馆　北孝顺胡同　南四九三

五洲宾馆　肉市　南二〇六一

日增庆旅馆　缨子胡同

北京旅馆　前门外施家胡同　南一一九六　二二〇三
平安旅馆　西河沿　南九〇三
玉泉旅馆　玉泉山南宫门外　西苑分局三一
同仁旅馆　肉市北　南二四五五
同和旅馆　李铁拐斜街　南二一五
同义旅馆　五斗斋　南二六四六
西安旅馆　西安门外大街路北　南一五五一
延宾馆　米市胡同　南一二二
别有天旅馆　官场胡同
扶桑旅馆　崇文门内大街　东六三　九三
亚洲旅馆　煤市街　南一五〇九
迎宾旅馆　西河沿　南四五七
迎贤旅馆　排子胡同　南二一九九
东升楼旅馆　肉市路东　南二三五八
东华旅馆　煤市街　南三二
金华旅馆　余家胡同　南二一二九
金台旅馆　西河沿　南九七四　七五七
金丰旅馆　延寿寺街
宗显旅馆　樱桃斜街
晏宾旅馆　西河沿　南九六一
华安旅馆　五道庙　南三二二九
华洋旅馆　西河沿　南八三七
华宾旅馆　延寿寺街羊肉胡同　南八二二
华兴旅馆　樱桃斜街路北　南一七一七
华兴旅馆　樱桃斜街　南二七五一
集贤旅馆　西河沿　南三三五六
斌魁旅馆　西河沿　南一四六八
第一宾馆　打磨厂西口　南九六九　一三六九　一七六一
新华旅馆　镇江胡同

新华旅馆　长巷上头条胡同　南七九一
新华旅馆　骡马市
新华宾馆　长巷头条胡同
新宾旅馆　西河沿　南一四五九
会元旅馆　北孝顺胡同　南一一九五
会宾旅馆　豆腐巷
万陆宾馆　粮食店
万福宾馆　北孝顺胡同　南一二一二
福安旅馆　西河沿　南八七六
福寿旅馆　打磨厂
荣华旅馆　长巷头条　南二七四九
嘉兴旅馆　杨梅竹斜桥　南五六六
际会堂旅馆　米市胡同
庆升旅馆　西河沿　南三二七三
燕台旅馆　西河沿　南二四〇三

客栈

人和客栈　王皮胡同
三义客栈　施家胡同　电话南一三八七　四六四
大生客栈　东河沿
大和客栈　粮食店
天佑增客栈　西河沿
天和客栈　杨梅竹斜街　南二六三七
天保客栈　延寿寺街羊肉胡同　南二三八六
天达客栈　打磨厂　南二八三〇
天诚客栈　西河沿
中和客栈　观音寺　南三三一八
中华客栈　前门外观音寺
太平客栈　打磨厂中间路北　南三六六五

公兴栈　宣武门外西城根　南二七三三
永成客栈　打磨厂
永升客栈　长巷上头条　南三九八
北京客栈　前门外粮食店街　南一八四　二〇二八
同生客栈　东皮条营　南三五七五
同泰客栈　打磨厂　南四三三
同华客栈　樱桃斜街　南一八三三
同升栈　西河沿
同兴客栈　甘井胡同　南八二一
同兴客栈　粮食店
吉升客栈　三眼井
吉隆客栈　打磨厂
全安客栈　佘家小胡同
全泰客栈　煤市街
名利栈　柴儿胡同
西安客栈　西安门外　西一五五一
佛照楼客栈　骡马市　南八三五
良诚客栈　打磨厂
东安客栈　韶九胡同　东一〇四
东升客栈　西河沿
东华客栈　大李纱帽胡同　南二一九八
长安客栈　广安门大街
长登客栈　骡马市
长发客栈　骡马市　南八三六
芳草园客栈　百合园
京华客栈　观音寺　南三五四
保安客栈　打磨厂　南一二五八
泰安客栈　骡马市　南六九九
泰安客栈　北火扇　南二〇五二

泰安客栈　西河沿
泰昌客栈　打磨厂　南一七二八
升官客栈　李铁拐斜街
升兴客栈　樱桃斜街　南二四三六
祥和客栈　施家胡同
乾源客栈　云居寺
通聚客栈　王广福斜街
华林客栈　东河沿深沟西　南五八二
华通客栈　大齐家胡同
华隆客栈　木厂胡同
第一客栈　西河沿　南一七四四
隆庆客栈　崇文门外大街
隆庆西栈　巾帽胡同　东一八八四
涌泉客栈　甘井胡同
复发栈　打磨厂　南二四〇四
会成客栈　打磨厂　南二七四二
新民客栈　西柳树井　南二二二一
新华客栈　虎坊桥　南一二二二
新丰客栈　打磨厂
万顺客栈　粮食店　南二六二四
万顺客栈　粮食店　南三五一九
万福客栈　打磨厂
万福中栈　打磨厂　南三九七
瑞和成客栈　大李纱帽胡同
福来客栈　西珠市口
荣华东栈　打磨厂
荣华西栈　长巷头条
蓉庆栈　永定门外　南二九四七
嘉兴客栈　杨梅竹斜街

宾悦楼客栈　鲜鱼口
广裕客栈　西珠市口
广兴客栈　粮食店
庆祥客栈　王皮胡同
庆顺客栈　沟尾巴胡同　南一四三七
庆隆客栈　协资庙
德裕栈　打磨厂西　南二四七三
余庆客栈　巾帽胡同
燕宾客栈　鲜鱼口大席胡同　南二八九九
鸿安客栈　许家大门
鸿记栈房　粮食店　南二六六五
谦安栈　西珠市口　南一九七九
临记栈房　高碑胡同　南一四三九
宾盛西栈　长巷头条　南九四五

客店

三元店　李铁拐斜街
三合店　广安门大街
三合店　铁辘轳把
三顺店　西柳树井
三顺官行（驼轿店）　东直门大街
三义店　广安门大街
三义店　打磨厂
三义店　崇文门外上四条
三义店　施家胡同
三源店　西河沿
大有店　兴隆街
大成店　西河沿
大成店　花市大街

大兴店　巾帽胡同
大兴店　糖房胡同
天合店　巾帽胡同
天成店　臭沟沿
天升店　前青厂
天升店　花市大街
天和店　杨梅竹斜街
天华店　铺陈市
天达客店　打磨厂
天兴客店　杨梅竹斜街　电话南二九九七
中和店　长巷下二条胡同
中尚古店　打磨厂　南九一四
中张店　北半截胡同
日升店　细米巷
日升店　西河沿　南二七五九
王家店　天桥迤西
元成客店　西河沿　南二四三七
公平店　沟尾巴胡同
公和店　打磨厂
公兴店　北半截胡同
太谷客店　打磨厂　南三三二四
仁和店　粮食店
仁和居　太阳宫
永茂店　沟尾巴胡同
永顺店　盆儿胡同
永顺店　护国寺街
永顺兴店　铁辘轳把
永义店　东珠市口
永聚成店　花市大街

永德店　板章胡同
永兴店　煤市街
北天顺店　校尉营
玉升店　粮食店
玉泰店　西河沿
玉隆店　打磨厂
四合店　西河沿
四合店　天桥迤西
四德店　崇文门外上四条胡同
同升客店　西河沿　南八七六
同安客店　李铁拐斜街　南一九〇三
同和客店　东皮条营
同升店　西河沿
同顺店　崇文门外上二条胡同
同义店　西河沿
同丰店　花市大街
同丰店　广安门大街
全盛店　花市大街
全顺店　鸟市后身
全胜店　打磨厂
吉祥店　宣武门大街
吉顺店　打磨厂
西顺兴店　东半壁街
合义店　西半壁街
宏盛店　塔儿店
李家店　校场小六条胡同
李家店　芝麻店
东三义店　花市大街
东升店　西河沿　南五六四

东泰店　广安门大街

东盛店　西河沿

升隆店　广安门大街

邵家店　护国寺西夹道

武家店　天桥迤西

和顺店　西珠市口

即升店　骡马市

恒通店　施家胡同

恒发客店　打磨厂

恒达店　粮食店

恒丰店　宣武门大街

泉升店　西珠市口

高升客店　西河沿　南三七七

高升客店　虎坊桥　南一九四五

恩成客店　西河沿　南二六五三

振德店　广安门大街

海兴店　崇文门外上三条胡同

泰山店　铺陈市

泰元店　西河沿

泰和店　花市大街

泰来客店　西河沿　南一八七七

泰昌店　打磨厂

悦来店　西珠市口

悦来店　西河沿　南五六六

孙家店　护国寺街

孙家店　护国寺西夹道

秦家店　铺陈市

升官店　李铁拐斜街

升升客店　打磨厂

祥和店　右安门内
祥顺客店　沟尾巴胡同　南一九七一
祥义店　北线阁
连升客店　西河沿　南三二一二
连升客店　观音寺　南二二七一
崇利店　东月墙
崇庆店　铁辘轳把
乾元客店　云居寺　南二六九六
清林店　天桥迤西
得意店　巾帽胡同
莱王店　正阳门外北半截胡同
隆河店　广安门大街
顺兴店　牛街
顺兴店　沟尾巴胡同
顺兴客店　西河沿　南七六三
富盛店　沟尾巴胡同
富兴店　广安门大街
复隆客店　打磨厂　南二四〇四
斌升客店　杨梅竹斜桥　南一六六五
涌泉客店　甘井胡同　南一六七六
义成客店　西河沿　南一七四九
义和店　法华寺后身
义和店　小蒋家胡同
义顺店　鸟市后身
义顺客店　打磨厂　南二一三二
义聚客店　正阳门外长巷二条　南六二五
义兴店　花市大街
新大同店　打磨厂铁柱宫　南二七五七
万元客店　西河沿　南二七六二

万和顺店　花市大街
万泰店　长巷二条　南九八三
万盛店　赵锥子胡同
万隆客店　煤市街　南八六五
万顺　粮食店
万顺　宣武门大街
万顺店　崇文门外上头条胡同
万顺店　花市大街
万喜店　西柳树井
万福客店　打磨厂西口　南三三一
万聚店　粮食店　南一八二六
万德客店　粮食店　南二〇二五
源盛店　粮食店
葡萄店　云居寺
诚意店　巾帽胡同
福来客店　西河沿　南六〇一
福星客店　杨梅竹斜街　南二七七四
福盛店　宣武门大街
福顺店　鸟市后身
福顺店　甘井胡同
福德店　西湖营
聚和店　粮食店
聚和店　赵锥子胡同
聚泰店　打磨厂
聚魁客店　骡马市　南二〇一五
嘉兴店　杨梅竹斜街
宝乐客店　正阳门外东珠市口　南二九六九
臧家店　护国寺街
裴家店　广安门大街

魁元客店　西河沿东口　南六一一

刘家店　沟尾巴胡同

刘家店　宣武门大街

广合店　巾帽胡同

广亨店　花市大街

广盛店　广安门大街

广顺店　史家胡同

广顺客店　沟尾巴胡同　南一四三七

庆丰店　沟尾巴胡同

德泰店　打磨厂

德升店　骡马市

德盛店　崇文门外上三条胡同

德隆客店　巾帽胡同

德顺店　广安胡同

德顺店　天桥迤西

德顺店　中头条胡同

德兴店　狮子店

德兴店　打磨厂

德兴店　花市大街

蔡家店　乐培园

兴四合店　巾帽胡同

兴升店　杨梅竹斜街

兴盛店　粮食店　南三四六一

兴隆店　西河沿

兴隆店　沟尾巴胡同

兴隆店　广安胡同　南三二三二

兴隆客店　煤市街　南二六七八

兴顺客店　打磨厂　南三二九二

穆家店　玉虚观

鸿泰店　打磨厂
鸿升店　护国寺街
鸿升老店　杨梅竹斜街　南四一七
蕴和客店　杨梅竹斜街　南二二六四
宝家店　芝麻店

公寓

人和公寓　东安门外晓教胡同　电话东二三九六
三和　鼓楼东大街
三星公寓　承侯大院
大中　菜厂胡同　东五四
大元公寓　皮库胡同路南　西四五三
大田　皮库胡同通条胡同　西二五三七
大同公寓　报子街白庙胡同　西一三六五
大安　后京畿道　西二三四七
大成公寓　西单牌楼中京畿道　西一七七三
大和公寓　皮库胡同
大东公寓　翠花胡同西口外
大来公寓　北池子沙滩
大纯　东安门南河沿　一二五四
大升公寓　西单北前英子胡同　西一六二一
大升公寓　东老胡同
大连公寓　石附马桥南路西　西一五七一
大通　交道口南大街
大顺公寓　皮库胡同
大隆公寓　二眼井横街
大陆公寓　地安门外东皇城根路北
大华公寓　粉子胡同
大楼　李阁老胡同　西三二九

大增　旧刑部街　西六八一
大德公寓　报子街
大贤公寓　大木仓路北　西二三七
大兴公寓　达智营路东
士林公寓　北池子沙滩
山西议员公寓　兵部洼　南一三二八
天兴公寓　东四牌楼北三条胡同
中央公寓　报子街
中华公寓　西单大木仓胡同
中兴公寓　报子街　南三四一
日升公寓　银闸
文华公寓　象房桥北沟沿
永升公寓　东四牌楼八条胡同　东二六五八
永记公寓　北新桥西路南
永华公寓　石附马大桥永宁胡同
永华公寓　后王公厂
永宁公寓　石附马大桥永宁胡同
北大公寓　马神庙后身腊库　东六二六
北京公寓　米市大街路东　东九八八
北京文记公寓　东直门大街
北京军学公寓　东四牌楼三条胡同　东一八九一
正兴公寓　西单口袋胡同
四合公寓　东四牌楼九条胡同　东一八九四
同文公寓　中京畿道
同和公寓　府学胡同　东三一六七
同泰客寓　打磨厂　南四三三
同华公寓　太平湖槐抱椿树庵
如宾学社　嵩祝寺夹道
全升公寓　银闸

西园公寓　抄手胡同
安华公寓　白庙胡同　西二七四
吉升公寓　西单大木仓胡同
成华公寓　二龙坑丁字街　西一一三一
作新公寓　茄子胡同
安升公寓　银闸
利华公寓　皮库胡同　西一五四七
东安客寓　韶九胡同　东一〇四
东升公寓　孟家大院
亚东公寓　西单牌楼刑部街　西三〇九
青年公寓　东四北大街魏家胡同
尚志公寓　南池子
长安公寓　旧刑部街　西一三二一
春林公寓　中京畿道
保华公寓　茄子胡同
飞鸣公寓　象坊桥　西二二四七
致和公寓　西单报子街
洪兴公寓　铁狮子胡同　东九一七
升华公寓　达智营路东
泰安公寓　白庙胡同　西一七五七
悦来公寓　宣武门内路西
悦宾公寓　头发胡同　西五三〇
高升公寓　弓弦胡同　东二四四〇
高记公寓　翠花横街　西一一六二
桂忠公寓　西直门内拣果厂　西二八三
通和公寓　孟家大院
通源公寓　大木仓西通条胡同　西一八四八
连升公寓　北池子沙滩
连升公寓　银闸

华忠公寓　马圈胡同

华通公寓　井儿胡同

华宾升公寓　象来街

华兴公寓　井儿胡同

发盛公寓　马圈胡同

富林公寓　西单牌楼大木仓　西一四一四

集贤公寓　地安门外大街

集贤公寓　大学校夹道

集贤公寓　银闸

顺华公寓　东太平街

复成公寓　旧刑部街

萃文公寓　中京畿道　四九一六

景山学舍　景山东街

云升公寓　北池子沙滩

开通公寓　景山东街

新华公寓　象房桥沟沿路西　西一〇三〇

新疆议员公寓　后细瓦厂　南二五九七

瑞升公寓　英子胡同　西二二九

万成公寓　孟家大院

群贤公寓　西单报子街　西一三七一

会通公寓　北池子沙滩

会贤公寓　东高房

会贤公寓　嵩祝寺

义华公寓　石附马大街

聚贤公寓　西单牌楼南路东　西三七九

毓升公寓　大学校夹道

毓华公寓　大木仓　西四〇三

慈寿寺　交道口东街

宾华公寓　手帕胡同　西一〇七四

宾华公寓　抄手胡同
广安公寓　东四牌楼北十一条胡同　东二〇三八
庆春公寓　孟家大院
庆升公寓　景山东街
庆华公寓　皮库胡同　西五四二
德昌公寓　东老胡同
德华公寓　银闸
蔚文公寓　宗帽二条胡同
儒林公寓　旧刑部街路北
鸿文公寓　中京畿道　西三三七
鸿雪缘公寓　舍饭寺大磨盘院　西一九六七
鸿宾公寓　中铁匠胡同　西七九二
鸿儒公寓　承恩寺
宝升公寓　银闸
宝源　鼓楼东大街
宝兴公寓　大学校夹道
兰社公寓　宣武门外大街路东　南五四九

寄宿舍

北京大学第一寄宿舍　景山东街　电话东四六
北京大学第二寄宿舍　地安门内马神庙　东一一二二
北京大学第三寄宿舍　北河沿八旗先贤祠　东一八一七
北京大学分科寄宿舍　地安门内马神庙　东四六
北京师范学员寄宿舍　大觉胡同
北京师范学员寄宿舍　祖家街　西一二八二
正金银行行员寄宿舍　裱褙胡同　东二一二〇
交通银行行员寄宿舍　五斗斋小四眼井　南二六四六　三一七九
交通部管理铁路员寄宿舍　李阁老胡同　西二五七

京华印书局寄宿舍　虎坊桥

法政专门学校寄宿舍　太仆寺街　西一一五四

协和医学校教员寄宿舍　西观音寺　东二五五八

高等师范教育寄宿舍　宣武门外后铁厂　南一二三〇

高等师范学员寄宿舍　宣武门外东河沿

陆军大学学员寄宿舍　四根柏胡同　西二五一

顺天时报社寄宿舍　前门内顺城街　西一九〇九

顺天时报社寄宿舍　兵部洼　西一二二七

华北协和学校寄宿舍　遂安泊胡同　东二九五九

新亨银行行员寄宿舍　前门内麻线胡同　南三四八五

新华银行行员寄宿舍　大马神庙　南一七四〇

劝业银行行员寄宿舍　石猴街　南二八三九

庙寓（庙之可住旅客者曰庙寓）

二庙　宣武门外遖西河沿路南

二郎庙　宣武门内太平湖遖北

二圣庙　朝阳门内南顺城街

三庙　宣武门外遖西河沿路南

三教庵　西单牌楼中京畿道

三关庙　教子胡同

大慧寺　鹞儿胡同

小旃檀寺　西四牌楼北

千佛庵　南横街

夕照寺　广渠门内路南

土地庙　广安门内路北　苏州胡同　安定门内北新桥柏林寺东　宣武门内板桥遖北　下斜桥

天仙巷　兴隆街　东太平街　地安门外北锣鼓巷

天后宫　马大人胡同

天宁寺　广安门内

天寿庵　地安门外南药王庙口内路北

水月庵　西单牌楼西南闹市口

火神庙　安定门内北新桥东　花市　小李纱帽胡同　延寿寺街路东三眼井

太平寺　煤渣胡同

心华寺　德胜门内果子市

五道庙　正阳门外南新华街　广安门内枣林街

白衣庵　东直门内羊管胡同　崇文门外北羊市口　崇文门外英子胡同　东便门内下四条

玉皇阁　西单西斜街　西廊下

石灯庵　宣武门内温家街

永光寺　枣林街

永祥寺　西直门南小街

永庆寺　教子胡同

永兴寺　南柳巷

甘露寺　左安门内大石桥

正觉寺　西城新街口

北极寺　正阳门内半壁街

古佛寺　正阳门外储子营

本愿寺　东四牌楼六条胡同

玄帝庙　广渠门内大街　崇文门外东茶食胡同

伏魔寺　丞相胡同

伏魔庵　东城报房胡同

地藏庵　宣武门外山西街　延旺庙街　未英胡同　先农坛西北角

安化寺　广渠门内路南

成寿寺　东华门椿树胡同

吕公堂　泡子河

吕祖祠　琉璃厂

吕祖庙　阜成门内北沟沿

吕祖阁　正阳门内半壁街　阜成门内南顺城街

延福寺　朝阳门内大街

辛寺　地安门外鼓楼前

长椿寺　下斜街　电话南一七三四

协资庙　廊房头条西口

法华寺　正阳门内豹房胡同　天坛东北角

法源寺　南横街

卧佛寺　广渠门内大街北　西单牌楼西卧佛寺街

卧云庵　崇文门外上四条

红庙　西单牌楼西斜街

柏林寺　安定门内雍和宫东

毗卢庵　正阳门内东城根

保安寺　保安寺街

风神庙　东华门外北池子

南药王庙　地安门外西压桥西

高井庙　崇文门内

高庙　德胜门内积水潭迤南　先农坛西北角　长巷下二条胡同

晋阳寺　潘家河沿

财神庙　正阳门外东大市　正阳门内西城根

马神庙　地安门内景山东　煤市街有二

能仁寺　西四牌楼兵马司

娘娘庙　阜成门南顺成街

祖师庙　广安门内白纸坊

净土寺　广安门内大街

清化寺　瓷器口

清虚观　地安门外旧鼓楼大街

清塔寺　北顺成街

崇效寺　枣林街
崇庆寺　西单牌楼东斜街
崇兴寺　花市
国祥寺　安定门宝钞胡同
张相公庙　延旺庙街
翊教寺　西单牌楼当街庙
华嘉寺　锦什坊街
华严寺　东直门内北水关　南横街
云居寺　粮食店
善果寺　广安门内北线阁
黑塔寺　阜成门内南小街
报恩寺　安定门内北新桥迤北
护国寺　广安门内路北
无量庵　东城报房胡同
普渡寺　南池子
圆通寺　裘家街
圆通观　南横街　南三一四二
雍和宫　定安门内北新桥迤北
嵩祝寺　地安门内
万佛寺　石头胡同
福佑寺　西华门外北长街
福庆寺　粉房琉璃街
闻喜庵　宣武门外赶驴市
精忠庙　东珠市口
喜兴寺　地安门外西皇城根
慈云寺　泡子河
广善寺　西城宝禅寺街
莲花寺　烂缦胡同
贤良寺　冰炸胡同

兴隆寺　西华门外北长街

龙泉寺　南下洼西　下院象房桥

龙华寺　什刹海迤北

头庙　宣武门外大街路西

昙花寺　枣林街

双塔寺　西长安街

双关帝庙　东华门外北池子沙滩

蟠桃宫　东便门内

关帝庙　米市胡同　达子营　西河沿　西华门外北长街　东便门内下四条　东安门外烧酒胡同　抽分厂南横街有四　广安门内大街有二

铁柱宫　打磨厂

显佑寺　正阳门外北新华街

显灵宫　砖塔胡同

观音寺　大栅栏西观音寺街　西便门内迤东　隆福寺街

观音庵　铺陈市　花市

灵官庙　安定门内大街　西华门外南长街

花园

巨室花园，向为个人游逸休息之所，自民国纪元以来，多有租与他人为集会宴乐之用者，其租价每日约二十元至五六十元不等。

江西花园　宣武门外大街江西会馆　电话南三四五三

那宅花园　东安门外金鱼胡同　东二七一九

屋顶花园　廊房头条劝业场

悦容花园　朝阳门外河沿　东二九一二

袁家花园　宣武门内太平湖　西一〇一八

张家花园　东便门外河东　东二三二三

张家花园　宣武门外下斜街　南一四二八

庆王府花园　李广桥羊肉胡同　西一九一三

乐家花园　京西东四墓　西分〇七

澡堂

最款式者，为头品香、澄华园、清华池、东升平园、西升平园，皆用洋盆，间有缸盆，浴价为一元二角、一元、八角、六角、五角、四角、三角、二角、一角不等，视屋宇之大小、设备之优劣定之。擦背、理发、修脚，每人一角至三角，视盆价之多寡比拟之，小账随意。稍次者为一品香、华园、文雅园、裕庆、清泉、东兴、裕华、启华、新华池、宝泉、义和等，其设备强半为洋灰盆、缸盆，间有洋磁盆，浴价为四角、三角、二角、一角不等，擦背理发等费二角或一角。旧式改良之浴堂，如瑞滨园、魁泉、北泉、四义、龙泉、玉尘轩等，强半为缸盆，浴价为铜元三十枚、二十枚、十五枚、十枚、八枚不等，擦背修脚约铜元十枚，理发则二十枚或十五枚不等。旧式之澡堂，城内外不下百余家，大致官堂铜元十枚或八枚，盆堂铜元四枚或三枚，池堂则三枚或二枚，擦背修脚为铜元六枚或五枚，理发约十五枚。

润身女浴所，内皆官堂，无盆堂、池堂之分，每间加以隔断，一面设盆，一面设座休息，为解衣梳洗之用。计分三等，最优等为西式大磁盆，价六角，优等为洋灰盆，价四角，皆在楼上。头等在楼下，亦洋灰盆，价三角。梳头剪面，随意付资，约一角二角不等。

一品香　王广福斜街　电话南四三四

三合堂　三里河北桥湾

三义堂　广安门内牛街

三兴堂　骡马市

久乐天　地安门外路东

小沧浪　西珠市口东

天佑堂　东华门外南皇城根

天泉堂　西柳树井留学路

天佑堂　花市

天庆堂　草市街

日升园　东四牌楼　东二二五三

中亚园　灰厂　西一七五六

中华园　十一条胡同　东一一〇七

日新　南苑　南苑分局三八

日新园　草市街

北泉堂　西交民巷　南三二五六

交雅园　西单牌楼北　西四八一

永来堂　广安门外大街　南二六六一

永华园　安定门外　东二三八三

永顺堂　绒线胡同　西七二二

永新园　打磨厂西头南深沟　南一二八六

平和堂　灯市口大街北

玉尘轩　东珠市口

四义堂　宣武门外南柳巷

民乐　营市街　第二分局二九

西升平园　正阳门外观音寺　南九六七　一四九九　一九五五

西域堂　西四牌楼西路北

西盛园　地安门外路西

西德顺　地安门外　东二二〇九

西庆　锦什坊街　西一一九九

西德堂　地安门外路西

西兴堂　新街口南

同心堂　西安门内

同华园　广安门内大街

安浴堂　烟袋斜街

安乐园　安定门外大街

花园　东安市场　东二二五六

东升平园　杨梅竹斜街　南四三九　一七八六　一九五六　三四二九

东海园　西直门大街

东雅园　东直门外桥南

东庆堂　朝阳门内南小街

东兴园　八面槽　东一四九

恒庆堂　西柳树井　南七五三

春仙堂　西安门外大街

春茂堂　天桥铺陈市

春庆　燕家胡同　南二三三五

洪善堂　花市

泉和堂　德胜门外大街

洪源堂　果子市

洪乐园　宣武门外大街

恩泉堂　朝阳门内南小街

海泉堂　东华门外丁字街东

浴泉堂　西交民巷

浴清园　交道口东街

浴源堂　高亮桥

浴德园　武功卫　西三二二

浴兴堂　崇文门外大街

振亚园　东直门大街

桐园　崇文门大街

清泉　王府井大街　东一七七六

清泉堂　东华门外丁字街西

清华池　西珠市口　南二三三一　二三一三

清园　煤市街　南四一四
得庆堂　地安门外西皇城根　东二九三三
启华园　前门外琉璃厂
祥源堂　北新桥东路南
域兴园　花市
净浴堂　西单牌楼南　西二六一三
涌泉　崇文门大街
复庆堂　廊房头条
复兴堂　崇文门外花市大街　东五九四
华园　西长安街　西一一四
华宾园　西四牌楼东　西二三二
咏沂楼　东珠市口
富有堂　骡马市
万福堂　南苑　南苑分局五四
万庆堂　船板胡同
义和　新街口　西三四七
裕和园　新街口南大街　西三四七
裕华园　甘石桥　西二七六
裕庆　观音寺　南二六五八
裕丰堂　交道口西路北　东二二六四
汇泉堂　菜市口东
汇泉堂西号　菜市口西
新浴堂　安定门内路东　东二六七二
新华池　前门内兵部洼
新华园　煤市街　南一八七
新华园　集云楼
瑞滨园　虎坊桥
敬泉堂　三府菜园
福隆　隆福寺街

魁泉堂　鼓楼东大路南
荣春园　三座门　东一四五八
德升园　西直门大街
德泉堂　西直门内
德顺堂　宣武门内北闹市口
德义声　护国寺　西一四四四
德义声　新街口南大街
德义园　德胜门内路南
德源堂　廊房头条
德丰堂　琉璃厂
润身女浴所　李铁拐斜街　南九三四
润泉堂　安定门内路西
润泉堂　三里河　南一〇六七
澄华池　西四北大街　西二二九七
澄华园　香厂　南二六二三
乐春园　东四牌楼东路南
乐顺堂　平乐园　南一三三二
震东园　新街口　西七一六
广浴园　宣武门外大街
广清园　交道口南街西　东二三九五
广裕　报房胡同　东二〇〇七
广裕园　教场胡同口　南二二三四
龙泉　王广福斜街　南一五五二
龙泉堂　东单牌楼路东
头品香德贵　掌扇胡同　南九六六　一五六四
余庆　西长安街　西一九四六
兴源　东四北大街　东二六六六
静园　东四南五老胡同　东三一七八
宝全　东四牌楼南

宝泉　米市　南一三二二

宝泉　宣武门外枣林街

宝兴源　高亮桥

理发馆

理发馆，理发二角或三角，修面一角，烫发四角或五角。剃头棚带理发者，理发铜元十五枚至二十枚，修面铜元八枚至十枚。至东西洋理发馆，其价目则为六角、八角或一元不等。

三义合　八面槽

大同　西长安街西口　电话西一一八七

中西　孝顺胡同　东二三九

中华　西单牌楼北路东

中华　西交民巷西口　西三七

中兴　第一楼

中兴　廊房头条　南四四二

文兰阁　宾宴楼

民雅　六部口南口　西一八二

民雅　绒线胡同

民兴　西草厂

光华　廊房头条　南四三五

同兴　东四南大街

利华　阜成门内路南

林记　西安门内大街

京津　西单北大街

东升　南锣鼓巷

金华　西河沿

英华　东安市场

美华　东安市场

美术　东单牌楼东方巾巷

泉记　王府井大街西　东一四四五
咸新　青云阁内　南四四三
泰兴　缸瓦市
祥利　东安市场
华民　东安市场
华英　西单牌楼北路西　西四六一
华容　崇文门外路西
华兴　东安市场
开通　西单报子街
涌泉阁　雍和宫大街
最新　东安门外丁字街北
尊元阁　虎坊桥路北
普新　西河沿
义和　韩家潭
义兴　王府井大街
万德隆　崇文门大街
会仙　苏州胡同　东七三三
新华民　东安市场
新华兴　王府井大街　东一八〇八
维新　果子巷内路东　南二七九八
荣华理发所　华严路
粹华　青云阁　南二四一
德顺　东四牌楼东路南
德顺　朝阳门大街
德顺号　东单二条胡同
德华　新街口南大街
德义　地安门内路西
蓉华　隆福寺街
卫生　西柳树井路南

卫生　廊房头条　南四三八

卫生理发所　香厂万明路

兴隆　舍饭寺东　西九二九

兴隆　西单北大街

双和鑫　羊市大街

丽华　南横街　南一〇七一

洗衣局

较大之洗衣局，价以件数计，西衣每十件约六角，中衣每十件约五角，不分衣裤大小。普通之洗衣局，长衫每件铜元五枚，裤挂每件铜元三枚，巾袜每件二枚，被单单幅者每件铜元三枚，双幅者每件铜元六枚。

小井　北缸瓦市

山田　东单苏州胡同　电话东七〇九

永泰　北缸瓦市

永顺成协记　王府井大街

民聚　多福巷

光华　李铁拐斜街

同和　鼓楼前大街路西

同庆　五道庙街

合顺　交道口东街

吴记　东四北大街

亚文　王府井大街　东一〇三

协利涌　板章路

英华　东安门内大街

美丽　王府井大街

保华　香厂保吉路

华茂　地安门外羊圈胡同

华洋　王府井大街

越华　李铁拐斜街

华胜号　东华门外丁字街

华盛　东华门内路南

华丰泰　西单牌楼宽街

华丽号　东单牌楼苏州胡同

胜木　小报房胡同　东三五

越华丽　李铁拐斜街

新华　东柳树井大街

新华　地安门外南锣鼓巷

义和成　新街口南大街

叶松樵　宣武门内大街

德记　猪市大街

双盛和　东华门外丁字街

商场

劝业场，在正阳门外廊房头条胡同，后门通西河沿。楼凡三层，上有屋顶花园，每层复分南北中三部。因屡次失火，故最新建筑，除窗棂略用木料外，全部悉用水泥铁心，俨然一洋式大楼也。场中商业，如古玩玉器、景泰珐琅、铜器骨角、雕漆刺绣、书画笔墨、南货南纸，以及儿童玩物、茶楼饭馆，莫不有之。该场提倡国货，故并不陈售洋货。门前左右为花厂，杂陈异卉，不惟售卖得所，且为场前点缀，洵商场之冠者也。

首善第一楼，在正阳门外廊房头条胡同。楼三层，南北八间，东西五间，合计全楼之屋，凡七十八间。上层之南为玉芳照相馆，北为畅怀春茶楼，西南为球房。中层之南为中兴玉理发所，北为碧岩轩茶楼，若东若西，则除电镀漆器茶店外，率为镶牙补眼之室。下层则货物杂陈，五光十色，灿然夺目，其品类大率为古玩玉器、珐琅首饰、笔墨书籍、南纸南货、盔头玩物。游人往来，络绎不绝，上层茶楼，座亦常满。

青云阁，在正阳门外观音寺街，壮伟瑰丽，足以俯视一切。屋三层，下一层门洞内之店，为估衣、首饰、皮货、扇画，而鲜果店亦在焉。进内院，则南、北、东为洋货荷包及各种商店，西为球房，可于地上手抛大球。后院有北门，通杨梅竹斜街。中层之东西，各有对峙之照相馆，南为特别大餐之雅座，北亦商店，西北隅又有球台，盖台上竿击之小球也。上层为玉壶春茶楼，其南北为通常座，东西为雅座，而东北隅又有特别雅座，可以瞭望外景。此楼居外城繁华之中心，故游人较他处为盛。

宾晏楼商场，在正阳门外观音寺。高楼三重，建筑壮丽。每层又分三段，下层之南北中各段，商店林立，洋货玉器为最多，而书籍笔墨、南纸布疋、首饰文玩等亦有之。中层之北为美术馆及球房，南为斋阑阁理发所，东西率为镶牙室、画像馆，各于门前悬大镜。上层之北为绿香园咖啡番菜馆，西为铸新照像馆，中央及南为第一茶社，游人极盛。

市场

（中有阜成、公兴、华兴、广安四市场，无游戏场所，以其亦称市场，故亦并列于此）

东安市场，为京师市场之冠，开辟最先，在王府井大街路东，地址宽广，街衢纵横，商肆栉比，百货杂陈。场凡三门，正门南门均在王府井大街，北门在金鱼胡同。该场屡经失火，建筑数四，近皆添筑楼房，大加扩充。其中街市，共计有四，南北一，东西三，商廛对列，街中羼以货摊，食品用器，莫不具备。四街市外，又有广春园商场、中华商场、同义商场、丹桂商场及东安楼、畅观楼、青莲阁等，其中亦系各种商店、茶楼饭馆，又各成一小市场矣。场中东部，为杂技场，弹唱歌舞、医卜星相，皆在其中。南部为花园，罗列奇花异葩，供人购取。园之南舍，为球房棋社，幽雅宜人，洵热闹场中之清静处所也。

西安市场之繁盛，次于东安，其地在西四牌楼马市。中有欣蚨来茶馆者，兼设评书场，面积至大，占其地之北半。余则南北路二，东西路一，则为酒馆、书馆、小饭铺、笔墨庄、洋货、书籍等铺所在之地。中央有阅书处，供人阅览，为他市场所无。场北旧有戏园二。场之西南，为杂技场及食物摊，每日之晨，屠者于此售肉，门外则有菜市。

西单市场，在西单牌楼北路西，新辟之市场也。中设广棚，南北商廛各一列。南列东半为鲜果局、洋点铺、耍货铺，西半大都为天津火烧铺及酒饭铺。北列东半亦为鲜果局及鱼菜羊肉等，西半则大多数为猪肉铺，间有干果、海味店。中间棚中，俱系鱼菜。此场虽名为市场，实即一菜市也。

阜成市场，在阜成门内大街路北，地广屋少，其中仅一茶馆，余皆售卖旧物之冷摊，实不啻一故物市也。

新丰市场，在西城宝禅寺街。初甚繁盛，各种商店均备，且有戏园球房，旋以商业萧条，改为老天利工厂矣。

地安市场，在地安门外鼓楼前。地不广，商店亦不甚多，以其中有天和戏园，故每届开演，北城士女，相率来观，夜亦开演电戏。

天汇大院，在地安门外桥南路东。中有估衣店、袜店、理发所、小饭铺及其他商店，东北隅则多兼评书之清茶馆，每日过午，游人咸集。此地乃天汇茶社旧址，因庚子后无力建筑，遂俨成一小市场也。

天桥市场，在正阳门外大街天桥西南。场有巷七，北五巷为命相星卜、镶牙补眼、收买估衣当票等之所在地，间有钟表、洋货、靴鞋各肆，南二巷为饭铺茶馆。然游人皆在场外之四周，以其东有歌舞台、乐舞台、燕舞台、振华茶园、中华坤书馆，南有吉祥茶园、升平茶园、振仙茶园、西洋戏法，西有安乐坤书馆、魁华舞台也。更有酒肆茶社、词场技场以及出售食用各品之所，参伍其间，几无隙地。游者循夹道而行，恒多侧身，其拥挤可知矣。近闻将大加扩充，并种树于莲花池之四周。

公兴市场，在正阳门外西河沿。中分两区，东为菜市，西为鱼市。而鱼市之中，水族鸡鸭、干鲜菜品，亦皆备具，盖皆昔日正阳门外大街之鱼市菜市所迁入者也。且地当冲途，凡正阳门左近居民，及客店饭馆中人之清晨购物，无不至此，商业之盛，可以想见。

广安市场，在宣武门外菜市口迤西。场门南向，外有铁牌楼，上标“广安市场”四大字。场中南北路二，东西路一。东路陈列鸡鸭、鱼虾、海味、野味，西路所售大多数为猪肉。南北路皆有菜店对列，然亦有售鱼者。出场北门为一大院，各种青菜，堆积其中，购者云集，每日之晨尤盛。

华兴市场，在正阳门外香厂大川店路东。菜市也，而牛羊猪肉及鸡鱼亦有之。

游艺场

城南游艺场，在先农坛外坛北部。场中布置，略仿沪上大世界。消遣娱乐，则有新戏场、旧戏场、电影、球房、露天电影、坤书场、八埠名花唱书场，以及各种杂技，莫不新巧。有时加放烟火，奇巧花盒，殊有可观。游戏运动，则有秋千架、溜冰场。集会燕饮，则有中饭馆、西餐馆、酒社、茶肆、咖啡馆、点心铺，无所不备。而亭桥台阁，错置有致，更足以资浏览；奇花异葩，佳木美石，亦可以供玩赏。游人之盛，以夏晚为最，入门券铜元三十枚。

天桥莲花池，在天桥迤南，先农坛坛墙外东北隅。四周皆水，略划数畦，分莳莲稻，清爽宜人。中央及四隅各建草亭，形为八角、六角、三角不等。水陆经过处，架以木桥，桥势甚高，小舟可行其下。外周设有木栅门，警士守之，专司售券，券价铜元二枚，近于九年改售四枚。内中营业，以茶肆为最多，如水心亭、天外天、绿香园等，皆甚著名。而尤以水心亭为最，地势宽敞，席棚高大，屋宇清洁，可容四五百人。各肆兼售茶点、西餐、中餐，每年五六月间，各茶肆添演杂技、坤书，或名花演唱，或票友消遣，皆足以助余兴。十年春，池之东北隅更筑戏棚，名“藕香榭”，专演京津杂耍、坤角唱书，巧耍花罐花缸、戏法、飞钗、新武术等，莫不有之，俨然一杂技馆也。池之外，北与西及沿坛墙东面，茶棚鳞栉，众商云集，列如小巷。西之南，更有游人于夕阳西下，赛车赛马，互争胜负。夏日游息之所，当以此地最为热闹。

临时游艺场，在地安门外迤西什刹海。每年旧历五月初一至七月十五，为开办之期。柳荫之下，茶棚林立，雅洁无尘，且备有台球、地球、风琴、洞萧以供人娱乐者。西岸小桥之南有旷地，鬻技者咸至此演唱。此处境地绝佳，四望皆有可观：自北岸南望，则琼岛之白塔峙于半空；自南岸北望，则西有会贤堂饭庄之高楼，东北有前后森立之鼓楼钟楼，皆甚巍峨；自东岸西望，则碧柳环绕河堤，盈盈一水，自西而来，板桥石梁，约略可辨；自西岸东望，则地安石桥，车马杂沓，相属于道，允为北城一带消夏之胜地也。

戏园

有专售男座者，有男女座兼售者，各园颇不一致。阴历正、二、三、十一、十二月，每日以上午十一点开演，午后六点止；五、六、七月，每日上午十一点半开演，下午七点止；四、八、九、十月，每日上午十点开演，下午六点半止。

三庆园　大栅栏

文明茶园　西珠市口

天和园　地安市场

中和园　粮食店

民乐园　王广福斜街
同乐园　大栅栏门框胡同
吉祥园　东安市场
吉祥茶园　正阳门外天桥
升平园　正阳门外天桥
华乐园　鲜鱼口内
第一舞台　西柳树井　电话南一二三八　一二七八
景泰园　隆福寺街
新民大戏院　香厂平康路　南一〇〇二
歌舞台　天桥路东
魁华舞台　正阳门外天桥
乐舞台　正阳门外天桥
广和楼　肉市
广德楼　大栅栏
广兴园　东茶食胡同
庆乐园　大栅栏
燕喜堂　孝顺胡同
燕舞台　天桥路东

影戏班

天富班　宣武门外路东
玉顺和　东四北大街汪芝麻胡同
合顺班　东四北大街什锦花园
同乐班　东四北大街北澡堂子胡同
西天合班　北缸瓦市路西
祥顺班　西四牌楼南路东
祥庆班　宣武门外路东
义顺班　东四牌楼南路西
荣顺班　东四北大街马大胡同

魁盛合班　西四南大街
魁盛和班　东四牌楼南路西
福寿班　西四牌楼北路东
德顺班　西四牌楼北路东
乐春班　东单牌楼西堂子胡同
双顺班　交道口西大街街南

电影园

大观楼　大栅栏
中天电影台　西单牌楼南绒线胡同　电话西九七八
平安电影公司　东长安街　东七九
北京电影院　东珠市口文明园
真光电影公司　东安门外大街　东二二一六
真光电影分场　中央公园社稷坛
开明电影院　西珠市口
开明电影园　东安市场内吉祥茶园
隆福电影园　东四隆福寺
华安电影总寓　打磨厂

八角鼓班

成顺堂　锣鼓巷
贞秀堂　三里河北水道子
桂蟾堂　宣武门外大街东
福顺堂　宣武门外大街东
福禄寿　西四牌楼西安市场

词曲

弹三弦或敲鼓板，演唱古今轶事者，为词曲，俗称唱曲，市场庙会多有之。每唱一回，向人索钱，少者铜元一枚，多者四五枚，皆掷之于地，捡讫，接唱。

坤书馆

坤书馆，俗称落子馆，演唱者均女子，或即为妓。所唱者为时调小曲、梨花大鼓、荡调、淮调、靠山调、西皮二簧、梆子腔。最著名者，为石头胡同之四海升平（电话南三九〇），盖校书奏曲以外，尚有戏法、相声、双簧各种杂技。其听资，日铜元十二枚或八枚，夜二十五枚或二十枚，楼上包厢，每桌一元又四十枚。此外如天桥市场左右之振华茶园、中华坤书馆、安乐坤书馆、合义轩等，及天桥莲花池内水心亭、绿香园、天外天等茶社，均每日午后演唱。每奏一曲，给钱一次，多者铜元五六枚，少者三四枚，或每日定为铜元二三十枚。惟捧角点唱者，每曲须付洋一元。人家有喜庆事，亦应召，自午至夜约二十元。然每点一曲必给赏，一元半元均可，间亦有给铜元者，四十枚或二十枚。总计一次之费，少则五六十元，多则百元。

评书

口说古今轶事或神怪小说者，曰评书，通称说书。所说者，大率为东周列国、西汉、东汉、三国、隋唐、精忠、水浒、施公案、彭公案、于公案、儿女英雄传、大宋八义、三侠五义、小五义、济公传、明英烈、永庆升平、封神榜、西游记、聊斋志异等书。凡清茶馆及市场，如天桥之福海轩、正阳门外之德泉馆、崇文门外之魁元馆、宣武门外之胜友轩、如云轩、阜成门内之三义轩、西义轩、西直门内之华乐轩、安定门内之朝阳轩、东安门外之东悦轩、地安门外之通河轩、东四牌楼之蓬莱轩、西四牌楼之欣蚨来、北新桥之天泰轩、新街口之兴记书馆，皆有之。说书之著名者，为双厚坪（惜已物故）、春厚明、恩昆圃、霍致高、王伯芝、田岚云、黄成志、潘成立、蒋坪方、群福庆、松寿卿、王杰魁、袁杰英、文诚郁诸人，于上述诸书，各有所长。每日开说时刻，或午或晚，听资通例铜元三枚，亦可按回分给。听书之外，欲饮茶者，约铜元二三枚。

弦子书

弦子书者，依书说之，辅以三弦，或一人说书一人弹弦，或一人且说且弹。所说之书，亦为古今轶事。除大街两旁外，城外之关厢时或有之，城内则不多见。

书茶社

三义轩　阜成门内路南
天河轩　藏家桥
永顺轩　宣武门内路西
永顺轩　雍和宫大街
同顺德　朝阳门内南小街
安和永　安定门大街
如是轩　隆福寺街
西域轩　阜成门内路南
志新茶社　东四南大街
利盛轩　花市
杏花天　地安门外路东
东来顺　东珠市口
东悦轩　东华门外路南
长顺轩　西安市场
欣蚨来　西安市场
通河轩　鼓楼前大街西
华乐轩　新街口西路北
朝阳轩　朝阳门内路北

胜友轩　宣武门外路西
复兴馆　西安市场
富山居　外羊市口
萃贤楼　石头胡同
义顺轩　西安市场
新胜轩　西直门内路南
会友轩　西安市场
会贤楼　天桥西
福来轩　马市大街
福财居　皈子庙胡同
宝盛轩　西安市场
德立永　朝阳门内路北
庆盛轩　宣武门内路东
庆丰居　西安市场
龙泉居　西安市场
馨乐轩　鼓楼东大街

杂技

以杂技著名者，戏法为彩孟、彩于，幻术为韩秉谦、张敬扶，相声为张麻子、万人迷、小范，双簧为徐狗子、张顺义，大鼓为刘宝泉、老倭瓜，单弦为桂兰友、德寿山、群信臣，巧变丝弦为赵仲立，口技为百鸟张。至于瞽者，则所在皆有，可唤唱，大鼓、单弦、时调、小曲、马头调、五音大鼓，无所不有。此外如双石杠子、狮子、秧歌、五虎棍、少陵棍、开路杠、箱中幡、花坛、跨鼓、小车、旱船等会，必须有人介绍柬请，始可演练。近恒有筹赈或纪念日，至中央公园、北海等处走会者。

围棋社

四合轩茶社　羊市大街

富河楼　高亮桥南
会友轩　西四牌楼北路西
会友轩　西安市场
魁泉澡堂内　鼓楼东大街
余庆堂　东四牌楼西路北

球房

大欲社（兼餐点）　珍家花园路北
大彰球社　东安市场
中华莲记　东安市场青莲阁　电话东六一四
中源　宾宴华楼　南二〇九二
中兴　正阳门外观音寺　南四二八
北京第一球社　香厂　南二九八七
育英　青云阁　南二二九七
育康球房　王广福斜街　南二一一六
振英球房　观音寺青云阁　南二二九七
伟聚　百顺胡同　南四八九
雅聚球房　城南游艺场　南一一八七
游艺　北新华街路东
萃英　护国寺街路南
萃英　东安市场畅观楼内　东一八九九
群乐球社　香厂万明路
新华球社　北新华街　南三二七五
瑞康　第一楼
会贤　东安市场　东一五五六
震亚　东安市场
丽康（即伟聚球房）　前门外百顺胡同　南四八九
体育　韩家潭　南一四八八
体康　绒线胡同　西七三九

溜冰场

青年会溜冰场　东单牌楼米市大街梅竹胡同
城南游艺溜冰场　香厂仁寿路南口外
华北溜冰场　中央公园　电话南三五三七

跑马场

北京俱乐部跑马场　广安门外跑马厂　电话南三五六六
京师公共跑马场　天桥南先农坛东墙外
寰球赛马筹备处　南长街

妓馆

妓馆之等级地址　妓馆曰乐户，皆门前悬灯，门旁钉牌。头等为清吟小班，均在百顺胡同、韩家潭、陕西巷、石头胡同、王广福斜街等处，向称八埠，又曰八大胡同，实仅上列之五处而已。民国十一年（1922）二月间，于香厂路添辟花丛，名大森里，分东西，共设清吟小班二十二家。各家门首，不标班名，惟以号数为识。在东大森里者，曰“东森书寓某号某号”，在西大森里者，曰“西森书寓某号某号”。二等为茶室，三等为下处，陕西巷、石头胡同、王广福斜街三巷，虽间有之，而以小李纱帽胡同、朱茅胡同、朱家胡同、燕家胡同、青风巷、庆云巷、留守卫、博兴胡同、火神庙夹道、王皮胡同、蔡家胡同为最多。至四圣庙、双五道庙、莲花河、赵锥子胡同、前营、后营、赵阴阳胡同，则强半为小下处，即四等妓馆也。然其间亦杂有三等下处或二等茶室焉，更有名为二等半者，则高于下处，低于茶室。若崇文门外之黄河楼、广安门内之乐培园、四铺坑，则又下矣。朝阳门外坛夹道、西直门外白房子、德胜门外校场边，皆为土妓也。

妓馆之设备　清吟小班，类皆院广屋洁，近且有建楼者。

门前庭中及各室，均有电灯（妓女营业发达者，夏设电扇，冬置洋炉），并由班主设电话（妓房亦有设之者），房中铁床、洋式桌椅、躺床、衣架、衣柜、梳妆台，壁悬书画屏联，间有置风琴及各项文具者。茶室大率较小班为逊，虽皆安设电灯，而陈设各物均为旧式，惟南妓及新易室主者，均设铁床及洋式桌椅，然安电话者仅十之一。下处屋小而秽，土坑以外，仅二三破凳及旧式之棹而已。

妓馆之茶资宿费　品茗曰打茶围，通例小班茶费洋一元，宿费洋八元。茶室，茶费铜元五十枚，献瓜子者，加铜元十枚，宿费洋二元。下处，茶资铜元三十枚，宿费洋一元，加给与否任便。

妓馆中人之名称　妓女皆称姑娘，成人者曰浑倌，未破瓜者曰清倌，非处女而冒称清倌者曰假清倌。无班主或业主之管束而自愿为妓者，曰自由花，一曰自己混。妓之典卖与妓馆者曰柜上人。小班业主称掌班，亦曰老板。茶室下处之业主，通称大了。妓女自雇之女仆曰跟妈，业主所雇之女仆称随活，男仆曰跑厅，又曰伙计，一曰茶壶。教授妓女歌唱者曰师傅。妓之本夫曰爪子，妓所姘识者曰叉杆。其余写账有先生，坐夜有更夫，司炊有厨役，司阍有门房。至称跑厅为毛伙，大了为鸨子，则茶室下处之俚语，小班中无之。

游妓馆之办法　客于小班、茶室，皆可任便入内。小班则由跑厅传唤各妓，依次至客前，而呼其名，如喜凤、银凤、翠喜、翠兰是也。茶室则由大了唤妓至客前，呼其排号，如排一、排二、排九、排小是也。客当意，即指定之，入其室饮茶，否则即行。下处之妓皆面玻璃窗而坐，客可在窗外任便窥看，有当意者则径入。若门帘已下，即已有客在室，不可进矣。

妓女之酬应　饮茶，客来，备茶及香烟瓜子，熟客则加水果。听唱，善歌者可随时点唱（秦簧小曲），其师傅辅以丝弦（清吟小班之妓女，例应演唱，惟近日有不能唱者，似与名实不符，间亦有偷懒者，每多不唱），一曲二曲，悉任客便。有时以洋一元赏师傅，多至数元。茶室则给铜元数十枚。叫局，招妓侑酒伴游或代打牌，由此班至彼班，三元；由妓馆至住宅或酒楼饭馆，五元；入城，不论何地，均十元。生客必现付，熟客则于三节总给，且有折扣。住宿，小班之妓，非相识已久，不能度夜，茶室则会游二三次即可，惟下处随便。

妓馆之捧场　识小班之妓者，凡开赏、摆酒、打麻雀之事，如系熟客，必须于年节、上车、下车、开市时（每节一次，春则三月，夏则七月，冬则十月）一一行之。开赏有全分、半分之别，全赏洋十六元，半赏八元。摆酒则单台或双台，每台至少十二元，多则十六元、二十元、二十四元。打麻雀牌底十二元，另赏四元或八元或十二元。平时则于开赏、摆酒、打麻雀之三项，可酌行其一。若于茶室之妓，凡年节、上车、下车、开市，除例不摆酒外，每次茶资加倍，或四倍、八倍、十倍，亦有多至数十倍者。开赏则铜元四十枚至数百枚，或洋数元，打麻雀牌底钱五十吊，赏钱如上述。开市名为大鼓，来捧开市者，谓之捧大鼓。至吃便饭，则无定例，小班茶室均可随意，惟须酌给赏钱。

妓馆通用名词之解释　窑子，无论小班、茶室、下处，皆可称之，即妓馆也。逛窑子，一曰“逛胡同”，亦曰“串胡同”，又曰“绕湾”。招呼，结识妓女也，一曰“认识”。打茶围，至妓馆小坐饮茶也。听唱，小班妓女对游客演唱秦簧或小曲也。住局，在妓馆住宿也，一曰“住窑子”，然此语仅行之于茶室下处。茶客，至妓院饮茶者也。住客，宿妓院者之客也。生客，识妓未久之客也。熟客，识妓已久之客也。热客，妓所喜之客也。挂客，妓为客所结识也。布客，为已所识同院之妓使友结识之客也。甩客，客不为妓所喜，而以冷态对待之客也。边务，客之友也，亦名镶边，俗曰“喝边”，谓其随客饮茶也。点名，至妓馆看妓，待跑厅或大了令妓见毕，即去，并不选人之谓也。挑人，结识一妓也，亦曰招呼，又曰认识。交，结识妓女之谓，俗曰“交姑娘”，又曰上，一曰“上某妓”，又曰“上盘子”。下，所识之妓有时不欲再交者，从此两不相识也，一曰“下盘子”。守垫子，妓有月事而客至，虽宿，不行房事，曰守垫子，惟热客或熟客方可。守病，妓有疾而客至，虽宿，不行房事，曰守病，亦须热客熟客始可。赶早，客不能夜宿于外，而于清晨来往者也。拉铺，客于妓上榻而行房事也。借干铺，夜宿于妓院，无妓伴之，多行之于清倌妓女。睡干铺，客与友同宿于妓房，不得行房事，干而不湿也。睡腿，客之友与客同宿于妓房也。偷，妓与热客或熟客临时行房而客不给资也。开盘子，客临行给茶资也。开局帐，客给帐费也。写账，客临宿时，业主向索宿费也。开方子，妓索客财物或要求代偿年节欠账也，又名“敲竹杠”。割靴子，结识友人所交之妓也。会靴子，两客同识一妓而同时偕往也，一曰靴兄弟。叫条子，客在酒楼饭馆或妓院，打牌吃酒唤妓伴坐，或代打麻雀也。出条子，妓应客之招而往伴坐也，一曰上买卖。转条子，应甲客之招而顺道赴乙客之招也。上劲，妓与客亲近也。上洋劲，妓与客加倍亲近也。面子，妓对客与其友之举动，有非所愿而不能表示于人者，盖愿全颜面之意也。慢待，妓馆或妓对生客谦逊时，口中所说之二字也。冰筒，妓对客冷谈之谓也。窑皮，久历妓馆之滑头客也。窑魔，对于妓馆强要好而不多出钱者也。混，妇女上捐入妓馆营业之谓也，一曰混事。靠人，妓姘人之谓也，一名靠叉。姘免，妓之客为优伶也。三套，妓与师傅宿曰胡琴套，与跑厅宿曰茶壶套，与弹三弦者宿曰弦子套。陪柜，妓女与男业主同宿也。同帮，二客以上在一妓馆认识妓女之谓也。转当局，赁屋以野合，且为客介绍妇女也，一曰转子房。

东大森里

东森书寓第一号（北派　电话南四五四一　月琴、张金

凤、贵妃、李梅香）

东森书寓第二号（北派　南四三六四　董金仙、董顺宝、林雅楼、花小凤、花凤仙、王桂花、王桂凤、杨翠仙）

东森书寓第三号（北派　南四三九二　刘俊卿、陈金翠、花魁、杨秀舫、许兰芬、谭月楼、玉红、金玉环）

东森书寓第四号（南派　南四三九四　娟君、情花、素娟、琴玉、娟弟、金玉香）

东森书寓第五号（北派　南四三七七　张玉仙、秋香阁、王金福、李凤仙、花素秋、王顺宝、王少卿、徐金凤、李俊仙、良月楼）

东森书寓第六号（北派　南四四九四　安月兰、王翠福、张金凤、姚金福、徐桂卿、王筱茹、王宝翠）

东森书寓第十七号（南派　南四三六七　花长庚、金秀兰、小花乔、金雅仙、媛媛、京乔、林第、黛玉）

东森书寓第十八号（南派　南四四七七　观花、花素芳、南燕、松第、花秀红、题红、菊第）

东森书寓第十九号（南北派　南四三九三　王素珍、姚桂红、筱花魁、花月痕、飞君、林亚西、王秀卿、赵红玉）

东森书寓第二十号（北派　南四三六八　董翠红、马素芬、王素云、林亚楼、张香花、白亚青）

东森书寓第二十一号（南派　南四四二一　丽青、文君、筱凤第、王凤仙、张桂英、筱凌、爱珠）

东森书寓第二十二号（南派　南四三六六　醉春、洪月芬、筱香水、荷花、莲卿、珍珠兰、洪苏琴、醉红）

西大森里

西森书寓第七号、十六号（南派　电话南四一七四　湘蛾、雅琴、秋痕、孟丽君、梁月第、云艳、钱第、洪丽卿、第春、花梨君）

西森书寓第八号（南派　南四二五七　红第、素台云、金如玉、筱凤天、王玉波、王飞云、红霞）

西森书寓第九号（南派　南四三七六　醉春、彩菱、彩珍、梦兰）

西森书寓第十号（南派　南四二一七　丽姬、红翠玉、绿珠、寒梅、玲珑珠、蕊韵兰）

西森书寓第十一号（南派　南四六二四　素情、青兰、竹青、玉美、雅情、梁媛媛）

西森书寓第十二号（北派　南四二三四　李花魁、金龙仙、仙灵芝、何金凤、筱荣福）

西森书寓第十三号（南派　南四一七七　沈黛玉、双燕凤、桂英、湘琴、张苏晖、筱圆圆、金钢钻、文惠）

西森书寓第十四号（南派　南四一七六　吴香妃、景云楼、停云、笑竹、筱花姝、情波）

西森书寓第十五号（北派　南四三六一　张筱卿、王雁鸿、王琴仙、王二宝、赵清如、李金翠）

清吟小班

北派及其名妓

涌泉班（王顺宝、花韵芬、章文英、喜彩凤、喜凤、俊仙、俊花、宝玉、银福）　石头胡同　电话南八二七

松凤班（王花魁、崔玉宝、陈桂云、宋凤仙、刘翠凤、孙金铃、赵凤卿、杨金宝、玉宝、胡黛玉、王彩云）　石头胡同　南六六七

萃华班（王金凤、王蕙芳、王蕙兰、刘玉兰、李翠喜、李翠宝、李桂仙、李俊卿、艳芬、李桂卿、花文卿、筱西林、赵筱芬、喜凤）　石头胡同　南一二三六

翠仙班（王凤琴、刘雅琴、王金铃、池翠福、高翠兰、李云卿、宋兰舫）石头胡同　南二二四一

文华班（张文卿、张叠云、张月红、崔顺宝、陈喜凤、李花魁、赵兰芬、刘金仙、玉花）　石头胡同　南一二六七

四海班（张玉红、云香阁、王少卿、王红仙、王雁鸿、张筱芬、于翠仙、姚金宝、银宝、邢红宝）　石头胡同　南二一四一　二七六二

双福班（张玉仙、洪秀卿、金秀琴、赵月红、任佩卿、蔺桂凤、王桂红、王金福、缈楼、筱金荣、凌云阁、杨紫云、翠云）　石头胡同　南七四

荣椿班（张秀琴、张金凤、王素云、王素卿、于彩云）　石头胡同　南四〇九

贵莲班（金爱仙、金桂宝、金爱玉、董顺宝、董金仙、李金桂、李金翠、秋香阁、富莺、刘菊第、陈玉凤、洪丽卿、郭秀卿、凌凌、王玉仙、花宝宝、花一清、笑浓）　石头胡同　南一四八五

翠芬班（浙江花魁、朱月红、一见红、祁月楼、张翠云、赵兰舫、祁凤楼、刘桂芳、飞君、张素贞、刘月仙、王润卿）　石头胡同　南一六七八

朝阳院（何凤仙、张福喜、金秀红、蔡喜芬、王顺宝、沁第、玉香、雅琴）石头胡同　南九三六

升平书寓（陈情云、张翠福、张翠宝、花秀卿、花秀云、林一红、花云宝、高二宝、采凤、王金铃、金玉蛾、双福）　石头胡同　南一二三六

云兰阁（何凤仙、刘红宝、刘月娥、张金福、花玉珊、花遇淑、赵瑞红、周翠兰、筱香）　石头胡同　南一三二二

咏霓舫（王金兰、王金福、花月痕、林亚西、蔡幼芸、花俊卿、竹莺、筱林、宝珠、云仙）　石头胡同　南二六四九

云和班（霍筱仙、王金仙、刘凤楼、赵翠喜、张筱卿、张凤兰、张金福、李金喜、云舫）　万佛寺湾　南一六三一

复和班（张凤仙、金彩凤、李筱顺、李凤兰、李顺喜、李玉芬、孙桂兰、刘金宝、凤卿、苏香舫）　王广福斜街　南九〇四

桂荷班（花凤仙、雷凤楼、于彩凤、张喜凤、张紫云、张红宝、刘玉娥）王广福斜街　南一一一二

泉德班（王菊卿、王红宝、孙金红、殷金兰、谭月楼、张玉仙、李美英）　王广福斜街　南二〇六四

山海班（赵清如、林雅楼、徐桂卿、高月仙、高月明）　王广福斜街　南二八九六

喜顺班（李月楼、王素珍、谢素云、杜凤琴、冯月仙、金再香、张金凤、红秀卿、红宝、云香阁）　王广福斜街　南二一一三

苏香阁（董金兰、刘蕙兰、刘筱红、孟筱卿、王月仙、王克琴、王彩琴）　王广福斜街　南四七九

兴顺班（李凤仙、李桂卿、张宝卿、张洪玲、龚桂仙、王紫娟）　百顺胡同　南一三七六

宝仙班（王金凤、王金翠、王爱琴、王莲芬、王莲芳、金玉霞、姚金福、朱秀卿、任菊仙、云仙）　百顺胡同　南二六七九

素云班（曹金玲、曹金凤、王金桂、张金环、张翠卿、刘喜华）　百顺胡同　南四五五

凤仙班（王玉凤、王玉福、任秀卿、潘桂喜、夏荣福、田桂宝、筱芙蓉、潘蕙芳、雪鸿、云卿、筱卿）　陕西巷　南一三一一

德顺班（马云卿、王翠娟、王素娟、刘喜凤、刘桂卿、赵玉凤、奚清云、齐金福、青云、林素卿、张桂芬、杜玉卿、赵玉琴、不染尘、王翠娥）　陕西巷　南二三九三　三四二一

松林阁（陈金翠、陈金喜、陈金香、陈金仙、陈桂芬、

陈翠红、王翠凤、信顺宝、素云、王桂花、李素卿、杨翠仙、王月仙、李凤云）　陕西巷　南一七四八

春华班（王元春、花素秋、孙书卿、花素卿、李小翠、李月芬、翠喜、顺喜）　陕西巷　南三一八

翠兰班（金秀英、贾元春、王金福、林小福、凌芝花、花小舫、李月楼、李金喜、秀贞、任少卿、张雅仙、薛宝钗、林筱凤、林筱素）　陕西巷　南九二三

泉湘班（张翠云、张翠卿、张翠芬、张月芬、刘翠卿、刘翠芬、刘艳芳、刘艳卿、王翠香、王翠玉、高素卿、清金香）　陕西巷　南一三六六

滨湘班（张翠芬、花彩琴、乔菊芬、杨玉楼、梁金铃、李春楼、乐第）　陕西巷　南一一九八

南北统一班及其名妓

庆春班（珍花镜、珍珠花、金翠铃、周金翠、周小翠、李小红、李金喜、李玉芬、张凤仙、张兰英、花小琴、陆二宝、徐桂凤、金小翠、刘喜凤、张玉仙、萧君、翠娥）百顺胡同　电话南四八七　一八一

南派及其名妓

迎仙馆（飞鸿楼、花长庚、含笑春、小玲珑、小宝钗、红豆、菊第、金第、楚第）　陕西巷　电话南二一二一

鑫凤院（小桃红、筱金红、筱红、丽青、爱妃、爱玉、云楼、逸仙、情珠、倩娟）　陕西巷　南八三〇

鸿畅阁（鹰凤楼、林雅仙、楚云、丽玉、婵凤、翠娥、金桃、筱銮）　陕西巷　南二六七三

琴畅仙馆（胡蝶仙、林筱云、云艳、笑雅琴、素兰）陕西巷　南二〇二九

北林房（珍珠花、情雪楼、花致情、筱如意、情媛、情第、涵吾）　陕西巷　南五三九

三福班（潘凤春、月中娥、苏月轩、景云楼、王青娥）

陕西巷　南一九六

聚福班（王桂卿、王桂云、洪月娥、金菊花、妙云阁、筱月红、苏韵香、花四宝、镜玉）　陕西巷　南三五九

凤翔院（绿牡丹、解语花、魏紫绢、潄芳阁、金寓、筱花云阁、杏林仙馆、筱洪爱楼）　石头胡同　南一〇六二

武林金（花宝琴、筱怡红、怡琴、幽情、香君、京乔、云仙）　石头胡同　南二二八七

莳花馆（张宝宝、元春、青青、雪楼、盈盈、天香阁、梁一琴、梁妙妙、碧云）　百顺胡同　南一三八三

四喜班（王兰英、王兰芳、奇兰、馨香、凝第、金小菊、高凌云、林逢春、松风、落燕）　百顺胡同　南二三九二

龙泉班（连城璧、如花、可卿、笑香、红珍、雅嬴、林馨卿）　百顺胡同　南一九八三

潇湘馆（方飞龙、金月梅、双燕凤、怡倩、楚馆）　百顺胡同　南一五〇七　二九一七

义心院（倩兮、巧兮、兰君、秀珍、花媛媛、红情、缘意、月第）　百顺胡同　南一五四七

鸿升班（苏妹、苏花春、洪宝宝、洪媛媛、谢玉珍、花容、张素玉、绮栏、蜀娟、素琴、奎小菊）　百顺胡同　南一四六三

兰花院（花玉仙、一树青、梨花、眉香、绵红、南燕、王琴芳、湘云、花云阁、王翠宝）　百顺胡同　南一四九一

鸣凤院（白玉霜、王梅芳、青娥、错尘、亚男、张鹣鹣）　百顺胡同　南二〇九五

天喜班（筱凌波、王蕴秋、张第、月娥、桃红、王天香、李桂英、孙贵云、吴金珊、花爱卿）　百顺胡同　南二九一七　二六七九

兰香班（张秦楼、陈月梅、花玉宝、花兰香）　百顺胡同　南三二三三

艳凤院（小花魁、王娟娟、银牡丹、陈香环、德华、姬凤、琴第、林第、爱第）　百顺胡同　南三三八三

协心院（花宝宝、十里红、朱金花、吴香妃、美君、凤第、情琴、薛妃、金娥）　百顺胡同　南二三九四

群芳班（陈韡卿、陈楚卿、洪仙娥、花艳红、醉月、洪玲、月娥、乐妃、高红宝、一枝花、珍珠花）　百顺胡同　南一〇八四　四〇五

凤霓院（翠云、香奇、盖天红、天香、雪娥、陈三笑）　韩家潭　南一六二三

武陛班（停云小榭、小飞云阁、文第、文意、筱珠凤、龙珠、筱猩猩、张嫒嫒、董文兰、蕊香、妙珍）　韩家潭　南一二三五　二一二一

富兴班（林凤君、花香云、珍珠兰、小香水、翠芳、乐妃、湘裙、楚娟）韩家潭　南二〇九六

双凤院（菊影、琴第、花第、苏娟、花如锦、洪桂仙、妙香玉、情梅）　韩家潭　南三五二

聚仙班（李含娟、金翠玉、飞鸿楼、陆丽春、珍珠、群华、小菊、纫香、怜卿）　韩家潭　南三三四四

长裕庐（清水花、花君、情珠、情珍、情红、净妹、琴艳、小卿卿、宜笑、花璃英、林第）　韩家潭　南二三一二

艳芳班（洪素珍、金嫒嫒、洪素情、小四宝、静琴、云第、含春、签渊、红弗、小文惠、明目）　韩家潭　南一三二三

红音阁（花醉春、洪菊云、文宝宝、红屋珍、潘云英、洪如云、兰芬、文芳、一美、宝珍）　韩家潭　南六三二

翠芳班（爱之花、爱月花、昊月华、文嫒嫒、小娟娟、王玉波、羞花女、丽云）　韩家潭　南三八〇　二〇九四

宝凤院（云霞阁、云兰阁、花云阁、筱楼、落雁、情红、寄云）　韩家潭　南九四一

松翠班（王桂英、金如玉、花四宝、花春芳、莲香、挹情）　韩家潭　南三八〇　一三六一

龙凤院（花奇云、花蕊香、沈天香、小圆圆、雪玉、君可、月楼、乐第）　韩家潭　南九三七

长鑫班（朱香妹、媚香楼、刘如春、田金凤、沈素、畹花、湘娥、媛媛、云霞、凤云）　韩家潭　南二〇〇一

聚美圆（赛莺莺、小桃红、小青娥、王亚仙、花田玉、云华、文卿、珍珠、莲花、楚云）　韩家潭　南一二八一　二四九一

韵花别墅（金钢钻、洪雅仙、蕊韵兰、柳栖栖、张笑妃、琴芳、倩笑）　韩家潭　南一四七六

长林班（林凤亭、小花妹、王情波、情芳馆、小花魁、幼云、珠香）　韩家潭　南二七一七

长春班（陈霞云、梁笑笑、文雅云、王群玉、王碧玉、王阿凤、花娟娟、花宝宝、文艳、情雯、翠凤）　韩家潭　南一一〇二

春艳院（薛金莲、万里花、陆雅琴、李青青、花小桃、陈小兰、雪玉、红玉、苏辉、兰芳）　韩家潭　南一三一七

怡红院（观喜花、金玉环、松云阁、林情花、谈云楼、苏台云、丁桂英、陈樱桃、海棠、素娟、翠玉、翠娥）　韩家潭　南一三八三

怡春院（花翠娥、小红凌、朱巧凌、文爱如、红花容、洪雪花、洪素兰、忆情娥、瑞云、琴第）　韩家潭　南二八二二

庆余堂（金凤鸣、月裹清、小宝宝、金媛媛、第春、明珠、柳媚）　韩家潭　南九四四　一二三一

双泉班（章留香、金佩玉、金小乔、金雅仙、林小凤、小莺莺、馨香、畹香、玉美）　韩家潭　南一八八

茶室

三合　青风巷
三顺　博兴胡同
三凤　朱茅胡同
三宝　朱茅胡同
大观院　前门外石头胡同
山泉　王广福斜街
永和　朱茅胡同
永顺　朱茅胡同
北和顺　蔡家胡同
玉泉　石头胡同
玉福　朱茅胡同
江苏林香阁　小李纱帽胡同
江苏瑞福院　火神庙夹道
江苏荣兴　博兴胡同
江苏锦秀　王广福斜街
全乐　火神庙夹道
同义　火神庙夹道
有源　朱家胡同
和顺　小李纱帽胡同
姑苏饮香院　小李纱帽胡同
明远　王广福斜街
金香　朱茅胡同
长福　小李纱帽胡同
青福　前门外石头胡同
林楼凤　燕家胡同
芙蓉馆　前门外石头胡同
春山　石头胡同

春仙　蔡家胡同
春桂　王广福斜街
春华　朱茅胡同
高升　王广福斜街
桃花园　小李纱帽胡同
桐凤　庆云巷
桂喜　前门外石头胡同
祥云　博兴胡同
连升　青风巷
连顺　朱家胡同
通顺　朱茅胡同
梅花仙馆　王广福斜街
荷香　朱茅胡同
华远　燕家胡同
华凤院　留守衙
华宾　小李纱帽胡同
温柔乡　朱茅胡同
贵兰　朱茅胡同
云舫楼　小李纱帽胡同
隆华　小李纱帽胡同
菊仙　小李纱帽胡同
钰福　燕家胡同
钰福　朱茅胡同
钰凤　燕家胡同
意庆　火神庙夹道
福春　朱茅胡同
福喜　王皮胡同
福兴楼　王广福斜街
聚仙　博兴胡同

聚仙院　小李纱帽胡同
聚升　小李纱帽胡同
聚宝　朱茅胡同
荣林　王广福斜街广福巷
荣喜　朱茅胡同
荣富　燕家胡同
荣华　朱茅胡同
凤云　王广福斜街
凤楼　王广福斜街
银香　朱茅胡同
宾乐　燕家胡同
德仙　王皮胡同
德和　朱茅胡同
德升　王广福斜街
莲和　小李纱帽胡同
莲春　前门外石头胡同
莲魁　留守衙
庆合　燕家胡同
澄花院　朱茅胡同
蕊香楼　小李纱帽胡同
鸿庆　前门外石头胡同
双泉　小李纱帽胡同
双凤　王皮胡同
宝升　小李纱帽胡同
宝升　留守衙
宝盛　蔡家胡同
宝顺　王皮胡同
宝余　博兴胡同
兰芳　朱家胡同

兰香　朱茅胡同
艳芳　火神庙夹道
艳福　朱茅胡同

下处

一顺　小李纱帽胡同
三顺　朱家胡同
山得　燕家胡同
天水　火神庙夹道
北双顺　朱家胡同
永和　王皮胡同
永顺　朱茅胡同
永源　王皮胡同
四海　陕西巷
四顺　火神庙夹道
四宝　王皮胡同
玉翠　蔡家胡同
同和顺　火神庙夹道
同顺　蔡家胡同
西同顺　燕家胡同
廷福　燕家胡同
利顺　蔡家胡同
利顺　陕西巷
金贵　蔡家胡同
和合　蔡家胡同
春香　王广福斜街
春华　石头胡同
泉顺　庆云巷
柏顺　博兴胡同

时得　石头胡同
晏乐　蔡家胡同
连山　朱家胡同
连仙　小李纱帽胡同
富山　王皮胡同
富安　火神庙夹道
富顺　王皮胡同
复兴　蔡家胡同
喜凤　蔡家胡同
义顺　蔡家胡同
源顺　蔡家胡同
福仙　王皮胡同
福顺　燕家胡同
凤元　蔡家胡同
聚升　博兴胡同
魁顺　蔡家胡同
银顺　蔡家胡同
德元　庆云巷
德顺　博兴胡同
德顺　庆云巷
德福　燕家胡同
德凤　火神庙夹道
双泉　王皮胡同
双喜　王皮胡同
双喜　朱茅胡同
双喜　陕西巷
双顺　朱家胡同
宝玉　王皮胡同
宝和　燕家胡同

宝顺　王皮胡同

宝凤　蔡家胡同

兰香　王广福斜街

东西洋妓馆

崇文门内东单牌楼二条胡同左右多西洋妓馆，价较昂，而吾国人亦有往游者。

崇文门内羊肉胡同及沟沿头一带，多东洋妓馆，门首皆标明“料理店”字样，且有兼饭店者。其收费以时刻计，打茶围，每一小时洋一元，若用点心水果或饮酒，仅收物价，无他项开支。崇文门内八宝胡同、范子平胡同等处，另有一种妓馆，皆吾国妓女，专供外国人之游逛，不接本国人，其价约与东洋妓馆同。

第九编　古迹名胜

景山　在神武门北。一名万岁山，大内之镇山也。相传其下储煤，以备不虞，故俗名又曰“煤山”，为明怀宗殉社稷处。山高百余丈，周二里，凡五峰，峰各有亭，均供佛像。山之正门为北上门，门内有绮望楼。山后之东曰山左里门，西曰山右里门，中南向者为寿皇殿。清成德[①]《景山》诗云：“雪里瑶华岛，云端白玉京。削成千仞势，高出九重城。继陌回环绕，红楼宛转迎。近天多雨露，草木每先荣。”景山西门迤南为鸳鸯桥，以瓦石参半构成之。

玉泉山　在城西万寿山北青龙桥西。出西直门西行，可二十里，一望巍峨者，西山也。山本太行之别阜，支派极多，得称名胜者数十处，如香山、觉山、卢师山、五峰山皆是，玉泉山亦其一也。金章宗曾建行宫于此，元明以来，皆为游幸地。清康熙初，即金行宫遗址重葺之，赐名静宜园。山巅有塔，高七级，级各丈有二尺，内有旋螺石梯，塔端植铜佛一尊。山之以泉得名者，以京师各水，此为最甘洌，故曰玉泉。泉发处，凿石像螭头，泉自螭吻中喷出，为燕京八景之一，曰玉泉趵突（旧称玉泉垂虹）。泉上有碑二，左刊“天下第一泉”五字，右刊高宗御制《玉泉山天下第一泉记》，有云，“水味贵甘，

---

① 成德，即纳兰性德（1655~1685），清代著名词人、学者。原名纳兰成德，为避太子“保成”名讳，改名纳兰性德。

水质贵轻。曾制金斗较量玉泉之水，每斗一两，塞上伊逊相同，济南珍珠泉较重二厘，扬子金山重三厘，惠山虎跑重四厘，平山重六厘，清凉白沙、虎邱各重一分，惟雪水较轻三厘。顾雪水不恒得，则凡出山下者无过玉泉，故曰天下第一”。云云。近于泉右建汽水公司，以双塔为商标。明刘大夏[①]《玉泉道中》诗：“晚来联骑踏青沙，风景苍苍一望遐。几处白云前代寺，数村流水野人家。莺啼别墅春犹在，马到西山日未斜。回首不知归路远，九重宫殿隔烟霞。”

西山　在京西三十余里，为太行之首。每大雪初霁，积素凝华，若图画然，为燕京八景之一，曰西山霁雪。山上诸兰若白塔，无虑数十，与山隈青霭相间。流泉满道，或注荒池，或伏草径，或散入沙尘间。春夏之交，晴云碧树，花香鸟声，秋则乱叶飘丹，冬则积雪如银，信足赏心而悦目也。清高宗诗引云：“西山峰岭层迭，不可殚名，因居京城右辅，故以西山概焉。高寒，故易积雪，望如削玉。今构静宜园于香山，辄建标其岭志之。”诗云：“久曾胜迹记春明，叠嶂嶙峋信莫京。刚喜应时沾快雪，便教佳景入新晴。寒村烟动依林袅，古寺钟声隔院鸣。新傍香山构精舍，好收积玉煮三清。”又诗云：“银屏重迭湛虚明，朗朗峰头对帝京。万壑精光迎晓日，千林环屑映朝晴。寒凝涧口泉犹动，冷逼枝头鸟不鸣。只有山僧颇自在，竹茶茗碗伴高清。”

香山　在京西约三十余里。形如椅背，坐西北，向东南，立而四望，如在山坳中，当别有一山独峙也。清之健锐营印房在焉，前为阅武楼，形若城楼，脊盖覆绿色琉璃瓦。八旗营房分布于山之南北，山北为左冀，山南为右冀，以虎皮石筑之，倚山而居，风俗纯厚，人亦开通。

---

① 刘大夏（1436~1516），字时雍，号东山，湖广华容（今属湖南）人。与王恕、马文升合称“弘治三君子”，有《东山诗集》、《刘忠宣公集》。

翠微山　在黄村车站西北五里。原名平陂山，明宣德（1426～1435）时，以翠微公主葬此，改今名。山甚高，附近有证果、长安、灵光、香界、三山、大悲、龙泉各寺及宝珠洞，亦胜地也。

卢师山　在宛平县西三十里翠微山后。相传隋末有神僧卢师居此，驯服二龙子，曰大青、小青，故名。半山有秘魔岩，岩侧有潭，覆以巨石，其下深不可测，志称初为二龙所潜。按《唐书·卢挺传》，“挺遣燕州司马王安德行渠，作槽舻转粮，自桑干水抵卢思台，行八里，渠塞不可通”。以《唐书》考之，今卢师山即卢思台，师乃思之误，则其名或非以卢师欤。

画眉山　在冷泉村北泰州务，俗呼太子坞，或太子府。大道为界，北属昌平县，南属静宜园汛。道北建乐王庙，道南建戏台。阴历每年四月二十六、七、八三日，庙会演剧。山后产石，黑色，浮质而腻理，曾入金宫为画眉石，故名。山上有龙湫，广十亩，水自石罅出，下溢于田，潺潺有声。山北十里有温泉。

普陀山　在西山北。有天仙庵塔院，明建，清重修。

荷叶山　在玉泉山西南。平壤中有冈阜隐起，俗以其形名之，疑即孙承泽所称“聚宝山”也①。

石景山　在三家店车站东南七里，一名石经山。孤峰峭拔，石洞甚多，相传为明刘瑾督团营时所凿。山巅有寺，俯视永定河，环绕如带。又山北峡中有没字碑二幢，初亦瑾所勒也。

龙泉山　在沙河车站北十余里。山巅有洞，梯石而下，初狭渐敞，行里许，忽闻水声洶涌，深不可测，盖伏流也。

---

① 孙承泽（1593～1676），字耳北，一作耳伯，号北海，又号退谷，山东益都人。明末清初政治家、收藏家。著有《春明梦余录》、《天府广记》等。“聚宝山”见《春明梦余录》卷六十八。

西湖山　在京西，可一百里，下有潭。

百望山　南阻西湖，北通燕平，背而去者百里，犹见其峰，故曰百望。山阳有祠，高十五丈，登之，可望京师。北四十里许有漆园，南有雅思山，幽晦多雾，山陷而为坎，有池曰露池。

宝珠洞　在西山巅。洞镌佛像，俗谓之曰山前桂王。

七真洞　在玉泉山华严寺。有二，一在山腰，一在殿后，或云在殿后者即翠华洞。洞之石壁，镌元丞相耶律楚材、明大学士夏言《鹧鸪天》两词。耶律词云："花界倾颓事已迁，浩歌遥望意茫然。江山王气空千仞，桃李春风又一年。横翠嶂，架寒烟，野花平碧怨啼鹃。不知何限人间梦，并触沉思到酒边。"夏词云："人世沧桑有变迁，灵君玉洞自岿然。朝衣几共游山日，佛界仍存刻石年。嗟岁月，借风烟，等闲花发又啼鹃。只将采笔题僧壁，玉带长留向日边。"

吕公洞　在玉泉山。深广二寻，亦曰观音洞，相传吕纯阳常憩此。

玉龙洞　在玉泉山。洞出泉，甃石为暗渠，引水伏流，约五里入西湖，曰龙泉，其上有望湖亭。

汤泉　自沙河东行二十里，见有孤峰特立，累石如鳞者，曰汤山。山为二，曰大汤山，曰小汤山。大汤山三峰形如笔架，小汤山则仅怪石一丘而已。俱以泉名，泉在小汤山南平壤中，其水含硫质，故热度高，因名汤泉。浴之，于皮肤病特效。清康熙时，曾就泉凿长方池，深广丈余，外围白石雕栏，极精。近更筑浴室于左右，凡四，各导以水道，仿日本式，构造精雅。浴费银半元，村民浴室不收费。其地旧有行宫，乾隆时建，今改为旅馆，存者颓垣破瓦而已。旅馆有数种，器具完备，附有厕所及小浴室者为甲种，大率为西人居止之地；略有器具，不附浴室者为乙种，则贵介子弟及常至者所用；余则仅备一榻而已。旅费，均每人每日六元。小汤山之西有公园可游，旅馆经售每张一元兼可沐浴之券。汤山且有电话餐馆。

玉渊潭　在京西十里。即玉河乡，元丁氏之故池也。柳堤环抱，水鸟翔集，为游赏胜地。

黑龙潭　有三。一在先农坛西，为祈雨之所，水涸时，即见其中之井。一在京西画眉山，潭上有龙神祠，明建，清重修。祠左山下即潭，广十亩，深丈许，水清而有褐色，苔痕斑驳，红绿相间，上荫古树，周以画廊。其发源处两岩夹峙，萝薜葳蕤，天然石渠，有翠藤缠绕，枯树横卧渠口，若门楣然。潭水雨不泛，旱不涸，水足则从东垣下泻，潺潺有声，远近之灌溉饮用，咸资于此。一在房山县。

丹棱沜　在清华园西三里。源出万泉庄，平地涌泉，凡数十穴，汇于沜中，下注高梁。沜北为北海淀，南为南海淀。

满井　在安定门外，东行五里许，井径五尺余。

双青井　在香山寺西南。有泉自石间涌出，清乾隆时，凿石槽导之下流，趵突处覆以石栏二，故俗称之为双井也。

清河　源出玉泉山，北流经清河镇南，东入榆。《元史》：郭守敬导清河诸水，汇为通惠河，下达白水，通漕运，即此。

太液池　在西苑门内。源出玉泉山，从德胜门水关流入，汇为巨池，南北亘四里，东西阔二百余步。上跨石梁，约广二寻，修数百步，两崖栏楯，悉以白石镂成。中流驾木，贯铁纤掣之，可通巨舟。东西峙华表，东曰玉蝀，西曰金鳌。其别一梁，自承光殿达琼华岛，制差小。南北亦峙华表，曰积翠，曰堆云。瀛台在其南，五龙亭在其北，蕉园、紫光阁东西相对，夹岸榆柳古槐，多数百年物。池之西北南极深广，每当盛夏，菱荷菱芡，舒红卷绿，云影波光，浑如一色，故写其景曰太液晴波，诚胜境也。大内中人呼瀛台为南海，蕉园为中海，五龙亭为北海，故亦称三海。总统府今设于南海，沿金鳌玉蝀桥，筑长墙以隔之。

北海　禁城之西有西苑，苑分三部，瀛台为南海，蕉园为中海，而御河桥以北为北海。北海之胜，以白塔山为最，清高宗御制《白塔山总记》云：“白塔山者，金之环华岛也。《北平图经》载，辽时曰瑶屿，或即其地。元至元（1264～1294）时，改为万岁山，或曰万寿山。至明时则互称之，或又谓之大山子。本朝曰白塔山者，以顺治年间，建白塔于山顶，此白塔山所由名欤”。山四面各有景，清高宗亦均为之记，兹因文而述其略。承光殿之北，跨太液为桥，南北各有坊，南曰积翠，北曰堆云。过堆云坊，即永安寺，殿曰法轮。殿后石磴，拾级而升，得稍平道，左右二亭，曰引胜（中立石碑，分镌塔山四面记），曰涤霭（中亦有碑，南面刻高宗《白塔山总记》，他三面则镌满文）。复因迴叠石中，仍拾级，左右各为洞，玲珑窈窕，刻削罗崴，各极其致，盖即所谓移艮岳者也。穿洞而上，适与拾级而上者平。洞之上，左右各有亭覆之，曰云衣，曰意远。平处为佛殿，前曰正觉，后曰普安。两厢各有殿，东曰圣果，西曰宗镜。又自永安寺墙之东，缘山而升，路中有振芳亭，再升为慧日亭，稍西则顺治年间建塔碑记，及雍正年间重修碑记。复略升，则进普安殿之东廊矣。其寺墙之西，亦缘山而登，半山有亭，匾曰莲台抱胜，再登则为悦心殿，其后为庆霄楼。悦心殿东侧书屋，为静憩轩。转石屏入墙门，则仍普安殿。自殿后陟石阶，将百磴，即山顶，白塔建于此。塔前琉璃佛殿，曰善因。塔后列刹竿五，其下为藏信炮之所，旧时八旗军守之。此塔山南面之景也。自庆霄楼西，缘廊而降，有二道。其一南向，不数武，为一房山，盖房中覆湖石成山云。历磴以下，为蟠青室，回廊环其外。缘山北降，达山之西，凭廊向南俯睇，有深渊。山腰有亭，曰揖山，乃从悦心殿西角而出者。其下峭壁插入，滉然靓然，若龙湫之有神物也。波与太液通，石桥锁其口。桥之南，步堤东转，可通悦心殿及永安寺。桥之北，则琳光殿，前为山西总路矣。又其一转而北，有亭焉，曰妙鬘云峰。历石磴而下，则水精域，其下有古井。水精域之下，为甘露殿，再下则又为琳光殿。自山西路转而北，为阅古楼，楼壁砌《三希堂法帖》碑。攀梯而登，与地平，稍北，则监亩室。阅古楼后楹，平临山溪，石桥驾其上。度桥有小石亭，梁柱皆泐诗。过亭，嶔岈崱岃，径只容人，摄齐而上，出严墙门，与庆霄楼后门相望，而山西之景毕矣。自阅古楼严墙门出，则邀山亭，又东北则酣古堂。堂之东室倚石洞，循洞而东，则写妙石室。堂与室之南，皆塔山之阴，或石壁，或茂林，森峙不可上。而室之东间乃楼也，踏梯以降，复为洞，窈窕映，若陶穴，若嵌窿，旋转光怪，不可殚极。若是者，行数百武，向东忽得洞门，豁然开朗，小厂三间，曰盘岚精舍。自是北转，至环碧楼，缘飞廊而下，则嵌严室。折而西，有小山亭，额曰一壶天地。又西扇面房，额曰延南熏。自房而西，曰小昆邱。又西为铜露盘，为得性楼，为延佳精舍，为抱冲室，为邻山书屋，或一间，或两架，皆因山势而宛转高下。又自监亩室北墙门出，缘山溪，亦可达此。至邻山书屋，则就平地廊，接道宁斋矣。其东乃漪澜堂，围堂与斋，北临太液，延楼六十楹，东尽倚晴楼，西尽分凉阁，有碧照楼、远帆楼，分峙其间。由漪澜堂而东，则莲华室。出墙门而南，则为塔山东面景矣。琼岛春阴之石幢，峙立于北。自是登山迳，为看书廊，其上则交翠庭。庭之下，廊之侧，攀缘石洞以出，为古遗堂。对之者，峦影亭。自堂蹑缘梯以下，仍依洞而出，为见春亭。遂循东岸，可至半月城。而自交翠庭，步岭路，则可至智珠殿。由半月城，过石桥，为陟山门，塔山东面之景尽之矣。由陟山门沿堤北行，则有亲蚕门，西折则有静心斋。斋西为天王门，前建琉璃坊，正题华藏界，背题须弥春。自是再西为五龙亭，亭共五，立水中，两端接陆，宛转相通。五龙亭之北，为阐福寺。寺西北，土山后，为九龙碑。其北为乐静园。园之西南为一大阁，东西南北各建巨坊，跨以石梁，属以短垣，四隅又各有亭。东坊题曰“震旦香林”，南坊题曰“现观喜园”，西坊题曰“安养示谛”，北坊题曰“妙境庄严”。阁中有木制石山，高二丈余，四面有洞口，盘旋可登。阁内北面悬一匾，题为“极乐世界”云。盖北岸极西景矣。

什刹海　分前后二海。前海在地安门外迤西，复分二区，中隔一堤。堤北半有小桥，为东西二区相通之处，俗称响闸，以水自西来，至此倾注而下，大有声，故名。两区环岸皆垂柳，塘内东多菱荷，西则水稻，为消暑之胜境。后海在德胜门内迤东，面积较前海略大，而景稍逊。前后相通处有桥曰银锭，地势最高，登之可望京西各山。

净业湖　在德胜门内迤西，即积水潭，以北岸净业寺得名。湖周数亩，土人纳租税，栽种菱芡莲藕。当盛暑之时，夕阳西下，都人士多携樽酒壶茗，盘桓其间。湖西北垒土为山，有石磴，明永乐时少师姚广孝、司礼监刚丙奉诏建镇水观音庵于上。清乾隆十六年（1751）重修，改名汇通祠，御书殿额曰“潮音”。祠后墙外，有石高丈许，层叠如雪，承以石盘，上镌一鸡一狮，相传以为陨石。下坡伏石螭一，俗曰分永兽。水关穴城址密置铁椂，其水汇西山诸泉，循长河，经高梁桥而入，为都城水源来路。

鱼藻池　在崇文门外南小市迤东，俗呼金鱼池。池数十行，若畦，环以柳，蓄朱鱼。旧志[①]云：“金时故有鱼藻池，池上有殿，榜曰瑶池”。殿之址今不可寻矣。居民界池为塘，植柳覆之，岁蓄金鱼以为业。池阴一带，园亭甚多，南抵天坛，一望空阔，阴历每岁端午多走马于此。

昆明湖　在万寿山下。清乾隆十六年（1677），导西山玉泉之水即旧所谓西湖者，广浚之，周三十里，赐今名，有高宗御制《昆明湖记》。间置桥闸，以时节宣。其西为蓄水湖，水势稍高，即湖之上游也。夹岸开稻田百顷，资以灌溉，弥望青

① 疑为《康熙顺天府志》。

畴，宛然小村。

苇塘　在德胜门外西北二里许。周广数里，外通护城濠，蓄水清浅，夏有荷花。

泡子河　在崇文门之东城角。前有长溪，后有广淀，高堞环其东，天台峙其北。两岸多高槐垂柳，空水澄鲜，林木明秀，惟河上招提，苦无大者耳。水滨之颓园废圃，多置不葺。城内自德胜河外，惟此二三里间，无车尘市嚣，惜少游客。

二闸　在东便门外三里许。按大通河，旧名通惠，元太史令郭守敬凿。源出昌平，曰浮邨，会双塔、玉龙等泉入都城，为积水潭，东流出便门，为大通桥，自桥至通县石坝，计四十里，测地势，差四丈余。中设五闸蓄水，其二闸一带，清流荣碧，杂树连青，且有板船以渡人。春秋佳日，游人颇多。

古蓟门　在德胜门外八里。相传为古蓟州遗址，亦曰蓟邱。旧有楼馆，今废，惟门存二土阜，旁多林木而已。然为燕京八景之一，曰蓟门烟树。此四字为御题。清高宗诗引："《水经注》，蓟城西北隅有蓟邱，明人《长安客话》[①] 谓在今德胜门外土城关，即其遗址。旁多林木，蓊翳苍翠"。

土城　在西直门外东北三里。为元大都遗址，土阜隆起，宽广各十余里。

南苑　在永定门外南二十里。一名南海子，为历代游猎之场。元为飞放泊，明永乐（1403～1424）时拓其地，缭以垣，畜养禽兽，又设二十四园，以栽花木，方圆百六十里。清有海户屯驻，为大阅之校场，更建行宫数所。今为南郊屯兵重地，并设有航空学校，市肆亦渐繁盛，俨然城南一大镇也。来往有军用火车，极便利。

榆树林　在宣武门外南下洼迤北。有茶肆一，林木业深，

① 【明】蒋一葵著。蒋一葵，字仲舒，号石原，明江苏武进（今江苏常州）人。著作有《尧山堂外纪》、《尧山堂偶隽》、《长安客话》等。

夏日凉爽，消暑者颇多。

黑松林　在朝阳门外日坛旁。古松万株，森沈蔽日，都人常游宴于此。

松树畦　在京西万寿山后。冈阜隆起，东西延亘，半里有余，间有平壤，广约数十亩。阜之上下，松林丛密，苍翠地蔽天，地名松树畦，曩日养松之所也。路北有营房医院，南隐石道，面湖增缘墙建朱车堆，筑土马路。墙有水门，上覆小桥，水自湖中潺潺而来，汇成小塘，于畦之东，东流入圆明园，夏种菱藕。其西河道堵塞，石桥通往来。南岸有宫门，地毗大有庄，西临青龙桥。登阜远眺，北望安和桥，南望万寿山。溽暑之时，穿畦而行，浓阴匝地，小憩林下，几忘其为夏日也。

天坛　在正阳门外天桥南，明永乐十八年（1420）建。园丘象天，南向三成，每成高五尺余，下成径二十一丈，四出陛，皆白石。前有三杆，曰三才杆。旁有翠砖炉一，铁炉八。外缭以垣墙，周九里十三步。中有祈年殿、皇乾殿、皇穹宇、无量殿，皆恢宏。坛内松柏参天，台碣森列，且产益母草、龙须菜、天门冬、伞儿草。旧制，阴历每年冬至，祀皇天于此。民国仍之，遇国庆日，许人入览。

地坛　在安定门外北里许。旧地为明嘉靖九年（1530）定，清代屡加扩充，益昭隆备。方丘象地，北向二成，每成高六尺，下成方十丈六尺，四出陛，皆白石。外缭以垣墙，周七百六十五丈。丘南左右设五岳五镇石座，凿为山形。丘之北有方泽，贮水，南为地祇室。旧制，阴历每年夏至，祀后土于此。

朝日坛　在朝阳门外东南。制方，西向一成，高五尺九寸，方五丈，四出陛，各九级，皆白石。垣周二百九十丈，外有围墙。旧制，阴历每年春分，祀大明于此。

夕月坛　在阜成门外光恒街。制方，东向一成，高四尺五寸，方四丈，四出陛，各六级，皆白石。垣周二百三十五丈，外有围墙。阴历每年秋分，祀夜明及二十八宿、金木水火土五星于此。

先农坛　在前门外，与天坛相对。制方，南向一成，高四尺五寸，方四丈七尺，四出陛，各八级。垣周六里，中有庆成宫、观耕台、天神坛、地祇坛、太岁坛、神祇坛。旧制，清帝行耕耤礼，则祭先农于此。天神坛北设青白石龛，遍镂云形，以祀云雨雷神。地祇南左右，亦设青白石龛，有镂山形者，有镂水形者，并有凿池贮水者，以祀名山大川。

先蚕坛　在西苑东北隅。先蚕神殿，在坛东南，前为桑园，后为具服殿，西北为瘗坎坛，而宫墙之东，则为浴蚕河。三座门街南，东邻西苑者，为蚕池。

社稷坛　在天安门右。其式方，北向，高四尺，方五丈三尺。上按方筑五色土，北有拜殿二重。垣周百五十三丈有奇，外有重围。旧制，阴历每年春秋仲月上戊日，祀社稷于此。

清太庙　在午门左，与社稷坛相对。朱门黄瓦，卫以崇垣，有前中后三殿。庙门东南为宰牲亭、井亭。垣周二百九十一丈六尺。

历代帝王庙　在阜成门内大街。明嘉靖十年（1531）建，清雍正七年（1729）重修。祀历代帝王，以历代名臣配亨，上自伏羲，下迄有明，入祀典者，凡一百六十四帝，七十九名臣。

文庙　在安定门内国子监东。清乾隆二年（1737），谕将大成门、大成殿易盖黄瓦。三十年（1765），颁礼器，皆周代法物，陈设殿庭。甬路东西，有圣祖御制《至圣先师孔子赞》及《颜、曾、思、孟四子赞》，并御制各诗记等碑。而大成门内石鼓十座，尤为最古之物，世传为周宣王猎碣①。大成门外

① 猎碣，指石鼓文，我国现存最早的刻石文字。因内为歌咏秦国君游猎情况，故也称“猎碣”。

东西陈列者，则新石鼓也。

武庙　在地安门外。殿二重，陛各五级，清雍正五年（1727）建。每年春秋仲月上戊日致祭。民国三年（1914）定制，与岳忠武合祀，崇典益隆。

真武庙　在御马圈南。其地曰银闸，为明御马监旧址。有天启三年（1623）碑，殿外有清高宗御书额，曰“宸居资佑”。

马神庙　在马神庙街，即明御马监马神旧祠。内有大钟一，明正德十年（1515）铸。

护国忠义庙　在观德殿东。塑关帝立马像。林木阴森，四周多奇果。

宣仁庙　在东安门内北池子暖阁厂。清雍正六年（1728）建，祀风神，俗呼风神庙。

凝和庙　在东安门内北池子骑河楼西口。清雍正八年（1730）建，祀云神，俗呼云神庙。吴严冬①《夜宿云神庙》诗：“紫禁森严傍帝居，丁丁寒柝夜何如。云神庙里三更月，有客拥裘读道书。”

昭显庙　在西华门外北长街。清雍正十年（1732）建，祀雷神，俗呼雷神庙。今北京教育会设会所于此。

关帝庙　随在皆有，最著者为正阳门西瓮洞之庙，有明万历（1573~1620）朝撰记三通，及天启元年（1620）所建之义圣忠王四大字碑。三记者，一为焦竑撰，董其昌书；一为张桥撰，耿志炜书；一为赵端庭撰，白绍经书。其次则为地安门外之庙，清雍正五年（1727）重修，有御书“忠贯天人”额。再次则为骑河楼街庙儿胡同之庙，旧名暖阁厂，内有二钟。

文昌帝君庙　在地安门东。后殿奉文昌帝君先代神位。此庙建于明成化（1465~1487）朝，清嘉庆六年（1527）重修。

---

① 吴严冬，一作吴严东，见吴长元《宸垣识略》，北京古籍出版社，1983年，第48页。

三官庙　在东四牌楼东。乃明之大刹，崇祯时曾禁香火，清乾隆时重修。阴历每年元旦开庙，庙前多故衣摊，俗所以有故衣街之称也。今以修筑马路，改于庙旁设肆矣。

观音庙　在前门东瓮洞。明崇祯时建，祀经略洪承畴。后闻洪降清，改祀观音大士。有万历壬辰（1592）修筑都城碑记，兵部职方司郎中虞淳熙所撰也。又有清刑部尚书张照碑。

土地庙　在宣武门外土地庙斜街长椿寺南，即元之老君堂。阴历每月之三日必有庙市，清光绪丙午（1906）以后，则每月之二日亦为庙期，游人极多。

灶君庙　在崇文门外花市。明建，清康熙朝重修。庙有古柏二，门外有康熙初所铸铁狮二。每年阴历八月初一至初三日有庙市。

精忠庙　祀岳忠武。一在前门外东小市西，清康熙朝建。有乾隆戊子（1768）大学士刘统勋碑，门外有铁铸秦桧夫妇跪像，旁有喜神庙，为梨园公所，有乾隆丙申（1776）詹事刘跃云碑。一在安定门内北新桥东，正殿三楹，内供忠武像，甲胄东向，颇极威严，京师寺观神像左视者仅此。阴历每年元旦开庙一日，十三日开庙五日，殿阶陈列纱灯，游览者甚多。

都城隍庙　有二。一在南下洼，元称佑圣王灵应庙，天历二年（1329）加封大都城隍神，为护国保宁王，明永乐朝为大威灵祠，清称都城隍庙，有世宗、高宗御碑及诗。阴历每年清明、中元、十月朔各开庙一日。一在宣武门内瞻云坊西，本元佑圣王灵应庙址，旋改大都城隍庙，后经历代崇饰，而始若是。内有清碑亭二，为世宗、高宗御制之碑文也。每年阴历五月初一起，开庙十日。

火神庙　有三。一在琉璃厂厂甸东，清乾隆丙午（1786）重修，每年阴历元旦至十五日开庙，凡书画碑帖、古玩玉器，皆陈设于此。一在崇文门外花市，明隆庆二年（1568）建，为神木厂悟元观下院，清乾隆四十一年（1776）重修，有左都御史崔应阶碑。阴历每月逢四日开庙列市，与土地庙同。一在地安门外日中坊桥西，清乾隆二十四年（1759）重修，无庙市。

药王庙　有四。一在地安门外什刹海西，明阉魏忠贤建，东濒荷塘，万柳沿堤，风景绝佳。一在天坛北，明武清侯李诚铭建，左墀碑文，恭顺侯吴惟英书。清康熙朝重修，有詹事沈荃碑。阴历每月初一日、十五日开庙。一在德胜门内旧鼓楼大街北头，庙已颓圮大半，惟大学士洪承畴二碑尚存。阴历每月朔望，亦开庙二日，烧香者多。一在东直门大街，朔望开庙，香火亦甚盛。

五道庙　在宣武门外虎坊桥东迤北。旁有玉皇殿，内有碑曰交龙碑。按明兵部尚书王象碑记，谓此地为正阳、宣武两门龙脉交通之处，因以名碑。

金炉圣母铸钟娘娘庙　在鼓楼西铸钟厂。前殿祀关帝，后殿祀铸钟娘娘，有清顺治辛卯（1651）、道光戊子（1828）所立重修碑记，并有古柏二，形似龙爪之古槐一。相传京师钟楼本悬铁钟，后改铸以铜，屡不就，铸者之女惧父得罪，乃投炉中，钟遂成。人为建庙以祀之，故名铸钟娘娘庙。今钟楼前钟库胡同，尚有大铁钟一，横卧于地，高可二丈，径一丈，即钟楼旧钟也。

张相公庙　在正阳门内绒线胡同东头。其地原名张相公庙街，盖地以庙名也。张相公不知为何人，或谓为张守圭①，或谓为张仲武②，殆以仲武官范阳节度时，有捍御吐蕃之功，故

---

①　张守圭，唐朝将领，陕州河北（今山西省平陆县）人。屡次捍御吐蕃、契丹有功，累官至辅国大将军、右羽林大将军。《新唐书》卷一百三有传。

②　张仲武（？~849），唐末名将，范阳（治今北京声码西南）人，祖籍河北清河。自幼博览群书，尤精《左氏春秋》，后投笔从戎，屡败回纥、契丹军，累官至检校司徒、中书门下平章事。《旧唐书》卷一百八十有传。

后人立庙以祀之欤。

东岳庙 在朝阳门外大街路北，有坊镌“光联日观”四字。元延佑朝（1314~1320）建，累朝岁时敕修，设庙户守之。清康熙三十九年（1700）、乾隆二十六年（1761）皆重修，有圣祖、高宗御书匾额及诗。碑墀下复罗列赵孟俯所书神道碑、虞集[①]所书圣宫碑、赵世延[②]所书昭德殿碑。庙之中为天齐殿，后为寝宫，再后有九尊娘娘殿、文昌铜骡及关帝殿。左右有两跨院，东供黑虎元坛，西有阎王殿、瘟神殿、马王殿、鲁班殿、三皇殿、菩萨殿、月下老人殿。而天齐殿两廊环列七十二司塑像，极精巧，相传为名手刘兰、刘銮[③]所制。阴历每年三月十五至二十八日开庙，有白纸献花、掸尘、放生等会，此外则每月朔望有庙会，礼佛士女，不绝于途。

碧霞元君庙 有五。一在永定门外大红门外，俗呼南顶，建于明季，清乾隆三十八年（1699）重修。前殿奉碧霞元君，中殿奉中岳，后殿奉斗姆。阴历每年五月朔开庙，有赛马之戏。一在德胜门外北极寺东，俗呼北顶，清乾隆朝敕修，有明万历朝造炉一，宣德朝造钟一。一在西直门外长椿桥，俗呼西顶，旧名护国洪慈宫，清康熙五十一年（1712）改今名。有圣祖御制碑文、高宗御书联额及诗碑，宫门坊楔，左右各一。殿中有明碑二，一敕谕碑，一朱延禧护国洪慈宫碑。清碑一，钦赐学生内官教习徐埏撰。阴历每年四月一日有庙会。一在东

---

① 虞集（1272~1348），字伯生，号道园，人称邵庵先生，元代著名学者、诗人。领修《经世大典》，著有《道园学古录》、《道园遗稿》。与揭傒斯、柳贯、黄溍并称“元儒四家”，与揭傒斯、范梈、杨载并称“元诗四家”。

② 赵世延（1260~1336），今礼县人，天资聪颖，弱冠即被招入枢密院御史台肄习官政，为官期间颇有善政，官至奎章阁大学士、翰林学术承旨、中书平章政事、鲁国公。《元史》有传。

③ 刘銮，元代雕塑家，后人多误认为与元代另一位大雕塑家刘元是同一人，实际上，据清朱一新《京师坊巷志稿》“刘銮塑”条，刘銮另有其人。

直门外，俗呼东顶。一在右安门外草桥北，俗呼中顶，明天启朝（1621~1627）即唐万福寺址起建，清乾隆三十六年（1697）重修。有圣祖所立碑二，一为大学士王熙撰，一为大学士李天馥撰。亦于阴历四月朔开庙，都中士女之结队往游者颇多。

西红庙　在德胜门外正黄旗教场北。明正德三年（1508）太监谷大用立，名旗纛庙，盖为五军营祀旗纛神处也，今名西红庙。有明碑一，正德三年大学士焦芳撰。

宁佑庙　在南苑晾鹰台北六里许。建于清雍正八年（1730），门内碑亭，勒有乾隆三十六年（1771）御制《海子行》诗。

黑龙潭龙神庙　有二。一在先农坛西，为祈祷雨泽之所，清乾隆三十六年重修。一在京西金山之西，明成化二十二年（1486）建，清康熙二十年（1681）重修，雍正三年（1725）又修，敕封昭灵沛泽之神。

蚕神庙　在京西昆明湖西。庙东为延赏斋，北为织染局，后为水村居。延赏斋前有玉河，斋之左右廊壁，均嵌耕织图石刻，河北岸有石勒“耕织图”三字。

昭庙　在香山寺西北。庙为楼式，高而大，可纳千人，琉璃牌坊树于前，琉璃宝塔峙于后。庙有御书碑亭。

普胜寺　在东安门内缎匹库东南，距菖蒲河牛郎桥不远。

普度寺　在裹新库北。寺左为黑护法佛殿，内藏铠甲弓矢，清摄政睿亲王废邸也。康熙三十三年（1694），改建玛哈噶喇庙，乾隆时改名普度寺。

嵩祝寺　在地安门内三眼井东口外之东。为章嘉胡图克图①焚修之所，有御书额。其东为法渊寺，有铜鼎一，高六尺

---

① 章嘉呼图克图，清代掌管内蒙古地区喇嘛教格鲁派最大转世活佛，与达赖喇嘛、班禅额尔德尼、哲布尊丹巴呼图克图齐名的藏传佛教四大领袖之一。

八寸。西为智珠寺。

钟鼓寺　在地安门内钟鼓寺胡同，即明钟鼓司廨。

伽蓝寺　在皇城内玉河桥北。有钟一，上铸“火药局”三字。寺西有火神庙。

万寿兴隆寺　在西华门外北长街，明兵丈局也。佛堂前有清米汉雯[①]重修碑。

福佑寺　在西华门外北长街路东。庙制视昭显庙为宏，门外坊书“泽流九有”。正殿中奉神牌，东案设圣祖御制文集，西案设宝座，殿额题“慈容宛在”，盖圣祖少时保姆护御之邸也。

永安寺　在太液池东北，踞水中，原为金琼华岛址，清顺治八年（1651）始立塔建寺。寺西山上为悦心殿，西北为阅鼓楼，壁嵌三希堂石刻。山西麓有古井，轱辘绠级，可至山巅。北麓有漪澜堂，略仿金山规制。其东北岸为春雨林塘。

阐福寺　在太液池东五龙亭北，可由金鳌玉蝀桥西之阳泽门前往。本为先蚕坛茧馆，清乾隆十一年（1746）改建。有高宗御撰阐福寺碑。

宏仁寺　在太液池西南岸。明之清馥殿旧址也，清康熙四年（1665）改建，有御制碑记，乾隆二十五年（1760）重修，有御制碑文。地至爽垲，夏多荷花。寺前建二坊，门内有白石方池，上跨三梁，池西作龙首，自墙外汲太液池水以注于池。

贤良寺　原在东安门外帅府胡同，为怡贤亲王故邸，舍为寺，清雍正十二年（1734）建，世宗赐名“贤良”，且御制碑文。乾隆二十年（1755），始移建于冰盏胡同，有高宗御书《心经》塔碑。

法华寺　在东安门外报房胡同，明太监刘通及其弟顺舍宅

① 米汉雯，清宛平（今北京）人。明太仆米万钟孙。善书画，尤工篆刻，山水气势浩瀚，笔意苍劲，书、画俱仿米万钟，颇得家法，时呼为“小米”。

为寺。有明碑四，一敕赐法华寺碑，一德聚和尚事实碑，均成化七年（1471）立，一万历朝碑，一天启重修碑。清碑二，一乾隆四十三年（1778）德悟和尚事实碑，一未详年月。碑文略言寺建至今三百余载，真如禅师梵修清静，见寺近颓敝，苦心修葺，戊寅圆寂，立此贞珉，述其功德。碑阴刊“曹洞宗派”四字，殆亦乾隆朝所立也。

法光寺　在西单牌楼舍饭寺胡同。初名蜡烛寺，又名舍饭寺，明代为收养穷民之所，故其地因以为名。清顺治十六年（1659）重修，有碑记。

白塔寺　有二。一在阜成门内大街路北，建于辽。寺有塔，寿昌二年（1096）建，内藏释迦佛舍利、戒珠二十、香泥小塔二千、无垢净光等陀罗尼经五部。元至元八年（1271）复崇饰之，角垂玉杆，阶布石栏，檐挂华鬘，身络珠网，制度之巧，古今罕匹。十六年（1279）重修全寺，名曰大圣寿万安寺。明天顺元年（1457）改称妙应寺，成化朝复于塔上环造织灯一百零八座，入夜燃之，金彩四射。清康熙二十七年（1688）修寺与塔，有御制碑文二，立石庭中。乾隆十八年（1753）又修，御书《般若波罗密多心经》一卷，及梵文《尊胜咒》，并赐大藏真经全部，为镇塔之用。又制修妙应寺文与修白塔铭，勒石七佛殿庭中。四十一年（1776）奉敕又修，寺僧藏有《御制满蒙汉西番合璧大藏全咒》、《西番首楞严经》一分、维摩诘所说大乘经全部。一在左安门内霍家桥，旧弥陀寺也。金大定朝（1161~1189）建，明景泰二年（1451）太监裴善重修，更曰法藏。中有弥陀塔七级，高十丈，窗八面，窗置一佛，佛设一灯。阴历每岁上元之夜，僧必燃灯绕塔奏乐。寺有祭酒胡濙[①]、沙门道孚二碑，道孚为戒坛第一代戒

---

① 胡濙（1375~1463），字源洁，号洁庵，江苏武进人。明代高官、文学家、医学家。《明史》有传。

师，世称“鹅头祖师”。

宝禅寺　在西城宝禅寺胡同。元为普庆寺，明成化六年（1470）内官麻俊即其基复建，赐额“宝禅”。清康熙、乾隆二朝累葺之。有明碑三、清碑二。

广化寺　在德胜门内迤东什刹海北岸。明时有念佛会，相国叶福清为之记，正殿墀下东立之碑者是也。明万历时重修，清道光丙午（1846）又修，越二十载，工始竣，有五台徐继畬所撰碑记，正殿墀下西立者是也。西跨院廊下嵌郑板桥竹兰石刻，笔力遒劲。至什刹海之所以得名者，以环水有丛林十，广化寺其之一也。

净业寺　在德胜门内迤西积水潭北岸，为智光寺故址。寺前临湖水，后枕城垣，垂柳倚水，地极幽静。其对岸朱垣，平轩雅敞，为寺之后阁，夏日士大夫多燕集于此。

鹫峰寺　即唐之淤泥寺，在内城西隅城隍庙之南鹫峰寺街。唐贞观（627~649）朝建，亦名卧佛寺，以卧佛得名，并名其街为卧佛寺街。按鹫峰者，唐僧之号也，见唐人石刻心经，中有栴檀瑞相，体制衣纹，栩栩欲动，非近代人所能办。清康熙四年（1665）奉敕移奉弘仁寺，别以铜范如来佛还供本寺。乾隆二十六年（1761）重修，有御制碑。

双塔寺　在西长安街。金章宗建，至元（1264~1294）为庆寿寺，有碑，金党怀英①以八分②书之，明正统（1436~1449）时为中官所毁。当时方丈室前，松樾盈庭，尝引流水

① 党怀英（1134~1211），字世杰，号竹溪，冯翊（今陕西冯翊县）人。金代文学家、书法家，工画篆籀，称当时第一，著有《竹溪》十卷。《金史》有传。

② 八分，汉字书体名。字体似隶而体势多波磔。相传为秦时上谷人王次仲所造。关于八分的命名，历来说法不一，或以为二分似隶，八分似篆，故称八分；或以为汉隶的波折，向左右分开，“渐若八字分散”，故名八分。近人以为八分非定名，汉隶为小篆的八分，小篆为大篆的八分，今隶为汉隶的八分。

贯东西梁二石屏，上刻“飞渡桥”、“飞虹桥”六大字，为金道陵[1]笔。明姚广孝居此寺，事文皇于藩邸。正统时重修，改名大兴隆寺，壮丽甲京师，树牌楼，号为第一丛林。后废为射所，名讲武堂，又以演象所，今仅存殿庑数楹而已。塔二座，一高九级，额曰“特赠光天普照佛日圆明海云佐圣国师之塔”，一高七级，额曰“佛日照大禅师可菴之灵碑”，乃清乾隆时重修。范文忠[2]即殉节于寺旁之井中。

柏林寺　在安定门内国子监东。元至正七（1347）年建，明正统十二（1447）年重建，有祭酒李时勉碑记。清康熙五十二年（1713）敕修，有圣祖御书“万古柏林”四字。乾隆二十三年（1758）复修，有御制碑二。殿额皆世宗、高宗御题。寺西有行宫，其殿额曰“心香室”。

隆福寺　在东四牌楼大市街之西，马市之北，街以寺得名。明景泰三年（1452）建，役夫万人，撤英宗南内木石助之，其白石阑即翔凤殿石阑也。清雍正九年（1731）重修，有世宗御制碑文。阴历每月九、十两日有庙市，百货骈集，游人如鲫。寺为喇嘛所居，近则殿宇倾颓，已多赁为商店矣。

护国寺　在西四牌楼北护国寺街。寺为元丞相托克托故宅，本名崇国寺，明成化朝赐名大隆善护国寺。清康熙六十一年（1722）重修，有御制碑。乾隆十二年（1747）临幸，有御制《护国寺》诗。今殿宇多圮，神像亦或倒坏。阴历每月逢七、逢八有庙市，与隆福寺同。

弘慈广济寺　在西四牌楼迤西路北。旧为刘村寺，金刘望云建，明天顺（1457~1464）朝重建，赐额曰弘慈广济寺。万历癸未（1583），彭城伯张守忠、惠安伯张元善又修，寺基约

---

① 即金章宗（1168~1208），道陵是章宗的陵名。

② 范文忠，即范景文（1587~1644），字梦章，号思仁，河间府吴桥（今属河北）人。历官东昌府推官、吏部文选郎中、工部尚书兼东阁大学士。李自成入京，崇祯自缢，景文赴双塔寺旁的古井自杀，赠太傅，谥文忠。

二十亩。清康熙三十八年（1699）敕修，有御制碑文，并颁赐匾额及御临米市《观音赞》、渗金释迦观音普贤像。寺有古树，老干奇特，僧呼之为铁树，有高宗御制《铁树歌》勒石。

莲花寺　在宣武门外烂缦胡同路西小巷内，巷曰莲花寺湾。寺多树。

法塔寺　在崇文门外东南五里许。寺有塔，高十丈，八面七级，级开窗八，窗供一佛。前有铁香池，长尺余。塔正门内及顶，又各供一佛，合计之，有五十八尊。塔有梯，盘旋而上，昔时每值灯节，寺僧燃灯绕塔，讽经奏乐。寺建于金，巨刹也。明景泰（1450~1457）时重修，后渐圮。清光绪庚子（1900）前，向有山门大殿，今则仅存一塔矣。

延寿寺　在宣武门外琉璃厂东北延寿寺街。为辽金巨刹，明正统朝重修。有碑二，一为重修碑，一为敕赐延寿寺碑。昔童贯、蔡攸帅师入燕①，曾勒碑于寺以纪功。宋徽宗北来，亦居此寺。金人所获汴京车辇，悉置寺中，当日寺址之广，可以想见。

法源寺　在宣武门外西砖胡同，唐悯忠寺也。唐贞观十九年（645），太宗收征辽阵亡将士遗骸，葬于幽州城西十余里，为哀忠墓，又于幽州城内建寺，曰悯忠寺。寺中东西两塔，高可十丈，安禄山、史思明建，有苏灵芝②所书宝塔颂。又有阁，甚高，李匡威③建，唐谚曰“悯忠高阁，去天一握”，即此阁也。明正统时改名崇福寺，有翰林院待诏陈赟碑。万历三

---

① 宋徽宗时期，联合金国攻灭辽国，宣和五年（1123），派童贯、蔡攸入燕交割。金朝在与宋朝联合作战的过程中，看到宋军的孱弱，于灭辽后转而攻宋，于1127年灭北宋，掳徽、钦二帝及大批臣僚、宫室北去，亦即下文的“宋徽宗北来”。

② 苏灵芝，唐开元、天宝年间武功人，著名书法家，笔力遒劲端庄，与同时代书法大师李邕和颜真卿媲美，其《铁像颂》、《梦真容柬力》和《悯忠寺宝塔颂》等，历来被视为精品。

③ 李匡威（？~893），卢龙节度使李全忠之子，外号金头王，唐末军阀。

十五年（1607）又修，有谕德公鼐碑。清康熙朝赐御书匾曰“觉路津梁”，曰“不二法门”。雍正九年（1731）发帑重修，赐额曰法源寺，有世宗御书联额及御制法源寺碑，内阁学士、礼部侍郎励宗万书，又有高宗御书心经碑。乾隆四十三年（1778）又修。寺有石坛，栽丁香花，颇盛。戒坛前有辽应历七年（957）石幢一，后有石函一，四周刻字，亦辽时物。此外尚有知常[①]所书“景福元年沙门尚叙重藏舍利记”，党怀英所记金大定朝礼部令史题名碑。

崇效寺　在宣武门外西南二里白纸坊。唐刹也，唐刘济舍宅为之。中有僧塔六，环植枣树千株，清王士祯称之为枣花寺。又其中牡丹极盛，芍药最佳，花时游人杂沓，王士祯、朱彝尊辈俱有题咏。又有丁香一株，相传为士祯手植。清初有拙庵和尚者，相传为徐州人，张姓，从洪承畴战于松山、杏山间。洪降，张遂为僧，绘《青松红杏图》以寄慨，今藏寺中。

明因寺　在崇文门外三里河东南。故三圣寺也，明万历初明肃皇太后建，赐额。寺藏李伯时[②]《渡海尊者》卷，为人所赚，存者赝本也。万历二十九年（1601），紫柏大师自五台来，夜梦十六僧，乞挂瓶钵。亭午，有负巨轴求售者，轴凡十六，所画皆罗汉也。师叹异，购之，各系以赞。天启二年（1622），董其昌过此，书《佛成道记》，自称香光居士，凡十二版。今拓石，置僧寮左壁。

长椿寺　在土地庙斜街。明万历二十年（1592），慈孝后建，以居水斋禅师。其大弟子为神宗替修，赐千佛衣及姑绒衣各百件，米麦等物动千石。有二库，以二中官司之，专贮三宫布施金钱。寺有渗金多宝佛塔，高一丈五尺，又有万历朝工部郎中米万钟书水斋禅师传碑。清乾隆二十一年（1756）重修，

---

① 知常，唐昭宗时僧人，工书。

② 李伯时，名公麟，号龙眠居士，宋代安徽舒州人。博学好古，善画山水、佛像，其白描绘画被称为当世第一。

有兵部尚书宋德宜碑。大殿旁藏佛像十余轴，中有二轴，以黄绫装池。一绘九朵青莲花，捧一牌，题曰“九莲菩萨之位”，明神宗母李太后也。一绘女像，具天人姿，戴毗卢帽，衣红锦袈裟，题“菩萨号”，下注“崇祯庚辰年恭绘至列皇帝生母孝纯刘太后”。二图则已委弃尘埃矣。

大慈仁寺　在广安门内大街北。门额曰“大报国慈仁寺”，亦称护国寺。元之二松无存，毗卢阁亦久圮矣。清乾隆十九年（1754）发帑重修，有御制联额及诗碑。又有窑变观音像，极庄严，有御制记及诗。阴历每月逢五、六日，有庙市，所售者，货物之外，古玩书籍亦甚多。

善果寺　在宣武门外西南二里白纸坊。旧为唐安寺，创于南梁。明天顺（1457~1464）朝重建，有修撰严安理、太常卿张天瑞、礼部尚书周洪谟、光禄少卿李绅所撰四碑记。清顺治十七年（1660），世祖尝临幸，有康熙十一年（1672）大学士冯溥碑。阴历六月初六日，寺中曝经。

龙泉寺　在宣武门外黑窑厂西。有明谢一夔[①]碑，载成化朝僧智林修复，为缁流[②]挂锡[③]之地。清康熙二十四年（1685）重修，有王熙[④]所撰碑记。今即其地设孤儿院。

天宁寺　在广安门外。魏孝文帝建，初名光林寺，隋仁寿（601~604）朝改曰弘业，建塔藏舍利。塔高十三寻，十三级，四周缀铎以万计，风定亦作音，无断际。塔前一幢，字颇苍润。唐开元朝（713~741）改名天王寺，金大定二十一年（1181）改名大万安寺。元末毁于焚。明初，文皇在潜邸，命

---

① 谢一夔（1425~1488），字大韶，号约斋，江西省安义县人。明朝大臣，文学家、教育家。

② 缁流，指僧徒。僧尼多穿黑衣，故称。

③ 挂锡，亦作“掛锡”。游方僧投宿寺院。因投宿时把衣钵锡杖挂在僧堂钩上，故称。

④ 王熙（1628~1703），字子雍，顺天宛平（今北京）人。清初大臣。

所司重修。姚广孝退自庆寿，居之。明宣德朝改今名，正统朝又改万寿戒坛，旋复原名。清乾隆二十一年（1682）重修，有御制联额及御制碑。朱彝尊《寓天宁寺》诗云："青豆房容借，经旬且闭关。日边连右辅，树杪豁西山。六井泉相似，千花塔易攀。不应朝市客，翻羡旅人间。万古光林寺，相传拓拔宫。著书非柱下，留客即淹中。味拆园蔬甲，香携市酒筒。波涛人海阔，安坐作渔翁"。

宏善寺　在左安门外迤东。一曰韦公寺，明武宗（1505～1521）时建，赐额。其东旧有亭，景绝胜，俗呼韦公庄。今亭已圮，仅存假山深溪在焉。后有静观堂，东西壁有禹之鼎[①]《双鹤图》、徐渭《画鹤赋》。

海会寺　在右安门外迤西马家村。明嘉靖（1522～1566）年建，万历（1573～1620）朝增修，有张居正撰碑。清顺治十三年（1656）重修，有僧道志撰碑。乾隆二十二年（1757）又修，有御制诗碑。相传此寺为明穆宗受釐[②]之所。

九莲慈荫寺　在左安门外三里，草桥之北。明崇祯十五年（1642）建，有悼灵王[③]像。

大钟寺　即觉生寺，在德胜门西北土城外。寺后有楼，下方上圆，高五丈，中悬大钟，遂以得名。钟为明永乐时姚广孝铸，内外镌全部《华严经》，学士沈度书。高一丈五尺，径一丈四尺，纽高七尺，重八万七千斤。清乾隆八年（1743），由西直门外万寿寺移此。阴历正月初一日至十五日开庙，游寺者登楼远眺，山光树色，悉在望中。钟有气眼二，大如拳，中悬小铃，游人以钱投之，中者铿然，皆大欢喜，谓之打金钱眼。

---

① 禹之鼎（1647～1716），字尚吉，一字尚基，号慎斋，江苏兴化人。清代画家，擅长人物，尤精肖像。有《骑牛南还图》等传世。

② 汉制，祭天地五畤，皇帝派人祭祀或郡国祭祀后，皆以祭余之肉归致皇帝，称为"受厘"。"厘"即"胙"，祭余之肉。

③ 朱慈焕，崇祯皇帝之子。《明史》卷一百二十有传。

五塔寺　在西直门外乐善园西三里许。原为真觉寺，凡五浮图，俗因称五塔寺，蒙古人建。寺后有塔甚高，曰金刚宝座。自暗窦中左右入，盘旋以跻其颠，则平台矣。台涌小塔五，内藏如来金身。金刚宝座之左偏，又有一浮屠，相传为明宪宗生葬衣冠处。今寺门殿宇皆废，而金刚宝座犹岿然独存。

铁塔寺　在东直门外东里许。寺有铁塔，高耸半空，作圆城状。殿供一胡头陀，相传坐化于此，谓为明建文太子遗像者，盖非。阴历每岁正月初一日、四月十八日开庙。

广通寺　在西直门外高梁桥北，元法王寺别院也。元至元朝建，明嘉靖己未（1559）重建，清康熙朝僧宝资又葺之，雍正十一年（1733）发帑重修。有明碑二，均大学士华亭徐阶撰，余姚吕本书。清碑一，为世宗御制。寺之地基甚高，有若冈阜，门前缭以短垣，四角建高楼。春日登临，亦一游目骋怀之胜地也。

大慧寺　在西直门外。明正德癸酉（1513）建，清乾隆二十年（1755）重修。有大悲殿，颇壮丽，中供铜佛，高可五丈，土人因呼为大佛寺。

慈慧寺　在阜成门外西二里。俗呼之曰倒影庙，其殿之后门，有隙透光，人物经过，即呈倒影，盖光由隙透，必折行也。寺为明某太监以施茶而设，慈圣太后增建，赐额。清乾隆朝敕修，有高宗御书殿额，曰“妙三明地”。寺东北数百武，为蜘蛛塔址。其塔碑移于寺之前殿门右，式如幢，高三尺余，广二尺余，前镌佛像，后镌塔记，左镌偈语，右镌附记文。寺西北隅为明静乐堂，宫人丛葬之处也。寺有明碑二。一万历十九年（1591）颁赐藏经敕旨碑，背刻金刚经，在塔碑之左。一为万历二十年（1592）立，礼部尚书李长春撰，在后殿。

极乐寺　在西直门外高梁桥西，前临长河，后倚高阜，东有园花堂，西有芍药亭、雨花亭。昔时荷花最盛，今仅存海棠、丁香二花，洪稚存有《极乐寺看荷花序》，李莼客有《极乐寺看海棠记》。寺建于元，而明成化时修之。有碑二，皆嘉靖年立，一严嵩撰，一不著撰人姓名。

崇寿寺　在西便门外白云观西。明正德癸酉（1513）建，殿宇极宏丽。门外狮二，宏治七年（1494）造，故土人亦呼为铁狮庙。内有磬一，则天启六年（1626）所制也。

十方普觉寺　在西直门外玉泉山西南。唐代建，曰兜率，元名昭孝，又曰洪庆，明曰永安，清雍正十二年（1734），世宗改赐今名。寺地幽雅，层严夹道，木石散置，可游可坐。后殿有铜卧佛，长可丈余，明宪宗时造。小殿有香檀卧佛，唐贞观时造，今无，故俗亦称卧佛寺。殿前有娑罗树二，来自西域，相传建寺时所植，今已大三围，其子如橡栗，可疗心疾。牡丹甚多，乃前代中官所植。寺门西有石盘，方广数丈，上建观音堂，周以栏楯。盘下有泉，自小窦出，其声淙琤，下击石底，泠然可听。有明碑六，及清世宗制碑、高宗御书联额。

月河寺　在朝阳门车站南三里城濠东岸。古名宝庄寺。昔时池亭幽雅，甲于都下。寺东北有两竿高出，为京师无线电台，清宣统三年（1911）建，可与广州、武昌、张家口等处通问答。

万寿寺　在西直门外西七里广源闸西。明万历五年（1577）太监冯保奉诏建，殿宇宏丽。寺旧有大铜钟一，铸自永乐，长丈二，内外刻佛号、弥陀法华诸品经、蒲牢①，刻《楞严咒》，字画整隽，相传为沈度笔，少师姚广孝监造，曰华严钟。击之，声闻数十里。后钟弃于荒地，清乾隆十六年（1751）移置城北觉生寺。清时屡加修葺，其西院焕然一新，为孝钦后、德宗幸颐和园时中途茶憩之所。东院垒石为山，尤幽胜。寺有敕建碑，明张居正撰。清帝御制碑，为汉满蒙藏四

① 蒲牢，古代传说中的一种生活在海边的兽，据说吼叫的声音非常宏亮，因此人们将其形象铸于钟上，充当洪钟提梁的兽纽。

体书。阴历每年四月朔开庙，十五日游人尤盛。

黄寺　有二，曰东黄寺，曰西黄寺，二寺毗连，均在安定门外厢黄旗教场北。东黄寺旧为普静禅林，清顺治八年（1651）改建为喇嘛驻锡之所。殿前碑亭，一顺治八年大学士宁完我撰，在东；一康熙二十三年（1684）圣祖御制重修记文，背有高宗御制《普静禅林瞻礼》诗，在西。西黄寺，即清净化城，清顺治九年（1652）为综理黄教之达赖喇嘛建。有塔甚高，自远即见。塔顶有护风磨铜，作汾阳盔形，晴日，金彩四射。塔身以石筑之，镌班禅佛降生事迹始末，极工细。四角各有小塔，镌梵字、蒙古字。下有玉石重栏，乾隆朝重修，有世宗、高宗御制碑文。阴历每年正月十三、十五等日，有喇嘛跳舞布札之典，所谓“打鬼”者是也。

黑寺　亦有二，曰前黑寺，曰后黑寺。前黑寺本名慈度寺，在德胜门外北三里许，亦居喇嘛。旧历正月二十三日，跳舞布札，寺旁教场且有跑车赛马者。后黑寺在前黑寺北，即察罕喇嘛庙，清顺治二年（1645）建，康熙五十二年（1713）圣祖赐无量寿二尊，供奉大殿。阴历正月十五、二十三等日，亦跳舞布札。

夕照寺　在广渠门内万柳堂西北。建置年月不可考，赵吉士《育婴堂寺记》云：“夕照寺，顺治初已圮，仅存屋一楹，其来盖久”。今殿宇完整，壁有画松。按燕京八景有金台夕照，寺殆以是而得名欤。

拈花寺　有二。一在德胜门内八步口。明万历九年（1581）建，清雍正十一年（1733）敕修，赐名拈花寺，有御制碑文，内有诸天阿罗汉铜像及二明碑。一在广渠门内东南隅，即万柳堂，为清大学士益都冯溥别业，后归仓场侍郎石文桂。康熙四十一年（1702），石建大悲殿、弥勒殿，舍为寺。

康熙时开博学鸿词科，待诏者尝雅集于此，检讨[①]毛奇龄有《万柳堂赋》，检讨陈其年有《万柳堂修禊诗序》。寺地周一顷余，中有小土山，即昔之莲塘花屿也。

卧佛寺　在崇文门外花市。卧佛长丈二尺，又有十三小佛环立肩背后。寺无碑记，仅有西廊一铁钟，明正德戊辰（1508）铸，称妙音寺。

洪光寺　在西山之巅。寺磴凡九曲，历十八盘而上，每磴松柏成行，如列屏障。短垣绕门，悉甃以石，宽平可坐，全山之胜，一览而尽。寺有毗卢圆殿，供毗卢，表里千佛，面背相向。

香山寺　在黄村北六里香山。山冈岭三周，林壑清翳，有乳峰石，时有云雾嘘出，状类匡卢之香。寺为金刹，旧名永安，一名甘露，今以山名。殿前有石屏，中刊《金刚经》，左刊《心经》，右刊《观音经》，背镌清高宗御笔然灯古佛、观音、普贤诸像及御制赞。

隆恩寺　在三家店北三里。金大定四年（1164），秦越公主建，曰天苋寺，明正统朝改今名。东有大冢二，制如王陵。

宝胜寺　在静宜园西，演武厅西北。石楼屹立，青槐古松，夹道而植，地极幽胜。寺为明刹，旧称表忠寺，鲍家寺遗址也。清乾隆朝，大学士傅恒因金川成功，遂即旧寺新之，改今名，并立健锐云梯营于寺之左右，筑屋以居之。有清高宗御制宝胜寺前后两碑记，碑高丈余，四面如一，刻汉满蒙藏四体书。

香盘寺　旧名双泉寺，在双泉山，以寺为双泉，故名。寺为金刹，明昌五年（1194），章宗曾至寺避暑，建祈福宝塔于寺北，高可七丈余。明成化朝改今名。有嘉靖元年（1522）所立碑，无撰人姓名。

---

① 翰林院检讨之简称。

碧云寺 在香山西北。自洪光寺折而东，取道松杉中二里许，从槐径入，一溪横之，跨以石梁，即寺矣。寺门东向，内殿四重。南为罗汉堂，为藏经阁，有清高宗御书额及御制碑。北有涵碧斋，后为云容水态，为洗心亭，又后为试泉悦性山房，皆临幸憩息之所，匾额均御题。佛殿前甃石为池，深丈许，水自石罅出，喷薄入小渠，人以卓锡名之。泉旁一柳有大瘿，人呼瘿柳。柳左有堂三楹，明神宗御题“水天一色”。前临荷沼，沼南修竹成林。岩下一亭曰啸云，水绕亭后，折而注之，寺僧导之过香积厨，绕长廊，出殿两庑左右，折复汇于殿前之池。池蓄金鲫千头，有石桥，下达于溪。寺有大理石塔，十里外即见之。按寺为元耶律楚材之裔阿利吉舍宅所建，明正德时，内监于经拓之，天启（1621~1627）朝魏忠贤重修，清乾隆时又葺之，有高宗御制重修碑记，御制金刚宝塔碑记。阴历每年四月初旬开山，往游者颇多。

大觉寺 在西直门外七十里许，为前代故寺。寺后有山峡，中悬飞瀑，峡上亭二。山虽不高，颇雄壮。

戒坛寺 在西山之马鞍山。唐武德（618~626）朝建，寺盘旋山谷中，登狮子岩，十八转而始至。有白石戒坛，凡三级，周遭皆列戒神。阁前古松四，荫被一院，为明正统时敕如幻律师说戒之所。有清圣祖御制戒坛碑、高宗御诗碑及御制活动诗碑。自坛而南，为波离殿，殿前辽、金碑各一，皆波离尊者行宝也。寺有高阁，可远眺。又有石塔，高十一级。花木则以樱为多。寺后有洞五，曰太古，曰观音，曰化阳，曰庞涓，曰孙膑。又西五里有一峰，最高，秀远如驼峰，如侧方山子冠者，极乐峰也。有寺。自戒坛至此，中有泉，最冽。阴历六月初六日，寺僧晾经。游者多以三四月，然非庙会也。

岫云寺 即潭柘寺，在马鞍山罗侯岭平原村，距京城西北九十里。晋曰嘉福，唐曰龙泉，燕人谚曰“先有潭柘，后有幽州”，是可见此寺之古矣。清康熙朝敕修，赐今名，有圣

祖、高宗御书额、御诗碑、御书《心经》及《心经塔图》。寺外有牌楼，南北向，额曰“翠嶂丹泉”、“香林净土”。大殿之外有毗卢阁、枬檀佛楼及弥陀、三圣、圆通、观音诸殿，楞严、大悲二坛。又有倚松斋、延清阁、猗玕亭、太古堂，为清帝临幸憩息之所。观音殿后有元妙严公主像及拜砖，双趺隐然。相传公主为元世祖女，削发居此，日礼观音不辍，遂留此迹。大殿有木匣，方广二尺，高三寸余，相传为藏大青、小青灵蛇之处，匣外标“护法龙王”四字。寺又有延寿塔，高五丈余，明越靖王瞻墉[①]建。山后有二泉，一来自东，一来自西南，汇流于此。寺西有龙王堂，堂北有龙潭，方广丈余，深三尺余。寺有明碑三，清碑二。

卢师寺　在卢师山，故桑干河道，石子盈焉，以神僧得名。过寺里许，秘魔崖，为师晏坐之处。元泰定三年（1326）建，显宗赐额曰“大天源延圣寺”，明宣德（1426～1435）朝曰大通圆寺，正统十一年（1446），更名法源寺。

奇泉寺　在康庄北里许，距京城可百二十余里。寺外平地涌泉如沸，莫测其源。有古碑，云辽萧太后曾养鹅于此。

宝相寺　在京西门头村宝胜寺之西南，明代建。寺前树白玉石坊，寺有铜制狮象吼铜钟等物。清咸丰时（1850～1861）毁于燹，仅存其址，铜制等物则陈列于农事试验场矣。

宝谛寺　在宝相寺之南。亦毁于燹，寺中惟旭华阁（俗称无量殿）尚存，阁以琉璃砖瓦筑之，颇瑰丽。寺西为小行宫，西南为方昭、圆昭二庙，今皆颓圮矣。

福慧寺　在京西狮子窝山中。清同治（1861～1875）时，内监刘德荫建。寺有长廊四十余间，首尾各筑小亭。寺后遍种枫树，每届秋时，红叶满山。

---

① 越靖王朱瞻墉，明仁宗第三子，母为诚孝张皇后。《明史》卷一百一十九有传。

崇元观　在西直门内横桥。明太监曹化淳建，俗名曹老公观。门有绰楔，上书“三界圣境”四字。清乾隆二十三年（1758）重修，有御书联额、御制诗碑。光绪庚子后，庙址仅存，阴历每年正月初一至初十日开庙。今其址改建陆军大学。

朝真观　在西直门外畏吾村，白石桥西。明成化时建，清康熙三十三年（1694）重修。有明碑三，清碑一。

白云观　在西便门外二里。唐天长观旧址，金昌明[①]三年（1192）重建，太和[②]三年（1203）改为太极宫，元初改为长春宫，元长春真人丘处机藏蜕[③]所也。明洪武二十七年（1394）重修，清乾隆二十一年（1756）、五十二年（1787）两次敕修，有圣祖、高宗御书联额及御制碑文。前殿有灵官像，其右为儒仙之殿，东殿有张三丰像，次为七真殿，次为塑真人像之丘祖殿。丘白皙方颐，黄冠羽衣，无须眉。都人于阴历正月十九日祀之，谓之燕九节，亦曰燕丘会。丘前有木钵一，刳木瘿为之，上广下狭，可容五斗，内涂以金，刻清高宗御制诗，承以石座，绕以朱栏。丘祖殿后为玉皇阁，殿外为配殿，东偏有斗姥阁，有圣祖御书额曰“大智宝光”。观有明碑数道。按邱字通密，号长春子，栖霞人。金大定丙午年（1186）十九，辞亲居昆仑山。丁亥，谒重阳全真开化王真君嘉于宁海，请为弟子。戊申召见，随还终南山。贞佑乙亥（1215），金主召，不起。己卯，宋遣使来召，亦不起。是年五月，太祖自奈曼国[④]手诏致聘，邱与弟子十八人至。壬午，觐太祖于雪山之阳，拳拳以止杀为劝。问为治之道，则言以敬天爱民为本；问长生久视之道，则言以清心寡欲为要。太祖深契其言。癸未，乞东还，赐号神仙，爵大宗师，掌管天下道

---

① 按金无“昌明”年号，金章宗有“明昌”年号，自1190年到1196年。

② “太和”，应为“泰和”之误，金章宗年号，自1201年到1208年。

③ 藏蜕，道家用语，指去世。

④ 内蒙古通辽奈曼旗。

教。甲申八月，奉旨居燕京太极观。丁亥五月，改太极为长春。七月，留颂而逝，年八十。至元己巳（1269），诏赠号长春演道主教真人。

妙缘观　在大石桥。清乾隆五年（1740）重修，有刑部尚书张照书碑。

延寿庵　本为明司礼监经厂佛堂，在阳泽门迤西三座门之北羊房夹道。清康熙时重修，有碑记。庵有钟，明嘉靖六年（1527）制，上铸“延寿庵及内府安乐堂佛堂永远供奉”等字。庵西为经板库。

石镫庵　唐吉祥庵故址也，在猪尾巴胡同。元泰定时重修，明万历丙午（1606）又修之，以掘地得上刻唐人所书《心经》之石镫，因改今名。

朝阳庵　在阜成门内玉带胡同。辽已有之，明嘉靖时重修。庵存尊咒幢一，正书二面，梵书六面，上刻开皇年号，称朝阳寺。

松筠庵　在宣武门外达智桥。明杨忠愍①故宅，即以祀之，清乾隆四十九年（1784）重修。内厅有遗疏勒石嵌壁，又有忠愍手植之古槐一，都人游宴之所也。尤侗②《谒祠》诗云：“谏草留遗石，年年化碧痕。怨风吹古木，大鸟叫祠门。青史平生事，丹楹故国恩。永陵北望在，流涕向黄昏。”

慈悲庵　在黑窑厂南，近城垣。西偏为陶然亭，北院有辽寿昌五年（1099）慈智大德师佛顶尊胜大悲陀罗尼幢及记。又庭前有金天会九年（1131）四月石幢，四面各镂佛像，其

---

① 即杨继盛。杨继盛（1516～1555），字仲芳，号椒山，真隶容城（今河北容城县）人。明代著名谏臣，死后赠太常少卿，谥忠愍。《明史》卷二百十九有传。

② 尤侗（1618～1704），字展成，一字同人，早年自号三中子，又号悔庵，晚号良斋、西堂老人等，苏州府长洲（今江苏功州）人。明末清初著名诗人、戏曲家，曾被顺治誉为“真才子”，康熙誉为“老名士”，有《西堂全集》传世。

三隅刻咒文，皆西域梵书，而标以汉字，曰“净心法界陀罗尼”、“观音菩萨甘露陀罗尼”、“智矩如来心破地狱陀罗尼”，惟一隅浸漶，仅能辨年月耳。大士普陀殿东北为文昌阁，楼一重，登之四望，野色苍然。

摩诃庵　在阜成门外。明嘉靖丙午（1546）中官赵政建。庵甚洁净，且各建高楼于四隅，楼皆以石为之，可望西山，惜为魏忠贤所毁。庵多松桧，万历以后，杏花多至千余枝，游事极盛。前殿有明碑二，一尚书费寀撰，一尚书孙承恩撰，均嘉靖二十七年（1548）立。东偏之金刚殿，有明人重临集篆三十二体金刚经石刻。

广济庵　在玉河乡池水村五道圣庙旁。中有金承安五年（1200）塔幢一，凡六面：一面陀罗尼；二面破地狱真言，俱梵书；三面为记文，楷书。又有明天顺八年（1464）僧道深开山碑记。

天仙庵　在四王府东北里许。清乾隆十二年（1747）敕建，有碑记。庵西有普安塔，八觚门，南向，中供普安菩萨像。像前有广二尺、高尺余之横石，镌“嵩云洞”三字，背有“正德辛未秋八月”七字。塔院有乾隆二十一年（1756）僧照禄所立碑。

雍和宫　章嘉呼图喇嘛讽经之所，在安定门内北新桥东北，清世宗潜邸也。前为昭泰门，中为雍和门，内为天王殿，中为雍和宫，宫后为永佑殿，殿后为法轮殿，西为戒坛。后为万福阁，东为永康阁，西为延宁阁，后为绥成殿。宫西之后为关帝庙，前为观音殿。宫之东为书院，门三间，入门为平安居。后有堂，堂后为如意室，室后正中南向为书院正堂，世宗御书额曰“太和斋”。斋之东其南为画舫，南向正室曰“五福堂”。斋之西为海棠院，北有长房，更后延楼一所。西为斗坛，坛东为佛楼，楼前有平台。东为佛堂，大小佛像甚多，又有欢喜佛。最后之殿，有檀木大佛，高可七八丈，奇伟无比。

庭有铜狮二，铜炉一，雕镂均极精致。

朝天宫　在阜成门内，元之天师府也。明嘉靖朝，斋醮无虚日，崇奉备至，与大高玄殿埒，宣宗、宪宗均有御制诗文勒石。天启六年（1626），十三殿灾，今虽有宫门口、东廊下、西廊下之称，其实周围数里，大半为民居矣。西廊下有关帝庙，土人因其余址而葺之。按明时凡大朝会，百官先期习礼二日，其初或在庆寿寺，或在灵济宫，及宣德时建朝天宫于阜成门内白塔寺西，始为定制。

崇真万寿宫　在东安门外草厂。元至元朝建，真人张留孙、吴全节相继居此，俗名天师庵。张留孙，贵溪人，入龙山为道士，有相者曰，“子，神仙宰相也”。至元时，从天师入京。世祖与语，称旨，留侍阙下，建崇真宫居之。尝祠醮，有鹤舞之瑞，号天师。宫有五色蔷薇，为真人吴闲闲①所手植。

天庆宫　在西安门内。建于元，清乾隆二十五年（1760）重修，赐今名。以中有刘兰塑像，因名其地为刘兰塑。

显灵宫　在四眼井。建于明，旧名天将庙，宣德时改曰火德观，成化初更今名。清乾隆二十二年（1757）重修，殿宇宏整，有弥罗阁、昊极通明殿、昭德殿、保真殿，昭德祀萨真人，保真祀王灵官。庭有老松六，虬皮屈曲，数百年物也。又有明嘉靖三年（1524）告祭碑二。

太阳宫　在左安门内法藏寺西。清顺治初建，奉太阳日君。殿庭有无字碑二。羽士居之。

太平宫　俗名蟠桃宫，在东便门大桥南。清康熙元年（1662）工部尚书吴达礼重建，前殿供王母，后殿供斗姥。阴历每年三月初一日至初五日有庙会，茶棚林立，其地且有赛马场。

① 吴全节（1269～1346），字成季，号闲闲，又号看云道人，饶州（今江西鄱阳）人。元代著名玄教道士、书法家。

灵佑宫　在先农坛北，昔之十方道院也。殿仅一楹，明万历壬寅（1602）更名真武庙，拓为三楹。翌年，太监魏学颜更辟地建阁，赐名灵佑殿。有碑二，一大学士叶向高撰，一王绍徽撰。

斗姥宫　在真武庙西。清康熙时建，乾隆二十二年（1757）修，有高士奇[①]、查升[②]所书碑。

天妃宫　在朝阳门外西河沿。旧为天妃庙，明景泰（1450~1457）时改称宫，有明丘濬[③]撰碑。

花园宫　在宣武门内城隍庙西。地甚敞，每届城隍庙庙会，此处即有茶棚货摊，游人甚众。

九天宫　在朝阳门外东岳庙旁。中门左右，有神公、电母像。正殿有悬山两层，山之正中塑“九天应元雷声普化天尊”之神。左右神像至多，皆在悬山之上，形状奇异。此庙甚古，其建筑盖先于东岳庙也。

灵明显圣宫　在地安门外日中坊桥东。建于明永乐十三年（1415），成化时重修，清雍正九年（1731）、乾隆二十八年（1763）两葺之，有高宗御制碑。

昌运宫　在西直门外广源桥南。明正德六年（1511）建，曰混元灵应宫。万历四十四年（1616）重修，更名天禧昌运宫。清乾隆二十四年（1759）敕修。有高宗御制诗碑二，一汉文，一满文。门内为元天圣境，有钟鼓楼、功曹殿，中为元天玉虚宝殿，后为神霄延寿宝殿，最后为玉霄上穹宝殿。宫内

---

① 高士奇（1645~1704），字澹人，号江村。清代著名学者，有《左传纪事本末》传世。

② 查升（1650~1707），字仲韦，号声山。善书法，时人称查升书法、查慎行诗、朱白恒画为“海宁三绝”。

③ 丘濬（1418~1495），字仲深，号深庵，明代著名政治家、理学家、史学家、经济学家和文学家，海南四大才子之一。

有大皆合围之松栝柏等五十余枝。明碑三，一敕建碑，一李东阳①撰，一刘效祖②撰。

元福宫　在德胜门外北三十里。明武宗敕建，为谒陵时中途驻跸之地。琳宫贝宇，时称城北伟观，今渐圮。

兴隆殿　在内织染局胡同。有明弘治（1488~1505）、嘉靖二次重修织染局佛道堂碑记。

大高玄殿　在神武门西北。明嘉靖时建。前有二亭，钩檐斗角，极尽人巧，明之中官呼之为“九梁十八柱”，今犹存。明杨四知诗云：“高玄宫殿五云横，先帝祈灵礼太清。凤辇不来钟鼓寂，月明童子自吹笙。”

承光殿　在金鳌玉蝀桥东，俗呼团城。有古栝一，槎枒如龙，传是金所植。清乾隆十年（1745）建石亭于殿南，以置元时玉瓮，有歌镌瓮中。

寿皇殿　在神武门外景山前。清乾隆时改建，以奉清之历代帝后像。

玉皇顶　在碧云寺之北半山中。中有小泉，涌于洞中。洞顶凿小孔，可透月光，俗呼为大罗天。寺东有小亭，杂于老桧丛中，额曰洗心亭。

玉皇阁　在张庄黄花店镇。阁三层，高可七八丈。阁后有九层神庙，塑像奇诡，相传为唐以前所建。

紫光阁　由太液池西南，循池而北，有台，高数丈，明武宗筑以阅射，曰平台。后废台，改紫光阁，清因之。阴历正月十九日赐宴功臣，献蹒跤、跳驼、骗马、鞭刀、杂技。

堂子　旧在长安街路南，清光绪庚子改建于东华门内。中设天园殿，殿南正中，设大内致祭之立杆石座。次稍后，两翼分设，各六行，行各六重。第一重为皇子致祭立杆石座，亲

---

① 李东阳（1447~1516），字宾之，号西涯，明正中叶重臣，文学空、书法家，茶陵诗派核心人物。《明史》有传。

② 刘效祖，字仲修，号念庵，明代散曲家。

王、郡王、贝勒、贝子、公，则以次序列，北向。东南为上神殿，南向。阴历每岁元旦及月朔，国有大事，则为祈为报，皆诣堂子行礼。大出入必告，凯旋则列□而告，典至重也。元旦有挂纸之礼，贝勒以下不挂。月朔，亲王以下贝子以上，各遣一人供献。春秋二季，立杆致祭，俟皇帝致祭后，各以次轮一日致祭，将军等不得预。其仪制，皇帝礼服乘舆，卤簿前导，祭时，行三跪九叩礼。

观音堂　在玉泉山西南十方普觉寺西。殿前娑罗树二，西有泉，注于池上。堂建于大盘石上，阁左为山，庙前有明嘉靖辛丑（1541）重修水漕碑记。

吕公堂　在崇文门内泡子河东。明成化朝建，嘉靖时，锦衣千户陆桧新之。万历甲寅（1614），赐名护国平安宫。

萧公堂　在打磨厂路北。

狄梁公祠　祀唐狄仁杰，在南口东南十七里雪山麓。建于唐，清乾隆时重修。有碑，云梁公曾为昌平令，民思其德，故祀之。至今不衰。

吴越王钱镠祠　在正阳门外东南芦草园。

岳武穆祠　在正阳门外金鱼池。

文丞相祠　祀宋信国公文天祥，在府学胡同东，即元之柴市也。明初，北平按察司副使刘崧建。宣德时，命有司春秋祭祀。景泰朝赐谥忠烈，遗像改塑丞相衣冠。座右石刻半像，执笏，冠如明之国公，笏刻“孔曰成仁，孟曰取义”数语。文所著日录诸书镌板原存祠中，今无之，惟唐李邕书云麾将军李秀断碑二础及刘崧碑甃于壁。殿三楹，联曰“南朝状元宰相，西江孝子忠臣”。屏风大书《正气歌》全文，笔势飞舞，正中一额，曰“有宋存焉”。顺天府府尹春秋致祭历代忠臣祠，皆用祭服，惟此用常服。明崇祯十七年（1644）三月戊申，左都御史李邦华缢于祠中，清赐谥忠肃。

刘猛将军祠　在府治。刘名承忠，吴川人，元末官指挥，有功。适江淮飞蝗千里，挥剑逐之，蝗尽死。后殉节投河，民祀之。

五圣祠　在酒醋局南蜡库胡同。中有一磬。

贤良祠　在地安门外白马关帝庙旁路北。

山右三忠祠　在上斜街。明天启四年（1624）敕建，以祀沁水张忠烈公铨、襄陵高忠节公邦佐、大同何忠愍公廷槐，三忠皆死于辽东王事。左附祀明二十人，右附祀清六十人。

于少保祠　祀明于忠肃公。谦在崇文门内东裱褙胡同故赐宅有塑像，春秋遣太常寺官致祭，清制也。沈德潜[①]《谒于忠肃祠》诗云："神龙困鱼眼，司马握兵权。早决贻甥计，羞同宋室迁。庙堂劳定位，刀俎答筹边。晤对文山像，忘身知有年。"

吉安二忠祠　在前门外鲜鱼口手帕胡同。明建，祀宋文天祥、谢枋得，今圮，门额尚存。

昆明湖广润灵雨祠　有二。一在玉带桥西，清于每岁春秋，诹吉致祭。一在西直门内新街口。

玉泉山神龙祠　在玉泉山麓。正殿三楹。

惠济祠　在绮春园。

河神祠　有二。一在绮春园，一在赵郡西二里余。

昭忠祠　在崇文门内东单牌楼西。

睿忠亲王祠　在朝阳门外。

怡贤亲王祠　在前门内东偏。

双忠祠　在崇文门内石大人胡同。

旌勇祠　在地安门外半藏寺西。

奖忠祠　在东华门外。

褒忠祠　在地安门外迤西。

---

① 沈德潜（1673~1769），字确士，号归愚，长州（今江苏苏州）人。清代诗人，著作有《古诗源》、《唐诗别裁》等。

定南武壮王祠　在广安门外。

恪僖公祠　有二。一在东安门内，一在安定门外。

勤襄公祠　在朝阳门外。

文襄公祠　在德胜门外。

宏毅公祠　在安定门外。

左翼忠孝祠　在王府井大街。

左翼节孝祠　在理藩院后。

右翼忠孝祠　在西城武定侯胡同。

右翼节孝祠　在西城按院胡同。

吕公祠　有二。一在琉璃厂，俗谓其祈签甚验，香火颇盛。前即厂甸，后即琉璃窖。一在慈云寺东，建于明成化初，万历甲寅（1614），敕赐护国永安宫。求药方者甚众，香火不绝，住持即于祠东小屋设药肆焉。

汇通祠　在德胜门内积水潭西北隅土阜上。旧名镇水观音庵，清乾隆二十六年（1761）重建，改赐今名，有高宗御制诗碑。祠后有星陨石，下为水门玉河入城处也。

正乙祠　在西河沿中间。

赵公祠　在法源寺前街。

岳忠武王祠　在达智桥。

江右谢公祠　在西砖胡同路北。

越中先贤祠　在虎坊桥东路南。今于其中设模范讲演所。

辽章宗陵　在三河县北五十五里。

金代各陵　在房山县周口北。半已荒芜。

元顺帝陵　在香山寺西南，然无迹可考。

明陵　在京北昌平州北十八里天寿山。山脉自西山蜿蜒而来，群峰连亘，流泉环带，明代陵寝皆奠于此。自东西两峰而外，山皆以天寿统之。陵凡十三区：一、成祖长陵，在天寿中峰笔架山下；二、仁宗献陵，在西峰下；三、宣宗景陵，在东峰下；四、英宗裕陵，在石门山东；五、宪宗茂陵，在聚宝山东；六、孝宗泰陵，在史家山东南；七、武宗康陵，在金岭山东北；八、世宗永陵，在十八道岭；九、穆宗昭陵，在大裕山东北；十、神宗定陵，在小裕山东；十一、光宗庆陵，在天寿山西峰之右；十二、熹宗德陵，在双锁山檀子裕西南；十三、怀宗思陵，在锦屏山昭陵西。清顺治十六年（1659），世祖巡幸畿辅，亲诣诸陵，为文祭之，特设司香太监及守陵人户，有司以时修葺。一切规制，至今犹存。景帝陵在宛平县西金山口。

西陵　在梁格庄车站西南二十五里。清室陵寝有二。一为东陵，在京东遵化州；一即西陵，襟山带原，景由天设，秋初春半，佳气尤多。陵凡四区：一为世宗陵，曰泰陵；二为仁宗陵，曰昌陵；三为宣宗陵，曰慕陵；四为德宗陵，曰崇陵。各陵大致相同，修葺以时，绝无损毁。四周垣墙尤坚，树木阴翳，石径清幽，非复人间气象，故中外人士之至此者，莫不以一游为快。

汉左冯翊韩延寿墓　在县西觉山。

汉蒯徹墓　在广渠门外八里庄。古阜高可四尺，墓前有井。按于钦《齐乘》[①]，徹墓在临淄东二里。《汉书》："徹，范阳人"。高祖曰："徹，齐辩士，故卒葬此"。未知孰是。

晋张华墓　在大兴县东南六十里。

唐哀忠墓　在西便门外白云观西十余里。相传唐太宗见隋炀帝征辽所亡士卒骸骨，恻然悯之，令悉收葬为一大冢，因名。

元丞相耶律楚材墓　在万寿山南麓数百武好山园之东。清

① 《齐乘》，元地方志，六卷，分沿革、分野、山川、郡邑、古迹、亭馆、风土、人物八门，所叙以山东东西道宣慰司所辖益都、般阳、济南三路为主，并附述古代曾为齐邑的高唐、禹城、长清、聊城、东阿、临邑等县。于钦（1284～1333），字思容，益都（今山东青州）人，官至兵部侍郎。

乾隆十五年（1750），命立祠宇，赐诗碑。原有翁仲石兽等，今皆废，遗丘尚存，饰红色灰。冢前树碑，建文昌阁。

元太保刘秉忠墓　在卢沟桥北。墓前石兽尚存。

元廉希宪墓　在县西。希宪谥文正。

元参政郝景文墓　在庐师山下。

辽御史大夫李内贞墓　在琉璃厂东。清乾隆三十九年（1774）窑厂取土，掘得李内贞志石，以其为古墓也，复封识。存其旧志云："辽故银青荣禄大夫、检校司空、行太子左卫率府率、御史、上柱国陇西李公，讳内贞，字吉美，汮汭人。保宁十年六月一日，薨于卢龙私第，享年八十。其年八月八日，葬于京东燕下乡海王村"。

元欧阳原功墓、李孟墓　俱在香山乡石井村。

明李东阳墓　在大慧寺西隔壁。前建祠，临大道，有杏林。石门碑碣，镌明李文正公墓。岁由湖广会馆致祭。

明朱之冯墓　在广渠门外。之冯谥忠壮。

明金忠洁公铉墓　在东直四外六里，碣尚存。相传明崇祯甲申（1644）三月，忠洁以兵部主事巡视皇城，尽节玉河桥，时有中官吕胖子同死，二人骨不可辨，其家人遂并葬之玉河岸。忠洁故居在打磨厂，今无考。

明穆天颜墓　在广渠门内板厂。

明驸马都尉巩永固墓　在永定门外。

明刚丙墓　在颐和园东宫门南偏。古庙巍峨，殿二重，后殿三楹，中有尖顶圆封墓一座。周数十武，相传为明司礼监刚丙瘗骨之所。前殿悬墨迹清水传真燕王遗像，广颡丰颐，髭长尺余。

明太仆米万钟墓　在海淀。

明董四墓　在青龙桥西北红石山南麓。明内官董姓行四者退老于此，善种桃，殁，即就地葬之，村以是名，或呼东四墓。桃白而小，味甘浆足。

明方从哲墓 在丰台。

明利玛窦墓 在阜城门外马家沟嘉兴观西。墓上圆下方，圆若断椎，方若台。利为意大利人，精天文与地测算、制造等学。明万历九年（1581），以传天主教来华，贡万国图、时钟等件，后与徐光启辈交游。崇祯三年（1630）卒[①]，诏以陪臣礼葬此。墓前有堂二重，堂前有晷石，铭曰“美日寸影，勿尔空过。所见万品，与时并流”。

清王文贞公崇简、子文靖公熙墓 均在五塔寺后。赐建碑及翁仲石兽等。相传文靖薨时，都城士民皆往送丧，为之罢市。

清桂文敏公芳墓 在玉泉山西普安店。垂柳环之，俗呼为大柳林。

清大学士朱珪墓 在西山吕村二老庄。

清内阁学士翁方纲墓 在朝阳门外。

清英果敏公翰墓 在西直门外二里沟广源闸南。

清塔忠武公齐布墓 在京西苏州街南端路东。清光绪时有湖南李主事者，应颐和园差道此，见御赐碑，知为忠武墓，跪而大哭。访之园户，知其身后萧条，遂约两湖人士，捐资修葺，别建一碑，追述功德，并立碣于冢后以志之。岁由湖广会馆值年者，与李文正公同时致祭。

醉郭墓 在香冢、鹦鹉冢之南。墓前树碣，正刻“醉郭之墓”四字，古吴彭翼仲[②]题。背刻墓志云：“辛丑之冬，联军出京师，有扶醉行歌于市者，则京西醉郭先生云五也。先生名瑞，产荡于义和团，愤时政隳坠，人心谬戾，则一寄于酒。悉团匪之所以废乱京畿者，编为歌曲，沿途演唱，听者如堵墙，称之曰‘醉郭’。御史遣骑斥去之，先生行歌如故，然听

① 利玛窦卒于明万历三十八年（1610），此处疑作者误。

② 彭翼仲（1864~1921），名诒孙，江苏苏州人，长期居于北京。他一生创办了三份报纸，其中以《京话时报》影响最大。

者亦稍稍知团之但能作贼，非果于灭洋也。吴县彭君翼仲，伟先生所为，授以通俗之文，俾迪顽蠢。先生得之甚喜，讲益力，声益肆，醉亦益甚。彭君既已事遣戍，先生哭送之良乡，因而大困，则就养于贫民院，然匪日不颂彭君也。迨彭君归，而先生疾病，语彭君曰：'吾患略间，行归矣'。是夕先生卒，年六十有九。彭君醵资葬之于此。呜呼，因匪乱而有今日，而乱乃滋炽，果先生在者，歌哭不且更剧耶！甲寅春三月，闽县林纾①撰，宛平祝椿年②书"。

香冢　在陶然亭东北。孤坟三尺，杂花绕之，旁竖一小碣，正书题曰"浩浩愁，茫茫劫，短歌终，明月缺。郁郁佳城，中有碧血。碧亦有时尽，血亦有时灭，一缕香魂无断绝。是耶？非耶？化为蝴蝶"。无姓名题署。或曰，曲妓有蒨云者，与某生情好綦笃，已誓白头之约。生素贫，鸨贪甚，无以为聘。一大腹贾见蒨云，艳之，以千金啗鸨，将纳为侧室。鸨羡其资，受之，蒨云遂自刭死，碑即生所竖也。或又谓某生素负才名，数应京兆试，不得一第，愤而绝意进取，举其历试落地之卷，瘗之于此，而系之以铭，"碧血"、"香魂"，悉寓言耳。

鹦鹉冢　在香冢西，视香冢略低。亦有碑，作八分书刻云："维年若月，有客自粤中来，遗鹦鹉，殊慧。忽一日不戒于狸奴，一搏而绝。吁微物也，而亦有命焉。乃裹以绛帙，盛以锴函，瘗城南香冢之侧。铭曰：文兮祸所伏，慧兮厉所生。呜呼！作赋伤正平。桥东居士"。

燕山宝十郎宅　或云在城西，或云在昌平，或云在涿州，或云在蓟州。当时冯瀛王道赠诗，有"灵椿一株老"之句，今北城有元时命名之灵椿坊，疑即十郎旧里（元时坊名皆虞

---

① 林纾（1852~1924），字琴南，号畏庐，福建闽县（今福州市）人，近代文学家、翻译家。

② 祝椿年，字荫庭，河北大兴人。光绪时进士，工书，书学禅，颇有声誉。

文靖①所定）。

元丞相托克托宅　在西四牌楼北护国寺街。今为护国寺，盖丞相既为贼臣鸩死，并废其邸为崇国寺，后改大隆善护国寺，后殿尚有丞相夫妇之像。

元赵栗夫故宅　在菜市街西，今无考。元陈一夔赠赵栗夫诗云："菜市街西新卜居，豆棚花蔓共萧疏。胸中富有书千卷，谁笑家无儋石储。"

明衍圣公赐第　在西城太仆寺街。仁宗践祚，孔彦缙来朝，赐宅东安门北，今不可考。后英宗闻赐第湫隘，以大第易之，即今太仆寺街衍圣公府也。

明李东阳赐第　在西长安街李阁老胡同，今废。

明祖大寿宅　在西城祖家街，清改为正黄旗官学。屋为明代旧制，厅事正寝两厢，别院一一仍旧。屋中装饰，亦三百年前式，工料坚实质朴，近百年来所建之屋，无及之者。

清义王孙可望赐第　在东长安门外。可望初从张献忠，献忠没，降清，来京受封，赐第长安门外。王文简《竹枝词》云："都城夹道看龙旗，战士投戈尽锦衣。更道县官新赐第，东华门外义王归。"

清朱彝尊赐第　在景山北黄化门东南，后移居宣武门外海波寺街。有古藤书屋。其自题《入赐宅》诗云："讲直华光殿，居移履道坊。经营倚将作，宛转绕宫墙。对酒非无月，摊书亦有床。承恩还自晒，报国祗文章。"《自禁垣移居宣武门外》诗云："诏许携家具，书难定客踪。谁怜春梦断，犹听隔城钟。"《移居槐市斜街》诗云："莎衫桐帽海棕鞋，随分琴书占小斋。老去逢春心倍惜，为贪花市住斜街。屠门菜市费羸骖，地僻长稀过客谈。一事新来差胜旧，昊天寺近井泉甘。"

---

① 虞文靖，即虞集。

清孙少宰承泽宅　在臧家桥西孙公园。朱彝尊集《孙侍郎研山斋》诗云："胜序愁出豁，高斋近许过。图画留客少，花药闭门多。兴每耽邱壑，衣从挂薜萝。千秋论述作，出处本同科。"

清王文简公士禛宅　在琉璃厂火神庙西夹道。有藤花，为阮亭手植，今无。

清吴伟业宅　在虎坊桥西魏染胡同。伟业字梅村，清康熙时，汤少宰①寓此，集联云："旁人错比扬雄宅，异代应教庾信居"。手书之，悬于楹。

清李渔宅　在正阳门外韩家潭，名芥子园，今为广东会馆。渔字笠翁。

清大学士李文贞公光地宅　在猪市大街。有圣祖御书"夹辅高风"额，今无考。

清大学士朱文安公轼宅　在煤市街。有世宗御书"朝堂良佐"额，今无考。

清查慎行宅　在槐市斜街。其《十月望后周桐野王楼村过槐簃留小饮》诗云："老瓦盆中花十本，上槐街裹屋三间。眼前此景殊不俗，辇下几人能爱闲。我已掀泥除藓径，客方冒雨叩柴关。寒林疲竹萧萧意，着片疏篱即故山。"慎行字初白。

清大学士陈文简公元龙宅　在宣武门外丞相胡同北。有清圣祖御书"爱日堂"额。西有园亭，通北半截胡同。

清李绂宅　绂字穆堂，临川人，清世宗朝官至直隶总督。藏书甚多，居宣武门外，有紫藤轩。

清施闰章宅　在宣武门外铁门，即今宣城会馆。闰章字愚山。

---

① 汤少宰，指汤右曾。汤右曾（1656～1722），字西厓，仁和（今杭州）人。工行，迹近苏轼，诗与朱彝尊齐名，有《怀清堂集》。汤右曾曾任吏部侍郎，以官名人，人称"汤少宰"。

清赵吉士宅　在长椿寺西，今为全浙会馆，内有景贤祠、紫藤僧舍。清乾隆时苕上孙人龙作祠祀，武林赵佑①跋。

清高士奇赐第　在光明殿胡同。其《自城北移居》诗云："客中陋巷为家久，忽讶恩辉住苑西。牛背驮书千卷重，担头桃树两株齐。门前金碧瞻天阙，屋内鸾龙有御题。仲蔚蓬蒿十年事，一枝偏借上林栖。"

清黄叔琳宅　在李铁拐斜街。叔琳字昆圃，藏古籍甚伙，建万卷楼藏之。

清纪文达公昀宅　在虎坊桥西，额曰"桥西老屋"。其后汉阳叶侍读澧尝居之，所著笔记即曰《桥西杂记》，盖以地名也。潘文勤公祖荫曾序其杂记云："叶丈润臣拥书十万卷，有志纂述，所著有《周易异文疏证》、《礼记郑读疏证》、《战国策地名考》，皆未卒业。《桥西杂记》，则随笔撮录之书。桥西者，丈所居纪文达故宅，当京师虎坊桥之西也。"

清吴可读宅　在南横街路北。可读字柳堂，甘肃人。

梁巨川先生殉道处　在德胜门内净业湖（积水潭又称四海）南岸，普济寺（高庙）后门西旁。石碑屹立，累砖作门楼式以卫之。碑正面刻"桂林梁巨川先生殉道处"十大字，背面刻先生殉道颠末，其词云："梁公讳济，字巨川，广西桂林人。其先累世仕清，逮公以举人官内阁侍读，迁民政部员外郎。光宣之间，国不竞，政亦日非，忧悄孤愤，不能自已。私为奏议，欲言事而求罢，会国变不获上。民国初建，执政者征辟之，固辞者四，以民生困殆，官不宜厚俸自养为言，其词恻怛刻切，闻者动容。癸丑，秘为书数通，与世诀。家人微觉，乃自隐未发。越四年戊午，十月初十日，公六十生辰，家人谋上寿。先六日戊午，来居湖上，扃户作书，深夜不休。初七日

① 赵佑（1727~1800），字启人，号鹿泉，浙江仁和（今杭州）人。官至都察院左都御史，有《清献堂集》传于世。

昧旦，投身湖之南渠大柳根下。留书于案，其旨曰：某之死，殉清而死也。身值清末，故曰殉清，其实不以清而殉，以幼之所学者如是，不容不殉。其言甚长不具录。越二十日，是处又有公之旧友吴梓箴君，相继以殉之。嗟呼，厌世之同志者，皆救世之伤心人也。建石述略，以志不忘。岁集戊午，嘉平月①，长洲彭诒孙立石，命弟汶孙书丹。”文旁另镌小字两行，上一行云：“京师翰茂斋李月亭捐工镌字”，下一行云：“碑基中心距殉道地点营造尺六丈”。

皇史宬　在东华门内东南隅。明以藏政训，清因之，尊藏实录、玉牒，有高宗御制诗碑。右门，颜曰鐠历。

鼓楼　在地安门北。旧名七政楼，取《书》“以齐七政”之义，元建。上置铜刻漏，制极精妙，相传以为宋之故物。其制为铜漏壶，上曰天池，次曰平水，又次曰万分，下曰收水。中有铙神，设机械，时至，则每刻击铙者八。以壶水漏为度，涸则随时增益，冬用温水。然今之鼓楼，则惟以时辰香定更次而已，漏壶室犹存，铜刻漏无考。

钟楼　在地安门北，即万宁寺之中心阁，元至元时建。今之钟楼，则在鼓楼北，明永乐时建。后殿毁于火，清乾隆十年（1745）重修，有高宗御制碑。钟楼高敞，与鼓楼相望，有“八隅四井”之号，中悬一钟，声远益闻。

韵琴斋　在香山寺北二里许。有高轩，四楹周筑短垣，斋后叠石为山，斋前凿地为池，水声澎湃。池中产食肉植物之水草，其名曰“狸藻”，故不独苏州有之也。

见心斋　在韵琴斋西北。斋五楹，清嘉庆（1796~1820）时建。斋前方塘半亩，水清可鉴，畜红鱼千鳍，四周绕以廊榭，前为知鱼亭，后为正凝堂。斋有御书匾额，曰“见心斋”，喻其可以见天心也。正凝堂后，有亭翼然，亭之四周多

① 嘉平月，农历十二月的别称。

大树，浓荫蔽日，虽盛暑不知热也。

来远斋　在宝胜寺南。三楹，以白玉石为之。斋有清高宗御书石屏，屏下嵌端石四方。斋后叠石为山，四周松柏，高可参天。斋之北为梵香寺，西为显应寺，皆颓圮矣。

梯云山馆　在静宜园之最高处，层峦耸翠，如插云际，故名。旁有石碣，镌“西山晴雪”四字，燕京八景之一也。

五龙亭　在太液池北。中曰龙泽，左曰从祥滋香，右曰涌瑞浮翠，亭后为阐福寺，有明季亭馆旧址，北为西天梵境。

陶然亭　在南下洼。清康熙乙亥（1695）郎中江藻建，盖取白居易诗“更待菊黄家酿熟，与君一醉一陶然”之意也。亭高出城堞，水木明瑟。自黑窑厂至此，已筑马路，可由粉坊琉璃街北口直达。汤右曾《秋日登大悲庵后亭》诗云：“石幢重到讶遗经，秋色苍然落此亭。鸿雁影低连古堞，蒹葭静冷绕回汀。如丝气上龙泓白，满月光摇佛髻青。愿证诸天菩萨戒，自今刀儿谢膻腥。”杭世骏[①]诗云：“溪风吹面蹙晴澜，苇路萧萧鸭满滩。六月陶然亭子上，葛衣先借早秋寒。”

漱芳亭　在朝阳门外，元道士吴全节建。初燕地未有梅花，闲闲嗣师自江南移至，护以穹庐，题额曰漱芳亭。时羽士张伯雨从玉溪月真人入都，偶造其所，徘徊既久，不觉熟寝其中。日暮归，道所由，嗣师命作诗，伯雨遂赋长歌，有“风沙不惮五千里，将身跳入仙人壶”之句。嗣师大喜，送翰林院和之，伯雨由是知名。

匏瓜亭　在东便门外，去城十里，又曰东皋村，元赵参谋别墅。赵名禹卿，有王鹗记、王磐叙、刘因诗，当时目之曰“赵匏瓜”也。

---

① 杭世骏（1695~1773），字大宗，号堇浦，别号智光居士、秦亭老民等，仁和（今杭州）人。清代文人、画家，善写梅竹、山水小品，疏澹有逸致。著有《道古堂集》、《榕桂堂集》。

接叶亭　在烂缦胡同。乾隆丁巳（1737），沈椒园侍郎[①]寓此，徐恕斋[②]以丹赠诗云："床休论上下，廨各占西东。诗派追初白，宦情共软红。"

水云榭　自西苑万善门西行，抵水埠，有亭出水中，曰水云榭。旁有碣，镌御书"太液秋风"四字，为燕京八景之一。朱彝尊《早秋》诗云："残暑秋逾炽，凉风午乍催。微波莲叶卷，新雨豆花开。宛转通桥影，清冷傍水隈。夕阳山更好，金碧涌楼台。"

瀛台　在西苑香扆殿后，南向，明为南台，一曰趯台陂。林木森茂，有殿曰昭和，前有亭曰澄渊，南有村舍水田，可于此观稼。清顺治时建宫室，为避暑之所。康熙朝复葺之，皆易黄瓦。圣祖有《夏日瀛台，许奏事诸臣网鱼携归》之诗。高宗《瀛台记》云："自勤政殿南行石堤，可数十步，阶而升，有楼门向北，额曰瀛台。门内有殿五间，为香扆殿。殿后南飞阁环拱，自殿至阁，如履平地，忽缘梯而降，方知为上下楼。楼前有亭临水，曰迎熏亭，东西奇石古木，森列如屏。自亭东行，过石洞，奇峰峭壁，缪辐蓊蔚，有天然山林之致"。则瀛台胜境，可想见矣。邵远平[③]《瀛台侍直》诗云："郁葱玉树映朱楼，太液芳波净不流。石磴参差环豹尾，牙樯溶漾引龙舟。镜中台殿晴逾碧，槛外峰峦翠欲浮。扈跸真疑三岛近，无烦羽客诧瀛洲。"高士奇《侍直》诗云："辇道青莎软作茵，苍苍蒹葭遍芳津。苹湾销夏偏宜暑，桂馆拈凉不受尘。红跨长桥排雁齿，阁连飞宇次鱼鳞。自渐未是登瀛侣，珥笔叨为侍从臣。"

---

① 沈廷芳（1702～1772），字畹叔，一字荻林，号椒园，仁和（今杭州）人。清代学者、藏书家，建有藏书楼，名"隐拙斋"，著有《隐拙斋集》、《十三经注疏正字》、《古文指授》等。

② 徐以升，字阶五，号恕斋，德清人。工诗，有《南陔堂诗集》传世。

③ 邵远平，初名吴远，字戒三，一作字吕璜，号戒三，浙江仁和（今浙江杭州）人。约康熙十五年前后在世，历官光禄寺少卿、翰林院侍读、詹事府少詹事。

观象台　在内城东南隅之城上，元至元十六年（1279）建。台旧有元郭守敬所制浑天仪、简仪、量天尺诸器，清康熙十二年（1673），以旧仪不适用，乃别制之，仪凡六，曰天体仪、赤道仪、黄道仪、地平经仪、地平纬仪、纪限仪，其旧仪移藏台下。五十四年（1715），制地平经纬仪。乾隆九年（1744），制玑衡抚辰仪。有滴漏堂、测量所、晷影堂诸所。光绪庚子（1900），八国联军入都，仪器多损失，今台下存简仪一座，为明代仿制，台上存赤道仪、黄道仪、象限仪（即纪限仪）、地平经纬仪各一座，均康熙时物，别有天体仪一座，则为光绪三十一年（1905）改制。民国成立，加设测候诸器，改名曰中央观象台。

观耕台　在先农坛。方广五丈，高五尺，面甃金砖，四围黄绿琉璃，东、南、西三出陛，各八级，绕以石阑。前为籍田，后为具服殿五间。东北为神仓，中廪制圆，前为收榖亭，左右仓十有二间，后为祭器库，缭以周垣，南门一。每岁皇帝亲耕，必以前代御制三十六禾词，使乐人歌之。

窑台　在南下洼榆树林东。有土台，高三丈余。有佛殿三楹，中供茶宠，俨若茶社。芦苇四围，一望无际，亦纳凉佳处也。

钓鱼台　在阜成门外三里河西北里许，为金主游幸处。清乾隆三十八年（1773），浚治成湖以受香山新开引河之水，复于下口建闸，俾资蓄泄，由三里河达阜成门之城壕，至东便门入通惠河。有清帝御书“钓鱼台”三字及御制诗。阴历九月初九日，都人多就其地，驰车赛马，极一时之盛。

晾鹰台　在永定门外小红门南海子。中有殿，殿傍晾鹰台，临三海子，筑七十二桥以渡，元之仁虞院也。每当冬春之交，天子亲幸近郊，纵鹰隼搏击，以为游豫之度，谓之飞放。至顺二年（1331），筑柳林海子堤堰。

黄金台　有二。一在易州东南三十里，即燕昭王置金延天下士处，土人呼为贤士台，亦曰招贤台。台畔有汉义士田畴祠、高渐离故居、荆轲馆、樊于期观。一在京师朝阳门外东南十余里，因昭王既筑台易水以延天下士，后人慕其好贤之名，亦筑台于此，为燕京八景之一，曰“金台夕照”。

丰台　在右安门外十八里。居民向以艺花为业，芍药尤盛。草桥河接丰台，为京师养花之所，元人园亭皆在此，有清帝御制《丰台行》诗碑二。丰台之名，不知所自始，其地实无台也。金之郊台，在丰宜门外。丰宜者，金之南门也。丰台疑即拜郊台，当以门曰丰宜，故目为丰台耳。

谎粮台　在朝阳门外六里。相传唐太宗东征高丽，屯兵，虚设囷仓以诱敌，谎粮台之名由是始。

元郊台　在元之丽正门东南七里，约即今永定门外也。

祭星台　在香山南。元延佑七年（1320）四月，祭遁甲神于香山之阳，即此地也。

葆台　在永定门外三十里。有寺，甚壮丽，相传为金明昌（1190~1196）时李妃避暑之台。

望京村墩台　在东直门外，明景泰（1450~1457）时建。其地名孙侯村，有望京馆，辽建，为南北使臣宿息饮饯之所。宋王曾①《上契丹事》曰，“出燕京北门，至望京馆”，即此也。为古北口孔道。

量水台　在京西丰富营大道西端。台高丈余，叠石为之，以量水势。上有小庙，奉弥勒佛。

龙虎台　在南口车站东三里。元周伯琦②云：“苍龙左蟠，白虎右踞，故名”。地高平如台，元时车驾巡幸上都，往来驻

① 王曾（978~1038），字孝先，青州益都（今山东青州）人。宋真宗咸平（998~1003）取解试、省试、殿试皆第一，官至宰相。《宋史》有传。

② 周伯琦（1298~1369），字伯温，饶议处人。博学工文章，尤以篆、隶、真、草擅名当时，尝著《六书正伪》、《说文字原》二书。《元史》卷一百八十七有传。

跸于此。

燕墩　即烟墩，在永定门外里许，官道西。有清帝御制《帝都篇》、《皇都篇》之碑，均有汉满二文，筑台庋之。台高二丈许，缭以周垣，碑立正中，方而长，北面下刻诸神像，其颠镌龙纹，俗称石幢。

双塔　在西长安街路北，即庆寿寺。有二塔，一高九级，一高七级，均元代建。今寺尚有海云①、可庵②二像，皆衣团龙鱼袋。

万松老人塔　在西四牌楼南大街之西，砖塔胡同之南。清乾隆十八年（1753）敕修，仍其旧，为九级，而加合塔尖。然甘石桥北，今亦有砖塔七级，高五丈四尺，石额曰"万松老人塔"。当金元之间，有僧自称"万松野老"，居京师从容庵。耶律文正③从学三年，僧目之曰湛然居士，尝语文正曰："以儒治国，以佛治心"。老人有《万寿语录》、《释氏新闻》，又善抚琴，尝从文正索琴，文正以承华殿"春雷"④及种玉为"悲风谱"赠之。又尝寄孔雀半面，附以诗云："风流彩扇出西州，寄与白莲老社头。遮日拈风都不碍，休从侍者索犀牛。"传之法门，亦佳话也。

金鳌玉蝀桥　在西苑水云榭北。有白石长桥，东西树坊楔，即金鳌玉蝀也。桥跨太液池，有九门，勒御书联额，又有

---

① 海云，生于金泰和二年（1202），山西岚谷宁远人，俗姓宋，法名印简，海云是其号。金贞佑五年（1217）木华黎攻陷宁远，海云被蒙古人所执，成吉思汗赐号为"寂照英情情味大师"，后主管全国宗教事务。海云是北方佛教临济宗传人，他的活动对元代临济宗乃至整个元代佛教的发展，都有重大影响。他在蒙古统治者心中地位极高，对元朝的建立也产生过重要的政治作用。其事迹见无念常《佛祖历代通载》、程矩夫《雪楼集》、《大蒙古燕京大庆寿寺西堂海云禅师牌》（现存于北京市法源寺内）。

② 可庵智朗，即庆寿智朗禅师，是海云禅师的弟子。

③ 即耶律楚材。

④ 唐代蜀中制琴名家雷威所制名琴，流传于宋、金、元三代宫中，现藏台北故宫博物院（一说为北京琴家所藏）。

御制诗。明董谷《玉蝀》诗："正爱湖光从素绮，却看人影度长虹。宫墙睥睨斜临碧，水殿罘罳远映红。宛转银河横象纬，依稀太液动秋风。西华门外尘如海，一入天街逈不同。"查慎行《玉蝀桥观荷》诗："水风凉透鹭鸾肩，一镜争窥万柄莲。不是玉楼金殿影，直疑身到过湖船"。张廷璐[1]《晓过玉蝀桥》诗："百尺长虹卧碧波，菰蒲两岸晓烟多。水风吹绿不知暑，日日藕花香裏过。"

德胜桥　在德胜门内。西有积水潭，潭水注桥下。东行转西南为李广桥，径僻，无行人，古槐浓荫，如罨画溪。其在昔日，阴历每岁六月初六日，中贵以仪仗鼓吹导引，洗马于得胜桥之湖。今李广桥北之水，土人呼为"马坑"。

银锭桥　在鼓楼西，为前后什刹海汇通之地。桥如银锭，故名。地势最高，每当天清气朗，登桥西望，西山秀色，尽在目中，故俗有"银锭观山"之谚。

望恩桥　在东安门内。桥有三孔，斜度最高。明之水牢，以系重囚，今有贫民居之。京都市政公所，近为谋交通便利，于民国十年（1921），将桥面拆平。

太平桥　在西安市场东。某诗人名曰"断魂"，出殡者必绕道以避之，故改称太平桥。

小关桥　在德胜门外，元时粮船起卸之地也。

高梁桥　在西直门外半里。为玉河下游，玉泉诸水注焉。高梁，其旧名也。高梁闸建于元至元二十九年（1292），上覆石桥，即高梁桥也。桥一孔，水流甚激，两岸高柳垂绿拂地，扁舟上下，风景绝佳。相传宋太宗伐幽州，与辽将耶律休格大战于高梁河，即此。

白石桥　在西直门外西里许。为明驸马万某白石庄，台榭

① 张廷璐，字宝臣，号药斋，安徽桐城人。官至礼部侍郎，有《咏花轩诗集》。

水木为附郭园亭之冠。

草桥　在右安门外十里。众水所归，种水田者资以为利。土近泉，宜花，居人以莳花为业。有莲池，牡丹、芍药，栽之如稻麻。然诸花悉备，独不能养兰，惟万明寺有兰数本。桥去丰台十里，旧多亭馆，清王士禛《过草桥》诗云："垂杨匝地板桥横，沙路青驴得得行。偶坐濠梁忘日暮，可怜泉水在山清。"清汤右曾《自黄村归经草桥》诗云："按鹰台北接春郊，信马间行未觉遥。尺五城南好光景，到天烟色柳条莜。"

芦沟桥　在广安门外西南，跨芦沟河，为京师出入孔道。芦沟即桑干河，源出山西太行山，入宛平境，南至东安武清，入白河，亦谓之黑水，盖以水色最浊，急流如箭。桥建于金大定二十九年（1189），至明昌三十年[①]始成，长二百余步，十一孔。左右雕阑，凡一百四十柱，柱各一狮，俯仰殊状，无一雷同。常人往来以策数之，辄隐其一，盖当日石工精妙，于大狮毫毛中，每隐小狮，仓卒中自难得全数也。元明以来，累加修葺，清康熙三十七年（1698）重修，赐名永定河，乾隆时再修，均有御制文勒碑。桥头各建一亭覆之，又敕建永定河神祠于桥侧，有御制文勒碑。元至正十四年（1354）四月，建过街塔于芦沟桥，为燕京八景之一，曰芦沟晓月。俗云桥下有斩龙剑，虽夏雨洪水陡涨，不能漫，然清光绪戊戌（1898）大雨，水暴发，冲失桥栏一段矣。今京汉汽车通轨于其北架铁桥焉。

绣绮桥　在海甸正西六里。俗名罗锅桥。

飞龙桥　在东华门内皇史宬西，跨玉河桥。北有坊二，曰飞虹，曰戴鳌。

倚虹堂　在西直门外高梁桥西。宫门三楹，东向。临河有

---

① 明昌为金章宗年号，共七年，自 1190 年至 1196 年。此外明昌三十年应为明昌三年之误。

门三楹，南向，石阶入水，内仅堂廊数间，为上下船休息之所。相传清高宗幸园，值大雪，至倚虹堂少憩，降舆，即云“白雪当空”，适和珅在侧，以“红旗上道”四字对之。时金川用兵已久，未旬，捷报至，遂御书二额悬于堂，后以兵燹失之。

明秦良玉驻兵处　在虎坊桥迤西，今地名四川营者是也。良玉所统女兵，号白杆军，曾驻此。蜀人祠之于今之四川会馆，且设四川女校于中，门题“蜀女界伟人秦少保驻兵遗址”十二字。神龛前悬一联云：“去胜国垂三百年，在刼火销沈，犹剩数亩荒营，大庇北来桑梓地；起英魂于九幽地，看辽云惨淡，应添两行热泪，同声东哭海天涯”。棉花胡同一带，皆其部兵纺绩之所。屯田政策，女子乃得实行，其谋略亦伟矣。庄烈帝《召赐女帅秦良玉》诗云：“蜀锦征袍手制成，桃花马上请长缨。世间不少奇男子，谁肯沙场万里行。”

办理回人佐领事务处　在西长安街南。地名回子营，建礼拜寺，有御制碑。清乾隆二十五年（1760），授白和卓为回子佐领，以投诚回众，编一佐领于西长安街路南，立回营一所居之。屋百四十七楹，设办事房，以内务府官董其事，今楼尚存。

贡院　在内城东南隅观象台西北，元礼部旧址也。明永乐时改贡院，万历时拓旁地益之，清代屡加修葺，愈益宏备。乾隆元年（1736），高宗幸贡院，御制七言律四首，勒石至公堂。诗有“从今不薄读书人，言孔孟言大是难”之句。词臣张鹏翀和诗云：“添的青袍多少泪，百年雨露万年心。”盖纪实也。

聚奎堂　有明代王图[①]《庚戌取士》诗。天启四年

---

① 王图，字则之，万历十四年（1586）进士，历官吏部侍郎、礼部尚书。《明史》卷二百一十六有传。

(1624)，其子淑卞和之，刻石壁间。自停科举，议改市场，不果。今拟改建模范市区。

国子监　在安定门东南崇教坊成贤街，元之旧学也。明永乐时，改国子监。在国学之西，有古柏，元祭酒许衡所植。中曰彝伦堂，有清圣祖御书额、御制祭酒箴，世宗御书“文行忠信”额。东廊为绳愆厅，为鼓房，有率性、诚心、崇志三堂。凡匾联，皆列圣暨高宗御书，又御制赐南学碑。两厅以南为碑房，东西对列，各树碑甚多，所镌者皆高宗御书十三经。乾隆五十年（1785），建辟雍宫于集贤门内，周以环池，有桥四，前有碑亭二。是年二月上丁，皇上亲行释奠，临雍讲学，有御制《国学新建辟雍圜水工成碑记》、御制《上丁释奠后临新建辟雍讲学》诗四首、御制《三老五更说》，皆勒石监中。

象房　在宣武门内象房桥侧，明之旧象房也。清咸丰(1850~1861)已来，滇南久乱，贡象不来者十余年。至同治戊辰（1868），云南底定，缅甸始再贡象七只。岁夏五，于顺城河洗之。光绪甲申（1884）春，一象负辇于午门，忽发狂，掷辇于空中，碎之，逸出长安门。物遭之辄碎，人遇之皆掷，奄人某被掷，颅骨碎如粉，西城居民皆闭户竟日，至暮始获之。自此不复列入朝仗，且相继毙矣。今已改为众议院。

太平仓　在朝阳门外迤南。沿城仓廒比列，外环长垣，旧分太平、万安、储济等仓，均为漕运积粟之所。按京师自元郭守敬建议，开凿通惠渠，下达通县接运河，漕运始便，惟仓址当在今城北，此仓为明建清修。旧时江苏、浙江等省舻船输运，劳费实繁，自京奉通车，敷设岔道，于是改漕运为车运。今既裁除禄米，仓遂空，又因妨碍火车路线，将长垣拆卸，贯行其中。

华严钟厂　在德胜门外东。其地有真武庙，有清顺治辛卯(1651）刘芳远碑。华严钟仅存其一，旧悬万寿寺，今移觉生寺。

神木厂　在广渠门外二里许。明永乐时，神木尚存，有御制《神木谣》勒石。大木俱刻字为记，其上有“王二姊”、“张点头”、“嫌河窄”、“混江龙”之名，皮烂心存，对面犹不见。

黑窑厂　在潘家河沿南下洼，为明代制造砖瓦之地。清时均交窑户备办，厂遂废。其地坡垄高下，蒲苇参差，都人士之登高者辄于此。

琉璃厂甸　在前门外西河沿南。内有琉璃窑，清时设满汉监督董其事，烧造五色琉璃瓦。厂地南北狭，东西长约里许。灯市口向有之市场，后移厂甸，阴历每岁元旦至十七日，陈设杂货玩物，游人麇集。今于其处建海王村市场。

春场　在东直门外一里。清时，顺天府府尹之迎春也，辄自场入于府。有迎春亭，今废，仅碑存。

蓝靛厂　在西直门外长春桥。其街东西行，自长春桥而北，有三合土长堤。沿河，北达绣漪桥北端，建坊曰璇镜晶波，河水自昆明湖来南，即长河。下桥路北，为立马关帝庙，西行有万缘茶棚，路北即广仁宫，俗呼西顶。

南花园　在西苑门迤南。明时为灰池，种瓜蔬于坑洞，烘焙新蔬，以备春盘生之用。清改为南花园，杂植花木，苏杭所进盆景，皆付培植，又于暖室烘出芍药牡丹诸花。秋时收养蟋蟀，至灯夜则置之鳌山灯内，奏乐既罢，忽闻蛩声自鳌山中出。查嗣瑮《灰洞》诗云：“出窖花枝作态寒，密房烘火暖催看。年年天上春先到，腊月中旬进牡丹。”

西苑　在西华门西。金之离宫也，元明递加增饰。元建大内于太液池左，龙福、兴圣等宫于太液池右。明大内徙而之东，则元故宫尽为西苑地矣。旧占皇城西偏之八，今只十之三四。门榜曰西苑，内有太液池、琼华岛，波光澄澈，烟云缭绕。上有广寒殿，隐然仙府，为燕京八景之二，曰太液晴波，曰琼岛春云。施闰章[①]《西苑晓行》诗云："新蒲古柏晓阴阴，太液昆明接上林。翡翠层楼浮树杪，芙蓉小殿出波心。人歌凫燥衣冠会，水奏箫韶鼓吹音。欲望天颜真咫尺，露台回合彩云深。"查慎行《西苑上巳》诗云："上巳接清明，韶光满苑城。晓烟和柳重，夜雨为花晴。节物春长好，年芳老自惊。两三修禊伴，闲话水边行。"

蕉园　由西苑门循东岸而北，即是。其松桧苍翠，果树森罗，中有明崇智殿旧址。南即万善门，内为万山殿，其后圆盖穹窿，为千圣殿。东为延祥馆，西为集瑞馆，东为内监学堂。明时，崇智殿后芍花药圃，有牡丹数十株，又名椒园。有"宫监法从人等至此下马"二石碑，为世宗设醮时所立。先朝实录告成，于此焚草。七夕，宫人以鹊桥补服，设乞巧山子，兵丈局进乞巧针。十五日，作法事，放河灯，甜食房进供佛波罗密。清顺治时改万善殿，供佛像，进老成内监，披剃焚修。木陈、玉林二衲，奉召至京，尝居此。阴历每岁中元，建盂兰盆会，放河灯，以数千计，南自瀛台，北绕万岁山（即白塔山）而回，为苑中胜事。明廖道《南蕉园》诗云："旖旎芭蕉色，缤纷满御园。午阴便鹿梦，春雨罢蜂喧。绿借芙蓉涧，青交薜荔翻。词林曾献颂，此日重承恩。"清成德[②]《蕉园》诗云："见说斋坛密，前朝太乙祠。莺边花树树，燕外柳丝丝。宫御人稀到，词臣例许窥。今朝陪豹尾，新长万年枝。"

清漪园　在万寿山麓圆明园西二里许，临昆明湖。清高宗建大报恩延寿寺，命名曰万寿山，并疏导玉泉诸派，汇于西湖，易名曰昆明湖。湖设战船，仿闽广巡洋之制，每伏日，香山健锐营演水操于湖。内有勤政殿御制《石座铭》、《万寿山

---

① 施闰章（1619~1683），字尚白，一字屺云，号遇山媲萝居士、蠖斋，晚号矩斋，后人也称施侍读、施佛子。清初著名诗人，文章醇雅，时号"宣城体"，有"燕台七子"之称，位列"清初六家"。

② 成德，即纳兰性德，已见前注。

昆明湖记》。乐寿堂前有大石，镌御题“青芝岫”三字。餐秀亭后石壁，勒御书“燕台大观”四字。

惠山园　在大报恩寺北。园有池数亩，池东为载时堂，北为墨妙轩，中贮三希堂续摹石刻，壁嵌墨妙法帖诸石。园之西有就云楼、澹碧斋、水乐亭、寻诗径、涵光洞、知鱼桥诸胜。此园布置，参仿无锡秦氏之寄畅园，载时堂至知鱼桥，为园中八景。

静明园　在玉泉山之阳。园西山势深窈，灵源浚发，奇征趵突，是为玉泉山麓。旧传有金章宗芙蓉殿址，无考。清康熙十九年（1680）建，初名澄心，三十一年（1692）更今名。康雍间，皇帝尝阅武于此。宫门南向，内正殿为廓然大公殿。北临后湖，湖中为芙蓉晴照，西为虚受堂。堂西山畔，有泉为玉泉，上为龙王庙。自龙王庙南，循石径入，为竹垆山房，又南为圣因综缋，西为绣壁诗态，又西为溪田课耕，北为圣缘寺。寺北为仁育宫，宫东为东岳天齐大生仁圣帝像，又北为清凉禅窟、采香云径，南为峡雪琴音。南山之巅为玉峰塔影，山麓东北临溪为书画舫，南有楼曰风篁清听，西为镜影涵虚，前为裂帛湘光，后为云外钟声。碧云深处以南为翠云嘉荫，东为小南门，稍南为东宫门，西南为影湖楼。小东门外长堤石桥上建石坊二，迤东为界湖桥，桥下水北注玉河，又北至青龙桥，即达清漪园之辇道也。按自廓然大公至翠云嘉荫，为静明十六景。

静宜园　在香山。前为城关，内东西各建坊，架石桥，下为月河。度桥为宫门，内有殿，曰勤政，旧时为皇上朝夕与群臣咨访政要之所。勤政殿南北配殿，前为月河殿，后北为致达斋，南向。西为韵琴斋、听雪轩，东有楼，为正直和平殿。殿后西为横秀馆，东向，南为日夕佳亭，北为清寄轩。横秀馆后建坊，内为丽瞩楼，高宗诗云：“重基百尺耸，万象四邻通。岚霭变朝暮，山川无始终。会心堪致远，抚象念居崇。春色皇都好，都归一览中。”楼后南为绿云舫。丽瞩楼迤南为虚郎斋，前为石渠，为流觞曲水，为画禅室，后为学古堂，东为郁兰堂，西为伫芳楼，又后宇为物外超然。其外东西南北，各设宫门。学古堂前嵌御制《静宜园二十八景》诗石刻。璎珞岩在带水屏山之东，其上为绿云深处，东稍南为翠微亭，高宗诗引云：“宫门之内，古木森列，山麓稍北为小亭。入夏，千章绿阴，禽声上下；秋冬，木叶尽脱，寒柯萧槭，天然倪迂小景”。青未了亭，在翠微亭西，高宗诗引云：“南山别嶂，为宫门右臂，群峰苍翠满目，阡陌村墟，极望无际。玉泉一山，蔚若点黛，都城烟树，隐隐可辨。不必登泰岱、俯青斋，方得杜陵诗意”。亭迤西，岩际驯鹿坡，坡西有龙王庙，下为双井，其上为蟾蜍峰，又谓之虾蟆石。稍东，为松坞云庄，又东为凭襟致爽，后为栖云楼，高宗有句云：“高楼号栖云，题句忆昔年”。香山寺前石桥下之方池，为知乐濠。香山寺在璎珞岩西，为金章宗会景楼故址，高宗诗引云：“寺建于金世宗大定间，依岩驾壑，为殿五层，金碧辉映，自下望之，层级可数。旧名永安，亦曰甘露。予谓香山在洛中龙门，白居易取以自号，山名既同，即以山名寺，奚为不可”。诗云：“雁堂传宝界，鹿苑本仙区。结厦参摩诘，和南礼曼珠。分茶驰调水，清馔饱伊蒲。欲拟清新句，寻思色相无。”山门内有娑罗树，高宗诗引云：“山多桧柏，惟香山寺殿前有松数株，虬枝秀挺。山门内一松尤奇古，百尺乔耸，侧立回向，自殿中视之，如偏袒阶下，生公石不得专矣”。寺北为观音阁，后为海棠院，院东为来青轩，圣祖题额曰“普照乾坤”。高宗有《恭瞻四大字》诗云：“胜地绝尘喧，璇题耀网轩。余波留墨沈，健法突钗痕。尚睹云烟润，因惊岁月奔。圣情空想象，长此照乾坤。”稍西，六方亭，为唳霜皋寺。西北，由盘道上，为洪光寺。山门东北向，中建毗卢阁殿，正殿为太虚室，又左为香嵓室。洪光寺前盘道闲敞，宇为霞磴，高宗诗引云：“香嵓室前累石为磴，凡九曲，历十八盘而上，彷佛李思训、王维画蜀山栈道。山势耸拔，取径以纡而得夷，非五回之岭、九折之坂，崭绝而不可上者比也”。宇北为玉乳泉，高宗诗引云：“行宫之西，循仄径而上，有泉从山腹中出，清泚可鉴。因其高下，凿三沼蓄之，盈科而进，各满其量，不溢不竭。《长安可游记》谓山有乳峰，时嘘云雾，类匡庐香炉峰。不知玉液流甘，峰自以泉得名耳”。泉西稍南，为绚秋林，林北为雨香馆，高宗诗引云：“绿云舫稍西，步平冈而南，为雨香馆。山中晴雨朝暮，各有其胜，而雨景尤奇。油云四起，滃郁栋牖，长风漂洒，倏近倏远。苔石药苗，芬繁郁烈，沈水龙涎，不免烟火气”。按自勤政殿以迄雨香馆内垣，为景二十。外垣景八，曰“晞阳河”，西为朝阳洞，后为观音阁。北为芙蓉坪，楼东敞宇为静如太古。西南为香雾窟，后为竹垆精舍，北岩间有御书“西山晴雪”石幢，为燕山八景之一。又北为洁青履南，稍东为栖月崖，西宇为得趣书屋。距崖半里，设石楼门，题曰云阙。崖北为重翠崦，高宗诗引云：“度栖月崖而北，稍西，邃宇闲敞，岚青树碧，烟浮翠重，近拂己案间。‘崦’字，字书所略，唐宋人诗多用之，疑崖岫复迭处，如所谓一重一掩耳”。其南宇为玉华岫，在重翠崦之东，南有石洞出泉，称玉华泉。高宗《皋涂精舍》句，“桂子还韬宝玉馣”，《玉华岫》诗注云：“桂子入冬，则收育于此，他处不能活，亦西山之一奇云”。西南峰石屹立，上勒御题“森玉笏”三字。峰上有亭为隔云钟，以遥闻大觉生寺华严钟声也，高宗诗引云：“园内外钟刹交望，铃铎、梵呗之声相闻，近者卧佛、法海、宏教，远者华严、慈恩。觉生最远，钟最大，即永乐中铸华严经其上者。每静夜未阑，晓星欲上，云扃尚掩，霜籁先流，忽断忽续，如应如和，至足惊听”。

颐和园　在西直门外二十里，圆明园西。内有万寿山，旧名瓮山，清乾隆十六年（1751）始赐今名。相传有老人凿石，瓮有华虫雕刻，文中有物数十种，老人悉携去，置瓮于山之西，留谶曰："石瓮徙，贫帝里"。嘉靖初，瓮不知所在。山有佛香阁，阁后有黄色琉璃殿，四面刻佛像，曰智慧海，居山之最高处。阁下有盘道，远望如方胜形。山前有河，曰昆明，其水来自玉泉。西南有山色湖光共一楼，极南有桥，曰"绣漪"，高梁圆脊，俗呼偻伛。湖岸范铜为牛，以镇水势，背镌金牛铭。湖有十七孔桥、八风亭，北有长廊、石舫诸胜。清光绪朝，孝钦后六旬万寿，重葺之，括为一园，曰颐和。宫门东向，青龙桥东路南宫门一，青龙桥南路东宫门一，前建坊。水门则四面皆通，西面环以河，沿河皆稻田。孝钦后、德宗常驻跸于此，今已售票，任人游览。

自怡园　在京西海甸，清大学士明珠别墅。查慎行《过相国明公园亭》诗云："名园多在苑西偏，不数樊川及辋川。绮陌东西云作障，画桥南北草含烟。凿开丘壑藏鱼鸟，勾勒风光入管弦。何似赞皇行乐地，手栽花木记平泉。球场车埒互相通，门径宽闲五百弓。但觉楼台随处涌，不知风月与人同。紫驼卧草平沙外，白马穿花细雨中。一片近郊农牧地，可容鸡犬识新丰。"

洪雅园　即明米万钟勺园，又曰风烟里，后为郑亲王邸，在北淀。其中胜迹，曰色空天，曰天一业，曰松柁，曰翠葆榭，曰林于澨，都人称曰米家园。米尝自绘园景为灯，丘壑亭台，纤悉具备，都人又称为米家灯。明王思任[①]《题勺园》诗云："才辞帝里入风烟，处处亭台镜裹天。梦到江南深树底，吴儿歌板放秋船。"

澄怀园　在海淀。清大学士张廷玉赐园，大学士刘统勋尝居之，后为内廷翰林公寓。

---

① 王思任（1574~1646），字季重，号谑庵，山阴（今浙江绍兴）人。官至礼部尚书。顺治三年，绍兴为清兵所破，绝食而死。文学家，以《游唤》、《历游记》两种游记成就最高，有《王季重十种》传世。

湛园　在宣武门内近西长安门。旧有石丈斋、石林、仙籁馆、茶寮、书画船、绣佛居、竹渚、敲云亭、曲水、松关、饮光楼、众香国、猗台花径诸胜，即明米万钟湛园，今已不可考。米自题诗云："主人心本湛，以湛名其园。有时成坐隐，为客开清樽。闲云归竹渚，落日照松门。登台候山月，流晖如晤言。"

宣家园　在阜成门内，为宣城伯卫公别业。多奇石，石皆有名，曰隅虎、曰伫鸪、曰惊羽、曰奋距，今无考。

李园　明武清侯李伟别业也，在三里河旁。流水入园，有金鱼池，遂以水胜，可泛舟。中有梅花亭，砌亭为瓣五，镂为门为窗，绘为壁，甃为池，范为器，其形皆以梅。又有沤台、凫楼、船桥、鱼龙亭诸胜，水关长廊数百间。水岸设村落，宛如江浦渔市。今东小市旷地十余亩，有平桥渠水，传是故家园地，疑即其遗址也。

梁家园　在正阳门外十间房南。明时都人梁氏建，亭榭花木，极一时之盛。地洼下，有水可泛舟，后圮废。清乾隆时，即其地建寿佛寺，今改工巡捐局。

寄园　在宣武门外菜市西南教子胡同。清康熙时户科给事中赵吉士别业，今仅留遗址。

怡园　在南横街西七间楼。清康熙朝大学士王熙别业，中有额，曰"席宠堂"、曰"耆年硕德"、曰"曲江风度"，皆圣祖御赐。今亭馆已圮，析为民居。

万柳园　即万柳堂，元廉希宪别墅。在城西南，为最胜之地，今遗址不存，莫名其处。《辍耕录》云："野云廉公，一日于中置酒，招庐疎斋赵松云同饮。时歌儿刘氏名解语花者，左手折荷，右手执杯，歌《小圣乐》侑酒。赵公喜，即席赋诗云：'万柳堂前数亩池，平铺云锦盖涟漪。主人自有沧州趣，游女仍歌白云词。手把荷花来劝酒，步随芳草去寻诗。谁知咫尺京城外，便有无穷万里思'"。《小圣乐》乃遗山①所制，俗名"骤雨打新荷"者是也。

祖氏园　在草桥。水石亭林，擅一时之胜，游草桥、丰台者多往焉。乾隆初，归于王氏，今又易主矣。王士楝《祖将军园亭》诗："邻邻水石映前滩，落落松篁返照残。莲叶萧条蒲叶短，并将凫雁作荒寒。"

杏花园　在朝阳门外。元董宇定建，植杏千株。宇定为张留孙弟子三十八人之二，虞道远、欧阳原功、陈众仲、揭曼硕、果罗洛易之皆有题咏。

毓春园　在颐和园宫门前。东近圆明园，西建升平署，南临马路，北面大有庄。前门在宫门东路北，后门在观音庵东路南。入门，垂柳两行，绿阴夹道，东南北三面缘墙皆土山。水自北来，中汇成池，辟为芦塘。塘西岸建盆库花洞二所，屋基爽垲，门悬"毓春园"额。今为陆军第十三师修械所，隙地皆为水田。

鹿园　在东便门外大通桥东蓝靛厂。方广十余里，地平如掌，古树偃仰，与高冢相错，传是金章宗时鹿园遗址。

中央公园　在天安门右，为社稷坛故址，民国成立，改公园。园门内之东，为售票处（票价铜元十枚）与兑换所，西为警察所。路中有铁栅门，门旁为查票处。进栅北行数武，巍然峙立者，协约战胜纪念碑也。四柱三洞，顶覆蓝瓦，作巨坊形。坊身白石建筑，中额正刻"公理战胜"四字，左镌"中华民国八年三月十五日"，右镌"西历一千九百十九年三月十五日"，背面俱刻西文。此坊原建于米市大街，为德国克林德碑，欧战后改为协约战胜纪念碑，建之于此，以便众览，亦雪

---

① 遗山，即元好问（1190~1257），字裕之，号遗山，太原秀容（今山西忻州）人。工诗文，是金末元初最有成就的文坛盟主，被尊为"北方文雄"、"一代文宗"。著有《元遗山先生全集》，词集为《遗山乐府》。《金史》卷一百二十六有传。

国耻之意也。自是循马路东行，为水法池，池形浑圆，上跨四狮，中有喷水塔，白石雕制，下镌“民国五年瑞金赠”七字。池外亦铺碎石，环列扇形花池四。水法池之北，有西式屋一，行健会也，中设台球。屋西隙地，围以砖栏，为夏日饮茶之所。屋东有曲廊，通东房，三椽，为行健会询事处。穿廊而北，有殿五楹，为来今雨轩，中设华星餐馆。轩前扃以砖栏，中央有池，池有玲珑石。轩后山石罗列，木栏竹篱，层层绕之。北端一亭，形如十字，遍绘斑竹，夏日品茗者，坐为之满。来今雨轩之东，为华星球房，门外左侧设验体重器一具，标明用法，游人多就而自秤之。球房北为公园董事会，再北有假山，松柏森列，杂以他树。山上建六角亭，重檐垂脊，金碧辉煌，可入而小憩。山石北之一片篱障为花厂，沿花厂北行，经门两重而西，为园之北面。北滨御河，夏时莲花最盛，可荡小舟。甬路两旁多古柏，夏时游人率品茗于此。中立雍剑秋①所建药石，形如圆亭，下有八柱，柱各刻先贤格言一则。东二柱刻朱子之言，曰“尽己之谓忠，推己之谓恕”；孟子之言，曰“国之本在家，家之本在身”。西二柱刻子思之言，曰“温故而知新，敦厚以崇礼”；王文成之言，曰“知是行之始，行是知之成”。南二柱刻丹书之言，曰“敬胜怠者吉，怠胜敬者灭”；岳武穆之言，曰“文官不爱钱，武官不惜死”。北二柱刻程子之言，曰“主一之谓敬，无适之谓一”；孔子之言，曰“自古皆有死，民无信不立”。亭外碎石铺地，环列石球十二，每三球以铁贯之，如栏杆，东西南北各留路口，以便出入。行及四端，有木桥跨御河，长约数丈，翼以朱栏。过桥北行，即西华门，可通古物陈列所。由桥南行，为园之西面。路右侧有方亭，粗木所构，环以短竹篱，颇得野趣。亭西为鹿园，园南

---

① 雍剑秋（1875~1948），江苏高邮人。早年入香港英国教会学堂，后考入新加坡大学。先后任天津造币厂副厂长、洋行军火买办，后经营房地产并创办学校，晚年一直从事慈善事业。

为溜冰场。亭南土山有草亭，山不高，而曲径蜿蜒，亦甚有致。土山之南，华屋连接，为柏斯馨咖啡馆、上林春餐馆、有正书局、春明馆茶社。其在路之左侧，与各处相对者，除春明馆之方亭外，皆苍松古柏，枝柯交加，自北徂南，宛如长巷。每岁之夏，薄暮则士女咸集，盖纳凉品茗之最大聚处也。春明馆之南为绘影楼，即同生照相馆。由绘影楼东转为园之南。路右侧有殿三楹，四周皆玻璃窗，中有清高宗御制诗碑及孔雀、小鹿各标本。殿东数十武，有玻璃房，南向面水，四隅斜出，结构精巧，中多奇花异卉。玻璃房之东为习礼亭，亭北为社稷坛。南门内有丁香林、芍药园、卫生陈列所、图书阅览所、监狱出品陈列所及电影、球房等各处。由习礼亭沿河岸南行，为豢禽所，就枯树构木笼以豢禽。林禽以梧桐鸟为最多，水禽则有鹤、鸭、沙鸥。再南为孔雀室，为售花厂。西折渡桥，即河之南岸矣。桥西为水榭，北半居水，南半跨路，朱栏画槛，红窗彩壁，有谓为园中第一胜处者。水榭之西为土山，数峰起伏。山隈有亭，亭东小洲建屋三楹，南北各有花架，四周怪石，如蹲如踞，不可名状。洲北涯有石桥，可通玻璃房，西涯石桥可通土山亭。

京都市城南公园　在正阳门外天桥迤南，即先农坛也。民国成立，因坛中之旧而点缀之，改为公园。园门东向，外有跑马场，场门树大旗，旗书“北京公共走马场”七字。场侧有茶肆，为走马者憩息之所。入园门，举目一望，古柏森列，或直或欹，随地高下以为起伏。西南行约数十武，为第二道门，即内垣门也。门北向，凡三洞，甚巍峨。左洞旁有小木屋，为公园售票处，牖悬木牌，标明票价，铜元五枚。门内甬道，有红木栏，随路转折，因以划分区段。栏内古柏，较门外者尤丛密，其下散置椅座，入夏则可于此品茗。自二道门稍南，路之左侧为鹿园，畜鹿十有五。园之南为神仓，内务部坛庙管理处设于此。再南为花肆，陈列花木，可数百盆。路之右侧为牺牲所，与神仓相对，保安警察第二分队及古物保存所皆在其中。牺牲所之南为具服殿，南向五楹，前有月台，今为公园事务所办公处，中悬御书“劭农教稼”匾、御制《耕籍》诗。其南为观耕台，面甃金砖，四围黄绿琉璃，东西南三出陛，各八级，绕以白石雕栏。上建八角玻璃亭，乃后筑者。亭西栽果木甚多，四周以木栏绕之。在西为运动场，设秋千架二。运动场之南，则为旷地，有木牌标“卉丛”二字，所种均蔬菜。是园地广树多，诚夏日避暑之佳境也。

海王村公园　为琉璃厂之厂甸故址，民国六年（1917）丁巳改为公园，七年戊午元旦开幕。园门南向，东、西各一门。迎门正中，叠石为山。山后为水法池，池正圆，中有喷水塔，塔端嵌龙首四，水由龙口喷放。庭铺石子，方圆不一。东南西悉商店，率为古玩、书画、金石、照相、琴室、茶社、饭馆之属。北为楼，楼为工商业改进会陈列所。楼北为花洞，旧历新正，园之隙地多茶台，游人杂沓，八埠妓女亦往啜茗。过此，则惟夏日之薄暮，有至茶社小憩者，平时几无人迹矣。

农事试验场　在西直门外西二里许，为三贝子花园旧址。中分动物、植物两园。动物园畜禽兽鳞介数十百种，各以木牌标其名称、性质、产地。植物园之花木可数百种，夹道植之，而温室中之花卉，种类尤伙，皆来自东西洋。此外如果树、五谷、蔬菜、湖桑各试验地，又于播种、选种、肥料各法，分别区段，详细标明。至于蚕业，则有育蚕室、切桑室及试验蚕病器、收蚕卵器、催生灯机、验丝表、全蚕标本，以次陈列。场中清流曲通，山石峙立，亭桥楼阁，布置得法。登畅观楼远眺，全场风景，一览无余。憩息啜茗，则有幽风堂、观稼轩、万字楼、咖啡馆；聚会燕饮，则有来远楼、燕宾园，中西肴馔悉有之。他如鬯春堂、荟芳轩、松风萝月、海棠式亭、日本房屋之构造，亦皆有精巧，夏日纳凉，尤为相宜。场中又有大小船舶、游览车、小肩舆，可以代步，而周览全景也。

卫生陈列所　在中央公园内，进社稷坛内垣南门，过丁香林、芍药圃，即至。西殿五楹，中楹为事务处，北二楹有玻璃橱，所藏为食类、器物类各标本，及肌肉、骨骼、脏腑、神经各病理画图或照片，墙悬动物血球原形虫发育之形状图，及各病菌原形虫发育之形状与动物解剖图。南二楹亦有玻璃橱，陈列各种药草药液标本，及妊娠类、胎儿类各照片，墙悬生理图、体育图、医治病症图、饮料菌类图及受微病各画图标本。每种标本画图照片，均有标明，或列表加说，以便考察。入场券价铜元四枚。

劝工陈列所　在广安门内大街路北。楼房三层，门前有树木，排列成行。楼有二十二条路线，陈列各省工艺品、各界发明品，约可四千种以上，凡雕刻、绘画、编织、刺绣、泥塑、瓷烧以及其他各种制造，均甚精巧。欲知全国工商状况者，不可不至此一览。楼西有茶社，曰澄怀园。院中花木甚多，茶座有二，罩棚下为男座，北五间为女座，冬日则于楼上设座售茶。入场卷价铜元二枚。

太学石鼓　在安定门内国子监文庙戟门内。世传周宣王猎碣凡十，盖籀文也，大径尺余，高三尺，形似鼓而顶微圆。旧在陈仓野中，唐郑余庆[①]迁置凤翔县学，而亡其二。宋皇佑（1049~1054）朝，向傅师求得之，十鼓乃足。大观（1107~1110）时，徙开封辟雍。靖康（1126~1127）末，金人取归燕，置大兴府文庙。元黄庆[②]初，移今所。按石鼓籀文，虽与大篆小异，然离钟鼎未远，其为三代古物，信矣。欧阳文忠[③]曰，“石鼓之文，可见者四百六十五字”。潘迪[④]《音训》载四

① 郑余庆，字居业，郑州荥阳（今河南荥阳）人，官至宰相。《旧唐书》卷一百五十八有传。

② “黄庆”，应为“皇庆”之误，自1312年到1313年。

③ 即欧阳修。

④ 潘迪，元代学者，著有《石鼓文音训》。

百九十四字，薛尚功①帖载四百五十一字，今存三百二十五字。其全文重文不计外，共字六百二十，缺者三百六十，不全者七十四字，全者二百四十字。据乾隆己巳年（1749）摹拓，其文存三百十字。后大内得元时搨本，存三百五十六字，见御制诗注。又按元至元中搨本，存三百八十六字。

梅稍月　石也。在地安门外帽儿胡同显佑宫殿门中。纹理天然，如梅树横枝，中隐一轻阴淡月。

悬山　在广安门大街路北，报果寺二门内两廊下。悬山有一里之遥，上悬之石，重可三四百斤，岁就不坠，绘以彩色。石隙上嵌神像，中嵌哰经、读经、入定、行路诸僧像，镌刻极精。

正阳石马　正阳门关帝庙前有白石马，巍然独立，半为尘沙所没。清光绪庚子以前，骑驴经此者，多登其背以作上驴下驴之石。庚子以后，即不知所在矣。

崇文铁龟　在崇文门外桥东北角。大于车轮，今仅存其盖耳。俗云崇文门桥下有海眼，故置此以镇之。

德胜石碣　在德胜门瓮城内迤西。覆以黄色琉璃瓦，亭外有木栅遮之，盖禁人入内也。碑文为清高宗御书，字遒劲。

安定真武　京师各城门皆祀关帝，惟安定门瓮城之庙祀真武，殿宇宏敞，神像庄严，出城经其门者，必入内瞻之。

彰仪金人　彰仪门谯楼有石一，镌蒙古人三，俱背像，相传为金代物。

朝阳谷穗　朝阳门洞左侧壁上，有石刻谷穗一。清光绪庚子，为人所碎，今仅存少半矣。说者谓朝阳为进粮之门，故刻此以记实云。

阜城梅花　阜城门洞墙上刻梅一枝，老干婆娑，殊有画

① 薛尚功，字用敏，浙江钱塘（今浙江杭州）人。宋代金石学家，著有《历代钟鼎彝器款识法帖》。

意。俗云“梅”“煤”同音，以西山煤运往内城者，多入此门，故刻梅以志之。

右安花畦　右安门外花厂林立，春秋佳日，万花齐放，而尤以春之芍药、秋之菊桂为最多。

西直折柳　西直门外长河一带，绿柳成行，碧荫连天，一望无际，诚软红尘中之佳境也。

东直铁塔　东直门外下关道南庙内塔下，有正方砖台，所供神像，俗传为明建文帝肉体，因病殁于此，即以其遗骸塑为神像。考明史，建文于南京城破，即不知所往，安有病卒于此之理。阴历每年四月初八日开庙。

西便白羊　西便门外城濠左侧，有白石数十块，星罗棋布，随河堤高下以分置。远望之，如白羊数十，或立或卧，与真者无异。

宣武水平　宣武门瓮城内有土砖，合砌之，堆垒五座，俗谓为五火神之墓，誓言也。盖宣武门地势最低，每届大雨滂沱，内城水皆西趋，穿城而出。阍者即以石垒为测水之具，若与垒齐，或没其顶，无论何时，急开城门以泄城内之水，否则城门即不能开，故呼之为“水平”云。

石面　阜成门外有石碑一，面上镌双人角斗形，京谚“不识石面”之语本此。

铁老鹳　琉璃厂南铁老鹳庙殿脊上，有铁老鹳二，能随风旋转，如占风铎然。

铜人　在地安门外迤东太医院署内药王庙，宋天圣（1023~1032）时作。世谓从海涌出，非也。

铜佛　在丰台大井村，有古铜佛一，高可三丈，未详为何代物。

人字柳　在太液池畔。清乾隆时，风吹一枝着地，本株倾欹欲倒，即以折枝拄之，既而成活，与本株合作人字形，因以名之。有高宗御制诗，断句云：“借问人称谁氏，依稀彭泽先生”。

菩提树　在英华殿。明神宗母李太后所植。按《天启宫词》注：“英华殿菩提树两株，六月开黄花，秋凉子落。子不从花结，与花并发，而附于叶之背，莹润圆洁，可作佛珠”。

娑罗树　在东直门北新桥柏林寺。寺为京师大刹之一。

龙爪槐　在南下洼陶然亭前。树以百余年，老枝屈曲，有如龙爪，故名。

架松　在广渠门外东南里许古园。园之古松以百计，枝皆长，以木架之，其荫可二亩许。每当夏日，游人甚多。

黄木　在沙窝门外，俗呼其地为黄木厂。盖金丝楠木也，高矮长短，七丈有余。

善应寺古松　在距丰台二十三岔口岭北寺内。古松四枝，枝干奇古。

唐云麾将军李秀残碑　在文丞相祠。二石础，李邕行书，天宝元载（742）正月。

唐天宝瓦　在瑞王府。正书，天宝二年（743）。

唐淤泥寺经幢　在鹫峰寺（即卧佛寺）。八面刻，宫官张功谨敬德建造，贞观二十三年（649）三月。

唐闵忠寺无塔净光宝塔颂　在法源寺。张不矜撰，苏灵芝行书，左行，至德二载（757）十一月十五日。

唐监察御史里行王仲堪墓志铭　在百子房崇效寺。族弟叔平述，正书，贞观十三（639）年二月。

唐井阑刻字　在外城慈仁寺顾先生祠。正书，开成四年（839）五月。

唐王公夫人张氏墓志　在慈仁寺壁。李元中撰，子弘泰行书，咸通四年（863）七月。

唐闵忠寺重藏舍利记　在法源寺。沙门南叙述，知常正书，景福元年（892）十二月。

宋燕山清胜寺慈慧太师塔幢　在右安门外广恩寺。前经后记，正书，八面刻，宣和七年（1125）二月十二日。

辽燕京析津县华黎庄建木塔记　在东直门外花梨坎。张轸撰，石恕同正书，乾统五年（1105）五月。

辽归義寺尊胜经幢　在外城善果寺。前经后记，正书，会同九祀龙集敦牂[①]元月二十一日。

辽承进为荐福禅师造尊胜经幢　在法源寺戒坛前。前经后记，八面刻，记刘赞撰，王思进正书，应历七年（957）六月二十日。

辽都亭□侯太原王公修石幢记　在善果寺会同石幢记后。记行书，题名正书，年月泐。

辽衍法寺尊胜经幢　在阜成门外衍法寺。李翊造，正书，八面刻，统和十八年（1000）四月。

辽采魏院陀罗尼石塔记　在采育营。沙门如正述，正书，景福元年（892）。

辽奉福寺尊胜经幢　在白云观西广恩寺。前经后记，八面刻，讲论真言、撰记并正书，清宁九年（1063）七月十三日。

辽旸台山清水院藏经记　在黑龙潭大觉寺。沙门志延撰，李克忠正书，咸雍四年（1068）三月四日。

辽戒坛聚慧寺大吉祥佛顶圆满陀罗尼幢　在西山戒坛冥王殿门之左。尼惠照建，前经后记，八面刻，正书，太康元年（1075）七月二十四日。

辽坛主崇禄大夫守司空传戒大法师幢记　在西山戒坛。正书，八面刻，太康三年（1077）三月十四日。

辽坛主寺司空大师道行碑　在西山戒坛。王鼎撰，并正书，大安七年（1091）闰八月。

辽观音菩萨地宫舍利函记　在法源寺。沙门善制述，义中

① 即辽太宗会同九年（946年）。“龙集”，犹言岁次。敦牂，古称太岁在午之年为“敦牂”，意为是年万物盛壮。

正书，大安十年（1094）闰四月二十二日。

辽舍利石函紫褐师德大众题名　在法源寺。四面刻，严甫正书，与舍利函记同时刻。

辽慈知大德尊胜大悲陀罗尼幢　在外城慈悲庵菜园。八面刻，僧德麟正书，寿昌五年（1099）四月。

辽护国寺尊胜经幢　在外城慈仁寺。八面刻，正书，年月泐。

辽驻跸寺沙门奉航幢记　在县玉河乡池水村蔡公庙。弟子善鋆述，正书，乾统八年（1108）四月。

辽尊胜陀罗尼咒幢　在内城玉带胡同朝阳庵。咒梵书，记正书，年月缺，志以幢有“宛平”字，定为辽幢。

金比邱圆委为父母建佛顶诸杂陀罗尼碑　在外城三转桥华严寺。前经后记，八面刻，正书，天会五年（1127）二月，前有明天顺元年（1328）题记。

金尊胜陀罗尼真言幢　在柏林寺经阁前。正书，四面佛像。

金观音甘露破地狱净法界真言幢　在陶然亭慈悲庵。四面刻佛像，梵书，标题年月正书，天会九年（1131）四月，后有明成化五年（1469）再修记。

金□□禅师遗行碑　在西山戒坛寺。韩昉撰，正书，天德四年（1152）。

金竹林寺奇和尚塔铭　在潭柘岫云寺塔园。沙门广善撰，姚亨会正书，大定十五年（1175）正月。

金礼部令史提名记　在法源寺。党怀英撰，行书，大定十八年（1178）八月立，后人读记至明昌三年（1192）止。

金龙泉寺言禅师塔铭　在岫云寺。祖敬撰，正书，大定二十八年（1188）六月。

金潭柘寺僧玉从皇帝龙泉应制诗　在潭柘寺。正书，明昌五年（1194）十二月。

金延寿寺清净光相陀罗尼幢 在外城本寺。梵书，四面佛像。

金了公禅师塔铭 在潭柘寺。沙门德润撰，正书，太泰和四年（1204）四月。

元大都治总管碑 在京兆尹署。王构撰，刘赓正书，王泰亨篆额，皇庆二年（1313）十月。

元碑阴记 在京兆尹署。张养浩撰，赵孟砚正书。

元成宗皇帝天寿万宁寺神御殿碑 在鼓楼万宁寺。欧阳玄撰，张起严正书，姚庆篆额，大德十一年（1307）十月。

元东岳庙昭德殿碑 在外东岳庙。赵世延撰并正书，天历三年（1330）三月。

元上卿真人张留孙碑 在东岳庙。赵孟頫撰并正书篆额，两面刻，碑阴亦有额，天历二年（1329）五月。

元潭柘寺归云禅师塔铭 在潭柘寺。陈时可撰，正书，丁未岁三月。

元庆寿寺西堂海云禅师碑 在双塔寺。王万庆撰，正书。

元崇国寺圣旨碑 在护国寺。正书，至元二十一年（1284）。

元崇国寺地产图 在圣旨碑阴。

元大都马鞍山聚禅寺月全新公长老塔铭 在西峰寺后，东北塔园。僧从伦撰，正书，至元二十八年（1291）。

元崇国寺崇教大师演公碑 在西城护国寺。赵孟頫撰并正书篆额，皇庆元年（1312）三月。

元铁师子刻字 在南海子新衙门行宫。正书，延佑十年（1314）十月。

元义勇武安王庙碑 在双关帝庙。李用撰，正书篆额，泰定元年（1324）三月。

元义勇武安王祠记 在双关帝庙。逑居敬撰，正书隶额，泰定三年（1324）四月二十。

元大都城隍佑圣王庙碑　在都城隍庙。正书，泰定三年。

元武安王庙碑　在榆垡关帝庙。韩世夔撰，翟时中正书，天历元年（1328）。

元重修瑞云寺碑　在观音山瑞云寺（俗称百家寺）。沙门雪成撰，正书，至正十年（1350）。

元重修新建崇国寺碑　在西城护国寺。沙门雪桢撰，葛禋正书，许居直篆额，至正十一年（1351）。

元权实義利寺开山和尚了公行迹碑残名　在内城保安寺。正书，至正十一年十二月。

元崇国寺圣旨碑　在西城护国寺。行书，至正十四年（1354）。

元崇国寺常住庄田事产记　在圣旨碑阴，正书。

元崇国寺隆安撰公传戒碑　在西城护国寺。危素撰并正书，张瑾篆额，至正二十四年（1364）九月。

元宣政院札付二道　在传戒碑阴，正书。

元马鞍山俊公和尚塔铭　在戒坛西峰寺塔下。

元心经幢　在南横街东岳庙。正书，八面刻。

麒麟碑　在东城麒麟碑胡同。年月未详，当系数百年物。

第十编　地名表

（附检字、内外城警区）

二画

十一条胡同　东四牌楼北大街路东　天坛迤东营房内

十八半截　阜成门内锦什坊街南头路东

十八狱　北新桥北戏楼胡同内　正阳门外天桥迤北路西

十二条胡同　东四牌楼北大街路东　天坛迤东营房内

十口胡同　正阳门外东珠市口精忠庙街内

十三条胡同　天坛迤东营房内

十方院　朝阳门内南小街路东

十五间房　正阳门外东珠市口精忠庙街内

十四条胡同　天坛迤东营房内

十字街　地安门内内宫监

十家户　宣武门内翠花街路西

十根旗杆　东直门内俄国馆西

十条胡同　东四牌楼北大街路东　天坛迤东营房内

十间房　宣武门外麻线胡同北头

十间楼　正阳门外北庐草园

二十四间房　东单牌楼北金鱼胡同校尉营内

二牛录　西长安街路南

二本堂夹道　正阳门大街中间路东

二拐胡同　正阳门外东珠市口大街迤南

二朗庙　西单牌楼报子街裤资胡同西口外

二条小巷　广安门内教子胡同南头

二条胡同　地安门内东板桥东　东华门北池子　西华门南长街　西安门内南豁子遮西　东单牌楼北大街路西　安定门内大街路东　北新桥柏林寺东　东四牌楼北大街路东　西单牌楼北大街路东　西单牌楼北辟才胡同路北　西直门内新街口北路西　天坛遮东营房内　左安门内大街路东　广安门内烂缦胡同南头　永定门内大街路东

二眼井　东华门内大学堂北　阜成门内南顺城街

二道栅栏　锦什坊街东养马营

二道街　西单牌楼南大街遮东

二道桥　地安门内东皇城根北河沿　东华门内南河沿

二道湾　三里河鞭子巷四条胡同

二圣庙　朝阳门内南顺城街路西

二庙　宣武门外大街头庙遮西

二龙坑　西单牌楼北皮库胡同西口外

二龙坑西巷　西单牌楼二龙坑西

八大人胡同　朝阳门内南小街路东

八步口　德胜门内果子市

八角胡同　正阳门外三里河西

八角琉璃井　宣武门外琉璃厂南

八个门　西直门内南顺城街

八根旗杆　东单牌楼东裱褙胡同东头

八棵槐　东安门外北皇城根

八条胡同　东四牌楼北大街路东　天坛遮东营房内

八道桥　天坛遮东

八道湾　东四牌楼北马大人胡同路北　德胜门内果子市东西直门内横桥沟沿　瓷器口大街路西

八宝坑　西安门内大街刘兰塑北头　北新桥南路东　西单

牌楼甘石桥东斜街内

八宝甸　宣武门外大街路东

八宝胡同　崇文门内船板胡同内　朝阳门内禄米仓东　东单牌楼北内务部街路北　东四牌楼北六条胡同路北　正阳门内新华街细瓦厂内路北　西直门内新街口北大街

八宝楼　崇文门内苏州胡同路北

七井儿胡同　宣武门外南横街路北

七条胡同　东四牌楼北大街路东　西直门内新街口北路西　天坛迤东营房内

七圣庵　右安门内大街路西

七圣庙　广安门内南线阁路西　南西门内吉乐院迤东　广安门内西砖胡同路西　香厂仁民路

七贤巷　阜成门内大街宫门口四条内

丁字街　东安门大街东头　西四牌楼南　西单牌楼皮库胡同二龙坑西　德胜门内大街北头

丁字胡同　崇文门内东裱背胡同路南

丁香胡同　崇文门内船板胡同内

丁章胡同　阜成门内锦什坊街路东

丁家井　西直门内南小街

丁家穿店　广安门内牛街路西

九条胡同　东四牌楼北大街路东　天坛迤东营房内

九间房　宣武门外烂缦胡同路西

九道门坎　虎坊桥路南

九道湾　北新桥南石雀胡同内　西华门南长街　崇文门外瓷器口路东　崇文门外瓷器口大街路西　正阳门外西河沿澡堂子胡同内　正阳门外鹞儿胡同迤北　西四牌楼兵马司

厂甸　宣武门外琉璃厂路北

厂桥　德胜门内大街南头

乃兹府　东安门丁字街北路西

三画

三十间房　东直门内北小街永康胡同路北

三川柳　崇文门外打磨厂路南

三不老胡同　德胜门内德胜桥南路西

三元庵　崇文门内小报房胡同东头　西珠市口香厂路

三仙洞　正阳门外高爵街内

三多里　正阳门内西交民巷

三合店　宣武门外大街南头路西

三岔　地安门内大街路西

三岔口　广安门内教子胡同南头

三里河　正阳门外东珠市口东

三里河街　正阳门外东柳树井东头

三府胡同　西单牌楼北堂子胡同东头

三府菜园　正阳门外排子胡同

三门阁　先农坛迤西

三官庙　西四牌楼南兵马司内　西直门内大街路北　东四牌楼东大街

三柱香　地安门内景山西门

三益大门　宣武门外达智桥

三座门　西华门北长街北头　西安门大街东头

三座桥　地安门外南药王庙

三条小巷　广安门内教子胡同南头

三条胡同　东华门内北池子南头路东　内西华门南长街　地安门内东板桥东　西安门内南豁子迤西　东单牌楼北大街路西　安定门内大街路东　北新桥柏林寺东　东四牌楼北大街路东　西单牌楼北辟才胡同路北　西直门内新街口北路西　左安门内大街路东　天坛迤东营房内　广安门内烂缦胡同南头　永定门内大街路东

三眼井　东华门景山东　西华门内南豁子大街路西　正阳

门外延寿寺街路东　地安门内

三眼井大院　东华门内大学堂北

三教寺　右安门内大街迤东

三教宫　崇文门外瓷器口大街南头

三间房　粉房琉璃街

三道街　正阳门外东珠市口草市街内

三道桥　东华门内南河沿南头

三道栅栏　西四牌楼南大院胡同西头　阜成门内东养马营

三道湾　鞭子巷四条胡同

三义庙　右安门内大街路西

三圣观　右安门内大街路西

三庙　宣武门外二庙迤西

三转桥　崇文门外南河漕南头

三关庙　广安门内南线阁路西

三观庙　宣武门外珠巢街路南

上二条胡同　崇文门外大街路东

上三条胡同　崇文门外大街路东

上四条胡同　崇文门外大街路东

上唐刀胡同　崇文门外南羊市口路西

上岗　西单牌楼旧刑部街北沟沿

上堂子胡同　崇文门外南羊市口路东

上斜街　宣武门外头庙内南岔

上驷院　地安门内大街路西

上头条胡同　崇文门外大街路东

上锅腔胡同　崇文门外南羊市口路西

上宝庆胡同　崇文门外南羊市口路西

下头条胡同　东便门内北小市路东

下二条胡同　东便门内北小市路东

下三条胡同　东便门内北小市路东

下四条胡同　东便门内北小市路东

下下头条　东便门内唬叭喇街东

下下二条　东便门内唬叭喇街东

下下三条　东便门内唬叭喇街东

下下四条　东便门内唬叭喇街东

下下堂子小胡同　崇文门外南小市下堂子胡同内

下坡子　阜成门内翠花横街路西

下唐刀胡同　崇文门外南小市路东

下岗　西单牌楼二龙坑西

下堂子胡同　崇文门外南小市路东

下斜街　广安门内大街路北

下洼子　东四牌楼南礼士胡同路南　安定门内北锣鼓巷路东　地安门外方砖厂路北　宣武门内魏英胡同路东　宣武门外粉房琉璃街内　虎坊路

下锅腔胡同　崇文门外南小市路东

下宝庆胡同　崇文门外南小市路东

大头条胡同　新街口北大街

大二条胡同　新街口北大街

大三条胡同　新街口北大街　安定门内大街

大四条胡同　新街口北大街

大五条胡同　新街口北大街

大六条胡同　新街口北大街

大七条胡同　新街口北大街

大土地庙　东单牌楼北新开路东头

大川店胡同　正阳门外西珠市口路南

大川淀　宣武门外南横街路南

大川路　虎坊桥东

大口袋胡同　西单牌楼甘石桥南　东四牌楼弓弦胡同内

大中府　正阳门内司法部街路东

大水车胡同　阜成门内锦什坊街路西

大井胡同　宣武门外丞相胡同路西

大木仓　西单牌楼北大街路西

大方家胡同　朝阳门内南小街路东

大六部口　西长安街路南

大火药局胡同　新街口北蒋养房内路北

大元宝胡同　东安门外南皇城根

大市　正阳门外东珠市口半壁街路南

大市北口　正阳门外东珠市口半壁街路南

大市北拐湾　正阳门外东珠市口半壁街路南

大市街　东珠市口

大石作　地安门内景山西门

大石碑胡同　地安门外烟袋斜街

大石桥　旧鼓楼大街路西　广渠门内大街西头　东河漕火神庙街

大扒儿胡同　西直门内南小街路西

大四眼井　正阳门内司法部街路东

大半截胡同　新街口北

大外廊营　正阳门外李铁拐斜路南

大吉巷　宣武门外果子巷内路西

大吉巷横胡同　万子巷内大吉巷

大耳胡同　正阳门外四河沿澡堂子胡同内

大安南营　正阳门外琉璃厂东南园迤南

大沙土园　宣武门外琉璃厂路南

大沙果胡同　西单牌楼旧刑部街四头路北

大坑　鼓楼宝钞胡同法通寺胡同内　天桥山涧口

大坑东岔　天桥草市街

大角胡同　西直门内南草厂内　东安门外北皇城根路东

大阮府胡同　东安门外南皇城根

大李纱帽胡同　正阳门外煤市街路西

大宏庙　正阳门外西河沿

大佛寺　东安门丁字街北头

大门巷　西翠牌楼迤西都城隍庙街

大明里　宣武门外校场小六条

大拐棒胡同　西四牌楼马市大街路北

大金丝套　地安门外德胜门内什刹海迤南

大枕头胡同　甘石桥西十八半截内

大取灯胡同　安定门内西大街

大保吉巷　正阳门外西珠市口西路南

大盆胡同　阜成门内南顺城街路东

大后仓　西直门内大街路南南草厂内

大施兴胡同　正阳门外兴隆街

大红罗厂　西四牌楼北大街路东

大栅栏　西长安街路北　正阳门外大街路西

大院　东直门内大街路南

大院胡同　西四牌楼南路西

大桂子胡同　安定门内西城根路南

大秤钩胡同　西单牌楼横二条胡同路东

大秤柁　西安门内海墙外

大席胡同　正阳门外东珠市口大蒋家胡同内

大格巷　安定门内大街路东

大乘寺　阜成门内南顺城街路东

大乘巷　西直门内大街路南南草厂内

大马神庙　正阳门外煤市街路西

大马蜂　宣武门内北闹市口迤北路东

大纱帽胡同　崇文门内王府井大街路西

大茶叶胡同　阜成门内北沟沿路西

大高殿　地安门内景山西门

大高殿前夹道　地安门内景山西大街大高殿西
大宴乐胡同　西华门南长街
大草厂　东安门外北夹道
大甜水井　东安门外南皇城根
大清观　宣武门外南下洼子迤西
大腊八胡同　正阳门外陈市路西
大黑老虎胡同　旧鼓楼大街路西
大帽儿胡同　西直门内新街口南路西
大森里　香厂华仁路
大悲院　宣武门外西砖胡同内
大悲院胡同　西华门南长街
大杨家胡同　德胜门内新街口南路东
大翔凤　德胜门内李广桥东
大牌坊胡同　朝阳门内东城根
大沟沿　正阳外门三里河南桥湾内　宣武门外香炉营头条
大沟沿胡同　崇文门外打磨厂路南
大沟巷　东四牌楼马市街路南
大齐家胡同　正阳门外粮食店路西
大烟筒胡同　朝阳门内大街路南　东四牌楼炒面胡同
大新开路　定府大街松树胡同
大经厂　安定门内交道口西路北
大经厂西口　安定门内北锣鼓巷路东
大雅宝胡同　朝阳门内南小街路东
大铃铛胡同　鼓楼西旧鼓楼大街路东
大铜井　德胜门内西水关迤西
大麻线胡同　阜成门内锦什坊街
大学堂　地安门内景山大街马神庙
大学堂夹道　地安门内景山大街马神庙
大学堂操场大院　东华门内北河沿路西

大醉巴胡同　广安门内大街路北

大糖房胡同　西四牌楼北路东

大桥胡同　崇文门外兴隆街东头

大蒋家胡同　正阳门外大街路东

大兴县　安定门内交道口南路东

大坛子胡同　宣武门外南横街迤北

大鹁鸽市　东安门丁字街北路东

大苏州胡同　东华门内南池子南头路西

大酱房胡同　西四牌楼南大街路东

小丁香胡同　东单牌楼东总布胡同

小二条胡同　东单牌楼二条胡同路北　崇文门内栖凤楼胡同路北　安定门内东城根路南　正阳门大街路东

小七条胡同　新街口北东校场内

小土地庙　东单牌楼栖凤楼胡同迤北　正阳门内板桥迤北　阜成门内南顺城街

小大佛寺　安定门内北锣鼓巷路西

小大院　正阳门内新帘子胡同路南

小川淀　宣武门外南横街路南

小三条胡同　安定门内三条胡同东口　阜成门内宫门口三条内　新街口北三条胡同西头　宣武门外枣林街内　崇文门内栖凤楼胡同路北　正阳门大街路东

小口袋胡同　东四牌楼西弓弦胡同内　西单牌楼西二龙坑西　西四牌楼北路东

小中府　正阳门内司法部街路东

小水车胡同　阜成门内锦什坊街大水车胡同内

小水磨胡同　东单牌楼东闹市口

小井胡同　广安门内丞相胡同路西

小五条胡同　西直门内西校场内　阜成门内宫门口五条内

小六部口　西长安街大六部口内路东

小六条胡同　西直门内西校场内

小方家胡同　朝阳门内南小街大方家胡同内

小五道庙　宣武门内太平湖东

小火药局胡同　新街口大火药局胡同口内

小市　宣武门内大街路西　宣武门外大街路西

小市大院　崇文门外小市街

小石作　地安门内景山西门　西安门内大街路北

小石碑胡同　鼓楼前大街烟袋斜街内

小石桥　旧鼓楼大街路西

小四条胡同　阜成门内宫门口四条内　新街口北四条胡同西头　正阳门大街路东

小四眼井　正阳门内司法部街路东

小四眼井南岔　正阳门内西皮市四眼井胡同

小四眼井北岔　正阳门内西皮市路西

小半截胡同　新街口北路东

小外廊营　正阳门外韩家潭内

小羊毛胡同　崇文门内观象台路西

小羊市　东四牌楼马市大街路南

小老来街　宣武门内南闹市口路西

小安南营　宣武门外大沙土园路东

小安南营头条　正阳门外大安南营路南

小安南营二条　正阳门外大安南营路南

小安南营三条　正阳门外大安南营路南

小寺街　广安门内牛街输入胡同路南

小百顺胡同　正阳门外韩家潭内

小沙土园　宣武门外大沙土园路东

小沙果胡同　西单牌楼北闹市口

小阮府胡同　东华门外南皇城根路东

小车胡同　阜成门内

小角胡同　东安门外北皇城根路东
小李纱帽胡同　正阳门外观音寺路南
小夹道　正阳门外大栅栏路南
小果子市　正阳门外大街路东
小邱子胡同　广安门内大街路北
小东岳庙　西长安街交通部后（即崇善里）
小拐棒胡同　新街口北头路西　西四牌楼北大拐棒胡同内
小金丝套胡同　地安门外南官房口金丝套胡同内
小枕头胡同　甘石桥西十八半截内
小取灯胡同　东安门外北皇城根亮果厂内
小保吉巷　正阳门外西珠市口香厂迤北
小扁担胡同　正阳门外李铁拐斜街路北
小后仓　西直门内半壁街迤南
小盆胡同　阜成门内南顺城街大盆胡同内
小红罗厂　西安门外北皇城根路西
小南湾子　东华门外菜厂胡同路南
小桂子胡同　安定门内西城根路南
小秤钩胡同　西单牌楼横二条胡同路东
小乘巷　西直门内大街南草厂内
小马神庙　正阳门外煤市街路西
小马蜂　宣武门内北闹市口迤北路东
小马圈　西华门内养蜂夹道路东
小院胡同　西四牌楼南兵马司内
小茶叶胡同　阜成门内北沟沿大茶叶胡同内
小纱帽胡同　正阳门内霞公府路北
小草厂　东安门北皇城根
小旃檀寺　西四牌楼北大街
小教子胡同　广安门内教子胡同南头
小甜水井　东安门外南皇城根

小黄庄　东华门外大街

小腊八胡同　正阳门外天桥迤西路北

小街五巷　朝阳门内小街

小菊儿胡同　交道口南大菊儿胡同西口　东直门内南小街路西

小黑虎胡同　鼓楼西旧鼓楼大街路西

小报房胡同　东安门丁字街北路东　崇文门内大街路东

小帽胡同　新街口南大帽胡同内

小富贵街　崇文门外河泊厂

小菜园　西华门内光明殿路口

小翔凤　德胜门内李广桥东

小绒线胡同　阜成门内北沟沿

小喜鹊胡同　阜成门内南顺城街路东

小牌坊胡同　朝阳门内东城根

小新房口　天桥东草市街内

小新店胡同　东珠市口东大市街

小齐家胡同　正阳门外煤市街路东

小杨家胡同　新街口南路东

小杨仪宾胡同　朝阳门内南小街大杨仪宾胡同东（即小羊尾巴胡同）

小烟筒胡同　朝阳门内大街路南

小新开路　什刹海李广桥路西

小经厂　安定门内交道口西路北

小椿树胡同　崇文门内东总布胡同（城隍庙大街内）东直门内北小街炮局迤东

小椿树胡同　宣武门外东椿树胡同路西　正阳门外煤市街路西

小圆镜胡同　正阳门外铺陈市路西

小雅宝胡同　朝阳门内南小街路东

小铃铛胡同　鼓楼西旧鼓楼大街路东

小铜井　新街口北头路东

小猪店　锦什坊街养马营三道栅栏

小席胡同　正阳门外大蒋家胡同东头

小麻线胡同　阜成门内南沟沿路西　宣武门内石驸马大街路北

小醉巴胡同　广安门内大街路北

小厂胡同　地安门外方砖厂路北

小撒袋胡同　阜成门内大街路南

小头条胡同　崇文门内栖凤楼胡同路北　正阳门大街路东

小桥　正阳门外鲜鱼口东头

小营房　天坛迤东

小蒋家胡同　正阳门外大蒋家胡同路南

小粪厂　东河漕火神庙街

小鹁鸽市　东安门丁字街北路东

小苏州胡同　东华门内南池子南头路西　安定门内宽街

小酱坊胡同　北新桥北王大人胡同内

小酱房胡同　西四牌楼南大街路东

小罐胡同　正阳门外舆隆街路北

千佛寺　安定门内北锣鼓巷路西　广安门内南横线阁南

于抚院官房　正阳门内高碑胡同内

土地庙　西华门外南长街烟筒胡同　西安门内惜薪司胡同路西　东单牌楼苏州胡同东头　崇文门内观音寺路北　安定门内东城根　左安门内刘家窑迤西　广安门内大街路北　宣武门外珠巢街路南　西安门内光明殿

土地庙下坡　东单牌楼苏州胡同

土地庙胡同　南长街西大街内

土儿胡同　安定门内交道口南路东

土坡厂　阜成门内锦什坊街东养马营内

口袋底　西四牌楼大院胡同内

口袋胡同　东华门内北河沿路南　西华门内刘兰塑胡同内　东单牌楼栖凤楼胡同迤北　东华门外南皇城根路东　地门外东沟沿路西　安定门内大街铁狮子胡同路北　朝阳门内大街路北　东直门内北小街路东　东直门内北小街永康胡同路北　西直门内大街路北　西四牌楼北路西　西四牌楼砖塔胡同路南　王广福斜街

夕照寺　广渠门大街迤南

夕照寺东里　广渠门内北岗子街

夕照寺西里　广渠门内北岗子街

山子石　东直门内南水关

山子石胡同　崇文门外东晓市

山老胡同　安定门内宽街南路东

山西街　宣武门外西草厂路南　地藏庵

山西义地　广安门内甘面胡同迤南

山门　西四牌楼兵马司西头路北

山涧口　正阳门大街路东

川心店　正阳门外石头胡同路西

川店　宣武门内锦什坊街南学院胡同内　正阳门内绒线胡同东头

川堂门　西华门内刘兰塑北头　东四牌楼大街路西　交道口南北兵马司路北　德胜门内大街南厂桥路东　西四牌楼北红罗厂内　西直门内大街路北

弓匠营　朝阳门内北小街路东　阜成门内大街路北　北顺城街内

弓背胡同　西直门内南小街内

弓弦胡同　东安门北皇城根　西安门外北皇城根路西　西直门南小街内　西四牌楼

弓箭大院　东四牌楼大街路西

巾帽胡同　崇文门外大街路西

工艺局夹道　广安门内大街路北

门神库　南池子路西

门框胡同　廊房头条内

门楼胡同　东直门内南小街路西　广安门内教子胡同醋章胡同内

飞虹桥　南池子

马大人胡同　东四牌楼北大街路西

马勺胡同　交道口南前圆恩寺内　东直门内北小街羊管胡同内　阜成门内锦什坊街王府仓胡同内　宣武门外大街

马匹厂　崇文门内汇文大学东

马市　朝阳门内大街西头东四牌楼西　阜成门内西四牌楼东

马市桥　阜成门内大街中间

马市大街　东西马市西口外迤北至大佛寺东口

马安楼　地安门外大街路西

马良大院　地安门外大街

马尾巴胡同　东单牌楼三条胡同西头　东单牌楼灯市口路南

马尾巴斜街　地安门东皇城根路北

马状元胡同　西四牌楼北大街路东

马相胡同　西直门内大街路北

马神庙　东华门景山东　正阳门内兵部洼迤北　西直门内新街口蒋养房路南　广渠门大街路北

马家井　三里河南桥湾

马家村　左安门外

马家沟　阜成门外

马家庙　东单牌楼北煤渣胡同路南

马家大院　德胜门内大街路西

马家头条胡同 西四牌楼西六合大院
马家二条胡同 西四牌楼西六合大院
马郎胡同 东直门内山子石西
马圈 地安门外方砖厂路北
马圈胡同 东华门北河沿
马将军胡同 安定门内交道口南路东
马掌胡同 朝阳门内大街路北
马道胡同 东直门内北小街路东
马蜂桥 宣武门内北闹市口迤北路东
马蜂嘴 天坛北墙外
马嘎拉庙 东华门南池子东缎皮库内（即普渡寺）
马粪居 东华门内北河沿北头路西
干井胡同 正阳门外大街路西
干面胡同 东单牌楼北大街路东
义留胡同 地安门大街路西
义溜河沿 地安门外银锭桥东
万人坑 广安门内南城根
万元夹道 东直门内大街路北
万佛寺 崇文门外南羊市口南头
万佛寺庵 正阳门外石头胡同路西
万佛寺湾 石头胡同
万佛寺后坑 南河漕万佛寺街
万明路 香厂
万柳堂 广渠门内南城根迤西
万春堂夹道 广安门内大街路北
万源营夹道 宣武门外琉璃厂路南
万汇大院 鼓楼大街路西
万寿西宫 南西门内大街迤东
万庆馆胡同 东华门内大街路北

万历桥　朝阳门内大街路南
万宝盖　香厂永安路西永安桥
万宝盖胡同　崇文门内赵堂子胡同路北
广化寺　什刹海迤北
广平大院　西直门内南小街内
广安门　西便门南（即彰仪门）
广安市场　广安门大街路北
广安胡同　广安门大街路北
广安门大街　广安门内（即彰仪门大街）
广东义园　广渠门内大街路北
广东新义地　左安门内大街西头
广泰大院　东单牌楼北米市大街路西
广渠门　东便门南（俗称沙锅门）
广渠门大街　广渠门内
广惠寺　崇文门外南河漕南头
广惠寺夹道　宣武门外车子营西头
广宁宫　安化寺大道南岗子街
广宁伯街　阜成门内锦什坊街南头路西
广源园　西直门外
广福巷　王广福斜街北口
广兴里　西四牌楼大酱房胡同
广兴堂　甘石桥大将坊胡同内
广兴隆大院　崇文门外茶食胡同迤北

四画

中头条胡同　崇文门外北羊市口路东
中二条胡同　崇文门外北羊市口路东
中三条胡同　崇文门外北羊市口路东
中四条胡同　崇文门外北羊市口路东
中千章胡同　阜成门内南十八半截内

中巴王胡同　西直门内桦皮厂内

中毛家湾　西四牌楼北大街路东

中扒儿胡同　西直门内南小街

中半壁街　甘石桥西十八半截内

中豆芽菜胡同　东直门内南新仓东

中官房　地安门外迤西

中京畿道　西单牌楼舍饭寺西头

中剪子巷　安定门内大街铁狮子胡同路北

中条儿胡同　安定门内宝钞胡同路西

中华门　正阳门内迤北（即旧大清门）

中街　西华门南长街　正阳门内兵部洼路西　宣武门内西城根太平湖东坡　新街口北大街路西四条西

中张公园　西直门内三官庙北头

中椅子胡同　崇门内东观音寺草厂胡同路东

中帽儿胡同　西直门内横桥沟沿

中御河桥　东交民巷

中廊下　阜成门内大街路北宫门口内

中盘儿胡同　西直门内南顺城街内

中宽街　甘石桥西十八半截内

中醋儿胡同　鼓楼东大街路南

中兴大院　东四牌楼北大街东

中龙凤口　崇文门内禄米仓路南

中芦草园　正阳门外东柳树井北桥湾内

中铁匠胡同　宣武门内石驸马大街南闹市口北

天一堂胡同　西四牌楼北路西

天仙庵　安定门内北锣鼓巷路东　宣武门内石驸马大街南闹市口

天安门　中华门内北头

天和大院　崇文门外大石桥路北

天泰楼夹道　正阳门外肉市

天汇夹道　正阳门大街天汇轩北

天庆宫　西安门内大街刘兰塑北头

天桥　正阳门外大街南

天桥估衣市　天桥南大街路东

天桥菜市　天桥南大街路东

天桥沟南　天桥西沟旁路南

天桥西沟旁　天桥迤西至永安路东口

天桥东沟旁　天椅巡东至坛墙

天兴居夹道　正阳门外观音寺街

天坛　永定门内大街路东

天龙寺　广渠门大街路北

牛八宝胡同　阜成门内南顺城街路东

牛毛大院　东单牌楼二条胡同迤北

牛血胡同　正阳门外西珠市口路南

牛肉湾　宣武门内大街路东

牛角胡同　正阳门外薛家湾

牛角湾　东单牌楼三条胡同西头　崇文门内钱局北边　崇文门内东观音寺迤南　安定门内东城根慈悲胡同内

牛角湾胡同　崇文门外花市大街路南

牛房　西单牌楼皮库胡同内

牛儿胡同　西华门外北长街路西

牛街　广安门内大街路南

牛街一巷　广安门内牛街路西

牛街二巷　广安门内牛街路东

牛街三巷　广安门内牛街路东

牛街四巷　广安门内牛街路东

牛街五巷　广安门内牛街路东

牛街六巷　广安门内牛街路东

牛街七巷　广安门内牛街路东

牛圈　西华门内刘兰塑胡同北头　旧鼓楼大街汤公胡同内　安定门内大街路西　东四牌楼北五条胡同内

牛犄角　地安门内景山西大街路北

牛犄角胡同　东四牌楼北六条胡同流水沟内　西单牌楼北堂子胡同内

牛蹄大院　阜成门内北沟沿横路西

牛蹄胡同　阜成门内东廊下

五大人坑　安定门内北新桥北五大人胡同内

五大人胡同　安定门内北新桥北路东

五斗斋　正阳门外西河沿路南

五老胡同　崇文门内苏州胡同南

五里屯　左安门内东城根

五所胡同　东华门内北池子骑河楼路北

五虎庙　天坛迤东

五根坛胡同　西直门内北草厂路西

五条胡同　东华门内北河沿火药局北　东四牌楼北大街路东　西单牌楼北关才胡同路北　西直门内新街口北路西　天坛迤东营房内

五道营　安定门内大街路东

五道庙　宣武门内南闹市口迤西　宣武门外虎坊桥路北　广安门内枣林街迤南

五道庙头条　虎坊桥五道庙街路东

五道庙二条　虎坊桥五道庙街路东

五圣庵　西柳树井大街阡儿胡同

五圣庵夹道　正阳门外虎坊桥阡儿胡同内

五圣庙　正阳门外东砖胡同内

五铺坑　崇文门外东河漕

五驸马胡同　东直门内南小街路东

五岳庙　东四牌楼北十条胡同内

五显庙　东直门内南小街路西

王子坟　广安门内大街路北

王立子胡同　东四牌楼北八条胡同内

王皮胡同　正阳门外粮食店路西

王老师付胡同　庆安门内牛街路东

王佐胡同　安定门内宝钞胡同路西

王府大街　东华门外丁字街迤北

王府井大街　东长安街中间

王府仓　阜成门内南顺城街路东

王家大院　正阳门外东珠市口精忠庙街内

王家园子胡同　崇文门外东晓市街

王爷佛堂　西单牌楼皮库胡同二龙坑西

王广福斜街　正阳门外石头胡同路东

王驸马胡同　东四牌楼十二条胡同

方巾巷　东单牌楼观音寺东

方背胡同　西直门内

方家胡同　安定门内大街路东

方家园　朝阳门内南小街路东

方壶斋　宣武门外茶食胡同内

方砖厂　地安门大街路东

什方院　朝阳门内南小街

什锦花园　东四牌楼北大街路西

日中坊桥　地安门外

月牙胡同　地安门内慈慧殿　东四牌楼北五条胡同内　阜成门内锦什坊街王府仓胡同内

月台大门　宣武门内石驸马大街南闹市口南

太山巷　延寿寺街

太平巷　东华门内南河沿路西　虎坊桥东　琉璃厂

太平胡同　宣武门内魏英胡同路东（即扁担胡同）　东四牌楼西翠花胡同内　西直门内新街口南

太平仓　西四牌楼北大街路东

太平街　地安门内雁翅楼西　西直门内南小街南头　西便门内大街迤南

太平湖　宣武门内西城根西头

太平境　东安门外北皇城根亮果厂内

太平桥　阜成门内锦什坊街南头　德胜门内西城根　西四牌楼东大街东　正阳门外先农坛西北

太安侯胡同　西四牌楼北大街路西

太保街　北新桥北戏楼胡同内

太阳宫　天坛迤东

太仆寺街　西长安牌楼府右街路西

水大院　西四牌楼南兵马司中间路北

水月寺　东四牌楼北五条胡同路北

水月庵　宣武门内西城根太平湖东坡

水心亭　正阳门外天桥迤西

水车胡同　德胜门内大街

水门　正阳门崇文门中间

水章胡同　德胜门内大街

水道子　正阳门外三里河大街路南

水道胡同　崇文门外东晓市街内

水箔箕　崇文门外东唐洗泊街迤北

水轮子胡同　内西华门外西苑门前路北

水磨胡同　东单牌楼闹市口

水獭胡同　安定门内马将军胡同内

水簸箕　东华门内北河沿北头路西

仁民路　香厂路迤南

仁慈路　小黄村至青龙桥

仁寿寺　西安门内北海西墙外

仁寿寺夹道　正阳门外新世界迤南

仁寿路　香厂路迤南

公用库　西直门内新街口南路西

公平当胡同　东单牌楼大街

公益巷　安定门内国子监内

六必居口　正阳门大街路西

六合大院　阜成门内马市桥东路北

六合巷　府右街中间迤西

六个门　西直门内南小街

六卷胡同　北新桥北戏楼胡同内

六部口　西长安街

六条胡同　东四牌楼北路东　西单牌楼北辟才胡同路北　西直门内新街口北路西　东华门内北河沿火药局北　天坛迤东营房内

六铺炕　阜成门内锦什坊街南头

化石桥　正阳门内西城根中间

分司厅胡同　安定门内大街路西

斗母宫　朝阳门内南小街方家园东

斗母宫东巷　正阳门外天桥迤西路北

斗母宫西巷　天桥西沟旁路北

内西华门大街　西华门外

内府库　地安门内板桥街南头

内城　即正阳门、崇文门、宣武门、安定门、德胜门、东直门、西直门、朝阳门、阜成门内

内宫监　地安门内西夹道

心尖胡同　西单牌楼太仆寺街路北

元宏寺　宣武门内石驸马大街南闹市口

元爵寺　阜成门内锦什坊街广宁伯街内

元宝寺　崇文门外大石桥路北

元宝胡同　西安门外北皇城根

午门　天安门内迤北

巴儿胡同　安定门内府学胡同路北

井儿胡同　西华门北长街　东华门南池子路东　东华门内骑河楼马圈胡同内　西华门内新开路南头路南　东单牌楼二条胡同路北　崇文门内无量大人胡同路北　崇文门内东观音寺迤北　东单牌楼北石大人胡同东头路北　朝阳门内南小街路东　朝阳门内大街路南　地安门东南锣鼓巷路西　东直门内北小街路西　朝阳门内北小街路东　宣武门内绒线胡同路北　甘石桥细米胡同内　西四牌楼南兵马司内　德胜门内西城根　地安门外南官坊口　鼓楼西旧鼓楼大街马家厂内　西直门内南小街内　新街口西路北　西四牌楼北帅府胡同内　正阳门外鲜鱼口路北　崇文门外北河漕路西　正阳门外西河沿前铁厂内

井楼　正阳门内兵部洼前细瓦厂内

文明胡同　琉璃厂

文昌宫　崇文门外南河漕内半壁街迤南

文昌阁　正阳门内安福胡同东头

文书馆　东华门内北池子路东

文圣桥　宣武门内手帕胡同西口

文宝楼夹道　正阳门外肉市路东

手帕胡同　东直门内北小街路东　西单牌楼南路西　崇文门外大街路东

火匣子胡同　西直门内黑塔寺迤北

火神庙　东华门内北河沿火药局西　东单牌楼栖凤楼东口外　朝阳门内南小街小方家胡同西　东直门内新太仓内　阜成门内白塔寺迤北　崇文门外花市大街路南　广渠门内南城根迤西　广安门内教子胡同南头

火神庙街　广渠门内安化寺街

火神庙大街　崇文门外大石桥路南

火神庙夹道　正阳门外大纱帽胡同路北

火药局　地安门内东板桥东　德胜门内积水潭南德贝子府西　西直门内大街路北

火鸡胡同　崇文门外茶食胡同迤北

户部街　正阳门内

孔家大院　崇文门外东晓市

孔雀胡同　宣武门外下斜街北头

毛家胡同　南西门内吉乐院迤东

毛家湾　崇文门内汇文大学东　崇文门外南羊市口南　西四牌楼北

毛窝胡同　西华门内刘兰塑胡同北头

毛厂大院　东四牌楼报房胡同

木库　地安门内柴炭库后身

木樨园　安定门内北锣鼓巷路东

木厂胡同　崇文门外大街路西

屯绢胡同　阜成门内锦什坊街南头路西

丹凤公司夹道　崇文门外东晓市

勾栏胡同　朝阳门内东四牌楼南大街路东（即民政部街）

吊子嘴胡同　新街口北大四条胡同内

吊打胡同　正阳门外东珠市口冰窑胡同内

车子营　宣武门外教场胡同迤西

车儿胡同　西四牌楼北路西

车家胡同　天桥北山涧口内

车辇胡同　正阳门外粮食店

车辇店胡同　安定门内大街路西

车营　宣武门外琉璃厂迤南

升平署　西华门外南长街西街内

长安左门　天安门迤东（俗称东长安门）

长安右门　天安门迤西西三座门东（俗称西长安门）

长巷上头条　正阳门外打磨厂路南

长巷上二条　正阳门外打磨厂路南

长巷上三条　正阳门外打磨厂路南

长巷上四条　正阳门外兴隆街路北

长巷下头条　正阳门外鲜鱼口东头

长巷下二条　正阳门外长巷上二条南

长巷下三条　正阳门外长巷上三条南头

长卷下四条　正阳门外兴隆街路南

长春寺　广安门内下斜街路西

长椿桥　西直门外

仓夹道　朝阳门内禄米仓东　德胜门内皇城根西北角路北

升官巷　正阳门外李铁拐斜街路北

斗鸡坑　东华门内北池子骑河楼路北　新街口棉花胡同路东

无量庵　东单牌楼北报房胡同路北

无量大人胡同　东单牌楼北大街路东

云儿胡同　广安门内大街路南

云居寺胡同　正阳门外大街路西

云南义园　宣武门外行刑场迤西

云神庙　东华门北池子路东

丰盛胡同　东单牌楼北乃兹府路北　西四牌楼南路西

双五道庙　正阳门外西珠市口西路南

双吉巷　西安门内惜薪司

双寺胡同　旧鼓楼大街大石桥路北

双松寺　崇文门内大牌坊胡同路西

双栅栏　景山东三眼井东口　西单牌楼安福胡同路南　阜成门内锦什坊街东养马营　阜成门南顺城街　新街口北路西四条胡同西

双堆大院　东四牌楼礼士胡同

双塔寺　西长安街路北

双沟沿　正阳门内刑部街路西

双槐树　南西门内盆儿胡同南头

双辇胡同　东安门丁字街北路西

双龙庵　广渠门内大街北岗子街

厅儿胡同　崇文门外南河漕迤东

五画

北大院　崇文门外石虎胡同路西

北大街　西四牌楼

北小市　崇文门外花市大街路北

北小街　东直门内大街路北

北小庙　天坛迤东

北小拴马椿　绒线胡同拴马椿内

北千章胡同　阜成门内十八半截路北

北下洼子　西四牌楼北前车胡同内

北弓匠营　东直门内北新桥东

北太平胡同　交道口西大街路南

北太常寺　阜成门内十八半截路北

北月胡同　东华门内南池子路东

北月牙胡同　地安门内慈慧殿路北

北火扇　正阳门外协资庙西头

北水关　东直门内大街路北　广渠门内迤北

北五老胡同　崇文门外木厂胡同路南

北井胡同　东华门内南池子

北半壁街　阜成门内十八半截路北

北半截胡同　宣武门外菜市口路南

北扒胡同　西直门内南顺城街

北扒儿胡同　西直门内南小街

北池子　东华门内　西华门外大街路北
北池胡同　鼓楼东大街路北
北羊市口　崇文门外花市大街路北
北安里　西长安街交通部后（即后王爷庙）
北找子营　崇文门外上堂子胡同
北夹道　永定门内路西
北岔　东四牌楼马市大街北头
北岔胡同　东华门内磁器库北
北豆角胡同　地安门外方砖厂路南
北豆芽菜胡同　东直门内南新仓东
北孝顺胡同　正阳门外打磨厂路南
北沈篦子胡同　甘石桥西十八半截内
北兵马司　安定门内交道口南路西
北妞妞房　西安门内西大街
北官房　西四牌楼迤北
北官房口　地安门外什刹海
北官园　崇文门外打磨厂路南
北官厅　安定门内东城根
北长街　西华门外北
北河沿　西华门南长街织女桥西
北河漕　崇文门外大石桥街路北
北京模范监狱　南西门内东城根
北花园　东四牌楼北钱粮胡同路北
北皇城根　西安门外迤北
北帅府胡同　东单牌楼北路西
北栅栏　西便门内铁桥迤南　厂桥皇城根
北柳巷　宣武门外琉璃厂路北
北炭厂　西安门内玉石井迤西
北城根　朝阳门内迤北　东直门内迤北　西直门内迤北

阜成门内迤北　广渠门内迤北　广安门内迤北

北城义地　宣武门外南下洼子迤西

北城新义地　南西门内东城根

北海南夹道　北御河桥东三座门外

北库子　东华门内南池子南库子北

北粉酱胡同　崇文门外巾帽胡同路南

北马道　广安门内迤北

北草厂　西直门内大街路北

北深沟　正阳门外打磨厂内路北

北钓鱼台　朝阳门内北顺城街

北堂子胡同　宣武门外粉房琉璃街路西

北剪子巷　安定门内铁狮子胡同路北

北岗子　崇文门外南河漕南头

北顺城街　西直门内大街路北　阜成门内大街路北

北极寺　正阳门内新华街路西

北极阁　东单牌楼栖凤楼胡同迤北

北极庵　宣武门外琉璃厂西牛角胡同

北帽儿胡同　西直门内横桥沟沿

北御河桥　东长安街中

北新仓　东直门内大街迤南

北新华街　宣武门内东城根

北新桥　东直门内大街西头

北新桥东大街　东直门大街西头

北新桥南大街　东四牌楼北大街北头

北新桥西大街　交道口东大街东头

北新桥北大街　（即雍和宫大街）

北沟沿　宣武门内石驸马大街路北　阜成门内马市桥北

北宽街　宣武门外老营房北　阜成门内十八半截路北

北银碗胡同　东单牌楼羊肉胡同路北

北闹市口　西单牌楼报子街西头

北线阁　广安门内大街路北

北醋儿胡同　鼓楼东大街路北

北醋章胡同　鼓楼东大街路北

北箭亭　地安门内皇城东北角

北乐培园　广安门内大街路北

北桥湾　正阳门外三里河大街路北

北澡堂胡同　东四牌楼北大街路西

北营房　朝阳门外　阜成门外

北馆　东直门内大街迤北

北褡裢胡同　西四牌楼南羊肉胡同内

北魏胡同　西直门内大街路南南草厂

北药王庙　旧鼓楼大街北头

北芦草园　正阳门外东柳树井大蒋家胡同内

北锣鼓巷　安定门内交道口西街北

包家胡同　广安门内牛街路西

包头胡同　崇文门外手帕胡同路南

包头章胡同　宣武门外米市胡同内

半角胡同　崇文门外茶食胡同迤北

半步桥　南西门内大街迤东

半间楼　正阳门外大蒋家胡同东头

半截街　天坛迤东营房内

半截碑　宣武门内石驸马大街南闹市口北

半截胡同　阜成门内广宁伯街西头　西直门内新街口北

半壁街　旧鼓楼大街大石桥路北　正阳门内兵部洼路西　西直门内大街南草厂内　崇文门外南河漕南头　正阳门外东珠市口草市路东

台基厂　东交民巷

台基厂头条　东交民巷台基厂内

台基厂二条　东交民巷台基厂内

台基厂三条　东交民巷台基厂内

史儿胡同　正阳门外石头胡同路东

史家胡同　东四牌楼南大街路东　宣武门外菜市口西路南

石大人胡同　东单牌楼北大街路东

石羊胡同　广安门内牛街路西

石老娘胡同　西四牌楼北大街路西

石虎胡同　西单牌楼北大街路东　德胜门内德胜桥南　崇文门外南大街路北　广安门内大街路北

石板胡同　崇文门外瓷器口东大街路南

石板房　西安门内南豁子迤西　北新桥石雀胡同九道湾内

石板房二条　西安门内后大坑

石杵胡同　阜成门内南顺城街大喜雀胡同内

石缸胡同　甘石桥路西

石岗胡同　甘石桥西斜街内

石道口　广渠门大街

石雀胡同　东四牌楼　北新桥南路东

石棣义园　安化寺大道迤南

石猴街　正阳门外西河沿佘家胡同路南

石碑大院　西直门内大街北草厂内

石碑胡同　正阳门内西三座门外路南　宣武门内石驸马大街路北　鼓楼西大街路南　西四牌楼北大街路西

石达子庙　东华门内南池子南首

石驸马大街　宣武门内大街路西

石驸马后宅　宣武门内石驸马大街沟沿路西

石灯庵　宣武门内南闹市口南

石头门坎　正阳门内双沟沿西路北

石头胡同　正阳门外西柳树井路北

石桥　东四牌楼北七条胡同内

石缝胡同　东华门内南池子路西

四川营　崇文门外南小市路东　宣武门外骡马市大街路北

四川义园　西便门内大街路西

四平园　宣武门外南横街东头

四位胡同　鼓楼四大街路北

四根柏　西直门内南沟沿路东

四眼井　景山东马神庙北　地安门内四夹道内宫监街西北新桥骆驼胡同内　东直门内北小街路东　西四牌楼南兵马司能仁寺内　阜成门内锦什坊街西养马营　广安门内下斜街路东　正阳门内西皇城根　西直门内火药局　崇文门内江擦胡同鼓楼西大街

四眼井胡同　崇文门内苏州胡同东头路南

四条胡同　东华门内北河沿火药局北　西华门南长街　东四牌楼北大街路东　西单牌楼北辟才胡同路北　西直门内新街口北路西　天坛迤东营房内　左安门内大街路东

四道湾　西四牌楼南大院胡同内

四棵槐　西华门内酒醋局内　广渠门内大街迤南

四圣庙　正阳门外东砖胡同路西　正阳门外西珠市口赵锥子胡同

四爷府　安定门内东城根东头

四块玉　天坛迤东

四层院　西华门外南长街南头路西

永光寺街　宣武门外茶食胡同南岔

永光寺中街　宣武门外枣林街内

永光寺东街　宣武门外永光寺路东

永光寺西街　宣武门外枣林街内

永安桥　正阳门外先农坛西北

永安桥胡同　正阳门外新世界迤南

永定门　正阳门外迤南

永定门大街　永定门内

永春庵　永定门内蒋家胡同西头

永泰寺　西直门内大街路北曹公观北

永康胡同　东直门内北小街路西

永祥寺　西直门内南小街路西

永通胡同　西长安牌楼南（即老爷庙夹道）

永宁胡同　宣武门内象房桥沟沿路西

永乐寺　宣武门外南下洼子迤西

永乐胡同　南横街西口外

白石桥　西直门外西里许

白米仓　安定门内马将军胡同内

白米斜街　地安门大街路西

白衣庵　西单牌楼旧刑部街内路北

白衣庵胡同　东直门内北小街羊管胡同内　东便门内后河沿西头

白果树　左安门内西城根迤北

白纸坊　南西门内西北

白塔寺　阜成门内大街路北

白塔寺东夹道　阜成门内大街路北

白庙胡同　西单牌楼北路西

白庙横胡同　西单牌楼旧刑部街内路北

玉石井　西安门内西大街北头

玉石胡同　东单牌楼北报房胡同路北

玉佛寺街　西直门内火药局北头

玉枝胡同　西长安街大栅栏北口

玉皇阁　鼓楼西旧鼓楼大街路东　西单牌楼西斜街内　阜成门内北沟沿祖家街西头　宣武门外前孙公园路北

玉皇阁大院　西单牌楼北西斜街内

玉清观　天坛迤东　西直门内南小街

玉情观街　天坛迤东

玉清观东街　天坛迤东

玉清观前街　天坛迤东

玉带胡同　西四牌楼南兵马司中间　阜成门内锦什坊街孟端胡同内　阜成门内北顺城街路东

玉钵庙　西华门外南长街北河沿

正阳门　中华门外迤南永定门内迤北（俗称前门）

正阳门大街　正阳门外迤南

正阳桥　正阳门外大街北头

正兴隆街　西便门内大街路东

正觉寺　西直门内新街口南

正觉寺营房　新街口正觉寺胡同

甘井胡同　正阳门大街路西

甘水井　朝阳门内北顺城街北头

甘水桥　鼓楼西大街

甘石桥　崇文门内东总布胡同路南　西单牌楼北大街

甘面胡同　广安门内大街路南

甘雨胡同　东四牌楼南大街路西

甘露寺　左安门内大街路东

皮市　正阳门内西交民巷东口

皮库营　宣武门外达智桥迤西

皮库胡同　西单牌楼北路西

外东华门　东华门外（即东安门）

外西华门　三座门外西（即西安门）

外城　即东便门、西便门、广渠门、广安门、永定门、左安门、右安门内

外城警厅义地　正阳门外先农坛西南

司法部街　正阳门内西交民巷

司法部官地　广安门内南城根

司法部后身　司法部街后

司礼监　地安门内黄化门路南

弘通观胡同　东单牌楼东总布胡同

弘善寺　德胜门内德胜桥迤南

打把厂　左安门内东城根

打鼓巷　崇文门外北五老胡同路西

打磨厂　正阳门外大街路东　崇文门外大街路西

平安巷　广安门内大街路北

平和里　东茶食胡同河泊厂

平则门　西直门南（即阜成门）

平乐园　崇文门外南大街路北

民地　宣武门外南下洼子迤西

民政部街　朝阳门内东四牌楼南大街路东（即勾栏胡同）

左安门　永定门东（即将才门）

左安门大街　左安门内迤北

左府胡同　正阳门内司法部街路东

右安门　永定门西（俗称南西门）

瓜子市　正阳门外

瓜子店　正阳门外

瓜子胡同　崇文门外南羊市口路西

巧匠营　西安门内国务院西墙

瓦岔胡同　东直门内新太仓内　阜成门内锦什坊街养马营内

本司胡同　东四牌楼南大街路东

玄帝庙　崇文门外大石桥火神庙大街南头

布巷子　正阳门外东珠市口路北

奶子胡同　正阳门外三星河鞭子巷路东

未英胡同　宣武门内东城根路北（即魏英胡同）

东八角胡同　正阳门外三里河大街路北　崇文门外南大街

路北

东三座门　东长安门东

东三条胡同　阜城门内宫门口

东大市街　正阳门外东珠市口半壁街路南

东大坑　西华门外花梨大库后身

东大院　崇文门外大街南头瓷器口大街南　宣武门外茶食胡同内

东大院胡同　南长街老爷庙胡同

东小拴马桩　绒线胡同东拴马桩内

东口袋胡同　什刹海李广桥迤南

东太平巷　正阳门外虎坊桥路南

东太平街　宣武门内南闹市口南

东手帕胡同　东直门内大街当铺胡同内

东不压桥　地安门东皇城根

东水车胡同　东四牌楼北四条胡同内

东月墙　崇文门外桥东

东牛蹄胡同　府右街太仆寺街

东四牌楼　朝阳门内大街西头

东四牌楼南大街　东四牌楼南至米市大街

东四牌楼北大街　东四牌楼北至北新桥南大街

东四牌楼东大街　东四牌楼东至万历桥

东四牌楼西大街　东四牌楼西至马市大街

东北园　琉璃厂路北

东北头条胡同　西便门内老营房东北

东北二条胡同　西便门内老营房东北

东北三条胡同　西便门内老营房东北

东北四条胡同　西便门内老营房东北

东石槽　东单牌楼北干面胡同西石槽东

东半壁街　瓷器口北岗子街

东皮条营　正阳门外陕西巷路西

东吉安牌楼　东长安街中间

东吉祥胡同　地安门内黄化门东

东安门　东华门外（俗称外东华门）

东安门大街　东安门外

东交民巷　西口在正阳门内　东口在崇文门内

东老胡同　地安门内景山东大街

东老虎洞　东安门大街

东孝感胡同　阜成门内大街宫门口四条胡同内（即东轿杆胡同）

东利市营　崇文门外石板胡同路东

东夹道　地安门内东皇城墙　西四帝王庙

东车站　正阳门东城根

东岔　西单牌楼北辟才胡同内

东直门　朝阳门北

东直门大街　东直门内

东河沿　正阳门外打磨厂内路北　南长街织女桥东

东河漕　崇文门外南羊市口路东

东河漕小巷　崇文门外羊市口

东板桥　地安门内景山东门外

东板桥二条　地安门内东板桥

东板桥火神庙西岔　地安门内

东门楼胡同　阜成门内北沟沿路西

东长安门　天安门迤东（即长安左门）

东长安街　西起东长安门　东至东单牌楼

东官房　地安门外迤西

东官厂　东单牌楼二条胡同迤北

东花园　安定门内雍和宫东

东花厅　东四牌楼南演乐胡同路南

东南园　琉璃厂路南

东南园头条　琉璃厂东南园

东南园二条　琉璃厂东南园

东南头条胡同　西便门内老营房东南

东南二条胡同　西便门内老营房东南

东南三条胡同　西便门内老营房东南

东南四条胡同　西便门内老营房东南

东红门　西安门内光明殿

东便门　广渠门北

东便门大街　东便门内

东柳树井　正阳门外东珠市口东

东帅府胡同　东单牌楼北路西

东拴马桩　宣武门内绒线胡同板桥路北

东苦水井　朝阳门内南顺城街路西

东皇城根　地安门外

东城根　安定门内迤东　宣武门内迤东　德胜门内迤东　正阳门外迤东　崇文门外迤东　东便门内迤东　左安门内迤东　南西门内迤东　永定门内迤东

东珠营　宣武门外珠巢街路南

东珠市口　正阳门外大街路东

东高房　景山东马神庙

东炮局　北新桥雍和宫东

东党家胡同　西直门内北草厂

东马尾帽胡同　崇文门外石板胡同路东

东唐洗泊街　崇文门外瓷器口大街路东

东校场　新街口北街西六条胡同西头

东茶食胡同　崇文门外

东库私胡同　崇文门内泡子河南

东堂子胡同　东单牌楼北大街　石牌坊北

东斜街　西单牌楼北甘石桥路东

东华门　东安门内迤西

东华门大街　东华门内

东顺城街　宣武门内迤东　德胜门内迤东　安定门内迤东

东单牌楼　东长安街东头

东单牌楼大街　崇文门内大街北头

东极观　正阳门外天坛北墙外

东椅子胡同　西华门内新开街南头路南

东杨茅胡同　前门外朱家胡同

东新开路　西四牌楼北　西直门内陆军大学校东

东达子胡同　东直门内北小街北头

东煤厂　地安门外南药王庙北

东颂年胡同　东直门内南小街路东（即东宋姑娘胡同）

东椿树胡同　宣武门外西草厂路北

东廊下　东四牌楼隆福寺东　西直门内新街口南护国寺街路北　阜成门内大街宫门口内

东裱褙胡同　东单牌楼裱褙胡同东口

东厂　崇文门外参将衙门迤东

东厂胡同　东安门丁字街北路西

东养马营　阜成门内锦什坊街路西

东醋儿胡同　鼓楼东大街路南

东兴隆街　正阳门外

东龙凤口　崇文门内禄米仓路南

东砖胡同　宣武门外虎坊桥东路南

东横街　宣武门外香炉营头条东

东晓市　崇文门外瓷器口

东晓市街　崇文门外瓷器口大街路西

东钱串胡同　地安门外前什刹海西羊角灯胡同

东总布胡同　东单牌楼总布胡同东口

东绦儿胡同　安定门内北锣鼓巷路西　德胜门内东顺城街东

东轿杆胡同　阜成门内大街宫门口四条胡同内（即东孝感胡同）

东罗圈胡同　东四牌楼南史家胡同东头

东铁匠胡同　宣武门内教育部街西口外

东铁香炉胡同　瓷器口东利市营

东观胡同　崇文门外花市大街路北

东观音寺　东单牌楼观音寺东口　西直门内大街南草厂内

东湾尺胡同　前门外鞭子巷四条

丘祖胡同　西单牌楼北闹市口西

帅府园　东单牌楼北

帅府胡同　西四牌楼北大街路西　东单牌楼北大街路西

鸟市　宣武门外月墙

鸟市后身　宣武门外鸟市后

鸟枪胡同　东四牌楼隆福寺大街路北　崇文门外大街路东　崇文门外茶食胡同迤北　正阳门外廊房头条胡同内

冯家胡同　东华门内南池子路东

圣人府　西单牌楼太仆寺街西头

圣寿寺　广安门内枣林街迤南

叶家胡同　崇文门外南小市下堂子胡同内

电灯公所夹道　西华门内南豁子大街路西

对子圈　东华门内大街路南

对嘴胡同　东直门内南小街海运仓迤东

汉花园　东华门内北河沿路西

乐房胡同　西便门大街路西

乐春坊　地安门外西城根

乐善园　西直门外

头牛录　西长安街路南

头巷横三条　阜成门内宫门口

头条胡同　东华门北池子路东　西华门南长街　西安门内南豁子迤西　安定门内大街路东　北新桥柏林寺东　东四牌楼北大街路东　西单牌楼北大街路东　地安门内东板桥东　西单牌楼北辟才胡同路北　宣武门内大街路西　西直门内新街口北路西　左安门内大街路东　天坛迤东营房内　宣武门外菜市口西烂缦胡同南头　永定门内大街路东

头发胡同　宣武门内大街

头庙　宣武门外桥南路西

龙王庙　宣武门外烂缦胡同南头

龙爪槐　南下洼子迤西

龙泉寺　宣武门外南下洼子迤西

龙华寺　什刹海迤北

龙凤口　朝阳门内禄米仓

龙凤坑　广安门内西砖胡同路西

龙凤桥　海淀

龙头井　德胜门内定府大街东头

龙须沟　天坛迤东

礼士胡同　东四牌楼南大街路东

礼拜寺街　崇文门内小雅宝胡同路南　崇文门外上堂子胡同路南

礼拜寺夹道　崇文门内小雅宝胡同路南

礼路胡同　西四牌楼北大街路西（即驴肉胡同）

礼贤镇　京南

礼器库　光禄寺胡同内

礼器库东夹道　东华门内北河沿路西

旧太仓　朝阳门内北小街路东

旧刑部街　西单牌楼北路西

旧鼓楼大街　地安门北鼓楼西路北　德胜门内

旧帘子胡同　正阳门内兵部洼路西

六画

丞相胡同　宣武门外菜市路口南（即绳匠胡同）

交道口　安定门内大街南

交道口东大街　北新桥西大街西头

交道口南大街　大佛寺西大街北头

交道口西大街　鼓楼东大街东头

交道口北大街　（即安定门大街）

任家头　正阳门外铺陈市南口

任家头条胡同　正阳门外铺陈市路西

伏魔巷　东单牌楼北报房胡同路北

先农坛　天桥迤南路西

光明殿胡同　西安门内大街路南

光明殿后胡同　西华门内光明殿后身

光恒街　阜成门外

光彩胡同　甘石桥西斜街内　宣武门内南闹市口王公厂内

光禄寺　东华门大街路北

全安栈胡同　西河沿余家胡同内

全浙广宜分园　西便门内大街路东

全浙江广谊园　宣武门外庙光阁迤西

冰窖　地安门外西皇城根路北　东便门内后河沿西头　宣武门外迤西南河沿

冰窖口　宣武门外迤西南河沿

冰窖胡同　东华门南池子路西　正阳门外东珠市口西湖营内　阜成门内大街北顺城街内

冰渣胡同　东单牌楼北金鱼胡同内

吉安所　地安门内景山东北

吉安所东夹道　东华门内东板桥铁匠营内

吉安所西夹道　东华门内东板桥铁匠营内

吉安义园　广安门内护国寺迤东

吉兆胡同　朝阳门内北小街路东

吉祥胡同　地安门内黄化门东头　东四牌楼大街路西　交道口南街东

吉祥头条　宣武门外大沙土园路西

吉祥二条　宣武门外大沙土园路西

吉祥庵　左安门内大街路西

吉照胡同　交道口东大街路南　东四牌楼三条胡同

吉乐院　南西门内大街路东

吉庆大院　东四牌楼北大街路西

同仁堂夹道　正阳门外大栅栏路南

同福寺　阜成内宫门口西廊下内

名家窑　左安门内大街迤北

回子营　东华门内北池子北头路北

回回营　西长安街路南　宣武门内南闹市口南　阜成门内北沟沿

地王庙　阜成门内大街路北

地安门　德胜门内东安定门内西（俗称后门）

地安市厂　地安门桥南路东

地安市场　鼓楼前大街路西

地安门大街　地安门外（即后门大街）　地安门内

地藏寺街　崇文门外瓷器口路东

地藏寺东街　瓷器口石板胡同

地藏寺大院　瓷器口西利市营

地藏庵胡同　安定门内成贤街路南

如意巷　西安门外北皇城根路西（即前毛家湾）　南河漕关帝庙街

如意胡同　东华门内北河沿东板桥北头　东单牌楼北乃兹府路南

守备胡同　广安门内牛街路西

安仁里　前门外李铁拐斜街

安化寺　广渠门内大街迤南

安化寺大道　广渠门大街西首

安平里　南新华街

安匠营　阜成门内大街北顺城街内

安成胡同　西直门内南小街

安儿胡同　宣武门内大街路东

安定门　德胜门东

安定门大街　安定门内

安威胡同　西直门内大街南小街内

安南营　东直门内北小街羊管胡同内

安国寺胡同　东珠市口西半壁街

安福胡同　西单牌楼大街路东

安乐巷　朝阳门内南小街路东

安乐堂　地安门内大街路东

安乐胡同　南河漕万佛寺街

安庆义园　瓷器口北岗子街

曲钩子胡同　崇文门外东晓市街内

朱茅胡同　正阳门外观音寺街南

朱家胡同　正阳门外观音寺街南

朱家横胡同　正阳门外朱家胡同内

江西义园　左安门内东城根

江南义地　广渠门内大街迤南

江南春台义园　左安门内营房迤东

江擦胡同　崇文门内苏州胡同东南

江苏义地　左安门内东城根

池家胡同　正阳门外天桥迤西路北

灰厂　西长安牌楼府右街北头

百代门　西华门南长街北河沿路北

百花园　宣武门外琉璃厂路北

百花深处　西直门内新街口南

百顺胡同　正阳门外陕西巷路西

百善堂　宣武门外南新华街

竹竿巷　朝阳门内南小街路东

米市口　东河漕东口外

米市大街　东单牌楼北

米市胡同　宣武门外菜市口东路南

米粮库　地安门内大街路西

羊毛胡同　东单牌楼闹市口东南隅　正阳门内西交民巷西　正阳门外石头胡同路东

羊市　西四牌楼西大街

羊皮市　西四牌楼丁字街路东　正阳门内皮市北头

羊肉胡同　崇文门内大街　西四牌楼南　正阳门外延寿寺街　广安门内牛街路西　宣武门外果子巷内路西　地安门外李广桥东

羊肉床胡同　新街口北中街内

羊角灯巷　德胜门外西后街

羊角灯胡同　地安门外三座桥西

羊尾巴胡同　朝阳门内南小街路东　安定门内宽街南路东　东直门内大街路北

羊房夹道　三座门

羊房胡同　德胜门内德胜桥南

羊脖子胡同　新街口北东校场内

羊圈　东华门内南池子路东　内西华门外　崇文门内小雅宝胡同路南　西直门内新街口南　新街口北六条胡同内

羊圈胡同　地安门外大街路西

羊肠胡同　阜城门内锦什坊街武定侯胡同内　阜成门内锦

什坊街王府仓胡同内　阜成门内巡捕厅胡同内

羊管胡同　东直门内北小街路东

老全胡同　东直门内南小街海运仓迤东

老君地　广安门内锥子胡同南头

老君堂　朝阳门内南小街路东　东直门内南小街路西

老虎洞　东华门景山东　西直门内大街南小街内　阜成门内大街路北宫门口迤东　朝阳门内南小街方家胡同路南　崇文门外南五老胡同内　正阳门外东珠市口草市街内

老虎胡同　东四牌楼南大街

老爷庙胡同　西华门南长街

老爷庙后巷　南长街老爷庙胡同内

老园　崇文门外半壁街迤南

老营房　宣武门外河沿南迤西　广安门内下斜街北头

老馆　宣武门外行刑场迤西

老墙根　宣武门外下斜街北头迤东

西八角胡同　正阳门外三里河大街路北

西大胡同　广安门内牛街路西

西大街　西华门南长街　西华门内旃坛寺西

西大街头条　南长街西大街南首

西大街二条　南长街西大街路东

西大街三条　南长街西大街路东

西小拴马椿　绒线胡同东拴马椿内

西上坡　永定门外关厢

西下洼子　安定门内北锣鼓巷路东

西口袋胡同　什刹海李广桥路西

西弓匠营　西直门内南小街路西

西三座门　西长安街东

西不压桥　地安门内西

西太平巷　正阳门外虎坊桥路南

西太平街　宣武门内南闹市口南
西月墙　崇文门门脸迤西
西月芽胡同　东四牌楼北六条胡同路南
西什库　西安门内大街路北
西什库夹道　西安门内西什库东
西什后库　西安门内西什库夹道北口
西牛角胡同　西单牌楼堂子胡同
西水关　德胜门内迤西
西水车胡同　东四牌楼北四条胡同内
西手帕胡同　东直门内北小街路东
西四牌楼　阜成门大街东头
西四牌楼东大街　西四牌楼马市大街
西四牌楼西大街　西四牌楼至马市桥
西四牌楼南大街　西四牌楼至缸瓦市
西四牌楼北大街　西四牌楼至护国寺街
西四圣庙　虎坊桥虎坊路
西北园　琉璃厂西头
西北头条胡同　西便门内老营房西北
西北二条胡同　西便门内老营房西北
西北三条胡同　西便门内老营房西北
西北四条胡同　西便门内老营房西北
西北五条胡同　西便门内老营房西北
西皮市　正阳门内西门洞迤北
西皮条营　正阳门外胭脂胡同路西
西半壁街　正阳门外
西石槽　东单牌楼北大街路东
西安门　三座门外西（俗称外西华门）
西安门大街　西安门内　西安门外
西交民巷　正阳门内迤西

西老虎洞　东安门外大街路北

西老胡同　地安门内景山东大街马神庙

西吉祥胡同　地安门内黄化门内　东四牌楼北魏家胡同路南

西夹道　地安门内西皇城墙　宣武门外琉璃厂路北　宣武门外十间房路北

西岔　西华门内惜薪司街西

西岔后街　西安门内惜薪司

西利市营　崇文门外瓷器口路东

西孝感胡同　阜成门内大街宫门口四条内（即西桥胡同）

西车站　正阳门外西城根

西宋姑娘胡同　东直门内南小街路东

西直门　阜成门北

西直门大街　西直门脸至横桥

西官房　地安门外西皇城根四头路北

西官房胡同　德胜门内厂桥东

西官厂胡同　东单牌楼二条胡同迤北

西花厅　东四牌楼南演乐胡同路南

西花园胡同　东四牌楼钱粮胡同西口

西长安门　天安门迤西西三座门东（即长安右门）

西长安街　东自西长安门西至西单牌楼

西长安牌楼　正阳门内西长安街东头

西板桥　地安门内景山西门

四河沿　德胜门内德胜桥路西　什刹海迤南　正阳门外大街路西

西河漕　崇文门外南河漕路西

西南园　琉璃厂路南

西南头条胡同　西便门内老营房西南

西南二条胡同　西便门内老营房西南

西南三条胡同　西便门内老营房西南

西南四条胡同　西便门内老营房西南

西南五条胡同　西便门内老营房西南

西便门　广安门北

西便门内大街　西便门内

西苑门夹道　南长街北河沿西

西皇城根　地安门外迤西

西苦水井　朝阳门内南小街方家胡同路北

西帅府园　崇文门内王府井大街路东

西柳树井　正阳门外西珠市口西头

西红门　西安门内光明殿

西拴马椿　宣武门内东城根路北

西城根　安门内迤西　正阳门内迤西　宣武门内迤西　德胜门内迤西　崇文门外迤西　东便门内迤西　左安门内迤西　正阳门外迤西　宣武门外迤西　南西门内迤西　永定门内迤西

西仓门　北新桥路骆驼胡同内

西校场　西直门内三官庙北头　西直门内大街曹老公观后

西海　德胜门内西水关迤南

西海西河沿　德胜门内积沙滩西南

西海北河沿　德胜桥西北至积沙滩

西海南河沿　德胜桥西南至高庙

西珠营　宣武门外南下洼子迤西

西珠市口　正阳门外大街路西

西马市　西四牌楼

西马将军胡同　交道口南路西

西马尾帽胡同　崇文门外瓷器口路东

西堂子胡同　东四牌楼南路西

西党家胡同　西直门内南顺城街

西草厂胡同　宣武门外大街路东

西斜街　西单牌楼北甘石桥路西

西唐洗泊街　瓷器口街路东

西单牌楼　宣武门内大街北头

西单牌楼北大街　西单牌楼北至缸瓦市

西单牌楼南大街　（即宣武门内大街）

西菜园胡同　西安门内旃檀寺西

西顺城街　正阳门内迤西　宣武门内西城根　德胜门内迤西

西华门　南海东

西华门大街　南长路北口外

西湖营　正阳门外东珠市口路北

西棋盘街　正阳门内

西椅子胡同　西华门内府右街迤西

西廊下　东四牌楼隆福寺西　西四牌楼北大街护国寺街路北　阜成门内大街宫门口

西椿树胡同　宣武门外椿树上头条西头　宣武门外西草厂路北

西煤厂　地安门外南药王庙北

西园子　瓷器口东晓市街

西杨茅胡同　前门外朱家胡同

西裱褙胡同　东单牌楼北大街路东

西养马营　宣武门内南顺城街路东

西醋儿胡同　鼓楼东大街路南

西厂　崇文门外参将衙门迤西

西砖胡同　宣武门外菜市口迤西路南

西龙凤口　崇文门内禄米仓路南

西钱串胡同　地安门外前什刹海西羊角灯胡同

西晓市　正阳门内三里河南桥湾内

西横街　宣武门外香炉营头条路南

西绦儿胡同　旧鼓楼大街北头路东　德胜门内东城根

西总布胡同　东单牌楼北大街路东

西压桥　地安门外迤西

西魏胡同　鼓楼西大街

西罗圈胡同　东四牌楼南史家胡同东头

西铁匠胡同　西单牌楼西南闹市口北

西铁香炉胡同　瓷器口东晓市街

西湾尺胡同　东珠市口东大市街

西观音寺　西直门内大街南小街内

西观音寺胡同　东单牌楼大街路东

西厅胡同　崇文门外三转桥

肉市　正阳门外大街

肉市北口　正阳门外大街路东

耳朵眼　朝阳门内北顺城街北头　西马安街六部口路东

耳挖勺胡同　瓷器口黄花院胡同

衣孢胡同　崇文门内方巾巷路西

牟家井　瓷器口东晓市街

阡儿路（旧名阡儿胡同）　西珠市口西头路南

行刑场　宣武门外下斜街迤西

芍药胡同　三里河南桥湾

协和胡同　东单牌楼石大人胡同东头路北

协资庙　正阳门外廊房头条西

芝麻店　宣武门外菜市口迤西路北

芝麻街　宣武门外大街　宣武门外校场三条

芝麻胡同　东单牌楼苏州胡同东头

后大坑　新街口北七条胡同内　西直门内南小街南头　西安门内光明殿

后大街　地安门内景山后

后王公厂　宣武门内象房桥沟沿迤西

后王爷庙　西长安街交通部后（即北安里）

后巴王子胡同　西直门内大街桦皮厂内

后牛肉湾　宣武门内前牛肉湾内路北

后牛犄角胡同　西直门内大街北草厂内

后水泡子　正阳门内绒线胡同路北（即新平路）　西长安街大六部口内路西

后井　朝阳门内北小街弓匠营内

后井胡同　崇文门内镇江胡同路北　什刹海遛南

后毛家湾　西安门北皇城根路西

后公用库　新街口南公用库内

后什刹海　地安门外大街桥西

后五岳观　北顺城街北

后石道　朝阳门内北顺城街路西

后百户庙　宣武门内罗圈胡同前百户庙内

后老来街　宣武门内南闹市口路西

后池　东晓市街内

后池西街　瓷器口东晓市路北

后池胡同　东晓市

后坑　西安门内南豁子遛西　旧鼓楼大街玉皇阁内　东四牌楼北六条胡同内　东四牌楼北五条胡同路北　正阳门内石碑胡同路西　崇文门南羊市口南头　宣武门外北柳巷内　新街口北街北头路西

后坑大院　西便门内大街路东

后坑西口　正阳门外东珠市口精忠庙街内

后秀才胡同　西直门内南顺城街内

后抄手胡同　阜成门内北沟沿路西

后局　东华门北河沿遛西

后局大院　地安门内嵩祝寺

后宅　西华门北长街

后车儿胡同　西四牌楼北前车儿胡同内

后炒面胡同　朝阳门内大街小烟筒胡同内

后京畿道　西单牌楼北舍饭寺西头迤北

后拐棒胡同　朝阳门内南小街路西

后青厂　宣武门外海北寺街路南

后门　安定门内西德胜门内东（即地安门）

后门大街　地安门内（即地安门大街）

后河沿　崇文门外大街路西　东便门内迤西　正阳门外西河沿迤北　正阳门外韩家潭内　宣武门外迤西

后河沿夹道　东便门内后河沿路北

后河沿小胡同　崇文门外打磨厂路北

后泥湾　西单牌楼北西斜街北头路西

后泥湾村　广安门外

后胡同　广安门内西砖胡同路西　西安门内府右街

后英子胡同　西四牌楼南英子胡同内

后英房胡同　新街口北四条西双栅栏内

后红井　正阳门内西交民巷前红井内

后马厂　旧鼓楼大街

后马馆　西长安街大栅栏内北头

后马家厂　旧鼓楼大街路西

后海　地安门外银锭桥西　东直门内北馆

后孙公园　宣武门外前孙公园路北

后孙公园夹道　宣武门外前孙公园路北

后桃园　西直门内大街北草厂内

后纱络胡同　阜成门内北沟沿路西

后库　西安门内西什库后

后张公园　西直门内三官庙北头

后细瓦厂　正阳门内兵部洼前细瓦厂内

后剪子巷　西安门内酒醋局

后帽儿胡同　西直门内南沟沿路东

后椅子胡同　崇文门内东观音寺草厂路东

后琮瑁胡同　西直门内南小街路西

后圆恩寺　安定门内交道口南路西

后沟　崇文门内孝顺胡同内

后闸　石附马大街

后鼓楼院　鼓楼东大街路南

后楼　阜成门内锦什坊街机织卫内

后广平胡同　西直门内大街南草厂内

后兴隆街　西便门内铁桥迤南

后萧家胡同　安定门内大街路东

后营　正阳门外东珠市口冰窖胡同内

后营村　西郊三区

后营胡同　宣武门外南横街路南

后撒袋胡同　阜成门内孟端胡同内　阜成门内顺城街西养马营内

后罗圈胡同　新街口棉花胡同路东

后铁门　西华门外南长街升平署后

后铁厂　正阳门外西河沿路南

后铁匠营　德胜门内厂桥路西

红土店　宣武门外珠巢街路南

红门　西安门内光明殿胡同南头

红庙　东珠市口草市街内　西单牌楼西斜街

红桥　崇文门外瓷器口大街南头

红桥前街　崇文门外瓷器口大街路西

红炉厂　宣武门外北半截胡同路西

纪家庙村　广安门外

刚家大院　宣武门内西拴马桩路东

孙家坑　东四牌楼北钱粮胡同路南　东四牌楼北五条胡同

内　东四牌楼西

庄王府夹道　西四牌楼北大街路东庄王府东

许家大门　正阳门外西河沿佘家胡同路南

钓鱼台　朝阳门内大街路北

钓饵胡同　崇文门内汇文大学北

阴凉胡同　阜成门内十八半截东头　阜成门内大街路南

闫王庙前胡同　崇文门外兴隆街路南

闫王庙后胡同　崇文门外兴隆街路南

华仁路　香厂路相近

华康里　香厂华康路

华康路　香厂路珍家花园

华嘉寺　阜成门内锦什坊街路西

华与里　香厂华严路

华严路　万明路相近

汇通祠　德胜门内西城根

会计司　西华门北长街

会城门村　西便门外

会馆胡同　宣武门外永光寺西街路东

当街庙　西四牌楼北大街

当铺胡同　西华门内旃寺西　宣武门内大街路西　东直门内大街路北　宣武门外南柳巷内

过街楼　正阳门外东珠市口路南

达子府　安定门内姑姑寺西

达子庙　阜成门内南顺城街西养马营

达子馆　西直门内大街路北

达子营　西安门内光明殿胡同南头　骡马市大街贾家胡同路西

达子胡同　正阳门外铺陈寺路西　安定门内北新桥北路西

达教胡同　东华门外北皇城根北头

达智桥　宣武门外大街路西（即炸子桥）

达智营　西单牌楼皮库胡同内

达圆镜胡同　正阳门铺陈市南口

团祥胡同　安定门内宝钞胡同路西

齐化门　东直门南（即朝阳门）

齐化门大街　朝阳门内

刘宅坟地　广安门内教子胡同南头

刘家窑　左安门内大街西头

刘家大门　正阳门外延寿寺街

刘海胡同　德胜门内德胜桥南路西

刘兰塑　西安门内大街路北

庆隆大院　正阳门外鲜鱼口路北

庆云里　东茶食胡同河泊厂

庆云巷　正阳门外

庆云巷胡同　正阳门外兴隆街路南

庆丰司　内西华门北长街

机器磨房夹道　西便门内大街路西

灯市口　东四牌楼南大街路西

灯草店　正阳门内西长安街东头路南

灯草胡同　东四牌楼南大街路东

灯笼库　东华门内南池子路东

写桥　西直门外

兴化寺街　德胜门内

兴平仓　东直门内南小街路东

兴盛寺　宣武门外十间房路北

兴盛街　西安门内西大街

兴隆街　西长安街大栅栏北头　正阳门外打磨厂新开路南头　崇文门外新开街南头　崇文门外大石桥路南

兴隆大院　鼓楼西大街路西　东单牌楼北报房胡同路南

西长安街北兴隆街

兴隆胡同　西华门外北长街路西　东安门外北城根路东

戏楼胡同　安定门内北新桥北路东

扩义园　宣武门外行刑场迤西

伞子胡同　德胜门内德胜桥南路东　西单牌楼甘石桥路东

向闸　地安门外西皇城根路北

关王庙街　崇文门外三转桥路西

关东店　东安门北乃兹府内

关帝庙　东便门内后河沿路北　广渠门内南城根迤西　广安门内南城根　广安门内南线阁路东

关帝高庙　西珠市口阡儿路

关家大院　西华门外北长街路西

关家　西华门外北长街北头

权盛里　宣武门外校场西

观音寺　东单牌楼北大街路东　东直门内北小街路西　西直门内大街北草厂北头　正阳门外大栅栏西口外　西便门内东城根内迤南　宣武门外南下洼子迤西　永定门内路西　王大人胡同

观音堂　西华门内惜薪司胡同南头

观音院　宣武门外珠巢街路南

观音庵　东四牌楼北九条胡同路北　阜成门内北沟沿大茶叶胡同西　西直门内北草厂

观象台　西华门外南长街路西　朝阳门内东城根

七画

佑圣寺　永定门内路西

何家大院　朝阳门内北顺城街　正阳门内天桥迤西

佘家胡同　正阳门外西河沿路南

佟府夹道　东四牌楼灯市口路北

兵马司　西四牌楼南

兵马司中街　宣武门外米市胡同南头

兵马司前街　宣武门外南横街路北

兵马司后街　宣武门外米市胡同南头

兵将局　地安门东皇城根

兵部街　正阳门内迤东

兵部洼　正阳门内西城根路北

利市营　瓷器口内

利溥营　铁狮子胡同内南剪子巷

别簪胡同　旧鼓楼大街小石桥内

吴家桥　广安门内糖房胡同内

吴家桥头条胡同　广安门内糖房胡同内

吴家桥二条胡同　广安门内糖房胡同内

吴家桥三条胡同　广安门内糖房胡同内

吴家桥四条胡同　广安门内糖房胡同内

吕公堂　朝阳门内东城根

吕祖阁　正阳门内半壁街路北

吕祖阁东夹道　正阳门内半壁街吕祖阁迤东

吕祖阁西夹道　正阳门内半壁街吕祖阁迤西

吕家窖　左安门内名家窖迤南

坑洞胡同　正阳门外大蒋家胡同东头

夹道　地安门外西皇城根路北　正阳门外王广福斜街内

夹道居　宣武门外菜市口迤西路北

孝顺胡同　崇文门内大街路东

宋姑娘胡同　东直门内南小街路东　崇文门外巾帽胡同路南

宋家胡同　正阳门内皮市路西　左安门内营房迤东　东珠市口苏家坡

宋仁寺　西安门内北海西墙外

宏福寺　正阳门外兴隆街路北

宏庙　西单牌楼北西斜街内

尾巴胡同　正阳门外纸巷子路西

岔子胡同　地安门大街路东

岔儿胡同　南河漕万佛寺街

巡捕厅胡同　阜成门内锦什坊街路西

延旺庙街　宣武门外果子巷内

延寿寺街　正阳门外西河沿佘家胡同路南

延寿庵胡同　崇文门内苏州胡同路北

延庆寺　崇文门外大石桥火神庙大街南头

快活林　阜成门内锦什坊街路西

成公府夹道　宣武门内绒线胡同路北（即贤孝里）

成侯大院　东华门北池子骑河楼内

成贤街　安定门内大街路东（即国子监）

我营胡同　崇文门外堂子胡同南

抄手胡同　宣武门内大街路西　德胜门内德胜桥路西　正阳门外鲜鱼口路南

李家大院　南河漕万佛寺街

李阁老胡同　西单牌楼堂子胡同东口外街东

李广桥　德胜门内羊房胡同东口

李广桥东街　德胜门内李广桥南河沿

李静胡同　东单牌楼豫王府西夹道

李铁拐斜街　正阳门外观音寺西头北岔

求志巷　宣武门外大街路东

汪太乙胡同　崇文门外大石桥街路北

汪芝麻胡同　东四牌楼北大街路西

汪家大院　安定门内大街南头路西

汪家胡同　北新桥南路东　东四牌楼

汶家胡同　宣武门内参议院迤北

汾州营　正阳门外西河沿澡堂子胡同内

沈篦子胡同　西单牌楼北辟才胡同西头路北

沙井胡同　地安门东南锣鼓巷路西　西四牌楼南兵马司内

沙厂胡同　安定门内大街路东

沙锅门　东便门南（即广渠门）

沙栏胡同　广安门内牛街路东

沙滩　东华门北池子北头

妞妞房　地安门内黄化门东头　东华门北池子骑河楼内　西安门内西大街北头　西安门内南豁子口内

秀才胡同　西直门内大街南小街内

秀娘胡同　阜成门内回子营迤北

良家胡同　西华门外南长街观象台西

良乡胡同　西安门大街路南（即廊房胡同）

角楼　宣武门内太平湖　西直门内城根西北角　东便门内东城根东头　左安门内东城根东头　西便门内西北角　宣武门外西城根西头　南西门内西城根西头

豆角胡同　地安门大街方砖厂内

豆坑胡同　崇文门内东总布胡同路北

豆儿屯　广安门内里红路西

豆芽菜胡同　阜成门内十八半截　朝阳门内

豆腐巷　崇文门内东单牌楼闹市口　朝阳门内东四牌楼马市路南　崇文门外宋姑娘胡同内　德胜门内蒋养房内

豆腐池胡同　安定门内宝钞胡同路西

豆嘴胡同　东直门内南新仓东

豆瓣胡同　朝阳门内大街路北

辛寺胡同　东四牌楼北大街路东　地安门外大街

里红街　南西门内迤北

状元桥　正阳门外天坛北墙外

花市大街　崇文门外大街路东（即栏杆）

花市　崇文门外花市大街东头

花神庙　先农坛迤西

花枝营　正阳门外高爵街内

花枝胡同　东四牌楼西翠花胡同内　正阳门外大蒋家胡同　安定门内香饵胡同　宣武门内十八半截东头　德胜门内三不老胡同　宣武门外西河沿佘家胡同路南　天桥铺陈市西

花针胡同　正阳门内石碑胡同路东　甘石桥西十八半截内　德胜门内崇文门外东晓市

花炮作　先农坛迤西

花梗胡同　安定门内大兴县

花梨大库　西华门外南长街路西

花园　安定门内东城根东头　安定门内姑姑寺西　朝阳门内大街空府北正阳门内石碑胡同路东

花园宫　西单牌楼西北闹市口城隍庙街内

花园胡同　广安门内磨刀胡同路南

花园闸村　河阳汛

花厂　什刹海李广桥　广安门内南线阁

芳草地　朝阳门外

阿洪胡同　广安门内牛街路东

两棵槐胡同　瓷器口火神庙街

库子胡同　甘石桥西十八半截内

库司胡同　东单牌楼苏州胡同东　东华门南池子

库私胡同　东四牌楼弓弦胡同内　东单牌楼北乃兹府路北

库资胡同　西四牌楼砖塔胡同内　西单丘祖胡同　西单北西斜街

时刻亮胡同　西直门内新街口四条胡同内

时家村　广安门外

纱络胡同　安定门内北锣鼓巷路西　阜成门内北沟沿

纱帽胡同　东长安门外东长安街王府井大街路西

纱帽翅胡同　崇文门内苏州胡同东头

纸巷子　正阳门外廊房头条胡同西头

财神庙　东直门内北新桥南石雀胡同内　正阳门内西城根路北　阜成门内西四牌楼南羊肉胡同内　广渠门大街路北

针尖胡同　阜成门内香椒园　安定门内二条胡同东头

针鼻胡同　安定门内二条胡同东头

针线胡同　东直门内北小街路东　阜成门内宫门口头条胡同内

贡院（即举场）　东单牌楼东观音寺东口

贡院东夹道　贡院东

贡院西夹道　贡院西

张公祠　南西门内南横街盆儿胡同内

张公园　西直门内曹公观北

张秃子胡同　新街口北东校场内

张旺胡同　旧鼓楼大街

张相公庙　西单牌楼绒线胡同东

张相庙街　宣武门外南横街迤北

张皇亲胡同　德胜门内德胜桥南

张家花园　河泊厂

张家胡同　广安门内牛街路西

帐房胡同　东四牌楼北大街

帐垂营　东砖胡同内

陈列所　广安门内大街路北

陈家胡同　广安门内

陆军被服厂　朝阳门内南小街路东（即禄米仓）

岗子胡同　瓷器口北岗子街南头

岗子小巷　广渠门大街南岗子街

乔道士庙　西华门北长街

报子街　西单牌楼路西

报子胡同　西四牌楼北大街路西　广安门内

报房胡同　崇文门内大街路东　东四牌楼南大街路西

报恩寺胡同　北新桥北街东

护国寺　广安门内大街迤北

闷葫芦罐　东华门内北池子骑河楼内

汤山路　青龙桥至汤山

汤公胡同　鼓楼西旧鼓楼大街路东

汤家胡同　北新桥北头路西

汤黄大院　东四牌楼北五条胡同内

进士馆夹道　西单牌楼太仆寺街路北

闵家庄村　京西

苇坑　西直门内新街口北蒋养房内

苇坑西岔　新街口蒋养房

苇坑东岔　新街口蒋养房

苇塘　南西门南横街盆儿胡同南头

里新库　东华门内南池子路东（即缎皮库）

里新库后胡同　东华门内南池子缎皮库迤北

补漏锅胡同　广安门内大街路北

寿比胡同　安定门内交道口路南

寿刘胡同　广安门内牛街路东

杠房胡同　宣武门内南闹市口王公厂内　东四牌楼北大街路东

郑王府夹道　西单牌楼辟才胡同

迟家胡同　天桥西沟旁

医院胡同　骡马市大街麻线胡同路东

鸡毛胡同　阜成门内锦什坊广宁伯街内

鸡鸭市　西安门外大街路北（即集雅士）

苏州胡同　崇文门内大街路东

苏州胡同下坡　苏州胡同东头

苏家坡　正阳门外东珠市口半壁街路南

苏家坡南口　正阳门外东珠市口半壁街路南

苏萝卜胡同　阜成门内北沟沿

护国寺街　西四牌楼北大街路东

灵佑宫　天桥西永安路路北

灵官庙　西华门外南长街路西　安定门内大街路西

灵官庙胡同　崇文门外兴隆街东头

灵境　西单牌楼北甘石桥路东（即林清宫）

驴市口　阜成门外

驴肉胡同　西四牌楼北大街路西（即礼路胡同）

驴蹄胡同　崇文门内大牌坊胡同内　朝阳门内大街路北　阜成门内锦什坊街华嘉寺内　骡马市大街贾家胡同路西

八画

京府　朝阳门内大街空府北

京畿道　西单牌楼旧刑部街路北

刷子市　正阳门外东珠市口草市街内

取灯胡同　安定门内宽街南　正阳门外纸巷子路西　宣武门内鲍家街北

受璧胡同　西四牌楼北街路西（即臭皮胡同）

周家大院　宣武门外海北寺街路南

周家胡同　广安门内牛街路西

奉宸苑　西华门外大街路北

姑姑寺　安定门内大街路西

孟公府胡同　东华门北池子骑河楼内

孟家大院　东华门景山东　西直门内新街口南路西

孟端胡同　阜成门内锦什坊街路西

宗人府夹道　正阳门内户部街北头

宗帽胡同　西直门内南小街南头

宗帽头条胡同　宣武门内太平湖北

宗帽二条胡同　宣武门内太平湖北

宗帽三条胡同　宣武门内太平湖北

宗帽四条胡同　宣武门内太平湖北

宗学夹道　正阳门内板桥路北

官井胡同　天坛东南岗子街

官豆腐房　东华门内南池子南口

官房　崇文门内观音寺路北　东四牌楼北钱粮胡同路南　锦什坊街机织卫内

官房子　东单牌楼北报房胡同路南　东安门外北皇城根路东　北新桥南汪家胡同内

官房大院　东华门北河沿　崇文门内无量大人胡同路北　朝阳门内南水关苦水井胡同内　宣武门内太平湖东　东四报房胡同

官房胡同　崇文门内苏州胡同路北　东单牌楼豫王府西夹道

官马司　西长安街路北

官马圈　崇文门外大石桥路南

官马大院　安定门内车辇店胡同路南

官员司　崇文门内苏州胡同西南

官书院　北新桥北头路西

官菜园上街　宣武门外南横街路南

官猪圈　东华门内南池子南头路西

官帽胡同　东单牌楼观音寺

官帽司胡同　沟沿头

官园　西直门内南小街南头迤东

官厂胡同　东单牌楼北乃兹府路南

官学大院　东单牌楼米市大街史家胡同路南

官厅　广安门内大街路北

定王府官地　南西门内东城根

定府大街　德胜门内德胜桥南

岳王庙　正阳门外天桥迤西路北

岳武庙　正阳门外天坛北墙外

府右街　西长安牌楼北　西安门大街南

府夹道　朝阳门内五爷庙迤东　德胜门内果子市大街路南　地安门外李广桥东　新街口大火药局胡同

府前街　西三座门外西

府菜园　德胜门内高庙迤南

府学胡同　安定门内交道口南路东

府藏街　西华门内旃坛寺北

承恩寺　宣武门外象房桥北

抬头巷　正阳门外樱桃斜街路北

抽分厂　崇文门外参将衙门迤北

抽屉胡同　崇文门内盔甲厂北

担杖胡同　西单牌楼甘石桥路东

拈花寺　广渠门内南城根迤西

拈儿胡同　安定门内宝纱胡同路西

拐棒胡同　崇文门外南河漕迤东　地安门外马尾巴斜街

拐棒子胡同　东四牌楼

拐弯胡同　崇文门外瓷器口东大街路南

放生池　崇文门外南河漕半壁街迤南　骡马市大街贾家胡同路西

放牲园　骡马市大街贾家胡同路西

明因寺街　崇文门外瓷器口清华寺街西头

明堂大院　交道口南香饵胡同路北

松公府　景山东马神庙北

松公府夹道　东华门内北河沿松公府路西

松竹胡同　府右街太仆寺街

松柏巷　宣武门外南下洼子迤西

松桂村　东单牌楼北石大人胡同东头路北

松贵胡同　东单牌楼举场东

松树院　崇文门内小雅宝胡同路南

松树街　德胜门内厂桥迤东

松树桥　新街口北东校场内

松树胡同　正阳门内兵部洼南头路西　西单牌楼北李阁老胡同内

松鹤庵　阜成门内广宁伯街

板井胡同　打磨厂内

板章胡同　正阳门外西珠市口迤南

板厂　瓷器口北岗子街

板厂东里　瓷器口北岗子街

板厂胡同　西四牌楼丁字街路东　安定门内交道口南路西（即颁赏胡同）宣武门外

板厂新里　瓷器口北岗子街

板桥　地安门内雁翅楼西　北新桥南路东　宣武门内绒线胡同东头　德胜门内积水潭　崇文门外东晓市

板桥街　地安门内东板桥南

板桥胡同　东四牌楼北六条胡同路北

板桥头条　德胜门积水潭西

板桥二条　德胜门内积水潭西

板桥三条　德胜门内积水潭西

林清宫　西单牌楼北甘石桥路东（即灵境）

林驸马胡同　朝阳门内南水关

果子市　正阳门外东珠市口路北　德胜门内

果局大院　东四牌楼北大街

果匣子胡同　西单牌楼北石虎胡同内

武王侯胡同　西四牌楼北大街路西

武功卫　西单牌楼北大街路东

武衣库　阜成门内锦什坊街路西

武定侯　阜成门内锦什坊街路西

武定侯胡同　阜成门内南顺城街路东

武备院　东华门内北池子路西

武学胡同　朝阳门内禄米仓

泥湾　西单牌楼后

河沿　宣武门外迤西

河泊厂　崇文门外平乐园北头　崇文门外南大街路北

河泊厂头条　东茶食胡同河泊厂

河泊厂二条　东茶食胡同河泊厂

河南义地　南西门内东城根

河道口　广安门内下斜街内

油勺胡同　东单牌楼北报房胡同路南　交道口南山老胡同　崇文门外东晓市

油房胡同　东四牌楼灯市口路北　朝阳门内南小街路东　宣武门内绒线胡同路南　阜成门内十八半截迤北

油炸果胡同　新街口北珠八宝胡同迤西

油牌胡同　东四牌楼西弓弦胡同内

油漆作　地安门内大街

油篓胡同　西单牌楼北堂子胡同内　阜成门内锦什坊街路西

法通寺　安定门内北锣鼓巷路西

法华寺　崇文门外唐洗泊街迤南

法塔寺　天坛迤东

法源寺　宣武门外西砖胡同路西

法源寺后街　菜市口

泡子河　崇文门内东城根

炊帚胡同　正阳门内司法部街路东

炒豆胡同　安定门内交道口南　地门安内

炒面胡同　东西牌楼南大街路东

炕沿井　西单牌楼西丘祖胡同西口外

炕儿胡同　崇文门外南小市路东

炕洞胡同　正阳门外东珠市口精忠庙街内

狗尾巴胡同　东单牌楼北报房胡同路北　西单牌楼太仆寺街路南　阜成门内广宁伯街内　西单牌楼西南闹市口前百户庙内　阜成门内南顺城街大乘寺内　德胜门内德胜桥迤南　阜成门内翠花街路北　东便门内蟠桃宫迤西　崇文门外瓷器口大街路西

狗脖子胡同　西四牌楼北　阜成门内南顺城街

空府　朝阳门内大街

空府夹道　朝阳门内大街北

空厂胡同　东珠市口东大市街

青婴堂　西安门外大街　广渠门大街

育婴堂后身　北岗子

卧牛胡同　正阳门外东柳树井路南　东珠市口大街路南

卧佛寺　东便门内铁辘轳把东头

卧佛寺街　西单牌楼西北闹市口路西

虎坊胡同　宣武门外虎坊桥路北

虎坊路　虎坊桥东

虎坊路小胡同　虎坊路东

虎坊桥　宣武门外骡马市大街东头

虎背口　崇文门外花市大街路北

虎城　西安门内北海西墙外

虎喇叭　东便门内虎背门迤北

虎枪处　德胜门内东顺城街东头

邱家胡同　新街口蒋养房路南

金太监　东直门内大街路北

金太监胡同　北新桥东大街

金井胡同　宣武门外上斜街路南

金家大院　德胜门内松树街东　西四牌楼北路西

金鱼池　正阳门外天坛北墙外

金鱼胡同　东单牌楼北大街路西　东珠市口南桥湾

金丝勺胡同　东华门南河沿

金丝套胡同　地安门外南官房口

金丝钩胡同　西直门内新街口南路西

金丝沟　西直门内

金鳌玉蝀桥　西苑水云榭北

阜成门　西直门南（俗称平则门）

阜成门大街　阜成门内

青水营　崇文门外北五老胡同路西

青风巷　正阳门外火神庙夹道路西

青云巷　打磨厂高井胡同内

青龙桥　阜成门外

表章库　东华门内南池子路东（即皇史宬）

表章库夹道　东华门内南池子表章库北

表章库后胡同　东华门内南池子表章库东

雨儿胡同　地安门内南锣鼓巷路西　东直门内南小街小菊胡同内

和众里　崇文门外大街路东

昌堂门　西单牌楼北东斜街

枇杷园　宣武门外

宜百子胡同　西四牌楼太平桥

苗家胡同　崇文门外大街路西

苦水井　西华门外南长街北河沿内　朝阳门内南水关　宣武门内未英胡同北头路西　阜成门内宫门口北头葡萄园路北

英子胡同　西四牌楼南路西　崇文门外

范子平胡同　崇文门内汇文大学北

范家胡同　交道口头条胡同内　宣武门外三庙西头

茄子胡同　宣武门内太平湖东

姐娘庙　东单牌楼栖凤楼胡同迤北　鼓楼西旧鼓楼大街路东　阜成门内南顺城街大乘寺内

郎家大院　东四牌楼西八面漕路东

郎家胡同　安定门内北锣鼓巷路西

陕西巷　正阳门外李铁拐斜街路南

参政胡同　宣武门内石驸马大街路南

参将署胡同　崇文门外大石桥路北

参谋部　西安门内大街路北

国子监　安定门大街路东（即成贤街）

国门关　正阳门外琉璃厂西头（即鬼门关）

国强胡同　崇文门外

舍饭寺　西单牌楼北路西　天坛迤东北岗子南头

净土寺　安定门内北锣鼓巷路西

净业寺　德胜门内西城根

细米厂　崇文门外大街南头路西瓷器口火神庙街

细米胡同　西单牌楼北甘石桥路东

细米巷胡同　崇文门外打磨厂路南

细管胡同　东四牌楼北魏家胡同路南　安定门内北新桥南路西

绍兴义地　崇文门外半壁街迤南

顶银胡同　东单牌楼方巾巷内

鱼市　西单牌楼北大街

鱼眼胡同　西直门内大街南小街内

枣林　西安门内南豁子迤西

枣林街　阜成门内广宁伯街内　宣武门外大街路东　广安门内南线阁东

枣树林　左安门内西城根迤北

枣树院　崇文门外元宝市四川营内

枣树胡同　宣武门内未英胡同北头路东

果子市　德胜门内大街路东

果子巷　宣武门外骡马市大街路南

果子罐　鼓楼西大街

极乐寺　安定门内大街路东

沟尾巴胡同　正阳门外东珠市口草市街内

沟沿　东华门外小甜水井内　朝阳门内北顺城街北头　北新桥东瓦岔胡同内　正阳门内化石桥北　正阳门外东珠市口草市内

沟沿头　崇文门内汇文大学东

沟沿小巷　阜成门内北沟沿街西

沟头　西单牌楼西北闹市口北路东　宣武门内北闹市口路东　西直门内

沟头二眼井　崇文门内闹市口南

肃宁府　安定门内交道口南街西

闸背　宣武门外西河沿

图样山　西安门内惜薪司南头（即图儿山）

枪厂　西四牌楼北马状元胡同东口

枪厂大坑　护国寺街东口

庙光阁　宣武门外陈列所后身

庙儿胡同　东华门内北池子骑河楼路北

贤孝里　宣武门内绒线胡同路北（即成公府夹道）

贤孝牌　崇文门内大牌坊胡同路西　西单牌楼安福胡同路南　西直门内新街口北东校场内

驹章胡同　崇文门外南河漕南头

鸦儿胡同　鼓楼前烟袋斜街西头路北

闹市口　东单牌楼观音寺东

轮子胡同　西安门内大街北

学院胡同　阜成门内锦什坊街南头路西

学堂后身　鞭子巷二条东口

昙花寺　广安门内枣林街迤南

泞泥河　安定门外

织女桥　西华门南长街

织染局　地安门内板桥路东

转马台　西安门内南豁子迤西

帘子库　地安门内黄化门内

罗车坑　东直门内南小街路西

罗儿胡同　西直门内新街口北蒋养房内

罗家井　正阳门外

罗家井胡同　正阳门外大蒋家胡同路西

罗家圈　西便门内迤西

罗家大院　朝阳门内五爷庙迤东　东直门内大街路北　西单牌楼太仆寺街内

罗家胡同　崇文门外东晓市

罗圈胡同　西单牌楼北辟才胡同东头路北　宣武门内北闹市口迤北　西四牌楼北护国寺街棉花胡同内　西四牌楼大街路北　正阳门外打磨厂路南　东四牌楼西大街　东单牌楼干面胡同　府右街路西　西四牌楼北礼路胡同内

罗道庄　阜成门外

罗厂　东四牌楼北马大人胡同内

罗锅桥　海甸西六里（即绣漪桥）

宝玉胡同　朝阳门内北小街路东

宝安寺　西单牌楼北闹市口南

宝珠子胡同　崇文门内东总布胡同路北

宝钞胡同　地安门内鼓楼东大街路北　安定门内

宝庆寺　东四牌楼北五条胡同路北

宝禅寺　西直门内新街口南路西

九画

柿子店　宣武门外菜市口西路北

亮果厂　东安门北皇城根

侯位胡同　崇文门内麻线胡同路南　鼓楼西大街

俄国馆　东直门内东北城角

俄国教堂　安定门内东城根东北角

信义大院　东单牌楼北报房胡同路北

保吉路　万明路相近

保安寺街　宣武门外果巷路西

保安胡同　广安门内教子胡同内

保应寺　南线阁路东

剃头棚胡同　新街口北路西四条胡同西头

前王公厂　宣武门内象房桥沟沿路西

前王爷庙　西长安街交通部后（即南安里）

前牛肉湾　宣武门内绒线胡同路北

前牛犄角胡同　西直门内大街北草厂内

前巴王子胡同　西直门内大街桦皮厂内

前什刹海　德胜门内北河沿

前五岳观　东直门内北顺城街北头

前井　朝阳门内北小街弓营内

前毛家湾　西安门外北皇城根路西（即如意巷）

前永康胡同　东直门内北小街赵公府路北

前百户庙　宣武门内南闹市口罗圈胡同路西

前老来街　宣武门内石附马大街南闹市口路西

前宅　内西华门北长街

前车儿胡同　西四牌楼北大街路西

前秀才胡同　西直门内南小街路西

前抄手胡同　阜成门内北沟沿路西

前门　中华门外迤南永定门内迤北（即正阳门）

前京畿道　西单牌楼旧刑部街路北

前青厂　宣武门外海北寺街路南

前府胡同　正阳门内刑部街路东

前府胡同南岔　正阳门内司法部街路东

前府胡同北岔　正阳门内西皮市路西

前拐棒胡同　朝阳门内南小街路西

前泥湾　西单牌楼北西斜街北头路西

前红井　正阳门内西交民巷羊毛胡同路东

前英房胡同　新街口北四条西双栅栏内

前纱络胡同　阜成门内北沟沿路西

前马家厂　旧鼓楼大街路西

前马厂　旧鼓楼大街

前桃园　西直门内大街北草厂内

前孙公园　宣武门外十间房东头

前孙公园东夹道　宣武门外孙公园

前院胡同　崇文门外南河漕路西　西华门北长街

前细瓦厂　正阳门内兵部洼路西

前椅子胡同　东总布胡同贡院西夹道

前帽胡同　西直门内南沟沿路东

前帽儿胡同　新街口

前琮琝胡同　西直门内南小街路西

前鼓楼院　地安门东南锣鼓巷路西

前圆恩寺　安定门内交道口南路西

前赵家楼　崇文门内东总布胡同城隍庙路西

前广平胡同　西直门内大街南草厂内

前撒袋胡同　顺城街西养马营内　阜成门内锦什坊路东养马营内

前楼　阜成门内锦什坊街机织卫内

前兴隆街　西便门内铁桥迤南

前营　正阳门外东珠市口冰窖胡同内

前萧家胡同　安定门内大街路东

前罗圈胡同　新街口棉花胡同路东

前铁厂　宣武门外西河沿后铁厂内

前铁匠营　德胜门内厂桥路西

南大院　崇文门外石虎胡同路西

南大街　崇文门外大街南头

南小市　崇文门外花市大街路南

南小街　朝阳门内路南　东直门内大街路南　西直门内大街路南

南小庙　天坛迤东

南小胡同　正阳门外西河沿路南

南小拴马桩　绒线胡同东拴马桩内

南千章胡同　西单牌楼辟才胡同西头路北

南下洼子　西四牌楼北武王侯内　宣武门外南横街迤南　地安门外方砖厂

南口袋胡同　广安门内大街路南

南水关　朝阳门内南城根　东直门内南城根　广渠门内迤南

南水道子　瓷器口东晓市

南火扇　正阳门外协资庙迤南

南月牙胡同　地安门内慈慧殿路南

南井胡同　东华门内南池子路东

南太常寺　西单牌楼北辟才胡同西头路北

南五老胡同　崇文门外南大街路北

南扒儿胡同　西直门内南小街内

南召寺　广渠门大街迤南

南半壁街　西单牌楼北辟才胡同西头路北

南半截胡同　宣武门外南横街路北

南池子　西华门外大街路南　东华门外

南池子库胡同　东安门内

南西门　永定门西（即右安门）

南西门大街　南西门内

南羊市口　崇文门外花市大街路南

南安里　西长安街交通部后（即前王爷庙）

南找子营　崇文门外

南兵马司　安定门内宽街南路东

南岔　东华门内东板桥铁匠营路南

南夹道　永定门内西城根

南孝顺胡同　正阳门外鲜鱼口路南

南豆角胡同　地安门外帽儿胡同路北

南豆腐巷　鲜鱼口路南

南豆芽菜胡同　朝阳门内大街路北

南沈篦子胡同　甘石桥西十八半截内

南妞妞房　西安门内府右街

南河沿　东华门内迤南　西华门外南长街南头　什刹海李广桥迤南　地安门外向闸迤北

南河漕　崇文门外大石桥路南　崇文门外瓷器口东大街路南

南花园　西华门南长街　东四牌楼北钱粮胡同路南

南官园　崇文门外舆隆街路南

南官坊口　地安门外什刹海

南长街　西华门外南　正阳门外南府口

南板井胡同　崇文门外打磨厂路南

南所　宣武门内半壁街头路北　正阳门内新帘子胡同路南

南所胡同东岔　正阳门内半壁街

南所胡同西岔　正阳门内半壁街

南府　西华门外南长街南头

南府口　正阳门内

南皇城根　西安门外迤南

南柳巷　琉璃厂路南

南炭厂　西华门外西街路东　虎坊桥路南

南红桥　崇文门外瓷器口大街南头

南城根　东直门内迤南　西直门内迤南　天坛迤东　广渠门内迤南　广安门内迤南

南城义地　南西门内大街路西

南纷酱胡同　崇文门外木厂胡同路南

南缺子　正阳门外东柳树井北桥湾内

南库子　东华门外南池南头

南堂子胡同　宣武门外南横街路南　宣武门外骡马市大街迤南

南深沟　正阳门外打磨厂路南

南岗子　天坛迤东营房内

南钓鱼台　朝阳门内大街路南

南剪子巷　东四牌楼铁狮子胡同内

南菜园　广安门内南城根

南顺城街　阜成门内迤南城根　西直门内迤南　朝阳门内迤南　东直门内迤南

南极观　左安门内营房迤东

南帽儿胡同　西直门内新街口南大帽儿胡同

南新仓　朝阳门内北顺城街迤西

南新仓胡同　朝阳门内北顺城街北头

南新华街　宣武门外琉璃厂路南　正阳门外虎坊桥路南

南沟沿　阜成门内马市桥南　宣武门内石附马大街路南西直门内横桥南

南银碗胡同　东单牌楼羊肉胡同路南

南闹市口　宣武门内石附马大街西头　东单牌楼东观音寺西口

南线阁　广安门内大街路南

南醋儿胡同　鼓楼东大街路南

南箭亭　东华门内南河沿南头

南乐培园　广安门内大街路南

南裤脚胡同　阜成门内宫门口头条胡同内

南褡连胡同　西四牌楼南兵马司内

南桥湾　正阳门外东柳树井路南

南澡堂子胡同　东四牌楼北大街

南横街　宣武门外丞相胡同南口外

南豁子　天坛迤东八道桥南

南魏儿胡同　西四牌楼北大街路西

南药王庙　地安门外西压桥西

南芦草园　正阳门外东柳树井北桥湾内

南湾子　东华门外南池子路东

南锣鼓巷　地安门东皇城根路北

姚家井　阜成门内南下洼子迤西

姚家胡同　阜成门内马市桥东路北

姚斌庙　西单牌楼手帕胡同西

宣武门　正阳门西（俗称顺治门）

宣武门大街　宣武门内

宣武门外大街　宣武门外迤南

宣武桥　宣武门大街

帝王庙夹道　阜成门内马市桥东路北

律例馆　正阳门内西长安门外路南

扁担厂　安定门内北锣鼓巷内路西

扁担胡同　宣武门内未英胡同路东（新改太平胡同）东华门内南池子路东　西安门内养蜂夹道内　崇文门内赵堂子胡同迤北　东华门外大甜水井内　东安门内韶九胡同路北　朝阳门内南小街老君堂路南　东四牌楼马大人胡同路北　交道口南香饵胡同路北　安定门内二条胡同东头　正阳门内西交民巷

西头路南　阜成门内锦什坊街路东　宣武门内石附马大街路南　德胜门内定王府大街路南　德胜门内果子市大街路北　正阳门外打磨厂路南　崇文门外缨子胡同路西　正阳门外东珠市口路南　骡马市大街米市胡同路东　宣武门外南半截胡同路西

扁方胡同　阜成门内广宁伯街

按院胡同　西单牌楼北闹市口北路西

按班章京胡同　东直门内北小街路东

施家胡同　正阳门外大街路西

施兴胡同　正阳门外兴隆街路北

枯骨亭　广安门内护国寺迤东

柏林寺　安定门内北新桥北

柳行村　广安门外

柳花胡同　安定门内交道口南路西

柳巷　西直门内大街南草厂内

柳家大门　新街口西路北

柳树井　南顺城街路东　地安门内　西珠市口迤西　西铁匠胡同西口外　阜成门内大街　西四牌楼北大街

柳树院　正阳门内西皮市

柴炭库　地安门内大街路西

柴棒胡同　安定门内大街路西

段家坑　德胜门内大街路东

段家大院　德胜门内大街路东

段家胡同　德胜门内大街路东

泉郡义地　正阳门外东砖胡同内

活树林　菜市口路北

畏吾村　西直门外

炭儿胡同　正阳门外延寿寺街路东

炭厂　西安门内西大街北头　西四牌楼南羊肉胡同内

炭厂胡同　正阳门外虎坊桥路南

炮局　北新桥柏林寺东　西直门内火药局北

炮厂　西单牌楼城隍庙街路北

炮厂大庙　崇文门内闹市口东南

皇史宬　东华门内南池子路东（即表章库）

皇城　即天安门、地安门、东安门、西安门、中华门、东长安门、西长安门、三座门、东三座门、西三座门内。

皈子庙　正阳门外樱桃斜街路北

皈衣寺　西便门内大街路东

盆儿胡同　宣武门外南横街西头路南

穿心店　崇文门外打磨厂路北

穿行店　瓷器口东晓市路北

穿店胡同　正阳门外肉市路东

穿堂门　宣武门外南横街路南　西单牌楼甘石桥东斜街内　西单牌楼太仆寺街路南　白塔寺东夹道　北皇城根厂桥　西四北小拐棒胡同　西安门内赃罚库　西直门内大街　宣武门内前牛肉湾

穿堂胡同　崇文门外上四条胡同路北

缸瓦市　西四牌楼南

缸盆胡同　安定门内宽街南路东

背阴胡同　西单牌楼太仆寺街路北　宣武门内西拴马桩路东

胡家园　东直门内北小街路东

胡家楼　西郊

面茶胡同　新街口北四条胡同西双栅栏内

香串胡同　崇文门外南大街路北

香儿胡同　广安门内大街糖房胡同内

香椒园　阜成门内王府仓内路南

香厂　西珠市口西

香厂路　虎坊桥东香厂内

香饵胡同　安定门内交道口南路东　宣武门外西河沿大沟沿内

香炉胡同　瓷器口关玉庙街

香炉营头条　正阳门外西河沿路南

香炉营二条　宣武门外西河沿西横街内

香炉营三条　宣武门外西河沿大沟沿内

香炉营四条　宣武门外西河沿西横街内

香炉营五条　宣武门外西河沿西横街内

香炉营六条　宣武门外西河沿西横街内

炸子桥　宣武门外大路西（即达子桥）

茅屋胡同　西安门西大街南路西

染房夹道　南河漕火神庙街北口

春台义地　广渠门内安化寺大道

珍家路　香厂路北

珍嘉花园　香厂路东头

恒丰胡同　正阳门外珠宝市

毡子房胡同　地安门外府夹道南口

城隍庙　朝阳门内赵堂子胡同东口外

宫门口　西城　阜成门内大街路北

宫门口东岔　阜成门内大街路北

宫门口头条　阜成门内宫门口内路西

宫门口二条胡同　阜成门内宫门口内路西

宫门口四条胡同　阜成门内宫门口内路西

宫门口五条胡同　阜成门内宫门口内路西

宫门口西三条胡同　阜成门内宫门口内路西

宫门口东三条胡同　阜成门内宫门口内路西

祖家街　阜成门内北沟沿路东

祖师庙　广安门内白纸坊迤南

神武门　东华门北三座门东

神路街　东四牌楼隆福寺前　东单牌楼二条胡同路北　崇文门内盔甲厂东

茶儿胡同　正阳门外延寿寺街路东

茶食胡同　崇文门外大街路西　宣武门外大街路东

草市街　正阳门外东珠市口路南

草垛胡同　东华门北池子路东

草料铺　西直门内西校场内

草帽胡同　正阳门内张相公庙路北

草厂　东单牌楼东观音寺　地安门北鼓楼东大街路北　东直门内北小街路西　宣武门内太平湖东坡

草厂大坑　崇文门内东观音寺草厂胡同路东　德胜门内德胜桥南

草厂大院　东安门外丁字街北八面漕路西

草厂胡同　东安门北皇城根　东单牌楼东观音寺　东直门内

草厂头条　正阳门外兴隆街路南

草厂二条　正阳门外兴隆街路南

草厂十条　正阳门外兴隆街路南

草厂上三条　正阳门外兴隆街路南

草厂上四条　正阳门外兴隆街路南

草厂上五条　正阳门外兴隆街路南

草厂上六条　正阳门外兴隆街路南

草厂上七条　正阳门外兴隆街路南

草厂上八条　正阳门外兴隆街路南

草厂上九条　正阳门外兴隆街路南

草厂下三条　正阳门外兴隆街草厂上三条南头

草厂下四条　正阳门外兴隆街草厂上四条南头

草厂下五条　正阳门外兴隆街草厂上五条南头

草厂下六条　正阳门外兴隆街草厂上六条南头

草厂下七条　正阳门外兴隆街草厂上七条南头

草厂下八条　正阳门外兴隆街草厂上八条南头

草厂下九条　正阳门外兴隆街草厂上九条南头

草厂东口　鼓楼东宝钞胡同内路西

草厂西口　钟楼后身路东

草厂南口　鼓楼东大街路北

草厂北口　鼓楼宝钞胡同豆腐池胡同内

草截胡同　瓷器口东铁香炉胡同内

草桥　左安门外十里

草篮子　西安门内大街刘兰塑内

追贼胡同　阜成门内大街路南

郝家井　西便门内大街路西

鬼门关　西单牌楼二龙坑西北（即贵人关）　琉璃厂西头路北（即国门关）

贯厂　地安门外方砖厂路北

将才门　永定门东（即左安门）

给孤寺夹道　正阳门外西柳树井路北

绒线胡同　宣武门内大街路东　西四牌楼北大街路西报子胡同内

贵人关　西单牌楼二龙坑西北（即鬼门关）　地安门外东单牌楼北报房胡同路北　朝阳门内南小街老君堂路南

贵州义地　广安门内锥子胡同南头

顺天府　交道口西大街路北

顺天府官义地　东便门内东城根东头　东便门内蟠桃宫迤东

顺治门　正阳门西（即宣武门）

顺德馆夹道　宣武门外海北寺街路南

杨家大院　西华门内西街路西

杨梅竹斜街　正阳门外纸巷子路西

杨道庙　西便门内大街路东

杨仪宾胡同　朝阳门内南小街路东

圆坟　香厂永安路太平桥

狮子府　阜成门内东廊下北口

赵公府　东直门内北小街路西

赵公祠　广安门内教子胡同南头

赵府街　钟楼东北　安定门内

赵家井　南西门内大街路西

赵家坟　宣武门外南下洼子迤南

赵堂子胡同　朝阳门内南小街路东

赵阴阳胡同　正阳门外西珠市口香厂北

赵锥子胡同　正阳门外西珠市口南

标杆胡同　崇文门外瓷器口东大街路南

荫凉胡同　西直门内大街南小街内

砖瓦胡同　西直门内西校场内

砖儿胡同　北新桥北头路西

砖塔胡同　西四牌楼南路西

骆驼脖　阜成门内十八半截东头

骆驼桥　朝阳门内北顺城街北头

骆驼胡同　东四牌楼北大街路东　新街口北四条胡同内

骆驼脖胡同　北新桥东大街金太监胡同内

毡子房　地安门外南药王庙北

总布胡同　东单牌楼北大街路东

钟山里　西安门内后大坑

轱辘把胡同　阜成门内锦什坊街南头路东　宣武门外教场胡同路南

药王庙　崇文门外东晓市

药王庙前街　崇文门外东晓市

药王庙后街　崇文门外东晓市

药王庙胡同　东直门大街路北

药王庙后胡同　崇文门外东晓市街内

药酒胡同　德胜门内果子市内

药酒葫芦胡同　德胜门内果子市路南

钟儿礼　左安门内刘家窑迤西

钟库胡同　地安门北钟楼前路西　东四牌楼

钟鼓楼　东华门内北河沿嵩祝寺后

钟鼓寺胡同　地安门内

钟楼　地安门大街鼓楼北

钟楼前　安定门内

烂缦胡同　宣武门外菜市口西路南

栏杆市　崇文门外大街路东（即花市大街）

响鼓巷　宣武门外粉房琉璃街

显灵宫　西四牌楼南兵马司内能仁寺

钥匙胡同　西直门内南小街路西

十画

铃铛胡同　旧鼓楼大街

倒座老爷庙　西单牌楼堂子胡同东口外

唐刀胡同　崇文门外

哪吒庙　先农坛迤西

娘娘庙胡同　东四牌楼北六条胡同路北　宣武门外海北寺街路南

恭王府夹道　地安门外南药王庙北东煤厂西

旃坛寺　西华门内养蜂夹道北头

晋太高庙　南横街四平园南口

晋太财神庙　宣武门外南下洼子迤西

校尉营　东单牌楼北金鱼胡同内　正阳门外西珠市口铺陈市路西

校场　地安门内西夹道西口外

校场口　宣武门外校场小六条

核桃园　东直门内俄国馆西　广安门内北线阁街东

核桃穰胡同　西四牌楼羊肉胡同路南

格背店　正阳门外东珠市口大市迤南

桃条胡同　安定门内大兴县北剪子巷内

桐梓庙　正阳门外樱桃斜街路北

桐梓胡同　正阳门外樱桃斜街路北（即桶子胡同）

桑园　广安门内教子胡同南头

浙江义园　宣武门外下斜街迤西

浙慈新园　左安门内大街迤北

浙慈馆后身　正阳门外东珠市口大市迤南

海王村公园　宣武门外琉璃厂路北（即厂甸）

海市界　宣武门内小市胡同

海北寺街　宣武门外西横街内

海岱门　正阳门东（即崇文门）

海运仓　东直门内南小街路东

海潮庵　鼓楼西银锭桥南

珠八宝胡同　西直门内新街口北三条胡同西

珠巢街　宣武门外南横街路南

珠营　东河漕东口大石桥

珠宝市　正阳门外西河沿路南

班大人胡同　东四牌楼北五条胡同内

真如镜　西安门内大街路北

真如镜穿堂门　西安门内真如镜

真武庙　阜成门内集祉卫内　宣武门内石驸马大街路北正阳门外天坛北墙外左安门内南岗子

真武庙街　朝阳门内南顺城街路西

真武庙胡同　西华门南长街

真家胡同　广安门内牛街路东

破大门　西单牌楼城隍庙街路南

祝家胡同　宣武门外琉璃厂西头

秦老胡同　安定门内交道口南路西

粉子胡同　崇文门外北岗子　西四牌楼南路西

粉房琉璃街　宣武门外虎坊桥西路南

胳背肘大院　东四牌楼北五条胡同内

胳背店胡同　天桥山涧口粪厂胡同

胳背肘胡同　东直门内大街路南

能仁寺　西四牌楼兵马司西头路北

臭水坑　宣武门内翠花街内路东（即翠花湾）

臭皮胡同　西四牌楼北大街路西（即受皮胡同）

赶面杖胡同　阜成门内锦什坊街王府仓胡同内

赶驴市　宣武门外大街路东

酒醋局　地安门内板桥路东　西安门内大街路北　鼓楼西旧鼓楼大街路东

高八岗　宣武门外河沿冰窖迤西

高公巷　安定门内宝钞胡同路西

高井胡同　新街口西路北　正阳门外打磨厂南深沟内　西单二龙坑

高氏义地　左安门内营房迤东

高位胡同　地安门内景山西门

高岔拉　西单牌楼辟才胡同西头

高底胡同　宣武门内西拴马桩路东

高挑胡同　正阳门外东珠市口路北

高家营　崇文门外南大街路北

高家胡同　正阳门外廊房头条胡同内

高升胡同　宣武门内北闹市口路东

高梁桥　西直门外半里

高碑大院　正阳门内高碑胡同内

高碑胡同　正阳门内兵部洼路东

高义伯胡同　西单牌楼太仆寺街西头

高庙　德胜门内积水潭南　正阳门外虎坊桥阡儿胡同内

高庙后身　德胜门内高庙迤北

高庙胡同　正阳门外长巷下二条东口

高爵街　正阳门外天桥迤西路北

唐洗泊街　崇文门外东

留守卫　王广福斜街北口外

留学路　西珠市口

倪家胡同　瓷器口关王庙街

泰顺居夹道　正阳门外肉市

浸水河　宣武门内西沟沿路东

瓷器口　崇文门外大街南头路西

瓷器口大街　崇文门外大街南头路南　崇文门外瓷器口南

荷包巷　西长安街财政部后

莫脖子胡同　东四牌楼

通明寺胡同　地安门外方砖厂

通条胡同　宣武门内石驸马大街路南　西单牌楼旧刑部街内　西单牌楼大木仓西口

通顺夹道　正阳门外西河沿路南

郭公庄村　广安门外

郭家井　南西门内南下洼子西

郭家大院　旧鼓楼大街大石桥路北

陶然里　南横街黑窑厂南头

陶然亭　南西门内南下洼子东

栖流所　广渠门大街路北

栖凤楼　东单牌楼北大街路东

桌腿胡同　交道口西大街路北

笔管胡同　东单牌楼举场东　安定门内宝钞胡同路西　西

单牌楼前百户庙西　崇文门外南河漕南头

都城隍庙街　西单牌楼北闹市口路西

都虞司　西华门南长街

烟袋胡同　崇文门外瓷器口东大街路南

烟袋斜街　鼓楼前路西

烟袋锅胡同　阜成门内北沟沿路西

烟筒胡同　西华门外南长街路西　阜成门内大水车胡同内　阜成门内顺城街西养马营　崇文门外东唐洗泊街迤北

资善堂　广安门内大街路北

贾家坟　左安门内西城根迤北

贾家花园　正阳门外兴隆街路北

贾家胡同　宣武门外果子巷南头　宣武门外南横街路北

铃铛胡同　崇文门内马匹厂北头　安定门内大街铁狮子胡同路北

颁赏胡同　西四牌楼丁字街路东（即板厂胡同）

宽街　崇文门内小雅宝胡同路南　崇文门内东裱褙胡同迤南　安定门内交道口南　北新桥柏林寺北　西单牌楼堂子胡同东口外　西直门内西校场内　天坛迤东营房内

莲子胡同　崇文门外巾帽胡同路南

莲花河　正阳门外西珠市口南赵锥子胡同

莲花寺湾　宣武门外烂缦胡同路西

莲房胡同　广安门内大街路北

谈字胡同　安定门内铁狮子胡同中剪子巷内

养羊胡同　西珠市口板章胡同路南

养老胡同　东单牌楼三条胡同西头

养马营　阜成门内锦什坊街路西

养蜂夹道　西安门内大街迤北

桦皮厂　西直门内大街路北

烧酒胡同　东安门丁字街北路西　朝阳门内北小街路东

烧饼胡同　新街口北四条胡同迤北

积水潭　德胜门内西城根迤南

积水潭高庙　德胜门内西城根

积水潭西河沿　德胜门内积水潭西

积水潭东河沿　德胜门内积水潭东

钱市胡同　正阳门外珠宝市

钱串胡同　西单牌楼南手帕胡同西口　西四牌楼砖塔胡同路南

钱局　崇文门内马匹厂迤东　交道口香饵胡同新安胡同内

钱局大院　阜成门内南顺城街路东

钱家胡同　德胜门内大街

钱筒子胡同　西直门内北草厂　阜成门内北沟沿

钱棹子胡同　西单牌楼东府右街北头　新街口北东校场内

钱满胡同　东四牌楼大街路西

钱粮胡同　东四牌楼北大街路西

绦儿胡同　德胜门内东顺城街东头

饽饽房　西华门内南豁子大街路西

鸭子店　崇文门外打磨厂路北

鸭子庙　阜成门内锦什坊街南头

鸭子嘴　东河沿

鸭蛋井　东华门内南池子缎皮库内

晓教胡同　东安门外北皇城根

晓市大院　鞭子巷二条胡同

轿子胡同　广安门内大街路南（今改教子胡同）　东四牌楼隆福寺大街路北　西直门内校扬

轿杆胡同　地安门北鼓楼西湾　天桥北大街路东

继志庵　西华门外南长街路西

胭脂胡同　正阳门外西柳树井路北

党家胡同　西直门内大街北草厂内

袜子胡同 甘石桥路西

赃罚库 西安门内天主堂后

赃罚库大院 西安门内西大街北头

铁老鹳庙 宣武门外麻线胡同北头

铁匠营 东华门内东板桥大街路西 东单牌楼闹市口 东四牌楼北五条胡同内 西单牌楼北闹市口城隍庙街路南 德胜门内德胜桥南 永定门外

铁匠胡同 西单牌楼东

铁门 宣武门外骡马市大街路北

铁门坎 宣武门外骡马市大街铁门内

铁香炉 正阳门内双沟沿西路北 西单牌楼北辟才胡同内 西直门内新街口蒋养房内 崇文门外南官园路西 崇文门外东唐洗泊街迤北 正阳门外三里河大街路南 西直门内火药局 西华门外南长街 西珠市口西大保吉巷

铁狮子庙 西直门内火药局北头

铁狮子胡同 东四牌楼北大街路西

铁影壁 德胜门内果子市大街路北

铁镳铲把 崇文门外花市大街路南

盐店大院 东四牌楼马市大街路北

十一画

堂子 东华门内南河沿南头

堂子大院 崇文门外南小市下堂子胡同内 打磨厂南深沟

堂子胡同 东直门内大街路南 西单牌楼北大街路东 锦什坊街孟端胡同内 新街口蒋养房路南 德胜门内果子市大街路南 花市大街路南 宣武门外梁家园迤东 广安门内牛街路西

堂趾胡同 德胜门内德胜桥南

崇文门 正阳门东（俗称海岱门）

崇文桥 崇文门外大街北头

崇文门大街　崇文门内　崇文门外

崇元观　西直门内大街路北（即曹公观）

崇真观大街　正阳门外长巷上四条

崇教寺　广安门内南线阁东

崇善里　西长安街交通部后（即小东岳庙）

崇庆寺　甘石桥大酱坊胡同内

崇兴寺　宣武门外粉房琉璃街内

崇兴胡同　正阳门内兵部洼中街西头

崔府夹道　东四牌楼隆福寺大街路北

崔家井　正阳门外新世界迤南

康家胡同　东华门外南皇城根路东

康熙桥　朝阳门内大街路北

御河桥河沿　东长安街

惜薪司　西安门内大街路南

戛戛胡同　东四牌楼北大街路西

捷报处　东华门内南池子普渡寺北

排子胡同　正阳门外西河沿澡堂子胡同内　安定门内弓弦胡同

教子胡同　广安门内大街路南　西直门内三官庙北头（即轿子胡同）

教育部街　宣武门内大街路西

教育部西夹道　教育部街西口

教育会夹道　西华门北长街

教场口　德胜门外　宣武门外

教场胡同　宣武门外大街路西

教场头条胡同　宣武门外教场内路北

教场二条胡同　宣武门外教场内路北

教场三条胡同　宣武门外教场内路北

教场四条胡同　宣武门外教场内路北

教场五条胡同　宣武门外教场内路北

教场六条胡同　宣武门外教场内路北

斜街　朝阳门内大街路北

旋马上湾　崇文门外上堂子胡同路南

曹公观　西直门内大街路北（即崇元观）

曹家店　崇文门外花市大街路北

望思桥　东华门内大街

桶儿胡同　三里河鞭子巷四条胡同

梁家胡同　南长街老爷庙胡同

梁家园　虎坊桥路北

梁家园后胡同　宣武门外骡马市麻线胡同路东

梁家园东夹道　虎坊桥梁家园迤东

梁家园东大院　虎坊桥梁家园迤东

梁家园西夹道　宣武门外十间房路南

梁家湾　交道口东大街路北

梅竹胡同　崇文门内马匹厂路西　崇文门内米市大街路东　德胜门内德胜桥路西

梅家大院　德胜门内大街

梯子胡同　崇文门内麻线胡同路北　崇文门内王府井大街路西　安定门内北新桥南路西　西单牌楼辟才胡同路南　正阳门外鲜鱼口东头

深沟　打磨厂内

清化寺街　崇文门外瓷器口大街路西

清河镇　京北

清泉庵　正阳门外虎坊桥路南

清凉庵　西安门内养蜂夹道北头

清虚观　鼓楼西旧鼓楼大街路西

清塔寺　阜成门内北顺城街路东

清龙庵　安定门内东城根

琉璃寺　安定门内北锣鼓巷路西

琉璃厂　正阳门外杨梅竹斜街西头

笤帚胡同　正阳门内司法部街

甜水井　西华门外南长街北河沿内　西四牌楼南兵马司能仁寺内

甜井沿　东四牌楼北六条胡同流水沟内

盒子胡同　西安门内西大街北头　阜成门内马市桥东路北

盔甲厂　崇文门内汇文大学东　崇文门外东晓市

盔头作　东华门内北池子北头路东　西安门内海墙外

章帽胡同　鼓楼西旧鼓楼大街路东

笤帚胡同　正阳门外延寿寺街路东

第一小巷　广安门内大街路南　宣武门外丞相胡同路东

第二小巷　宣武门外丞相胡同路东

翊教寺　西直门内南沟沿

船老寺　正阳门外西珠市口铺陈市路西

船板胡同　崇文门内大街路东　北新桥南路东

雪池　地安门内景山西门

鹿角胡同　宣武门外北柳巷路西

麻豆腐作房　西单牌楼二龙坑西坡

敕孤堂　朝阳门内大街

鄂家大院　西四牌楼北大街

理藩部胡同　东华门外

菊儿胡同　安定门内交道口南路西　西四牌楼北路东

菖蒲河　东华门内南河沿南头

菜市　正阳门外天坛北墙外

菜市口　宣武门外大街南头

菜邦胡同　西单牌楼北白庙胡同内

菜家大院　朝阳门内南小街老君堂路南

菜园　西华门内西街路西　旧鼓楼大街北头路东　西单牌

楼北太仆寺街东头　宣武门外南下洼子迤西　南西门内大街路西　先农坛迤西

菜园子　西直门内马相胡同北头

菜园六条　新街口北路西六条内

菜厂胡同　东安门外南皇城根

菠罗仓　德胜门内德胜桥南（即簸箩仓）

象牙胡同　宣武门内大街路东

象房桥　宣武门内西城根中间

象房东夹道　宣武门内象房桥

象房西夹道　宣武门内象房桥

象来街　宣武门内象房桥西

象鼻子坑　东单牌楼方巾巷

象鼻子中坑　东单牌楼

象鼻子后坑　东单牌楼

隆安寺　广渠门内大街路北

隐福寺街　东四牌楼北路西

黄土坑　东四牌楼魏家胡同内　东安门外丁字街北八面漕路西　崇文门外南官园路西

黄土大院　崇文门内东裱褙胡同路南

黄土坑大院　西直门内大后仓胡同路南

黄化门　地安门内大街路东

黄米胡同　东安门北大佛寺

黄羊胡同　西华门外羊圈迤南

黄花大院　崇文门外东唐洗泊街迤北

黄花院中胡同　崇文门外东唐洗泊街迤北

黄花院东胡同　崇文门外东唐洗泊街迤北

黄花院西胡同　崇文门外东唐洗泊街迤北

黄河圈　宣武门外下斜街迤西

黄姑院　东四牌楼北七条胡同内

黄家店　崇文门外花市大街路南

黄酒馆胡同　崇文门内汇文大学东

黄庄　崇文门外东晓市

黄雀胡同　崇文门外南五老胡同内

黄兽医胡同　东单牌楼北新开路东头

黄鹤楼　崇文门外瓷器口大街路东

廊房胡同　西安门大街路南（今改良乡胡同）

廊房头条胡同　正阳门外大街路西

廊房二条胡同　正阳门外大街路西

廊房三条胡同　正阳门外纸巷子路东

银耳胡同　宣武门外下斜街北头

银丝胡同　崇文门外石虎胡同路西

银闸　东华门北河沿　地安门内

银锭桥　鼓楼前烟袋斜街西口外

铜井　西长安街东头迤南

铜局胡同　德胜门内西顺城街

铜幌子　宣武门内南闹市口

铜厂　安定门内雍和宫东

铜钟胡同　东四牌楼北钱粮胡同路南

铜铁厂　德胜门内松树街东

盘儿胡同　西安门内大街南小街西

麻刀胡同　广安门内教子胡同路西

麻花胡同　西华门内旃坛寺西　德胜门内德胜桥南路西

麻线胡同　崇文门内大街路东　正阳门内张相公庙路北阜成门内锦什坊街路东　宣武门外虎坊桥路北

谙达宫　宣武门内西铁匠胡同内

猪毛厂　阜成门内北沟沿祖家街西

猪市大街　东四牌楼

猪肉下坡　西华门南长街

猪尾巴大坑　宣武门内南闹市口

猪尾巴胡同　西四牌楼南兵马司内路南　德胜门内西城根　崇文门外南羊市口南头

猪营　南羊市口南头

虚兹村　安定门外

萧家村　左安汎

萧家大院　东单牌楼米市大街

营房　新街口正觉寺路北　天坛迤东

营房东门　安化寺大道南岗子街

营房西门　天坛东墙苇塘

营房南门　左安门内西城根

营房北门　广渠门大街法华寺街

营房宽街　天坛东蓝旗大营房中

营房东街　蓝旗营房东门内

营房西街　蓝旗营房西门内

营房南街　蓝旗营房南门内

营房北街　蓝旗营房北门内

营造司　西华门北长街

骑河楼　北池子路东

绳子库　地安门内校场西

绳匠胡同　宣武门外菜市口路南（即丞相胡同）

骚达子胡同　崇文门内王府井大街路东

鸾庆胡同　正阳门外打磨厂南深沟内

十二画

紫竹林　正阳门外东珠市口精忠庙街内　广安门内南城根

紫竹林大院　东便门内下二条胡同路南

紫禁城　即午门、神武门、东华门、西华门内。

博爱路　朝阳门至通州

博兴胡同　煤市街路西

善果寺　广安门大街迤北

善果寺口　广安门北线阁内

喇叭营　安定门内宽街南路东

喇叭胡同　东四牌楼马市大街路南　新街口北四条西双栅栏内　西直门内大街南小街

喇嘛大院　交道口东大街路南

喜通胡同　正阳门内西交民巷路南

喜雀胡同　崇文门外大街路西

喜鹊胡同　东单牌楼闹市口　阜成门内　南顺城街路东　广安门大街路东　广安门大街路北

富贵街　正阳门内户部街中间

富贵大院　东四牌楼大街路西

富新仓　东直门内南小街路东

帽儿胡同　地安门大街路东

帽菊胡同　地安门外大路街西

掌扇胡同　正阳门外大街路西

掌仪司　西华门外南长街路西

拣果厂　西直门内南沟沿

普渡寺　东华门内南池子缎皮库内（即马嘎拉庙）

普渡寺前胡同　东华门内南池子普渡寺前街

普渡寺后胡同　东华门内南池子普渡寺后街

普渡寺东胡同　东华门内南池子普渡寺前胡同路东

普渡寺西胡同　东华门内南池子普渡寺前胡同路西

普渡寺东夹道　东华门内南池子普渡寺东

普渡寺西夹道　东华门内南池子普渡寺西

景山后大街　地安门内景山北

景山东大街　地安门内景山东

景山西大街　地安门内景山西

朝阳里　西安门内后大坑

朝阳门　东直门南（俗称齐化门）

朝阳洞　西安门内南豁子迤西

朝阳胡同　东单牌楼北灯市口路北

棉花胡同　新街口南护国寺街　东四牌楼北大街路西

棉花头条胡同　宣武门外骡马市大街四川营路西

棉花二条胡同　宣武门外骡马市大街四川营路西

棉花三条胡同　宣武门外骡马市大街四川营路西

棉花四条胡同　宣武门外骡马市大街四川营路西

棉花五条胡同　宣武门外铁门路东

棉花六条胡同　宣武门外四川营棉花七条胡同内

棉花七条胡同　宣武门外西草厂缴家坑路西

棉花八条胡同　宣武门外西草厂缴家坑路西

棉花九条胡同　宣武门外西草厂缴家坑路西

棉花下二条胡同　宣武门外西草厂裘家街路西

棉花下三条胡同　宣武门外西草厂裘家街路西

棉花下四条胡同　宣武门外西草厂裘家街路西

棉花下五条胡同　宣武门外西草厂裘家街路西

棉花下六条胡同　宣武门外西草厂裘家街路西

棉花下七条胡同　宣武门外西草厂裘家街路西

棚匠刘胡同　新街口北东校场内

棚铺夹道　李铁拐斜街东口

椅子圈　崇文门外瓷器口清化寺街西头　宣武门外西草厂路南　宣武门外南横街东头

椅子胡同　东华门北河沿　西安门内光明殿胡同南头　东单牌楼东观音寺草厂内　东城新开路后　朝阳门内北顺城街北头

温家街　宣武门内

湖广义园　广安门内教子胡同南头

牌坊村　左安汛

牌楼馆　朝阳门内南小街路东
登莱寄骨所　广安门内南线阁路东
登莱义园公所　广安门内南线阁路东
税局子胡同　永定门内大街路东
粥铺　安定门内北锣鼓巷路东
翔凤胡同　北新桥路西　正阳门外打磨厂路南
雁翅楼东楼　地安门内大街南头
雁翅楼西楼　地安门内大街南头
集祉街　阜成门内锦什坊街南头
集雅士　西安门外大街路北（即鸡鸭市）
惠明局胡同　崇文门内
黑公府夹道　西单牌楼北灵境东口
黑皮大院　正阳门内皮市街西
黑芝麻胡同　地安门东南锣鼓巷路西
黑阴沟　宣武门外南横街东头
黑塔寺　西直门内南小街路西　西直门内曹公观北
黑窑厂　宣武门外南横街
黑龙潭　先农坛西
晾鹰台　南苑
筒子　东华门外迤南　西华门外迤南
覃祉胡同　西单牌楼南闹市口（原名坛子胡同）
智义伯胡同　太仆寺街内（原名猪尾巴胡同）
智义伯大院　东直门内北顺城街（原名猪尾巴大院）

后工公厂

塔院　阜成门内白塔寺迤北　宣武门外南下洼子迤西
葡萄院　西直门内北草厂北头
葡萄园　东华门大街路南　阜成门内宫门口北头
葫芦胡同　德胜门内果子市内
葱店　西直门内南小街

落田洼　东直门外

裕公府夹道　宣武门内丝线胡同牛肉湾内

遂安伯胡同　东单牌楼北大街路东

道士观　广安门内牛街路西

缎皮库　东华门内南池子路东（即里新库）

蒋家胡同　东直门内南小街五驸马胡同东头　永定门内路西

蒋养房　德胜门内德胜桥南路西

铺陈市　正阳门外西珠市口路南

鲁班观　正阳门外三里河铁香炉南头

鲁班馆夹道　崇文门外东晓市

鲁圣庵　广渠门大街迤南

裤子胡同　东珠市口草市南口

裤司胡同　东直门内南水关

裤资胡同　西单牌楼西丘祖胡同西路南

裤腿胡同　宣武门外丞相胡同路西　正阳门外陕西巷　东珠市口草市南口

裤裆胡同　宣武门外孙公园内　正阳门外陕西巷

湿井胡同　正阳门外大街路西

粪箕胡同　地安门外前什刹海北南官房口

粪厂　崇文门外南河漕迤东　天坛北墙外

粪厂大院　崇文门外南官园衖西

谢家胡同　安定门内大街路西

韩家潭　陕西巷路西

储子营　正阳门外铺陈市南口

储库营　天桥西　宣武门外上斜街

铸钟厂　鼓楼西大街路北

湾尺胡同　正阳门外东珠市口半壁街路南

十三画

叠道子　永定门内天坛北墙外

嵩祝寺　景山东三眼井东口外

嵩祝寺夹道　东华门内北河沿嵩祝寺后

慎刑司　西华门外北长街北头路西

新太仓　东直门内大街路南

新平路　正阳门内绒线胡同路北（即后水泡子）　西长安街大六部口内路西

新世界　正阳门外虎坊桥新华街南头

新安胡同　交道口南香饵胡同路南

新如意胡同　宣武门内石驸马大街

新寺胡同　鼓楼大街路东

新昌路　西单牌楼安福胡同路南（即新开路）

新店胡同　东珠市口东大市街

新建胡同　府右街西太仆寺街内

新开路　西单牌楼安福胡同路南（即新昌路）　东华门内北河沿官房胡同南　西安门内大街路南　东单牌楼北大街路东　安定门内北新桥北路西　朝阳门内北小街弓箭营内　北新桥北王大人胡同内　西四牌楼南兵马司内　鼓楼西大街路北　德胜门内松树街东　西直门内崇元观内　正阳门外东珠市口半壁街路南　西四牌楼北帅府胡同内　正阳门外打磨厂路南　西直门内火药局北

新街　西直门内

新街口　西直门内东头　西直门内大街东头

新街口南大街　新街口迤南

新街口北大街　新街口迤北

新街口西大街　新街口迤西

新华门　西三座门西南海南

新华街　正阳门内西长街路南　正阳门内西城根西头迤北　宣武门外琉璃厂中间　宣武门外虎坊桥路北

新鲜胡同　朝阳门内南小街路东

新帘子胡同　正阳门内兵部洼街西

椿树院　正阳门外东珠市口精忠庙街内

椿树胡同　东华门内骑河楼马圈胡同内　东四牌楼南大街路西　西单牌楼北甘石桥西斜街红庙内　西直门内大街南小路内　崇文门外东晓市路内　朝阳门内五爷府迤西

椿树上头条胡同　宣武门外东椿树胡同路西

椿树下头条胡同　宣武门外永光寺西街路东

椿树上二条胡同　宣武门外西草厂椿树胡同路西

椿树上三条胡同　宣武门外西草厂椿树胡同路西

椿树下二条胡同　宣武门外永光寺西街路东

椿树下三条胡同　宣武门外永光寺西街路东

榆树大院　正阳门外陕西巷路东

榆钱胡同　西单牌楼北辟才胡同西头路北

煤市街　正阳门外大栅栏西口外迤南　正阳门外西珠市口路北

煤市桥　正阳门外煤市街北头

煤渣胡同　东单牌楼北大街路西

煤铺胡同　东直门内北小街路西　朝阳门内五爷府迤东

瑞金大楼　正阳门内

瑞应寺　德胜门内果子市大街路南

碗架子胡同　甘石桥灵境东头皇城根路南

禄米仓　朝阳门内南小街路东（即陆军被服厂）

禁卫街　西直门内新街口南路东（即嘎嘎胡同）

禁卫军后胡同　西华门内大街迤南

蜀义园　宣武门外冰窖迤西

衙门胡同　正阳门外打磨厂路南

裘家街　宣武门外西草厂路南

跨车胡同　西单牌楼北辟才胡同西头路北

雍和宫　朝阳门内北新桥北路东

雍和宫大街　北新桥北大街

雷家街　崇文门外上堂子胡同路南

雷震口　东便门内花市东头

靴子胡同　右安门内　广安大街路北　正阳门外煤市桥路西

戥子胡同　正阳门外打磨厂

鼓楼　地安门大街北头

鼓楼前　地安门外

鼓楼湾　鼓楼北

鼓楼大街　鼓楼东

鼓楼东大街　鼓楼迤东

鼓楼西大街　鼓楼迤西

暖阁厂　东安门内北池子

照阴阳胡同　香厂华严路路北

勤良巷　西安门内养蜂夹道（原名清凉庵）

慈悲胡同　安定门大街路东国子监内

慈慧殿　地安门内大街路东

甄家大院　广安门内牛街路西

福建司营　东单牌楼东观音寺内

福佑寺　内西华门外北长街北头路东

福祥寺胡同　地安门东南锣鼓巷路西

福清义地　正阳门外东砖胡同内

福禄巷　宣武门外南横街迤南

墓村　东四牌楼

蒲家庄　广安门外

蒲帘胡同　崇文门外东唐洗泊街迤北

蓑衣胡同　地安门内南锣鼓巷路西

裱褙胡同　崇文门内大街路东

蒜市口　崇文门外

楼梓花　广渠汛

楼湾胡同　广渠汛

输入胡同　广安门内牛街路东（即熟肉胡同）　宣武门外

锥子胡同　广安门内大街路南

锥把胡同　地安门内黄化门路北

锦什坊街　阜成门内大街路南

锡拉胡同　东安门丁字街北路西　西单牌楼大街路东　阜成门内大街路南

鲍家街　西单牌楼石驸马大街西头

鲍家坟　宣武门外南下洼子迤西

粮食店　正阳门外西珠市口路北

酱房大院　安定门内北新桥北路东　西直门内大街路北

酱房夹道　旧鼓楼大街大石桥南　西直门内大街路北

阙左门　午门南端门北

阙右门　午门南端门北

蓝旗营房　广渠门内法华寺街

辟才胡同　西单牌楼北甘石桥南路西（即劈柴胡同）

十四画

嘎哩胡同　宣武门内大街路东

嘎嘎胡同　西直门内新街口南路东（即禁卫街）　东四牌楼北大街路西

察院胡同　宣武门内南闹市口北

彰仪门　西便门南（即庆安门）

彰仪门大街　广安门内（即广安门大街）

旗守卫　正阳门内刑部街西

槐抱椿树庵　宣武门内太平湖东坡

槐柏树　宣武门外河沿迤南

槐树院　西华门外南长街良家胡同西

槐树馆　宣武门外河沿迤南

槐树大院　东单牌楼北报房胡同路北　崇文门外石虎胡同路西

槐树胡同　西安门内大街惜薪司内　新街口北东校场内

槐宝庵　地安门外前什刹海北南官坊口

演乐胡同　东四牌楼南大街路东

端王府夹道　阜成门内大角胡同西

端门　天安门内北阙左门阙右门外南

箍梢胡同　安定门内北新桥北路东

精忠庙街　正阳门外东珠市口路南

翟家口　崇文门外打磨厂路南

臧家桥　宣武门外前孙公园东头

翠花街　宣武门内南下洼子东头路北　阜成门内北沟沿路西

翠花湾　宣武门内翠花街内路东（即臭水坑）

翠花胡同　东安门丁字街北路西

翠花横街　阜成门内宫门口北苦水井内

翠峰庵　西直门内南顺城街内

魁星楼　广渠门内南城根迤西

韶九胡同　东安门外

漏子胡同　三里河鞭子巷四条胡同

磁器库　东华门南河沿

磁器库南岔　东华门南河沿磁器库南岔

蔡家楼　宣武门外珠巢街路南

蔡家胡同　西直门内大街路北　正阳门外粮食店路西

褡连坑　东直门内新太仓内

墙角胡同　东华门内北池子北头路北

鲜鱼巷　崇文门内苏州胡同东头路南

鲜鱼口　正阳门外大街路东

熏鱼作坊　南剪子巷利溥营

蜡库　地安门内板桥街南头　东安门内

蜡库南岔　东华门内北河沿北头蜡库南

蜡库中岔　东华门内北河沿北头蜡库前

蜡库北岔　东华门内北河沿北头蜡库北

蜡库胡同　酒醋局南

蜡烛芯胡同　正阳门外西珠市口西路南

骡马市大街　宣武门外大街南头迤东　宣武门外菜市口迤东

缨子胡同　崇文门外大石桥路北

銮舆卫夹道　正阳门内司法部街路西

十五画

劈柴胡同　西单牌楼甘石桥路西（即辟才胡同）

劈炉庵　先农坛迤西

增寿寺　宣武门外菜市口迤西

厨子营　天桥北路西

德国街　东交民巷内

德华银行夹道　东交民巷内

德胜门　安定门西

德胜桥　德胜门内大街

德胜门大街　德胜门内

德惠路　阜成门至小黄村

德萌沟　宣武门外南横街

慧照寺　东直门内南小街路西

潘家院　安化寺大道南岗子

潘家窑　左安门东城根

潘家河沿　宣武门外粉房琉璃街路西

熟肉胡同　广安门内牛街路东（即输入胡同）

碾儿胡同　地安门内黄化门内　正阳门内西交民巷路南

稿子胡同　东单牌楼三条胡同西头

箭杆胡同　东华门内北河沿孟公府胡同内　崇文门内裱褙胡同闹市口路东　崇文门内苏州胡同东头路南　安定门内府学胡同路北　地安门外西压桥西路北　阜成门内大街路北　崇文门外打磨厂路北　宣武门外烂缦胡同醋章胡同路南　东四牌楼北梯子胡同

箭厂　安定门内东城根慈悲胡同内

箭厂胡同　东华门内南池子路东　东单牌楼北米市大街路西

剪子巷　西安门内大街迤北　正阳门内西城根路北

瞎子营　李广桥东街

醋章胡同　宣武门外烂缦胡同西

醋坛子胡同　西直门内北草厂路西

靠山胡同　东柳树井大街路北

鞋铺胡同　东直门内北新桥北王大人胡同内　东直门内北小街羊管胡同内

横二条胡同　宣武门内西单牌楼二条胡同东口

横水车胡同　阜成门内大水车胡同内

横胡同　东四牌楼北四条胡同内

横街　东四牌楼北十二条胡同东口外　宣武门内东城根东头路北　阜成门内北沟沿翠花街西

横桥　西直门内大街东头

豫王府夹道　东单牌楼大街

褒忠祠　德胜门内皇城根西北角路北

镇炼胡同　西单牌楼西斜街宏庙

镇江胡同　崇文门外报房胡同东　崇文门内船板胡同　东单牌楼

镇江义地　左安门内东城根

镇海寺　崇文门外大街路东

鲤鱼胡同　东单牌楼东举场东墙外

樱桃斜街　正阳门外观音寺西头北岔

鹞儿胡同　正阳门外西珠市口南路西

十六画

壁岚寺　鼓楼西大街新开路北头

澡堂子大院　正阳门外西河沿路南

澡堂子胡同　交道口东大街路南　西四牌楼西大街路北

澧阳夹道　宣武门外海北寺街路南

燕家胡同　正阳门外观音寺路南

燕荐胡同　正阳门外西珠市口南

磨盘院　地安门内内宫监街东　西单牌楼北舍饭寺西头

穆家大院　西单牌楼北李阁老胡同内

穆家胡同　广安门内牛街路西

糖房大院　德胜门内大街路东

糖房胡同　宣武门内大街路东　阜成门内宫门口路西　广安门内大街路南　宣武门外南横街路南　菜市口南　德胜门内大街路东

霍家胡同　广安门内教子胡同南头

操场大院　地安门内马神庙

薛家湾　崇文门外南官园南头　正阳门外兴隆街草厂十条南头

蟒牛桥　德胜门北土城

缴家坑　宣武门外西草厂路南

藤牌营　宣武门内西单牌楼北闹市口城隍庙街路南

十七画

懋益大院　东四牌楼大街路西

霞公府　东长安街迤北

戴家庄　崇文门外兴隆街路南

十八画

簪儿胡同　广安门内西砖胡同路西

蟠桃宫　东便门大街南头

鞭子巷　正阳门外三里河大街路南

鞭子巷头条　正阳门外南桥湾路东

鞭子巷二条　正阳门外三里河大街鞭子巷路东

鞭子巷三条　正阳门外三里河大街鞭子巷路东

鞭子巷四条　正阳门外三里河大街鞭子巷路东

鞭子巷西胡同　正阳门外三里河大街鞭子巷路东

鞭子巷东胡同　三里河大街鞭子巷路东

鞭杆胡同　东四牌楼北二条胡同东头

鞭梢胡同　东直门内北小街永康胡同内

魏英胡同　宣武门内东城根路北（即未英胡同）

魏染胡同　宣武门外骡马市大街路北

魏家胡同　地安门内景山西大街路西　东四牌楼北大街路西

藕牙胡同　新街口南护国寺街

十九画

麒麟碑胡同　交道口南铁狮子胡同

警尔胡同　西安门外北皇城根路西

二十画

灌肠胡同　东单牌楼北

二十三画

罐儿胡同　东单牌楼苏州胡同东头　宣武门外菜市口迤西

图书在版编目(CIP)数据

老北京实用指南：全2册 / 徐珂编纂. --北京：社会科学文献出版社，2017.2（2017.6重印）

ISBN 978-7-5097-4103-0

Ⅰ.①老… Ⅱ.①徐… Ⅲ.①北京市-地方史-民国 Ⅳ.①K291

中国版本图书馆CIP数据核字（2012）第304582号

老北京实用指南(上、下册)

编　　纂 / 徐　珂
校　　订 / 孙　健

出 版 人 / 谢寿光
项目统筹 / 祝得彬
责任编辑 / 徐　瑞　杨　慧　冯立君　仇　扬

出　　版 / 社会科学文献出版社·当代世界出版分社（010）59367004
地址：北京市北三环中路甲29号院华龙大厦　邮编：100029
网址：www.ssap.com.cn
发　　行 / 市场营销中心（010）59367081　59367018
印　　装 / 三河市东方印刷有限公司

规　　格 / 开 本：889mm×1194mm　1/32
印 张：33.75　字 数：838千字
版　　次 / 2017年2月第1版　2017年6月第2次印刷
书　　号 / ISBN 978-7-5097-4103-0
定　　价 / 180.00元（上、下册）

本书如有印装质量问题，请与读者服务中心（010-59367028）联系